张宪文 张玉法 主编

中华民国专题史

第五卷

国民政府执政
与对美关系

刘维开 陈红民
吴翎君 吴淑凤 等 著

南京大学出版社

图书在版编目(CIP)数据

国民政府执政与对美关系 / 刘维开等著.—南京：
南京大学出版社，2015.3（2020.3重印）
（中华民国专题史/张宪文，张玉法主编）
ISBN 978 - 7 - 305 - 14836 - 1

Ⅰ.①国… Ⅱ.①刘… Ⅲ.①国民政府-执政-研究
②中美关系-研究-中国-民国 Ⅳ.①D693.2
②D829.712

中国版本图书馆 CIP 数据核字(2015)第 045134 号

中华民国专题史

张宪文 张玉法 主编
第五卷 国民政府执政与对美关系
刘维开 陈红民 吴翎君 吴淑凤 等著

出版发行 南京大学出版社
社 址 南京市汉口路 22 号 邮 编 210093
出 版 人 金鑫荣

责任编辑 张 静 编辑热线 025 - 83592409

照 排 南京紫藤制版印务中心
印 刷 南京爱德印刷有限公司
开 本 718×1000 1/16 印张 30.25 字数 550 千
版 次 2015 年 3 月第 1 版 2020 年 3 月第 2 次印刷
ISBN 978 - 7 - 305 - 14836 - 1
定 价 136.00 元

网址:http://www.njupco.com
官方微博:http://weibo.com/njupco
官方微信号:njupress
销售咨询热线:(025)83594756

总　序

　　两岸四地中国大陆、台湾、香港、澳门的 40 所大学和研究机构的 70 位历史学教授与研究员合作撰著的《中华民国专题史》，共 18 卷，800 多万字，由南京大学出版社和台北思行文化传播有限公司，分别以简体字和繁体字两种版本在两地出版。这套书的撰写和出版，是两岸四地学者经过五年共同努力而结出的丰硕成果。这是两岸史学界第一次大型的学术合作，无疑是两岸学术界的盛举，对推动两岸学术事业的进步和两岸关系的发展，将起到积极的作用。

　　中华民国是以孙中山为首的革命志士，发动辛亥革命，经过艰苦卓绝的奋斗，前仆后继，推翻清王朝，建立起来的亚洲第一个民主共和国。孙中山高举民主共和的旗帜，坚持建设现代国家的政治理念，制定建国大纲、实业计划，以实现天下为公、世界大同为理想，奋斗终生。1925 年孙中山逝世以后，国共两党由于政治理念的不同，在革命道路和革命方法方面存在差异，二十多年间经历了合作、矛盾、分裂，又合作、又矛盾、又分裂的过程，最终通过军事斗争，国民党失去中国大陆，移往台湾。

　　1949 年以后，差不多有三十多年时间，国共两党依然处于政治、军事对峙状态，民间没有往来，官方更无接触。由于双方对历史资料采取封锁政策，并以"特藏"对待对方史料，广大民众对真实历史无以了解，加上受意识形态的影响，有一些人的历史观念和认知，往往是片面的甚至是错误的，经常是戴着有色眼镜看待对方。

　　20 世纪 70—80 年代，终于迎来曙光。在中国大陆，邓小平改革开放思想深入各个领域，学术界的精神枷锁被打破，学者们开始以实事求是的态度进行学术研究,重新认识各种历史问题、历史事件和历史人物。学术研究逐步走向繁荣。而在蒋经国开放大陆探亲等政策推动下,台湾许多老兵、学者等,重返大陆探亲、访友、旅游、经商和交流学术。1990 年,台湾学者以 30 余人的规模第一次赴广东翠亨村出席"孙中山与亚洲"国际学术研讨会,其后多次赴南京、溪口、北京、上海等地出席民国史方面的研讨会。台湾学者赴南京中国第二历史档案馆查阅民国史档案,更是络绎不绝。而中国大陆学者于1994 年、1995 年曾组成 10 人至 30 人的学术团队,赴台北参加"中国历史上的分与合"学术研讨会和"纪念抗日战争胜利五十周年"学术研讨会。大陆学者也深入台湾的学术机构、档案馆、图书馆,寻找各类珍稀史料。开始时,双方在学术思想、学术观点、学术研究方法等方面,也有分歧和争论。譬如,"辛亥革命的性质是资产阶级革命还是全民革命?""孙中山是否提出过'联俄、联共、扶助农工'三大政策?""如何看待南京国民政府建立初期的经济政策和成就?""如何看待抗日战争时期国共两党、两军、两个战场的地位和作用?"诸多问题,都有多角度的讨论。

三十年来,两岸人文社会科学学者,不断往返交流,相互出席对方的学术研讨会,相互踏上彼岸查阅各类史料和档案文献,相互切磋,取长补短,各自梳理、更新以往不当的历史观念和学术认知,学者们的观点和对众多历史问题的看法日益接近或形成了共同的认识,其中包括对许多重大历史问题的认识,有政治的、军事的、外交的、经济的、社会的、文化的,也包括许多重要历史事件、历史人物等。这是两岸实施开放、交流以来取得的重大成就。它体现了历史学家高尚的职业道德和学术品质,对两岸共同构筑新型的历史学科有积极的意义。我们应该向发扬传统美德和为中华民族学术事业作出贡献的两岸历史学者表示最崇高的敬意。

为了向国人展示两岸四地历史学者共同研究和重构民国历史所作的努力,也为了使国人了解那段曾被曲解过、现已有所改变并恢复了其真实面貌的民国历史,我们按照历史顺序设计了 18 个专题,以两岸四地学者合著《中华民国专题史》的方式,开展共同研究。这一做法在两岸分隔以来是无先例的。我们期望这一合作对民国历史研究和两岸关系的发展,作出有益的贡献。

《中华民国专题史》的 18 个专题目录如下：

1.《从帝制到共和：中华民国的创立》

2.《文化、观念与社会思潮》

3.《北京政府时期的政治与外交》

4.《国民革命与北伐战争》

5.《国民政府执政与对美关系》

6.《南京国民政府十年经济建设》

7.《中共农村道路探索》

8.《地方政治与乡村变迁》

9.《城市化进程研究》

10.《教育的变革与发展》

11.《抗日战争与战时体制》

12.《抗战时期的沦陷区与伪政权》

13.《边疆与少数民族》

14.《华侨与国家建设》

15.《台湾光复研究》

16.《国共内战》

17.《香港与内地关系研究》

18.《革命、战争与澳门》

参与《中华民国专题史》合作研究的两岸四地的学者（排名不分先后）为：

大陆地区

张宪文（南京大学荣誉资深教授）

朱庆葆（南京大学中华民国史研究中心教授）

马俊亚（南京大学中华民国史研究中心教授）

曹大臣（南京大学中华民国史研究中心教授）

姜良芹（南京大学中华民国史研究中心教授）

欧阳哲生（北京大学历史系教授）

江　沛（南开大学历史学院教授）

赵兴胜（山东大学历史文化学院教授）

徐　畅（山东大学历史文化学院教授）

叶美兰（南京邮电大学教授）

陈红民（浙江大学历史系教授）

赵立彬（中山大学历史系教授）

朱汉国（北京师范大学历史学院教授）

张同乐（河北师范大学历史学院教授）

齐春风（南京师范大学教授）

王　川（四川师范大学历史文化学院教授）

黄正林（陕西师范大学教授）

张玉龙（赣南师范学院教授）

刘慧宇（福建江夏学院教授）

张俊义（中国社科院近代史研究所研究员）

田　玄（中共中央党史研究室研究员）

任贵祥（中共中央党史研究室研究员）

张太原（中共中央党史研究室研究员）

马振犊（中国第二历史档案馆研究馆员）

蒋　耘（中国第二历史档案馆研究馆员）

谷小水（中山大学历史系副教授）

林辉锋（北京师范大学历史学院副教授）

张　艳（河南大学历史文化学院副教授）

杨乔萍（扬州大学副教授）

刘大禹（湖南科技大学副教授）

徐保安（齐鲁工业大学副教授）

刘　晖（中共河南省委党校副研究员）

秦　熠（中南民族大学博士）

牛　力（南京大学博士）

吕　晶（南京大学中华民国史研究中心博士）

台湾地区

张玉法（中研院院士、近代史研究所研究员）

张启雄（中研院近代史研究所研究员）

潘光哲（中研院近代史研究所副研究员）

钟淑敏（中研院台湾史研究所副研究员）

吴启讷（中研院近代史研究所助研究员）

唐启华（东海大学历史系教授）

刘维开（政治大学历史系教授）

蓝美华（政治大学民族系副教授）

张瑞德（中国文化大学史学系教授）

陈立文（中国文化大学史学系教授）

卓遵宏（前东吴大学历史系兼任教授）

孙若怡（稻江科技暨管理学院教授）

林桶法（辅仁大学历史系教授）

高纯淑（辅仁大学兼任副教授）

刘文宾（辅仁大学历史系助理教授）

李盈慧（暨南国际大学历史系教授）

杨维真（中正大学历史系教授）

吴翎君（东华大学历史系教授）

陈进金（东华大学历史系副教授）

蒋竹山（东华大学历史系副教授）

吴淑凤（台湾科技大学兼任副教授）

杨明哲（长庚大学通识教育中心副教授）

李君山（中兴大学历史系副教授）

管美蓉（大学入学考试中心学科研究员）

陈英杰（德霖技术学院通识教育中心副教授）

欧素瑛（台湾大学兼任副教授）

王文隆（中国国民党文化传播委员会党史馆主任）

林正慧（台湾大学历史系博士）

简明海（政治大学历史系博士）

陈佑慎（政治大学历史系博士候选人）

香港澳门地区

李金强（香港浸会大学教授）

刘智鹏（香港岭南大学历史系副教授）

吴志良（澳门基金会主席、澳门大学客座教授）

娄胜华（澳门理工学院教授）

何伟杰（澳门大学历史系助理教授）

《中华民国专题史》的撰写与出版，得到两岸四地有关方面和人士的大力支持和帮助，一批著名的历史学家对本专题史各部书稿进行了匿名评阅，提出了许多宝贵的修改意见，南京大学出版社领导与编辑们对本书的编辑出版费尽辛劳。特别是一些部门和人士对本课题组给予了经济支持。他们是：

南京大学改革项目

南京大学人文基金

南京大学出版社

江苏省教育厅

澳门基金会

台北联电公司荣誉董事长曹兴诚先生

对各方面给予的帮助和支持，我们表示最诚挚的感谢！

由于两岸四地历史学者是第一次进行大型的学术合作，其中不当或不完善之处，尚请各方朋友给予批评指正。

张宪文　张玉法

目　录

绪　论

　　"国民政府"一词最初见于孙中山 1906 年冬发表之《同盟会革命方略》中《军政府宣言》,曰:"今者由平民革命,以建国民政府,凡为国民皆平等以有参政权。大总统由国民公举,议会以国民公举之议员构成之,制定中华民国宪法,人人共守。敢有帝制自为者,天下共击之。"① 是年 12 月,在《民报》一周年纪念会演讲《三民主义与中国民族之前途》时,在对民权主义的阐述中,孙中山再次宣告:"我们定要由平民革命,建国民政府;这不止是我们革命之目的,并且是我们革命的时候所万不可少的。"② 但是直至 1924 年 1 月中国国民党第一次全国代表大会,孙氏才决定将所组织的政府定名为"国民政府",提出《组织国民政府之必要案》,主张建立正式组织,将军事时期的革命政府改组为国民政府。经决议:"一、国民党依此最小限度政纲为原则,组织国民政府;二、国民党当宣传此主义于工商实业各界及农民、工人、兵士、学生与夫一般群众,使人人知设统一国民政府之必要。"③ 复于 4 月,公布《国民政府建国大纲》,全文共 25 条。第一条曰:"国民政府本革命之三民主义、五权宪法,以建设中华民国。"第二十五条曰:"宪法颁布之日,即为宪政告成之时,而全国国民则依宪法行全国大选举。国民政府则于选举完毕之后三个月解职,而授政于民选之政府,是为建国之大功告成。"④ 确定"国民政府"为中国国民党

---

　　① 孙中山:《同盟会革命方略》,秦孝仪主编:《国父全集》,第 1 册,台北,近代中国出版社,1989 年,第 234 页。

　　② 孙中山:《三民主义与中国民族之前途》,秦孝仪主编:《国父全集》,第 3 册,台北,近代中国出版社,1989 年,第 10 页。

　　③ 《总理交议:组织国民政府之必要案》,秦孝仪主编:《中国国民党历次全国代表大会重要决议案汇编(上)》,台北,中国国民党中央委员会党史委员会,1978 年,第 19—22 页。

　　④ 《国民政府建国大纲》,萧继宗主编:《中国国民党党章政纲集(增订本)》,台北,中国国民党中央委员会党史委员会,1976 年,第 385 页。

主政下的正式政府名称,其本质为民选政府成立前之过渡政府。但是时广东情势未定,复因孙中山应段祺瑞等电邀北上商议国事,直至 1925 年 3 月孙氏逝世,国民政府仍未成立。迨东征击溃陈炯明部,及敉平杨希闵、刘震寰之滇桂军谋叛后,广州革命基地大致底定,中国国民党决定实践孙先生遗志,于1925 年 6 月改组陆海军大元帅大本营,成立国民政府。

国民政府既由中国国民党所成立,主要特色是"以党治国"。中国国民党中央执行委员会于 1925 年 7 月 1 日公布《国民政府组织法》,第一条明定"国民政府受中国国民党之指导及监督,掌理全国政务",确立"以党治国"的党治原则。但此时为军政时期,国民政府的本质是革命政府,以打倒军阀、反对帝国主义侵略和统一全国为政治号召,党治应为孙中山所称"以党建国"。[①] 至1928 年 7 月,北伐完成,全国统一,进入训政时期,正式施行"以党治国"的党治原则。政府虽仍名为国民政府,但是在"训政"的框架下,建立起新的组织架构及党政关系。

"训政"是孙中山对国家发展进程提出的主张,具有三个主要精神:一是训政的作用在于训导人民会做国家的主人;二是训政时期为过渡时期,其工作为建设地方,实施地方自治;三是训政时期,中国国民党居于执政地位,以党治国。[②] "以党治国"实为其重点,即由中国国民党一党统治之意。[③] 1928年 10 月 3 日,中国国民党中央常务会议通过《训政纲领》,作为训政时期的规范。全文如下:

> 中国国民党实施总理三民主义,依照建国大纲,在训政时期训练国民使用政权,至宪政开始,弼成全民政治,制定左之纲领:
>
> 第一、中华民国于训政期间,由中国国民党全国代表大会,代表国民大会领导国民,行使政权。

---

① 王正华:《国民政府之建立与初期成就》,台北,商务印书馆,1986 年,第 383—384 页。

② 李云汉:《中国国民党史述》,第 3 编,台北,中国国民党中央委员会党史委员会,1994 年,第4—5 页。

③ 王世杰、钱端升:《比较宪法》,北京,中国政法大学出版社,2004 年,第 444 页。《比较宪法》原为王世杰个人著作,初版于 1927 年由商务印书馆出版,1936 年增订三版,主要增加"中国制宪史略及现行政制"一编,改为与钱端升合著;1943 年 12 月增订四版,为中国政法大学出版社重印依据之版本。

第二、中国国民党全国代表大会闭会时,以政权付托中国国民党中央执行委员会执行之。

第三、依照总理建国大纲所定选举、罢免、创制、复决四种政权,应训练国民逐渐推行,以立宪政之基础。

第四、治权之行政、立法、司法、考试、监察五项付托于国民政府,总揽而执行之,以立宪政时期民选政府之基础。

第五、指导监督国民政府重大国务之施行,由中国国民党中央执行委员会政治会议行之。

第六、中华民国国民政府组织法之修正及解释,由中国国民党中央执行委员会政治会议议决行之。①

依照《国民政府建国大纲》的设计,训政时期是从军政时期到宪政时期的过渡阶段。1929 年 6 月,中国国民党三届二中全会通过《训政时期之规定案》,决议:"训政时期,规定为六年,至民国二十四年完成。其训政工作分配年表,交政治会议根据中央决议,于十八年九月前制定。"②训政时期以县为自治单位,"凡一省全数之县皆达完全自治者,则为宪政开始时期"。中国国民党三届二中全会还通过了《完成县自治案》,要求 1934 年年底以前完成县自治。③

1931 年 11 月,中国国民党第四次全国代表大会以九一八事变发生,"国难正急,中央亟应延揽各方人才"为由,通过召开国难会议,以期集思广益,共济时艰。④ 1932 年 4 月,国难会议在"行都"洛阳举行,会中关于政治制度改革,决议:"(一)政府如期结束训政,召开国民大会,制定宪法;(二)在国民大会未召集前,设立中央民意机关,定名为国民代表会……应于民国二十一年

---

① 《第三次全国代表大会追认之中国国民党训政纲领》,萧继宗主编:《中国国民党党章政纲集(增订本)》,台北,中国国民党中央委员会党史委员会,1976 年,第 388—389 页。

② 《训政时期之规定案》,秦孝仪主编:《中国国民党历届历次中全会重要决议案汇编(一)》,台北,中国国民党中央委员会党史委员会,1979 年,第 128 页。

③ 《完成县自治案》,秦孝仪主编:《中国国民党历届历次中全会重要决议案汇编(一)》,台北,中国国民党中央委员会党史委员会,1979 年,第 129 页。

④ 《组织国难会议案》,秦孝仪主编:《中国国民党历次全国代表大会重要决议案汇编(上)》,台北,中国国民党中央委员会党史委员会,1978 年,第 140 页。

十月十日成立。"①嗣后中国国民党中央常务委员会以国难严重,地方自治难于短期内完成为由,决议提前召开国民大会,国民参政会之召集因此而停顿。1935 年 11 月,中国国民党第五次全国代表大会通过《召集国民大会及宣布宪法草案案》,决议:"宣布宪法草案及召集国民大会日期,由大会授权于第五届中央执行委员会决定之,惟务须于民国二十五年内实施之。"②1936 年 5 月 5 日,国民政府明令公布《中华民国宪法草案》,是为"五五宪草",共 8 章,148 条;14 日,国民政府公布《国民大会组织法》及《国民大会代表选举法》,于 7 月 1 日施行;15 日,国民大会代表选举总事务处于南京正式成立,开始办理国民大会代表选举事务。嗣因中日情势紧张、部分省区未能如期选出代表、西安事变发生等因素,国民大会一再延期召开。至 1937 年 7 月,抗日战争全面爆发,国民大会代表选举工作暂停,国民大会之召开随之延期。

抗战胜利后,国民政府立即展开制宪工作。1946 年 12 月 25 日,制宪国民大会三读通过《中华民国宪法》。1947 年 1 月 1 日,国民政府明令公布《中华民国宪法》,同时公布《宪政实施之准备程序》,进入宪政实施准备期。是年 12 月 25 日,《中华民国宪法》正式施行,进入宪政时期。国民政府为使政权顺利衔接,于《中华民国宪法》正式施行当日,公布《训政结束程序法》,规定国民政府及五院等行使原有职权之停止。全文如下:

　　第一条　国民政府主席、国民政府委员会及其五院外之直辖机关行使原有之法定职权,应于依宪法产生之总统就职之日即行停止。

　　第二条　立法院行使原有之法定职权,应于依宪法产生之首届立法院集会之日即行停止。

　　第三条　监察院行使原有之法定职权,应于依宪法产生之首届监察院集会之日即行停止。

　　第四条　行政院、司法院、考试院行使原有之法定职权,应于依宪法产生之各该院改组完成之日即行停止。

---

　　①　沈云龙:《国难会议之回顾》,《民国史事与人物论丛》,台北,传记文学出版社,1981 年,第 348—349 页。

　　②　秦孝仪主编:《中国国民党历次全国代表大会重要决议案汇编(上)》,台北,中国国民党中央委员会党史委员会,1978 年,第 227—231 页。

第五条　省市县现有民意机构及行政机构行使原有之法定职权,应于依宪法选举或改组完成之日即行停止。

第六条　本法自公布日施行。[①]

1948 年 5 月 20 日,行宪后第一任总统蒋介石、副总统李宗仁宣誓就职,行宪政府正式成立,国民政府依《训政结束程序法》规定即行停止,中华民国正式由训政时期进入宪政时期。虽然国共战争的发生阻碍了宪政在全国有效施行,但是宪政成为中华民国最重要的资产。

国民政府自 1925 年 7 月 1 日成立,至 1948 年 5 月 20 日结束,前后长达二十二年又十个月十九天[②],其间因时局影响及政府所在地点不同,历经广州成立、迁都武汉、奠都南京、移驻陪都重庆、还都南京等五个阶段。各阶段政治制度亦略有不同:广州、武汉及奠都南京初期为军政时期,以军事为主,国民政府组织简略,除财政、外交两部为成立之初即设置外,其余各部会陆续增置。迨北伐完成,全国统一,进入训政时期,中国国民党改组国民政府,实施五权分立制度,设行政、立法、司法、考试、监察五院,为五院制国民政府。国民政府之法理依据为《国民政府组织法》,前言中明确说明中国国民党“指导监督”国民政府,曰:“中国国民党本革命之三民主义、五权宪法建设中华民国,既用兵力扫除障碍,由军政时期入于训政时期,尤宜建立五权之规模,训练人民行使政权之能力,以期促进宪政,奉政权于国民。兹谨本历史上所授予本党指导监督政府之职责,制定国民政府组织法。”[③]全文共 7 章,48 条,规范国民政府及五院职权与组织。然而在施行初期,受政治情势影响,政治体制屡经修正,主要为国民政府主席职权之调整,至 1931 年 12 月将国民政府主席改为虚位元首,不负实际政治责任,行政院院长行使行政职权,方告稳定。至 1943 年 8 月,因国民政府主席林森病逝,蒋介石继任,为因应政治现实,国民政府主席重新成为负实际政治责任之国家元首。

国民政府作为中央政府的时间达 20 年(1928—1948 年),亦是中国国民

---

① 《训政结束程序法》,秦孝仪主编:《中华民国重要史料初编——对日抗战时期第七编战后中国(二)》,台北,中国国民党中央委员会党史委员会,1981 年,第 788—789 页。

② 许师慎编:《国民政府建制职名录》,台北,1984 年,第 3 页。

③ 《中华民国国民政府组织法》,许师慎编:《国民政府建制职名录》,台北,1984 年,第 483 页。该法于 1928 年 10 月 8 日由国民政府公布。

党执政时期的重要阶段。关于国民政府的研究,从广州国民政府的成立,到战后施行宪政、国民政府正式结束,举凡内政、外交、军事、财经、教育等各类主题,国内外研究者有通史、专著、论文等不同形式的成果,数量十分可观,此处不一一列举。本书系在前辈学者研究基础上,结合近年来开放的史料,如蒋介石档案、蒋介石日记等,以"国民政府执政与对美关系"为题,对国民政府执政的过程以及中美关系的发展进行全面的探讨。

全书分为五章:第一章"五院制国民政府的建立",由陈红民撰写,从孙中山对中央政府的设计,广州、武汉国民政府的尝试,南京国民政府的建立与训政制度的确立,五院制的国民政府,"训政约法"与"五五宪草"等五个方面,探讨五院制国民政府成立的背景及发展;第二章"南京国民政府的执政环境与演变",由刘大禹撰写,就国民政府在抗战前的政治发展及所面临的内政、外交变局,从国民党内的政治军事纷争、九一八事变与国民政府的抗战准备、西安事变与国民政府政策的调整等三个方面进行讨论;第三章"重庆时期的国民政府",由刘维开撰写,论述国民政府在抗战期间的体制变革,就全面抗战爆发与国民政府西迁、凝聚抗战意志与党政军统一指挥、《抗战建国纲领》与设置战时民意机构三方面进行探讨;第四章"战后的国民政府",由吴淑凤撰写,依时序就抗战胜利前后的国内政局、国共重庆会谈与政治协商会议、第一届国民大会的召开,讨论国民政府在战后的发展;第五章"国民政府时期的中美关系",由吴翎君撰写,就国民政府时期的中美关系,从南京国民政府成立到国共战争时期,分为南京国民政府成立之初的中美关系、中国的求援和美国的孤立主义、美国在华企业的投资活动与外交、战时同盟与国共内战时期的中美关系、战后新局势——重探《中美商约》五个主要议题,进行全面的论述。

第一章
五院制国民政府的建立

第一节　孙中山对中央政府的设计

一、孙中山与五权宪法思想

五院制的政府模式是国民党政权在 1927—1949 年所采用的最主要的中央政府组织形式,其理论来源是孙中山的五权宪法思想。而五权宪法思想的产生和近代中国社会的特征则与孙中山的革命生涯密不可分。

孙中山(1866—1925 年),名文,字逸仙,广东省香山县(今中山县)翠亨村人。"中山樵"是其在日本曾用的化名,故后被称为孙中山。这位近代民族民主革命的领袖,被后世称为中国近代伟大的革命先行者,他的一生充满着崇高的斗争精神和革命英雄气概。他在生命的最后一刻还念念不忘"革命尚未成功",劝勉"同志仍须努力",此言亦成为代代相传之名言,勉励后人为昌盛中华而奋斗不息。作为革命派"首席代表"的孙中山[①],他的一生不论是在同盟会时期还是在辛亥革命时期,都无人可与之媲美。"爱国如命"乃是孙中山"一生之写照"。

孙中山幼年家境贫寒,少年时仰慕太平天国英雄,崇尚"天下为公",心怀远大抱负。他于 1886 年赴香港学习医学,并曾短暂行医。他亲睹晚清破败与没落,伤感于中华之备受凌辱,旋即弃医,立志不做仅能"治人"的大夫,而

---

① 蔡尚思:《孙中山的中心思想和历史地位》,中国孙中山研究学会编:《孙中山和他的时代——孙中山研究国际学术讨论会文集》,中册,北京,中华书局,1989 年,第 877 页。

要成为能"治世"的革命者。1894年孙中山于檀香山组织中国最早的近代民族民主革命团体"兴中会",首倡"驱除鞑虏,恢复中国,创立合众政府"。他在《檀香山兴中会章程》中指出:"方今强邻环列,虎视鹰瞵,久垂涎于中华五金之富、物产之饶。蚕食鲸吞,已效尤于接踵;瓜分豆剖,实堪虑于目前。"[1]同年,孙中山曾上书晚清重臣李鸿章,提出"人能尽其才,地能尽其利,物能尽其用,货能畅其流"的变法改良思想,足见其与国分忧之心。其后,孙中山放弃改良,领导了一系列旨在推翻清朝的武装起义。1895年孙中山领导广州起义失败后流亡欧美,蒙难于伦敦。滞欧期间,他考察欧洲社会风土人情与政治法律制度,渐萌发后闻名于世之"三民主义"学说思想。1905年孙中山等人在日本组织兴中会、华兴会与光复会等革命团体,联合成中国同盟会,众推其为总理,孙中山将前之"驱除鞑虏"思想升华为"驱除鞑虏,恢复中华,创立民国,平均地权",使其成为同盟会之政治纲领。在中国同盟会会刊《民报》的发刊词中,孙中山明确提出三民主义理论,此即中国近代民族民主革命之理论基础。中国同盟会之《民报》和康有为、梁启超之《新民丛报》就中国究竟"保皇"还是"革命"等问题展开激烈论战,互不相让,争论炙热。论战之后,孙中山等人的革命思想得以广泛传播。在此期间,同盟会发动和领导了一系列反清武装起义,历经"十次之失败"[2]。

1911年10月10日,武昌地区革命党人爆发起义,很快得到全国响应。以孙中山为代表的革命党人积数年之"爆发力",终于修得"正果"——辛亥革命推翻了清朝统治,在中国延续两千多年的专制统治终告结束。1912年元旦,中华民国临时政府成立,孙中山就任临时大总统。同年4月,孙中山让位于袁世凯,辞去临时大总统职位。袁世凯当权后,日趋专制独裁统治。孙中山领导了"二次革命",反对袁氏独裁。其间,孙中山改组中国同盟会为中国国民党,任理事长。袁世凯倒行逆施,悍然称帝,遭到举国反对,终至抑郁而终。此后,中国仍是在北洋派系统治之下,军人专制之本质未变,派系林立,相互争权,中国之命运亦未扭转,民不聊生。孙中山不断在南方联合其他力量,对抗北洋派系,但结果是屡起屡仆,其活动多以失败而告终。

俄国"十月革命"给困惑中的孙中山带来了一线曙光,他决心"以俄为

---

[1] 孙中山:《檀香山兴中会章程》,《孙中山全集》,第1卷,北京,中华书局,1981年,第19页。
[2] 转引自杨鹤皋主编《中国法律思想史》,北京,北京大学出版社,2004年,第425页。

师"。在共产国际的引导和中国共产党的协助之下,孙中山诚心接纳联合农工、改组国民党和创建革命军队之合理建议。1924 年初,他在广州召开中国国民党第一次全国代表大会,确立联合俄国、联合共产党及新的农工政策,吸纳反帝、反封建之主张入三民主义。他还发表系列演说,具体阐述三民主义在新形势下的内容与目标,使其思想体系发展达到了高峰。当年 10 月,冯玉祥发动北京政变,电邀孙中山共商大局。然而壮志未酬的孙中山不幸于1925 年 3 月 12 日辞世,巨星陨落,举国皆哀。

综观孙中山一生,他为"振兴中华",为国家富强所进行的艰苦卓绝的斗争有目共睹。他与时俱进,追求真理与光明,是中国近代历史上当之无愧的伟人。

孙中山思想的精华与核心是三民主义及五权宪法思想。时光流逝,其思想的光辉却愈加彰显。"从孔夫子到孙中山,我们应当给以总结,承继这一份珍贵的遗产。"孙中山在政治思想方面留给后人许多有益的东西。他在总结中外经验的基础上,为中国法律的本土化做出了杰出贡献。他提出的"以最适宜之法适于吾群,使吾群之进步适应于世界"的三民主义和五权宪法思想,扭转了清末民初以来中国在立法方面一味仿效西方的倾向。[①] 孙中山认为:"物质里头有机器,人事里头,又何尝没有机器呢? 法律就是人事里头的一种机器。"[②]构建现代化的法治中国是孙中山先生毕生追求的事业,而五权宪法则是孙中山实现这一蓝图的途径。孙中山提出的五权宪法思想,代表着近代中国对法制改革的追求,是当时人所能达到的最高水平。

如同其他伟大思想体系一样,五权宪法思想有一个酝酿、产生、发展到最后成熟的过程。孙中山最初提出五权宪法构想时,很多人并不理解和接受,包括像王宠惠这样毕业于耶鲁大学的法学博士。1901 年孙中山就在日本与王宠惠讨论过五权宪法问题,王宠惠以为世界只有三权宪法,五权恐怕难以通行,"欧美所无,中国即不能损益"[③]。1902 年,孙中山在日本对人谈起过

---

① 郭星:《百年中国法制建设的启示》,《柳州职业技术学院学报》2006 年第 2 期。

② 《孙中山选集》,第 1 卷,北京,人民出版社,1981 年,第 156 页。

③ 孙中山:《与刘成禺的谈话》,《孙中山全集》,第 1 卷,北京,中华书局,1981 年,第 444 页。

五权分立的设想。① 1904 年,孙中山和王宠惠在纽约再次谈到他的五权宪法设想。② 在这些讨论过程中,留洋学者或革命志士,多奉西方三权分立为神明,对之顶礼膜拜,不敢越雷池半步,更不曾想过对三权进行发挥创新。孙中山对西方的理论采取"在批判中吸收,在吸收中发展"的方针。③ 1905 年 8 月 20 日,中国同盟会成立于日本东京,《同盟会章程》中在"宪法之自治"一项中,明列行政、议政、审判、考试及监察等五目,五权宪法轮廓初现。④此时,五权宪法思想尚处于孕育中,已初具雏形,需要时机方可成形。

1906 年 11 月 15 日,孙中山在东京会见俄国社会革命党首领该鲁学尼等人时指出,"希望在中国实施的共和政治,是除立法、司法、行政三权外还有考选权和纠察权的五权分立的共和政治。……分立五权,创立各国至今所未有的政治学说,创建破天荒的政体"⑤。同年 12 月,孙中山在东京《民报》周年纪念会上发表了题为"三民主义与中国民族之前途"的演讲,首次将他的五权宪法思想公之于世。孙中山说,他考察了各国宪法,英美各国的制度或不能学或不必学,将来中华民国的宪法,要新创一种"五权分立"制度,即在西方通常的立法、行政、司法三权之外又加两权——考试权和纠察权(后改为监察权)。考试权是设立独立的机关,对大小官吏进行考试,考试合格,方可确定官吏的资格;纠察权是设立独立机关,负责监督弹劾国家官吏。其后,孙中山等人制定的《军政府宣言》规定,实现三民主义和五权宪法的措施及步骤应分为军法之治、约法之治、宪法之治三个时期。⑥ 此宣言还指出:"今者由平民革命以建国民政府,凡为国民皆平等以有参政权。大总统由国民公举。议会以国民公举之议员构成之。制定中华民国宪法,人人共守。敢有帝制自为

---

① 卢仲维:《孙中山"五权宪法"思想渊源之探讨及评价》,中国孙中山研究学会编:《孙中山和他的时代——孙中山研究国际学术讨论会文集》,中册,北京,中华书局,1989 年,第 1053 页。

② 孙中山:《在广东省第五次教育大会上的演说》,《孙中山全集》,第 5 卷,北京,中华书局,1985 年,第 559 页。

③ 郭星:《百年中国法制建设的启示》,《柳州职业技术学院学报》2006 年第 2 期。

④ 阙英:《简述孙中山的五权宪法思想》,《政法论丛》2003 年第 4 期。

⑤ 孙中山:《与该鲁学尼等的谈话》,《孙中山全集》,第 1 卷,北京,中华书局,1981 年,第 319—320 页。

⑥ 王祖志:《孙中山五权宪法思想研究新见》,《法学研究》1999 年第 4 期。

者,天下共击之。"① 1910 年初,孙中山同旧金山致公堂《大同日报》主笔谈话,谈论中国古代的监察权和考试权的利弊,认为监察权为"此数千年制度可为世界进化之先觉",考试权为"此予酌古酌今,为吾国独有,而世界所无也",然而"祖宗养成之特权,子孙不能用,反醉心于欧美,吾甚耻之"。② 孙明确提出,要将此二权加入宪法之中,以补西方制度之弊端,"吾今主张五权分立制以救三权鼎立之弊……异日吾国果能实行此制,当为世界各国所效法焉"③。

1912 年南京临时政府成立,孙中山希望临时参议院在制定《中华民国临时约法》时能体现五权分立的原则,无奈多数议员并不理会,加之时间仓促,临时约法所确定的基本上是欧美的三权分立原则,以致孙中山日后颇为不满地评论说,在南京定出的临时约法中,只有"中华民国主权属于国民全体"那一条是他的主张,其余都不是他的意思。其后,在临时参议院制定《中华民国临时政府组织法案》时,孙中山建议要设典试院、察吏院、审计院、评政院等机构,但均未被接受。这说明此时的五权宪法思想尚难为世人所理解与接受。

1914 年 7 月,避居日本的孙中山组织中华革命党,从事反袁斗争。他亲拟的《中华革命党总章》,首次以文件的形式切实体现了五权宪法思想。其第二十六条表述如下:"凡属党员,皆有赞助总理及所在地支部长进行党事之责,故统名之曰协赞会,分为四院,与本部并立为五;使人人得以资其经验,备为五权宪法之张本。其组织如左:一、立法院;二、司法院;三、监督院;四、考试院。"④该党章还规定了各院的具体职权范围。1916 年 7 月 15 日,孙中山于在驻北京粤籍议员欢迎会上发表的《中华民国之意义》演讲中指出:"吾人今既易专制而成代议政体,然何可故步自封,始终落于人后。故今后国民,当奋振全神于世界,发现一光芒万丈之奇采,俾更进而底于直接民权之域。代议政体旗帜之下,吾民所享者只一种代议权耳。若底于直接民权,则有创

①　孙中山:《中国同盟会革命方略》,《孙中山全集》,第 1 卷,北京,中华书局,1981 年,第297 页。

②　孙中山:《与刘成禺的谈话》,《孙中山全集》,第 1 卷,北京,中华书局,1981 年,第444—445 页。

③　孙中山:《在杭州陆军同袍社公宴会上的演说》,《孙中山全集》,第 3 卷,北京,中华书局,1984 年,第 347 页。

④　孙中山:《中华革命党总章》,《孙中山全集》,第 3 卷,北京,中华书局,1984 年,第 100 页。

制权,废制权,退官权。但此种民权,不宜以广漠之省境施行之,故当以县为单位……"①他在政府之五个治权外,又增加了人民行使民权的四权。虽然权能区分理论尚未提出,但于"政权"与"治权"并重的理念,已有初步轮廓。当月,孙中山在上海的一次茶话会上,向各社会名流、新闻记者等发表演说,首次提出了直接民权的主张,论及国民大会及其组织和职权等问题,"三千县者各举一代表,此代表完全为国民代表,即用以开国民大会,得选举大总统,其对于中央之立法,亦得行使其修改之权,即为全国之直接民权"②。1916 年7 月 20 日,孙中山在《在沪金星公司等欢送两院议员会上的演说》中表示:"当此新旧潮流相冲之日,为调和计,当平心静气博取兼收,以使国家发达。今以外国输入之三权,与本国固有之二权,一同采用,乃可与世竞争,不致追随人后,民国庶几驾于外国之上也。"③同年,孙中山在杭州陆军同袍社公宴上发表演说,明确指出弹劾、考试"二种制度,在我国并非新法,古时已有此制,良法美意,实足为近世各国模范"④。这一系列讲话表明,孙的五权宪法思想即是兼收并蓄、中外合璧,以使中国政制走在世界前列。

1917 年,孙中山又继续完善其直接民权思想,提出了"民有选举官吏之权,民有罢免官吏之权,民有创制法案之权,民有复决法案之权,此之谓四大民权也"⑤。孙中山在 1917—1919 年制定的《建国方略》中,不仅详细阐明了五权要义,并进一步提出,要通过设立五院制(即行政院、立法院、司法院、考试院、监察院)的政府来行使五权。⑥ 孙中山在 1919 年的《孙文学说(卷一)行易知难》中,第一次完整地提出了五院的名称、性质及其职权。⑦ 伴随着革命斗争的发展,孙中山的五权宪法思想不断地得到丰富和完善。

---

① 孙中山:《在沪尚贤堂茶话会上的演说》,《孙中山全集》,第 3 卷,北京,中华书局,1984 年,第 323 页。

② 孙中山:《在沪举办茶话会上的演说》,《孙中山全集》,第 3 卷,北京,中华书局,1984 年,第329—330 页。

③ 孙中山:《在沪金星公司等欢送两院议员会上的演说》,《孙中山全集》,第 3 卷,北京,中华书局,1984 年,第 332 页。

④ 孙中山:《在杭州陆军同袍社公宴会上的演说》,《孙中山全集》,第 3 卷,北京,中华书局,1984 年,第 346 页。

⑤ 孙中山:《建国方略》,《孙中山全集》,第 6 卷,北京,中华书局,1985 年,第 412—413 页。

⑥ 冀满红、白文刚:《孙中山五权宪法思想及其实践》,《史学月刊》2002 年第 5 期。

⑦ 王祖志:《孙中山五权宪法思想研究新见》,《法学研究》1999 年第 4 期。

　　1922 年,孙中山发表《中华民国建设之基础》一文,首次阐明了"权能分开"的设想,指出:"政治主权在于人民,或直接以行使之,或间接以行使之。其在间接行使之时,为人民之代表者或受人民之委托者,只尽其能,不窃其权。予夺之自由仍在人民。"①1923 年"猪仔议员"事件发生,孙中山更看到现存政制的弊端,决心要用五权分立"来济代议政治之穷,亦以矫选举制度之弊"②。1924 年,决心"以俄为师"的孙中山思想出现新的转变,五权宪法思想"也随之跃进到一个崭新阶段"③。1 月 27 日他在广东高等师范学校做三民主义演讲,进一步阐发了"权能分治"理论,"把国家的政治大权分开成两个:一个是政权,要把这个大权完全交到人民的手内,要人民有充分的政权,可以直接去管理国事,这个政权便是民权;一个是治权,要把这个大权交到政府的机关之内,要政府有很大的力量,治理全国事务,这个治权,便是政府权"④。同年通过的《国民政府建国大纲》,开宗明义地表示,"国民政府本革命之三民主义、五权宪法,以建设中华民国"⑤。五权宪法思想体系如清秋之果树,终于成熟。1924 年 11 月下旬,已是沉疴缠身的孙中山先生在接见日本长崎的记者时满怀信心地宣称:"中国将来是三民主义和五权宪法的制度。"⑥

　　一些先前不理解和不接受五权宪法的人,后来逐渐了解孙中山的设想,成了其理论的鼓吹者和主要实践者,其中以王宠惠最为典型。南京国民政府的五院制度,就是胡汉民、王宠惠、吴经熊等人根据五权宪法思想设置构造的。⑦

　　孙中山非常重视五权宪法,常常把它与三民主义并提,三民主义和五权宪法被他视为建国方略,是建设现代法治国家的基础。1925 年孙中山在临

---

　　① 胡汉民主编:《总理全集》,第 1 集,上海,上海民智书局,1930 年,第 1027 页。

　　② 参见周松柏《孙中山"五权宪法"与整顿吏治》,《贵州民族学院学报(哲学社会科学版)》2000 年第 1 期。

　　③ 王祖志:《孙中山五权宪法思想研究新见》,《法学研究》1999 年第 4 期。

　　④ 阙英:《简述孙中山的五权宪法思想》,《政法论丛》2003 年第 4 期。

　　⑤ 周松柏:《孙中山"五权宪法"与整顿吏治》,《贵州民族学院学报(哲学社会科学版)》2000 年第 1 期。

　　⑥ 卢仲维:《孙中山"五权宪法"思想渊源之探讨及评价》,中国孙中山研究学会编:《孙中山和他的时代——孙中山国际学术讨论会文集》,中册,北京,中华书局,1989 年,第 1053 页。

　　⑦ 张仁善:《论中国近代法律精英的法治思想》,《河南省政法管理干部学院学报》2006 年第 1 期。

终前,仍然念念不忘他的五权宪法,对汪精卫说:"死生常事,本无足虑,但数十年为国奔走,所抱主义终未完全实现,希望诸同志努力奋斗,使国民议会早日成立,达到三民、五权之主张,则本人死亦瞑目。"①

五权宪法思想乃孙中山毕生坚持和追求之理想。细究其产生过程,既有其特定的历史背景,又显示出孙中山独特的见识与思考。五权宪法的孕育和产生,不是孙中山拾人牙慧、步人后尘的结果,乃是他独辟蹊径,融汇中西法律文化,大胆创新的成果。"余之谋中国革命,其所持主义,有因袭吾国固有之思想者,有规抚欧洲之学说事迹者,有吾所独见而创获者。"②他认为要集合中外的精华,防止一切的流弊,便要采取外国行政权、立法权、司法权,加入中国的考试权、监察权,造成五权分立的政府。

五权宪法的产生不是空穴来风,它有极其深刻的社会原因。五权宪法是19世纪末20世纪初期中国各种矛盾激化的产物,有深刻的政治和经济渊源,是思想领域内谋求中国生存发展的一块试金石。它借鉴了古今中外的优秀文化遗产,顺应了中国要求国家独立和富强的需要,逐步形成并不断完善、充实。

在1840年的鸦片战争中,英国凭借炮舰轰开了古老中国的大门。从此,西方列强闯入了中国这所曾经富丽堂皇但已衰败的老屋里,与晚清王朝签订了众多的不平等条约,攫取了诸如协定关税、领事裁判权、片面最惠国待遇等特权,严重破坏了中国的主权独立和领土完整。

伴随着政治侵略的是西方资本主义蚕食般的商品与资本的渗入,一方面破坏了中国原有的小农经济,另一方面催生了中国民族资本主义。甲午战争后中国民族危机加深,民族资本家也登上了政治舞台,涌现了一些革命家和思想家,如孙中山、宋教仁、章太炎等。他们为救亡图存展开了一系列革命斗争。孙中山的五权宪法思想正是对乱世中国做出的一种积极反应,"法律是一种政治措施,是一种政策"③。以孙中山为代表的革命党人在建设中华民国的过程中,提出了"首重法律"的建国方针,希望未来的国家要通过法律

手段来重新整合晚清统治者留下的破败的社会局面,进行社会秩序的构建。

五权宪法思想虽涵盖古今中外,但其主要来源是欧美近代法律体系与思想。辛亥革命后自欧洲返回国内的孙中山发表演说称:"取欧美之民主以为模范,同时仍取数千年前旧有文化而融贯之。"①孙中山所受的教育多是西式教育,他阅读了大量西方典籍,西方的政治思想和文化对他影响至深。相比之下,中国古代政治制度对他的影响是微小的。孙中山自述称,他家境不富裕,没有学习八股文参加科举以博取功名的想法。广州起义失败后,孙中山在流亡各国的过程中,更加注意考究西方各国的政治制度,尤其是各国宪法,以改进自己的革命策略。建立资产阶级民主共和国是孙中山一生的追求,而民主共和国正是近代西方的产物,已有较完善的思想体系与正当架构。孙中山以西方为榜样,构建自己独特的理论形态。他自述通过在欧美各国的游历,经验与智识日进,了解了西方文明,且不论立宪主义还是自由主义,皆产生于英法意诸国,而中国国民的文明意识远落后于西方。

孙中山首先接受了自法国大革命时倡,后来在西方国家广泛流传的"自由、平等、博爱"思想,并亲力提倡:"我等今日与前代殊,于驱除鞑虏、恢复中华之外,国体民生尚当与民变革,虽纬经万端,要其一贯之精神则为自由、平等、博爱。故前代为英雄革命,今日为国民革命。所谓国民革命者,一国之人皆有自由、平等、博爱之精神,即皆负革命之责任,军政府特为其枢机而已。"②"自由、平等、博爱"是孙中山的一贯主张,也是其宪政思想的基本内容。南京临时政府成立后,孙中山以临时大总统的身份发布一系列以"自由、平等、博爱"为宗旨的法律、法令,废除各种封建专制的法律,确保人民的平等权利,推进法治建设,还提出了五族共和的平等思想。

欧美三权分立学说是孙中山五权宪法思想的"主要源头"。三权分立滥觞于洛克,明确于1748年法国孟德斯鸠发表的《论法的精神》,后来在美英等国付诸实践。三权分立学说被近现代资本主义国家奉为圭臬,它是指行政、立法、司法三权各自独立而又相互制衡。1787年美国采用三权分立原则,制定了世界上第一部资产阶级成文宪法。后来的发展历程也证明,美国是推行

① 孙中山:《在欧洲的演说》,《孙中山全集》,第1卷,北京,中华书局,1981年,第560页。
② 孙中山:《中国同盟会革命方略》,《孙中山全集》,第1卷,北京,中华书局,1981年,第296页。

三权分立最完善的国家，因而美国的政治制度也备受孙中山的推崇，美国被他称为“世界共和的祖国”[①]。孙中山一生曾五次旅居美国，广泛而深入地考察了这个民主国家的政治制度。他非常羡慕这个“民有、民治、民享”的国家，对美国的共和制度更是情有独钟，表示未来革命成功之日，将效法美国选举总统，废除专制，实行共和。孙中山青睐美国的共和制度，决心按照美国的模式来“缔造我们的新政府”[②]。

但随着时代的前进，再美妙的制度也不能完全适应变化了的社会。最初的三权分立已不能适应经过一百年发展的新社会、新环境。美国和其他资本主义国家一样，政治制度上出现了很多明显滞后的弊端，需要输入新鲜血液，进行改良和完善。孙中山慧眼观察到了 19 世纪末 20 世纪初期美国政治的诸多缺陷。美国官吏有选举和委任两种，“就选举上说，那些略有口才的人，便去巴结国民，运动选举；那些学问思想高尚的人，反都因讷于口才，没有人去物色他。所以美国代表院中，往往有愚蠢无知的人夹杂在内，那历史实在可笑。……所以美国政治腐败散漫，是各国所没有的”[③]。而且选举还受家族、经济、财产状况等因素的影响，委任无法避免“盲从滥举，任用私人”的流弊。孙中山还提出美国没有独立的纠察权，这样容易形成议会专制的局面，“比方美国纠察权归议院掌握，往往擅用此权，挟制行政机关，使他不得不頫首总命，因此常常成为议院专制”[④]。“照正理上说，裁判人民的机关已经独立，裁判官吏的机关却仍在别的机关之下，这也是论理上说不过去的，故此这机关也要独立。”[⑤]

怎么样解决美国等资本主义国家出现的这些弊端呢？孙中山将目光转向了中国古代的典章制度。虽然他青少年时期在海外学习与生活时间较长，所受的中国古典文化熏陶较少，但从海外回国的孙中山，花了不少时间熟悉

---

① 孙中山：《在东京中国留学生欢迎大会的演说》，《孙中山全集》，第 1 卷，北京，中华书局，1981 年，第 281 页。

② 孙中山：《中国问题的真解决》，《孙中山全集》，第 1 卷，北京，中华书局，1981 年，第 255 页。

③ 孙中山：《在东京〈民报〉创刊周年庆祝大会的演说》，《孙中山全集》，第 1 卷，北京，中华书局，1981 年，第 330 页。

④ 孙中山：《在东京〈民报〉创刊周年庆祝大会的演说》，《孙中山全集》，第 1 卷，北京，中华书局，1981 年，第 331 页。

⑤ 孙中山：《在东京〈民报〉创刊周年庆祝大会的演说》，《孙中山全集》，第 1 卷，北京，中华书局，1981 年，第 331 页。

与了解中国历史文化,学习中国古籍典章。经过学习与熏陶,他从中国古代的考试权和监察权的运用中得到很大启发。在孙看来,有了这两权,西方三权分立会如虎添翼,威猛无比。

中国古代两权,犹如两条涓涓小溪,汇入西方三权的这个源流,共同铸成了孙中山五权宪法思想。1906年,孙中山先生谈论五权时,自豪地说:"考选制和纠察制本是我中国固有的两大优良制度,但考选制度被恶劣政府所滥用,纠察制度又被长期埋没而不为所用,这是极可痛惜……在我们的共和政治中复活这些优良制度……"①孙中山对中国古代的考选制度和监察制度的推崇溢于言表。他在论证中国古代监察制度时说,中国自唐虞起,就有左史记言、右史记事的传统,各朝的御史、大夫等官掌握监察权,他们官虽小而权重内外,认真负责,因而上自君相,下及微职,儆惕惶恐,不敢犯法。对于考选制度,孙中山认为,中国历代的考试制度保持了人才的流动,平民百姓通过公正的考试可以改变身份,这种方式就是平民政治。最重要的是这种考试制度使人才辈出,保持政权的流动性与活力。

进而,孙中山认为中国古代也存在"三权":"一是君权,一是考试权,一是弹劾权。而君权则兼有立法、行政、司法之权。考试本是中国一个很好底(的)制度,亦是很严重底(的)一件事。从前各省举行考试底(的)时候,将门都关上,认真得很,关节通不来,人情讲不来,看看何等郑重。……说到弹劾,有专管弹劾底(的)官,如台谏、御史之类,虽君主有过,亦可冒死直谏,风骨凛然。"②虽然孙中山对中国古代历史的看法有点简单,没有认识到实质上还是一权,但却抓住了古代考选权和监察权的核心所在。所以孙中山主张将中国古代君权中所包括的三权即行政、立法、司法三权分别独立出来,与考试权和弹劾权同样是独立的。这是他的民权思想的重要表现。孙中山认为考试权、监察权独立,是中国固有的东西。由此可见,五权宪法思想并不是纯粹的舶来品,而是融汇古今中外优秀思想文化的结晶。五权宪法思想发轫于欧美资产阶级三权分立学说,参酌中国古代典章制度,切合近代中国国情,并伴随孙

---

① 孙中山:《与该鲁学尼等的谈话》,《孙中山全集》,第1卷,北京,中华书局,1981年,第320页。

② 孙中山:《在广东省教育会的演说》,《孙中山全集》,第5卷,北京,中华书局,1985年,第493页。

中山的革命实践斗争，不断趋于完善。

19 世纪末 20 世纪初以来中国的具体国情和中国长期的政治传统，是孙中山五权宪法思想形成和完善的立足点。孙中山考察过英美等国宪法，认为各有其优点，各国国情不同，采取的政治策略也是不同的。中国与欧洲的社会不同，彼此的风土人情各不相同。中国人只能照自己的社会情形迎合世界的潮流去做，社会才可以改变，国家才可以进步。如果不照自己社会的情形而迎合世界的潮流去做，国家便要退化，民族便受危险。孙中山进一步解释说，宪法必须能适应中国风俗习惯，"三权为欧美所需要，故三权风行欧美；五权为中国所需要，故独有于中国。……中国人不能为欧美人，犹欧美人不能为中国人，宪法亦犹是也。适于民情国史，适于数千年之国与民，即一国千古不变之宪法"①。近两千年的封建专制统治在中国根深蒂固，中国没有民主政治的土壤，在中国推行民主政治无疑是异常艰难而痛苦的。他说，世界潮流的进化是由神权到君权，由君权到民权，近代世界的民主政治潮流不可逆转，中国只有顺应潮流，方能水载舟行，而不能逆流抵抗。

孙中山对自己所创造的五权宪法非常自豪，1921 年 4 月他在广东省教育会发表演说时说："五权宪法是兄弟所创造，古今中外各国从来没有的。……各国宪法只分三权，没有五权。五权宪法是兄弟所创。……以五权宪法为建设国家的基础。"②他还满怀信心地相信将来世界必将流行他的五权，"他日五权风靡世界，当改进而奉行之，亦孟德斯鸠不可改易之三权宪法也"③。豪迈、自信的伟大气魄，不拘泥成规、勇于创新的性格造就了孙中山这位历史伟人。

五权宪法是孙中山先生的独创，也是时势的产物。它顺应了当时的世界发展潮流和中国进步的社会思潮。仅从这点来看，它是具有极大进步意义的，体现了先进中国人救亡图存的愿望，是治疗千疮百孔的旧中国的一剂良药。虽然五权宪法在理论上存在不足，而且因中国复杂的社会历史状况在推行过程中有些变形，但它在中国历史上曾产生过一定的影响和进步的作用，

---

① 孙中山：《与刘成禺的谈话》，《孙中山全集》，第 1 卷，北京，中华书局，1981 年，第 444 页。

② 孙中山：《在广东省教育会的演说》，《孙中山全集》，第 5 卷，北京，中华书局，1985 年，第 486—497 页。

③ 孙中山：《与刘成禺的谈话》，《孙中山全集》，第 1 卷，北京，中华书局，1981 年，第 445 页。

我们应该公正地评价和肯定它。五权宪法具有重大的时代意义,它是民主主义革命的一座丰碑,是 20 世纪初期法制改革的高峰,代表了当时法制理念的最高水平。

二、五权宪法思想精义

(一)五权分立

孙中山在总结西方国家政治缺陷和中国历史经验的基础上,于 1906 年提出了"五权分立"的政治主张,发展了西方三权分立的学说,将中国近代国家政治制度设计推向了一个新的历史时期。

五权中立法、行政、司法三权之分立,源自洛克及孟德斯鸠。孙中山斟采西方三权分立的基础,吸收中国古代典章制度中的考选制度和监察制度,新创了五权宪法。"现今世界各文明国,大都三权鼎立。其实三权鼎立,虽有利益,亦有许多弊害,故鄙人于十年前即主张五权分立。何谓五权分立? 盖除立法、司法、行政外,加入弹劾、考试二种是已。此二种制度,在我国并非新法,古时已有此制,良法美意,实足为近世各国模范。"[①]这样的五权分立"可救三权鼎立之弊"。在孙中山的理想中,要把考试权从行政权中分立出来,以防止选举和任免制度的流弊,使得德才兼备的人才得到任用;把监察权从立法权中分出来,官吏枉法可以弹劾,以保证官吏真正成为人民的公仆。

孙中山对将来的民国政府寄予厚望,提出将来中华民国的宪法是要创一种新"五权分立"主义。这是一种破天荒的政体,不但是各国制度上所未有,就是理论上也不多见。五权分立学说的创立,在世界宪政学术史上确立了独树一帜的地位。对权力的分权制衡,三权分立学说的开山祖师洛克和孟德斯鸠都进行过论述:只有分权才可以避免专制,"如果同一个人或是由重要人物、贵族或平民组成的同一个机关行使这三种权力,即制定法律权,执行公共决议权或裁判私人犯罪或争讼权,则一切便都完了"[②]。孙中山理想中的五权,并不只是权力数目的无意义的增加,它和三权分立原则一样,一定程度上体现了权力的制约与平衡之原则,两者有异曲同工之妙。虽然五权分立借鉴

---

① 孙中山:《在杭州陆军同袍社公宴会上的演说》,《孙中山全集》,第 3 卷,北京,中华书局,1984 年,第 347 页。

② [法]孟德斯鸠著,严复译:《论法的精神》,上册,北京,商务印书馆,1981 年,第 155—156 页。

了孟德斯鸠"三权分立"说，但比三权分立要有些发展，要进步些，可以说是"青出于蓝而胜于蓝"。

孙中山的五权分立，即是政府的五个治权的分工负责，互相合作配合，行政权、立法权、司法权、考试权和监察权，各司其职，互相独立。如影相随的是五个享有这些权力的政府机关，即五院政体：行政院、立法院、司法院、考试院和监察院组成的中央政府。孙中山提出，政府替人民做事，具体要做五种工作，要分成五个部门去做。对这五个部门，孙中山是这样设计的：以县为自治单位，进行普通选举，由各县人民选举其县官，成为完全自治的国体。当各县达到完全自治时，再选举代表一人，组织国民大会，以制定五权宪法，以五院组成中央政府，即行政院、立法院、司法院、考试院、监察院。立法院由人民直接选举产生，各县人民选举代议士以组织立法院，负责制定和修改法律。行政院由选举产生的总统来组织，负责处理全国公共事务。司法院、考试院、监察院院长由总统征得立法院同意后加以委任，但三院院长不对总统、立法院负责。司法院执行法律，专门负责向国民大会弹劾各院失职人员。但如监察院人员失职，则由国民大会直接进行弹劾、罢黜。考试院行使考核权，国民大会和五院的职员，以及全国大小官吏，其资格皆由考试院决定。五院均对国民大会负责，国民大会的职责是专司宪法的修改以及裁判公仆的失职。有趣的是，孙中山把五个政府部门的分工合作比喻成蜂窝里的蜜蜂间的合作。他指出，建设一个国家好像是做成一个蜂窝，在窝内的蜜蜂，不许有损人利己的事，必要井井有条，彼此毫不冲突。

后来，孙中山又进一步明确五院的职权和相互关系，即中央统治权归国民大会行使，国民大会对中央政府官员有选举权、罢免权，对中央法律有创制权，有复决权。在行政方面，另外立一个执行政务的大总统，由全民选举产生。司法人员就是裁判官，司法、弹劾、考试三个机关都是独立的。此时孙中山的五权分立思想还未完全成熟，"权能区分"理论尚未发芽。这时的五权分立主要以三权分立为模型，以代议政治为根基，议会是国家权力机关，人民仅享有间接民权。"权能区分"理论成形后，孙中山以全民政治取代代议政治，五权成为政府的五大治权，要受人民的四大民权的制约。

孙中山并不主张如西方那样以制度的形式来限制国家机构的权力及

其官吏的权力,"孙中山先生创立五权宪法的初衷——五权相推而不抗衡"①。他寄希望于官吏的政治道德来实现政府的完美。无论从理论上还是从实践上看,这只是一种美好的空想而已。它只是借鉴了西方三权的表现形式而没有采纳其间的分权制衡,虽然五权宪法思想也包含了一定的分权和相互制约的思想,但从实质上讲,五权分立的特质不是分权。②

作为孙中山最富特色的宪政思想,五权分立的主张不仅影响了南京国民政府的立宪活动,同时对后来的南京国民政府的立宪活动产生了直接的影响。③

(二)权能分治

五权宪法对于近代公法学的贡献,就是采用民权主义的权能分开说,"五权是属于政府的权,就它的作用来说,就是机器权。一个极大的机器发生了极大的马力,要这个机器所做的功夫,很有成绩,便要把它分成五个做工的门径。民权就是人民用来直接管理这个大马力机器之权。所以四个民权,就可以说是机器上的四个节制。五权工作,要分成五个门径去做……。有了这些门径,才是万能的政府,才可以发生无限的威力"④。作为公法学的最新原则,五权宪法对于公法学的第二个贡献,就是民权主义的均权制度。

民权政治兴起于欧美资本主义国家,初期在反对封建制度上是有积极意义的。到19世纪末20世纪初期,西方发达资本主义国家发展到帝国主义阶段,社会矛盾进一步激化,政治出现了很多弊端,"在民权发达的国家,多数的政府都是无能的;民权不发达的国家,政府多是有能的"⑤。这个时期欧洲各资本主义国家的阶级矛盾非常尖锐,垄断资产阶级运用国家机器暴力压迫国内各阶层人民,引起人民对政府的反抗和不信任,工会运动非常活跃。孙中山认为,这是因为欧美实行的民权,权和能没有分开,人民所持的态度总是反抗政府的。中国要不重蹈欧美的覆辙,就要把权和能划分清楚,这样,人民就

---

①　转引自王贵松、邱远猷《善之路多崎途:五权宪法的理想与现实》,《首都师范大学学报(社会科学版)》2004年第6期。

②　邱恭志:《孙中山的五权宪法思想与三权分立说》,《华东船舶工业学院学报(社会科学版)》第1卷第3期,2001年9月。

③　田威:《中国近代宪政思想述略》,《人大研究》2005年第1期。

④　杨幼炯:《五权宪法之思想与制度》,上海,商务印书馆,1949年,第27页。

⑤　转引自阚英《简述孙中山的五权宪法思想》,《政法论丛》2003年第4期。

不致反对政府,政府才可以发展。

孙中山将西方三权分立说和中国古代两权熔于一炉,形成了具有中国特色的五权宪法理论。孙中山提出要权能分治,"如果仿效欧美,一定是办不通的","我们自己应该想一种新方法来解决这个问题","治理国家,权和能一定是分开的",①他认为这样的政府才能和谐发展。可以说,权能分治理论是孙中山五权宪法思想的内核。五权宪法也体现了孙中山三民主义思想的核心。权能分开的特色在于,把政权和治权分开,政权归人民大众,治权归政府,其核心在于维护"直接民权",即宪法必须保障人民直接管理国家的权利。五权宪法的理论精粹是权能分开。

孙中山把政治权利一分为二成政权和治权两种。"政"是指众人之事,集合众人之事的大力量,便叫作政权;"治"是管理众人之事,集合管理众人之事的大力量,便叫作治权。故在"政治"之中,包含两个力量,一个是管理政府的力量,一个是政府自身的力量。孙中山认为,要达到这两种力量的和谐,只有通过权能分开的途径,别无他法。他生动形象地将国家政权比喻为"一辆汽车",政府中的官吏就是一些汽车司机,"人民是汽车的主人","只要用钱雇他们来,便可以替自己来驾驶,替自己来修理"。② 因此他认为"民国的大事,也是一样道理,国民是主人就是有权的人,政府是专门家,就是有能的人"③。所以要权能分开,"讲到国家的政治,根本上要人民有权,至于管理政府的人,便要付之于有能的专门家"④。

所谓权能分治,即是把政权和治权分开。人民掌握"政权",包括选举权、罢免权、创制权、复决权的四大直接民权;政府拥有"治权",即通常所指的"五权":行政权、立法权、司法权、考试权和监察权。与此相呼应,中央政府实行五院制。孙中山认为,唯有这样,人民和政府的力量才可以彼此平衡。权能区分的原则是"政治主权在于人民,或直接以行使之,或间接以行使之。其在间接行使之时,为人民之代表者或受人民之委托者,只尽其能,不窃其权。予夺之自由仍在人民"。孙中山想通过这样的权能分治,达到"人民有权,政府

---

① 《孙中山选集》,下卷,北京,人民出版社,1981年,第731页。
② 《孙中山选集》,下卷,北京,人民出版社,1981年,第744页。
③ 《孙中山选集》,下卷,北京,人民出版社,1981年,第742页。
④ 《孙中山选集》,下卷,北京,人民出版社,1981年,第743页。

有能"的境地。中国若能够实行这种政权和治权,便可以成为一个民有、民治、民享的国家,破天荒地在地球上造成一个新世界。

五权宪法的核心是让人民大众享有"直接民权"的权利,这点区别于三权分立。三权分立的原则是制衡,五权宪法是权与能分立,前者是代议制的间接民主,后者是人民大众直接参政、议政,管理国家政府的"直接民主"。故孙中山理想中的五权宪法是资产阶级给民众极大权力的一种宪法,具有资产阶级领导的工农大众参加政治的联合政府的特色。

人民的四大直接民权,是孙中山吸收了瑞士宪法中规定人民选举权之外的创制权和复决权,以及美国西北地区宪法中人民的罢免权后创立的。孙中山认为,人民有了这四个权,才算是充分的民权;能够实行这四个权,才算是彻底的直接民权。若人民选举了官吏议员之后,便不再能够过问,这种民权是间接民权。间接民权就是代议政体,用代议士去管理政府,人民不能直接去管理政府。若要人民能够直接管理政府,便要人民能够实行这四个民权,才能叫作全民政治。

人民四大直接民权中,选举权与罢免权是人民管理政府官吏的权利。孙中山认为人民要有直接的选举权,选举官吏,选举代表参加国民大会,组成最高权力机关。同时,仅仅有选举权是不够的,人民不能够约束政府,还需要有罢免权,"选之在民,罢之亦在民","行政的官吏,人民固然要有权可以选举,如果不好的官吏,人民更要有权可以罢免"。①

至于创制权和复决权,孙中山指出,人民要做一种事业,要有公意,可以创订一种法律,或者立法院立了一种法律,人民觉得不方便,也有公意可以废除,这个创法废法的权便是创制权。对于复决权,孙中山是这样阐述的:"若是大家看到了从前的旧法律,以为是很不利于人民的,便要有一种权,自己去修改。修改好了之后,便要政府执行修改的新法律,废止从前的旧法律,在立法院中大多数议员通不过,人民可以用公意赞成来通过。"②人民也可以控制政府,如果政府是不好的,四万万人民可以实行"皇帝"的职权,罢免他们,收回国家的大权。

在孙中山的理想中,中华民国必须保证人民这四个权,而且人民的四大

---

① 《孙中山选集》,下卷,北京,人民出版社,1981年,第356页。
② 《孙中山选集》,下卷,北京,人民出版社,1981年,第356页。

直接民权也必须体现在中华民国的宪法中。民国元年制定的《中华民国临时约法》明确规定，"中华民国主权属于国民全体"，一定程度上体现了孙中山的民权主张。在孙中山看来，人民有了四大直接民权，就能"直接去管理国事"，"管理政治"，"管理政府"，真正成为政府的原动力，使政府的工作随时受人民指挥和监督。人民只有掌握和实行了管理官吏和法律的四大权利后，"才算是充分的民权"，"才算是彻底的直接民权"，才能称作"全民政治"和"人民有权"。

至于政府的治权，指的是国家机器的高效率性。孙中山认为，应当把国家政治大权中的治权完全交到政府的机关之内，要政府有很大的力量治理全国事务。治权就是指政府权，即立法、行政、司法、考试和监察五权。这五权分别由立法院、行政院、司法院、考试院和监察院来行使。孙中山在《五权宪法》一文中还绘制了一个"治国机关图"，来解释权能如何分开。

孙中山以为，只要政府真正落实上述五权，就可以产生无限的威力，做出伟大的事业，这样的政府才是"万能政府"。孙中山在主张人民有权、政府有能的同时，还寄望于"权"与"能"之间保持平衡，以保证民主之意，用人民的四个政权来管理政府的五个治权，那才算是一个完全的民权政治机关。有了这样的政治机关，人民和政府的力量才可以彼此平衡。只有做到彼此平衡，民权问题才算是真解决，政治才算是有轨道。孙中山的权能区分理论实际上是为"五权宪法"政体方案的合理性和可行性寻找根据。毛泽东高度评价五权宪法，认为它的权能分开理论突出了民权内容，"是和我们所说的人民民主主义或新民主主义相符合的"[1]。

"权能区分"具有鲜明的时代特色，它体现了孙中山在政体设计上不愿走西方的"老路子"，不落入窠臼，而是大胆创新，勇于开拓出一条新路来，抛弃陈旧的代议制，"造成一最新式的共和国"。从它的民主性来看，它达到了中国那个时代的顶峰，甚至类似于"无产阶级"的民主。[2] 从思想源流来看，权能区分理论继承了卢梭"主权在民"和与之相关的人民与政府的开明关系等思想，以及孟德斯鸠的分权学说，是两者的"混合"。

---

① 《毛泽东选集》，第 4 卷，北京，人民出版社，1985 年，第 1478 页。

② 李育民：《论孙中山的"权能区分"》，中国孙中山研究学会编：《孙中山和他的时代——孙中山研究国际学术讨论会文集》，中册，北京，中华书局，1989 年，第 1083 页。

由于时代的局限,权能区分不可避免地带上了那个时代的印痕,存在一定的缺陷。孙中山权能分治理论的局限性体现在它的矛盾性上:一方面,孙中山希望人民有权,来管理和约束政府;另一方面,他又有"人分三等"说,认为多数的中国人民是"不知不觉"的,还没有开化,需要政府来管理和教化。这种矛盾也决定了"权能分开"将来得不到彻底贯彻和施行的命运。孙中山把人民和政府的关系比作阿斗与诸葛亮、车主与车夫的关系。孙中山把人民比作阿斗,认为组成政府的官员要是诸葛亮般的能臣,而权力却要由阿斗来控制。人民大众虽无官员的能力,却控制着生死大权。人民要充分信任政府,支持政府工作。政府官员应当像诸葛亮效命阿斗一样为人民办事,不管他是大总统,是内阁总理,还是各部总长,人民都可以把他们当成汽车夫。在地位上,人民和政府是主从关系,但在能力上是无能与有能的关系。毫无疑问,孙中山并没有看到人民的伟大力量。他将人分为三种,第一种是先知先觉,第二种是后知后觉,第三种是不知不觉。前两种人是有能的,可以行使治权,后一种人是有权的,可以行使政权。孙中山这样的分析,实际上剥夺了广大人民参加政府的权利,预先设计的人民直接民权实际被架空。

尽管如此,权能区分理论仍然是五权宪法思想的重要部分,是孙中山的独创性理论,具有十分积极的意义。孙中山的权能区分理论中如何建设一个"有能"的政府部分,为近代国家如何既民主又能保证政府高效运作提供了科学思想,为世界各国在如何建设勤政、民主、高效的政府机构方面提供了新的思考。近世以来,世界各国都更加重视提高行政机构运转的效率,纷纷仿效"贤人政治"、"廉吏治国"、"专家治国"思想,政府机构不断迈向现代化。这种民主、科学、专业化、精英化的管理政府的思想,暗合了孙中山主张的由政治专门家来管理政治的"万能政府"思想。

列宁指出:"判断历史的功绩,不是根据历史活动家有没有提供现代所需求的东西,而是根据他们比他们的前辈提供了新的东西。"[①]对于孙中山及其五权宪法思想,我们应该本着这种精神来公正客观地评价。

---

① 中共中央马克思恩格斯列宁斯大林著作编译局编译:《列宁全集》,第 2 卷,北京,人民出版社,1984 年,第 150 页。

三、孙中山未能落实五权宪法

孙中山生前一直积极宣传五权宪法,并力图实践。在他所参与的一些重要文件中,孙中山都试图增加相关内容。1912 年 3 月 21 日颁布的《中华民国临时约法》规定,人民有任官考试之权,体现了孙中山的直接民权思想。1914年,《中华革命党总章》规定,除设立总理外,另成立由立法院、司法院、监督院、考试院组成的协赞会,以"使人人得以资其经验,备为五权宪法之张本"。成立政府时,"四院各成独立之机关,与行政部平行,成为五权并立"[①]。1920年 1 月制定的《中国国民党总章》明确规定,国民党是"以创立五权宪法为目的"的。[②] 1924 年 1 月,中国国民党第一次全国代表大会在广州召开,大会发表的《宣言》明确规定:"民权运动之方式规定于宪法,以孙先生所创立之五权分立为之原则,即立法、司法、行政、考试、监察五权分立是已。"[③] 1924 年 1 月通过的《国民政府建国大纲》第一条明确规定:"国民政府本革命之三民主义、五权宪法,以建设中华民国。"[④]

然而,孙中山的上述主张,多停留在宣传上。在他生前,国民党并未成为国家的执政党,他本人也未成为统一国家的领袖,而是一直在为国家统一奋斗。他没有全国政权,也没有机会来制定他理想中的宪法,全面落实其五权宪法的思想。

不仅没有制定宪法,孙中山在用五权分立思想来规划政府结构方面也并不积极,甚至有个奇怪的现象:1917—1925 年,孙中山曾先后三次在广东建立政权,分别是 1917—1918 年在广州建立的以孙中山为大元帅的中华民国军政府,简称"护法军政府",1921—1922 年在广州组建的以孙中山为非常大总统的中华民国政府,又称"广州正式政府",1923—1925 年在广州成立的以孙中山为大元帅的陆海军大元帅大本营政府,简称"大元帅政府"。这三个政府的组织构架,均没有采取"五权分立"原则,而多以军政府的方式行事,权力相当集中。这说明,可能孙中山本人也认为,落实五权宪法是需要一些前提

---

① 孙中山:《中华革命党总章》,《孙中山全集》,第 3 卷,北京,中华书局,1984 年,第 100 页。

② 孙中山:《中国国民党总章》,《孙中山全集》,第 5 卷,北京,中华书局,1985 年,第 401 页。

③ 荣孟源主编:《中国国民党历次代表大会及中央全会资料(上)》,北京,光明日报出版社,1985 年,第 17 页。

④ 孙中山:《国民政府建国大纲》,《孙中山全集》,第 9 卷,北京,中华书局,1986 年,第 126 页。

条件的。

1924 年 8 月，孙中山在广州以大元帅的身份颁布了《考试院组织条例》及《实施细则》，详细规定了考试院的组织体系和考试内容、方式等。此为孙中山生前对五权宪法最后的局部实践，为后来国民政府推行五院制提供了宝贵经验。

真正以五权思想指导政府设计与宪政的推行，是在南京国民政府成立之后。1928 年，国民党完成国家统一后，建立了五院制的国民政府，并以此作为中央政府的基本构架。同时，当局与法律界部分人士也力图完成一部基于孙中山理想的"五权宪法"。只是因为时局动荡，国民党内部也有相当阻力，故直到 1933 年，才由孙科主持、吴经熊执笔起草完成了《中华民国宪法草案初稿》。虽然这个草案所受的非议颇多，但它还是在一定程度上贯彻了孙中山的权能区分理想。1936 年国民党政府公布的"五五宪草"，取材于 1933 年宪法草案初稿的地方比较多。之后，在抗日战争胜利之后，在"五五宪草"的基础上，又通过了 1946 年宪法。

南京国民政府的五院制度，就是胡汉民、王宠惠等根据五权宪法思想设置的。谢瀛洲认为五院制国民政府的建立是"宪法史上的新纪元"。它"发扬五权宪法之蕴奥，树立宪政时代之楷模。……虽立法、司法、行政各院之组织，尚可因循旧制，只须于机构上略加变通。而考试监察院之设立，在历史上均为创作。故五院组织法中，尤以考试监察两院为难于配置与构造。然斯二者同为五院宪法之精华所凝聚也。"[①]

第二节　广州、武汉国民政府的尝试

一、广州国民政府

广州国民政府是在陆海军大元帅大本营政府基础上改建而成立的。陆海军大元帅大本营政府由孙中山等人于 1923 年 3 月在广州建立，是一个以

---

① 谢瀛洲：《起草五院组织法之贡献》，《大公报》，1928 年 9 月 11 日。

军事为主体的特殊政权,最初的目的在于对抗直系把持的北洋政府。

1924 年 1 月,孙中山在共产国际与苏联帮助下召开中国国民党第一次全国代表大会,完成了对国民党的改组,采取了联俄、扶助农工及与共产党合作的新政策,组建黄埔军校,发展军事武装,政治格局发生根本的变化。孙中山开始提出组建国民政府的主张。1924 年 1 月 20 日,孙中山在国民党一大开幕当天审查《组织国民政府之必要案》时,郑重提出"立即将大元帅府变为国民党政府"[①]。2 月 22 日,孙中山完成《国民政府建国大纲》并在广州公开发表,上海的一些报刊也转载刊登。该文对国民政府的组织、权限、步骤和方法都有明确阐述。然而时局所限,直到孙中山 1925 年 3 月去世,其组建国民政府的愿望也未能变为现实。

1925 年孙中山病重期间,国民党中央即拟将大元帅府改组为合议制的政府。孙中山去世后,国民党中央考虑成立正式政府,但直到该年 6 月平定了刘震寰、杨希闵势力之后,改组政府的时机才告成熟。6 月 14 日,国民党中央决定以中央政治委员会为改组政府的指导机关,正式启动将大元帅府大本营改组为国民政府的工作。此时,组建国民政府对于国民党来说有着重要的意义,它是国民党应对孙中山去世后形势发展的必然选择。一是原来的大元帅大本营是与孙中山联系在一起的,孙去世后,必须有新的政权架构。二是国民党决心与北京的段祺瑞政府对抗,必须有一个正式政府的名义。但是,国民政府在组建的过程中也遇到了阻力。孙中山北上时,任命胡汉民为代理大元帅,孙去世后,胡的地位受到挑战。汪精卫与廖仲恺、许崇智及苏联顾问鲍罗廷等人避开胡汉民,讨论布置了国民政府组建的各项工作。汪在未通知胡汉民的情况下,就将有关政府改组的文件交报纸发表,以致胡汉民愤怒地责问汪:"政府组织名单,原来已这样定了,我还没有知道,外面却宣布了。……我与你们之间,只就历史关系来说,也不应这样相欺。"[②]最后的结果是,汪精卫担任了国民政府主席与军事委员会主席,胡汉民被安排为外交部部长。胡以自己不懂外语而担任外交部部长"迹近玩笑"为辞,愤而离席。之后,汪、胡关系恶化,汪精卫等人利用廖仲恺遇刺案,将胡汉民逐出广东。

---

① 《中国国民党第一次全国代表大会会议录(第 2 号)》,中国第二历史档案馆编:《中国国民党第一、二次全国代表大会会议史料》,南京,江苏古籍出版社,1986 年,第 13 页。

② 胡汉民:《革命过程中之几件史实》,《三民主义月刊》第 2 卷第 6 期,1933 年 12 月 15 日。

为组建国民政府,国民党特制定了《国民政府改组大纲》和《国民政府组织法》,确定改组政府的基本方针。政府改组要以孙中山《建国大纲》作为指针,体现"以党治国"的原则。《国民政府组织法》明定政府要接受国民党中央执行委员会的"指导与监督"①,以三民主义为立法的指导思想与最高原则。在政府与人民的关系上,要体现权能分离的思想,使人民有权,政府有能,人民对政府官员有选举、罢免的权利,对政府的政策、法令有创制与复决的权利。政府机构的设置方面,要体现孙中山五权分立的原则,使行政、司法、立法、监察、考试诸权各自独立。1925年7月1日,国民政府正式建立。因建立于广州,后人常称其为"广州国民政府",以与日后在其他地方的国民政府相区别。

国民政府的最高行政机关为国民政府委员会,采取委员合议制,处理政务皆以会议方式行之。汪精卫、胡汉民、张静江、许崇智、廖仲恺、徐谦等16人为国民政府委员,并选举汪精卫为主席。下设外交部(部长胡汉民)、财政部(部长廖仲恺)、军事部(部长许崇智)和秘书处。另外,设立了大理院、监察院、惩吏院(后改名为"审政院")和军事委员会。其中大理院为司法机关,兼理司法行政事务;监察院为弹劾机关,职权是"监察国民政府所属各级官吏及考核税收用途之状况";惩吏院为行政法庭,"掌理惩治官吏事件"。监察院与惩吏院独立于国民政府委员会,而对国民党中央负责,体现了监察权独立的精神。军事委员会为军事统率机关。国民政府的架构比大元帅大本营进步很多,已经具有了行政、司法与监察等机构,是一个较完备的政权组织。但从其组织结构来讲,并未完全按照五权分立的原则来组建,没有独立的立法机构(在"以党治国"的原则下,国民党中央不仅指导政府,且实际起立法机关作用)和考试机关。行政机构设置的也仅是当时最需要的三个部门,之后又根据形势的发展与政务的需要,陆续增设了教育行政委员会、司法行政委员会、交通部及侨务委员会等机构。

国民政府宣布它的职责是履行孙中山的遗嘱,对外废除不平等条约,消灭帝国主义势力;对内开展国民革命运动,消灭地方军事势力。国民政府坚持"以党治国"的理念,用委员合议制取代一长制,实行集体负责,以全面贯彻

---

① 《国民政府组织法》,《(广州)国民政府公报》,第1号。

党的主张。国民党对国民政府的执政具有指导作用，"党治"的色彩十分明显。需要说明的是，国民政府建立过程中，苏联顾问起了重要的作用，鲍罗廷被聘为国民政府高等顾问，委员制的政府形式也有仿照苏联的影子。

国民政府建立之初，其实际管辖的范围较小，广东尚未统一。地方军事势力的存在，不仅严重影响政府行使权力与政令、军令的贯彻执行，而且还威胁国民政府本身的安全。当时在广东境内的军事势力，主要有两支：在东江一带的陈炯明部与盘踞南路的邓本殷部。1925 年 9 月，国民政府决定进行东征与南征，武装驱逐陈炯明、邓本殷的势力，以统一广东，巩固政权。国民政府的东征军以蒋介石为总指挥，于 10 月初出师，先后攻克惠州、海丰、陆丰等战略要地，在 11 月初围歼陈军主力，胜利收复东江各地，随后全歼陈军残部。10 月底，国民政府任命朱培德（后改为李济深）为南征军总指挥，讨伐邓本殷。南征军一路进展顺利，先后攻克阳江、高州、廉州、钦州、雷州。1926 年 1 月，南征军渡海进攻海南岛，全歼邓本殷部。东征与南征的胜利，使国民政府完成了统一广东的事业，政权得以巩固，为治理广东、开展各项政务清除了障碍。

在此期间，与孙中山的广东革命政权保持联系的李宗仁等军人也完成了对广西全境的统一。1925 年 8 月初，国民政府命令李宗仁等负责办理广西军政、财政事宜。次年 1 月，汪精卫等受国民政府委托前往广西与李宗仁等见面，会商两广统一事宜。2 月，国民政府成立"统一两广特别委员会"，负责两广军政、民政、财政的统一。之后，召开两广统一会议。6 月，国民政府根据《省政府组织法》改组了广西省政府，任命黄绍竑为省政府主席，同时，将桂军改编为国民革命军第七军，由李宗仁任军长。至此，国民政府完成了对两广的统一。统一两广，扩大有效管辖区域，是国民政府最重要的成就之一。

国民政府建立后，在外交上坚持以"废除不平等条约"为目标。外交部部长胡汉民上任不久即发表《为废除不平等条约告世界各国人民书》，明确指出"不平等条约存在一天，中国决不能使国内澄清"。他还说明，国民政府将注重国民外交，在纵的方面联合以平等待我之国家，在横的方面联合不赞成帝国主义之平民。[①]国民政府针对外国在华的不同态度，在对外交涉中采取区

---

① 《胡汉民关于外交方针的演讲》，《广州国民日报》，1925 年 7 月 12 日。

别对待的原则,争取一些国家的支持与同情,主要打击顽固坚持帝国主义立场的英国。

军政的统一是国民政府的另一项主要成就。孙中山在其革命生涯中多次联合各种军事实力派。国民政府建立前,在广州的众多军队来自不同地方,派系明争暗斗,各自为政,不仅军令无法统一,各军有时还为害地方,强行索饷。国民政府特设军事委员会,宣布整顿军队的方法,严明军纪,以整顿军队,谋军政统一。1925 年 8 月 4 日,许崇智、谭延闿、朱培德等各军将领通电,各自解除其地方色彩军队的总司令职,将军权交国民政府。而后由国民政府宣布统一编成国民革命军第一至第五军,分别由蒋介石、谭延闿、朱培德、李济深、李福林任军长。此后,又将程潜、李宗仁、唐生智所部增编为国民革命军第六至第八军。在各军中设党代表与政治部,以增强党对军队的领导,并由苏联顾问进行辅导。所有这些,改变了军令混乱的局面,基本上将军队置于国民党的领导之下,国民政府的军令基本实现了统一。

国民政府在整理财政方面做了大量的工作,其措施包括:建立财政预算制度,力求做到政府的收支平衡;统一政府财政收支,所有收入归财政部统辖支配,各军、各团体不得干涉;统一税则,取消苛捐杂税,打击走私偷税行为;建立国民银行,统一币制,改善金融信贷,发行公债,吸引外资;谋求关税自主;等等。通过以上的治理整顿,国民政府的财政状况有了很大改善,收入快速增长。国库收入方面,1927 年 7 月为 97 万元,10 月增至 361 万元,11 月又上升至 383 万元。[①]财政收入的增加,稳固了国民政府的施政基础。

国民政府着力于行政改革,尤其是理顺国民政府与省、市、县地方政权的关系,加强对地方政权的领导。首先是废除省长公署等旧有行政组织,设立省政府、市政府、县政府。规定省政府是地方政权最高行政机关,以省务会议处理全省政务,下设民政、财政、教育、建设、商务、农工、军事 7 厅;市政府是城市政权机关,以市政委员会处理政务,下设财政、工务、公安、教育、卫生 5 局;县政府是县级最高行政机关,县政府下设民治、警卫、教育、实业、工务、财政各局,县长由省政府任命。统一广东后,国民政府还将广东划为广州、北江、东江、西江、南路和海南 6 个行政区,由国民政府任命的行政委员统率各

---

① 《政府财经现状及将来计划》,《广州国民日报》,1926 年 1 月 4 日。

县县长处理行政事务。

在实际执政中,国民政府支持广东地区的工农运动,尤其是对省港大罢工给予了支持与援助;设立监察机构,颁布《惩治官吏法》,规定对渎职与违法官吏给予不同程度的处分,对县长等官吏实行甄别考试,以澄清吏治;注重发展生产,救济失业者,除盗安民等。

国民政府的施政取得成功,不仅稳定了广东根据地,而且统一了军政、民政与财政,各项事业有了长足的发展。1926 年 5 月间,国民政府审时度势,做出了北伐的决定。国民革命军誓师北伐,旨在讨伐北洋派系,统一全国。北伐军一路进展顺利,至 10 月攻占武汉。其势力已经从珠江流域扩大到长江流域。

为适应迅速发展的形势,国民党中央执行委员与各省区执行委员在广州举行联席会议,通过了《国民政府发展案》,提出国民政府的地点"应视其工作所在地而决定之"。11 月 26 日,国民党中央政治会议决定短期内将国民政府迁往武汉。国民政府从 12 月 5 日起停止在广州办公,国民政府委员分批北上。至此,广州国民政府宣告结束。

广州国民政府存在的时间仅一年半,所实际管辖的区域局限于两广,但其历史意义不可低估。它是第一个由国民党完全主导且提出并落实了"以党治国"理念的政权,其理念、政府机构的设置与施政,都为之后的国民党政权提供了经验。

二、蒋介石与迁都之争

广州国民政府期间,国民党政权内部权力结构的一个重要变化,就是蒋介石的崛起。

国民党一大时,蒋介石并未被孙中山列入权力核心——中央执行委员之中,但蒋创办黄埔军校,黄埔学生军在平定叛乱、统一两广的过程中功勋卓著,使蒋的地位逐渐上升。"廖案"之后,胡汉民、许崇智被逐,蒋介石在汪精卫与苏联顾问的支持下逐渐掌握了军权。1926 年 3 月"中山舰事件"后,汪精卫出走,蒋介石在国民党内的地位进一步上升。北伐战争开始后,国民政府任命蒋介石为国民革命军总司令,颁布《国民革命军总司令部组织大纲》,规定总司令兼任军事委员会主席,统辖陆、海、空各军并对国民党与国民政府负军事上的完全责任。

随后北伐军由南向北不断推进,势如破竹。9月初,北伐军占领汉阳与汉口,10月初,攻克武昌,11月初,攻占南昌,革命浪潮层层向北递推,革命中心也随之北移,革命指挥中心国民政府的去向问题也日益凸显。广州虽是中国革命的发源地,但偏于中国南部,对战争的指挥有鞭长莫及之嫌。

9月9日,蒋介石准备入赣指挥战争,首先提出了迁都问题:"恐武汉政治发生问题。乃电张主席人杰、谭主席延闿,请'政府常务委员,先来武汉,主持一切,应付大局'。"[①]11月19日又电催中央:"请速迁武昌,曰'中央如不速迁武昌,非特政治党务,不能发展,既新得革命根据地,亦必难巩固!'"[②]国民政府迁至武汉的确有利于战争的指挥和控制,但蒋介石提议迁都武汉,也有其个人目的:第一,控制国民政府和国民党中央,遏制中共势力发展。蒋介石在8月30日的日记中记:"我军虽获大捷,而前后方隐忧徒增,共产党在内作祟,非使本党分裂与全军崩溃而不止,遍地荆棘,痛苦万分!"[③]第二,遏制唐生智权力膨胀。北伐军前敌总指挥唐生智在两湖战争中大大扩展了自己的势力,掌握了湖南、湖北的军事政治大权,蒋介石感到对唐难以控制,而迁都武汉可削弱唐生智的权势。第三,阻止汪精卫回国。当时国民党内"迎汪复职"呼声日炽,蒋介石担心汪精卫的回归威胁自身,而提议将国民政府迁往武汉,这样能够分散南方"迎汪"力量,从而达到阻止汪精卫复出之目的。

随着战争的推进,特别是江西区域的占领,武汉得到了有效的屏障,迁都武汉变成一种必然,也得到了越来越多政治要人的支持。1926年11月16日国民政府派宋庆龄、孙科、宋子文、徐谦、陈友仁、鲍罗廷等为迁汉调查委员,经韶关、南昌赴武汉做考察和布置。十天后,国民党中央政治委员会做出国民政府迁都武汉的决定。

首批赴汉的宋庆龄等一行人于12月10日抵达武汉,国民政府各部亦已到达,但国民党中央党部尚未迁到,所以各委员面临无指导机关,无法办事的局面,而在广州的中央党部和国民政府已于12月5日宣布停止办公,如武汉

① 王宇高、王宇正主编:《困勉记》,1927年9月9日,台北,2012年,第67页。
② 王宇高、王宇正主编:《困勉记》,1927年11月19日,台北,2012年,第77页。
③ 王宇高、王宇正主编:《困勉记》,1927年8月30日,台北,2012年,第66页。

亦不能办事,则国民党的中央政府势将中断,不但办事困难,且会发生政治危险。因此,先期赴汉的国民党中央和国民政府委员召开谈话会商议办法,一致认为在国民党中央与国民政府未完全迁移到武汉办公之前,必须建立临时的机构负起责任,以免政治停顿。他们遂将谈话会改为"中国国民党中央执行委员与国民政府委员临时联席会议",决定联席会议在国民党中央执行委员会政治会议未在武汉开会以前,执行最高职权。12 月 13 日,联席会议正式通电成立,主要成员为徐谦、吴玉章、孙科、宋庆龄、陈友仁、鲍罗廷等,以徐谦为主席,叶楚伧为秘书长。蒋介石在南昌得到电报后,认为联席会议的设定非常必要,并复电赞成此举。

12 月 11 日,谭延闿、顾孟余、何香凝、丁惟汾等率随员数百人组成的第二批成员从广州北上,到达韶关后,分为两路,各部职员经湖南直接前往武汉,部分中央委员与国民政府委员则经赣州于 12 月 31 日到达南昌。武汉联席会议得知此消息,宣布国民政府于 1927 年 1 月 1 日在武汉开始办公。至此,历时月余的国民政府迁移工作,接近完成。

然而,正当迁都工作紧锣密鼓地进行之际,蒋介石却出尔反尔,阻止在南昌的第二批北上的部分中央委员和国民政府委员前往武汉。1927 年 1 月 3 日,蒋介石在南昌召开政治会议,决定中央党部与政府暂驻南昌,理由是"思党务有所补救也"[①]。会后,蒋介石还命令已在武汉的中央委员和国民政府委员折往南昌。蒋介石从极力提议迁都武汉转而要求暂驻南昌,是因为此时他的势力在南昌已扎稳脚跟。"江西地区处在蒋介石嫡系军队的控制之下,南昌已成为右派的巢穴。"[②]很显然,蒋介石希望将国民政府和中央党部迁至南昌,从而置于自己的掌控之下。蒋原希望迁都武汉能抑制共产党与唐生智的势力,而后的发展证明蒋的期望落空了。

蒋介石出尔反尔,从要求迁都武汉转而要求迁都南昌,不仅违背国民党与国民政府的决议,且阻挠实际进程。这不可避免地遭到众人的反对和抵制,"迁都之争"由此而起。

在武汉和南昌为迁都僵持不下之时,蒋介石于 1927 年 1 月 11 日赴武汉,以考察武汉形势,调解与武汉方面的分歧,同时也有说服武汉要人迁都南

---

① 《蒋介石日记(手稿本)》,1927 年 1 月 3 日,美国斯坦福大学胡佛研究所档案馆藏(下略)。
② 吴玉章:《吴玉章回忆录》,北京,中国青年出版社,1978 年,第 138 页。

昌之意图。但此行的结果使蒋介石感到更大的挫败,认为自己受辱甚重,萌生驱逐鲍罗廷之心。12日晚宴会时,鲍罗廷警告蒋:"如果有压迫农工反对CP的这种事情,我们无论如何,要想法子来打倒的!"鲍罗廷还指责蒋祖护张静江等人,丧失革命精神。此番话语,使蒋感到十分难堪,受到重大打击,甚至想到自杀。蒋在1月12日的日记中记:"席间受辱被讥,生平之耻,无踰于此。"①次日又记:"昨晚忧患终夜,不能安眠。今晨八时起床,几欲自杀,为何革命而欲受辱至此。"②

蒋介石武汉之行不仅未达到目的,反而受辱,返回途中过九江时对程潜说,他与鲍罗廷已是水火不容。1月27日,蒋与何香凝、戴季陶、顾孟余谈话,提议驱逐鲍罗廷:"余必欲去鲍罗廷顾问,使政府与党部能运用自由也。"③但蒋介石的提议并未得到众人的响应。何香凝等认为驱逐鲍罗廷事关重大,"恐牵动大局,不敢决断"④。此时,英国报对蒋鲍之争幸灾乐祸,并趁机挑拨中苏感情,蒋认为如果一味坚持己见,"适中帝国主义之计",决定暂忍耐一时,"故放弃主张,决将政府迁移武昌也"。⑤2月8日的会议上,蒋介石同意将国民政府迁至武汉。⑥

此时,武汉方面对蒋介石的声讨之势有增无减,"迎汪"、反对独裁等宣传让蒋介石感到委屈与愤怒:"汉口党部对静江、膺白攻击,对余指责,一般党员之跨党者煽惑播弄,使本党不安。牺牲一切,重负责任,反不见谅。欲放弃而革命失败,不放弃则必使个人失败。事至于此,虽欲不放弃而不得矣。"⑦蒋并认为,武汉联席会议所制定的《反革命罪条例》及各种宣传,完全是针对他的,因而又转趋强硬。武汉方面于2月21日召开扩大联席会议,并决定即日起结束武汉临时联席会议,由中央党部和国民政府分别在汉正式办公。武汉此番做法让蒋介石大为恼火:"见汉口联席会议通告国民政府与中央党部在武昌开始办公之电,不胜愤激。如此办法,尚有党纪乎?"蒋于23日下午在南

① 《蒋介石日记(手稿本)》,1927年1月12日。
② 《蒋介石日记(手稿本)》,1927年1月13日。
③ 《蒋介石日记(手稿本)》,1927年1月27日。
④ 《蒋介石日记(手稿本)》,1927年1月27日。
⑤ 《蒋介石日记(手稿本)》,1927年2月1日。
⑥ 《蒋介石日记(手稿本)》,1927年2月8日。
⑦ 《蒋介石日记(手稿本)》,1927年2月16日。

昌召开临时政治会议，"声明政府仍在南昌，照常办公，武汉不得另行办公"①，公开与武汉对抗。

蒋介石认为，造成如此局面的根源是鲍罗廷："本党之纠纷皆由鲍一人所起也，其言行横暴卑污，思之愤恨。"②"计毒极矣，鲍氏之肉，不足食也。"③他加速了驱逐鲍罗廷的步伐。2月下旬，蒋介石与维经斯基（即胡定康）会谈，请求共产国际撤回鲍罗廷，理由是鲍罗廷的行为"会破坏共产国际在中国和一切东方弱小民族心中的威信"，"会造成两个政府的危险方针"，提出只要撤回鲍罗廷，"政府任何时候都可以前往武汉"。④南昌方面并于 26 日向共产国际执行委员会致电，声明要求共产国际将鲍罗廷撤回。莫斯科方面的回复是支持鲍罗廷，并提出，"我们认为国民党中央对蒋介石的方针是正确的"⑤，对蒋的行为进行了否定。

随后，武汉方面召开二届三中全会，通过了一系列限制个人权力和提高党权的条例、议案，改选了国民党中央各机构成员和国民政府委员。蒋介石的权力受到限制，其在党政军等各方面的控制权均被剥夺，仅成为国民党中央和国民政府众多委员中的一名而已。

"迁都之争"以蒋介石要求驱逐鲍罗廷的失败和蒋以退为进、蓄力等待爆发告终。翼毛渐丰的蒋介石当然不甘心失败，他的立场迅速右转，与武汉党部及国民政府渐行渐远。

三、武汉国民政府

武汉国民政府是广州国民政府的延续，其主体结构、主要成员都承袭了广州国民政府，根据时局进展有所变化。

1926 年 11 月 26 日，国民党中央政治委员会鉴于北伐形势的发展，同意蒋介石的提议，做出将国民政府从广州迁都武汉的决定。1926 年 11 月 16 日

---

① 《蒋介石日记（手稿本）》，1927 年 2 月 23 日。
② 《蒋介石日记（手稿本）》，1927 年 2 月 24 日。
③ 《蒋介石日记（手稿本）》，1927 年 3 月 10 日。
④ 黄家猛：《蒋介石"驱逐鲍罗廷"事件研究》，《党史教学与研究》2011 年第 4 期。
⑤ 《联共（布）中央政治局会议第 87 号（特字第 65 号）》，中共中央党史研究室第一研究部编：《联共（布）、共产国际与中国国民革命运动（1926—1927）（下）》，北京，北京图书馆出版社，1998 年，第 118 页。

国民政府派出宋庆龄、徐谦、鲍罗廷等为迁汉调查委员赴武汉做考察,对迁都事宜进行布置。宋庆龄等人于 12 月 10 日抵达武汉。当时,国民政府各部亦基本到达,而国民党中央党部尚未迁到,党政机关面临"无指导机关,无法开始办事"的局面,情形有些混乱。而广州的中央党部和国民政府 12 月 5 日已经宣布停止办公,如不采取措施建立权力核心,在错综复杂的环境下将形成权力的真空,不但办事困难,且有很大危险。

为避免国民政府权力中断,已经抵达武汉的国民党中央和国民政府委员召开谈话会商议办法,认为必须建立临时的机构负起责任,以免政治停顿。他们决定建立"中国国民党中央执行委员与国民政府委员临时联席会议",在国民党中央执行委员会政治会议未在武汉办公以前,由临时联席会议"执行最高职权"。12 月 13 日,联席会议正式通电成立,主要成员为徐谦、吴玉章、孙科、宋庆龄、陈友仁、鲍罗廷等,以徐谦为主席,叶楚伧为秘书长。联席会议的成立,标志着国民政府由广州迁都武汉,开始办公行使部分职权。

联席会议首先确定武汉的重要地位,把武昌、汉口、汉阳划为"京兆区",定名"武汉",组织管理京兆区委员会,以国民政府的财政、外交、交通等部部长、汉口、武昌二市市长以及防军司令等九人为委员,管理京兆区。

然而,由于蒋介石将第二批从广州北上武汉的国民党与国民政府重要成员截留在南昌,挑起"迁都之争",国民政府正式在武汉办公的时间一再延迟。直到 1927 年 2 月 21 日,武汉临时联席会议举行最后一次会议,宣布联席会议从即日起结束,国民党中央党部和国民政府才正式在武汉办公。此时距国民政府在广州宣布停止办公已经有两个半月。

从广州到武汉,国民政府执政的内外环境发生了巨大的变化,为适应新形势,国民党中央于 1927 年 3 月 10 日至 27 日在汉口召开了二届三中全会,对国民党与国民政府的制度做出了重要调整。会前,蒋介石挑起"迁都之争"与被挫败的经验教训,使得国民党内的主流成员愿意推翻"中山舰事件"后国民党在"整理党务案"中排斥共产党人的决定,让中共党员参加国民党中央、国民政府等重要组织与活动。因而,二届三中全会的一些重要决定,实际上是在共产党人的积极参加下做出的。

二届三中全会的重要内容包括三个方面:

第一,废除了国民党中央常务委员会主席职务,改为实行常务委员集体领导制度,原中央常委会主席蒋介石的职务被剥夺。同时政治委员会主席一职也被废除,改为"由中央执行委员会全体会议指定 7 人为主席团",谭延闿的政治委员会代理主席职务亦不复存在。三中全会选举产生的国民党中央执行委员会常务委员会委员是汪精卫、谭延闿、蒋介石、孙科、顾孟余、谭平山、陈公博、徐谦、吴玉章等 9 人,政治委员会委员除以上 9 人当然入选外,按规定在中央执行委员和候补委员中推出的 6 人是宋子文、宋庆龄、陈友仁、邓演达、王法勤、林祖涵。以上两个机构中均有中共党员。

第二,通过《修改国民政府组织法》,改组国民政府领导机构。其中最重要的是废除国民政府主席职务,实行委员集体领导制。将过去"一人为主席"改为"五人为常务委员",国民政府发布命令由以往的主席及部长署名改为常务委员 3 人署名。

第三,修正《军事委员会组织法》,将军事委员会置于国民党中央执行委员会之下,切实体现"党主管军事"原则。军事委员会的组织废除了原设的主席职务,改为设主席团 7 人,其中必须有文职官员 3 人,一切决议或命令,须有主席团 4 人签名方为有效。规定国民革命军总司令仅是军事委员会的委员,原先具有的一些特殊职权实权被中止。将原隶属于国民革命军总司令部的总政治部升格为与总司令部并列,同为军事委员会的下属机构。规定团长以上军官的任免权收归军事委员会全体会议所有。

上述变更使武汉国民政府比之广州时期,更强化了"党政府"的色彩。《修改国民政府组织法》规定:"未经中央执行委员会议决之重要政务,国民政府委员无权执行。"国民党绝对居于政府之上,重大政策皆由国民党中央决定,国民政府只是执行机构。

武汉国民政府通过了一系列的法律、法令和条令,以推展政策。其中最重要的是《国民政府反革命罪条例》,规定:"凡意图颠覆国民政府,或推翻国民革命之权力,而为各种敌对行为者,以及利用外力,或勾结军队,或使用金钱,而破坏国民革命之政策者,均为反革命行为。"①反革命罪最重可判处死刑,并附加没收财产。

同广州国民政府一样,武汉国民政府有着明显的临时性,而且比广州时

---

① 转引自金钟《广州、武汉国民政府法律述论》,《民国档案》1991 年第 1 期。

期更明显。各项制度多是摸索草创。在忙于军事统一与北伐的时期,国民党本来就缺乏经验,既无暇全面规划,又少专门人才,不可能有足够的时间与空间来集中精力完善体制。因而政府各级部门并不完备,多是因事而设,或因人而设,并不停地增设裁并,加上要受国民党中央指导,导致权责不清。许多重大事件要设临时委员会来处置。最典型的是"中国国民党中央执行委员与国民政府委员临时联席会议"一度是最高权力机关,但却是无奈之举,其建立与行使权力没有可行的法律根据。在地方上,战区各省的政务委员会,均是临时性的地方政权,其设置、内部机构与权限都有随意性。

国民党二届三中全会的各项决议,是根据形势变化做出的,但从结果看,主要是限制了蒋介石等人的权力,对蒋有很大的刺激。某种程度上说,三中全会促使蒋介石等人加快了公开反共与对抗武汉的行动步伐。三中全会结束后半个月,蒋介石在军事上控制上海和江南区域之后,便开始了其蓄谋已久的"清党"运动,与共产党彻底决裂,在南京另立国民政府,与武汉政府分道扬镳。

1927 年 4 月 18 日,蒋介石在南京另立国民政府与国民党中央后,武汉国民政府的处境就变得困难起来。1927 年 8 月 25 日,武汉国民政府迁往南京,并入南京国民政府,史称"宁汉合流"。

第三节　南京国民政府的建立与训政制度的确立

一、南京国民政府的建立

在蒋介石发动四一二事变之前,国民党中央根据当时的形势,已经于1927 年 4 月 7 日做出了迁都南京的决定。4 月 13 日,汪精卫还就二届四中全会的会期致电南京。然而,四一二事变的消息传到武汉,迁都之事只能暂停。蒋介石等人要利用党的会议为其行动"合法化",他们于 4 月 14 日在南京召开部分中央执行、监察委员会议,坚持要于 4 月 15 日召开国民党二届四中全会。

4 月 15 日,由于在武汉的中央委员未到南京,无法凑够召开中央全会的基本人数,在南京的国民党中央执行、监察委员便改开"谈话会",商讨应付之道。就在这天的"谈话会"上,做出了重要的决定,要在南京另行建立国民政府,与武汉国民政府相对立。次日,胡汉民在"谈话会"上提议召开国民党中央政治会议,决定大政方针。由于中央政治会议的召开远比中央全会来得容易,成员组成也较为随意,胡汉民的提议实际上是要解决在多数中央委员未出席的情况下,建立南京国民政府的合法性问题,故得到在场者的通过。4月17日,由在宁部分国民党中央政治会议委员参加的中央政治会议举行,会议推胡汉民为中央政治会议主席,钮永建为国民政府秘书长,由蒋介石提议加派萧佛成、蔡元培、李石曾、邓泽如、何应钦等9人为中央政治会议委员。会议正式决定三项:政府的印文为"中华民国国民政府印",也即政府全称为"中华民国国民政府";"国民政府于4月18日上午9时,在南京开始办公,并举行庆祝典礼";"中央党部及国民政府委员全体参加市民庆祝活动"。①

4月18日,南京国民政府举行成立典礼,由蔡元培代表国民党中央授印,胡汉民代表国民政府受印,选定胡汉民、张静江、伍朝枢、古应芬为南京国民政府常务委员。庆祝典礼上还举行了阅兵式。胡汉民发表演讲,"号召国民革命军将士一致拥护蒋总司令"。当天,还召集了"庆祝国民政府建都南京与恢复国民党党权大会",蒋介石、胡汉民等出席并演讲。会议通过了《取缔跨党分子、从事"清党"、审查武汉非法决议案》《请汪兆铭、谭延闿来南京行使职权》等案。②

为确保南京国民政府的"合法性",4月18日当天还发表了包括《中国国民党中央执行委员会政治会议宣言》、《国民政府奠都南京宣言》和《国民政府告国民革命军全体将士文》在内的几个文件。《中国国民党中央执行委员会政治会议宣言》强调了"清党"的必要性与重要性,表示"既今以往,本党益当努力于党权之集中,组织之精密,纪律之严森,信仰之统一",继续清除"反革命派"与意志不坚定的"同腐分子"。③《国民政府奠都南京宣言》称,由于南京在党务、政治、军事和地理等方面均较武汉的地位重要,"政府谨遵总理遗

---

① 《国民党中央政治会议第74次会议记录》,中国国民党文化传播委员会党史馆藏。

② 《中华民国史事纪要》编辑委员会:《中华民国史事纪要(中华民国16年1至6月)》,台北,中华民国史料研究中心,1977年,第736页。

③ 《国民政府公报》宁字第2号,1927年5月11日,第4页。

志,接受多数同志之主张,依据中央政治会议之决议,于4月18日在南京开始办公"。"定都之后,本政府所负领导国民革命与建设民国之责任,愈益重大。"南京国民政府的目标是,"秉承总理全部遗教,继续努力,一方面集中全国革命分子于三民主义之下,共同奋斗,务使一切帝国主义、残余军阀及一切反革命派断绝根株;尤须于最短期间开国民会议,废除不平等条约,实现三民主义,务使中华民国成为独立自由的国家,中华民族成为自由平等之民族,同享民有民治民享之幸福"。《国民政府奠都南京宣言》还宣布了其施政的"四大方略":"一曰使革命军愈益与人民密切地结合;二曰造成廉洁之政府;三曰提倡保护国内之实业;四曰保障农工团体之利益并扶助其发展。"①

南京国民政府的建立过程相当匆忙,原有的国民政府委员及部长大多在武汉,故政府多数机构是其后逐步建立起来的,政府成员也多是新任命的。4月19日,南京国民党中央政治会议决定建立外交部与财政部,分别由伍朝枢、古应芬任部长。交通部是5月建立的,由王伯群任部长。6月,又设立大学院,由蔡元培任院长,设立司法部,由王宠惠任部长。8月,设立了民政部,由薛笃弼任部长。②政府的格局逐渐完善起来。

要巩固新建立的南京国民政府,军队的支持是非常必要的。《国民政府告国民革命军全体将士文》要求军队"各以至诚为党国努力",接受蒋介石等人的领导。③蒋介石则连续发表文章与谈话,一面标榜自己率兵北伐,转战数千里,"每每身先士卒,早把生死置诸度外"④;一面谴责武汉党部与政府"抗命改组",通过"卖党卖国之非法决议",要求停止其职权,交南京方面行使,表示"中正统率全军,誓死服从中央命令与决议",听从南京国民政府指挥。⑤南京的国民党中央政治会议又通过《中华民国国民政府军事委员会组织大纲》、《国民革命军司令部组织大纲》等文件,赋予身为总司令的蒋介石很大的权力,不仅编入作战序列之陆海空军均归其统辖,未列入之作战各军其也有权"咨请调遣"。国民政府派民政、财政、交通、外交等部负责人组成战时政务委员会,也受总司令指挥,"处理作战区域之政务"。与此同时,在南京的

---

① 《国民政府公报》宁字第1号,1927年5月1日,第2页。
② 史全生、高维良、朱剑:《南京国民政府的建立》,郑州,河南人民出版社,1987年,第79页。
③ 《国民政府公报》宁字第2号,1927年5月11日,第6页。
④ 《国民政府公报》宁字第2号,1927年5月11日,第42页。
⑤ 《蒋总司令告中国国民党同志书》,蒋中正档案,台北藏。

军队将领于 4 月 20 日召开了军事会议,会后由杨树庄、何应钦、白崇禧等领衔通电,否认武汉党部与政府,"拥护南京中央党部与国民政府"。所有这些,都表明南京国民政府急切希望得到军队的支持,也在一定程度上确保了蒋介石对军队的控制。南京遂有足够的力量与武汉分庭抗礼。

南京国民政府虽提出一些具体的施政政策,但实际上列为其首要工作的是继续"清共"。南京国民政府除通电声明"接受"南京中央政治会议《查办共党分子案》外,并发出《秘字第一号命令》,缉拿中共的重要领导人及"附共分子"。密令诬称中共"破坏国民革命之进行","肆行残暴,叛党叛国,罪祸贯盈……祸有甚于洪水猛兽"。"查此次逆谋,实以鲍罗廷、陈独秀、徐谦、邓演达、吴玉章、林祖涵等为罪魁,以及各地共党首要,次要危险分子,均应从严拿办。"因而命令"国民革命军总司令、各军政长官、各省政府,通令所属一体严缉,务获归案重办"。密令还附有所要通缉的共产党员及"附共分子"197人的名单。①南京政府随即在所控制的东南各省继续以消灭共产党为目标的"清党"运动。

1927 年 4 月 26 日,南京国民党中央常务委员会通令各级党部"彻底实行'清党'",并积极拼凑"清党"理论与着手建立统一的"清党"机构。不久即制定出"清党"原则六条。5 月 17 日,由邓泽如任主席的国民党中央"清党"委员会正式成立,委员会下设秘书、情报、审查三处。不久,又成立"清党"审判委员会,负责审判各处捕送的"清党"对象。②"清党"委员会又制定了《清党条例》11 条,主要内容包括:中央"清党"委员会负责办理"清党"工作,组织各省市县的"清党"委员会,决定各地的"清党"开始与结束之时间;"清党"期间停止入党,全体党员须填表交各地"清党"委员会审查;审查结果报中央"清党"委员会再行审查,合格者方得新的党证;对阻碍"清党"进行者,得通知军警或行政单位"严刑缉拿"。③南京国民党中央将共产党与土豪劣绅、贪官污吏、投机分子、腐化恶化分子同列为"清党"对象,是别有用心,借此来掩饰其

① 《国民政府通缉共产党首要令》,中国国民党中央委员会党史委员会编印:《革命文献》,第16 辑,台北,中国国民党中央委员会党史委员会,1957 年,第 53 页。
② 《中华民国史事纪要》编辑委员会:《中华民国史事纪要(中华民国 16 年 1 至 6 月)》,台北,中华民国史料研究中心,1977 年,第 951 页。
③ 《中华民国史事纪要》编辑委员会:《中华民国史事纪要(中华民国 16 年 1 至 6 月)》,台北,中华民国史料研究中心,1977 年,第 1069 页。

对共产党的残酷镇压。胡汉民明确表示,"干脆地说,这次'清党',就是要消灭中国共产党"[1]。在各地的"清党"运动中,有许多共产党人被捕被杀。

蒋介石、胡汉民等人在南京建立的国民政府,是凭借军事实力建立在"四一二"、"清共"基础上的,是当时政治军事形势发展与蒋介石个人权势扩充后的产物。它与尚在实行"联俄联共"政策的武汉国民政府对立,推行旨在消灭中国共产党的"清党"政策,造成了国民党的重大分裂,是中华民国史上的一个重大事件。它不仅使得顺利进行的北伐事业受到重大挫折,也使得蒋介石个人在国民党内的地位益形突出,影响更大,为其后确立统治地位奠定了基础。

二、训政制度的实施

孙中山在世之日,同独断专权的北洋派系进行着不屈不挠的斗争,革命进程实际上停留在他所界定的军政时期。1924年后,国民党在广东省有着较稳定的统治,但并未在省内实施训政。之后,国民党所组织的短暂的广州国民政府、武汉国民政府在政府结构上,也是以行政为主体导向的委员制,没有实行五院制的架构。到此时,孙中山"以党治国"的训政时期只是未及实行的原则性的构想。

1928年后国民党训政制度的主要理论诠释者为胡汉民。他因长期在孙中山身边工作,熟悉其理论,是国民党的重要理论家之一。国军进占北京之时,胡汉民尚在国外游历,他闻讯即于1928年6月初从巴黎致电国内,向国民党二届五中全会提出《训政大纲案》,在国民政府时期积极推动"以党治国"和实施"训政"的建国方针。

胡汉民认为,北伐完成,标志着国民党在全国统治的基本确立,正是依孙中山的"革命程序论"结束军政时期进入训政时期的契机。在《训政大纲案》中,胡汉民提出了在当时的内外情势下推行训政的3条原则:"(一)以党求统一,以党训政,培植宪政深厚之基;(二)本党重心,必求完固,党应担发动训政之全责,政府应担实行训政之全责;(三)以五权制度作训政之规模,期

---

① 胡汉民:《清党之意义》(1927年4月),《胡汉民先生文集》,第3册,台北,中国国民党中央委员会党史委员会,1978年,第74页。

五权宪政最后之完成。"①这里,胡汉民将孙中山关于政体的多种构想结合在一起,提出国民党在未来的训政时期内治理国家的方针,即以国民党为政治领导核心,对全体国民实行训政,并以"五权分立"原则组织政府。随后,胡汉民又完成了《训政大纲提案说明书》,对训政时期的原则和制度做进一步说明。其主要内容为:国民党为民众夺得政权,应以政权保姆自任,训练国民管理政事的能力,并以政权付诸民众为归宿;训政期间,国民党中央政治会议是全国训政的发动和指导机关,国民政府的工作也要受其指导。

胡汉民的这套理论,及时解决了国民党在完成对北洋派系的军事胜利,转向全国性执政党之时所急需提出的施政方针和政治制度等问题。它强调了国民党在国家政治生活中的绝对领导地位,既符合国民党统治的需要,又附缘于孙中山的建国思想,所以在国民党内受到普遍欢迎。胡汉民个人在国民党内的地位也因此而获巩固。有人评价说,在训政制度及各种规章的确立、五院制的形成等方面,胡汉民的作用"甚显著"。②

胡汉民关于实行训政制度的设想,立即获得国民党内各派的赞同,也为他自己赢得了党内的地位。他于1928年8月返回国内。对胡的回国,舆论界认为此乃新时期加速开展的时期,亦表达出国人对于国民党内部团结与加强建设的殷殷期待。《中央日报》当天发表的评论提到蒋介石的说法,"任何义气皆应牺牲,任何破裂皆应消弭",评论也引用了胡的话,"我的支配欲望并不大……要我坐在那里吃饭也是做不到的","只有全党领袖的合作是党国安宁的础石。只有有为领袖发奋是急进建设的动力"。评论认为,"精明强毅的胡展堂先生的归国,实在放射出了无量的光明"。③9月15日,胡发表《训政大纲提案说明书》:"国民政府组织的全部精神,基于五权制度的原则,其与政治会议及五院间关系,连锁相通","立法院与其他各院,应有互相的密切关系,以完全适应五院统一与分工发达原则的要求"。胡汉民认为政治会议为全国训政发动与指导机构,而非处理党务机关。对于政府,胡认为其为根本大计与政策方案所发源之机关,而非政府本身机关之一。国民政府委员为政治会

---

① 《胡汉民致谭延闿电》,1928年6月3日,国民党档案,中国国民党文化传播委员会党史馆藏。

② 黄季陆主编:《革命人物志》,台北,1969年,第305页。

③ 《欢迎胡展堂先生归国》,《中央日报》,1928年9月4日第1张第4面。

议之当然委员,国民政府需有其五院汇集之枢纽,否则五院不相连属,势必引起事权上之冲突,故以政府常务委员分任五院院长。指定常务委员一人为政府主席,政府主席除对外为国家代表外,其权力地位莫不与其他常务委员同。① 胡汉民的训政理论,强调了国民党在国家政治生活中的绝对领导地位,既适合国民党的统治需要,又附缘于孙中山的建国思想,故在国民党内受到普遍的欢迎。其后,国民党召开二届五中全会,声称会议举行于"训政开始之际","军事既终,实施训政之一大责任,为本党所负荷,而无可旁贷",②宣布训政的开始。10 月 3 日,国民党中央常务会议通过了胡汉民提案的《训政纲领》,作为在"训政时期训练国民使用政权"的指导性文件,主要内容为:

一、中华民国于训政期间,由中国国民党全国代表大会代表国民大会领导国民,行使政权。

二、中国国民党全国代表大会闭会时,以政权付托中国国民党中央执行委员会执行之。

三、依照总理建国大纲所定选举、罢免、创制、复决四种政权,应训练国民逐渐推行,以立宪政之基础。

四、治权之行政、立法、司法、考试、监察五项付托于国民政府,总揽而执行之,以立宪政时期民选政府之基础。

五、指导监督国民政府重大国务之施行,由中国国民党执行委员会政治会议行之。

六、中华民国国民政府组织法之修正及解释,由中国国民党中央执行委员会政治会议议决行之。③

根据这一纲领,原本属于全体国民的政权要由国民党的最高权力机构(国民党全国代表大会或其中央执行委员会)来行使,治权虽托付给国民政府,却仍由国民党的中央政治会议指导监督。《训政纲领》的核心就是在训政

---

① 胡汉民:《训政大纲提案说明书(续)》,《中央日报》,1928 年 9 月 17 日第 2 张第 3 面。
② 《第二届中央执行委员会第五次全体会议宣言》,荣孟源主编:《中国国民党历次代表大会及中央全会资料(上)》,北京,光明日报出版社,1985 年,第 533 页。
③ 《训政纲领》,中国国民党中央委员会党史委员会编印:《革命文献》,第 22 辑,台北,中国国民党中央委员会党史委员会,1960 年,第 316 页。

时期由国民党控制国家的所有权力。国民党竟然公开声称，"在人民未经政治训练及未完全了解实行三民主义以前,唯有党能代表全国人民负建国之大任","以中国国民党独负全责,领导国民,扶植中华民国之政权治权,而使之发展,以入宪政之域,固至为明显",①其要大权独揽也就不足为怪了。不过,国民党却将其说成是一种"无可推卸"的责任。

依《训政纲领》的规定,国民党的中央执行委员会政治会议担负着对国民政府施行重大国务的"指导监督"责任,因而它是联系国民党中央与国民政府的主要桥梁。为保证政治会议充分发挥"总揽训政时期一切根本方针之抉择权"的作用,国民党中央专门修改制定了《中央执行委员会政治会议暂行条例》。条例规定,政治会议"为全国实行训政之最高机关,对于中央委员会负其责任"。政治会议的组成人员包括国民党中央执行监察委员、国民政府委员为当然委员,其他委员则须符合"为党服务十年以上、富有政治经验者"等条件,且不能超过当然委员的半数。政治会议讨论与议决的国事范围:建国纲领,立法原则,施政方针,军事大计"和各级官吏的人选"。② 政治会议是政府"根本大计与政策方案所发源之机关",其决议交国民政府执行,但其本身并不直接发布命令或处理政务。③

《训政纲领》的通过与五院制国民政府的建立,标志着训政体制的确立。此后,国民党又通过各种方式对该制度进行强化,暂时缓解了党内派系之争。

1929年3月,国民党第三次全国代表大会通过了一系列文件,确立训政制度的各方面细则,并规定训政时期为6年。会上通过的《确定训政时期党、政府、人民行使政权治权之分际及方略案》,除了几乎将《训政纲领》完整地照录,确保了国民党"以党治国"、"一党专政"的地位外,还增加了国民党"于必要时,得就人民之集会、结社、言论、出版等自由权,在法律范围内加以限制"的权力。训政成绩的考察及宣布训政结束的权力,也掌握在国民党中央手中。该案还规定:"中华民国人民必须服从拥护中国国民党,誓行三民主义,

① 《确定训政时期党、政府、人民行使政权治权之分际及方略案》,荣孟源主编:《中国国民党历次代表大会及中央全会资料(上)》,北京,光明日报出版社,1985年,第658页。

② 《中央执行委员会政治会议暂行条例》,杨幼炯:《近代中国立法史》,台北,商务印书馆,1966年,第337页。

③ 《中央执行委员会政治会议暂行条例》,杨幼炯:《近代中国立法史》,台北,商务印书馆,1966年,第338页。

接受四权使用之训练,努力地方自治之完成,始得享受中华民国国民之权利。"1929 年 6 月,国民党召开三届二中全会,通过《训政时期之规定案》,根据孙中山的《建国大纲》,训政时期规定为 6 年,至 1935 年完成。

国民党一再声称,实行训政制度是奉行孙中山的"遗教",国民党第三次全国代表大会更通过了《根据总理教义编制过去一切党之法令规章以成一贯系统,确定总理主要遗教为训政时期中华民国最高根本法案》,似乎一切均是按孙中山思想在行事,给训政制度穿上一层"合法合理"的外衣。

在评论南京国民政府初期施行的训政制度时,有学者因其有利于国民党的"一党专政"与蒋介石一定程度的独裁,而认定南京国民政府"彻头彻尾地"背叛了孙中山原先的设计与构想。此论有些偏颇。客观地讲,此时国民党确定的训政制度与孙中山对训政制度的构想之间确实有一定的继承关系,一些具体的阐述也有相同或相近之处。如两者都认为基于中国国民的政治觉悟和参与能力,在实行真正彻底的民主制度之前,必须有一个训政的过程;训政期间须实行"以党治国";训政的中心工作是地方自治;等等。但是,认真辨析后就不难发现,两者之间的差别也是十分显著的,甚至在根本精神上是不同的:孙中山强调"以党治国",其意义在于利用革命政党的整体力量,且在党内实行民主制度,是要"主义治国";而此时国民党丧失了革命精神,党内民主不彰,少数人控制着党权以牟个人或小团体的利益,实际上是"党员治国","个人治国"。孙中山在对民众的认识上虽有偏差,但从根本上来说他是关怀民众的,对他们的政治权利相当重视;国民党的训政制度却对民众的各种权利尽力限制,甚至肆意剥夺民众的权利,镇压民众运动。因此,南京国民政府初期施行的训政制度虽在形式和内容上均与孙中山的构想有相同之处,但在目标上却与孙中山的精神相背离。孙中山的"以党治国"是保障民众的权利,尽快实行宪政。国民党则基本舍去了孙中山构想中的革命性与民主性要素,要在"以党治国"的口号下控制一切,强化国民党在国家政权各方面的作用,从"以党训政"进而发展到"以党专政"、"一党专政",并最终导致少数强势党员的"个人独裁"。产生这种不同的原因在于,南京国民政府训政的主体——政党与孙中山设计中的政党相比发生了重大的变化,国民党的性质、领导层、政治目标、与民众关系等都已和孙中山在世时大不相同。正因为如此,国民党第三次全国代表大会之后,党内的派系之争迅速激化。

第四节　五院制的国民政府

一、五院制国民政府的建立

1928 年 8 月国民党召开了二届五中全会，会上通过了胡汉民等人关于训政时期"实行五权之治"的主张，会议决定"训政时期之立法、行政、司法、考试、监察五院，应逐渐实施"。会后，国民党中央修订《国民政府组织法》，国民党中央执行委员会常务委员会决定以蒋介石为国民政府主席，谭延闿、胡汉民、王宠惠、戴季陶、蔡元培分任各院院长，冯玉祥、林森、张继、孙科、陈果夫分任五院副院长。国民党的五院制正式实行。

五院制的国民政府是训政时期中央政府的基本构架，是中国政治制度的一种新尝试。它既不同于民国以来所有的中央政府结构，也不同于国民党以前所建政权（如广州国民政府等）的模式。它来源于经由胡汉民等人发挥过的孙中山的"建国理论"。

五院制的国民政府与广州、武汉时代的国民政府的组织制度有着很大的差异。1925 年 10 日，广州国民政府颁布的《国民政府组织法》规定，"国民政府受中国国民党之指导及监督"，实行委员合议制。实际运作中，政府的人事由国民党决定，政府委员会人选先由国民党中央政治委员会讨论推选，再送请中央执行委员会决议并任命。政府委员会有 5 名常务委员，处理日常政务，政府主席只是会议主席，没有多大权力。广州国民政府设有军事、外交、交通、财政四部以及教育行政委员会、司法行政委员会、侨务委员会。政府内立法、司法、监察的组织并不完备：法制委员会负责法律案的起草，但立法的最后决定权在国民党中央执行委员会及所属的政治会议；大理院为最高审判机关，内设总检察厅；监察院由国民党监察委员轮流担任常务委员，处理日常事务。

1926 年 10 月，国民革命军占领武汉三镇，国民党中央政治会议决定迁中央党部和国民政府到武汉。由于迁都过程中造成了政府办公困难，决定成立"中国国民党中央执行委员与国民政府委员临时联席会议"，在国民党中央政治会议未迁武汉之前由它代行中央政治会议职权,对外代表国民政府处理一系列内政、外交大事。1927年2月,武汉国民政府正式办公,根据修改后的《国民政府组织法》改组了国民政府,其中重要的是废除国民政府主席职务,实行委员集体领导制。武汉国民政府增设了劳工、农政、教育、实业、卫生五部。同时,针对当时蒋介石掌有最高军权的状况,修正有关法律,将军事委员会置于国民党中央执行委员会领导之下,把隶属于国民革命军总司令部的总政治部升格与总司令部并列,同属中央军事委员会,试图限制蒋介石个人的权力。

1927年后蒋介石等人在南京建立的国民政府,其结构与组成人员因政治纷争不断变化,到1928年2月国民党二届四中全会通过《改组国民政府案》,才稳定下来。该议案规定,"国民政府受中国国民党中央执行委员会之指导与监督,掌理全国政务"。国民政府由委员、常务委员、主席组成,下设内政、外交、财政、交通、司法、农矿、工商等部,并设有最高法院、监察院、大学院、法制局、建设委员会、军事委员会、蒙藏委员会和侨务委员会等。

五院制的国民政府,在中央组织的结构上与上述各政府有很大不同。其中央政府机构如下:

(一)国民政府委员会和国民政府主席

1. 国民政府委员会

南京国民政府委员会由国民政府主席与全体国民政府委员组成。国民政府委员由国民党中央执行委员会决定。国民政府成立之初,由各部部长兼任国民政府委员,委员会是实际上的最高行政机关兼国务机关。随着蒋介石个人权力的增长,委员会的权力受到削弱。在林森任国民政府主席期间,国民政府委员会仅能"决议院与院间不能解决之事项",许多职权都转移至蒋介石任院长的行政院,行政院会议改称"国务会议"。之后蒋介石任国民政府主席期间,国民政府委员会的职权又有所变化。国民党对《国民政府组织法》中有关国民政府委员会的职权进行过多次修改,都是根据蒋介石的任职而变化的,蒋介石始终掌握着大权。

2. 国民政府主席

国民政府主席是国家元首,同时也是国民政府委员会的主席,主持国民政府委员会议。起初,对于国民政府主席的任职年限及资格没有明确规定,

1931年12月修订的《国民政府组织法》规定其任期为2年,可连选连任一次。同国民政府委员会一样,国民政府主席的权力视蒋介石个人任职而定。当林森任国民政府主席时,《国民政府组织法》规定国民政府主席不能兼任他职,而在蒋介石继任国民政府主席后,国民政府主席任职期限改为3年,可连选连任。蒋介石不仅主持国民政府会议,签署各项法律、法令,而且还兼任中华民国陆海空军总司令和其他官职,并且可以提请国民政府任免各院院长及各部部长、陆海空军司令。其职权比林森担任国民政府主席期间大得多。

国民政府有文官处、参军处及主计处等直属机构。文官处主要负责国民政府法令文告的宣达,掌管有关文书、机要文件的保管以及铸印关防、印章,设文官长1人;参军处主要负责国民政府典礼及总务事项,设参军长1人;主计处负责全国财政预算、统计等事务,下设岁计、会计、统计3局,设主计长1人。

(二)行政院

行政院是国民政府最高行政机关。它的首任院长是谭延闿,副院长冯玉祥。在国民政府中,当蒋介石任国民政府主席时,行政院的权力就受到削弱,反之,蒋介石任行政院院长时,行政院的权力就随之增大。曾担任行政院院长的还有汪精卫、孔祥熙、宋子文等人。

国民政府行政院由行政各部、委、署组成。行政院院长由国民党中央执行委员会选任,负有监督所属机关、任免行政官吏、主持行政院会议之权。行政院的重要行政决定由行政院会议决定,主要包括提交立法院审议之法律案及其他重要国际事务,任免行政司法官吏,决议行政院各部、各委员会之间不能解决的问题,依其他法律议决或行政院院长交会议议决的事项。行政院会议每周举行一次,以行政院院长为会议主席。

行政院的所属机关经历过数次变动。1928年6月颁布的《行政院组织法》规定设内政、外交、军政、财政、农矿、工商、教育、交通、铁道、卫生10部,建设、蒙藏、侨务、禁烟、劳工5委员会,但实际上劳工委员会并未成立,建设委员会及禁烟委员会后改由国民政府直辖。1930年6月修正《行政院组织法》,规定农矿、工商两部合为实业部,卫生部改称卫生署。在较长一段时间内,行政院组织保持9部2委员会1署的结构,即内政部、外交部、军政部、海军部、财政部、实业部、交通部、铁道部、教育部、蒙藏委员会、侨务委员会及卫生署。行政院直辖的机构还有全国财政委员会、整理内外债委员会、赈务委员会、技术合作委员会、全国稻麦改进监理委员会、旧都文物处理委员会、国立北平故宫博物院、行政效率研究会、国民经济设计委员会。

行政院所属主要机构的组织及功能如下：内政部管理地方行政及土地、水利、人口、警察、选举、国籍、宗教、公共卫生、社会救济等事务[①]；外交部管理国际交涉及关于在外侨民、居留外人、中外商业的一切事务；财政部主管全国财政事务，包括国库、直接税、关务、税务、缉私、公债、盐政、专卖事业、地方财政等；实业部由原农矿部与工商部合并而成，管理全国的工业、农业、商业、林业、矿业等行政事务(1938年实业部改为经济部)；教育部管理全国学术及教育行政事务，包括高等教育、中等教育、国民教育、社会教育、蒙藏教育、留学教育、学位授予、公共体育及图书文献保存等；交通部管理全国邮电、航运、港口、民营交通、邮政储蓄等；铁道部负责规划、建设和管理全国国有铁道、国道及监督省有民用铁道(1938年该部归入交通部)[②]；军政部既是行政院的下属机构，同时又兼受国民政府军事委员会的领导。1928年11月公布的《军政部组织法》，规定设有陆军署、海军署、航空署、军需署、兵工署、审查处等机构。1930年后，海军署改为海军部，直属于行政院，航空署改隶军事委员会。军政部成为专管陆军行政的机关，负责军需、军法、军医、交通、军械等。海军部系1930年由军政部海军署所改，负责海军的军务、船政、海政、军需等，1938年1月裁撤，其业务归军事委员会海军部司令部办理。蒙藏委员会是行政院特设的行政机关，主要负责关于蒙古、西藏的行政事务及各种兴革事务。侨务委员会也是行政院特设的行政机构，处理与海外华侨有关的行政事务。

（三）立法院

立法院是国民政府最高立法机关，它拥有草拟、审查法律的职权，而且形式上有通过并决定国民政府法律的权力。立法院的首任院长是胡汉民，副院

---

① 《国民政府内政部组织法》，中国国民党中央委员会党史委员会编印：《革命文献》，第22辑，台北，中国国民党中央委员会党史委员会，1960年，第217页。

② 《行政院铁道部组织法》，中国国民党中央委员会党史委员会编印：《革命文献》，第22辑，台北，中国国民党中央委员会党史委员会，1960年，第351—354页。

长是林森。曾担任过立法院院长的还有孙科等。

根据《立法院组织法》,立法院院长、副院长由国民党中央执行委员会选任,任期无限制。院长负责处理全院院务、提名立法委员及主持立法院会议、安排议事日程等。立法委员"由院长提请国民政府任命之"。① 立法委员选用的标准是:"首重其在党之历史,以曾为党国效忠,在革命过程未尝有违背党义之言论行动者",且对法律、政治、经济有相当学识经验者。立法院职责包括:制定、通过法律;对于政府其他机关违背立法规定、侵占立法权的行为有质问权,对监察委员有质询权与监督权;通过财政法案决议;具有部分的司法权,如议决大赦等;同意对外宣战、缔约或其他重大国际事务。立法院在院内设法制、外交、财政、经济、军事5个常设委员会以及特别委员会,常设委员会履行经常性立法工作,特别委员会则是根据需要临时设立的,工作完成后,特别委员会也就随即撤销。立法院会议的议事日程由院长决定,讨论先后顺序是国民党中央执行委员会政治会议的提案、国民政府提交的议案、各部会的议案,最后是立法院的议案。

立法院审议各种议案要经过立法院会议3次讨论,称为"三读会"制度。根据《立法院议事规则》,第一读会由提案者说明该法案的主要内容,接受立法委员的质问,经讨论表决得以通过的决案,可进入第二读会,否则该议案即告作废。在第二读会对议案逐条朗读讨论,委员提出修改意见,并落实到议案中去。第三读会是决议该提案能否通过,审议有无与其他法律相抵触之处。三读会制度是为了体现立法的严谨与权威性。

在以往的国民党政权中,立法权基本上操之于党,是党权的一部分。国民政府设立法院为法定意义上的最高立法机构,在形式上提高了立法机关的地位。然而国民党坚持"以党治国",1932年的《立法程序纲领》规定,国民党中央政治会议可以自行决定政治会议提交的一切法律案,对其他各院部的提案也有决定权,立法院通过的议案,国民党中央执行委员会政治会议有权提出修改。三读会制度对于国民党中央执行委员会政治会议所提的议案没有多大作用,因为凡中央执行委员会政治会议提出的议案,不得于第一读会和第二读会予以否决。这说明国民党的中央执行委员会政治会议凌驾于立法

---

① 《中华民国国民政府组织法》,中国第二历史档案馆编:《中华民国史档案资料汇编》第5辑第1编《政治》,南京,江苏古籍出版社,1994年,第24页。

院之上,对各法律议案有最终的决定权。

（四）司法院

司法院是法律的执行者和解释者,是国民政府的最高审判机关,首任院长王宠惠、副院长张继。

根据《国民政府组织法》,司法院的主要权力如下:解释法令及变更判例之权;在各院部对于法令有疑义时,对法令有最权威的解释权;对政府行政机构及行政官员的违法与渎职行为有纠正之权;行使特赦减刑及复权;向立法院提出法律议案的权力等。司法院的主要机构有最高法院、行政法院、公务员惩戒委员会和司法行政部。其构成及主要职责如下:（1）最高法院是国民政府的终审机关,设院长一人,且由司法院院长提请国民政府任命。最高法院审判采取合议制,设刑事七庭、民事五庭,实行"三级三审制",即地方法院、高等法院、最高法院分别执行初审、再审、终审的职权。（2）行政法院是法院所属中央行政诉讼机构,主管全国行政诉讼审判事务,即接受人民因政府官署的违法或不当处分遭受损害时提出的"诉愿"。国民政府对行政诉讼有严格的限制,人民的诉愿必须经过主管的行政官署处理,如再有不服才可逐级上诉,只有在经过行政主管部门审查后不服处分的,才可以最后向行政法院起诉。（3）公务员惩戒委员会分为中央公务员惩戒委员会与地方公务员惩戒委员会两个机构。前者负责荐任以上公务员及中央政府各机构委任的公务员,后者负责省、市内的公务员,分设在各省及行政院所辖各特别市。实际上,中央公务员惩戒委员会只能处分司以下和地方政府荐任以上的公务人员,司级选任以上的政务官则由国民政府专设的政务官惩戒委员会处理。（4）司法行政部主管与司法有关的民事、刑事及监狱等事务。1931—1934年,司法行政部曾一度改为隶属行政院,1934年以后则改属司法院。司法行政部隶属关系的变化,与国民党在不同时期对于行政权及司法权的不同解释有关。[①]司法院还设有特种刑事法庭与海上捕获法院。特种刑事法庭是审理"反革命"案件及土豪劣绅之刑事诉讼案件的机构。[②]实际上,特种刑事法庭

---

① 《司法行政部组织法》,中国国民党中央委员会党史委员会编印:《革命文献》,第22辑,台北,中国国民党中央委员会党史委员会,1960年,第258页。

② 《特种刑事临时法庭及惩治土豪劣绅条例之决议案及其条例》,中国国民党中央委员会党史委员会编印:《革命文献》,第22辑,台北,中国国民党中央委员会党史委员会,1960年,第190页。

主要被用来镇压共产党人及革命群众。由于受到各方舆论的压力,一度撤销了该法庭,但不久又重新设立。

在实际运行中,国民政府的司法制度存在着较多的缺陷。如司法系统不完善,很多县并没有按规定设立地方法院,而是由县长亲自兼理地方司法,司法权与行政权合二为一,这必然干扰了司法的公正。此外,公务员惩戒委员会的权力不足以真正惩处犯有渎职贪污罪的高级官员。

（五）考试院

考试院是国民政府最高考试机关,主要职权是考试权与铨叙权。它成立于1930年1月,首任院长戴季陶、副院长孙科。

考试院下设考试院部、考选委员会及铨叙部。考选委员会设有典试委员会、监试委员会及试务处。典试委员会主要负责编排考试日程,决定命题和评卷的标准。监试委员会负责监督考试各项工作。试务处负责试卷的印刷、收发、保管等工作。这3个委员会只是在考试时才设有的,考试完毕随即撤销。铨叙部负责公务员的甄别和登记、任用官吏和公务员、派遣官吏和公务员、公务员俸给奖金的审查与登记、官吏和公务员考核登记、公务员补习教育登记、授勋、发放抚恤金等。①

考试院主持全国的公务员考试,通过考试选拔公务员。考试分为普通考试、高等考试及特种考试。中等以上学校毕业生或有同等学力者,可参加普通考试,公私立大学、独立学院或专科学校毕业生或具有同等学力者,可参加高等考试。教育部承认的国外学校的毕业生也可以参加考试。但亏空公款、被剥夺公权、吸用鸦片或代用品者不得参加考试。普通考试与高等考试都分为甄录试、正试、面试三个阶段。律师、会计师、农工矿业技师与副技师、医师、药师、兽医、助产士、护士等职业要进行专门的职业技术考试,考试合格依法领证。

国民政府对于与考选相关的公务员铨叙制度也做了若干规定。政府行政官员分为特任、简任、荐任、委任4等37级。特任官是由国民政府主席特别任命的高级官员,如国民政府主计长、五院各部部长等;简任官一般由国民政府主席予以选拔任命,共分8级,中央政府各部次长、省主席、厅长等多为

---

① 《考试院铨叙部组织法》,中国国民党中央委员会党史委员会编印:《革命文献》,第22辑,台北,中国国民党中央委员会党史委员会,1960年,第400页。

简任;荐任官由机关主管长官向政府主席举荐,分 12 级,包括县长、省辖市长、中央机关部分科员等;委任官是由机关主管长官直接任命的官员,分为16 级,包括县政府科长、局长、秘书、科员、技术人员等。[1]

考试院还负责处理公务员退休死亡等抚恤事务。依照《公务员恤金条例》、《无给职官等议恤办法》等,公务员恤金分为公务员年恤金、公务员一次恤金、遗族年恤金、遗族一次恤金等。[2] 整体而言,公务员的各种恤金是十分微薄的。

国民政府的考试制度,其实施的目的在于选拔人才、提高公务员素质。铨叙制度在于奖惩公务员、提高工作效率。但由于当时政府内宗派林立,裙带风气盛行,考试、铨叙制度的实行效果大打折扣,不能真正达到奖励优秀、惩处劣行的目的。

（六）监察院

监察院是国民政府的最高监察机关,负有弹劾和审计两项职权,正式成立于 1931 年 2 月。长期担任监察院院长的是国民党元老于右任。

弹劾是监察院的一项主要职权,弹劾对象是违法或失职的公务员。弹劾程序:监察委员单独或联名提出弹劾案,监察院院长指派委员实地调查取证,写出调查报告,经审查属实,弹劾者移交惩戒机关。由于国民政府中监察权与弹劾权是分离的,监察机关只能将违法官员交付惩戒机关,却无权过问惩戒事项。而国民党系统内部针对各级官员有不同的惩戒机构,往往是监察机关对某一官员提出弹劾,移交惩戒机构后就会不了了之,很难真正惩处政府机构内贪污、渎职、违法的人员。监察院还模仿古代的监察御史制度,向各地派遣"监察使"行使弹劾权。全国共划为 16 个监察区,各区设立监察使署,派监察使巡回监察。监察院的审计权由审计部行使。审计部有权监督政府所属机关预算的执行,国民政府的总预算计划编制由审计部审核后,再交由政府公布和中央执行委员会政治会议备查。审计部还负责对各机关的财务工作展开稽查审核。

---

① 《公务员任用法》,中国国民党中央委员会党史委员会编印:《革命文献》,第 22 辑,台北,中国国民党中央委员会党史委员会,1960 年,第 133 页。

② 《公务员恤金条例》,中国国民党中央委员会党史委员会编印:《革命文献》,第 28 辑,台北,中国国民党中央委员会党史委员会,1963 年,第 181 页。

国民政府五院制的框架,部分地来源于孙中山先生的"五权宪法"思想。"分权"的原则成为中央政府的基础,力图改变以往政治体制中权力过于集中的弊端。它把权力分散在政府的五个院,也不完全套用西方国家行政、立法、司法的三权分立模式。这是有创新与进步意义的。然而由于当时处于训政时期,国民党的党权无处不在,之后蒋介石个人的权力也过度膨胀,对中央政府的施政有重大影响,使得五院制分权、民主的内涵难以充分发挥作用。

二、国民政府的地方政治制度

在地方政治制度方面,南京国民政府基本上将地方行政划为省、县两级。但在实际行政运行过程中出现过省、行政督察专员、县三级制度。在情况特殊的少数民族地区,地方行政也用不同的方法。

(一)省及院辖市

国民政府继承了原有的省制,并稍加改进。全国划分为辽宁、吉林、黑龙江、新疆、河北、河南、山东、山西、陕西、甘肃、江西、福建、浙江、江苏、安徽、湖北、湖南、广东、广西、四川、云南、贵州、察哈尔、绥远、热河、西康、宁夏、青海28省。其中察哈尔、绥远、热河、西康四省系由特别行政区改建而成,宁夏、青海两省为新设。

对省一级行政机构,1927年公布的《修正省政府组织法》规定,省政府由省主席、省政府委员会、秘书处、各厅组成。省政府主席从由省政府委员会或省政府党务委员会推选改为由南京中央政府"就省政府委员中指定"。省主席有下列职权:担任省政府委员会会议主席;代表省政府,监督全省行政机关职务之执行;处理省政府日常及紧急事务。[①]

为避免地方军政势力专权的弊端,国民政府规定省政府采用合议制。但在实际运作中合议制并未完全落实,因为省主席往往由中央派下的大员或是地方实力派充任,他们后台很硬,权力扩大,时常独自决定省内重大事务。省政府的委员常由主席选择任用。省政府委员会由国民政府任命委员9~13人组成,负责审议省内重大问题,如地方行政区划的确定、全省预算决算、处理省属公财或筹划公营事业、监督地方自治、咨调省内军队、监督所属军警团

---

① 秦孝仪主编:《中华民国政治发展史》,第2册,台北,近代中国出版社,1985年,第930页。

防及任免省属官吏等重大省政。省政府设有秘书处、民政厅、财政厅、建设厅、教育厅,有的省还设了农矿厅与工商厅。[①]各厅设厅长1人,其人选的资格有一定规定,由各主管部院及委员会呈请国民政府任命,属简任职。

1934年各省政府机关实行省府"合署办公"制度。以往省政府各厅要接受中央相应主管部门的命令并付之实行,实行后再向主管部门报告,厅成为部的直属机关,县的局、科则成为厅的直属机关,失去了省、县两级制度的意义。实行省府合署办公后,则各厅直属于省政府,直接向省政府负责。实行合署办公一定程度上提高了国民政府机关的办事效率和扩大了省政府的职权,也节约了机关经费。

南京国民政府的市分为两种:一种是直属行政院的市,其地位相当于省一级;另一种是隶属于省政府的市,其地位相当于县。1928年公布的《特别市组织法》与《市组织法》,分别规定了特别市与普通市的组织形式。直属行政院的市初期称为特别市。1939年年底之前,先后有南京、上海、天津、青岛、武汉等城市被列为特别市。1930年2月,国民党中央政治会议通过《市组织法原则》,市分为直隶于行政院和隶属于省政府两种。行政院辖市取消"特别"二字,其设立条件为:首都所在地;人口在百万以上者;在政治上、经济上有特殊情形者;但具有上列二、三项条件之一者,非省政府所在地为限。[②]除前列特别市外,被改建为院辖市的还有西安、重庆、广州、沈阳、哈尔滨等。市的行政机构为市政府,设市长1人,下设秘书处和社会、公安、财政、工务等5局,必要时可增设教育、卫生、土地、公用、港务等局,市以下的基层组织分别为区、坊、闾、邻。

20世纪30年代,为了配合"剿共",蒋介石在鄂豫皖"剿匪"总司令部颁行了《"剿匪"区内各省行政督察专员公署组织条例》,在省、县两级之间加入行政督察专员公署一级。行政督察专员由行政院或内政部提请国民政府简派。其职权包括推行辖区内的行政,对本区各县市长所发布之命令与处置有否决权,召集主持全区的行政会议,监督地方财政,兼任区保安司令,指挥区

---

① 《国民政府修正省政府组织法》,中国国民党中央委员会党史委员会编印:《革命文献》,第22辑,台北,中国国民党中央委员会党史委员会,1960年,第239页。

② 《市组织法原则》,中国国民党中央委员会党史委员会编印:《革命文献》,第23辑,台北,中国国民党中央委员会党史委员会,1960年,第534页。

内各县市的保安队、水陆警察及自卫武装等。行政督察专员公署在"剿匪"区内拥有很大的权力,且行政措施多是针对"剿灭"共产党、镇压革命群众的。例如行政督察专员可利用兼任本区军事长官的职权,任意惩处犯有"反革命罪"的人。根据有关规定,行政督察专员公署只是省政府的辅助机关,而不是省、县之间的一级行政机构。

（二）县和省辖市

国民政府于1928年颁布了《县组织法》,1929年又加以重订。《县组织法》规定了县制的基本内容。县行政机关由县长、秘书及县政府总务科、县政会议、县行政会议组成。县长的资格为考试取得或由学历及经历取得,其任期分为试署期间及实授期间,试署期为1年,实授期为3年。县长在任期内拥有以下职权:负责综理全县行政事务,任命县政府职员,可兼任军事法官。县政会议由县长、秘书、科长和各局局长组成,主要负责审议县预算决算、县公债的发行、县公产的处理及县公共事业事项。县行政会议由县长及县长所聘请的各科科长、各局局长、各区区长、地方团体首领或地方士绅组成。县行政会议由县长主持,每半年召开一次,主要讨论县长交议的事务及出席会议会员、地方团体提交的议事。县政府设有若干下属机构,一般设立公安、财政、建设、教育4局,必要时可设立卫生局和土地局。

1932年,国民政府改进县级行政机构,实行裁局改科,规定将原有4局裁为3科,即将教育、建设两局合为一科,公安、财政两局改名为科。裁局改科后,县与省各厅的行文均以县政府名义对省政府进行,省各厅对县相关部门不再直接指挥监督。裁局改科的结果是大大提高了县长的地位,缩减了县行政机关,精减了办事人员,节省了一定的行政开支。据1932年统计,当时全国共设县1 939个。

1933年后,全国范围内掀起了一场县政建设运动,国民政府为了推行地方自治,建立了县政建设实验区。实验区的地域范围一般以县为单位,有时也有几个县组成一个实验区。参与的各种团体与个人目的及理论不一,使得存在各种各样的县政实验区,其中以江苏省江宁县自治实验县,河北省定县实验县,山东省菏泽、邹平两实验县和浙江兰溪实验县,"各具有特点,最负时誉"①。

隶属于省政府的市在行政上与县同级。《市组织法》规定,凡具有下列情况之一者可成为省辖市:省政府所在地;人口在 30 万以上者;人口在 20 万以上而营业税、牌照费、土地税每年合占该地总收入二分之一的城镇。

对于县以下的行政机构,国民政府进行了若干次改动,逐步将县、区、乡(镇)、闾、邻的五级制度改为县、区、乡(镇)三级制。1934 年,国民政府颁布《"剿匪"省份各县分区设署办法大纲》,实行分区设署。其内容为取消区公所名称,改名为区署,每县设 3~6 区。区署设区长 1 人,区员 2~4 人,秉承县长命令办理所谓管教养卫有关之行政。区以下基层组织为乡或镇,凡满 100户以上的村庄为乡,满 100 户以上的集市称镇。乡设有乡公所,下辖民政、警卫、经济、文化 4 股以及国民兵队。乡(镇)长兼任中心学校校长与国民兵队队长。国民政府更推行保甲制度,强化对县以下的基层组织的控制。

在一段时期内,国民政府还实行过地方军政制度,以军事机关兼管地方政务。1932 年,在"围剿"红军时先后成立了 4 个"剿匪"总司令部,即赣粤闽边区"剿匪"总司令部、鄂豫皖"剿匪"总司令部、西北"剿匪"总司令部、湘桂黔边区"剿匪"总司令部。"剿匪"总司令部有很大的权力,可以处理所在地区的党务和政务以及重大问题。此外,还设有 3 个绥靖督办公署、11 个绥靖主任公署、10 个绥靖公署。全面抗战爆发后,这些机构被撤销。

在一些偏僻边远省份的多民族聚居区,成立了设治局,其地位大约相当于县。设治局设局长 1 名,受省政府管辖,处理该辖区内的行政事务。设治局所需经费由省库支给或国库补给。

蒙、藏地区情形特殊,地方行政机构也不同于一般省份。南京国民政府在内蒙古仍采用盟旗两级制度,但废除了其首领的封爵世袭制度。各盟直接隶属于行政院,内蒙古地方的军事、外交及其他行政事务,由中央政府统一处理。地方事务则由各盟处理。各盟政府设盟长、副盟长,旗也设相应的行政机构。西藏仍实行"政教合一"制度,大权归于达赖喇嘛。达赖之下设伊库处理宗教事务,噶厦掌管政务。另外,班禅在后藏地区也相当有影响力。西藏的地方行政单位称为"宗",其性质与内地的县大致相当。

---

① 　陈柏心:《县政建设实施概况》,桂林,桂林文化供应社,1943 年,第 56 页。

第五节 "训政约法"与"五五宪草"

一、约法之争

1930年10月,中原大战行将结束,蒋介石取得了军事上的胜利。为此,蒋踌躇满志地宣称,"此次讨逆之战,实为国内永久和平之张本,亦为全国真正统一之基础","则此战之后,决不至再有军阀而敢破坏统一,叛乱党国矣"。[①] 但中原大战给国人带来的重大损失并未随战事的结束而就此消弭,时任北平政务委员长黄郛毫不讳言地谈道:"本年国内战起,战线之长,在近代世界史上,除欧战外无可与匹。战争之烈,在国内战史上,亦少其例。双方死伤总数达三十万人之巨,而战地人民之伤亡流离者,当十百倍于斯。"[②]蒋介石亦深明这一点。10月3日,蒋介石在前方刚刚击败阎锡山、冯玉祥的部队,即从郑州致电国民政府呈请赦免政治犯,"今讨逆军事即可结束,兵气既有全消之望,刑赏当存忠厚之心,诚宜咸与维新,概从宽免",并对自我有所反省,"刓中正自维谅德,诚信未孚,对人处事,每多过误,内省方自增渐"。[③] 蒋介石急欲洗刷自己的形象,重新树立在民众心目中的威望,从而扩大和巩固国民政府的统治基础。此外,蒋介石还祭出收拢民心的更大法宝,即召开国民会议和制定约法。

中原大战和此前的"清党"给国人带来巨大的损害,民众对国民政府极为不满,怨声载道,制定约法保障民权、限制政府权力的呼声高涨。胡适指出,"在今日如果真要保障人权,如果真要确立法治基础,第一件应该制定一个中华民国的宪法。至少,至少,也应该制定所谓训政时期的约法",呼吁"快快制定约法以确立法治基础! 快快制定约法以保障人权!"[④]中原大战甫起,汪精

---

① 周琇环编注:《事略稿本》,第9册,台北,2004年,第17—19页。
② 《中原大战人民群众所受之损失》,1930年9月,参见彭明主编《中国现代史资料选辑》,第3册,北京,中国人民大学出版社,1988年,第222页。
③ 周琇环编注:《事略稿本》,第9册,台北,2004年,第15页。
④ 胡适:《人权与约法》,《新月》第2卷第2号,1929年4月20日。

卫、阎锡山、冯玉祥等反蒋派组成同盟,成立北平"国民政府",并召开"中国国民党中央党部扩大会议",也高举约法的旗帜来打击南京中央政权。1930 年9 月 2 日,扩大会议决定即时起草约法,并于 10 月 27 日在太原公布《中华民国约法草案》(又称"太原约法"),交国民公议三个月。① 太原约法因反蒋派在军事上的失利,已失政治地位和法案效力,因其条文包含了较多的民主思想和还政于民的内容,在国民党内部及民间掀起了关于约法的大讨论。"虽然训政时期是否需要约法,实为国民党执政后党内党外一大悬案,首都党国要人近亦有表示及之者,社会方面则谈者尤多,可知此事不是党的问题而是国的问题。"②事实上,制定约法已经成为当时相当普遍的政治呼声。

蒋介石岂能自甘落后,早在 10 月 3 日便致电国民党中央执行委员会,称:"中正以为目前唯一要务,为提前召集第四次全国代表大会,确定召集国民会议之议案,颁布宪法之时期,及制定在宪法颁布以前训政时期适用之约法……本党于此乃可征询全国国民之公意,准备以国家政权奉还以全国国民,使国民共同负责。"③其意图十分明显,即希望中央执行委员会提前召开国民党第四次全国代表大会,商讨召开国民会议及制定训政时期约法案。所谓约法,是要以法律的形式约定政府与人民之间的权利和义务,伸民权而抑军权。蒋介石此举虽是顺应民意,但其根本目的并非是还政于民,而是为其实行统治奠定一个法统的基础。蒋电经各大报转载报道,一时赢得了部分舆论的称许,同时蒋欲通过约法当选总统的传言也甚嚣尘上。李宗仁亦回忆道:"当时盛传,蒋先生将利用约法,出任总统。"④蒋介石不得不出来澄清,称:"现在革命环境,对内对外有国府掌握政权,代表国家,训政时期实不需总统。个人意见,只要国府能负起责任心,安定社会秩序,依照建国大纲做去,不必另选总统,故国民会议中,只应制约法,不必亦不应提总统问题。"⑤尽管蒋介石亲自出面辟谣无意图总统之位,但也绝非是清心寡欲,一场政治秀而

---

① 《约法竣发表宣言》,《国闻周报》(天津)第 7 卷第 43 期,1930 年 11 月 3 日,"一周国内外大事述评",第 1—2 页。

② 《汪精卫等约法草案》,《国闻周报》(天津)第 7 卷第 44 期,1930 年 11 月 10 日,"评论选辑",第 1 页。

③ 周琇环编注:《事略稿本》,第 9 册,台北,2004 年,第 18—19 页。

④ 李宗仁口述,唐德刚撰写:《李宗仁回忆录(下)》,桂林,广西师范大学出版社,2005 年,第477 页。

⑤ 《蒋发表谈话不另选总统》,《大公报》,1931 年 3 月 23 日第 1 张第 3 版。

已。中原大战胜利后,"军权"牢牢在握的蒋介石,这时不再需要借助胡汉民所标榜的高高在上的"党权"制约异己,便开始对妨碍他集权的胡汉民发起挑战。倡导"民权"、颁布约法来对抗胡汉民所标榜的"党权",是再好不过的借口。① 胡汉民也心知肚明,对蒋介石制定约法百般阻挠。蒋、胡之间上演了一场"约法之争"。

早在 1928 年 8 月,国民党在南京召开二届五中全会,通过"训政时期,应遵照总理遗教,颁布约法"②。当时,胡汉民还在海外,并未参加该次会议。9 月,胡汉民返抵中枢,随即走马上任,开始坐镇筹划和指挥一系列政治体制的设计和建构,通过《训政纲领》、《中华民国国民政府组织法》等,并在国民党第三次全国代表大会上予以追认,此前通过的颁布约法决议案再无下文。胡汉民在三大开幕式致辞中强调:"总理给我们的遗教,关于党的,关于政的,已非常完全,而且事实上都已条理毕具。我们只要去奉行,只要摸着纲领,遵循着做,不要在总理所给的遗教之外,自己再有什么创作,这一点各位同志应该都要注意";随后确定"总理所著三民主义、五权宪法、建国方略、建国大纲及地方自治开始实行法,为训政时期中华民国最高之根本法。举凡国家建设之规模,人权、民权之根本原则与分际,政府权力与其组织之纲要,及行使政权之方法,皆须以总理遗教为依归"。③ 在胡汉民的授意下,确认总理遗教为训政时期中华民国最高之根本法,言外之意是无须再另订约法。为继承法统,蒋、胡都宣称遵照总理遗教行事。然而,孙中山遗著并没有很好地解决训政时期是否需要约法的问题。

孙中山关于约法最早的阐释可见其与汪精卫的谈话。其大要为:"革命之志在获民权,而革命之际必重兵权,二者常相抵触者也";"天下大定,欲军政府解兵权以让民权,不可能之事也";"察君权、民权之转换,其枢机所在,为革命之际先定兵权与民权之关系……定此关系厥为约法。革命之始,必立军政府,此军政府既有兵事专权,复秉政权。譬如既定一县,则军政府与人民相

① 金以林:《国民党高层的派系政治:蒋介石"最高领袖"地位是如何确立的》,北京,社会科学文献出版社,2009 年,第 94—95 页。
② 荣孟源主编:《中国国民党历次代表大会及中央全会资料(上)》,北京,光明日报出版社,1985 年,第 543 页。
③ 荣孟源主编:《中国国民党历次代表大会及中央全会资料(上)》,北京,光明日报出版社,1985 年,第 619、654 页。

约,凡军政府对于人民之权利义务,人民对于军政府之权利义务,其荦荦大者悉规定之"。① 孙中山认为,约法是顺利解决兵权过渡到民权的关键所在,规定军政府与人民之间的权利义务关系。1906 年,孙中山在《中国同盟会革命方略》中将革命次序分为三期——军法之治、约法之治和宪法之治。但孙中山并未指明依靠何种力量来制定约法、推行约法之治,只是规定了约法之治的期限。全国行约法六年后,制定宪法,军政府解兵权、行政权,国民公举大总统及公举议员以组织国会。② 1914 年,孙中山创立中华革命党,在总党章中对革命三期论略有修正,即为军政时期、训政时期和宪政时期。训政时期"以文明治理,督率国民,建设地方自治",而未提及制定约法。此外,还规定"自革命军起义之日至宪法颁布之时,名曰革命时期;在此时期之内,一切军国庶政,悉归本党负完全责任"。③ 这便是训政时期"以党治国"之由来。

1919 年,孙中山作《孙文学说》,在第六章"能知必能行"中申说"革命进行之时期为三:第一、军政时期,第二、训政时期,第三、宪政时期。第二为过渡时期,拟在此时期内施行约法(非现行者),建设地方自治,促进民权发达"④。孙中山明确指出,在训政时期应施行约法,目的是建设地方自治,伸民权,有所推进。1923 年,孙中山在《孙文学说》基础之上进一步说明,过渡时期施行约法,"以一县为自治单位,每县于敌兵驱除战事停止之日,立颁布约法,以规定人民之权利义务与革命政府之统治权"⑤。1924 年孙中山在《建国大纲》中仍将革命分为军政时期、训政时期和宪政时期,但在各具体细则中并未提及约法,只是规定训政时期,"政府当派曾经训练考试合格之员,到各县协助人民筹备自治"⑥。1925 年,孙中山辞世,在遗嘱中强调,"现在革命尚未成功,凡我同志,务须依照余所著《建国方略》、《建国大纲》、《三民主义》及《第一次全国代表大会宣言》,继续努力,以求贯彻。最近主张开国民会议及

---

① 孙中山:《与汪精卫的谈话》,《孙中山全集》,第 1 卷,北京,中华书局,1981 年,第 289—290 页。

② 孙中山:《中国同盟会革命方略》,《孙中山全集》,第 1 卷,北京,中华书局,1981 年,第 297—298 页。

③ 孙中山:《中华革命党总章》,《孙中山全集》,第 3 卷,北京,中华书局,1984 年,第 97 页。

④ 孙中山:《孙文学说——行易知难》,《孙中山选集》,北京,人民出版社,1981 年,第 166 页。

⑤ 孙中山:《中国革命史》,《孙中山全集》,第 7 卷,北京,中华书局,1985 年,第 62 页。

⑥ 孙中山:《国民政府建国大纲》,《孙中山全集》,第 9 卷,北京,中华书局,1986 年,第 127 页。

废除不平等条约,尤须于最短期间促其实现"①。孙中山前后各说颇不一致,虽曾提到过制定约法,但以何种形式、依靠何种力量制定约法并未言明,因而训政时期是否需要约法成为悬案,这为国民党内部各派系之争留下了口实。

在国民党第三次全国代表大会中,胡汉民否决了训政时期制定约法的决议案,其理由是"民国元年,总理未暇及于三民主义、五权宪法之制定,临时遂同意于约法之颁布,然而其内容多非三民主义、五权宪法之主张,实不惬总理之本意。迨本党在广州开创政府之时,总理先后著成三民主义、五权宪法、建国方略、建国大纲诸要典,乃不复以约法为言"②。颁布约法,是孙中山革命理论中"解兵权"、"让民权"的过渡机制,不可谓不重要,1923年孙中山亦持"过渡时期施行约法"说,可见胡汉民所言颇为牵强。盖因当时国民党内部尚能达成一致意见,蒋介石也需要胡汉民的"以党治国"来约束异己,故毫无异议。然而,当内外环境皆有所变化时,蒋介石提出召开国民会议和制定约法,情形也随之变化。1930年11月,国民党召开三届四中全会,蒋介石关于国民会议和约法的提案自在议题之中,蒋、胡之间展开正面交锋。

胡汉民任大会主席并致词。胡语重心长称:"每个同志应该尽其所能,把所有的聪明才力贡献给党,这原是总理的遗训。但断断不可以某人为万能,希望一切事情都由他一人去负担,以为如此,便是把所有的聪明才力都贡献给党了。可是目前却深犯这个毛病,因此兼职之风一时大盛,兄弟认为实有严重纠正的必要。"③实际上,胡汉民是不点名批评蒋介石,胡以反对兼职为手段来限制蒋的权力的意图亦十分明显。会中胡汉民更是提出《常务委员任务繁重以后各部部长可不必由常务委员兼任案》,大会原则上通过,交常务委员会。尽管如此,会议仍通过推选国民政府主席蒋介石兼任行政院院长一案。④ 蒋、胡两派的明争暗斗也渐趋激烈,"大会对国民会议问题空气不佳,

---

① 孙中山:《国事遗嘱》,《孙中山全集》,第11卷,北京,中华书局,1986年,第639—640页。

② 荣孟源主编:《中国国民党历次代表大会及中央全会资料(上)》,北京,光明日报出版社,1985年,第655页。

③ 荣孟源主编:《中国国民党历次代表大会及中央全会资料(上)》,北京,光明日报出版社,1985年,第896页。

④ 荣孟源主编:《中国国民党历次代表大会及中央全会资料(上)》,北京,光明日报出版社,1985年,第915—917页。

缩小省区、制定约法亦有少数人反对"。蒋发表《告同志书》,直言"国家内外环境之复杂,人心趋向之尚未归于共同,政治上与社会上尚无坚定力量"。① 关于约法问题,更是展开激烈的辩论。"反对者谓约法虽政府根本大法,但现在政府已组成,人民权利义务,总理遗教已明白纪(记)载,毋庸约法;赞成者谓政府与人民之间权利义务必须明文规定,结果决留付国民会议讨论。"②事实上,蒋所提制定约法案未被通过,只通过了召开国民会议一案。对此,于右任不得不出来圆场:"国民会议原非本党建设程序中所有,系中山北上后为政治关系有此主张,其后列入遗嘱,势非实现不足以重遗训,从前时机未到,延未办理。今大局已定,故由大会主席团提案通过。至约法乃党对国民之公约性质,本可由党径行宣布,今将由党起草,交国民会议议决。此事因蒋有江电,已向中央建议,故无人提案,但日内仍当提议。"③最终,蒋介石以国民政府主席兼任行政院院长,大会遵照总理遗嘱通过并决定于 1931 年 5 月 5 日召开国民会议,制定约法遭到否决。

但蒋、胡关于约法的争论并未就此结束,反而进一步公开化。1931 年 1 月 5 日,蒋介石在国民政府纪念周上发表讲话,表示当年内将召集国民会议和制定约法。胡汉民却在同一天立法院纪念周上公然唱反调,与蒋针锋相对,表示"现在各项法律案还未完备。已有的,又因为军权高于一切,无从发挥其效用。徒然定出大法来,有而不行,或政与法违,不但益发减低了人民对党的信用,法的本身也连带丧失了价值。所以我不主张马上有约法或宪法,不但是为党计,为法的本身计,甚至也为了目无法纪者的军阀自身计"④。胡汉民在约法问题上寸步不让,颇令蒋介石头痛,一时也无计可施。2 月中旬,蒋介石失去耐心,在日记中大骂胡汉民。18 日和 21 日,蒋介石两次赴汤山,考虑对付胡汉民的办法,在向李石曾、吴稚晖等国民党元老征询意见并获支持后,蒋一狠心,于 28 日将胡汉民拘押起来。⑤ 最终,"约法之争"以蒋介石拘

---

① 《国民会议问题如何? 蒋发表长文之告同志书》,《大公报》,1930 年 11 月 14 日第 1 张第 3 版。

② 《约法案曾激辩留交国民会议》,《大公报》,1930 年 11 月 17 日第 1 张第 3 版。

③ 《于右任对国民会议与约法之谈话》,《大公报》,1930 年 11 月 17 日第 1 张第 3 版。

④ 胡汉民:《革命过程中之几件史实》,《三民主义月刊》第 2 卷第 6 期,1933 年 12 月 15 日,第 115 页,转引自金以林《国民党高层的派系政治:蒋介石"最高领袖"地位是如何确立的》,北京,社会科学文献出版社,2009 年,第 103—104 页。

⑤ 陈红民:《"约法之争"的两个问题》,《安徽史学》2006 年第 3 期。

押胡汉民而告终,蒋制定约法也扫清了最大的障碍。蒋介石在国民党中央更是党政军三权在握,无人可匹敌。在蒋的授意下,国民会议的召开和约法的制定也是水到渠成,指日可待。

二、国民会议与《中华民国训政时期约法》

因孙中山临终遗嘱托付国民党人召开国民会议,所以胡汉民并不反对国民会议的召开,只是反对国民会议讨论约法。1931 年 1 月 14 日胡汉民在立法院演讲,根据孙中山的《北上宣言》等来阐述国民会议的主旨及任务。通过其讲话,大概可知召开国民会议的目的主要有:谋求中国之统一和建设,向国民宣扬国民党之主张,俾便国民明了和赞助,对外废除一切不平等条约和特权,造成自由独立之国家。此外,在胡汉民看来,还应将国民会议与国民大会区分开来。就组织来说,国民会议是由全国已有的职业团体的代表组织,包括实业团体、商会、大学、工会、农会、教育会、政党等;国民大会实是由已能自治之全国各县的三民主义者所选出的代表组织。就职权而言,国民会议的目的在于提出本党的主张,以求得国民的彻底明了与赞助,只是解决目前训政时期的重要问题,国民大会的职权乃为宪法及法律的修改与制裁政府人员的失职,换言之,是人民行使政权的最高权力机关。[1] 胡汉民并非是出于反对国民会议制定约法的立场而言不由衷,其所言乃是遵照孙中山遗教的真心话。依胡汉民的主张,国民会议根本无权制定约法,只可惜,在蒋介石的强权面前,胡汉民颇具法理的言论并不受重视,更别提实际效用。事实上,国民政府并未就国民会议的权力及目的做明确的公告。

1930 年 11 月,国民党三届四中全会通过召开国民会议的决议,24 日国民党中央执行委员会常务委员会推定蒋介石、胡汉民、孙科、吴稚晖等 14 人起草召集国民会议方案,由吴稚晖任召集人。[2] 至此,国民会议进入实际操作层面,各大媒体非常关注其进展情况,国民党人也不时出来发表谈话。28 日,于右任发表谈话称,"国民会议组织尚未提讨论,大致将来团体代表与

---

① 《遵依总理遗教开国民会议》,《大公报》,1931 年 1 月 14 日第 1 张第 3、4 版。
② 《中常会推蒋胡等十四人起草召集国民会议方案》,《大公报》,1930 年 11 月 25 日第 1 张第 3 版。

省区代表均应参加"①。随后起草委员会开会决议，以孙中山《北上宣言》中关于召集国民会议各点为原则，由胡汉民、戴季陶起草国民会议组织法和选举法。12 月 15 日，国民会议召集方案由胡汉民、戴季陶起草完竣，并打算于17 日提交中央执行委员会政治会议讨论。② 但因何种组织团体可推选代表，应以省、市还是县为选区单位，以及如何审查选出代表等问题尚待解决，召集方案一时难以确定。23 日，王宠惠接受记者采访时谈道："国民会议组织法及选举法，各中委个人提案甚多，拟采何种提案，尚未定，现盼年内公布，决有日(二十五日)中常会提出讨论。"③但因蒋介石、吴稚晖不在南京，25 日中央执行委员会常务委员会并未讨论国民会议组织法和选举法。④ 29 日中央执行委员会常务委员会再次开会讨论，先行通过《国民会议代表选举法》，并交由国民政府于元旦公布。

　　1931 年 1 月 1 日，国民政府公布了《国民会议代表选举法》。该法规定国民会议代表总额为 520 名，其中由各省选出者 450 名，各市选出者 22 名，蒙古选出者 12 名，西藏选出者 10 名，在外华侨选出者 26 名；可参加选举的组织团体包括农会、工会、商会及实业团体、教育会、国立大学、教育部立案之大学及自由职业团体和中国国民党。但该法规并未规定各组织团体代表的具体名额。国民党代表之选举由中央党部决定。另外，还规定每选区分别设置选举总监督，省、县或市总监督分由民政厅厅长、县长或市长担任。⑤ 就此选举法来看，要想依法选举合适之人选殊堪困难。《大公报》发表评论表示担忧。"已成之团体，今更世变，多有因革，或须新造，或待整理，故夫选举代表之团体本身，犹有待于准备创造。"国民政府也意识到问题所在，1930 年 12月 30 日通令知照，明令"各种人民团体，除农会另俟规定，商会依修正商会法办理，暨法令另定者外，工会及社会团体，统限于 1931 年 1 月底改组完竣。法定期限已满，尚未改组完竣之团体，应依法重新组织，重新组织之人民团体，限 1931 年 2 月 15 日以前，一律正式成立"。各地党部纷纷出台办法，加

　　① 《国民会议组织法尚未讨论》，《大公报》，1930 年 11 月 29 日第 1 张第 3 版。
　　② 《国民会议召集方案已草竣将提政会讨论》，《大公报》，1930 年 12 月 16 日第 1 张第 4 版。
　　③ 《国民会议方案尚未定》，《大公报》，1930 年 12 月 23 日第 1 张第 3 版。
　　④ 《国民会议方案候蒋吴决定》，《大公报》，1930 年 12 月 26 日第 1 张第 3 版。
　　⑤ 国民政府文官处印铸局：《国民政府公报(影印本)》，第 46 册，第 663 号(1931 年 1 月 1 日)，台北，成文出版社，1972 年，第 1—5 页。

紧整理、成立各社会团体。"依照农会、工会、商会等法,皆以地方官厅为监督机关,故即令在党部指导之下组织成立,仍须呈由各该管官署准许立案,始能完成法人资格。而各地党政机关不尽呼应合拍,办事程序之缓急宽严,尤不尽同。各种法定团体,是否能于国民会议选举前期,如法组成,遵办选举,实难预言。"①

不仅地方依法产生代表困难重重,时间急迫,对于南京中央而言亦复如此。国民会议"既非人民自动的集合,而为政府所召集之会议,则召集之前,政府似应预将该会之职权、任期等,制为法文,先期公布。盖他姑不论,人民于竞选应选之前,必须先知会议何事,职权何若也"②。可见南京国民政府准备之不足及进展之滞后。为此,南京政府不得不加紧筹备。1月20日,国民政府公布《国民会议代表选举施行法》,各地区选举代表进入实质阶段;23日,筹设国民会议选举总事务所,以戴季陶为主任;28日,选定中央大学新建之大礼堂为召开国民会议的场所。1月29日,国民党中央执行委员会第125次常会通过了《中国国民党出席国民会议代表选举施行程序》,其中第六条规定:各省出席国民会议代表,由选举人于中央提出之候选人中选举各该省市应得代表总名额之半数或过半数,其余由选举人自由选举之。③进入2月份以后,《国民会议代表选举总(省、市)事务所组织条例》、《国民会议问题讨论大纲》等先后订定,总事务所正、副主任戴季陶、孙科也相继赴任,各省选举总监督亦由南京中央政府派员担任。

2月底,"约法之争"以蒋介石扣押胡汉民而暂时得到解决。事变发生当晚,蒋介石便力陈国民会议应讨论约法,吴稚晖、李石曾、蔡元培、叶楚伧、戴季陶等人皆附其说。④3月2日,国民党中央执行委员会常务委员会召开临时会议,在南京的中央执行委员皆列席,蒋提出"召集国民会议应于三民主义的训政范围以内,确定本党与全国人民共同遵守之约法",得到一致通过。⑤

---

① 《社评:产生国民会议代表之四法团》,《大公报》,1931年1月17日第1张第2版。

② 《社评:国民会议之职权如何?》,《大公报》,1931年1月25日第1张第2版。

③ 国民政府文书处印铸局:《国民政府公报(影印本)》,第47册,第696号(1931年1月29日),台北,成文出版社,1972年,第4—5页。

④ 邵元冲著,王仰清、许映湖标注:《邵元冲日记》,1931年2月28日,上海,上海人民出版社,1990年,第710页。

⑤ 高素兰编注:《事略稿本》,第10册,台北,2004年,第202页。

随即,蒋又提议组织约法起草委员会,推定吴稚晖、王宠惠、叶楚伧、于右任、邵力子、李石曾、丁惟汾、蔡元培、刘芦隐、孔祥熙及邵元冲 11 人为委员,由吴、王召集。① 据当时出席该会的马超俊回忆,"蒋把约法案提出中央临时紧急会议通过,当时三十几人列席,无一人发言"②。可见,蒋意甚坚,其他人并不敢拂其意。国民会议也并不再仅限于胡汉民所言的应在"谋中国之统一"、"谋中国之建设"和"废除一切不平等条约"三点范围之内展开讨论,制定约法则成为重中之重。③ 9 日,约法起草委员会召开第一次会议,商定大体要点,主简要有弹性,根据《建国方略》及《训政纲领》之要点,并公推王宠惠、邵力子及邵元冲担任初步起草委员。④

邵元冲全程参与约法的制定,其日记对约法起草过程多有记载。12 日,邵元冲与王宠惠、邵力子商谈约法起草事,由王负责初步起草。⑤ 随后,邵元冲与王宠惠多次会面商讨约法起草问题,基本上是三五天一聚。蒋介石对此事也甚为重视,频频以聚餐、茶会的形式约集王宠惠、邵元冲等人,面授机宜。3 月 18 日,"介石约餐,同席为亮畴(王宠惠)、季陶、力子、楚伧、超俊诸君,对于国民会议组织法及约法内容,均有所讨论";4 月 3 日,"偕亮畴至介石宅茶会,兼谈约法事";4 月 20 日,"介石约餐,兼商约法及国民会议进行事"。⑥ 约法起草委员会也多次集会,商讨约法事。4 月 21—24 日,更是连续四天开会商讨。21 日,约法起草委员会开会"讨论总纲、训政纲领、人民之权利义务、国民生计及教育各章";22 日,继续开会"将昨日讨论未完之各章,如中央与地方之权限、中央与地方之行政制度等,皆有详密之讨论";23 日,"上午中央常务会议,讨论训政约法草案,逐条研究至正午甫及其半,因定明日下午继续

---

① 邵元冲著,王仰清、许映湖标注:《邵元冲日记》,1931 年 3 月 2 日,上海,上海人民出版社,1990 年,第 712 页。

② 马超俊:《发难讨蒋之回溯(1931 年 8 月)》,参见彭明主编《中国现代史资料选辑》,第 3 册,北京,中国人民大学出版社,1988 年,第 337—338 页。

③ 《胡汉民解释国民会议》,《大公报》,1931 年 2 月 26 日第 1 张第 3 版。

④ 邵元冲著,王仰清、许映湖标注:《邵元冲日记》,1931 年 3 月 9 日,上海,上海人民出版社,1990 年,第 714 页。

⑤ 邵元冲著,王仰清、许映湖标注:《邵元冲日记》,1931 年 3 月 12 日,上海,上海人民出版社,1990 年,第 715 页。

⑥ 邵元冲著,王仰清、许映湖标注:《邵元冲日记》,1931 年 3 月 18 日、4 月 3 日、4 月 20 日,上海,上海人民出版社,1990 年,第 716、721、725 页。

开会讨论";24 日,中央执行委员会常务会议"通过约法草案全部"。5 月 1 日,国民党中央执行委员会临时全体会议,到执行委员二十余人,监察委员及候补委员等十余人,张学良亦被邀列席,讨论约法问题,至下午讨论完毕。① 在约法草案制定的同时,国民会议的筹备工作也在紧锣密鼓地进行。

就在约法草案通过的当天,《国民会议组织法》由国民政府公布,一共 6 章,28 条。其中较值得注意的是:第二条规定中国国民党中央执行委员、中央监察委员会各委员及国民政府委员得出席国民会议。第三条规定中国国民党候补中央执行委员、候补中央监察委员、各院所属部会之部长及委员长以及国民会议主席团特许之人员得列席国民会议。第十条规定国民会议之议事须公开之,但出席者三分之一以上之要求,或主席团认为有秘密之必要时,得开秘密会议。第十一条规定国民会议之议事,非有到会代表过半数之出席不得开议,其议决以出席者过半数之同意决之;如遇重大议案,经三分之一以上出席者之要求,或主席团认为必要时,得以三分之二同意议决之。② 再加上"各省出席国民会议代表,由选举人于中央提出之候选人中选举各该省市应得代表总名额之半数或过半数",从中不难看出,国民党人对国民会议拥有绝对的支配权,其他各团体组织代表只是点缀而已。另外,会议进程也操控在国民党手里,主席团对各重大决议的产生形式和议案的结果均有特权操纵。随后,《国民会议议事规则》以及《国民会议各委会组织条例》先后公布,对提案审查、讨论、表决和议事范围、法律条文的产生等项均有明文规定。

4 月 30 日,国民党中央邓泽如、林森、古应芬、萧佛成四监委因胡汉民事通电弹劾蒋介石,力陈蒋之六大罪状。③ 汪精卫、陈济棠等纷纷通电响应,新一轮的倒蒋风潮正在酝酿之中。国民会议召开在即,再遭变故,为显示党内团结,打消粤方的质疑,5 月 4 日,蒋介石不得已亲自前往拜访胡汉民,请其出席国民会议,但胡称病言谢婉拒。④ 5 月 5 日,国民会议如期开幕。蒋介石

---

① 邵元冲著,王仰清、许映湖标注:《邵元冲日记》,1931 年 4 月 21—24 日、5 月 1 日,上海,上海人民出版社,1990 年,第 725—726、728 页。

② 《国议组织法全文昨日公布》,《大公报》,1931 年 4 月 25 日第 1 张第 3 版。

③ 《国民党中央监委邓泽如林森萧佛成古应芬通电》,1931 年 4 月 30 日,参见彭明主编《中国现代史资料选辑》,第 3 册,北京,中国人民大学出版社,1988 年,第 304—307 页。

④ 邵元冲著,王仰清、许映湖标注:《邵元冲日记》,1931 年 5 月 4 日,上海,上海人民出版社,1990 年,第 729 页。

致开幕词,阐述国民会议召开之历史渊源及其必要性,对训政时期制定约法尤为强调。① 开幕式结束后,随即召开预备会,决定主席团人选,并决定正式会议将首先讨论约法草案。8 日上午国民会议正式开会,重点讨论约法草案。蒋介石首先登台发言,谓"本席代表国府,提出约法案,此为谋中国永久统一基本大法,请求各位代表详细讨论"。继由戴季陶说明约法起草经过及约法草案具体内容。② 邵元冲是日日记载:"约法草案由介石说明提出意见,季陶说明内容要略,旋有代表十余人先后起立发言,提出修正意见,大体注意国民生计及教育两部分居多,至十二时散会。下午二时半继续讨论,发言者亦有十余人,嗣决定付约法审查委员会审查。"③9 日,约法审查委员会对约法草案进行审查,蔡元培任主席,"各代表对于国民生计一章,讨论之问题最多,至本章毕,已六时许,乃散会"④。10 日,代表继续讨论约法草案,在教育、财政、卫生建设等方面有所建言。⑤ 11 日,约法全案审查完毕,"除大体间加以修正外,其加入之条文,在国民生计章加入两条;又在国民教育章中加入两条;又在政府之组织章中央制度中加入一条,为国家之岁入岁出,由国民政府编定预算、决算公布之"⑥。事实上,代表们对约法草案的讨论多集中于"国民生计"和"国民教育"两章,对更为关键的"人民之权利义务"、"中央与地方之权限"和"政府之组织"缺乏充分的讨论,遂约法草案基本上维持原案,修订之处甚少。12 日,国民会议召开第四次会议,约法经三读修正通过,并于 15 日第七次会议上决议以 1931 年 6 月 1 日(总理奉安纪念日)为训政约法公布之日。

除约法外,国民会议还讨论了实业建设程序案、教育设施趋向案、慰劳"剿匪"将士案、废除不平等条约案、实施新盐法、五年农业计划案等内容,代表提案两百多件。不可置否,此为国民政府创立以来,首次由民选代表参加

---

① 《蒋主席之国议开幕词》,《大公报》,1931 年 5 月 6 日第 1 张第 3 版。

② 《约法修正案甚多交付审查》,《大公报》,1931 年 5 月 9 日第 1 张第 3 版。

③ 邵元冲著,王仰清、许映湖标注:《邵元冲日记》,1931 年 5 月 8 日,上海,上海人民出版社,1990 年,第 731 页。

④ 邵元冲著,王仰清、许映湖标注:《邵元冲日记》,1931 年 5 月 9 日,上海,上海人民出版社,1990 年,第 731 页。

⑤ 《约法修正案甚多中央制度待审查》,《大公报》,1931 年 5 月 11 日第 1 张第 3 版。

⑥ 邵元冲著,王仰清、许映湖标注:《邵元冲日记》,1931 年 5 月 11 日,上海,上海人民出版社,1990 年,第 732 页。

的国民大会,自有值得肯定之处。《大公报》发表评论称,"国家之出路,在先得和平统一,和平统一之关键,在实行法治,此无论何人无挟疑之余地者。抑中国不能不生存,故不能不求国际之自由平等,不能不废除不平等条约。是以从仅论此两大案,已不得不承认此次国议之成绩也。约法内容,自有可议,然问题要在今后之实行;废约宣言,不即生效,然要之看全国共同之努力;至于一切提案,为表示各方之希望。然国家实力,目前止此,议决多少,实际无关",对国民会议的召开颇为肯定。① 然其遗憾之处亦不为少。首先,本次会议参会代表并非全民选举,而是从团体组织、大学、政党等中选出,其是否真正算得上是国民的会议颇值得怀疑。在出席人数上,省市国民党代表、国民政府委员、中央执行委员、中央监察委员、各部会首长以及军队党部特许列席代表几近总人数的一半,因而国民会议也获得了"扩大"的国民党代表大会的讥评。② 各地方的代表选举由各选区党部操控,各省选举总监督亦由南京中央政府派员担任,简言之,整个选举由国民党人掌控。真正选举时,情形更是五花八门,问题层出不穷。山东一选民称:"当我身进选场,对名取票的时节,蒙监选的先生把李文奇等六个人的名单交给我,嘱我照样写,设若不会写字的话,还有人替我写。"北平选举情形亦不乐观,"其有选举权者,仅为社会团体与大学生而已。投票场所在中山公园中山堂,凡有选举权者,均持有入场券以便换得选举票,而竟有以此入场券作逛公园用者,即进内并不选举,将此券保存下次再来又能省下二十枚门票钱也"。③

其次,会期太短,仅为 12 天,5 月 17 日便闭幕,各项议案的讨论、审核、修订、表决无法按照正常程序充分展开。取消不平等条约案的出台就极具代表性。5 月 9 日下午,会中张学良宣布现有临时紧急动议案,为代表项定荣等七十余人提出之督促政府限期取消不平等条约案,请项代表出席说明。项登台发言,语毕,全场激昂,空气紧张。复又在几名代表相继发言后,大会主席便宣布停止发言,付表决,全体起立,高呼废除不平等条约,打倒帝国主义。主席团指定推邵力子、陈布雷等 11 人起草宣言。④ 废除不平等条约案为仅次

---

① 《社评:国民会议闭幕》,《大公报》,1931 年 5 月 18 日第 1 张第 2 版。

② 金以林:《国民党高层的派系政治:蒋介石"最高领袖"地位是如何确立的》,北京,社会科学文献出版社,2009 年,第 120—121 页。

③ 《初尝选举滋味》,《代表能传达民意否》,《大公报》,1931 年 4 月 29 日第 3 张第 11 版。

④ 《国民会议紧急动议》,《大公报》,1931 年 5 月 10 日第 1 张第 3 版。

于约法的重要议题,其决议过程也不过如此,犹如排练走过场一样。会议的最后半天竟然不经过讨论便"迅速"通过全部提案的95%。[①]

复次,会议很难取得真正的成效,很多议案也只是停留在喊口号的层面。如废除不平等条约,此前国民政府虽努力与各国有所交涉,但乏善可陈,并未取得实际进展,在这种情形之下单方面提出宣言,自然不能起任何作用,形同一纸空文,其作用仅是在政治层面上象征性地完成总理遗教而已。至于约法,更非是还政于民,只是蒋介石政治谋略中的一个棋子而已。

其实,中原大战结束之后,蒋介石便想乘军事胜利的淫威,"刷新"国内政治,既为自己的统治奠定一个法统基础,同时也是进一步地打击异己,希图国内的真正统一。正因为此,蒋便打着遵照孙中山遗教的旗帜,"开国民会议及废除不平等条约,尤须于最短期间促其实现",一方面是凸显自己在"党国"的正统地位,另一方面是通过国民会议制定约法,假借民意制定有利于己的约法来降服其他反对者。国民会议特意对蒋介石嘉奖,慰勉其劳苦功高。"国民政府主席蒋中正,以三民主义忠实之信徒,为国民革命不二之桢干,许身报国,矢志勿渝,丰功伟烈,迈越群伦……更望蒋主席以赓续不断之努力,挈全国国民以共进,继中山先生未竟之遗志,垂民国奕世之麻祯。"[②]意图至为明显,就是要把蒋塑造成孙中山的继承人,顺理成章地成为全国领袖。约法的制定,更是要从法理上确立蒋的统治。

1931年6月1日,《中华民国训政时期约法》正式颁布,一共8章89条。[③]第一章为"总纲",规定中华民国领土为各省及蒙古、西藏,国旗为青天白日旗,国都定于南京,主权属于国民全体以及中华民国永久为统一共和国。第二章为"人民之权利义务",除国民在法律上一律平等,享有《建国大纲》所规定的选举、罢免、创制、复决权以及宗教信仰自由、请愿之权外,其他迁徙、通信、结社集会、发表言论及刊行著作之自由等权利均"依法律"而限定之。"对人民的权利未采直接保障主义,而采法律保障主义,换言之,人权的保障有赖于

---

① 金以林:《国民党高层的派系政治:蒋介石"最高领袖"地位是如何确立的》,北京,社会科学文献出版社,2009年,第121页。

② 《国议慰勉蒋主席词》,《大公报》,1931年5月18日第1张第3版。

③ 《中华民国训政时期约法》,1931年6月1日,参见彭明主编《中国现代史资料选辑》,第3册,北京,中国人民大学出版社,1988年,第69—76页。

法律,而法律亦可限制人权。"①第三章为"训政纲领",照录 1928 年国民政府训政制度确立时所颁布的《训政纲领》。四、五两章分别为"国民生计"和"国民教育"。第六章为"中央与地方之权限",依《建国大纲》第十七条之规定,采取均权制。各地方于其事权范围内,得制定地方法规,但与中央法规相抵触者无效。另外,中央与地方课税之划分以法律定之,工商业之专利、专卖特许权属于中央。第七章为"政府之组织",分中央制度与地方制度两节。中央制度层面大体上是遵照 1930 年 11 月国民党三届四中全会所修订的《中华民国国民政府组织法》第一章"国民政府"拟定。②但亦有微小的变化,新增"各院院长及各部会长以国民政府主席之提请,由国民政府依法任免之",这意味着国民政府主席有权提名及任免各院院长及各部会长,从法理上确立蒋任免国民政府高层官员之权限;"公布法律、发布命令,由国民政府主席依法署名行之",完全删去了"以立法院院长之副署行之"以及"主管院院长之副署行之",即国民政府主席的权力进一步扩大。第八章为"附则",规定"凡法律与本约法抵触者无效",确立了约法为根本大法之地位。"约法之解释权由中国国民党中央执行委员会行使之",党既有解释约法之权,则基于党权而颁布的法令,即显与约法相抵触,当仍可有效,只有党认为与约法抵触的法律,才是无效。③此外,还根据《建国大纲》制定了实施宪政、制定宪法的程序,但并未定明训政时期之年限,换言之,国民党并没有直接承诺何时还政于民。

由此可见,约法并无多少新意,反倒模棱两可处颇多,从中不难看出,国民政府主席的职权进一步扩大,党权高于一切。在"军权"与"党权"的较量中,胡汉民败下阵来,蒋介石从此党政军大权独揽,约法的出炉便是最好的注脚。汪精卫在谈到约法时表示,"余实不料其潦草一至于此","大约起草诸人中,有一部分人已心怀反蒋,惟知草草交卷,可以散场;有一部分人则承蒋之意旨,只求有约法草案之名便得,不必更问其实,故成此笑柄",甚至连 1914

---

①　王世杰、钱端升:《比较宪法》,北京,中国政法大学出版社,1998 年,第 412 页。

②　《中华民国国民政府组织法(修正案)》,1930 年 11 月,参见荣孟源主编《中国国民党历次代表大会及中央全会资料(上)》,北京,光明日报出版社,1985 年,第 922—926 页。

③　王世杰、钱端升:《比较宪法》,北京,中国人民大学出版社,1998 年,第 413 页。

年袁世凯所颁布的约法都不如,毫无"批评之价值也"。[①]"心怀反蒋"者正是约法主起草人王宠惠,在这种情形下,约法草草收场再正常不过。或许王表面上是捧蒋,实际上却是想置蒋于不义。然而,蒋介石借"约法"挤走了最大的政敌胡汉民,堪称成功,至于他所期望的约束异己,国内统一,事与愿违,或许蒋也没意料到他正面临着一场更大的挑战。

三、"五五宪草"

胡汉民被软禁之后,粤桂、汪派、西山会议派等各派系以广州为大本营组成前所未有的反蒋大同盟。1931 年 5 月 25 日,唐绍仪领衔反蒋派通电要求蒋介石 48 小时内下野,蒋自难轻易就范,于是反蒋派便在广州召开"非常会议"及另立国民党中央与国民政府,否认南京政府的合法性,宁粤对峙形成。蒋方不愿恢复胡汉民自由,粤方则坚持蒋下野,双方陷入僵持之中。但蒋力主诉诸政治手段解决,双方一时并未兵戎相向。适当粤方出师讨蒋之际,震惊中外的九一八事变爆发,国难当头,双方不得不息兵和解,在上海展开和谈,胡汉民也得以恢复自由。和谈几经波折,最终商议各方自主召开第四次全国代表大会,蒋介石自行引退,尔后在南京召开四届一中全会,共商国是。蒋介石在权衡利弊、积极部署之后,于 12 月 15 日向国民党中央执行委员会常务委员会提出辞呈。22 日,国民党四届一中全会在南京开幕,蒋在出席开幕式后便离京隐退返乡。因胡汉民重返南京中枢的希望渺茫,在宁粤对峙的后期,蒋、汪便暗中联手以制粤。汪精卫深知蒋下野只是暂时的,故托病滞留上海。胡、汪二人并未赴京参会。在这种情形下,孙科出掌行政院,林森出任国民政府主席。新任国民政府主席、各部院首长于 1932 年元旦宣誓就职。"新政府"改组形成,由中央执行委员会政治会议集体负责,国民政府主席并不负实际政治责任,颇似责任内阁制。

中央执行委员蒋介石、胡汉民、汪精卫三位大佬远离中枢,导致中央执行委员会政治会议不能开会,"新政府"难以为继。蒋介石依然军权在握,掌控全局,暗地里处处实施伎俩,与孙科内阁为难;汪精卫极希望重返中枢,但唯

---

① 《汪精卫对时局重要谈话》,1931 年 5 月 4 日,参见彭明主编《中国现代史资料选辑》,第 3 册,北京,中国人民大学出版社,1988 年,第 312 页。

有与蒋联手才可达成,对孙科亦不支持;胡汉民虽然支持孙科反蒋,但"约法之争"后重返中枢实已无可能,便转向经营两广,长期反蒋,对孙科政府打击不小。上任不久,孙科便疾声呼吁,"深盼三领袖来,决定一切"①。无奈之下,孙科破釜沉舟组设中央执行委员会政治会议特务委员会,负责中央一切政治上的责任。但"新政府"内部矛盾重重,孙科难以服众,政府运转困难,尤其在财政和外交上更显困难。可以想见,孙科内阁似乎难逃倒台的厄运。在蒋、汪联手运作下,孙科被迫于1月底辞职,继而由汪精卫接任行政院院长职。蒋、汪合作再度成功,由此形成"蒋主军、汪主政"的局面。孙科郁闷至极,曾一度拟在上海组织"临时政府"予以还击,但最终未能成为事实,无奈接受下台的结局。在胡汉民失势以后,孙科的地位有所提升,势力较大。蒋、汪不得不有所考虑,于是便让孙科做立法院院长。正在气头上的孙科显然不甘愿向蒋、汪俯首称臣,做一个傀儡立法院院长。有学者亦指出:"孙科对国民党的政治非常富有经验,以至于他在自己的政治影响力没有确实保证的情况下,没有贸然接受这个声望很高的任命。因此,在他自己的政治实力得到重整之前一直拒绝就职。"②

转机出现在1932年4月国难会议的召开。会中,要求结束训政,即日实施宪政的呼声高涨,汪精卫不得不表示"极端赞同",但提前结束训政案还是被否决。③尽管如此,"召开国民代表大会,制定宪法"的呼声仍不绝于耳,日益高涨。孙科看中了这一机会,"认为利用宪法问题来削弱蒋介石对政权的控制的时机已经成熟"。国难会议结束不到两周,孙便"成为宪政的拥护者"。④孙科随即着手进行一系列的准备,显然,随着九一八事变和一·二八事变接连爆发,无法不在抗战这个层面上做文章。4月24日,孙科拟就《救国纲领草案》,主要内容包括:近期内筹备开始宪政;6月召集三中全会,决定党政改革一切原则;由立法院于10月起草宪法草案,提交1933年4月召开之第一次国民代表大会。议决颁布:国民在不违反三民主义原则下,皆得自

---

①《孙科宣布大政近状》,《大公报》,1932年1月6日第1张第3版。

②[美]易劳逸著,陈谦平、陈红民等译:《流产的革命:1927—1937年国民党统治下的中国》,北京,中国青年出版社,1992年,第204页。

③《国难会议第一次大会》,《大公报》,1932年4月9日第1张第3版。

④[美]易劳逸著,陈谦平、陈红民等译:《流产的革命:1927—1937年国民党统治下的中国》,北京,中国青年出版社,1992年,第204—205页。

由组织政治团体,参加政治,但现役军人停止选举及被选举权;国民代表大会以各省市按人口比例,由职业团体选举代表组织之,选举法由立法院制定;外交以彻底抗日为目前主要方针。① 其核心是实施宪政,起草宪法草案及抗日,具体操办交立法院,主张召开四届三中全会和国民代表大会来促成之,应该说是一份较完备的纲领草案,显然是有备而来。但这还要看其他国民党人的态度,尤其是蒋介石的态度。

此前,面对国内结束训政、实施宪政的呼声,由汪精卫主持的行政院出台在宪政实施以前在中央层面召集国民参政会的方案和切实办理地方自治加以应付,换言之,并未考虑制定宪法的预案。南京中央通讯社第一时间登载了《救国纲领草案》,国民党中央极为不满。25 日,南京国民党中央宣传委员会认为该方案"辞多乱政,通讯社主任余维一殊属疏忽,除告诫外,拟另约程沧波担任之",可见抵触态度之一斑。② 国民党元老于右任率先公开反对,发表《放弃训政与中国革命之危机》一文,指称"惟宪政开始,必待于训政之完成,结束训政即结束党之领导革命","自治不完成,自治为虚壳,训政不经过,宪政为具文",将结束训政提升至放弃"党之领导"的高度。③ 按照孙中山的革命程序,"训政时期,政府当派曾经训练考试合格之员,到各县协助人民筹备自治";"凡一省全数之县皆达完全自治者,则为宪政开始时期";"宪法草案当本于建国大纲及训政、宪政两时期之成绩,由立法院议订,随时宣传于民众,以备到时采择施行";"全国有过半数省份达至宪政开始时期,即全省之地方自治完全成立时期,则开国民大会,决定宪法而颁布之";"宪法颁布之日,即为宪政告成之时,而全国国民则依宪法行全国大选举,国民政府则于选举完毕之后三个月解职。而授政于民选之政府"。④ 仔细检查孙中山的遗训,会发现很多棘手的问题,尤其会被其前后一致性的问题所困扰。事实上孙中山并没有很清楚地表达他关于政府的设想。⑤ 如孙中山虽规定训政时期之

---

① 《促成宪政彻底抗日》,《大公报》,1932 年 4 月 25 日第 1 张第 3 版。

② 邵元冲著,王仰清、许映湖标注:《邵元冲日记》,1932 年 4 月 25 日,上海,上海人民出版社,1990 年,第 859 页。

③ 《于右任纠正孙科谈话》,《大公报》,1932 年 5 月 4 日第 1 张第 3 版。

④ 孙中山:《国民政府建国大纲》,《孙中山全集》,第 9 卷,北京,中华书局,1986 年,第 127—129 页。

⑤ [美]易劳逸著,陈谦平、陈红民等译:《流产的革命:1927—1937 年国民党统治下的中国》,北京,中国青年出版社,1992 年,第 208 页。

年限为 6 年,但并未考虑这 6 年间,地方自治之成绩是否可以达到符合宪政开始之要求。实际上,国民党人也并未完全按照孙中山的遗训行事,只不过,孙中山遗训象征着法统,是国民党人不得不高举的旗帜,同时也是打击异己的权威武器。

面对于右任的质疑,孙科也不示弱,反驳道:"于最大错误在不能承认本党已往过失,以为本党仍系健全,陷于讳疾忌医之不客观态度;于惧打开党禁;建国大纲训政为六年,至明年四月将期满,如以为延长,则名义延长训政,实延长专政",仍主开放党禁,速行宪政。① 蒋介石的态度颇为关键,没有蒋的支持,孙科所主张的宪政便无从谈起。起初,蒋不以为意。8 月,汪精卫以北方东北军节节败退,日本入侵屡屡得手,对张学良甚为不满,行政院备感压力为由,突然提出辞职,且辞意甚坚,迭遭挽留亦不回任。蒋介石不得不考虑人事的更委,孙科被列入候选,地位顿时凸显。9 月中旬,蒋介石在庐山与林森、宋子文、罗文干等会面,考虑"如汪终不可留,将觅继任,以免遗缺,人选似于孙科为近"②。25 日,孙科到沪对记者谈话,称"本人不赴京",对内政隔阂无表示,否认将长行政院,随即赴庐山见蒋。③ 9 月底,蒋、孙庐山会谈顺利,蒋介石接受孙科党政改革、制定宪法的主张,孙科也表示做好就职立法院院长的准备。此前,孙科并未贸然就职立法院院长,几天前还声称"不赴京",是因为没摸准蒋的态度。在确定获取蒋的支持下,孙科总算可以入京就职了。

1932 年 12 月,国民党四届三中全会在南京召开,孙科等 27 人提集中国力挽救危亡案,在蒋介石的"护航"下,提案顺利通过。提案第三点为宪政之准备:积极遵行《建国大纲》所规定之地方自治工作,以继续进行宪政开始之筹备;拟定 1935 年 3 月开国民大会,议决宪法,并决定宪法颁布日期;立法院应速起草宪法草案发表之,以备国民之研讨。④ 在与蒋介石讨价还价后,1933 年 1 月 16 日,孙科正式就职立法院院长,随即组织宪法起草委员会,自兼委员长,负责宪法起草事。孙科此次入京可谓是有备而来,亦想有所作为,在就职前夕与立法院副院长邵元冲谈话时称,"京中人促任立法院事,然既任

---

① 《孙科答复于右任驳议》,《大公报》,1932 年 5 月 6 日第 1 张第 4 版。
② 《汪如终难留以孙科再出为近》,《大公报》,1932 年 9 月 22 日第 1 张第 3 版。
③ 《孙科昨到沪日内即赴浔》,《大公报》,1932 年 9 月 26 日第 1 张第 3 版。
④ 荣孟源主编:《中国国民党历次代表大会及中央全会资料(下)》,北京,光明日报出版社,1985 年,第 180—181 页。

事则必有全权,否则宁不任事"。邵元冲颇不以为然,日记载孙科"词气悻悻,
殊非常理所能测","实令人对之绝望",并致函蒋介石"说明其不可理喻之
处"。① 的确,初期孙科立宪完全遵己意行事,就连蒋介石的意见也视而不
见,甚至公然挑战蒋的权威。

上任不久,孙科就高调地宣称,根据中国国情和时代的需要,"我们所需
要的宪法,已不是以个人主义为出发点的议会政治的宪法",而"是以三民主
义为依归的五权宪法"。② 孙科所言的"个人主义",显然是隐射蒋介石。孙
科先后指定由张知本、吴经熊、傅秉常、焦易堂、陈肇英、马寅初、吴尚鹰等 7
人为主稿委员,并推吴经熊担任初步起草工作。③ 1934 年 3 月 1 日,宪法草
案初稿发表,以一个月为时限征求全国之意见,共计 10 章 160 条。其内容主
要有:国民政府由总统及五院组织之,裁撤国民政府主席改设总统,总统总揽
行政权,总统及五院均对国民代表大会负责;国民政府公布法律,发布命令,
由总统署名,并经主管院长副署等。④ 不消说,此宪法草案肯定不是蒋介石
想要的,其他国民党人也颇有意见。戴季陶便致函孙科,委婉批评孙自行发
挥的地方太多了,"一国之法律,必为历史产物,而非可任意创造者",给出具
体意见颇多。⑤ 14 日,孙科偕吴经熊飞南昌谒蒋,征求蒋之意见。⑥ 亲领蒋的
指示后,孙科不得不做出让步,此后立法院收拢各方意见,宪法草案屡经修
改,过程极为曲折。1934 年 10 月 16 日,立法院三读通过最后的草案,但结果
却让众人更加失望,钱端升便是其中之一。"立法院对于初稿的草拟是费过
一番苦心的,审查时的细心及虚心也是值得我们的赞佩的,但审查修正以后,
二读以前,忽因一二人的意见,而将草案加以根本的改窜则是不可思议的,也
是不足为训的。"⑦

11 月 9 日,立法院将宪法草案呈报国民政府,转呈国民党中央审核。
12 月,国民党四届五中全会召开,成立了由蒋介石、汪精卫、林森等四十余人

① 邵元冲著,王仰清、许映湖标注:《邵元冲日记》,1932 年 12 月 22 日,上海,上海人民出版社,1990 年,第 940 页。
② 孙科:《我们需要何种宪法》,《东方杂志》第 30 卷第 7 号,1933 年 4 月 1 日,第 8 页。
③ 荆知仁:《中国立宪史》,台北,联经出版事业股份有限公司,1984 年,第 415 页。
④ 《宪法初稿今日公布》,《大公报》,1934 年 3 月 1 日第 1 张第 3 版。
⑤ 《戴传贤致孙科书》,《大公报》,1934 年 4 月 2 日第 1 张第 4 版。
⑥ 《孙孔谒蒋商宪法及财政》,《大公报》,1934 年 3 月 15 日第 1 张第 3 版。
⑦ 钱端升:《评中华民国宪法草案》,《东方杂志》第 31 卷第 21 号,1934 年 12 月 1 日,第 6 页。

组成的宪法草案审查委员会。审委会出台审议程序,决定:(1)将宪法草案发交常务会议,组织宪法草案审查委员会。此会至少每星期开会一次,并得邀集立法委员及专家列席,以备咨询。(2)第五次全国代表大会前两月将修正意见发交立法院,由立法院参考补充修正。(3)立法院修正后,再呈由常务会议审核,提交第五次全国代表大会。(4)第五次全国代表大会通过后,作为本党决定之宪法草案,依法提出于国民大会。从中不难看出,宪法草案的最终决定权已转移至中央执行委员会常务委员会,立法院只是执行审查意见并加以修正。同时,审委会对宪法草案的内容亦做了规定:"中华民国宪法草案,应审察中华民族目前所处之环境及其危险,斟酌实际政治经验,以造成运用灵敏能集中国力之制度。本草案应交常会,依此原则,郑重核议。"①言外之意是,现正值日本入侵,国难之际,宪草应以集权制为原则,以便在政治上"灵敏"操作。会中,国民党人对宪法草案更是不留情面,大加挞伐。14日,四中全会举行第五次会议,由孙科主持,讨论宪法起草案。邵元冲对中央政府等组织诸点,皆有所批驳,随后汪精卫、蒋介石、何应钦、王正廷、罗家伦等均发言驳斥,甚至连参与起草的张知本、陈肇英"亦表示行不通"。孙科"面红耳赤,无词可答"。② 可见孙科处境之尴尬,欲在宪草上明哲保身殊无可能。

1935年10月,中央执行委员会常务委员会对宪法草案审查完竣,提出五项基本原则:(1)为尊重革命之历史基础,应以三民主义、建国大纲及训政时期约法之精神,为宪法草案之所本;(2)政府之组织,应斟酌实际政治经验,以造成运用灵敏、能集中国力之制度,行政权行使之限制,不宜有刚性之规定;(3)中央政府及地方制度,在宪法草案内,应于职权上为大体之规定,其组织以法律定之;(4)宪法草案中有必须规定之条文,而事实上有不能即时施行,或不能同时施行于全国者,其实施程序应以法律定之;(5)宪法条款不宜繁多,文字务求简明。③ 立法院根据五项原则再次对宪法草案重加修订。本次修订主要围绕总统和立法院的权限展开。如审查修正案规定司法、考试两院院长均由总统任命之,部分立法委员表示"应由国民大会选任"或

---

① 荣孟源主编:《中国国民党历次代表大会及中央全会资料(下)》,北京,光明日报出版社,1985年,第247—248页。

② 邵元冲著,王仰清、许映湖标注:《邵元冲日记》,1934年11月14日,上海,上海人民出版社,1990年,第1189页。

③ 《宪草制定经过》,《大公报》,1936年5月5日第1张第3版。

"须得立法院之同意",但傅秉常、梁寒操表示"此系中央所订,不容推翻",仍照审查修正案通过。最终,总统之权限扩大,立法院权限则相应缩小。第一,司法、考试两院院长,原草案由总统提经立法院同意任命之,修正案以总统之任命司法、考试两院院长,系以国家元首资格代替人民行使一部政权;第二,总统对立法院复议案件,如仍认为政见不和时,原草案系规定仍应公布或执行修正案,为避免将来总统与立院间政见不一,发生争执计,已另加但书,即规定遇法律案、条约案,得提请下届国民大会复决。由此似乎可以看出,立法院已全面退缩,再无与总统争权的雄心,放弃立法院超然其他四院之上的地位,最后不得不以总理所创五权宪法各院"均系平衡"来慰己。① 10 月 25 日,宪草三读通过,共 8 章 150 条,送呈国民政府,转送中央执行委员会常务委员会再次审核。

11 月,国民党四届六中全会在南京召开。宪草审查委员会对新修订宪草进行审查,仍不满意,经大体讨论后,认为有另推委员先行做初步审查之必要,当即推定叶楚伧、陈布雷、甘乃光、罗家伦、梁寒操五委员及傅秉常、吴经熊两同志,另开小组审查会,集中各委员所发表意见,制成报告,再行讨论。最后,审委会给出意见,认为"立法院最近修正之宪法草案,大体均属妥善,唯为适应国家现实情势及便于实施起见,似尚应有充分时间,加以详尽之研究与讨论。但现距代表大会为日无多,且代表大会会期甚短,恐亦无暇逐条详商,为最后之决定,因此拟请六中全会将上列理由连同本宪法草案,送请第五次全国代表大会,请将宣布宪法草案及召集国民大会日期,先行决定;并对于宪法草案加以大体审查指示纲领,再行授权于下届中央执行委员会,为较长时间之精密讨论后,提请国民大会议决颁布之。各中央委员关于宪法草案之意见,拟请转陈大会,指定委员,分别条理,附同草案,送五全大会以资研讨"②。宪法草案的最终敲定还遥遥无期,一切尚待五全大会再定。另据邵元冲日记载,"讨论宪法草案,发言者颇多,有主张根本无宪法需要者"③。其实,蒋介石亦对宪法草案不感兴趣。宪草正式颁布以后,为蒋而设的总统权

① 《宪法草案重加修正》,《大公报》,1935 年 10 月 26 日第 1 张第 3 版。
② 荣孟源主编:《中国国民党历次代表大会及中央全会资料(下)》,北京,光明日报出版社,1985 年,第 283—284 页。
③ 邵元冲著,王仰清、许映湖标注:《邵元冲日记》,1935 年 11 月 2 日,上海,上海人民出版社,1990 年,第 1328 页。

力极大,但蒋在接受《字林西报》采访时表示,"绝不愿为总统候选人",理由是总统之位将妨碍其"实行报国之志愿",限制其"周历国内无论远近之各地,实地考察当地之民情与政绩",随时解决关于"各种与民族复兴有根本关系问题"。① 邵元冲还透露,"将各委员发表之意见及原草案移送五全大会讨论。盖顾虑孙科等悍持成见,故委曲绚之。人事之牵制如此,欲求振饬纪纲也,难矣!"② 尽管孙科等人一再向蒋介石表示退让,宪法草案遵照蒋意一改再改,结果蒋却大不感兴趣,持可有可无之态度,最后为了应付或安抚孙科派,不得不加以讨论,与《中华民国训政时期约法》的颁布不可同日而语。

不久,国民党第五次全国代表大会召开,会议决议接受宪草,但并没有确定宪法草案及召集国民大会日期,而是授权第五届中央执行委员会决定之,但规定"务须于 1936 年内实施之",宪草内容仍"应由第五届中央执行委员会据大会通过之重要宪草各提案修正之"。③ 五全大会选举产生新一届中央执行委员,蒋介石、汪精卫、胡汉民、孙科等 100 人当选。秉承五全大会的旨意,国民党五届一中全会于 12 月 2 日在南京召开。大会议定"1936 年 5 月 5 日宣布宪法草案,11 月 12 日召开国民大会",随即组设宪法草案审议委员会,由叶楚伧、李文范等 19 人组成,"负责审议草案及经大会认为应予采纳之提案,于两月内拟定修正案,呈由常会发交立法院再为条文之整理"。④ 中央执行委员会之宪法审议委员会,迭经集会,最后议决 23 点审议意见,于 1936 年4 月 23 日经中央执行委员会常务委员会通过,交立法院遵照办理。立法院亦再指示傅秉常、吴经熊、马寅初等 8 人对草案条文重加整理后,院会即于 5月 1 日三读通过。⑤ 5 月 5 日,国民政府正式宣布《中华民国宪法草案》(又称"五五宪草")。

《中华民国宪法草案》一共 8 章 148 条。⑥ 兹就各章主要条例分析如下。

---

① 《蒋对外报记者谈不作总统候选人》,《大公报》,1936 年 6 月 20 日第 1 张第 3 版。

② 邵元冲著,王仰清、许映湖标注:《邵元冲日记》,1935 年 11 月 4 日,上海,上海人民出版社,1990 年,第 1329 页。

③ 荣孟源主编:《中国国民党历次代表大会及中央全会资料(下)》,北京,光明日报出版社,1985 年,第 313 页。

④ 荣孟源主编:《中国国民党历次代表大会及中央全会资料(下)》,北京,光明日报出版社,1985 年,第 384—385 页。

⑤ 荆知仁:《中国立宪史》,台北,联经出版事业股份有限公司,1984 年,第 419 页。

⑥ 《五五宪草》,参见孔繁霖编《五五宪草之评议》,南京,时代出版社,1946 年,第 1—24 页。

第一章为"总纲",规定国体为三民主义共和国,中华民国主权属于国民全体。以共和制为国体的国家,其主权归全体国民所有,当无疑义。唯对以"三民主义"限定国体质疑颇多,如"主义为有时间性之物,国体则不容改易;三民主义为一党之主义,实行宪政以后,势不能强国人以共信;三民主义解释分歧,如以限制国体,未免有随时发生违宪问题之可能"。孙科解释说,中华民国为革命的产物,宪法是保障革命的基础,以三民主义立国,可以昭示"革命之义",饮水思源;另外,一个国家的建立不能没有立国的主义,立国的主义应该是可以包含一切的,而三民主义正是兼收并蓄的,对内强调各民主平等,对外主张大同,除民族主义外,还有民权主义和民生主义,这并非"共和国"可以体现的。[①] 与其说"三民主义"体现了中华民国立国之特性,毋宁说确立了国民党"一党专制"的前提。"宪法草案既把中华民国的国体规定为三民主义共和国,那末(么),凡积极的(地)主张别个主义,或消极的(地)反对三民主义的政党,当然都可以视为违宪的政党,而不许其存在了。"[②]

第二章为"人民之权利义务"。对于人民之各项权利,宪法仍采取间接保障,而不是直接保障,即以"依法律"限定之,也就是说,人民必须在法律之内,才能自由平等,享受各项权利。其中第二十五条又规定:"凡限制人民自由或权利之法律,以保障国家安全,避免紧急危难,维持社会秩序,或增进公共利益所必要者为限。"孙科认为,法治国家的通例是人民没有绝对的自由;过去民权失去保障,不是法律不良,而是行政机关有以蹂躏之,不能将法律与政令混为一谈;宪法颁布以后,法律由民意机关决议,人民可运用创制与复决权,即便有恶法也不足为虑;直接保障为具体规定,挂一而漏万,并非宪法条文所能巨细毕举,宪法所规定者为自由保障之原则,其余则可用普通法来补充。[③]

第三章为"国民大会"。其中规定,中华民国国民年满 20 岁者,有依法选举代表权,年满 25 岁者,有依法被选举代表权;国民大会,每三年由总统召集

---

① 孙科:《中国宪法的几个问题(专载)》,《东方杂志》第 31 卷第 21 号,1934 年 12 月 1 日,第47—48 页。孙科:《五五宪草之精义》,1943 年 11 月 15 日,参见孔繁霖编《五五宪草之评议》,南京,时代出版社,1946 年,第 37—39 页。

② 萨孟武:《中华民国宪法草案的特质》,《东方杂志》第 33 卷第 12 号,1936 年 6 月 16 日,第30 页。

③ 孙科:《中国宪法的几个问题(专载)》,《东方杂志》第 31 卷第 21 号,1934 年 12 月 1 日,第48—49 页。

一次，会期一个月；有选举和罢免正副总统、立法院院长、监察院院长、立法委员和监察委员之权，以及创制、复决法律和修改宪法等职权。

第四章为"中央政府"。总统为国家元首，统率陆、海、空军，享有依法行使宣战、媾和、缔结条约，宣布戒严和解严、行使大赦和特赦、减刑、复权、任免文武官员、授予荣典之权；总统依法公布法律，发布命令，并须经关系院院长之副署；对国民大会负责。行政院为中央政府行使行政权之最高机关，正、副院长及政务委员由总统任免，并对总统负责。立法院为中央政府行使立法权之最高机关，对国民大会负责；有议决法律案、预算案、戒严案、大赦案、宣战案、媾和案、条约案及其他关于重要国际事项之权；行政、司法、监察、考试各院，关于其主管事项，得向立法院提出议案；总统对立法院之议决案，得于公布或执行前提交复议，立法院对于前项提交复议之案，经出席委员三分之二以上之决议维持原案时，总统应即公布或执行之，但对于法律案、条约案，得提请国民大会复决之；立法院送请公布之议决案，总统应于该案到达后 30 日内公布之。司法、考试两院正、副院长由总统任免，均对国民大会负责。监察院为中央政府行使监察权之最高机关，掌理弹劾、惩戒、审计，对国民大会负责。对总统、副总统及五院院长之弹劾案，须有监察委员十人以上之提议，全体监察委员二分之一以上审查决定，始得提出。

总统权力极大，但与西方民主国家所施行的总统制又有所差别。总统并非是统摄五院，只有行政院对总统负责，立法、司法、考试、监察四院均对国民大会负责，称之为总统独裁制更为合适。首先，行政院的院长、副院长及政务委员是由总统任免，且对总统负责的，即总统对于他们，有完全任免权。因之，总统发布命令，虽然须有行政院院长副署，但是总统不难罢免不肯副署的院长，而任命承认副署的人为院长，使其副署自己发布的命令。即行政权在名义上虽属于行政院，而在事实上则属于总统。①

其次，宪法草案规定，在全国完成地方自治之省区未达半数以上时，立法、监察委员由各省、蒙古、西藏及侨居国外国民所选出之国民代表，依照所定名额，各预选半数，提请国民大会选举之，其余半数，由立法、监察两院院长提请总统任命之。也就是说，在宪政实施以前，半数立法、监察委员的产生由

---

① 萨孟武：《中华民国宪法草案的特质》，《东方杂志》第 33 卷第 12 号，1936 年 6 月 16 日，第 32 页。

总统最终决定。立法院之决议案,总统应于该案到达后 30 日内做处理。如总统持有疑义,得于公布或执行前提交复议,但经出席委员三分之二以上之决议维持原案时,总统应即公布或执行。表面上看总统对立法院之决议案并无绝对的否决权,其实不然。由于半数立法委员的任命由总统择定,所以当总统对立法院的决议案表示疑义时,绝不会出现三分之二以上的立法委员要求维持原案的现象,由此观之,立法院也在总统操控之下。而行政、司法、监察、考试各院,关于其主管事项,得向立法院提出议案,行政权受立法院节制,实际上是受总统节制。同理,对总统的弹劾,须有监察委员十人以上之提议,全体监察委员二分之一以上审查决定,始得提出,此种情形也绝不可能出现,总统当然不会被弹劾而下台。

从宪法草案内容看,总统由国民大会选举产生,并对国民大会负责。孙中山遗教主张权能分治,"权"即政权,为人民节制政府之权,亦可称为民权;"能"为治权,为政府治事之权。表面上看,国民大会有选举和罢免总统、五院院长,创制、复决法律,以及修改宪法的权力,国民权利有完全的保障,而实际上国民大会往往由执政党操控,民权凌驾于党权之上是不可能的。另外,国民大会并不相当于国会,国民大会每三年召开一次,会期在正常情况下仅为一个月,在闭会期间,并没有相应的机制可代行国民大会的职权,换言之,国民大会对中央政府只是间接行使政权。"总统对国民大会负责"也只是"民主"政治的装饰而已。

第五章为"地方制度"。施行省、县两级制,省政府执行中央法令及监督地方自治;县为地方自治单位,县民依法行使创制、复决、选举、罢免四权,直接行使政权。中央与地方之间并非采用均权制,亦非采取集权制。

第六章、第七章分为"国民经济"和"教育"。有人质疑,国民经济和教育均为国家实施的一种政策,并非法律,可用专门法来规定,不应列入宪法之内。孙科认为,中华民国是要建立三民主义的国家,在经济建设上要实行民生主义,与资本主义、共产主义均有所别,实属原则性的问题;教育是立国的根本,关系甚大,皆不得不在国家根本大法上有所规定。[1] 孙科所言的"民生主义"的核心是平均地权、节制资本。宪法草案把人民的财产分作土地与资

---

[1]　孙科:《五五宪草之精义》,1943 年 11 月 15 日,参见孔繁霖编《五五宪草之评议》,南京,时代出版社,1946 年,第 45—47 页。

本两部分,两种财产均受法律保障,同时又受法律限制。关于经济生活,既维持自由主义,同时又参用统制主义;既统制人民,使其经济活动不至"妨碍国民生计之均衡发展",在此范围内,又承认人民有经济活动的自由。[①]

第八章为"宪法之施行与修正",规定宪法为国家根本大法,非经国民大会不得修改,法律与之相抵触者无效。

"五五宪草"标榜以孙中山的"三民主义"、《建国大纲》、训政时期约法为蓝本来制定,但最后呈现给国民的却是一部"一党专制"、总统独裁、民权受限、经济统制的宪法。何以至此? 立法院于1933年1月着手进行宪法草案起草工作,直到1936年5月5日,草案才由政府公布于众。在这三年期间,各种各样的政治力量影响着宪法草案,但是占优势的力量,无疑是专制主义。立法院在1933年开始起草的是一个相对自由的宪法草案,到了1936年,早期草案中大部分具有民主色彩的条款都被删除了,而代之以对维持、发展蒋介石日益增长的势力有利的条文。[②]

无论是训政时期临时约法的制定,还是"五五宪草"的颁布,其背后都是权力之争。前者体现的是围绕着蒋介石与胡汉民所展开的"军权"与"党权"之争,最终以蒋介石的全面胜利而告终,从此蒋在国民党中央党、政、军三权在握。即便是1931年底有蒋介石被迫下野的小插曲,但大局依旧为蒋所掌控。面对蒋日益增长的势力,颇具政治野心的孙科祭出颁布宪法的招数自抬身价,企图驾驭立法院与蒋搏斗一番,最终还是以失败告终。实际上,1932年蒋介石重返南京中央,只是就任军事委员长一职;"五五宪草"颁布之后,蒋坚称"绝不做总统候选人",并非他不想做总统,而是全局在握,做与不做并没有两样。20世纪30年代初期,蒋介石正处于由军事领袖向政治领袖转型的过程之中,胡汉民、孙科相继挑战落败后,其统治愈趋稳固。

---

① 萨孟武:《中华民国宪法草案的特质》,《东方杂志》第33卷第12号,1936年6月16日,第35页。

② [美]易劳逸著,陈谦平、陈红民等译:《流产的革命:1927—1937年国民党统治下的中国》,北京,中国青年出版社,1992年,第207页。

第二章
南京国民政府的执政环境与演变

    国民政府奠都南京后,开始了五权宪法的实践时期。当时南开大学经济学家何廉认为:"1928 年北伐成功之后,中国进入国家重建的新阶段。"①英国学者乔纳森·芬比(Johnthan Fenby)判断:"以南京十年而著称的是贯彻改革、现代化以及国家大家庭统一的时期。虽然从 1927 年到 1937 年的十年间仍以不断发生的战事为标志,但是大多数地区并没有受到影响,而政府也扮演了一种自清王朝倒台以来从未见过的全国性的角色。"②南京政府执政的十年间环境相对稳定,通过外交努力,南京政府得到了英美等西方国家的承认,但也面临着严重的内忧外患。内部受制于复杂的政治与军事派系纠葛,多种武装力量或地方实力派时刻挑战中央权威,外部面临日本入侵与全球的经济大萧条。九一八事变后,国民政府为应对危机,在政治、经济、军事等领域采取了一些措施,加强了抗战准备。西安事变后,国民政府顺应抗日要求,调整内外政策,为实现全面抗战奠定了基础。

第一节　国民党内的政治军事纷争

    国民党完成全国统一后进入了训政时期,南京中央政府成为一个形式上的权威政体。一般的人对国民党完成全国统一寄予厚望,无论是当时的实业

---

① 何廉著,朱佑慈等译:《何廉回忆录》,北京,中国文史出版社,1988 年,第 43 页。
② [英]乔纳森·芬比著,陈一鸣译:《蒋介石传》,北京,中国青年出版社,2011 年,第 190 页。

家还是学者都曾表达过此种观点。① 然而,国民党并未完成党权对军事与政治的全面控制。易劳逸认为:"南京政权是在派系斗争和流血中诞生的。"② 国民政府执政时面临的最严重的问题就是党政军内持续不断的纷争。

一、国民政府的政治妥协与派系

国民党完成北伐后,蒋介石于 1927 年 4 月在南京建立了国民政府。经过短暂的宁汉分裂后,1928 年 10 月,各种利益集团通过政治妥协,组成了新政府,开始由军政进入训政时期。训政初期因军事编遣问题,即导致了持续不断的政治纷争,发展至规模宏大的中原大战。中央政府面临着各种反蒋政治派别与地方实力派的挑战,派系斗争愈演愈烈,出现了持久的宁粤冲突。

(一)训政初期的人事安置

1928 年 10 月,国民政府进入训政时期。根据《国民政府组织法》,国民政府由国民政府委员会及五院组织而成。国民政府总揽国家治权,设主席 1 人,委员 12~16 人,主席兼任陆海空军总司令。国民政府主席为国家最高代表,既掌握了政府事权,也掌握了军权。五院设院长、副院长各 1 人,由国民政府委员兼任。五院各有直属之部、院、局、署、委等部门,国民政府组织系统的两级制成为了三级制。国民政府除五院之外,还设立直隶于国民政府的机关,如参谋本部、军事参议院、训练总监部、军事委员会、建设委员会、中央研究院等。1928 年 10 月 8 日的国民党中央执行委员会常务委员会会议决议:任命蒋介石、谭延闿、胡汉民、蔡元培、戴传贤、王宠惠、冯玉祥、孙科、陈果夫、何应钦、李宗仁、杨树庄、阎锡山、李济深、林森、张学良为国民政府委员;任命蒋介石为国民政府主席,谭延闿为行政院院长,胡汉民为立法院院长,王宠惠为司法院院长,戴传贤为考试院院长,蔡元培为监察院院长。这种人事安排体现了诸般妥协。据谭延闿 9 月 20 日日记所记:"胡、戴邀同蒋、蔡、李至休息室谈行政院长事,辩论甚苦,以意义言,则帝降而王,王降而霸,以形式者则

---

① 比如,担任上海商业储蓄银行总经理的陈光甫相信"国民党能够带来和平和国家的繁荣";中国古典文学家顾随在日记里写道:"党的专政,我十分赞成。不如此,中国将万年不会统一,除非隶属于外国政府之下。"(转引自金冲及《二十世纪中国史纲》,第 1 卷,北京,社会科学文献出版社,2009 年,第 278 页。)

② [美]费正清、费维恺编,刘敬坤等译:《剑桥中华民国史(下)》,北京,中国社会科学出版社,2006 年,第 117 页。

生忽为丑,丑复为生,一反串也。"①谭延闿对自己由国民政府主席被降为行政院院长表示不满,亦体现出行政院院长人选确定过程中的争执。10 月 10日,蒋介石在国民党中央党部宣誓就任国民政府主席,举行国庆阅兵典礼,发表告全国民众书,宣布训政开始。

10 月 18 日,国民党中央执行委员会常务委员会决议,任命冯玉祥为行政院副院长,林森为立法院副院长,张继为司法院副院长,孙科为考试院副院长,陈果夫为监察院副院长,李宗仁为军事参议会会长,李济深为参谋部部长,何应钦为训练总监部部长,林翔为最高法院院长,古应芬为文官长。蒋永敬先生认为:五院正副院长,一共 10 人。除冯玉祥外,皆为文职,多为党国资深望重之辈,掌握军事实权的将领也都列名其内,有羁縻的作用。②

10 月 25 日下午 2 时,谭延闿至国民政府行政院宣誓就职。据谭延闿记载:"蔡代表党,蒋代表政府,吾致辞。遂与诸部长登楼开会,做第一次行政会议,五时乃散。吕满部长、刘戈秘书,陈、汪、许、陈参事,皆非湘人。"③在谭延闿看来,行政院安排的"非湘人",是与国民党其他要员妥协的结果。

10 月 26 日,国民政府第四次国务会议通过《国民政府训政时期施政宣言》,声称目前军政时期已经结束,训政时期已经开始。训政时期由中国国民党"代行政权,而以治权授之于国民政府",并由中国国民党"为之制定其组织,设立五院,分负责任"。④

政治妥协也反映在 10 月 28 日行政院各部部长的人事安置上。行政院各部部长分别是:山西地方实力派阎锡山为内政部部长(阎没有到任,由所部赵戴文代);民国时期素有革命外交家之称的王正廷为外交部部长;西北实力派冯玉祥为军政部部长;财政杰出人物宋子文为财政部部长;原广东军政府交通部部长王伯群为交通部部长;孙科为铁道部部长;孔祥熙为工商部部长;原湖南省第一师范学校校长、湖南省图书馆馆长、湖南省长公署秘书长易培

---

①　《谭延闿日记(手稿本)》,1928 年 9 月 20 日,台北近代史研究所档案馆藏(下略)。

②　蒋永敬:《国民政府实施训政的背景与挫折——军权、党权与民权的较量》,《百年老店国民党沧桑史》,台北,传记文学出版社,1993 年,第 181—182 页。

③　《谭延闿日记(手稿本)》,1928 年 10 月 25 日。

④　孔庆泰:《国民党政府政治制度史》,合肥,安徽教育出版社,1998 年,第 130 页。

基为农矿部部长;原北京大学校长蒋梦麟为教育部部长;隶属晋系的薛笃弼为卫生部部长。行政院所辖10部,除阎外,皆集授印,宣誓如仪。

在各省市行政长官的安排中,宁派的刘纪文为南京特别市市长,曾任冯玉祥秘书长的何其巩为北平特别市市长,门致中为宁夏省政府主席。[1] 晋系阎锡山的亲信官员南桂馨为天津特别市市长(两个月后以崔廷献继任),曾为晋军名将的商震(后改投蒋)为河北省政府主席,阎锡山的老部下赵戴文为察哈尔省政府主席(其后由杨爱源继任),晋系的徐永昌为绥远省政府主席。改组湖南省政府,原任主席程潜被撤职查办,由蒋介石放在桂系头上的一把刀鲁涤平继任。宁方的钮永建为江苏省政府主席,号称"西域三魔"之二的金树仁为新疆省政府主席,四川地方军事首领刘文辉为四川省政府主席,粤方的陈铭枢为广东省政府主席,前冯系战将韩复榘为河南省政府主席。

由各部部长名单可知,各方力量实现了暂时平衡。从各省省长的分布观之,基本属于冯、阎、桂、粤和代表中央政府的宁派以及其他地方实力派的地盘分割。南京国民政府能直接控制的省份并不多,预示着中央政府与地方政府的关系极为微妙,实力派新的合纵连横不可避免。

(二)反蒋政治派别

国民党基于政治妥协完成了人事安置,但内部存在着诸多反蒋势力,既有政治派别,也有地方实力派。这些派别因受政治理念分歧与个人权欲的影响,长期挑战中央权威或争夺党权与政权。在这些派别中,丁惟汾的三民主义大同盟影响较小。此处主要介绍第三党、改组派、再造派、西山会议派、胡派与"新国民党"等。

1. 第三党

国民党自1927年"清党"后,其性质发生了根本变化。张发奎说:"自北伐成功后,国民党就变质了。"[2]王奇生在《党员、党权和党争》一书中认为:在"清党"运动中,国民党内被淘汰、受打击的,主要是一批最有理想和对革命真

---

① 训政初期,冯玉祥势力相当庞大。冯自1928年10月担任行政院副院长兼军政部部长,冯系鹿钟麟为军政部次长,薛笃弼为卫生部部长。冯主持开封政治会议,北平(何其巩)市市长以及河南(韩复榘)、山东(孙良诚)、陕西(宋哲元)、甘肃(刘郁芬)、宁夏(门致中)、青海(孙连仲)六省政府主席均出自冯系。

② 张发奎:《蒋介石与我》,第222页,转引自金冲及《二十世纪中国史纲》,第1卷,北京,社会科学文献出版社,2009年,第284页。

正抱有热情的人。多数县以下基层组织是土豪劣绅的天下。南京政府内部到处充斥并蔓延着官场的种种黑暗腐败、衙门工作的低下效率和达官贵人纸醉金迷的生活,农村依然在土豪劣绅的支配下,工农民众仍遭受着敲骨吸髓的压迫和榨取。①

"清党"以后,国民党著名左派人士邓演达对国民党和其他政治势力悲观失望。1927 年 6 月 30 日,邓演达留下了《告别中国国民党同志们》的书信,秘密出走苏联。七一五事变后,邓演达深感孙中山的三民主义被蒋、汪之流所遗弃。邓的出走,可以说是武汉政府解体的表征。1927 年冬,谭平山、章伯钧、季方等在上海成立中华革命党,继续奉行孙中山的三民主义政策,与海外的邓演达保持联系。1930 年 8 月,在邓演达的主导下,第三党正式定名为"中国国民党临时行动委员会",通过《中国国民党临时行动委员会政治主张》,邓演达为中央干事会总干事。

邓演达在反蒋活动中建立黄埔革命同志会,吸收与团结黄埔学生 5 000人左右,策动与其交情甚好的国民党将领倒蒋。1931 年,邓演达甚至鼓励孙科参与反蒋。邓演达认为要改造中国,必须彻底抛开一个已经脱离民众的国民党,成立一个代表劳工贫困大众的新的组织。邓演达积极倡导"平民革命",认为只有广大的人民直接从事反抗压迫者的斗争,才有可能建立真正的民主政治,"如果没有强大的群众,强大的争斗力量,代表着被压迫者的要求去反抗统治者,则决不会有民主政治"。②

在反蒋斗争中,邓演达提出了"反对一切帝国主义"的口号。邓说:"我们的口号不是反蒋讨蒋,而是要整个的(地)推翻军阀官僚地主豪绅的统治,不但要反对南京而且要反对一切其他挂名反对南京的军阀政客。"邓把斗争的矛头指向了一切军事实力派,所以绝不是希望依附一部分的新旧军事实力派——冯玉祥、白崇禧、李宗仁、谢持、邹鲁等的势力来推倒其他反动势力。③

不过,邓演达没有利用自己丰富的军事和政治经验,建立真正的革命武装力量,只是希冀依靠其个人影响,策动军队倒蒋。他对中共等革命派别采取了排斥态度,没能与中共建立联合。邓没有认识到共产党的力量,由于个

---

①　金冲及:《二十世纪中国史纲》,第 1 卷,北京,社会科学文献出版社,2009 年,第 283 页。

②　转引自李新主编《中华民国史》,第 7 卷,北京,中华书局,2011 年,第 235 页。

③　《邓演达文集》,北京,人民出版社,1981 年,第 134 页。

人认识的局限性,他只看到了共产党的消极面。1927年11月1日,邓演达发表了《对中国及世界革命民众宣言》,表露出对中共漠视、冷淡的态度,5 000字宣言竟只字不提中国共产党。他甚至认为中共"所制造的苏维埃政权,是第三国际愚弄中国、蔑视中国人民的戏剧,只叫我们所受的压迫和剥削更加厉害,我们必须防止它,消除它"①。邓演达也不信任张学良等地方实力派。他认为"东北易帜"时,奉军入关的动机是奉系在日本的默认或怂恿下去维持自己、发展自己的要求,是一种不平常的军阀政策。② 邓演达认为汪精卫等人的"改组派",自从军事投机失败后,已完全没落,完全被群众所遗弃。邓认为国家主义派只是替某种军阀打先锋,替将灭亡的士大夫找出路。"只有革命群众自己本身构成的武器,才能摧毁敌人,才能保障革命的胜利。"③1931年8月,邓演达被捕,11月被秘密杀害于南京。邓演达的遇害,使第三党受到极大打击。此后第三党的成员,除一部分投靠蒋介石外,其他人继续坚持斗争,但在蒋介石的高压政策下,他们只能在狭小的圈子内进行隐秘的活动。

2. 改组派

在国民党内,有一个短暂存在于国民党内部的在野反对派,即"改组派",其全称为"中国国民党改组同志会"。它成立于1928年冬,由陈公博发起。成立该组织的原因是,"'清党'以后,中央慢慢开倒车,政府为着稳定政局起见,一面和帝国主义妥协,一面更和军阀妥协。……党内的青年感觉无限的右倾,国民革命恐怕就要崩溃。而其在反共之时,各地国民党的青年已成立了不少组织,例如丁惟汾先生领导下的反共大同盟,萧忠贞领导下的实践社,童冠贤领导下的新中会,他们一方面要反共,而一方面要防止右倾"④。

改组派中央总部设于上海,以汪精卫、陈公博、甘乃光、何香凝、郭春涛为"中央常委",王乐平负责"组织兼上海指委",潘云超负责"训练",朱霁青负责"民运",顾孟余负责"宣传",施存统负责"秘书长"(后改梅哲之)。⑤ 地方支

---

① 《邓演达文集》,北京,人民出版社,1981年,第167页。
② 《邓演达文集》,北京,人民出版社,1981年,第273页。
③ 《邓演达文集》,北京,人民出版社,1981年,第294页。
④ 陈公博:《苦笑录》,北京,东方出版社,2004年,第123页。
⑤ 《改组派最近消息(王茂如先生转来)》,未刊件,台北藏,转引自李新主编《中华民国史》,第7卷,北京,中华书局,2011年,第237页。

部遍布南京、上海、北平、天津、江苏、安徽、浙江、江西等十七八个省市及法国、日本、越南、香港等国家和地区，会员达到一万余人。改组派成分十分复杂，上层分子皆为国民党第二届中央委员会委员，多为政坛失意的官僚政客、失意军人，汪精卫被拥戴为领袖。他们试图否认蒋介石的第三次全国代表大会，另行筹备召开国民党第三次全国代表大会，以捍卫自己的"法统"。下层主要由两部分成员组成，以青年学生为主：一是在蒋介石"清党"过程中受到严重伤害的真诚追随孙中山、参加国民革命的无辜者；二是对蒋介石严重不满，而又不乐意接受中共的革命政策，曾经投身过国民革命的人士。

改组派倡导召开国民会议，实行地方自治，强调实施民主制度的立法原则，以《革命评论》《前进》杂志为宣传阵地。《革命评论》指出，中国最终革命的鹄的在民生，并主张国民革命应该以农、工和小资产阶级为基础。该杂志每星期出版一次，每期只出 15 000 册，仅出 18 期就夭折了。虽然只出了四个半月，但其影响很大。据陈公博回忆："不止中国各地受了影响，连在中国的外国人也有了深刻的印象。"①

改组派不满南京国民政府的统治，但更恐惧中国共产党发动的以土地革命为核心的苏维埃运动，希望寻找一条资本主义和平发展的中间道路。据陈公博言："改组同志会实在没有什么，在当日发起之时，理论既不统一，组织又不健全。""在《革命评论》的主张着重于民生革命，而在《前进》的主张则重于民主政治。"陈公博主张"社会是有阶级的，不过我想以党的力量调和而至消灭阶级的斗争"。顾孟余则"为避免阶级斗争起见，根本否认阶级的存在"。组织不健全问题也同样存在。陈公博言："到底还是以粤方委员为中央，竟直没有选出一个青年之士。""但粤方委员到底没有几个人！王励斋先生老了，满腔热诚而少办法。朱霁青先生人是勇敢，只是不善于远虑深思；潘云超先生是长于批评，同时也短于建设。这样剩下来只有一个王乐平，王先生毕竟是一个行动人，办法有时过于粗率，而措施又往往近乎矛盾。我是要去欧洲了，孟余先生说明他身弱多病，是一个很好的参谋，而不是一个司令官。"②这种内部组织不健全的国民党反对派于1931年1月自行宣布解散。

---

①　陈公博：《苦笑录》，北京，东方出版社，2004 年，第 116 页。

②　陈公博：《苦笑录》，北京，东方出版社，2004 年，第 124 页。

3. 再造派

1928 年 1 月,蒋介石重握大权后,胡汉民、孙科等对蒋介石拉拢汪派不满,到欧洲考察。拥胡、孙的王昆仑、谌小岑、梁寒操、钟天心、程元斟等人聚集上海活动,拥护胡汉民,希望胡能东山再起。1928 年 3 月,他们创办《再造旬刊》,认为国民党患了"疯瘫的病症","党的生路,只有再造",故称为"再造派"。胡汉民、孙科还特别嘱咐主持两广军政的李济深给《再造旬刊》以经济支持。该刊先后由钟天心、梁寒操等担任编辑工作,至年底共办 30 期。其发行量最多达一万份,后因胡汉民回国与蒋介石再次合作,李济深被蒋扣于南京,经济来源断绝,《再造旬刊》停刊。

再造派拥护胡汉民为国民党的领袖,反对蒋介石"以军治党"、"以军治政";排斥汪精卫,主张"全民革命",攻击改组派的"农工小资产阶级同盟"理论;主张"反共救党";对外主张"绝俄"、"联英"、"反日"。[①] 1928 年 10 月,胡汉民任立法院院长后,即以立法院为基地,强调立法权,制约行政权,提升党权,约束军权。

4. 西山会议派

西山会议派是国民党内的一个反对孙中山联俄、联共、扶助农工三大政策的派别。1925 年 11 月 23 日,国民党中央委员林森、居正、邹鲁、叶楚伧等十余人,在北京西山碧云寺召开所谓"国民党一届四中全会",非法通过了反苏、反共、反对国共合作等议案,西山会议派由此产生。1926 年 1 月,在中国共产党和国民党左派的支持下,国民党二大通过了弹劾西山会议派的决议案,处分了邹鲁、谢持等人,但蒋介石极力保护他们,为日后利用西山会议派留了后路。国民党二届二中全会前,蒋介石首先拉拢邵元冲、叶楚伧等人,并通过他们对西山派的主要成员进行拉拢。[②] 国民党"清党"后,西山会议派与蒋介石在反共问题上达成一致。九一八事变后,宁粤和解,至 1931 年 12 月底,国民党四届一中全会改组了国民政府。西山会议派的代表人物林森当选为国民政府主席;谢持、许崇智、邹鲁当选为国民政府委员;覃振为立法院副院长;居正为司法院副院长。西山会议派主要成员成了南京政权的重要力量。

---

① 赵英兰:《国民党再造派与〈再造旬刊〉》,《吉林大学学报》1992 年第 3 期。

② 郭绪印:《国民党派系斗争史》,上海,上海人民出版社,1992 年,第 16 页。

5. 胡派与"新国民党"

胡派指国民党内以胡汉民为核心的政治派系,主要人物有胡汉民、萧佛成、古应芬、邓泽如等广东籍的国民党元老。南京政府建立初期胡汉民与蒋多有合作,在对付西山会议派、瓦解改组派等方面合作默契。然而,双方在中原大战后围绕是否制定约法问题发生了严重分歧。蒋介石提议召开国民会议,制定约法,胡汉民认为孙中山并没有在训政时期制定约法的主张,为此导致了胡汉民被囚。1931 年 10 月,胡汉民在约法之争后获得自由,离开南京后,依靠两广武力,努力促成西南各省联合与蒋对抗,成为西南反蒋势力的精神领袖。1933 年 1 月,胡汉民在广州创办《三民主义月刊》。该刊充当了反对国民党中央政府的喉舌的角色,由刘芦隐专营此事。该刊共发表了胡汉民 50 多篇文章,南京中央政府对该刊采取严禁政策。

1932 年,胡汉民还成立了"新国民党",自任领袖,邹鲁为书记长。所有加入"新国民党"者,均需宣誓,以示郑重。[①]除正式组织及党员外,"新国民党"在各地还有一些外围组织,吸引青年。"新国民党"吸引人员的一个重要原则,是只吸收"反蒋最坚决的人",也就是与蒋介石利益最相冲突、矛盾最大的人。加入"新国民党"的重要人物有冯玉祥、王家烈、蔡廷锴、蒋光鼐、方振武等。[②]邓泽如负责管理"新国民党"的经费,每月 5 万元,由广东省政府财政厅拨付。1935 年下半年,邹鲁等人逐渐投靠国民党,加之胡汉民出国,"新国民党"的活动遂逐渐减少。据陈红民先生研究,"新国民党"实际上更像是一个国民党内的秘密反蒋团体,只不过其组织稍严密,成员分布更广泛,且有两广实力派做后盾而已。据说,蒋介石对"新国民党"的活动很清楚,只是碍于胡汉民与两广实力派,更主要是"新国民党"没在军队中活动,故未对其下手镇压。[③]同"新国民党"互为表里的,是胡汉民 1935 年创办的一个政治骨干训练班——"政治经济讲习班"。旋即,胡汉民去世,两广事变失败,讲习班遂宣告夭折。

---

① 邹鲁:《回顾录》,第 2 编,台北,独立出版社,1946 年,第 331 页,转引自周聿娥、陈红民《胡汉民评传》,广州,广东人民出版社,1989 年,第 269 页。

② 陈红民:《函电里的人际关系与政治》,北京,生活・读书・新知三联书店,2003 年,第 185 页。

③ 陈红民:《函电里的人际关系与政治》,北京,生活・读书・新知三联书店,2003 年,第 206—207 页。

（三）反蒋军事实力派

清朝末年,全国军队总数约为 57 万人。北伐结束时,全国已有 84 个军（272 个师）,还有许多独立旅、独立团等建制,总兵额 220 万人以上,且此数尚未将东北、新疆等地军队包括在内。国民党领导的国民革命兴起后,各地大小地方实力派陆续服膺于三民主义,但保留了原有的地盘与军队。按照郭廷以的说法:"居中央者说是求统一,在地方者说是反独裁。不论是何种名义,要皆为国民党的内部之战,其由来并非一朝一夕。"①训政初期的地方实力派主要有桂系、冯系、阎系等,他们借"政治分会"的体制保障,在各自辖区内掌控着军事、政治、财政等大权,对南京中央政权形成巨大威胁。据蒋永敬先生分析,当北伐完成时,全国军权大致形成了南京、广州、武汉、开封、太原、沈阳六大军事中心,随着 1929 年、1930 年的异动,李济深、李宗仁、冯玉祥、阎锡山相继失势,张学良所代表的东北势力进入华北,取代冯、阎的地位,全国由六大军事中心转变为北平与南京两大中心。②

桂系是以李宗仁、白崇禧、黄绍竑为首的军事集团,是与蒋介石集团斗争时间最长、对其威胁最大的地方实力派。北伐后,第七军发展至第四集团军,其长官多为广西人,故又被称为"桂系",驻地为广西、两湖及华北。1927 年 8 月 13 日,因桂系逼迫,蒋第一次下野。桂系联合西山会议派成立中央特别委员会。12 月,中央特别委员会在蒋、汪的反制中,被迫解散。1929 年 3 月,蒋桂战争爆发,李宗仁、白崇禧、黄绍竑因战时失利而暂避海外,但旋即复出。1930 年中原大战时,李宗仁通电就任中华民国海陆空副总司令,率桂军入湘,6 月,与粤军蔡廷锴、蒋光鼐军对峙于衡阳,进军武汉的计划失利。胡汉民被软禁时,粤军与桂军修好,共同反蒋,并将驻守广西境内的粤军撤回,蒋试图消灭桂系的计划受挫。在蒋第二次下野后,桂、粤在广州另立国民党西南执行部、国民政府西南政务委员会、军事委员会,形成两广独立的局面,并长期与蒋抗衡。

冯系是以冯玉祥为首的军事集团,主要指挥官多出自冯氏基本部队——

---

① 郭廷以:《近代中国史纲》,下册,第 571 页,转引自金冲及《二十世纪中国史纲》,第 1 卷,北京,社会科学文献出版社,2009 年,第 284 页。

② 蒋永敬:《胡汪蒋分合关系演变》,近代史研究所编:《近代中国历史人物论文集》,台北,1993 年,第 17—18 页,转引自王正华《南京时期国民政府的中央政制(1927—1937)》,博士学位论文,政治大学历史研究所,1997 年,第 264 页。

十一师,后发展为北伐后的第二集团军,亦被称为"西北军"。驻地为山东、河南、陕西、甘肃、宁夏。骨干力量有韩复榘、石友三、佟麟阁、孙连仲、鹿钟麟、刘汝明等。在北伐进程中,冯玉祥五原誓师后,全体人员加入了国民革命军,对北伐的完成具有重要作用。冯借北伐之际遇,实力大为膨胀,拥有 9 个方面军,计 40 万人左右的兵力。中原大战之后,冯苦心经营 20 多年的西北军全部瓦解,自己也"释权归田"。此后,冯玉祥失去了地盘、军队,只能靠策动旧部继续反蒋。

阎系是以阎锡山为核心的第三集团军,也具有私人军队性质,部将多为山西人,也被称为"晋系",驻在河北、山西、察哈尔、绥远。阎锡山在北洋时期,驱逐了山西部分军政大员,独揽了省军政大权,逐渐形成了以山西籍将领为主的派系,主要人物有赵戴文、赵丕廉、南桂馨、商震、张荫梧、傅作义等。1930 年 4 月,阎锡山在各方反蒋势力的支持下,在太原就任全国海陆空军总司令,公开反蒋。中原大战失败后,宣布下野,避居大连。九一八事变后,汪精卫以团结为由,同蒋介石"研究阎先生的地位"后,阎锡山得以重返山西,埋头山西的经济建设,发展地方实力。

训政初期,其他地方实力派还有张学良领导的东北军、杨虎城领导的十七路军,以及以龙云、卢汉为首的云南地方实力派,以刘湘为首的川康实力派,王家烈领导的黔军,何键领导的湘军等。

二、中原大战前后的政治纷争

训政初期,蒋介石加大了整合政治纷争的力度,通过编遣会议,试图削弱各地方实力派,推进统一,由此最终酿成了中原大战。

蒋介石建立政权后,对全国军事实力派各自割据的现状颇为忧虑。1929 年 3 月 15 日,蒋介石在中国国民党第三次全国代表大会开幕式上提出"中国已真正统一了么?"他说:"我们只要看一看实际政治状况,就可断定中国实际上还没有统一。北伐完成以后,形式上已经统一在国民政府之下,而且地方军事领袖,也没有不以服从中央相号召了,但是事实却完全相反。地方把持财政,购买军械,私增兵额,都听地方为所欲为,中央丝毫不能加以干涉,而且不仅地方的行动中央不能干涉,甚至地方常以军事的实力威胁中央,要挟中央,中央对于地方,如果有什么要做的事,都以协商的方法去征求同意,而地方对于中央,如果有什么请求,就以命令式的方法来要挟,中央的法规,既然不能规范地方行动,中央的命令,也不能强制地方以服从。"①中原大战之后,蒋介石深信:"此次讨逆战后,深信本党统一中国之局势已经形成,叛党乱国之徒今后决无能再起。"②

(一)编遣会议

国民革命完成后,如前所述,全国主要军队分为四个集团军。蒋介石任总司令的第一集团军,以北伐时的第一、第三、第四军为主干,有大量收编自江西、浙江、安徽、平津、山东等地的部队,主要驻扎于江苏、安徽、江西、浙江、福建等地。因其实力最强,且蒋介石入主中央,故又称"中央军"。此外尚有冯玉祥的第二集团军、阎锡山的第三集团军和李宗仁的第四集团军。各集团军不仅控制着所驻地区的军事,而且把持着财政、政治,甚至设置银行。1928年2月,国民党二届四中全会决定恢复政治分会。《政治分会暂行条例》规定政治分会的职责是:"依中央政治会议决定,于特定区域内指导并监督最高级地方政府。"③先后设立了广州(辖两广地区)、武汉(辖两湖地区)、开封(辖河南、甘肃、陕西各省)、太原(辖山西、绥远、察哈尔各省)、北平五个政治分会。上列各政治分会的设立迁就各军事实力派的既得利益,为其自行其是提供了制度保证。

国民党虽然完成"北伐统一",但地方军事实力的坐大,对国民政府的中央权力是一个极大的挑战,既耗费巨额军费,亦不利于国家的真正统一。蒋介石希望通过军事领袖共同商议的立法程序(编遣会议),以和平方式清除阻碍国家统一的要素,使军权由私人手中转移到政府,使军队成为真正的国军,完成国家实质的统一,进而巩固国民政府的力量。④

1928年7月11日,四个集团军总司令蒋、冯、阎、李于北平西郊小汤山举行"善后会议"。会议进行了4天,大家同意维持各军目前驻地,决定成立编遣会议,解决裁军问题。8月8日,国民党二届五中全会召开,蒋介石当选为

---

① 《中国国民党第三次全国代表大会开幕词》,1929年3月1日,秦孝仪主编:《蒋公思想言论总集》,第10卷,台北,中国国民党中央委员会党史委员会,1984年,第381页。
② 周琇环编注:《事略稿本》,第9册,台北,2004年,第118页。
③ 《国闻周报》第5卷第23期,1928年6月17日。
④ 刘维开:《编遣会议的实施与影响》,台北,商务印书馆,1989年,第201—202页。

国民政府主席,冯玉祥为军政部部长,阎锡山为内政部部长兼蒙藏委员会委员长,李宗仁为军事参议院院长。会议还决定,限年底前取消各政治分会,政治分会不得再对外发布命令及任免特定区域内人员。一方面在中央政权分配中给各军事实力派以相应的地位,一方面限制并逐步收回他们在地方的权力。1928年12月19日,东北张学良通电服从国民政府,改易旗帜,东北地方军队亦列入统筹编遣。同日,国民党中央政治会议通过《全国编遣会议组织条例》。

1929年1月1日,国军编遣委员会第一次大会在南京正式召开。编遣委员会以蒋介石为委员长,吴稚晖、冯玉祥、阎锡山、李宗仁、李济深、张学良、杨树庄、何应钦、宋子文等为常务委员。何应钦率各与会代表宣誓:"余以至诚,奉行三民主义,服从长官命令,捍卫国家,克尽军人天职,此誓。"①吴稚晖代表国民党中央致辞,他首先强调和平年代编遣军队的必要性:"兵多了,国家负担就重了,同时人民也要受相当的痛苦","被编入的,是要他再担任捍卫苦役,无可羡慕;被遣了的,就可以另外生个办法,去替人民做些生产事业,利国利家"。②1月5日,会议发表《国军编遣委员会宣言》,强调编遣四项原则:"一曰不偏私。……若有以集团或地域为单位,而倡为裁遣之说者,是在制度上将延长封建之恶习,为革命主义所勿容";"二曰不欺饰。……本会此为集议,务以公开与诚实为标,我军事同志各有革命之觉悟,自当不欺、不隐、不夸、不诬";"三曰不假借。……决不使国孥有分文之妄费,亦决不使被遣士兵有一人不得其所";"四曰不中辍。……本会承受中央重大之负托,唯有以忠诚奋勇之精神,期全部目的之贯彻,不为难行之提议,亦决不以宣言而自尽"。③各集团军总司令都信誓旦旦,然而每人处境不同,各有自己的如意算盘。

蒋介石既是第一集团军总司令,又主政中枢,双重身份使他倍感艰难:多裁中央军,削弱自己固非所愿,裁人不裁己,不仅要受各方指责,在事实上也

① 上海《新闻报》,1929年1月4日。

② 《国军编遣委员会成立典礼文献》,中国国民党中央委员会党史委员会编印:《革命文献》,第24辑,台北,中国国民党中央委员会党史委员会,1961年,第2页。

③ 《中华民国史事纪要》编辑委员会:《中华民国史事纪要(初稿)》,台北,中华民国史料研究中心,1980年,第43—44页。

不可能。蒋介石思考:"如果政府不能整理,则决心束身引退,以谢天下而已。"①对于编遣问题,陈公博认为,"谁知以后的反复内战,却由这个编遣计划而种下恶因"②。

第二集团军兵力仅次于中央军,战力强悍。编遣会议之前,冯玉祥竭力表示拥护"中央",曾发表通电,要求"各军事领袖,应实际参加中央工作,常驻在首都,履行职务,通力合作,不可徒拥委员虚名或遥断一切"。③二届五中全会后,冯即赴南京就职。然而,冯玉祥对蒋介石在北伐最后关头将京津接收权交给阎锡山有所不满,且惧怕蒋借编遣之机削弱他人,曾力图联合阎锡山以与蒋抗衡。北平善后会议结束后,冯拉阎同往南京。但阎先借口负平津卫戍之责,后又诡称胃痛,跑到山西"养病"去了。冯遂决意联蒋,到南京就任军政部部长。在编遣会议的正式会议之前,冯玉祥拟就的原则为:"强壮者编,老弱者遣;有枪者编,无枪者遣;有训练者编,无训练者遣;有革命功绩者编,无革命功绩者遣。"具体方案是第一、第二集团军各编 12 个师;第三、第四集团军各编 8 个师;杂牌军共编 8 个师。④

冯玉祥计划与中央军并重,压制晋、桂。蒋介石自不愿西北军与中央军平起平坐,晋系、桂系也不甘沦为二流。冯系多人在中央任职,为各实力派所不满,成为众矢之的,在会议上颇受孤立。阎锡山到南京后,何应钦即奉蒋命见阎,转告"蒋先生意思希望阎先生也提一个方案,在会上共同研究……蒋先生意思希望四个集团军的辖区外,再加上一个中央区",阎表示赞成。⑤桂系方面因曾逼蒋下台,特委会时期与蒋结怨最深,深恐被蒋首先吃掉,对编遣表现消极。李宗仁甚至提出"裁将",他对蒋说:"裁兵不难,裁官难,裁高级军官尤难。"所以应首先停止募兵,对高级军官应使之出国考察或优给退休金或安

① 《蒋介石日记(手稿本)》,1929 年 11 月 19 日。
② 《陈公博、周佛海回忆录》,台北,跃异文化事业有限公司,1988 年,第 180 页。
③ 刘维开:《编遣会议的实施与影响》,台北,商务印书馆,1989 年,第 91 页。
④ 刘骥:《蒋冯阎关系与中原大战》,中国人民政治协商会议全国委员会文史和学习委员会编:《文史资料选辑》,第 6 辑,北京,中华书局,1961 年,第 4 页。
⑤ 周玳:《回忆编遣会议》,中国人民政治协商会议全国委员会文史和学习委员会编:《文史资料选辑》,第 52 辑,北京,中华书局,1964 年,第 128 页。

排其他工作。[①]

编遣会议正式开会时，阎锡山提出了事先获蒋介石首肯的方案：第一、第二集团军各编 10 个师，第三、第四集团军各编 8 个师，其他部队编 8 个师，另有 6～8 个师由中央处理。此案为大多数人所接受，蒋介石又建议再设一个东北编遣区，由张学良负责编遣东北军。

编遣会议通过了《国军编建条例》等一系列议案，明确规定全国兵额不超过 80 万人。但由于各军事领袖各怀打算，并无实质进展。冯玉祥在其方案被否定后，即对会议消极抵制，表示战事结束伊始，尚非裁兵之时，会未开完即托病不出，会议开完即回到河南。编遣会议最后决定成立编遣机构，指定何应钦、鹿钟麟、周玳、白崇禧为编遣主任委员。1929 年 1 月 25 日，编遣会议举行第六次大会后，在闭会通电中宣称："本党武装同志鉴于民生之困难，财政之竭蹶，列强之环伺，国族之凭凌，痛定思痛，敢不谨承总理遗志，为矫昔日军人拥兵自卫，分割地盘之恶习，树立全国统一初基。"[②]

为编遣工作而设立的机关，在中央为国军编遣委员会，于 1929 年下半年开始工作；在地方为编遣办事处、各编遣区特派员办事处及各直辖编遣区办事分处。不久，蒋介石下令将国民革命军总司令部与整理委员会一律撤销，成立中央与第一编遣区办事处。随后爆发的蒋桂战争与第一次蒋冯战争使编遣工作一度中断。7 月 10 日蒋介石、阎锡山、张学良于北平开会，决定重新启动编遣工作。7 月 16 日，编遣委员会召开第十六次常会，决定于 8 月 1 日召开编遣实施会议。此时南京方面所控地域已达两湖、两广及鲁、豫各省，故蒋介石对编遣信心十足："现在时局早已稳定，政府人民心理一致，各方服从中央命令，今后共图切实建设，各方编遣不分先后，只要军饷有着，遣散士兵有出路，其他决无问题。"[③]

编遣实施会议前后，由于桂系瓦解，冯系遭受重挫，南京政府控制的地域大为扩大，中央权威空前高涨。编遣实施工作于 1929 年 7 月 1 日起从第一

---

① 政协广西壮族自治区委员会文史资料研究委员会编印：《李宗仁回忆录》，南宁，政协广西壮族自治区委员会文史资料研究委员会，1980 年，第 589 页。

② 中国国民党中央委员会党史委员会编印：《革命文献》，第 24 辑，台北，中国国民党中央委员会党史委员会，1961 年，第 72 页。

③ 上海《新闻报》，1929 年 7 月 11 日。

集团军开始,由军事整理委员会主持,蒋介石、何应钦分任主任、副主任委员。第一集团军原有 20 个军,兵额 55 万人。在东南的主力部队编成 13 个师,1 个骑兵师,2 个独立旅,2 个炮兵团等,总额为 20 万人,加上在华北之部队共 36 万余人。第二集团军 8 个方面军共缩编成 20 个师,加上其他部队总数 26 万余人。第三集团军缩编为 12 个师,6 个独立旅,加上其他部队共 22 万余人。第四集团军共编为 13 师,2 个旅,共 23 万人。东北部队共编为步兵 32 个旅,骑兵 7 个旅,加上其他部队共 24 万人。[①] 各部编遣工作完成后,均进行点验,考察部队人数、装备、军容及历史。为保证发行编遣工作有足够的经费,财政部专门发行了"民国十八年编遣库券",总额为 7 000 万元(一说为 5 000 万元),主要以对折或 6 折向银行抵押,其实际得款当在 3 500 万元以上。这笔库券最终只有部分被用在编遣上,其余被转用于内战。[②]

编遣会议原为消弭战祸而设,不意却因打破原有平衡而激起战争。此后国民党内各派军事力量兵戎相见。8 月,西北军和桂系先后与南京抓破脸皮。1930 年 3 月,中原大战即将爆发。中原大战后,冯、阎、桂的部队因战败大部被蒋收编,余部局促于山西、广西等处,南京直辖部队达 60 个师以上。1930 年 12 月,编遣委员会宣布结束其使命。

(二)蒋桂战争

编遣会议未能达到和平编遣的目的,反而激化了各派系间的矛盾。会议结束后,冯玉祥负气去河南"养病",蒋、冯关系疏远,但战火却先在蒋、桂之间展开。

桂系与蒋介石结怨甚深,对编遣会议早已不满,其领袖人物认为蒋、冯失和,蒋失一臂,反蒋机会业已到来。此前西北军主力驻在中央军与桂系之间,若蒋、冯联手,桂系随时有被击垮之虞。李宗仁、白崇禧认为只要西北军中立,桂系以李宗仁率部沿江而下,白崇禧率部由北向南夹击,蒋介石必垮无疑。在蒋介石看来,桂系握有两广、两湖及华北一部,地域甚广,威胁江浙,是心头大患,加上"逼宫"之恨,冯玉祥愤而离京之后,蒋曾约李宗仁共同讨冯但为李拒绝,蒋遂决意先平桂系。

---

① 刘维开:《编遣会议的实施与影响》,台北,商务印书馆,1989 年,第 111—113 页。
② 刘维开:《编遣会议的实施与影响》,台北,商务印书馆,1989 年,第 111—113、131 页。

蒋桂战争首先在湖南爆发。1928年5月,鲁涤平为湖南省主席,何键为湖南"清乡会办"。两人虽同出湘门,但矛盾很深。鲁涤平为谭延闿部属,与南京较近,企图借"剿共"为名把何键排挤出湖南。何键则向李宗仁报告蒋介石正在给鲁涤平部运送军火,李大为震惊,命何键与桂系另一高级将领胡宗铎赴北平向白崇禧汇报。桂系之所以对鲁涤平与南京接近大为恐慌,是因为湖南是两广与湖北的必经之路,一旦为蒋切断,桂系主力将四面受敌。1929年2月13日,何键再向桂系将领报告,他截获了一批南京运给鲁涤平的军火。桂系认为事态严重,又鉴于国民党中央决定3月15日前撤销各政治分会,乃决意先发制人,一举解决鲁涤平。2月21日夏威、叶琪分率所部直扑长沙,攻击鲁涤平。次日,桂系主持的武汉政治分会以"把持税收"、"'剿匪'不力"为由免去鲁涤平湖南省主席、第十八军军长之职,任命何键为湖南省主席。鲁涤平被迫将所部撤向江西,自己乘船赴南京。此为震惊一时的"湘案"。

事件发生时,南京方面提出了"各军退回原防,鲁涤平回湖南","改组湘鄂政府"。桂系主力第七军系李宗仁等一手训练出来的部队,战斗力极强,善于奔袭、强攻,北伐后几乎无役不与,从广西一路打到山海关,在北伐军中有"钢军"的美誉。但李、白顾虑一旦开战,冯玉祥从侧背攻击武汉,所以表现得硬中有软。李宗仁于3月10日发表谈话,表示将撤去武汉政治分会和第四集团军总部,表示"此时湘省事变,乃纯为消弭赤祸,出于万不得已之举,亦全属整理内部问题,决不致牵动大局"[1]。1929年3月8日,李宗仁致电南京国民党中央党部,请辞去国民政府委员。蒋介石尚希望事情能够转圜,3月9日,蒋复电李宗仁:"望兄即日来京,以安大局。"[2]

蒋介石看准了桂系构成复杂、战线很长、易于分化的特点,在军事行动之前做了大量的工作。北方桂系由白崇禧统领,主力为李品仙的第51师和廖磊的第53师,皆系西征唐生智时自第八军收编而来,军人普遍对受桂系控制不满。蒋介石派被白免职的刘兴到北方活动,再策动唐生智重返旧部。结果,就在白崇禧计划率师南下浦口时,其部下公开哗变,有人甚至要把他绑到南京请功。白只得在廖磊帮助下化装由塘沽黯然南下。白氏一走,部队随即

---

① 上海《时事新报》,1929年3月5日。
② 周美华编注:《事略稿本》,第5册,台北,1929年,第167页。

被唐生智掌握。桂系在北方的势力全部瓦解。

驻湖北的桂系部队也存在不稳定因素。根源在于桂鄂军人不合。由于李、白提倡"鄂人治鄂",故大力提拔湖北籍的胡宗铎、陶钧等。胡、陶二人不知收敛,不仅自己大发横财,其部队待遇也大为改观,引起桂籍军官不满。其中以李明瑞反应最强烈。李的表哥俞作柏因不为李、白所喜被迫离开军队。蒋介石先后派郑介民、周伯甘去武汉活动。周本人是李明瑞昔日同窗好友,与李一拍即合。李明瑞又联络了杨腾辉等人,约好战事一开就共同倒戈。

蒋介石的最后一个目标是李济深。李济深是广西苍梧人,被目为桂系中人,他又曾长期任粤军高级军官,广东实力派陈济棠、陈铭枢等人多为他的旧部。蒋介石要消灭桂系就必须使李济深不能发挥作用,否则两广联合出兵北上,战局尚未可料。蒋便以请求李济深参与"调停"为名,邀其北上。李济深先至上海与李宗仁会面,后者曾劝他不可进京,但李济深在蔡元培、吴稚晖的力劝下入南京。蒋介石在军事布置完成后,于3月21日,设下"鸿门宴",将李济深囚禁于汤山。

此时,南京方面已完成了对桂系的分化工作。冯、阎表示不支持桂系,蒋介石已有战而胜之的把握。他于3月20日表示:"两湖事件,断非局部的问题,而为使党国之根本陷于危局之大问题。此问题之里面,有地方军阀之反革命的阴谋,若置之不问,则全国之革命统一绝望,吾等从前虽向来愿望和平解决,但今日事已如此,除采断乎处置外,别无他策。"[①]此前蒋介石已密令第一集团军向前线集结,以刘峙部驻于英山及其以北地区,以朱培德部集中于九江、南昌、高安一线。3月21日,编遣会议决定免去叶琪、夏威军职。

桂系也不甘示弱,不仅继续攻击鲁涤平部,对其他亲南京的湖南部队也不放过,并摆出了一副求战的架势:以胡宗铎为鄂军总司令、夏威为总指挥,以夏威部集于岳州、威宁一带;派军于武汉附近之李家桥、洪山纸坊一线驻扎,并构筑工事;以何键扼守湘东南边界;陶钧部集中于麻城、孝感、广水、武胜关一带。桂系向湖北银行、商会筹集350万元军费,并令两广部队向北开拔。3月25日向驻英山之中央军发起攻击。

3月26日,国民政府下令免去李宗仁、李济深、白崇禧本兼各职,下令讨

---

① 上海《时事新报》,1929年3月22日。

伐桂系,蒋桂战争爆发。[①] 蒋要求冯玉祥参加对桂系作战,冯对此模棱两可。冯在日记中写道:"关于出兵,论公论私,皆不能使蒋独任其艰,我方可出兵十三万,留十四万维持地方安宁,唯蒋不惮敛天下之怨,而党权亦一人独握,纵能战胜桂系,吾恐继之而起者,仍将大有人在,殊令人不无怅怅耳。"[②]冯玉祥既不能得罪蒋,又欲保存自身实力和地盘,不敢自择。

27日,蒋介石指责桂系"不但叛党,且不明党义,不知革命,只知有权有地盘",并表示将率军亲征桂系,"如不消灭桂系,决不再与各同志见面"。[③]同时,广东将领陈铭枢、陈济棠等发表通电拥护南京。冯玉祥接受南京方面的财物接济,并被蒋所许以的两湖地盘打动,西北军将领韩复榘、石友三、张自忠、万选才等向武汉进兵。28日,蒋介石公布"讨逆军"序列,以何应钦为总参谋长,第一路由刘峙率领,第二路由朱培德率领,第三路由韩复榘率领,陈调元指挥总预备队。30日,蒋介石下达了对桂系的总攻击令。

战事一开,蒋介石对桂系的分化手段显出成效。李明瑞因受到怀疑,其部队被监视,遂加快了倒戈步伐。4月2日,李明瑞召集所部连以上干部训话称,现在又有新军阀起来了,蒋介石、胡宗铎就是。胡等人自从到了武汉就横征暴敛,包烟包赌,无恶不为,大发横财,哪有一点革命气息? 即使我们打败了蒋介石,还不是为胡宗铎这些新军阀制造机会?[④]李明瑞的话,自然被那些既恨蒋介石又不满鄂籍当权者的桂籍军官所接受。他随即把部队开至孝感一带。次日,杨腾辉、梁重熙、黄权等先后率部前来与之会合。随即李明瑞、杨腾辉被南京委为第15师和第57师师长。

夏威、胡宗铎等见大势已去,决定向鄂西撤退。蒋介石自不容彼有喘息之机,于4月7日令张发奎、朱绍良分路追击。4月11日,又发表《告桂系军队书》,以重赏招降。15日夏威、胡宗铎等抵不住蒋介石武力进剿与金钱收买并用的方针,联名通电下野,被迫离开部队,所部被张发奎包围缴械,叶琪等部也被改编。至此,第四集团军瓦解,桂系庞大的武力只剩下北伐时留守

---

① 陈兴唐主编:《中国国民党大事典》,北京,中国华侨出版社,1993年,第231页。

② 《冯玉祥日记》,1929年3月28日,蒋铁生主编:《冯玉祥年谱》,济南,齐鲁书社,2003年,第97页。

③ 上海《时事新报》,1929年3月28日。

④ 参见莫济杰、陈福霖主编《新桂系史》,第1卷,南宁,广西人民出版社,1991年,第231页。

广西的黄绍竑部,约 10 团人。

蒋介石要对桂系斩草除根。5 月 1 日,黄绍竑接到蒋介石电令:(1)将李、白解送南京;(2)广西不得收编自武汉退回之部队;(3)广西部队缩编为两师;(4)上述事体办成后,黄绍竑得为广西编遣副主任。退回广西的李、黄、白开会讨论,认为与其坐以待毙,不如索性孤注一掷。黄绍竑随即复电何应钦,指责蒋介石"逼人太甚"。5 月 5 日,李宗仁就任"护党救国军"总司令,通电讨蒋。

蒋介石即命何键、陈济棠由两面夹击广西。桂系决意先打败陈济棠,再回师迎战何键。战事之初进展颇为顺利,桂军先是强渡北江击溃香翰屏部,5 月 20 日又挫余汉谋部,但战斗陷入胶着状态,而何键所部湘军入桂甚快,桂系乃不得已回师,并一度收复了桂林。蒋介石见湘军失利,遂将李明瑞、杨腾辉两部开往前线,龙云又从贵州方面入桂,此时桂系已无兵可调,败局已定。李宗仁、白崇禧等不得已流亡海外,伺机再起。第一次蒋桂战争以蒋介石取得全面胜利而告终。

(三)蒋冯战争与西北军的瓦解

编遣会议前,冯玉祥与蒋介石关系较密切,但冯玉祥对蒋介石收编直鲁军及平津接收的安排等举措不满,感到西北军在北伐中出力很大却处处遭受排挤。编遣会议前,冯设想借机为西北军谋利益,不料其方案被各方反对,如意算盘落空。他对编遣会议结果极为不满,会后即离京赴豫,不久又通电辞去军政部部长职务。蒋、冯分歧迅速加大。1929 年 3 月 15 日,国民党第三次全国代表大会在南京开幕,冯玉祥不仅拒绝参加,而且指使河南省党部公开反对南京指定与会代表的做法。

蒋桂战争爆发在即,冯玉祥既恨蒋介石,对桂系在编遣会议上对他的冷嘲热讽态度也极为不满,认为双方皆系"南军",彼此打仗对西北军有利无害,所以"湘案"后,冯玉祥不表态,希望坐山观虎斗。蒋介石鉴于西北军驻防地与桂系相连,唯恐战端一开,冯玉祥会倒向桂系,先后派出邵力子、马福祥等前往西北军联络,劝冯联合反桂。蒋介石除增加对西北军的金钱、军火供给外,还许诺将来由冯玉祥出任行政院院长,两湖地盘划给西北军,并答应尽快交涉山东问题,山东归西北军,满足冯玉祥长期以来想有一个出海口的愿望。冯玉祥因此改变原来"中立"的态度,转而支持蒋介石,公开表示:"玉祥服从中央,始终一致。"①冯许诺将以韩复榘统 13 万大军南下夹击桂军。冯玉祥判断蒋桂一旦开战,必定是场一时难分胜败的持久战,因为中央军数量、装备均居优势,又有江浙提供丰厚的财源与"正统"的地位。而桂系兵力虽处下风,但一向骁勇善战,李、白又是出色的战将。冯玉祥的如意算盘是待双方斗得两败俱伤之际,寻机扩大西北军的地盘。他表面上支持"中央",声讨桂系,暗地里密令其东线部队向徐州靠拢、石友三部进驻南阳,又命令配合中央军的韩复榘兵至武胜关后即按兵不动。

蒋桂战争的进程之快出乎冯玉祥的意料。桂系败局已定时,冯玉祥立即派员去南京,要求蒋介石履行诺言。蒋介石以发现冯玉祥与桂系有"勾结"为由,回绝了冯玉祥的所有要求。冯玉祥借蒋桂战争获利的企图受挫,对蒋介石过河拆桥的做法十分恼怒。

使冯玉祥公开反蒋的是争夺山东的失败。北伐过程中,攻占山东功勋最著者为西北军孙良诚部,孙也因此获授山东省主席职。其时济南问题尚未解决,日军仍驻于济南及胶济线,孙氏不得不开府于泰安。中日双方经过艰难交涉,终于在 3 月 26 日达成协议,从 4 月 10 日起双方分段接收:第一步先接收济南至博山一段,第二步再接收博山至青岛一段。冯玉祥认为接收完成后,山东自然归于西北军名下,立即派郑大章、席液池两部赴鲁。但蒋介石却自汉口发出指示,认为孙良诚部素质不良,为防与日本惹起问题,接收济南及山东铁道,须由中央另派定负责人员。蒋介石还命令方振武、刘珍年部进驻潍县以东,牵制孙良诚。冯玉祥欲获出海口之计划再度破灭,气愤之下,遂令孙良诚率部撤出山东,孙并辞去省主席职。5 月 1 日,蒋介石任命陈调元为山东省主席。蒋、冯矛盾已尖锐至无法回旋的程度。

5 月 19 日,冯玉祥在陕西华阴召开军事会议,向西北军高级将领列举了蒋介石四大罪状:(1) 指定三全大会代表;(2) 对日交涉丧权辱国;(3) 各军待遇不平;(4) 不赈济西北灾荒。会议决定由冯玉祥就任"护党救国军"西北路军总司令,与已处颓势的桂系遥相呼应,向蒋介石开战。冯玉祥还通电蒋介石,劝其践其前言,"功成身退",即立即下野出国。在战略上,西北军接受了桂系因兵力分散、战线过长而迅速失败的教训,将山东、河南各部撤至陕

---

① 上海《时事新报》,1929 年 3 月 28 日。

西,以"缩回拳头"。为阻止中央军快速推进,冯玉祥拆毁了豫鄂、直豫及徐豫交界的铁路,炸毁武胜关隧道、归德以西之桥梁以及黄河铁桥。此举有一定军事意义,因对社会经济与民众生活影响极大,激起全国舆论一致指责,西北军此后的失败与此不无关系。

蒋介石获悉西北军的动向后,于 5 月 20 日表示,"无论他们怎样动作,中央一定很镇静,并且中央相信确有把握可以平定一切的叛逆","中央彻信虽到苦斗恶战,终有胜利可言,反动派一多,方显出革命力量"。[①] 在军事上,蒋介石做好了武力解决的准备,集结中央军主力于豫西、鄂西及平汉、陇海线一带,令朱培德部集结于徐州、开封,刘峙部集结于信阳、襄樊,唐生智部集结于洛阳、郑州。同时,蒋介石再次施展政治手法分化与瓦解西北军。

在西北军中,以孙良诚、韩复榘、石友三所部战力最强。孙良诚对冯玉祥忠诚,难以拉拢,故蒋介石以冯系的两员大将韩复榘、石友三为主要分化对象。韩、石两部作风剽悍骁勇,常被冯用作预备队,投入最困难的战斗,几乎攻无不克。冯玉祥带兵以严著称,视高级将领为儿辈,只许服从,稍有不顺,便当责骂,甚至杖责。西北军局促于西北时,这种做法还能行得通。北伐时南北军队交流颇多,南军内部较多注重人格平等,反对军阀作风,西北军将领对冯玉祥的家长作风开始产生不满,为蒋介石分化西北军提供了思想基础。西北贫瘠加上冯玉祥本人的清教徒作风,使得西北军官兵待遇颇低。当中央军着雨衣避雨之时,西北军只有军官才有破伞,这是蒋介石分化西北军的物质基础。当他以金钱相诱之时,西北军上钩者不乏其人。

韩复榘本为冯玉祥"十三太保"之一,彼此十分信任。北伐后冯虽让韩出任河南省主席之职,却削夺了其第 20 师师长之兵权。华阴军事会议召开之际,韩不愿再到西北吃苦,向冯请命直捣武汉。但冯玉祥主张收缩,两人发生矛盾,韩复榘不仅遭冯辱骂还挨了打。蒋介石将韩复榘召至武汉行营,亲至车站迎接,赞其为"常胜将军",温言劝勉,赠予重金。韩产生了叛冯之心。华阴会议后,韩复榘即潜至第 20 师驻地,拉走旧部,脱离冯玉祥。韩于 5 月 22日在洛阳发出通电,表示"国家多难,纲纪崩摧,复榘武人,惟知服从命令,(冯玉祥)交通破坏,事前毫不得闻,固已昭然若揭,联衔攻国府,非复榘所晓……

---

① 上海《时事新报》,1929 年 5 月 21 日。

业于二十二日将陇、石田各师约集十万余人集中洛阳,敬候命令"①。

石友三也被蒋收买,将部队从南阳拉到许昌,通电拥蒋反冯。韩、石拉走的十多万军队皆系西北军精华。蒋介石立即嘉奖韩、石二人,委韩为河南省主席,石为安徽省主席,并赠 50 万为两部的活动经费。在蒋的策动利诱下,西北军的刘镇华、杨虎城、马鸿逵等也先后附蒋反冯。西北军势力受到严重削弱,冯玉祥本人由统数十万兵、握数省地盘的统帅沦为"光杆司令"。他们的叛离是西北军瓦解的开始。

舆论上,南京的宣传机构展开了大规模的反冯宣传攻势,攻击其破坏交通线路桥梁之举。5 月 23 日,国民党中央执行委员会常务委员会以"破坏统一,背叛党国"为由,开除冯玉祥党籍。国民政府五院院长及唐生智、何应钦等高级将领纷纷通电指责冯。蒋介石发表《告二集团军将士文》:"诸将士原隶二集团军,但皆中华民国之将士,非冯氏个人之将士也。冯氏与诸将士,固有历史之关系,惟此历史必依托于革命而存在。今冯氏叛迹昭著,已自绝于革命,即不啻自毁其历史,诸将士不当徒念其私人旧交,而忘国家大义也。"②

1929 年 5 月 24 日,南京国民政府下令免除冯玉祥本兼各职并通缉,命令为:"冯玉祥背叛党国,逆迹已著,无可再于宽容,冯玉祥应即免去本兼各职,着京内外文武机关一体协缉拿办。"③5 月 25 日,蒋介石致电冯玉祥,以"结拜兄弟之情"劝其下台:"无论吾兄对弟之态度如何,而弟决不忍坐视兄之临涧危崖不救也……如愿涉历海外,增益新知,或优游休养……必有成全只之志愿,保障兄之安全。"④同日,韩复榘、石友三、庞炳勋等原西北军将领发表通电,指责冯本人:"乃有野心分子,妄起干戈 ,破坏和平,延长民众痛苦,是否利欲熏心? ……天下为公,本非一人之所有。民众武力,岂是个人所私?"⑤冯玉祥陷入众叛亲离之境,阎锡山致电冯玉祥,邀其同游海外。冯玉祥决定就势下台,暂避蒋介石咄咄逼人的缨锋。他于 27 日通电"洁身引退,以谢国人",随即赴晋"读书"。冯玉祥的暂时退让,使蒋介石一时失去军事进

---

① 《申报》,1929 年 5 月 25 日。
② 《申报》,1929 年 5 月 25 日。
③ 朱汇森主编:《中华民国史事纪要(1929 年 5 至 8 月)》,台北,1986 年,第 192 页。
④ 《申报》,1929 年 5 月 26 日。
⑤ 《申报》,1929 年 5 月 26 日。

攻的理由,蒋、冯之间一场剑拔弩张的争夺演变成蒋、阎、冯三方政治分合的活剧。

蒋冯战争以冯的迅速失败而结束。蒋一面对冯加强攻势,一面在政治上不断阐明加强中央政府权力集中的重要性。6月7日蒋在《和平统一为国民政府惟一之政策》中谈道:"盖民国以来,循环内乱,迄无了期……非根本扑灭地方封建地盘之思想不可。……凭借有主义有组织之中心势力以树立强固而有力之中央政府,真今日保障和平惟一之利器也。"①

冯玉祥到山西后不久即被阎锡山软禁起来。阎想挟冯向蒋讨价还价。冯即指示西北军向蒋介石靠拢,鹿钟麟、唐悦良、薛笃弼等纷纷到南京就职。蒋介石还给予西北军一定物质帮助。阎深恐蒋、冯联手打击自己,是年中秋节到冯处向冯认错,约其共同讨蒋,冯乃令宋哲元等人克日举兵。

1929年10月10日,西北军将领宋哲元、石敬亭、孙良诚等27人联名通电,列举蒋介石六大罪状,宣布"蒋氏不除,中国必亡"②。冯军以宋哲元为总司令,兵分石敬亭、孙良诚、刘郁芬、宋哲元、刘汝明、庞炳勋、张维玺、孙连仲所率共八路。11日,国民政府下令讨伐西北军,14日,蒋发表告全国将士书:"各将士须知,冯系逆军,乃中国统一之最后障碍。逆军叛变,又为反动势力之最后挣扎……汉贼不两立,革命不革命不共存。我不消灭逆军,即将为逆军所消灭。"③

10月19日,冯军以主力石敬亭、孙良诚、庞炳勋、宋哲元沿陇海路东进,24日宋哲元进驻洛阳。在西北军的猛攻下,蒋军全线动摇。但26日阎锡山声明支持中央,蒋军开始反扑。10月30日开始双方在黑石关、登封、临汝一带展开空前激战,冯军不支被迫后撤。11月3日蒋赴许昌督师,以唐生智为总指挥,节制河南"讨逆军"各部,分为三路展开总攻。战事紧张之际,宋哲元与孙良诚相互猜疑,宋引兵后撤,孙氏不得不撤退,西北军全线崩溃。此时南方桂军攻击广东,蒋介石决定暂不解决西北军。

1930年1月,冯再度指示宋哲元等人向蒋示好,同时联络韩复榘、石友三约定共同讨阎。阎见形势不妙再至冯处,又获冯之谅解,双方约定"同生

---

① 《蒋介石言行录》,上海,上海新民书局,1933年,第24—25页。
② 李勇、张仲田编:《蒋介石年谱》,北京,中共党史出版社,1995年,第176页。
③ 朱汇森主编:《中华民国史事纪要(1929年9至12月)》,台北,1986年,第284页。

死,共患难,反蒋到底"。冯回西北后即要求举兵,但西北军将领多不同意。他们指出,阎没有信用,是西北军的大仇人,而且约定与韩、石共同讨阎,不能没有信用。但冯置之不理,西北军将领对冯不满亦无可奈何。

中原大战爆发后,冯不听部下劝告倾巢而出,8月战局不利时,又不听劝将部队撤至西北,反而将主力集中于河南,卒被蒋包围。吉鸿昌、梁冠英、葛运隆投蒋后,冯军全线崩溃,一部跟冯入晋,一部被包围,后悉数被改编。在西北,杨虎城趁冯军主力不在之机占领潼关、西安,西北遂失。冯玉祥原希望能保存十个师于河南、陕西,但蒋不允,反将西北军余部分调他处、化整为零,自此西北军不复存在。

（四）中原大战和扩大会议

蒋冯战争进行期间,第二次蒋桂战争爆发。重新掌握桂政的李、黄、白与张发奎以"护党救国军"名义,于1929年11月下旬挥师进兵广东。在接近广州时,粤军在蒋介石帮助下发起反攻,桂军吕焕炎部叛变,张桂军迅速退回广西,第二次蒋桂战争进行不到一个月便告结束。在蒋冯战争中为蒋介石出了大力的唐生智野心复萌,在改组派的联络下,与受蒋介石排挤的石友三、韩复榘约定共同反蒋。12月2日,集结于浦口准备南调广东的石友三部突然发动兵变以大炮轰击南京,石本人随即通电就任"护党救国军"第五路军总司令,唐生智立即起兵响应。其后石友三并未进攻南京而是率军北还,唐生智则在蒋、阎的联手打击下部队全部丢光,本人仓皇出逃。至此,各军事实力派的反蒋活动均告失败。

在历次反蒋战争中,阎锡山始终站在蒋介石一边。由是阎锡山地位不断提升,由内政部部长升任海陆空军副总司令,节制西北讨逆各军。中央之监察部部长、军政部部长、内政部部长也由晋系人员担任。但阎本人深知,蒋介石不过是利用自己,一旦失去利用价值,自己的好日子也就到头了。果然,还在蒋冯战争进行之际,蒋便收回平津税收之权。阎想发行省内公债以弥补北伐时山西银行的垫款,又为蒋所不许。阎锡山对钱一向最在意,他再也坐不住了,他讲:"中国人我最怕的是袁世凯,因为他是最聪明、最凶恶的一个家伙。他把辛亥革命时期的都督不是杀掉,就是赶走,而我却能够把袁世凯应付过去。以前我以为蒋介石还可以相处,不料他这样排除异己,居然逼到我的头上来了。"①阎认为,李、冯、唐已遭重击,蒋介石下一个打击对象一定是自己,中央军接连作战,定已疲惫不堪,自己出面讨蒋是其时矣。

1930 年 2 月 10 日,阎锡山发出"蒸电",指责蒋介石诛灭异己,造成"党内之纠纷愈烈,军之恐慌愈甚",指出"我总理以中西文化精神,创造三民五权之最高原则,实足为世界开大同先例。不幸粤沪分裂,三全异议,理论各执一端,祸变相寻不已,言之慨然。为今之计,礼让为国,舍此莫由,锡山窃愿随钧座共息仔肩"。② 此电一出,全国震动。蒋介石于 2 月 12 日复电"革命救国,本为义务非为权利,权利自当牺牲,义务不容诿卸"③。反蒋各派闻风而动,是月 28 日,阎锡山、冯玉祥等 30 余人开会于太原决定联合讨蒋。3 月 13 日,冯、阎、李三派 57 将通电:"蒋先生鉴:北伐告成,我公正位中枢,已逾一载。伊考其时,宜若何为? 然而党争,兵争,纠纷靡已,举国骚然,亿兆愁苦;内失统一之力,外无御侮之能,战祸连绵,生灵涂炭;人无乐生之心,国有累卵之危。"④3 月 15 日,鹿钟麟、商震、黄绍竑等 53 人再度通电:"钟麟等刻已陈师鞠旅,申讨蒋中正,拥护阎冯张李诸公讨贼。"⑤4 月 1 日,阎、冯、李分别通电就任"中华民国军"正副总司令。阎并通电:"古有挟天子以令诸侯者,各国必起而讨伐之;今有挟党部以作威福者,全国人亦当起而讨伐之。"⑥

蒋介石于 2 月即感山雨欲来,遂命顾维钧赴关外联络张学良,并许打败反蒋派后,北方归张。张学良对冯玉祥不满,又认为阎锡山反复无常,不足以成事;另一方面,张因中东路事件也对蒋不满,唯恐大军入关引起东北空虚、日人进犯,故采取了观望态度。3 月 1 日张学良通电反对蒋介石动武,此举无疑激励了反蒋派。

蒋介石见战事已不可免,于 4 月 5 日下令免去阎锡山本兼各职,随后国民党中央执行委员会常务委员会永远开除阎之党籍。5 月 1 日,蒋介石下达总攻击令,中原大战爆发。针对此次大战的发生,有舆论认为,蒋"乃不幸其

---

① 周玳:《阎锡山发动中原大战概述》,中国人民政治协商会议全国委员会文史和学习委员会编:《文史资料选辑》,第 16 辑,北京,中华书局,1961 年,第 35—36 页。

② 《国闻周报》第 7 卷第 6 期,1930 年 2 月 17 日。

③ 刘维开:《编遣会议的实施与影响》,台北,商务印书馆,1989 年,第 169 页。

④ 《国闻周报》第 7 卷第 11 期,1930 年 3 月 24 日。

⑤ 《国闻周报》第 7 卷第 11 期,1930 年 3 月 24 日。

⑥ 《国闻周报》第 7 卷第 13 期,1930 年 4 月 7 日。

人不学无术,以偏私之道治军事,且行贪婪之政,遂致国家再乱"①。矛头直指蒋的作为不当。

反蒋联盟控有河北、山西、察哈尔、绥远、宁夏、青海、陕西、甘肃、广西、皖北豫东及平津两市。南京方面则有江苏、浙江、江西、山东、福建、湖南、广东、上海、广州、汉口三市及豫皖一部。反蒋军总数约 70 万人,以冯(约 30 万人)、阎(约 20 万人)为其主力,再加上张桂军、石友三等部共 5 个方面军。冯部分为 3 个军团,由孙良诚、刘郁芬、宋哲元分别指挥。阎军分为四路,由孙楚、傅作义、杨效欧、张荫梧任指挥官。

中央军兵力略多于反蒋派,兵分四路,分别是韩复榘部、何成浚部、刘峙部、陈调元部,其中以刘峙部为中央军精华,担任主攻任务。蒋介石拟以主力沿陇海路西进,力图在归德一带歼灭冯、阎主力。反蒋联盟方面以晋军沿津浦路攻击,冯军主力及阎军一部加上孙殿英等部集中于陇海路,并在平汉路以东、陇海路以南配置强大机动部队。

战事开始之后,中央军陈诚、张治中、陈继承、冯轶裴等主力全力进攻河南之晋军孙楚、杨效欧部。双方在兰封展开激战,阎军不支被迫后退。冯遂调孙良诚、吉鸿昌、庞炳勋从左路攻击,击溃陈诚;刘春荣、石友三等从右路攻击,击败陈调元,蒋军全线溃退,但冯未下令全力追击,双方遂相持于定陶、民权一线。平汉线上,冯令孙连仲、高树勋、张自忠迎击北进之何成浚部,何被打得大败。若冯此时以主力南下,当可和张桂军会师于武汉,但冯却将主力调至河南。津浦路上阎军乘蒋主力西调之机,于 6 月 25 日克济南,但也未全力南下。

张桂军入湘后,蒋介石调粤军蒋光鼐、蔡廷锴部在后尾随,自江西调第九路军会同湘军第十路军由两侧合围,并以何应钦坐镇武汉指挥两师部队,阻其入鄂。张桂军克岳阳后,由于黄绍竑部未按原定计划行军,被粤军一分为二。7 月 1 日张桂军与粤军决战不利,被迫南撤,成为整个战争的转折点。蒋介石遂将对付张桂军之蒋、蔡等部调到北方,调整部署,避开难打之冯军,以主力沿津浦路北进,阎军不支。8 月 15 日,中央军克复济南。同时冯玉祥亦决定决战,于 8 月 6 日起集中主力向徐州进攻,此即"八月攻势"。冯军连

战 7 日,但苦于大雨连日,补给困难,再加上阎军徐永昌部突然撤离战场,导致攻击顿挫,冯军陷入泥潭。

1930 年 9 月 18 日,张学良率东北军进军山海关,阎军撤退,冯军孤立。中央军津浦路得手之后,即将主力移向河南。9 月 11 日,总攻开始。10 月 6 日蒋军克郑州,9 日克洛阳,冯在中原之主力全部瓦解,15 日阎、冯通电下野。25 日中央军克潼关,29 日再克西安,中原大战结束。

反蒋联盟不仅在军事上挑起中原大战,在政治上汪精卫改组派、西山会议派与军事实力派也联手组成了扩大会议以再造国民党领导机构,与南京国民党中央对抗。扩大会议的活动以改组派为主。1929 年 3 月,汪派发表宣言,否定三全大会代表的合法性。三全大会后,改组派先后组织了"中国国民党护党同志大同盟"、"中国国民党各省市党部海外总部支部联合办事处"等反蒋组织。1929 年 9 月,由汪精卫领衔,改组派又自组国民党第二届中央执行委员会,并任命各路护党救国军总司令。是年 12 月,汪被开除国民党党籍。西山会议派在影响上远不及改组派,但与冯、阎关系密切。改组派起初指望张桂军能成功以便在广州另立中央,与西山派看法相左。张桂军失利后,在阎锡山的斡旋下,汪派不得已才与西山派言归于好,最后决定沪二届与粤二届皆为正统。

1930 年 7 月 13 日,中国国民党中央党部扩大会议在北平宣告召开,邹鲁、谢持、覃振、陈公博、王法勤等 10 余人出席,发表联合宣言:痛斥蒋介石托名训政,以行专制;人民公私权利剥夺无余,甚至生命财产自由,一无保障,以致党既不党,国亦不国;表示要"为本党去此败类,为国民去一矛贼,以整个的党,还之同志,统一之国,还之国民,在很短期间必期依法召集本党全国第三次代表大会"[1]。7 月 22 日,汪精卫抵天津,发表五项政治主张:(1) 要求蒋介石"自动下野";(2) 希望阎锡山任国民政府主席;(3) 发展民主政治,"党内各派联合,以扶助民权发达";(4) 扶助民众组织,实行地方自治;(5) 呼吁日本支持反蒋联盟。[2]

汪的到来,给扩大会议以极大鼓舞。7 月 28 日,扩大会议办事处通电发表处理党政的七项基础条件,作为其基本的政治主张:(1) 筹备召开国民会

---

[1] 《国闻周报》第 7 卷第 22 期,1930 年 7 月 14 日。

[2] 《国闻周报》第 7 卷第 29 期,1930 年 7 月 28 日。

议,以各种职业团体为构成分子。(2)按建国大纲制定一种基本大法,确定政府机关之组织及人民公私权利之保障。此基本大法由国民大会表决。(3)民众运动、民众组织应按建国大纲地方自治做起。(4)各级党部对政府及政治,立于指导监督地位,不直接干涉政务。(5)不以党部代替民意机关。(6)总理遗教所谓以党治国,乃以党义治国,应集中人才,收群策群力之效。(7)关于地方与中央关系,按照建国大纲采行均权制度,不偏于中央集权或地方分权。①

8月7日,扩大会议在中南海怀仁堂召开第二次正式会议,决定扩大会议的核心机构,汪精卫、赵戴文、许崇智、王法勤、谢持、柏文蔚、茅祖权组成常务委员会;常委会下设组织部、宣传部、民众训练委员会,分别由汪精卫、顾孟余、覃振主持。同时发表扩大会议宣言,指责蒋介石"以党治之名,掩饰其个人独裁之实",必须实行民主政治,政权不能由国民党独占,应向民众开放。②

9月1日,扩大会议第五次会议决定成立新的国民政府,以阎锡山为主席,阎锡山、唐绍仪、汪精卫、冯玉祥、李宗仁、张学良、谢持等为国民政府委员。会议还通过了《国民政府组织大纲》16条,规定国民政府下设内政、外交、财政、司法、陆军、海军、教育、交通、农矿、工商及国营实业11部,以及中央监察院、军事委员会、最高法院、法制委员会、官吏惩戒委员会、考试委员会、蒙藏委员会、侨务委员会。该组织大纲为显示与南京国民政府不同,在相当程度上凸显了民主气氛,如增加各部联席会议以及强化了对官员的监督、惩戒、考核制度等。

9月9日,阎锡山在中南海怀仁堂宣誓就任"国民政府"主席。至20日,迫于东北军逼近北平,扩大会议迁至太原,其后主要工作是制定法律。

胡汉民认为训政时期不需约法,总理遗教即为约法。汪精卫等人则觉得胡的观点为蒋介石独裁统治提供了根据,制定约法便成了扩大会议的一项重要任务。9月15日成立了约法起草委员会,由汪精卫主持,顾孟余、陈公博、邹鲁、张知本、茅祖权等人参与。扩大会议迁至山西后,此项工作更受重视。10月27日《中华民国约法草案》(即太原《约法草案》)被通过,31日正式发表。该《约法草案》内容有以下几方面:(1)建国大纲为建国之最高原则;

---

① 《国闻周报》第7卷第30期,1930年8月4日。

② 《国闻周报》第7卷第31期,1930年8月11日。

（2）人民的权利义务，由约法直接保障；（3）明确划分中央与地方权力，中央权取列宁主义，省可制省宪；（4）中央设全国国民代表会，为训政时期国民政府之顾问机构，宪政开始后则有创制、复决、弹劾、监督政府之权力；（5）省县设民意机关；（6）强迫普及教育制度，注重节制资本、保护劳工。[①] 该草案颇具民主特色，是扩大会议最为闪光之处，时人虽多对冯、阎、李起兵反蒋不满，但对太原《约法草案》则赞不绝口，蒋介石也被迫要求南京国民党中央尽快召开三届四中全会，确定召开国民会议、制定约法日期。

11月12日，反蒋联盟在军事上完全失败，扩大会议已无存在基础，遂于发表《国事基本主张》后结束。

三、宁粤冲突

在国民党内影响最深远的政治纷争是宁粤冲突。金以林认为："随着国民党从广东走向全国，特别是蒋介石在党内权力的不断提高，蒋同粤籍领袖的矛盾日益扩大，国民党内部的派系纠纷逐渐演变成公开的武装冲突。"[②]一般而言，宁粤对峙之因大都解释为约法之争，进而解释为胡汉民与蒋介石的个人权力之争，事实上并非尽然。对峙形式表现为地方实力派对中央权威的挑战，其源流则需要追溯到训政初期的政治架构。

（一）约法之争

如前所述，训政初期因编遣会议而持续进行的各派武装冲突，最终发展至中原大战。随着蒋介石的胜利，各种争斗暂时偃旗息鼓。1930年11月行政院院长谭延闿去世后，蒋介石兼任了行政院院长，集党政军大权于一身，欲建立一个强势的中央行政机构，遭到了党政内部一些实力派的强烈反对。地方实力派蠢蠢欲动，控制党权的胡汉民充当了反蒋的精神领袖。胡汉民曾助蒋战胜过西山会议派、改组派，并成为国民政府训政制度的"教父"。然而，胡的书生意气与对别人的过分苛求使他易于失去支持者。[③] 胡在孙中山时期

---

① 刘维开：《编遣会议的实施与影响》，台北，商务印书馆，1989年，第187页。

② 金以林：《地域观念与派系冲突——以二三十年代国民党粤籍领袖为中心的考察》，《历史研究》2005年第3期。

③ 陈公博认为，"胡先生更素来好骂人，他的词锋尖酸刻薄，经他批评，身受者都有些像挖心之痛"。陈公博：《苦笑录》，北京，东方出版社，2004年，第13页。

建立的理论威信及身为立法院院长的政治身份，会驱使他走上极易受伤的政治舞台。胡所持立法居于行政之上的西方政治理念，必然使他具有反蒋独裁的意向并做出相应行动，由此导致蒋的严重不满。如蒋所言，"彼借委员制之名，而把持一切，逼人强从……凡有重要之案，皆搁置不理，使人不能推行，一面则诽谤政府之无能，政治之迟滞"，"彼不欲有约法，思以立法院任意毁法变法，以图其私利，而置党国安危于不顾"。① 胡汉民在与蒋的权力交锋中反复强调党权与立法权，以作为遏制蒋集权的手段。

　　在国民政府的制度架构中，立法院并不能制约行政院的权力扩张。但在胡看来，即使蒋有走向制度化的意愿，通过约法调整制度，也是为一己私利。制度调整有两条途径：一是个人权威形成后，自上而下进行制度改革；二是基于民主理念的传播，以民主模式而推动制度化。前者往往会遭遇较大阻力，在中国历朝历代，成功者寡。而后者在国内统一未能完成、党内派系林立之时，意志难以集中，民主改革往往成为反对派对抗中央政府的武器。胡、蒋此前的合作关系，转变为了约法之争，胡汉民也因此遭到了蒋介石的囚禁。蒋介石认为制定约法的目的主要有：（1）安定革命后的人心。一国之革命后，人民经过破产流血种种牺牲，其所争得的权利，自需一种专约规定，加以保障，否则人民深恐野心家再起，发生恐慌现象。（2）确定革命后之国体。国家政体亦需有一种专约规定，国家基础始不发生动摇。（3）确定人民与政府同担负之责任。……是以约法之目的，即是完成革命、维持国家之和平统一。②

　　由胡汉民反对国民会议制定约法演化而来的约法之争，成为宁粤对峙的导火线。1931年2月28日，蒋介石突然囚禁了胡汉民，引起了一场声势浩大的反蒋风暴。针对囚胡之事，粤籍领袖们认为此乃蒋的个人集权，是军事独裁的复活。汪精卫明确表示，自四中全会以后，"对蒋已失望"③。舆论认为，这种政治以武力为转移，最要紧的是恢复法治，遏制军权的坐大，"兵权所在，万恶包围，军必成阀，环境所造"④。因而潜在反蒋实力派迅速聚集，反蒋声

---

① 《蒋介石日记（手稿本）》，1931年2月13日、2月25日。
② 高素兰编注：《事略稿本》，第10册，1931年2月至4月，台北，2004年，第8—9页。
③ 《汪精卫之时局谈话》，《国闻周报》第7卷第15期，1930年4月21日。
④ 《以党役军论》，《国闻周报》第7卷第15期，1930年4月21日。

势不断壮大。据陈布雷所记:"余在京目睹其事,深为本党前途忧之。更有感于党人先进者意气之盛,执政当局负责之难,盖视政治生活为畏途,几欲净劝蒋公引退焉。"①阎锡山亦评论:"胡事出,与国家关系虽小,与蒋关系甚大。能悔则吉,不悔则凶。此事与其为首领之精神绝对不能相容,故也。"②陈布雷与阎锡山的观感虽不一致,但均表达了对国民政府的前景之忧。

然而,蒋介石不为所动。1931 年 5 月 1 日至 2 日,蒋介石在南京主持召开第三届国民党中央第一次临时全会,为即将召开的国民会议做准备。蒋在该会的开幕式上致辞:"中央固属确立,但国家仍常陷于军事时期,两次北伐,再度西征,张桂叛变,继以唐、冯,至 19 年训政开始年份,而该年军事较任何年度为激烈,地方受军事之影响,政令受军事之影响,财政交通无一不受军事之影响。"③面对反蒋势力的冲击,蒋介石依然于 5 月 5 日至 17 日主持召开国民会议,通过了《中华民国训政时期约法草案》,规定训政时期由中国国民党全国代表大会代表国民大会行使中央统治权,各院院长及部会长由国民政府主席提请国民政府任免,国民政府总揽中华民国之治权。此一草案的通过,突破了《训政纲领》对国民政府权力的限制,使政府治权的最高地位取得法律上之承认。

蒋之所以敢于囚胡,自赖有强大的军事实力为后盾。一个醉心于法制的立法院院长被行政院院长囚禁,多少有点讽刺五权平等的分权机制,遑论权力制衡了。尽管蒋事后多方安抚,然反蒋暗流仍加速表面化,反蒋风暴再次开启。以胡汉民的落难为导火线,国民党内的文职官员如胡汉民派、孙科派、西山会议派,军事将领如李宗仁、陈济棠等两广地方实力派联合组成了反蒋阵营,剑指蒋介石的独裁。

首先是中央监委邓泽如、林森、萧佛成、古应芬于 4 月 30 日提出弹劾,继而第八路总指挥陈济棠、第四舰队司令陈策等亦于 5 月 3 日自广州通电诋毁中央,广东省主席陈铭枢先行离粤辞职,随之铁道部部长孙科、司法院院长王宠惠离京去沪,请辞不返。旋即孙携陈友仁、许崇智于 5 月 24 日离沪抵香港,晤唐绍仪、汪精卫、张发奎同赴广州。期间,广西之李宗仁、白崇禧等曾于

---

① 《陈布雷回忆录》,北京,东方出版社,2009 年,第 129 页。
② 《阎锡山日记》,1931 年 5 月 2 日,北京,社会科学文献出版社,2011 年,第 33 页。
③ 蒋介石:《国民会议开幕词》,《自反录》,第 2 集,[出版时间地点不详],南京图书馆藏。

5月11日通电反中央。因之,"拥护中央之党政要人及军事要人亦分别通电驳斥,成为极盛一时之电报战"①。5月25日,林森、唐绍仪、古应芬、孙科、许崇智、陈济棠、陈友仁、李宗仁、陈策、李文范等在广州联名发表通电,催蒋介石于24小时内辞职。5月28日,另立国民政府于广州之"中国国民党非常委员会"、"中国国民党军事委员会"等党政军中央机构,否认南京为合法中央;历数蒋介石罪状,谴责蒋介石"假行政之名,行个人独裁之实",对政见不同者"咸施以诈术与暴力,必尽去之而后已";要求蒋介石于48小时内引退,"勿以一身为党国梗",并欲讨伐南京。②

(二)宁粤和解

表面看来,宁粤冲突似成死结,训政初期的政治秩序有可能被颠覆,政治系统有可能解体。面对地方政府的挑战,国民政府是付阙如中原大战般的激烈战事,还是另有转圜,面临着艰难抉择。

在关键时候,政治人物往往会借助一定契机而达成政治妥协,以尽量避免内耗。随着九一八事变的发生,面对外患与民族危亡,各实力派再次寻求政治妥协的可能性。当蒋听闻九一八事变消息时,"心神哀痛,如丧考妣","如我国内能从此团结一致,未始非转祸为福之机"。③ 9月21日,蒋返回南京,召集中央要员商讨应对方略。蒋调整了对粤方针,表示为了御外,宁方可以退让。蒋指出:(1)令粤方觉悟,速来南京,加入政府。(2)南京中央干部均可退让,只要粤方能负统一之责来南京改组政府。(3)胡、汪、蒋合作亦可。④ 9月22日下午,蒋邀请吴敬恒、戴传贤等,"详述余之怀抱与感想,要胡汪合作,余交出政权之意"⑤。此后,蒋反复强调"团结内部,共赴国难"。正如9月28日邵力子在中央纪念周发表谈话称:"一星期来,中央诸同志,天天开会,决定应付此事。先从团结入手,已致电粤方,望团结起来,共赴国难。""我相信如有屈辱签约之事,中央同志必将全体自杀。"⑥

面对全国舆论,宁粤双方迅速收敛军事敌对。侵湘之粤桂军已先自动退

① 沈云龙:《民国史实与人物论丛》,台北,传记文学出版社,1990年,第299页。
② 李勇、张仲田编:《蒋介石年谱》,北京,中共党史出版社,1995年,第191—192页。
③ 周美华编注:《事略稿本》,第12册,1931年9月至12月,台北,2004年,第80—81页。
④ 《蒋介石日记(手稿本)》,1931年9月21日。
⑤ 《蒋介石日记(手稿本)》,1931年9月22日。
⑥ 《邵力子报告》,《国闻周报》第8卷第39期,1931年10月5日。

却,宁方何应钦亦中止入湘。蒋介石令陈铭枢携其亲笔函赴粤探讨双方议和的方式与途径。9月25日,张继、蔡元培、陈铭枢由沪赴港,与粤方首领会商和平办法。粤方也表现出了一定退让,陈济棠于27日下午召集各将领会议,讨论撤兵后之治安问题、防务分配办法及应付日兵等问题。10月1日,粤方裁撤运输总站。①

蒋介石进一步向粤方示好。10月2日,蒋电陈铭枢并转蔡、张,继续强调和解的三原则:"(1)如粤中能负全责,则在中央同人,尽可退让一切,请粤同志整个的(地)迁来首都,改组政府,中正个人下野,更无问题。只要粤中能确实负责,前来接代,则中正即可通电下野。(2)如粤中不能负责,则归中央负责主持,而广东政府自当取消。(3)如要各方合作,则中正更为欢迎,但必须来沪面商,方是开诚相见、同舟共济之道。"②

不过,粤方对于蒋介石统领党政军三大权,颇不赞同,希望蒋氏放弃党政,专事治军,以展其所长。其次,希望请胡汉民出任政治,共挽危局。③ 蒋原拟10月14日晨访胡,谈粤事。胡以国难日急,非力谋团结不可,乃决定亲访蒋协商。13日下午胡与陈铭枢、吴铁城商谈后,三人即往陵园谒蒋,相谈甚洽。④ 蒋表示"过去之是非曲直,皆归一人任之,并自承错误",胡汉民"亦感动"。⑤ 10月14日,胡汉民获释,蒋决定由吴稚晖、李石曾、张静江、吴铁城、陈铭枢等陪同胡到上海,候晤汪、孙等人,并欢迎他们尽快入京,以召开包括各派别的和平会议。

针对宁粤和解的态势,汪精卫抵沪后立刻抛出了粤方主张,以此博取宁粤和解后的政治主导权。汪表示"对内以建立民主政治,推倒个人独裁为目的,对外以贯彻打倒帝国主义之侵略,求中国绝对平等为职志"⑥。

蒋进一步表示出对宁粤和解的诚意。10月22日,蒋介石到达上海,至孙科寓所会晤汪、胡,请他俩主持召开"和平统一会议",并相邀入京,共赴国难。蒋、汪、胡相继握手并决定于24日在上海召开和平会议。蒋表示:"诸同

---

① 《京粤和平决心》,《国闻周报》第8卷第39期,1931年10月5日。
② 周美华编注:《事略稿本》,第12册,1931年9月至12月,台北,2004年,第127页。
③ 《京粤合议颇乐观》,《国闻周报》第8卷第40期,1931年10月12日。
④ 《蒋胡晤谈时局急转》,《国闻周报》第8卷第41期,1931年10月19日。
⑤ 《蒋介石日记(手稿本)》,1931年10月14日。
⑥ 《汪等发表谈话》,《国闻周报》第8卷第42期,1931年10月26日。

志皆党中前辈,本人为后进,想来服从前辈。此次诸同志议定办法,凡胡汪两先生同意之事,我无不同意照行,我若不行,尽可严责。"①汪精卫代表粤方表示:(1)国民政府主席如德国的总统那样,实际上不负责任,行政院应负责任;(2)废除总司令职;(3)一、二、三届中央委员共同负责党务。

对于召开和平统一会议,宁粤双方与地方党政大员均寄予厚望。于右任认为:"为一致对外,不仅要京粤合作,应更进一步谋全国整个团结,且西南之川滇黔军政纠纷,西北之五马问题等,一切隐患,均应通盘筹划,作一劳永逸之计。"李济深认为:"国难当头,国内和平统一自能实现。"邹鲁希望此次会议"应谋永久和平,不可暂时的(地)或分赃式的(地)和平,今后再无诚意团结,致国家破碎,实丧心病狂之徒"。伍朝枢认为:"对和会意见,仅八个字,即和平统一,共赴国难。至军政权限划分,余等向主张军权受党与政府之支配。"②

值得注意的是,粤方并非铁板一块,胡、汪各有打算。反蒋精神领袖胡汉民宣称在上海和平会议中持"超然的中间立场",对被宁方推为和会代表,坚辞不就。对外表达的政治态度,胡、汪两人大体相同。胡汉民认为,国民政府政情在于制度上有缺憾。胡对外界言,对蒋本人频加称许,而谓制度及环境不佳,故制度的修改是非常重要的。10月24日,汪精卫发表谈话:"为使政治从军事支配中解放出来,为二十年来待解决之问题,中国必须做到此着,始能成为现代国家。现役军人如果要从事政治,必须先把军职辞却,继不致挟持军力以威胁政治。"③两人均表示,只有修改制度才能保证政治稳定。

宁方坚持法统与制度不宜发生很大变动,但不反对容纳粤方或由粤方在法统基础上组织政府。10月27日至11月7日,宁粤代表在上海举行"和平统一会议",会谈共进行了七次。④ 在和平会议中,汪精卫表现得活跃和主动。开会当日,汪精卫对记者谈话,重申粤方主张,谓政治上唯望做到军政分开,政治脱军权支配,论事不论人。胡汉民虽未与会,但自述为最爱惜蒋者,盛称蒋于党国之大功,本人爱人以德。胡谓其最大决心为,维持国民党,不使

---

① 《蒋氏飞沪晤汪》,《国闻周报》第8卷第42期,1931年10月26日。
② 《各方和平意见》,《国闻周报》第8卷第42期,1931年10月26日。
③ 《上海统一会议》,《国闻周报》第8卷第44期,1931年11月2日。
④ 有关上海会议的具体进程可参见金以林《汪、胡联手到蒋、汪合作——以1931年宁粤上海和谈为中心》,《近代史研究》2004年第1期。

其成为元、二年进步党,渐至渐灭。宁方代表认为:(1) 政治中枢不宜更动,政制亦未宜轻改,主席权限一原则无成见。军方总司令部尽可取消,使陆参各部之常设机关负责。(2) 党统不能有问题。粤方却坚持由统一会议组织统一政府,国府采德法总统制,行政院如责任内阁制,国府主席由年高德劭者任之,军人不得当选等七条。① 由于宁粤双方意见分歧,最后决议宁粤双方各在广州和南京分别召开国民党四大,并提出改革中央政制。

由上可知,粤方内部出现分裂,是宁粤政治妥协达成的重要因素。胡汉民对蒋颇为严苛,汪精卫、孙科则表示愿与蒋妥协和合作。蒋记道:"粤方全为胡汉民一人所阻碍,而汪孙则愿来合作。以不愿胡破脸,故不敢明白表示,当使之有转回余地。"②胡汉民在 12 月 5 日举行的粤四全大会闭幕会上称:"此次大会高揭'精诚团结共赴国难',第二个口号为'推翻独裁,实行民主政治'。今人以为统一,必集权,但集权结果,遂形成独裁。"在四全大会的宣言中还提到"武力受政治之支配",军权必须决之于党,而由政府负责执行,军权隶于行政院。③ 胡汉民坚决表示要求蒋下野,进行根本的政治改革。

面对粤方压力,12 月 15 日,蒋介石通电宣布第二次下野。蒋在《辞国民政府主席职呈中央执行委员会文》中称:"胡汉民同志等微日通电,且有必须中正下野解除兵权,始赴京出席等语,是必欲中正解职于先,和平统一方得实现……现在国事至此,若非从速实现团结,完成统一,实无以策对外之胜利,慰国民之期望,权衡轻重,不容稍缓须臾,再四思维,惟有恳请中央准予辞去国民政府主席等本兼各职,另行选任贤能接替,以维团结,而挽危亡……解职后,仍当本国民之天赋,尽党员之责任。"④不过,蒋在下野前当天,主持了行政院国务会议,决议改组苏、浙、赣、皖四省省政府,分别由其心腹顾祝同、鲁涤平、熊式辉、邵力子任主席,并由贺耀祖任甘宁青宣慰使⑤,然后飞回了浙江老家。

至此,蒋下野后,宁粤双方得以汇集于宁,以解决政制问题。粤方在沪代表,除汪精卫因病留沪外,孙科等皆于 17 日入京。唯胡汉民仍称病留粤,中

---

① 《上海统一会议》,《国闻周报》第 8 卷第 44 期,1931 年 11 月 2 日。
② 《蒋介石日记(手稿本)》,1931 年 10 月 30 日。
③ 《胡汉民演词》,《国闻周报》第 8 卷第 50 期,1931 年 12 月 21 日。
④ 蒋介石:《自反录》,第 2 集,[出版时间地点不详],南京图书馆藏,第 349—350 页。
⑤ 朱宗震等编:《陈铭枢回忆录》,北京,中国文史出版社,1997 年,第 83 页。

央执行委员会定 21 日召集第四届中央执行委员会第一次会议,一切党政改革及国民政府主席诸重要问题皆将取决于该会。京粤要人皆主张开放政治,进行宪政。①

（三）政制改革

蒋介石下野后,1931 年 12 月,陈铭枢代理行政院院长,以作为"看守内阁"准备过渡。陈回忆道,在他代理行政院院长期间,"行政院各部部长及重要司长,莫不纷纷辞职,不论是否批准,是否有人接收,都先一走了事。如外交部部长顾维钧,留下辞呈径赴上海去了,财政部部长宋子文向我提出辞呈,声明只负责到一中全会开会时为止。财政部科长以上人员,同时总辞职,各署长已不到机关办公"②。12 月 20 日,宋子文提出辞去本兼行政院副院长和财政部部长各职。24 日,国民政府代理主席林森、代理行政院院长陈铭枢颁令挽留。③ 宋子文的辞职,给陈铭枢过渡内阁及孙科政府制造了障碍。由于蒋、汪、胡均不在京,到南京要求收复东北的学生请愿活动此起彼伏,并和政府当局发生了冲突。陈铭枢对纷乱的政局无法维持。

1931 年 12 月 22 日至 29 日,国民党四届一中全会在南京召开。汪、胡未到场,开幕后蒋即离去。在会议中,各方发生了激烈争吵。迨至 12 月 25 日,国民党四届一中全会举行第二次会议,主席于右任,会议最后通过政制改革案,决定恢复五院分立,各自对中央执行委员会负责。蒋作宾 12 月 26 日去上海请孙科,日记里写到孙科的感受与态度:"晨抵沪,往晤孙科,劝其返京。渠谓南京派尽纷辱广东派,几目广东派为卖国奴,吴狗(指吴稚晖)种种侮辱,实不堪受,非于右任、陈铭枢、朱培德、何应钦在南京负责者,亲来沪与予商妥,予不回京,或蒋、胡、汪均至南京,予始可来京,否则予非独不回京,将即回广东分途奋斗。"④孙科道出了对蒋派的严重不满,对吴稚晖的辱骂怀恨在心。27 日,孙科等粤方中央委员返京。

12 月 26 日,国民党四届一中全会举行第三次会议,通过了《修正国民政府组织法》,扩大了行政院院长的权力,国民政府主席职权大大削弱,国民政

① 《蒋介石辞国府主席》,《国闻周报》第 8 卷第 50 期,1931 年 12 月 21 日。
② 朱宗震等编:《陈铭枢回忆录》,北京,中国文史出版社,1997 年,第 84 页。
③ 吴景平:《宋子文政治编年》,福州,福建人民出版社,1998 年,第 209 页。
④ 北京师范大学、上海市档案馆整理:《蒋作宾日记》,南京,江苏古籍出版社,1990 年,第394 页。

府委员会仅恢复其名称,其职权只解决"院和院间不能解决之事项"。此次改制,重新回到委员制的方式,权力中心为中央执行委员会,行政权力则回归至行政院。

12月28日,国民党四届一中全会举行第四次会议,午后开大会选举林森为主席;蒋介石、汪精卫、胡汉民等为国民政府委员;孙科为行政院院长,陈铭枢副之;张继为立法院院长,覃振副之;伍朝枢为司法院院长,居正副之;于右任为监察院院长,丁惟汾副之;戴传贤为考试院院长,刘芦隐副之。推选蒋介石、汪精卫、胡汉民为中央执行委员会政治会议常务委员,为防止专权,中央执行委员会政治会议常委轮流充当会议主席。12月29日,国民党四届一中全会闭幕。中央执行委员会政治会议决定了行政院各部会的人选。蒋作宾写道:"午后开第一次中央政治会议。行政院长提出各部长,以陈友仁长外交,李文范长内政,黄汉梁长财政,罗文干长司法行政,叶恭绰长铁路,陈铭枢兼交通,陈公博长实业,朱家骅长教育,何应钦长陆军,陈绍宽长海军,又以石青阳任蒙藏委员会,刘瑞恒任禁烟,李济深任训练总监,唐生智任军事参议院,朱培德任参谋本部,几全般为广东藉(籍)。"①孙科组阁时,胡致电孙科、伍朝枢、李文范,表达了对新政府人事安排的看法,不过,胡也提出了"政治分配"的原则——"粤人愈少愈好"。胡建议将蒋置于更无实权的考试院。②

1932年1月1日,国民政府主席林森及五院院长、各部会首长宣誓就职。蒋作宾记道:"今日为统一新政府成立之日,各新院部长在国府行就职礼,到者寥寥。由九时至十二时半始草草成礼。政府新而气象不新。广东政府仍不肯完全撤销,尚欲扣留财政,设置政治分会、军事委员分会、中央执监分部,俨成割据。而他方亦不免援例请求,所谓统一而最不统一矣。唯各方金融界则发生极大恐慌,上海为尤甚,前途亦至可悲矣。"③

孙科出任行政院院长,蒋介石曾一度对其寄予厚望。"闻今日孙科新政

---

① 北京师范大学、上海市档案馆编:《蒋作宾日记》,南京,江苏古籍出版社,1990年,第395页。
② 陈红民:《函电里的人际关系与政治》,北京,生活・读书・新知三联书店,2003年,第99—100页。
③ 北京师范大学、上海市档案馆编:《蒋作宾日记》,南京,江苏古籍出版社,1990年,第397页。

府就职,但愿期臻巩固,得慰悬念也。"①而其个人在政治上低调了许多,"余仍愿随汪、胡之后负责","惟此次政治责任全在于胡,故必须其说一句话也"。②孙科出任阁揆,减少了胡汉民集团反对政府的机会。汪精卫很失望,他的手足无一进入政府,无奈转而同蒋介石合作。③国民党三巨头未能聚首南京,孙科亦无法担负行政大责。由于蒋、胡矛盾无法修补,曾经权倾朝野的胡汉民从此成了最大的在野派,充当着西南地方实力派的精神领袖角色,继续从事反蒋活动。

　　在内忧外患与利益集团多元化的政治环境中,孙科政府很快陷入困境。孙科认为:"中枢空虚,诸事停滞,弟以一无实力之人,而强以负中央行政之责,即焦头烂额,亦于国无补。"④陈公博说,"南京对孙哲生(孙科)长行政院大概早是不满意的,宋子文已有计划的(地)打击孙哲生,他暗地里叫财政部职员全体辞职,来一个总同盟罢工"⑤。宋子文辞去财政部部长一职,封锁财政档案,并与江浙财团共同抵制纳税。加之东北失陷,税源锐减,各省截留,政府陷入财政危机。孙科到达南京时,军事费用每月需 1 600 万元,而孙只能筹到 600 万元。孙科内阁财政部部长黄汉梁为福建人,乃上海和丰银行荷兰买办出身,资浅人微,江浙财团不但不予支持,且多方掣肘。⑥孙科求助于宋子文和孔祥熙,均不得要领,不得不承认"崩溃在眼前,除采取有力手段外,再看不出有任何其他打开僵局的出路"⑦。陈公博认为:"单是财政一个问题,已够行政院倒塌了。"⑧在对日外交上,孙科政府高喊抵抗,以素有革命外交口碑的陈友仁任外交部部长,他要求张学良死守锦州,主张对日绝交,实际上却无所作为。孙科以外交政策为名,离开南京去了上海,一起离职的还有内政部部长李君佩先生(李文范)、外交部部长陈友仁先生、铁道部部长叶誉

　　①　《蒋介石日记(手稿本)》,1932 年 1 月 1 日。

　　②　《蒋介石日记(手稿本)》,1932 年 1 月 12 日。

　　③　张发奎口述,夏莲瑛访谈及记录,胡志伟翻译及校注:《张发奎口述自传》,北京,当代中国出版社,2012 年,第 142 页。

　　④　《孙科电胡汉民》,《申报》,1932 年 1 月 11 日。

　　⑤　陈公博:《苦笑录》,北京,东方出版社,2004 年,第 179 页。

　　⑥　张宪文、方庆秋主编:《蒋介石全传》,郑州,河南人民出版社,1996 年,第 309 页。

　　⑦　[美]帕克斯·M.小科布尔著,蔡静仪译:《江浙财阀与国民政府(1927—1937)》,天津,南开大学出版社,1987 年,第 63 页。

　　⑧　陈公博:《苦笑录》,北京,东方出版社,2004 年,第 180 页。

虎先生(叶恭绰),其至南京的市长马星樵先生(马超俊)也一去不复返。南京真成了无政府的状态。①

面临此境,1932 年 1 月 2 日,国民党中央执行委员会政治会议召集紧急会议,决定邀蒋返京。4 日,汪精卫在上海发表谈话,望蒋介石、胡汉民从速进京,宣称要"以建设求统一,以均权求共治"②。5 日,陈铭枢电请蒋、汪、胡返回南京,称"自一中全会竣事,政府虽告成立,而我重要领袖,犹天各一方,未能荟萃。致使党国最高机关,提挈无人,失其重心!一切安攘大计,何所秉承"。陈的信件反映了孙科政府的困境,热望三巨头早日入京主持大计,盖"全国人心皇皇(惶惶),失其所归"。③ 张学良、冯玉祥等人以国难为由亦邀蒋回京,何应钦、张继亲赴浙江奉化,促蒋回京。在一片"敦请"声中,汪、蒋暗中串通,16 日,汪至杭州会晤蒋介石。17 日,汪、蒋联名电告胡汉民,促其北上进京。18 日,胡汉民复电表示暂不入京。19 日,蒋、汪再次在杭州西泠饭店会谈,完成了双方合作事项的具体安排。汪精卫赴南京前发表了谈话,表示对蒋介石精诚团结、共赴国难的决心至为钦佩,并说:"鉴于过去裂痕,谋现在之努力,蒋、胡与鄙人实有共叙首都,同心匡济之必要。"④

汪、蒋入京前还做出姿态,公开致电滞留于香港的胡汉民,邀其北上,"共支危局"。胡汉民原以逼蒋下野,支持孙科内阁为目标,不意汪精卫迅速投向蒋介石,挤垮孙科内阁,他十分气愤地复电:"所望各矢忠诚,俾哲生(孙科字——引者)兄等得行使责任内阁之职权,贯彻其政策,而我人以在野之身,竭诚赞助。……尊电所谓共支危局者,当亦无愈于此也。"⑤21 日,蒋、汪到京。25 日,孙科及其多名部长辞职,吁请蒋、汪、胡入京主政。据蒋作宾推测:"据闻汪实有意取得政权,孙窥其意,故愤而辞职。国难当前,各怀异志,前途至可悲也。"⑥1 月 27 日,黄汉梁自上海致电南京国民政府,请求辞职,财

---

① 陈公博:《苦笑录》,北京,东方出版社,2004 年,第 181 页。
② 陈兴唐主编:《中国国民党大事典》,北京,中国华侨出版社,1993 年,第 334 页。
③ 《重庆四川晨报》,1932 年 1 月 10 日,转引自周开庆《政论存稿》,重庆,四川农报社,1933 年,第 106—107 页。
④ 《中央日报》,1932 年 1 月 22 日。
⑤ 先导社编:《胡汉民先生政论选编》,广州,先导社,1934 年,第 669 页。
⑥ 北京师范大学、上海市档案馆编:《蒋作宾日记》,南京,江苏古籍出版社,1990 年,第 403—404 页。

政部事务再次陷入停顿。[①] 1932 年的一·二八事变更使孙科政府再也无法支撑,1 月 29 日,汪精卫取代孙科为行政院院长。1 月 31 日,宋子文正式恢复行政院副院长和财政部部长的职位,孙科内阁使命结束。

宁粤和解整合了国民党的政治力量,政治局面趋于稳定。此后,中央政府基本维持稳定,逐渐产生了凝聚力,政治上以制宪、谋求全国统一、共赴国难为重心。即使行政院院长汪精卫多次犯"政治病"时,中央政局亦未发生较大更动。宁粤冲突初步和解后,在责任内阁制与军政分立的制度框架下,国民政府为从事经济建设与抗战准备迎来最好的几年黄金时期。

第二节　九一八事变与国民政府的抗战准备

1931 年,日本发动了九一八事变,这是日本帝国主义推行大陆政策的必然结果。"因为不抵抗的结果,二十四钟头内,便丧失了辽宁、吉林两省数千里的土地。"[②]面对这一事变,国民政府在政治上进一步加强政治妥协,蒋、汪合作形成了蒋主军、汪主政的合作局面;在军事上加强调整安内攘外政策,羁縻地方实力派或反蒋派,加强了抗战准备。

一、蒋、汪合作

如前所述,九一八事变使国民党的宁粤冲突找到了和解的时机。孙科内阁倒台后,汪、蒋分享了政、军大权,国内政局渐趋稳定。1932 年 1 月 28 日,汪精卫以国民党中央执行委员会政治会议主席的身份主持召开了中央执行委员会政治会议临时会议,决定改组国民政府,汪精卫继任行政院院长,选举蒋介石等人为军事委员会委员。3 月 6 日,国民党四届二中全会正式选举蒋介石为军事委员会委员长。至此,蒋主军、汪主政的合作格局形成。蒋介石通过军事行为逐步树立了个人威信。吴敬恒认为,胡汉民"心量偏隘,复仇之

---

① 《申报》,1932 年 1 月 28 日,转引自吴景平《宋子文政治编年》,福州,福建人民出版社,1998 年,第 211 页。

② 《四届二中全会开幕词》,荣孟源主编:《中国国民党历次代表大会及中央全会资料(下)》,北京,光明日报出版社,1985 年,第 142 页。

念甚炽,其徒又皆唯利是图",孙科"善为人傀儡",汪精卫有心为国,但能力不足,胡、孙、汪均不足以当大任。当时一般人对蒋介石存在矛盾的心理,既希望他能尽献实力,又不愿他为名义上的参与,恐功成后又卷土重来。吴敬恒劝蒋介石"不但尽力而已也,且必为之委曲求全"。①

(一)汪精卫主持外交

一·二八事变后,依蒋介石建议,为求长期对日抵抗,国民政府于1月30日宣布迁至"行都"洛阳。在外交问题上,蒋介石为逃避国人责难,把汪精卫推上了对日外交的第一线。汪清楚办理对日外交要冒风险,但只有走这条路才能发展自己的势力,故他也情愿"跳火坑",采取对日妥协的政策。这既源于"攘外必先安内"的既定政策,也由于其"以我国现有军备与日本较,等于弓箭与机枪"的民族失败主义情绪,甚至还有依靠日本压制蒋介石的阴险策略。一·二八事变爆发后,汪精卫最初一度对日强硬,主张武力抗争,后来却越来越软弱,认为对日要尽可能地交涉,实行妥协外交,其基本政策是"一面抵抗,一面交涉"。1932年2月7日,汪精卫发表谈话:"余对外交主张,余去年在沪,即主张对日一面抵抗,一面交涉,此主张至今未变。盖军事上若不抵抗,则外交无进行可言,而外交之努力,可使军事胜利与日俱增有把握。"他认为"数十年来,中国军事、经济,在物质上着着落后,固不待言,即组织上亦幼稚不完备"。因此他日益倾向于通过外交解决问题:"在外交上决不可放弃,切勿以为外交无用,而决然持之不愿。"②

"一面抵抗,一面交涉"听起来冠冕堂皇,实际操作却是另一回事。"一面抵抗"实施得如何呢? 蒋介石于1月30日以在野的身份致电全国将士,号召"我全军革命将士处此亡国灭种、紧迫燃眉之时,皆应为国家争人格,为民族求生存,为革命尽责任,把宁为玉碎,毋为瓦全之决心,以与此破坏和平、蔑弃信义之暴日相周旋"③。声调虽高,却迟迟不肯公开出兵支援孤军奋战的十九路军,最后派了张治中的第五军隐瞒身份,赴沪参战。其他各路要求参战

---

① 《吴敬恒在南京建委会留别蒋中正书》,1932年2月23日,台北党史会吴敬恒档案,档号01197,转引自王正华《南京时期国民政府的中央政制(1927—1937)》,博士学位论文,政治大学历史研究所,1997年,第326—327页。

② 《国闻周报》第9卷第7期,1932年2月22日。

③ 秦孝仪主编:《中华民国重要史料初编——对日抗战时期绪编(一)》,台北,中国国民党中央委员会党史委员会,1981年,第435页。

的将领如张学良、冯玉祥等,都或受蒋暗示,或为蒋阻止,不能出兵。相反,"一面交涉"却进行得很有成效。经国联提议,美、英、法、德、意等五国斡旋,1932年5月5日,中日签订了《淞沪停战协定》,规定双方从上海撤兵,承认上海为非武装区,中国不能驻军。该协定表面上看来很公平,实际上严重侵犯了中国的主权:(1)上海是中国的领土,中国军队自然有驻守的权利;(2)中国不能驻兵,而根据以前的不平等条约,日本可以在上海驻军;(3)条约没有明确规定日军的撤退日期。协议公布后,举国哗然,社会各界对中方签订屈辱协定的行为给予严厉的谴责。

于表面而言,国民政府似已下抗战决心,在汪精卫主导下召开了国难会议,并迁至"行都"洛阳。国难会议最初是由1931年11月在南京召开的国民党第四次全国代表大会提出的。当时正值九一八事变之后,全国抗日呼声甚高,一些民主人士开始批评国民党的一党专政和不抵抗政策,要求改组政府,领导抗战。南京国民党第四次全国代表大会通过了《组织国难会议案》,决定"国难会议由国民政府于半个月内召集"。社会各界对国难会议原抱着很大希望,希图用这个会议影响国民党的内外政策,促进国民党早日"结束党治",实行民主政治。1932年1月18日,国民政府发布《国难会议召集令》,公布国难会议会员名单,此后几经递补,达到423人,其中包括黄炎培、沈钧儒等文化名流与职业界领袖。

1932年1月30日,国民政府主席林森与行政院院长汪精卫联名签署《国民政府移驻洛阳办公宣言》,宣布"政府为完全自由行使职权,不受暴力威胁起见,已决定移驻洛阳办公"。1932年3月6日,国民党在洛阳召开四届二中全会,蒋介石担任军事委员会委员长兼军事参谋部参谋长。

1932年4月7日至12日,国难会议在洛阳西宫东花园广寒宫国民党中央党部礼堂召开,开幕时到会会员144人,后陆续有会员到达,闭幕时为167人,共开大会6次。国民政府行政院院长汪精卫等一些国民党党政首脑、有关部门负责人出席大会。大会主要围绕御侮问题、政治改革问题展开热议。关于御侮问题,大多提案主张坚决抗日,指责国民政府抗战不力,但关于究竟采取什么方针抗战却众说纷纭。黄大伟等提出的《请政府对日誓不妥协积极抗战以救危亡案》指出:"时至今日,非战实无以抗外御,非战亦无以谋和平。"几乎所有御侮的提案都提出长期抵抗的问题,有的提出经营西北,迁都西北,以为长期抗战之准备;有的主张下决心与日本决一死战。

政治改革方面,大多提案要求开放党禁,结束武力"剿共",实行宪政,给人民以民主自由,中心是实行宪政。叶夏声等人提出的《为长期抵抗一致御侮请政府自动酌采国防精神改善组织并从速召集国民大会共纾国难建议案》严厉批评国民党"党权高于一切",要求"取消此项特权",召集选举产生代表的国民大会,由"国民大会行使中央统治权,选举总统及组织正式政府","制定宪法"。

绥靖是国民党为国难会议确定的议题之一,其本意是想通过该会在舆论上进一步攻击共产党,为其"攘外必先安内"的政策张目。会上虽然有提出迅速"剿除共匪"的提案,但较多的是提出要立即"改剿为抚"。因此,有研究者认为,国难会议的召开,使反对国民党一党专政和不抵抗政策的言论更加活跃,抗日救亡的呼声更为高昂。①

1932 年 5 月 5 日《淞沪停战协定》签署后,国民政府对日妥协换取了暂时和平。5 月 30 日,蒋介石率党政军大员返回首都南京。11 月 29 日,国民政府发布《自洛阳还都南京令》。12 月 1 日,国民党中央党部、国民政府及各院部会正式迁回南京,并举行了还都典礼。

在汪、蒋合作初期,蒋表示了对汪的较大支持。因汪精卫处于对日外交的前沿,其积极推行对日妥协政策,为党内外所不满,致使国民党内一直存在着倒汪运动,汪因无法全面掌控权力常称病或辞职。1932 年 5 月 7 日,蒋与汪谈话,汪犹疑政局之不安,蒋"切嘱应稳定"②。5 月 23 日,监察院院长于右任弹劾汪精卫时,蒋亦为其开脱,"颇费调解心力"③。蒋、汪合作的基础实际上是不平等的,汪不甘受制于人,总想发展自己的势力。对权力的角逐使蒋、汪的合作表面上看来很融洽,实际上则潜伏着严重的危机。这场危机终于由汪精卫和张学良的冲突而表面化。

1932 年一·二八事变,汪精卫曾派陈公博等前往北平,动员张学良出兵支援处于困境中的十九路军。张学良却以"巩固后方,推进前方,保卫地方,

---

① 刘会军:《国难会议略析》,《史学集刊》1988 年第 1 期。
② 《蒋介石日记(手稿本)》,1932 年 5 月 7 日。
③ 《蒋介石日记(手稿本)》,1932 年 5 月 23 日。

拥护中央"①为由,委婉地拒绝了汪精卫的要求。7月,热河前线告急,汪精卫于22日以行政院院长的名义发表通电,要求张学良出兵积极抵抗。可张于31日召开北平政务会议,发表宣言驳斥汪精卫的通电,表示自己是军委会的人,暗示汪氏无权指挥军事。

汪精卫与张学良的矛盾,实则是他同蒋介石争斗的反映。张学良一向听命于蒋,他之所以敢与汪精卫作对,皆因背后有蒋的支持。在2月陈公博等赴北平的前一天,蒋就曾派人对张说,陈等之行"并不是代表他的意见"。因此张学良才敢对汪精卫的指示无动于衷。后来汪要张出兵时,张答以必须本人到南京请示蒋,可蒋却答复"剿匪"军务太忙,不能回南京,实际上是支持与汪对抗。

汪精卫一怒之下,于8月5日偕陈璧君等人离宁赴沪。6日,他向国民党中央执行委员会、国民政府主席林森、行政院各部会和蒋介石连发四份电报,呈请辞职,请宋子文回南京主持行政院。另致公开电于张学良,斥责其丧失领土、拥兵不前、违抗命令,要求他下野。随后,汪精卫躲进医院,拒绝任何人的访问,并声称要出国疗养。此后,汪精卫又派唐有壬飞赴汉口会晤蒋介石,提出以张学良辞职为复职条件。②8月8日,张学良在北平召开记者招待会,也向国民党中央提出辞职。

蒋介石本有利用汪、张矛盾,既打击汪精卫的威信,削弱汪派势力,又逼迫张学良辞职,逐步控制东北军之心。他见时机已到,马上出来充当调停人。他一方面会见张学良,劝张辞职;另一方面,他又感到此时还不能失去汪精卫,因而极力挽汪。接到6日汪电后,蒋介石立即急电汪精卫,谓"吾二人既均以共赴国难而来,现在无论有何困难,必须共负仔肩,勉渡难关,决不可于国难益加严重之际,遽萌退志"。9日,蒋介石再电汪精卫:"请兄即日回京复职,以免引起政局变化。关于东北事件,弟无日不在计拟中,当负全责办理。"表示"张学良去留为第二问题"。③此外,党政各要员如宋子文、何应钦等也发电或亲到上海,劝汪精卫回京。13日,蒋又致电汪精卫,仍请即日回京,表示关于华北军政各事,愿遵汪意,即为解决,并谓"如兄坚持,当亲至沪面挽"。

---

① 《热河问题与共赴国难》,《大公报》,1932年8月31日第3版。
② 《中央日报》,1932年8月11日。
③ 《国闻周报》第9卷第32期,1932年8月15日。

蒋介石在接见唐有壬时,表达了三点意见:"(一)张可辞,(二)挽留汪,(三)望汪到庐山一商。"①15 日,国民党中央执行委员会政治会议举行谈话会,准许张学良的辞职,并挽留汪精卫。②

汪精卫见张学良已主动提出辞职,各方又竭力挽留自己,不禁飘飘然。他在 13 日接见何应钦等人时说:"本人辞职为铲除不负责军人之最好办法,故决心牺牲个人、地位,以完成军事上统一。"③17 日下午,他回到南京,主持召开了中央执行委员会政治会议,决议停设北平绥靖公署,改设军事委员会北平分会,以军事委员会委员长兼任北平分会委员长,且张学良未入 18 个委员之列。④ 在庐山,蒋介石当面表示"现值外交、军事、财政紧张之时,行政院不能随便更动",仍坚请汪精卫复职。在"众情难却"之下,汪精卫才"允暂时勉为其难",同意回任行政院院长。⑤

17 日下午,东北军 57 名将领联名发表通电,表示愿与张学良共进退。蒋介石在此压力下,权衡利弊,决定对张学良有所安抚。20 日,蒋介石电请张学良以军委会委员资格代理军委会北平分会委员长。⑥

汪精卫见此,异常气愤。他试图以退为进,在 22 日的中央执行委员会政治会议谈话会上再提辞职:"本人实难回任,如中央能准如所请,则虽退任一部长襄助政务,亦所愿意。"不料会议最后竟顺水推舟,决定汪精卫仍负行政院院长名义,以副院长宋子文代理院长职务。汪氏见此愈加愤怒,决定以"出国疗养"暂避一时。而此时蒋介石也不再公开挽留。9 月 12 日国民党中央执行委员会召开会议,决定在汪精卫的健康未恢复之前,不推人代理,中央执行委员会政治会议改开谈话会,重要议案电汪请示办理。⑦ 1932 年 10 月,汪精卫宣布因"病"将出国就医。他发表了《告别书》,流露出对蒋介石的不满。在他出国期间由宋子文代替行政院院长一职。在宋代理期间的正式公函中,行政院院长一栏仍签署汪精卫的名字。据陈公博推断:"蒋先生之虚位以待

---

① 《国闻周报》第 9 卷第 33 期,1932 年 8 月 22 日。《中央日报》,1932 年 8 月 11 日。

② 《中央日报》,1932 年 8 月 16 日。

③ 《中央日报》,1932 年 8 月 14 日。

④ 《国闻周报》第 9 卷第 33 期,1932 年 8 月 22 日。

⑤ 《国闻周报》第 9 卷第 34 期,1932 年 8 月 29 日。

⑥ 《国闻周报》第 9 卷第 34 期,1932 年 8 月 29 日。

⑦ 《大公报》,1932 年 9 月 13 日。

汪先生，也许因为汪蒋合作的关系，也许蒋先生要对日缓和，不愿意自己嫡系的人物首当其冲。"①1933 年初，当长城抗战形势危急时，汪精卫即应蒋介石之召回国，继续推行"攘外必先安内"的政策。

（二）蒋介石兼掌行政院

在内忧外患的背景下，国民政府的中心工作是拯救国难。蒋介石就任军事委员会委员长后不久表示，自己应当在非常时期发挥主心骨作用："强敌压境，人心浮动，余不为中流之砥柱，复有谁哉。"②再次上任的蒋介石有过急流勇退的想法，但又认为汪精卫无法担当全责，个人集权的欲望冉冉升起。③尽管蒋介石一定程度上维护着汪精卫行政院院长的形象与地位，事实上，有着责任内阁之名分的行政院殊难摆脱军事权力的制约，军事权力逐渐侵入了行政范畴并凌驾于行政之上。

1935 年 11 月 1 日，汪精卫遇刺，成为蒋独揽大权的契机。12 月 10 日，汪辞职获准。12 月 12 日，国民党召开五届一中全会，会议决定胡汉民等 9 人为中央执行委员会常务委员会委员，胡汉民为主席（胡一直不曾到京），蒋介石为副主席。在中央执行委员会政治会议中，汪精卫为主席，蒋介石为副主席，张人杰等 25 人为中央执行委员会政治会议委员。在政府体系中，林森为国民政府主席，蒋介石、孔祥熙为行政院正、副院长；孙科、叶楚伧为立法院正、副院长；居正、覃振为司法院正、副院长；戴传贤、钮永建为考试院正、副院长；于右任、许崇智为监察院正、副院长。

很难认为，蒋介石主观上一直觊觎汪之行政院院长一职。蒋虽反感汪难以担当行政大责，恨其不争，考虑过"汪为监察或考试院长"④，但有汪为其支撑，蒋自可集中全力于"剿共"与"国防"。因而汪精卫遇刺，蒋并未幸灾乐祸，反而异常悲痛与紧张，"精神之受打击，其痛苦较甚于枪弹之入肺腑数倍。如此之弹，如穿入我心身，则我心安乐，必比甚何事为快也"⑤。但汪的遇刺为

①　陈公博：《苦笑录》，北京，东方出版社，2004 年，第 188 页。

②　周美华编注：《事略稿本》，第 13 册，台北，2004 年，第 405 页。

③　1932 年 4 月 1 日，蒋介石考虑曰："沪案解决以后，余欲隐退高蹈，放弃军政大权托付于汪兆铭，以免国内增多纠纷"，"如欲独当大事，事事亲办，不顾疑忌，放手做去"。"反复研思，不能决心，甚苦焉。""今有汪兆铭不能任此，余实不能卸其责也。"见吴淑凤编注《事略稿本》，第 14 册，台北，2004 年，第 4—5 页。

④　《蒋介石日记（手稿本）》，1935 年 10 月 21 日。

⑤　《蒋介石日记（手稿本）》，1935 年 11 月 3 日。

蒋兼任行政院院长的确提供了良机。

不过,蒋虽依赖军事行动,个人威望日增,掌理党政军大权,却无法全面凌驾于党内各派系之上,希望与汪、孙、胡等人携手合作。如蒋所记,"对党内纠纷明争暗斗自私见小之状,实令人难堪"①。汪之于蒋,确有合作之必要,汪可为蒋支撑政局,故五全大会前,汪虽在病中,蒋并未撇开汪而独行其是,多次往访汪。开会中,蒋两次访问国民党内各元老与汪。但汪对蒋的示好并未心存感激,以受伤养病为名,不辞而赴上海,蒋感其"怯疑可叹"。对此前辞去主席团人员的孙科,蒋亲自去劝说,亦"反被其诬辱","此中痛苦,非言可喻"。②蒋为平定党内纠纷,决定"推胡为常委会主席,汪为政会主席,而余自兼任副主席,以为本党复合之张本","非以此不能救国,更不能安内"。③甚至于12月2日下午,蒋研究行政院改组时,希望"仍由汪连任"④。

汪精卫终究未能答应连任行政院院长,其内心考虑暂且不明。但蒋对行政院的人事安排,颇觉艰难。蒋记道:"近日改组行政院以来,凡亲近之人,皆以人选问题多示不满于我,于我为人之可欺侮之人甚矣。治国难,治家更难;对外难,对内更不易也。"⑤ 12月11日蒋又记:"本日调整人事,使脑筋刺痛。"⑥此种人事困境让蒋产生了独任其艰却又无可奈何的心理。

(三)五全大会

五全大会前夕,如何处理好党政关系,如何形成一个负责任的政治中心是国民党权威人物的重要考量。五全大会前,除了舆论媒体公开主张国民党应当进行改革,提高行政效率外,国民党内部高层人士亦有不少人持此看法。譬如,宋子文虽与蒋意见多有不合,但他认为,国民党内部应实现政治统一,以增强抵御日本入侵的力量。宋认为,处于内忧外患中的中国,在政治制度方面应强化个人专权,实行权力的高度集中,主张独裁救国论。⑦国民党内外均希冀于五全大会的召开,达成党内政治共识,以确立政治中枢。此前召

---

① 《蒋介石日记(手稿本)》,1935年11月11日。

② 《蒋介石日记(手稿本)》,1935年11月21日。

③ 《蒋介石日记(手稿本)》,1935年11月28日。

④ 《蒋介石日记(手稿本)》,1935年12月2日。

⑤ 《蒋介石日记(手稿本)》,1935年12月10日。

⑥ 《蒋介石日记(手稿本)》,1935年12月11日。

⑦ 吴景平:《宋子文思想研究》,福州,福建人民出版社,1998年,第318—319页。

开的国民党四届五中全会(1934 年 12 月 10 日),已经显示出政治上的新气象。舆论认为:"全会的表现,是空前的肃穆与和谐。现在的西南在实力上既不须常立门户,在政治上也没有显然的歧见。"① 这意味着国民党在团结御侮的前提下,政争逐渐趋于理性,召开五全大会的时机已然成熟。

1935 年 11 月 1 日至 6 日,国民党于南京召开四届六中全会。地方实力派阎锡山、冯玉祥入京,李宗仁亦有赴京出席之讯。"阎、冯本次出席,诚为国民党 17 年以后未有之盛况。当此内忧外患交迫之际,各方党国要人,齐集首都,中枢政局,必有新开展也。"② 然而,开会第一天,汪精卫遇刺受伤。③ 此事对即将召开的五全大会产生了很大影响:一是意味着国民政府对日妥协政策已到尽头,五全大会必须调整对日外交政策;二是汪的受伤为蒋兼任行政院院长、全面负责中枢提供了机会,并进而为调整人事与制度提供了可能。

五全大会于 1935 年 11 月 12 日开幕,至 23 日闭幕。除开、闭幕式外,举行了 8 次大会,其中预备会议 2 次,正式会议 6 次。大会的日程安排,一般为上午召开全体会议,下午各专门委员会分组开会。在粤的一些中央委员也来到了南京。全国重要军官被选为代表的,除负边防任务奉命免来者外,都已到京。"政治上的意义,当然十分重大。"④ 虽然西南派的军事领袖陈济棠、李宗仁、白崇禧等并未参加五全大会,邹鲁、林云陔与陈济棠的心腹林翼中却已到来。时有媒体认为,五全大会有特述者为两点:"第一,为蒋委员长关于外交之报告。第二,为接受宪法草案,而授权于新中央执委会修正宣布,至召集国民大会之期,亦由其决定。"⑤ 换言之,五全大会确立了宪政作为今后中国政治发展的方向。

五全大会调整了国民党中央委员会,新选出的正式中央委员及候补委员共 260 人,开国民党历届大会之新纪录。

---

① 《五中全会之进行》,《国闻周报》第 11 卷第 50 期,1934 年 12 月 17 日。
② 《六中全会前夕》,《国闻周报》第 12 卷第 43 期,1935 年 11 月 4 日。
③ 汪遇刺情形:1935 年 11 月 1 日九时一刻全会开幕,中委集阶前摄影,汪立前左方,摄毕俱转后阶。此时一青年自旁挤过,距汪三尺许,连放三枪,汪立倒地。张继立于汪前,闻枪声转汪后,将凶手抱住不放,凶手乱开枪,又放五下,张学良赶到,将凶手打倒,交警察。(《国民党四届六中全会记》,《国闻周报》第 12 卷第 44 期,1935 年 11 月 11 日。)
④ 《五全大会开幕》,《国闻周报》第 12 卷第 45 期,1935 年 11 月 18 日。
⑤ 《五全大会闭幕》,《国闻周报》第 12 卷第 47 期,1935 年 12 月 2 日。

表 2-1　历届国民党中委人数统计表

届别	执委	候补执委	监委	候补监委
第一届	24	17	5	5
第二届	36	22	12	8
第三届	36	24	12	7
第四届	72	55	24	21
第五届	120	60	50	30

资料来源："历届国民党中委人数统计",《国闻周报》第 12 卷第 47 期,1935 年 12 月 2 日。

在以上中委的构成中,由第一届任正式中执委,历届当选者为 5 人,为胡汉民、汪精卫、于右任、戴季陶、丁惟汾。由第一届任监委,历届均当选者为 2 人,为吴敬恒、李煜瀛。历届除名额增加外,当选人物,包括中央政府重要领袖、各军长、各省政府主席以及中央党部秘书科长,若按百分比计,军界占 40％强,党务占 10％,政界占 30％强,边疆占 5％,教育占 10％。[①] 在这些中委中,据日本学者石丸藤太研究,蒋介石派在党的中央拥有 60 余名委员,如果把支持蒋氏的元老派加算在内,共计有 80 余名。相对于汪精卫派的 20 余名,孙科派的约 10 名,西南派的约 40 名,其他约 30 名,占有绝对优势。[②] 中委的构成体现了各派政治势力的相互妥协,但蒋介石占据优势。

1935 年 12 月 2 日至 7 日,国民党五届一中全会开会,重大决议案为次年 5 月 5 日宣布宪法草案及 11 月 12 日开国民大会。五届一中全会改革了国民党中枢组织与人事,如中常会添设主席、副主席,为国民党之创举。中央政治之最高指导机关之政治会议改为政治委员会,添设主席、副主席,中常会及政委会开会时列席人员,均照组织大纲规定,此为中枢干部采取集权精神之表现。[③] 在人事安排上,蒋对胡汉民与汪精卫均表示出一定的合作诚意,胡为中常会主席,蒋副之;汪为中政会主席,蒋副之。

五届一中全会决定了中华民国政府成员的人选,通过了《国民政府主席及各院院长人选案》,决定:以林森为国民政府主席;蒋介石为行政院院长,孔祥熙为副院长;孙科为立法院院长,叶楚伧为副院长;居正为司法院院长,覃

---

① "历届国民党中委人数统计",《国闻周报》第 12 卷第 47 期,1935 年 12 月 2 日。

② 〔日〕石丸藤太:《蒋介石评传》,南京,中正书局,1937 年,第 141 页。

③ 《五届一中全会记》,《国闻周报》第 12 卷第 48 期,1935 年 12 月 9 日。

振为副院长;戴季陶为考试院院长,钮永建为副院长;于右任为监察院院长,许崇智为副院长。在蒋介石任行政院院长的院内人事构成中,较此前的汪精卫内阁,除军政、海军、教育、卫生等部门维持不变外,其他重要行政部会长均有重要变动(见表2—2)。

表2—2 蒋介石内阁部长构成简表

职 衔	姓 名	年龄	籍贯	国内最高学历	国外学历	业务特长
行政院院长	蒋介石	48	浙江	保定陆军速成学堂	日本振武学堂	军事
内政部部长	蒋作宾	51	湖北	武昌文普通学堂	东京成武学校、日本士官学校	军事
外交部部长	张 群	46	四川	保定军官学校肄业	日本陆军士官学校	教育、行政
财政部部长兼行政院副院长	孔祥熙	55	山西		耶鲁大学经济学硕士	财政
军政部部长	何应钦	45	贵州	武昌陆军第三学堂	日本振武学校	军事
海军部部长	陈绍宽	46	福建	南洋水师学堂		军事
教育部部长	王世杰	44	天津	天津北洋大学	法国巴黎大学法学博士	教育
交通部部长	顾孟余	47	浙江	北京译学馆	德国莱比锡大学、柏林大学	教育
铁道部部长	张嘉璈	46	江苏	北京高等学堂	日本东京庆应大学财经科	银行
实业部部长	吴鼎昌	51	浙江		东京高等商业学校	新闻、实业
蒙藏委员会委员长	黄慕松	51	广东	广东武备学堂	日本陆军士官学校和炮工学院	军事
侨务委员会委员长	陈树人	52	广东		日本京都美术学校	民政
卫生委员会委员长	刘瑞恒	55	天津	天津北洋书院	美国药学硕士	医学教育

资料来源:中国社科院台湾研究所主编:《中国国民党全书》,西安,陕西人民出版社,2001年。张朋园、沈怀玉合编:《国民政府职官年表(1925—1949)》,台北,1987年。徐友春主编:《民国人物大词典》,石家庄,河北人民出版社,1991年。

针对此种变化，有论者认为，此次人事构成"殆尽于集体专政之理想"①，新的国民政府，"比过去几年强有力的(得)多"②。行政院除了各部会长、秘书长、政务处长以及各部之秘书总务司长等少数僚属略有调动外，所有事务官大抵继续任事，不受影响。"此为政界稀有之现象，抑亦为时局安定化之一助。"③《独立评论》的一位作者也注意到了这种现象："这次各部会的改组没有裁人，除了自动辞职和几个必须更动的人员外没有妄裁一人。"④

五全大会意味着蒋、汪、胡三大领袖团结合作，然汪因伤未曾视事，全国各方视线又集中于中常会主席胡汉民之归国。蒋介石亦希望胡汉民能北上，除派魏道明径往新加坡欢迎外，国民党中央还派居正、叶楚伧等于1936年1月15日由沪乘加拿大皇后号轮赴港迎胡。蒋认为："胡如来京，则两广当不再用武力为主。一俟……肃清与粤汉通车，则统一成矣。"⑤然而，胡汉民在高调的迎胡浪潮中并未北来，只是滞留广东，并于1936年5月突患脑出血去世。蒋、汪、胡三巨头终究未能共聚一堂，商讨国是。此时，蒋介石尚非国民党法理上的最高领袖(因汪是中政会主席，遇刺后因伤养病，胡去世后中常会主席暂缺)，但已是无可争议的最高领袖。

胡适认为："这三年多，蒋先生的声望的增高，毁谤的减少，期间也很得力于他的让出国民政府主席，让出行政院，而用全力做他的军事职责。蒋汪合作的大功效在此。因为他不当政府的正面，独裁的形式减少了，所以他的领袖地位更增高了。这也可以证明最高领袖不必采取独裁的方式。"⑥

国民党五全大会之后，基于政治妥协的人事纷争基本结束，蒋介石的个人集权政治已经初步形成。1936年10月，何廉和陈布雷一起在洛阳委员长侍从室工作，据何廉回忆："几乎每份重要的报告，按理应直接送交南京行政院的，却首先来到了委员长的驻地办公室。……事实上，重要的任命在作出正式决定并在行政院的会议上宣布以前，都是经委员长亲自裁定。"何廉亦认

---

① 《对于新中枢的希望》，《国闻周报》第12卷第49期，1935年12月16日。
② 《中枢新阵营》，《国闻周报》第12卷第50期，1935年12月23日。
③ 《中央政务宜全局整顿》，《国闻周报》第13卷第4期，1936年1月20日。
④ 参也(一位研究行政效率的作者)：《新姿态的行政院》，《独立评论》第184号，1936年1月5日。
⑤ 《蒋介石日记(手稿本)》，1936年2月22日。
⑥ 胡适：《政制改革的大路》，《独立评论》第163号，1935年8月11日。

为,政府的真正实权所在,始终是围绕着委员长转的。"如果化成实权来说,他是万物之首。"①不过,何廉认为蒋介石在制度层面具有明显的短板,"他认识人,也懂得用人,但是他不懂得制度和使用制度","我和他谈问题时,一谈到许多事情该制度化的时候,他的注意力就向别处转移"。所以何廉认为:"他不是个现代的人,基本上属于孔子传统思想影响下的人。他办起事来首先是靠人和个人接触以及关系等等,而不是靠制度。"②

从事实观之,国难当头之际,国民政府唯有迅速整合有限的政治资源,建立强有力的政府体制方能应对日寇入侵的危局。蒋通过一系列政治妥协与斗争,基于军事行为,通过人事脉络渗透或进行全方位的权力干涉,建立个人权威。这种政治体制的形成,为此后的全面抗战奠定了一定基础。

二、"安内攘外"政策

国民政府的"安内攘外"政策,随着内忧外患的变化而有所调整。1929年六七月间,中东路事件发生,中苏关系紧张。同时,蒋、冯矛盾激化。10月26日,蒋发表讨冯文章,指出:"此次讨逆之意义,非特安内,实为攘外,盖内奸一日不除,外侮未有一日能免者也。"③蒋又通电全国强调:"冯逆玉祥所部宋哲元、石敬亭等,当暴俄入寇之时,竟敢悍然作乱于西北,自古未有国贼在内不先去之,而能外御其侮者。中正谨于本日赴汉督师,安内攘外,皆系今日之一役。"④这是蒋第一次明确提出"安内攘外"的口号。

九一八事变发生前的一个多月,蒋介石在南昌督师"剿共"时称:"消灭……保全民族之元气。削平叛乱,完成国家之统一。盖攘外必先安内,革命即为救国。亦惟保全民族之元气,而后才能御侮,完成国家之统一,而后乃能攘外。"⑤九一八事变后,蒋介石继续强调:"攘外必先安内,统一方能御侮,未有国不能统一而能取胜于外者。"⑥为加强抗战准备,以蒋介石为首的南京

---

① 何廉著,朱佑慈等译:《何廉回忆录》,北京,中国文史出版社,1988年,第114—115页。

② 何廉著,朱佑慈等译:《何廉回忆录》,北京,中国文史出版社,1988年,第117页。

③ 《中央日报》(南京),1929年10月28日。

④ 《蒋介石俭电》,《中央日报》(南京),1929年10月29日。

⑤ 高素兰编注:《事略稿本》,第11册,台北,2004年,第415页。

⑥ 秦孝仪主编:《蒋公思想言论总集》,第10卷,台北,中国国民党中央委员会党史委员会,1984年,第482页。

政府,放弃了武力征剿国内地方实力派的方式,转而采取羁縻政策。短短几年,蒋介石瓦解了十九路军的福建事变,平定了西南地方实力派,和平解决了两广事变,分化与瓦解了西北地方实力派,对试图左右逢源的湘军,也使其完全倒向了南京中央政府。但对"剿共"政策,在热河危机时,南京中央政府仍存在着抗日与"剿共"的两难抉择。

（一）羁縻地方实力派

1932 年以后,蒋对地方实力派的挑衅,大多采取妥协、调停的方法以谋解决。如蒋所言:"余平生颇自谓有胆而能言,近则再四与人详商,亦欲曲尽人情也。"[①]1933 年 8 月 26 日,蒋介石思考对地方实力派的羁縻政策,"一、张(学良)来中央;二、刘湘扶助;三、对冯(玉祥)限制;四、对阎(锡山)放任;五、对孙(连仲)联络;六、对杨(虎城)领导;七、对韩(复榘)督察;八、对于(学忠)培植;九、对商(震)、庞(炳勋)、傅(作义)提携"[②]。1932 年 10 月 16 日,蒋在日记中记:"粤陕鲁各事皆可使政局随时动摇,余惟有照预定方针,而先整顿范围所及之区而已,盖划定范围把握重心而集中时间与精力以为之,是为科学办事之方法,吾身体而笃行之可也。"[③]19 日记:"鲁事未了,川战又起,闽粤桂黔皆酝酿内让,陕甘二省亦不能安定。而强邻伶俄则眈眈虎视,我国局势殆哉危乎。然我中央如能专心整顿内部,确定不参加内战政策,则对内对外,皆有余裕。"[④]每当遇到地方内争时,蒋反复提醒自己,务必坚守"科学办事之方法"。

1. 平定福建事变

当国民党向中央苏区进行第五次"围剿"时,曾在上海英勇抗击日军,以陈铭枢、蔡廷锴、蒋光鼐为代表的第十九路军,移师福建,参加对红军的"围剿"。第十九路军的前身是北伐时期的第四军第十一师,九一八事变后,以粤方请求调驻京沪卫戍部队。他们厌恶内战,积极与驻留香港的胡汉民联系,合谋"讨蒋抗日"。1933 年 3 月,蒋光鼐派李章达赴粤,谋求与陈济棠、李宗仁等签订三省联防约章草案,继而又与陈铭枢同赴广州,商议脱离南京国民

---

① 吴淑凤编注:《事略稿本》,第 14 册,台北,2004 年,第 92 页。

② 《蒋介石日记(手稿本)》,1933 年 8 月 26 日。

③ 王正华编注:《事略稿本》,第 17 册,台北,2005 年,第 149—150 页。

④ 王正华编注:《事略稿本》,第 17 册,台北,2005 年,第 166—167 页。

政府,探讨三省独立事,准备由福建出兵进攻浙江。陈济棠首鼠两端,犹疑不决,三省的"反蒋抗日"计划无法付诸实施。9月、10月,蒋光鼐、蔡廷锴派人去中央苏区,与红军签订抗日反蒋初步协定。

11月,蒋介石对蒋光鼐、蔡廷锴的反蒋活动有所察觉,于17日派飞机到福州,接蔡廷锴到南昌,责令其表态。蒋光鼐、蔡廷锴不得不仓促行动。1933年11月20日,陈铭枢、蔡廷锴、蒋光鼐等联合国民党内的李济深等反蒋势力及"第三党",在福州成立"中华共和国人民革命政府",公开亮出了"反蒋抗日"大旗。

不过,福建事变并没得到中共的积极支持与响应。博古认为:"他的一切空喊与革命的词句,只不过是一部分以前国民党的领袖及政客们的一种欺骗民众的把戏。"① 西南地方实力派的精神领袖胡汉民也不愿出头露面,掌有两广实权的陈济棠对联合反蒋极不热心。12月25日,胡汉民发表《对时局宣言》,对福建和南京双方都进行批评,表现出"超然"的第三者立场。他一面谴责十九路军,一面又数次通电,制止南京方面的军队对福建的进攻。

面对福建事变,蒋介石雷厉风行,积极应对,12月中旬派十余万军队进入福建,先后攻陷延平、水口等地。1934年1月14日,蒋光鼐与李济深、陈铭枢、黄琪翔等撤离福州,抵达龙岩。十九路军在南京中央军队的打击下,已完全处于劣势,很快失败。十九路军番号被取消,部队被肢解派往各地。据陈红民先生研究:蒋介石成功镇压十九路军,增强了以军事手段对付地方实力派的信心。虽然他未乘胜对两广用兵,两广却直接感受到了南京方面的更大压力。两年半后,两广发动六一事变,也走上武力对抗南京的道路,所用的"反蒋抗日"口号与福建事变亦基本相仿。② 福建事变失败后,李济深、陈铭枢、蒋光鼐、蔡廷锴等于1935年在香港建立国民党民主派的秘密政治组织即中华民族革命同盟,办有《民族战线》等报刊,宣传抗日反蒋。

2. 解决两广事变

在诸多地方实力派中,西南地方实力派是推进统一的主要障碍,它由粤桂实力派与胡汉民等元老派结合而成。自北洋政府时期,西南川、滇、黔等省

---

① 中央档案馆编:《中共中央文件选集(1936—1938)》,第10册,北京,中共中央党校出版社,1985年,第34页。

② 陈红民:《两广与福建事变关系述论》,《近代史研究》2001年第4期。

就处于半独立状态。国民政府成立后,这种状况仍在延续且时有武装冲突。宁粤对峙结束后,冲突相对缓和。蒋介石对粤桂虽有武力解决之意,但在相当长的时间内并无具体的军事行动,主要运用各种权谋,或联桂制粤,或入湘制桂、入黔制桂,或对广东内部进行分化等。1934 年 7 月蒋对粤方极度不满,在日记中写道"粤非速征不可",又很快决定:"政治解决广东,以武力为后盾。"①南京中央既然避免采用武力征讨,西南当局也不轻易用兵,武力反蒋难以得到其他地方实力派的附和。1936 年 5 月,胡汉民病逝,西南顿失重心。蒋介石向粤方提出交还军政大权的条件,引发了两广事变。7 月 1 日,蒋介石讨论处置两广方针:"应以和平为宗旨,用政治手段解决之;但态度不能不严正,应责其服从中央命令,统一御侮也。"②在蒋的分化策略之下,陈济棠离开广州,尔后蒋介石派大军紧逼广西,经程潜、居正等人调解,蒋桂达成妥协,两广事变和平解决。

3. 瓦解察哈尔抗日同盟军

北方的实力派主要是冯玉祥及其旧部。中原大战后,以阎锡山、冯玉祥为代表的北方实力派均遭重创。但阎、冯的处境却不尽相同。阎锡山一度被逼下野,在蒋介石内外交困之时,重新返回太原,出任山西绥靖主任,主持晋绥两省。冯玉祥则基本丧失了对西北军的掌控权。

九一八事变后,冯玉祥重新活跃于政治舞台。1932 年 5 月,冯玉祥自己主持北方,计划联络韩复榘、宋哲元等旧部,而由胡汉民等西南方面出面,联络福建、江西、湖南、湖北各省实力派,南北呼应。胡汉民于 5 月 5 日复函,表示只要北方有所举措,南方同志一定竭诚襄助。胡汉民非常重视华北和西北的反蒋抗日活动,和孙殿英、杨虎城等暗中早有联系。胡汉民任命熊克武为"新国民党"上海地方干部委员时即曾提出,北方工作重要,希望柏文蔚和熊克武能参加负责。胡汉民在天津成立北方军事委员会,熊克武即衔命北上,访问孙殿英、阎锡山等人。③ 不过,北方实力派的反蒋活动并非铁板一块。据陈红民先生研究,北方实力派中的阎锡山、韩复榘都加入了胡汉民成立的

---

① 《蒋介石日记(手稿本)》,1934 年 7 月 13 日。
② 王宇高、王宇正主编:《困勉记(下)》,台北,2011 年,第 597 页。
③ 杨天石:《30 年代初期国民党内部的反蒋抗日潮流——读台湾所藏胡汉民资料之一》,《历史研究》1998 年第 1 期。

以反蒋为主要目的的"新国民党",但除了那些没有固定地盘的冯玉祥、方振武与孙殿英等实力派外,其他人则相当暧昧,实际上更多的是投机和观望。①
1933 年初,冯玉祥等为了抵抗日本侵略者,保卫察哈尔,在张家口组建"察哈尔民众抗日同盟军"。西南方面曾给予了坚决的支持,方振武率部从华北赴察省参加同盟军,出任民众抗日同盟军总指挥,参与收复失地工作。同时,方的 3 万部队全体加入由胡汉民组建的"新国民党"。8 月,冯玉祥被迫去职后,吉鸿昌、方振武通电改抗日同盟军为抗日讨贼军,继续抗日事业。不久,在蒋介石的分化之下,抗日同盟军瓦解。

4. 强化控制省政

在分化与瓦解地方实力派的同时,如何平息各省冲突,强化省政控制,也是一个颇有研究价值的问题。南京政府的各省内部,为争夺省权、军权而进行的各种纷争乃至军事冲突持续不断。诸如陈济棠与张惠长、陈策因统一广东海空军而发生的纷争;山东的韩复榘与刘珍年之争;四川的二刘大战;贵州的王家烈与犹国才之争;新疆盛世才与马仲英、张培元之争。在中央政府的分化与瓦解下,各省冲突逐渐平息,湖南、山东等省纷纷向南京中央靠拢。

以湖南省为例,训政初期的湖南介于全国最大地方军事实力派粤桂与国民政府中央之折冲要地,为中央政府与地方实力派争夺之对象。如果国民党中央政府能对湖南施以有效控制,则可以此为基地渗入云贵乃至川康,图谋西南,实现政令畅通,完成国家统一。

1929 年 3 月 20 日湖南省原主席鲁涤平被驱后,由桂系控制的武汉政治分会出面呈请中央执行委员会政治会议任命何键为湖南省主席,在南京中央政府与桂系等地方实力派的博弈中何逐渐倒向南京。何键跟随湘军名将唐生智得以发迹,通过对共产党等革命组织残酷的打击而扬名国内,逐渐在湖南确立了至高地位。在 1929 年 3 月的蒋桂战争中,何键参加了对桂系的战争。何键在此后的蒋冯战争及中原大战中,均稳住了与南京政府的关系,不久列为南京国民政府委员。此后,何键为其地位的巩固,不遗余力在湖南组织"清乡"和"剿匪",使湘省大部分地区恢复了旧秩序,成了全国的"模范省",而紧邻的江西和湖北却有大片"红色根据地"。

---

① 陈红民:《从"胡汉民往来函电稿"看"新国民党"在北方的活动》,《安徽史学》2003 年第 6 期。

在宁粤对峙过程中,何键尽量避免得罪任何一方,认为湖南"因地势关系,处境常感困难,惟我们应抱定两种方针:第一,肃清⋯⋯患;第二,巩固湘局安宁"①。何键要求在粤桂与南京中央的冲突中谨慎行事,以保证地方的安宁。9 月 21 日,何键电呈蒋司令:"蒋宜先清内乱再用兵外御。"②此一行为表现出了对蒋的支持,对反蒋政治派别有所交代,又尽量不拂蒋之颜面。

因何键"剿共"表现较为积极,1934 年 3 月 14 日蒋决定"电奖芸樵"③。蒋在分化各省的策略中,明确"连桂不如连湘也"④。甚至,蒋在与何键的谈话中,均小心处置。1934 年 6 月 2 日,何键来见蒋,蒋记道:"晨起见芸樵,谈别辞多失检也。"⑤

不过,何键并非完全听命于南京中央政府。随着"剿共"等军事行为的开展,何键以此为契机,整顿民团,建立全省保安司令部,自任司令,民团不再按地区划分而是按编号整编,大力扩充军队的数量,提高军队的质量,重建新式湘军。1936 年,何键领导的湖南武装已拥有 5 个师和独立旅,4 个补充团,24 个保安团,5 个保安营,总兵力达 10 余万人。何键还擅自建立湖南空军,购买美国飞机 14 架,开设航空训练班,高薪聘请驾驶人员,俨然具有建立湖南独立王国的架势。

蒋介石一度考虑彻底解决湖南问题,"先解决湘事,故中央与西南各方皆取和协态度"⑥。至于何时解决湖南,蒋一直举棋不定。1934 年 12 月 11 日,蒋决定"对桂妥协办法"⑦,即"对桂以礼卿,负责运用和缓,黔省不驻重兵,以安桂心"⑧。蒋使桂系安心之后,便加紧控制湖南。1934 年秋,蒋介石抓住了湖南动用空军运毒贩毒事,将当事人黄飞枪毙,致使何键不得不遵令撤销湖南航空处,使其无法过分迷恋地方武装力量的发展。1935 年 10 月 25 日,蒋写道:"湘警察保卫队应从速整顿。"⑨蒋欲全面整顿湖南,并调离何键。抗战

---

① 《何键·王东原日记(内部发行)》,北京,中国文史出版社,1993 年,第 44 页。

② 《何键·王东原日记(内部发行)》,北京,中国文史出版社,1993 年,第 104—105 页。

③ 《蒋介石日记(手稿本)》,1934 年 3 月 14 日。

④ 《蒋介石日记(手稿本)》,1934 年 4 月 9 日。

⑤ 《蒋介石日记(手稿本)》,1934 年 6 月 2 日。

⑥ 《蒋介石日记(手稿本)》,1934 年 11 月 27 日,

⑦ 《蒋介石日记(手稿本)》,1934 年 12 月 11 日。

⑧ 《蒋介石日记(手稿本)》,1935 年 5 月 4 日。

⑨ 《蒋介石日记(手稿本)》,1935 年 10 月 25 日。

爆发后,蒋介石发出了"地不分南北,人不分老幼"的抗日口号,调集各路军队奔赴抗日战场,命令何键拥有的所有部队(包括大部分保安团队)倾巢离湘,以师为单位分割调动,交苏浙赣皖等省军事将领直接指挥,开赴前线。淞沪一战,何键苦心经营的湘军大都战死沙场,全部瓦解。1937 年 11 月何键被调离湖南,改任行政院内政部长。此后的湖南成为中央政府彻底控制的省份。

（二）应对热河危机

早在热河危机之前,蒋介石就确定了"攘外必先安内"的既定政策。1932 年 3 月 14 日,蒋介石强调"吾人攘外,必须安内"[①],汪精卫也附和蒋介石的主张,接见记者时称"不'剿共'不能抗日"[②]。1932 年 6 月 14 日至 16 日,国民党要员蒋介石、汪精卫、何应钦等齐集庐山,讨论大政方针。此为《上海停战协定》后国民党中央关于内政外交方针的一次重大决策会议。会议在蒋介石的主持下决定:"现在急务惟抗日'剿匪',不应再生枝节。……会议目的在安内攘外,决无他意。"[③]会议决定集中兵力、财力用于反共,军费由每月 1 000 万元增至 1 500 万元,随后又追加至 1 800 万元。会议结束后,蒋介石即坐镇武汉,亲自指挥国军对鄂豫皖等革命根据地发动了新的"围剿"。

《淞沪停战协定》签订后,国民政府以妥协方式避免了与日军发生较大烈度的战事,但中国东北沦陷及伪满洲国的建立使日军入侵欲望日渐强烈。日本关东军占领东北后,觊觎热河,威胁华北,由此导致了热河危机,以及中国军队延续了三月之久的长城抗战。与此同时,中共领导的红军利用国民政府内部斗争或外部危机无暇顾及之机,广泛发动群众,取得了前三次反"围剿"的胜利,实力迅速壮大。面对热河危机,蒋对于抗日与"剿共"孰为轻重,陷入两难境地。

1932 年 9 月 15 日《日满议定书》的签订,标志日本建立伪满洲国完成了"法定"程序,"把圣战指向热河省"。热河位于塞北,为一战略要地,介于东三省与河北之间。日军若夺得热河,攻可进窥中国华北乃至中原,守可防卫伪

---

①　秦孝仪主编:《中华民国重要史料初编——对日抗战时期绪编(三)》,台北,中国国民党中央委员会党史委员会,1981 年,第 34 页。

②　《大公报》,1932 年 6 月 20 日。

③　《庸报》,1932 年 6 月 17 日。

满。反之,中国军队如能保有热河,攻可收复东三省,守可屏障平津。

1933年初,日军攻陷山海关,从侧翼牵制中国长城一线及热河守军。1月4日,蒋介石记曰:"余必使倭寇救平,国耻刷雪也。"蒋电告北平军分会张学良代委员长:"榆关既失,情势愈重,不可以寻常视之,此后倭必以真面目攻取平津,我方不能不迅下决心,从速处置。"国民政府外交部为日本侵占山海关,提出了严重抗议,并发表宣言,希望国际联盟迅速制裁日本侵略。[①] 1月7日,蒋介石自杭州返抵南京,与中央大员会商应对方略。蒋认为:"倭此次目的,乃为牵制我派军进驻热河,及见我军如计入热,不为所制,则彼之企图已为我所粉碎,此后彼必恼羞成怒,继续扰乱华北,或见机而止,以期了结榆案,如后之说,除其自动退出榆关外,不能迁就,惟此时终须先使平津安全为第一也。"[②]即使解决榆关问题,蒋料定日军仍必侵占热河,谓:"非与之一战,对内对日,皆不能解决也。"[③]1月11日,驻日公使蒋作宾电蒋介石,报告日军急欲取热河及扰乱平津情形,日军部声明热河为"满洲国"领域,决定入侵。[④]2月9日,日本陆军省发表声明,"日军之进攻热河,系在维护'满洲国'内部的治安……断非日军之侵华战争"[⑤],要求国军退出热河。对此,蒋介石表示,"与倭无谈话余地,成败利钝不足计,余决拟北上与之一战"[⑥]。

在外侮加重之际,蒋欲抽调部分"剿共"中央军北上,将"剿共"任务留给两广地方部队。1月21日,蒋电陈济棠,要其抽调两广部队入赣"剿共",拟定了对日作战方案。[⑦] 为使两广部队参与"剿共",蒋介石特派内政部部长黄绍竑与训练副监徐景唐赶赴广州,要求陈济棠、李宗仁等商议两广出兵江西

---

① 秦孝仪主编:《蒋公大事长编初稿》,卷2,台北,财团法人中正文教基金会,1978年,第509页。

② 秦孝仪主编:《蒋公大事长编初稿》,卷2,台北,财团法人中正文教基金会,1978年,第511页。

③ 秦孝仪主编:《蒋公大事长编初稿》,卷2,台北,财团法人中正文教基金会,1978年,第515页。

④ 朱汇森主编:《中华民国史事纪要(初稿)》,1933年1月至6月,台北,中正书局,1984年,第46—48页。

⑤ 朱汇森主编:《中华民国史事纪要(初稿)》,1933年1月至6月,台北,中正书局,1984年,第160页。

⑥ 秦孝仪主编:《蒋公大事长编初稿》,卷2,台北,财团法人中正文教基金会,1978年,第511页。

⑦ 高明芳编注:《事略稿本》,第18册,1933年1月至2月,台北,2005年,第141页。

事宜,以便中央军北上。次日,蒋电令"剿匪"区内各省加紧训练民团,令各"剿共"部队限期肃清"残匪"。

尽管蒋介石决定择机北上,但对"剿共"亦表达了较强的决心。1933年1月29日,蒋到达南昌,指挥国军"围剿"中央苏区,表示"余先剿……而后对日,此次来赣,即所以决定大计也"①。2月6日,蒋决定自兼江西省"剿匪"总司令,任命陈济棠为副总司令,在南昌设置军委会委员长行营,统一指挥对中央红军的"围剿"。同时电令军事委员会北平分会张学良代理委员长,负责处理北方军事,以防日军侵犯热河、华北。

热河战事迫在眉睫,蒋介石希望张学良在热河的布防使日本关东军知难而退,期待张能抵抗相当时间,使中央军能迅速完成"剿共",然后驱兵北上,力保热河与华北。然而,蒋亦担忧因"剿共"而被日军利用。蒋要张学良敦促张作相尽早赶赴热河,做好抗战准备。1933年2月8日,蒋电令张学良:"辅臣(张作相)赴热,不可再缓,务希付与实权,并给以相当经费,使其能安心尽力,此时用人,不可稍有牵制,而存彼此之意。否则,倭寇侵入,同归于尽,岂尚有彼此可分乎。务促其速行,此实为抗倭之先着也。"②

2月11日,国民党中央执行委员会政治会议通过《国防委员会条例》,以军事委员长为国防委员会执行委员长。次日,蒋介石得报,日军扬言将以八师兵力进犯,攻取热河。2月14日,蒋对第九师、第五十一师四十九团官兵训话:"要知道,先安内而后攘外,本是我们既定的方策,然而现在的外患实在太严重太紧急了……对内剿……的工作必须于最短期内完成,乃可使我们能用全国力量一致御侮,然后才有胜算。"③蒋在训话中强调了先"安内"而后"攘外",但并非为"安内"而放弃"攘外",认为国民政府首要的政权危机来源于外患。

当南方"剿共"处于关键之际,北方热河战事日紧,蒋决定抽调部队北上。2月28日,蒋确定第二、二十五、三、四十四、四、三十二、五、八十三师共8个师北上。④ 3月1日,蒋决定亲自北上,并电约军政部部长何应钦同行,以显

① 高明芳编注:《事略稿本》,第18册,1933年1月至2月,台北,2005年,第242页。
② 高明芳编注:《事略稿本》,第18册,1933年1月至2月,台北,2005年,第315页。
③ 高明芳编注:《事略稿本》,第18册,1933年1月至2月,台北,2005年,第352页。
④ 高明芳编注:《事略稿本》,第18册,1933年1月至2月,台北,2005年,第524页。

示北上抗日之决心。蒋认为"中央军既北上,倭必图在平津正式作战,余果北上,则倭寇必扰及长江"。故电令朱培德等,指示长江防务。①

当日军兵分三路猛攻热河时,3月3日,蒋介石电军政部部长何应钦,告以"此时成败关键,在使张学良速赴热河,务请于今夜乘车北上,协同张学良抵御外侮"②。此时,国军因抽调部分中央军北上,"剿共"遭遇了重大失利。3月4日,陈诚统率之第五十二师、五十九师被红军全歼。同日,热河省会承德被日军攻陷。③ 蒋决定3月5日北上保定。

早在日军进攻山海关之时,全国人士即纷纷宣言抵抗。丁文江认为,面对热河危机,蒋应当"立刻完成国民党内部的团结","立刻谋军事首领的合作","立刻与共产党商量休战"。④ 3月3日,丁文江、翁文灏与胡适三人会商,即拟了一个电报,用密码打给了蒋介石:"热河危急,决非汉卿(张学良)所能支持。不战再失一省,对内对外,中央必难逃责。非公即日飞来指挥挽救,政府将无以自解于天下。"次日,翁文灏即收到了蒋介石复电说将于3月5日北上。然而,旬日之间,热河沦陷,舆论大哗,朝野震惊。3月13日,丁、翁、胡三人同到保定去看蒋介石。⑤

3月6日,蒋介石由南昌乘机飞抵汉口,晚上乘火车北上指挥抗日军事,致电杨杰,请其电告张学良、何应钦反攻的战略,并转告宋哲元、商震及庞炳勋诸将领,请他们协同一致力图反攻。同时,蒋责成"剿共"中路军总指挥陈诚及"剿共"司令部参谋长贺国光负责继续"进剿"中央苏区。

3月7日,张学良因承德失陷向国民政府引咎辞职。蒋令何应钦暂代北平军分会军事委员会代委员长,以便本"攘外必先安内"方针,处理战事。蒋介石过郑州时发表讲话,表达了收复失地的决心,云:"失地一日不复,则抗战

---

① 秦孝仪主编:《蒋公大事长编初稿》,卷2,台北,财团法人中正文教基金会,1978年,第533页。

② 秦孝仪主编:《蒋公大事长编初稿》,卷2,台北,财团法人中正文教基金会,1978年,第534页。

③ 李勇、张仲田编:《蒋介石年谱》,北京,中共党史出版社,1995年,第209页。

④ 丁文江:《假如我是蒋介石》,《独立评论》第35号,1933年1月15日,第4—5页。

⑤ 陈仪深:《自由民族主义之一例——论〈独立评论〉对中日关系问题的处理》,《中研院近代史研究所集刊》(以下简称《近代史研究所集刊》)1999年第32期,第283页。

之责任,决不敢一日放弃。"①3 月 8 日,蒋至石家庄。晚上与何应钦等商定:
(1) 准张学良辞职;(2) 取消北平军分会,归国民政府军事委员会委员长直接
指挥各部;(3) 在北平、天津、察哈尔设戒严司令;(4) 编配于学忠、庞炳勋、商
震、何成浚、宋哲元、冯钦哉、万福麟、孙良诚、傅作义等部队。3 月 12 日,国
民政府令准张学良辞职,由何应钦兼代军事委员会北平分会委员长。3 月 16
日,蒋决定华北作战方略,重新部署区分指挥系统。3 月 20 日,蒋考虑到抵
抗日军的策略,"对日只有抵抗到底,对内只有开放政治,以政治奉还于民,由
此完成国民革命,实现三民主义之大业而已"②。

　　蒋之北上或许表达了一种抗战姿态,南方"剿共"失利让其大为光火。蒋
迁怒于共产党导致抗日分心,因而痛下"剿共"决心,以挽回因抵抗外侮失利
所丧失的自尊。蒋决定对日军入侵采取守势,战略重点重新转移至"剿共"。

　　热河既已沦陷,重新编组的中国军队沿着长城一带进行了艰难抵抗。
3 月26 日蒋介石返抵南京,重新部署"剿共"战事。4 月 4 日,蒋由南京乘舰
赴赣,主持"剿共"军事。4 月 15 日,电告陈济棠,请其负"剿共"全责。5 月 1
日,蒋介石电福建省主席蒋光鼐,告以不宜分兵北上,"剿匪""即为抗日,义无
二致"。"中意此时北上兵力,应即中止,先清……患,以固根本为上。"③4 月
25 日,蒋电北平何应钦:"华北局势无论能否缓和,我军不能不积极筹防,其
范围之可以中央军在北方者之兵力为度,切勿过大,盖危机时,各部未必皆能
听从指挥,故只可以能切实指挥之部队,使之共死生、同存亡。"④对于北方战
事,蒋介石不愿抽调大批中央军北上,只是以保平津为对日长期抵抗的根据。

　　热河危机前后,蒋尚未形成有效权威,无法号令全国。从热河危机发生
时的军事分布言之,北方军事难以统一号令。张学良控制了华北的税收,并
主宰了河北,阎锡山主山西,韩复榘主山东,汤玉麟主热河,傅作义主绥远,国
民政府在华北无从插手。热河危机初期,粤、桂、闽等省军事首长声明拥护国

　　① 秦孝仪主编:《蒋公大事长编初稿》,卷 2,台北,财团法人中正文教基金会,1978 年,第
536 页。

　　② 秦孝仪主编:《蒋公大事长编初稿》,卷 2,台北,财团法人中正文教基金会,1978 年,第
542 页。

　　③ 王正华编注:《事略稿本》,第 20 册,1933 年 5 月至 6 月,台北,2005 年,第 6 页。

　　④ 秦孝仪主编:《蒋公大事长编初稿》,卷 2,台北,财团法人中正文教基金会,1978 年,第
559—560 页。

民党中央抗日,阎锡山表示愿意出兵热河并归属张学良指挥,陈济棠、李宗仁、白崇禧、黄绍竑、蔡廷锴等在香港召开的抗日谈话会中表示,决定由粤、桂、闽抽调部队出关抗日,但这些部队并不听从调遣。正如 1933 年 5 月 23 日汪精卫说抗日难以真正实施的军事原因:"江西军队不能调开,其他军队则不听调,例如两广高谈抗战但至今迄未出兵。中央对于华北各军苦战三月,不能不急筹援应,但能做到若干,诸兄已不难洞悉。"①对于西南胡汉民号令反蒋之事,蒋也只能"一时只可听之,以力所不及,时所未至,强之无益"②。这意味着蒋除了掌控的中央军外,无法充分调动全国其他武装力量,反而给人以不抗日或消极抗日的口实,蒋不断表明抗日决心亦是徒劳。正因政令军令难以统一,以致于让一些大员感觉"中枢政令悖乱,何足以戡大难"③。

4 月 3 日,红军攻陷新淦、金谿与金乡,蒋电告何应钦、黄绍竑,"新淦失守,江西紧急,统御无人,中本日赴赣,待布置妥定,即当北来"④。换言之,蒋在处理热河危机时,面临着南方共产党武装进攻的巨大压力。在全国反日情绪高涨之际,各地苏维埃政权迅速扩大,红军数量迅猛增长,如果北方战事一直延续,蒋根本无法集中精力全身投入"剿共"之中。因此,1933 年 4 月 6 日,蒋在南昌电令各将领,必先肃清"内匪",再言抗日。4 月 29 日,蒋介石宣布"剿共"军事失利,同时谋求对日停战,继而重整旗鼓,准备第五次"剿共"。1933 年 5 月 20 日,蒋电陈济棠:全力"剿共","稍收效果,转而对外,名言至理,实获我心",盖"剿共"利于速决,抗日利于持久。不肃清"共匪","亦无长期抗日之可能……欲达此目的,非肃清心腹大患之……不可,更非全国一致集中力量不可"。⑤

为全力"剿共",5 月 4 日,国民政府正式任命黄郛为行政院驻北平政务整理委员会委员长,负责与日方谈判,谋求停战。此时,日军虽占领了热河,因中国军队在喜峰口、古北口等地顽强抵抗,日军顾忌长城作战,兵力不足,

---

① 《汪精卫告以国防会议决议致何应钦、黄郛电》,1933 年 5 月 23 日,中国社会科学院近代史研究所中华民国史研究室编:《长城抗战资料选辑》,北京,中华书局,1989 年,第 98 页。

② 高明芳编注:《事略稿本》,第 18 册,1933 年 1 月至 2 月,台北,2005 年,第 309 页。

③ 邵元冲著,王仰清、许映湖标注:《邵元冲日记》,1933 年 1 月 8 日,上海,上海人民出版社,1990 年,第 949 页。

④ 朱汇森主编:《中华民国史事纪要(初稿)》,1933 年 1 月至 6 月,台北,中正书局,1984 年,第 558 页。

⑤ 王正华编注:《事略稿本》,第 20 册,1933 年 5 月至 6 月,台北,2005 年,第 257—259 页。

加上从北平到山海关铁路沿线有根据《辛丑条约》驻扎的各国军队,担心引起国际社会的干涉,故关东军在日本天皇的训示下,将进入长城的部队撤至长城附近,并退出了滦东。

在民族主义不断高涨之时,对日停战易被当成妥协退让而遭舆论谴责,并进而酿成政府的治理危机,蒋不愿在停战协议上授予文句妥协的口实。蒋电黄郛对日交涉时,亦注重于守城,"绝不能涉及伪国事实之承认以及东四省之割让与界限问题"。"弟以为非有我北平一战,决不能制倭寇之欲,亦不能得国人之谅解也。"同时,蒋电蔡廷锴,催闽粤抗日部队兼程北上,并劝陈铭枢共赴国难。① 5 月 28 日,蒋再次电何应钦、黄绍竑并转黄郛,指示对倭交涉,令竭力避免文字协定。② 5 月 29 日上午,蒋介石与汪、孙谈话,决定延缓全国代表大会日期及对内外发表声明,说明对倭仅为协议停战之意。③ 5 月 31 日,蒋察内外情形,有非暂行停战不可之势,又明确表示,"只能于协定内容妥斟酌,力避伪组织之承认及东四省之割让或与之内似足为影射之文句为要"④。

1933 年 6 月 1 日,《塘沽停战协定》正式签订。蒋即电汪精卫,"实与去岁淞沪协定无甚差别","纵观全文,尚不失为纯粹之临时军事协定,并未涉及政治范围。既经我方军事代表与对方磋商完成,惟有吁请中央,依然核定,以免节支横生……中正身为军事最高之长官,既授权处置,尤愿其受处分,独负责任"。⑤ 但该协定事实上承认了日本侵占热河省的"合法性",使伪满洲国的"国界"扩展到长城一带,平津门户洞开。王子壮认为:"平津停战协定主要目的是在规定中立区于长城之南,然则城北无形中默认为日军之势力范围。以日军之称霸,此种战争协定,固决不能压其野心,而我已蒙城下之辱。即以协定,恐无日人对于国际形势有所顾忌而出此也。"⑥此后,华北危机不断加剧,"抗日"成为不断高涨的民族主义话语,也成为各地方实力派争夺政治权力的符号。

① 王正华编注:《事略稿本》,第 20 册,1933 年 5 月至 6 月,台北,2005 年,第 291—292 页。
② 王正华编注:《事略稿本》,第 20 册,1933 年 5 月至 6 月,台北,2005 年,第 306 页。
③ 王正华编注:《事略稿本》,第 20 册,1933 年 5 月至 6 月,台北,2005 年,第 327 页。
④ 王正华编注:《事略稿本》,第 20 册,1933 年 5 月至 6 月,台北,2005 年,第 343—344 页。
⑤ 王正华编注:《事略稿本》,第 20 册,1933 年 5 月至 6 月,台北,2005 年,第 356—357 页。
⑥ 《王子壮日记(手稿本)》,第 1 册,台北,2001 年,第 375 页。

三、加速抗战准备

对于日本侵华的逐步加深,国民政府一面安内攘外,一面加速抗战准备。在外交上,争取国际联盟的理解与支持,寻求外交援助;在军事上,推进国防建设,加速作战准备;在人才储备上,广泛网罗人才,为抗战积累人才。

(一)外交准备

九一八事变后,日本的军事行动在中国步步得逞。日本军方不断制造借口并增兵华北,策动"华北五省自治运动",全国各界抗日热情从 1935 年年底迅速高涨,出现了以抗日救国为口号的一二·九运动。国民政府亦指望国联能够制裁日本,但英美等国对日采取了绥靖政策,国民政府主动调整对苏、对日外交,力图为抗战做好外交准备。

面对九一八事变,国民政府加大了外交交涉的力度。因受自身实力之局限,蒋介石主张"日本占领东省事,先提国际联盟与非战公约国,以求公理之战胜"①。22 日,蒋介石在国民党南京市党部党员大会上发表演讲,说明对九一八事变的做法:"暂取逆来顺受态度,以待国际公理之判断。"蒋言:"此刻暂且含忍,绝非屈服。"②

在随后国民党中央执行委员会政治会议上,蒋介石宣布对日外交方针三原则的第一条就是:"解决东三省问题,不要脱离国际联合会的关系,我们要在国际力量保障之下,使日本撤兵。"③孔祥熙说:"中国如有力量,把日本人打出去就得,还有什么问题? 只是现在我们的军队不太好,而内战又复不已,用什么力量去打日本? 朱委员(朱家骅)说的话很对,现在国联会已接受此案,这是很好的机会。我们要把这件事向全世界宣传,说这事不是中国和日本两国的事,而是世界和平的关键。"④蒋介石决定按照国联盟约及非战公约与九国公约,诉之于国际之公论,一面则严令东北当局,节节抵抗。蒋介石启

---

① 《蒋介石日记(手稿本)》,1931 年 9 月 21 日。

② 《一致奋起共救危亡》,《中央周报》第 173 期,1931 年 9 月 28 日。

③ 刘维开编:《国民政府处理九一八事变之重要文献》,台北,中国国民党中央委员会党史委员会,1992 年,第 201 页。

④ 刘维开编:《国民政府处理九一八事变之重要文献》,台北,中国国民党中央委员会党史委员会,1992 年,第 177—185 页。另见李云汉《中国国民党史述》,第 3 编,台北,中国国民党中央委员会党史委员会,1994 年,第 157 页。

用经验丰富、手腕灵活且著有国际声望的资深外交官颜惠庆、顾维钧等人,同时在国民党中央设"特种外交委员会",由戴季陶、宋子文任正副委员。特种外交委员会在 1932 年 1 月 2 日撤销,共开会 55 次。其会议记录乃成国民政府处理九一八事变之重要原始史料。[①]

对于国际联合会的调查,国民政府经历了从期待国际联盟制裁到失望的过程。1933 年 2 月 24 日,国际联盟特别大会通过了十九国的报告书,确认"满洲"为中国领土,九一八事变非中国责任,不能承认日本在东北卵翼的傀儡组织"满洲国"。报告书全文虽有指责日本人的阴谋,然"语多含混,犹存客气,盖国际联盟会,诚不愿开罪于日本也"[②]。如果说九一八事变后,蒋介石对国联制裁日本尚抱厚望,那么在热河危机发生时,则对国联已无所希冀。蒋认为:"倭寇对国联之决议,外强中干,此为固然之事,然余不能希冀其不来侵热也。"[③]"望英美协助以抗倭,与望倭缓和以求存,皆徒丧失我民族人格而已。此时除求己能自立以外,惟有决心牺牲,以期死中求生之法而已。"[④]5 月 19 日,蒋电汪精卫论时局时谈到宋子文赴伦敦经济会议:"自可借此探明列强有无制裁之可能性,盖吾人受虚惠而蒙实祸者亦屡矣。故不必以他人一种道德之同情,或文字上之声援,而据行兴奋以自斩其国脉也。"[⑤]5 月 24 日,蒋电陈济棠:"……列强所谓助我者,仅予日本以一骂,而日本即还我一刀,屡验不爽。……立国不能依赖他人,全仗自己努力……"[⑥]尽管国联不能制裁日本,但还是有不少要员希冀外交途径的解决。陈公博认为:"这次战争,实在说我们还没有充分的准备,军事既难解决,还是走外交途径的吧。"[⑦]

1935 年之后,随着华北局势日紧,国民政府开始尝试调整中日外交,试图缓解冲突或推迟战争的发生。汪精卫任行政院院长期间,除罗文干短暂出任过外交部部长外,该职均由汪兼署,他制定的外交政策是"一面抵抗、一面

---

①　李云汉:《中国国民党史述》,第 3 编,台北,中国国民党中央委员会党史委员会,1994 年,第 164 页。

②　陈觉编:《国际联合会调查团报告书全文》,"编者按",《九一八后国难痛史资料》,资料五,[出版地点不详],东北问题研究会,1933 年。

③　高明芳编注:《事略稿本》,第 18 册,1933 年 1 月至 2 月,台北,2005 年,第 315 页。

④　高明芳编注:《事略稿本》,第 20 册,1933 年 5 月至 6 月,台北,2005 年,第 222 页。

⑤　王正华编注:《事略稿本》,第 20 册,1933 年 5 月至 6 月,台北,2005 年,第 254 页。

⑥　王正华编注:《事略稿本》,第 20 册,1933 年 5 月至 6 月,台北,2005 年,第 279 页。

⑦　陈公博:《苦笑录》,北京,东方出版社,2004 年,第 193 页。

求和"。早在 1934 年底,蒋介石发表《敌乎? 友乎?》一文,透露出调整中日关系的信息。1935 年 1 月 22 日,日本广田外相发表对华外交方针,鼓吹"中日亲善"、"经济提携"。2 月 20 日,汪精卫在国民党中央执行委员会政治会议上"郑重声明","我们愿以满腔的诚意,以和平的方法和正常的步骤,来解决中日间之一切纠纷,务使互相猜忌之心理,与夫互相排挤、互相妨碍之言论及行动等,一天一天的(地)消除……"3 月 2 日,蒋介石电汪精卫,表示汪所谈之中日关系,"与弟在京时对中央社记者所谈各节,实属同一见解……自当本此方针进行"。① 对充满危机的中日关系而言,南京政府在 1935 年上半年采取了一系列对日亲善的举动:2 月 13 日南京政府颁布《取消抵制日货令》;27 日,蒋、汪联合发布《废除排日命令》,中央执行委员会政治会议通告各报社、通讯社,禁止刊载排日和排货言论;28 日国民党中央执行委员会常务委员会免去领导排日的邵元冲中央宣传部部长之职,由叶楚伧继任。②

但是日本并没有收敛对华侵略的步伐,反而在河北、察哈尔等地持续制造事端,谋取进攻态势。以华北事变为标志,1935 年成为九一八事变至七七事变之间日本侵华最积极的一年。1935 年 7 月 28 日,蒋介石在四川峨眉山约见了回国述职的驻日大使蒋作宾,嘱其转告日本,"只有强者示弱,然后乃有真正之同盟","无威胁而成之同盟"。蒋介石曾表示:"当时的情势是很明白的,我们拒绝他的原则,就是战争;我们接受他的要求,就是灭亡。"③1935 年底,蒋在国民党五全会议上提出了国民政府外交的最后底线,就是和平未到完全绝望之时,决不放弃和平,牺牲未到最后关头,亦不轻言牺牲。此时,日本成立"冀东防共自治政府",国民政府寻求对日缓和的政策陷入了死胡同。1936 年日本企图在绥远省建立附庸国,傅作义将军指挥的国军坚决抵抗,未让其得逞。同年 11 月和 12 月,中国外交部部长张群又毫不畏惧地拒绝了日本一系列的要求。④

面对日本入侵危机,国民政府努力寻找外援,加强同英美等国的外交,积

---

① 章伯锋、庄建平主编:《抗日战争》,第 1 卷,成都,四川大学出版社,1997 年,第 531—532 页。
② 黄自进主编:《蒋中正与近代中日关系》,台北,2005 年,第 204 页。
③ 刘维开:《国难期间应变图存问题之研究:从九一八到七七》,台北,1995 年,第 437、411 页。
④ [美]费正清、费维恺编,刘敬坤等译:《剑桥中华民国史(下)》,北京,中国社会科学出版社,2006 年,第 159 页。

极谋取英美等西方国家的援助。2 月 8 日,蒋日记中记:"对外交应付,处处不可忘记对英美之关系与国际立场。""对日外交只可处被动地位,若欲自动谋痛快解决为不可。"①由于国民政府外交政策的得当,1935 年 12 月 5 日,美国国务卿赫尔发表声明,称美国对日本在华北的行动不能不表示严重的关切。英美在政治经济上加强了与南京国民政府的联系。1936 年 4 月,南京国民政府与美国达成《中美白银协定》,美国将以购银方式向中国提供美元外汇,以稳定中国的法币。除了改善与美英的关系,南京政府还加大力度改善与德国的关系,从德国获得了大量的军备和国防物资。根据 1936 年《中德易货协定》,中国共得军火物资 2 374.8 万马克,1937 年又得到了 8 278.8 万马克,其中包括高射炮弹及子弹、探照灯、钢盔等军用武器。②

国民政府也注意改善中苏关系、争取苏联援助,以抗衡日本。九一八事变后,中日关系的恶化间接激起了国内"改善中苏关系"的呼声。1932 年 12 月 12 日,中国驻苏大使颜惠庆正式宣布中苏复交。1934 年 10 月,蒋介石派蒋廷黻出访苏联,蒋介石谈到中苏复交的重要性,谓"如此则我外交可添一路线,世界对等阵线可望维持"。派蒋廷黻访苏的原因是"黻为中正所信任,则在此可与当局接谈,以立互信基础"。③ 蒋强调"对日以明,对俄以密"④。1936 年 10 月蒋廷黻正式接替身体状况欠佳的颜惠庆出任驻苏大使。

不过,国民政府对苏关系的改善没有成为遏制日本的筹码。据顾维钧回忆,苏联外交部部长李维诺夫曾谈到,日本虽然仍在积极对苏备战,可是最近日本外交人员对他的国家好像采取了一种比较温和的姿态。因此,他预料年底之前,苏日不会发生冲突。⑤ 蒋廷黻亦认为,"吾人可说苏俄对日之政策,

---

① 黄自进主编:《蒋中正与近代中日关系》,台北,2005 年,第 202—203 页。

② 《德国外交政策文件》,第 3 辑 6 卷,第 17—18 页,转引自傅宏《略论抗战前夕南京国民政府的抗战准备》,《东方论坛》2000 年第 1 期。

③ 《蒋介石为指派蒋廷黻与苏洽谈事致孔祥熙密电》,1934 年 10 月 1 日,中国第二历史档案馆编:《中华民国史档案资料汇编》第 5 辑第 1 编《外交(二)》,南京,江苏古籍出版社,1994 年,第 1425 页。

④ 《蒋介石日记(手稿本)》,1935 年 3 月 23 日。

⑤ 顾维钧著,中国社科院近代史研究所译:《顾维钧回忆录》,第 2 分册,北京,中华书局,1984 年,第 353 页。

乃不抵抗政策也”①。顾维钧认为,"对中国来说,中、苏合作仍是一个需要慎重对待的问题"。英、法、俄、美"均与远东有领土及其他重要关系,其对日本之侵略国策,尤与我国目前利害相同。而于外交、军事、财政或工业上,均有能力助我。故如我于保全领土主权行政完整之固定范围内,实无与日本妥协之望,则宜速谋与此四国接近"。②

　　(二)军事准备

　　军事准备是一个系统的工程,包括军队训练、武器装备、防空设施建设、民众抗战心理教育等多个层面。九一八事变后,国民党中央执行委员会政治会议于 1932 年 1 月 29 日宣布设立军事委员会,后在 3 月 6 日正式成立。军事委员会隶属国民政府,为全国军事最高机关。设委员长 1 人,委员 7～9人,由中央执行委员会政治会议选定,国民政府特任之。蒋介石任军事委员会委员长,冯玉祥、阎锡山、张学良、李宗仁、陈铭枢、李烈钧、陈济棠为军事委员会委员。面对日本侵略的步步加深,国民政府逐渐加强了军事准备。

　　1. 整理军事工业

　　加强抗战军事准备的第一项任务是整理军事工业。1932 年 4 月 16 日,军政部部务会议做出决定,由兵工署会同陆军署军务、军械两司,研究发展兵器工业的问题,拟订建设新兵工厂计划书。兵工署在建设新兵工厂计划书(草案)中提出了从国防安全角度考虑,把兵工生产单位建设于内陆及西南地区,以应战时之需的方针。1933 年,兵工署准备筹建军用化学厂时,初拟设于无锡,鉴于易受敌之攻击的缘故,该厂最终定点于河南巩县。1936 年,兵工署受蒋介石指令新建制炮厂,兵工署也按计划在株洲勘地设厂。在整理与筹建兵工厂方面,主要表现为:(1) 整理原有各厂,统一械弹制式。兵工署直辖之兵工厂有金陵兵工厂、巩县兵工厂、济南兵工厂、汉阳兵工厂、汉阳火药厂、上海炼钢厂等六家,接收或收买了广东的三个兵工厂和重庆电力炼钢厂。抗战爆发后不久,渝、桂两地的兵工厂很快为中央统筹,而太原兵工厂毁于战火。(2) 购买新式机器,建设新厂。根据 1932 年的计划,拟新建的兵器及材

---

　　① 《蒋廷黻关于中苏关系问题致外交部报告底稿》,1937 年 4 月,中国第二历史档案馆编:《中华民国史档案资料汇编》第 5 辑第 1 编《外交(二)》,南京,江苏古籍出版社,1994 年,第 1426 页。

　　② 顾维钧著,中国社科院近代史研究所译:《顾维钧回忆录》,第 2 分册,北京,中华书局,1984年,第 361 页。

料工厂计有制炮厂、炮弹厂、炼钢厂、动力厂、氮气厂、军用化学厂等。但至抗战爆发时止,实际完成并投产的仅有生产军用化学产品的巩县兵工分厂。株洲兵工厂于1936年初开始兴建,抗战爆发时尚未有出品。(3)创设兵器研究机构,储备人才,积蓄后劲。主要有理化研究所、应用化学研究所、弹道研究所、百水桥精密研究所、光学研究所、航空兵器技术研究处。[①]

2. 拟订国防计划

九一八事变之后,国民政府开始考虑国防建设。1931年冬季,钱昌照以"富国强兵、抵御外侮、巩固统治"的名义向蒋介石提出创办一个国防设计机构的构想并拟订了一份名单,列举了四五十位各界精英。蒋介石基本同意了这份名单,仅在军事方面增加林蔚(蒋介石侍从室主任)一人。这份名单的特点有二:(1)列在名单内的都是各方面的专家学者,或有财力的资本家;(2)没有孔祥熙、宋子文系统的人,也没有国民党CC系陈果夫、陈立夫的人。[②]国防设计委员会下设三处八组,三处是秘书处、调查处和统计处,八组是军事、国际、文化、经济及财政、原料及制造、运输、人口土地粮食以及专门人才调查八大类。[③]该机构从调查研究入手,为罗致一批社会贤达或名流学者以充实政治基础。1935年4月,国防设计委员会更名为资源委员会,其职能以国防重工业计划与建设为主,改隶于军事委员会。委员长仍由蒋介石兼任,正、副秘书长仍由翁文灏和钱昌照担任。资源委员会下设矿室、冶金室、电气室三个实验室,从事勘察、调查与研究等工作。1936年3月,国防设计委员会时期着手从事的重工业建设计划制订完成。6月,国民政府在1936财政年度预算中拨款1000万元供资源委员会作为国防重工业建设经费,资源委员会随即开始进行重工业建设。在选择厂址方面,资源委员会从战时的安全考虑,将各厂矿尽可能地建在内地,另外,还要考虑原料供应、交通以及生产成本等问题。经过反复研究比较,资源委员会选择了湖南湘潭、江西等地。7月,资源委员会在得到政府拨款后即开始实施这一计划。1936年,资源委员会着手筹办的重工业厂矿有:中央钢铁厂、茶陵铁矿、江西钨铁厂、彭县铜矿、阳新大冶铜矿、中央机器制造厂、中央电工器材厂、中央无线电机制造厂、

① 陆大钺:《九一八事变后国民政府调整兵工事业述论》,《抗日战争研究》1993年第2期。
② 《钱昌照回忆录》,北京,中国文史出版社,1998年,第37页。
③ 《钱昌照回忆录》,北京,中国文史出版社,1998年,第39页。

中央电瓷厂、高坑煤矿等 10 家。1937 年，南京国民政府又拨款 2 000 万元用于国防重工业建设，于是，资源委员会又陆续筹办了中央炼铜厂、临时炼铜厂、龙溪河水电厂、云南锡矿、青海金矿、四川金矿、湘潭煤矿、天河煤矿、灵乡铁矿、四川油矿、水口山铅锌矿等 11 家厂矿或筹备机构。[①]

淞沪停战后，蒋介石着手拟订国防计划。1932 年 6 月 3 日，蒋日记云："健群谓制定数省范围，为一抗日之基础，其言先获我心也。"[②]蒋介石"极望粤汉与同成二铁路能于 25 年(民国)完成，故急思统一广东，然此非可骤而置之，如时间不及，亦惟听之。而江防与浙鲁两省之海防则应力谋其成效，南自舟山镇海，北至海州青岛之海防务须如期谋成也"[③]。为了应付日本侵华随时可能扩大的形势，国民政府开始秘密修筑宁沪间国防工事，之后又对长江沿线的江阴、镇江、南京、马当、田家镇等江防要塞进行修整和建设。1933 年 7 月 25 日，蒋介石在庐山召开由朱培德、唐生智、张治中、杨永泰等 20 余人参加的高级军事会议，决定由军事委员会与参谋本部联合组织警卫执行部，专门负责国防工事的规划与设计，在预想作战区域及内地要点构筑国防工事，加强沿江沿海要塞设备建设。最后选定华北以济南、保定之线为国防第一线，兖州、安阳之线为第二线，东南以锡澄线为国防线，在南京、武汉、徐州、开封、杭州、吴淞等地建筑强固工事。[④] 到 1937 年上半年，南京、镇江、江阴、宁波、厦门等 9 个要塞区基本整建完毕，拥有炮台 41 座，各种要塞炮 273 门。[⑤]

从 1935 年起，蒋介石有步骤地整理全国陆军，构筑以南京为中心、逐步向国境线延伸的国防工事体系，同时加强交通、通讯、卫生、补给等后勤建设，调整和扩大兵工生产。国民政府将京沪杭地区划分为三个防御区，即宁沪地区、沪杭地区、南京地区，按照不同地形构筑防御体系。蒋介石的抗日准备究竟有多少实效，却并不为多数人所了解。即使其心腹大将陈诚，在 1935 年 11 月 3 日对妻子的家书中还写道："对日虽决定抵抗，但毫无准备也。"[⑥]

① 王卫星：《国防设计委员会与中国抗战的经济准备》，《南京社会科学》1995 年第 10 期。

② 《蒋介石日记(手稿本)》，1932 年 6 月 3 日。

③ 《蒋介石日记(手稿本)》，1932 年 4 月 2 日。

④ 《抗战前之军事准备》，《整军建军专题报告(1946 年)》，《民国档案》1994 年第 2 期。

⑤ 《全国要塞现况一览表(1937 年)》，中国第二历史档案馆藏，转引自傅宏《略论抗战前夕南京国民政府的抗战准备》，《东方论坛》2000 年第 1 期。

⑥ 何智霖、高明芳、周美华主编：《陈诚先生书信集——家书(上)》，台北，2006 年，第 353 页。

《1936 年度国防计划大纲》将全国分为抗战区、警备区、绥靖区、预备区 4 个大区,并以军事委员会为最高统帅机关,设立 6 个国防军总指挥部,一个总预备军指挥部。在这一基础上,军事委员会又将全国划为 5 个战区,还提出了建立四川总根据地,以武汉为长江南北共同的作战基地,加强对沿海国防工事构筑的若干建议。国民政府还采纳张治中等人的建议,成立京沪警备区,开始以宁沪为中心的抗战准备工作。[1] 国民党军事委员会将可能与日本作战的地区划分为山东、冀察、河南、徐海、山西、绥远、江苏、浙江、福建、广东等 10 个战场,另设陕甘宁青、湘鄂赣皖、广西、滇黔、川康等 5 个警备区,以苏、德最新的筑城规范,构筑钢筋水泥的国防工事。

该国防计划还涉及从铁路、公路到码头的各项建设。在交通建设上,铁路方面完成的重要项目有:修建粤汉铁路的株洲至韶关段,使粤汉铁路全线通车;陇海铁路向西延伸至宝鸡;建成浙赣铁路以连接沪杭铁路与粤汉铁路。在公路方面,1937 年修建公路 115 000 公里,大多在黄河以南。

由于加紧抗战军事准备,七七事变前,国民政府已修成淞沪、美福、锡澄、乍平嘉、宁镇、鲁南、豫北、娘子关、雁门关内长城等阵地工事。据曾亲自修筑苏嘉国防工事的张发奎回忆:"这座国防要塞是由德国顾问设计的,苏指江苏边境,嘉字指的是嘉善。""中央党校校长张治中负责修筑吴福国防工事,它从长江南岸到福山延续到昆山苏州地区,是在江苏省政府主席陈果夫指挥下施工的。""苏嘉、吴福两个国防工事极为坚固,大多数工事是有伪装的,我们修建了钢骨水泥地堡充当营连长的指挥部,它好似建筑在方形的坟墓中;机关枪与山炮的地堡则筑成圆形或长方形的坟墓,尤其是圆形的。我们也修建了更小的步枪掩体与壕沟,用水泥加固,安装了电话,犹如置身马其诺防线。"张发奎还回忆当初在杭州湾设防的情况,在那里修筑钢骨水泥地堡。"除了山炮,我们拥有野战炮,用以密集射击敌军战舰。"[2]

蒋介石并不能高调进行这些抗日准备,只能以经济建设为名加以掩护。蒋在 1933 年 7 月 14 日的日记中记道:"以和日掩护外交,以交通掩护军事,

[1]　余湛邦:《张治中与中国共产党——张治中机要秘书回忆录》,北京,中共中央党校出版社,1991 年,第 33 页。

[2]　张发奎口述,夏莲瑛访谈及记录,胡志伟翻译及校注:《张发奎回忆录》,北京,当代中国出版社,2012 年,第 163—164 页。

以实业掩护经济,以教育掩护国防,韬光养晦,乃为国家与本人唯一政策也。"①7 月 20 日蒋记道:"对国防以空军为主体,或与陆军并重也。此时,惟有以时间为基础,与敌相持在久而不在一时也。"②国民政府聘请了美国空军部队退役军官陈纳德,其在具有国家航空委员会主任头衔的宋美龄的支持下,获得了组建政府空军、招募雇佣兵飞行员、培训飞行员和监督来自美国的飞机部件的组装的授命。与此同时,德国也同意以矿产作为回报提供价值一亿元的武器,此间国民政府还与其签署了一项购买潜艇的协议。③《纽约时报》的哈莱特·阿本德在给其出版商的备忘录中写道:"蒋一直在从国外购买水雷,而且已经秘密地把他的许多船只改装成了水雷布放船。"在关键地点,防御工事被进一步强化,上海与南京周围构筑起了三道防线,铁路前线建起了碉堡,通讯联络也得到了改善。④

3. 整编军队

抗战准备的一个重要环节是整编军队。1932 年,何应钦、朱培德、杨杰等人向蒋介石建议,着重整顿充实中央军,筹建和整顿装甲兵、炮兵、工兵等特种兵种,以适应现代化战争。这一建议获得蒋介石的批准,他致电朱培德等人称:"已改编各师之整理补充,准照《整理意见纲要》由军委会派干员负责,切实监督施行。"⑤朱培德具体负责德国军事顾问的聘任与安排,将德国军事顾问分配到各军事院校担任教官,负责训练军事干部。以这些军事干部为基干,成立教导师,再由教导师扩展到中央军。⑥

1934 年底,蒋介石亲自主持制订整军计划。1935 年 3 月,蒋介石设立陆军整理处,以陈诚为处长。"首在统一编制,充实装备,实行精兵主义,减少大单位,充实小单位,预定于 25 年度(1936 年)起,每年调整 20 个师,以 60 个师为标准,作为国防军之基干。"⑦据陈诚言:"陆军整理处的设立,至少在'知

---

① 《蒋介石日记(手稿本)》,1933 年 7 月 14 日。

② 《蒋介石日记(手稿本)》,1933 年 7 月 20 日。

③ 〔英〕乔纳森·芬比著,陈一鸣译:《蒋介石传》,北京,中国青年出版社,2011 年,第 241 页。

④ 〔英〕乔纳森·芬比著,陈一鸣译:《蒋介石传》,北京,中国青年出版社,2011 年,第 241—242 页。

⑤ 王正华编注:《事略稿本》,第 16 册,1932 年 8 月至 9 月,台北,2005 年,第 234 页。

⑥ 肖如平:《朱培德与抗战准备》,《抗日战争研究》2007 年第 3 期。

⑦ 何应钦:《日军侵华八年抗战史》,台北,黎明文化事业公司,1982 年,第 17 页。

己'方面是有贡献的。"①1936 年,军政部重新拟定兵役法规,设立师团管区,掌管征兵事宜。通过整军,到 1937 年抗战前夕,陆军有 170 万人,海军有 3 个舰队,共 600 万吨,空军有战斗机 100 余架。② 军队整编在一定程度上改变了国军编制混乱,武器种类混杂,训练、管理杂乱无章的状况。

在整编军队时,国民政府也加紧了军事训练。1933 年 8 月,蒋介石致电军事委员会主任朱培德、唐生智称:"高中及中学大学生毕业时,应先习军事教育 3 个月,方给文凭",中央应设一国民军事训练处,"将全国优秀者轮流军训"。③ 从 1933 年开始,国民政府开办庐山及峨眉暑期训练团。1933 年 7 月,庐山训练开始,是为"中国国民党粤赣闽湘鄂北路'剿共'军军官训练团"之第一期,至 9 月,第三期训练结业。三期受训学员共 3 200 人,均系参加江西"剿共"中央直辖部队 32 个师及若干特种部队之中、下级干部。1934 年 7 月,庐山暑期训练再度开办,范围扩大,成为"军事委员会陆军军官训练团",蒋介石为团长,陈诚为副团长,实际主持团务,共办了三期,训练对象为全国中、上级军官。1935 年 8 月,开办峨眉山军官训练团,共办二期,受训学员 5 000 余人。1937 年 7 月,在庐山举办"军事委员会暑期训练团",共办二期,调训学员 7 000 余人。④

军队整编与训练究竟有多少实效,仍是一个不容忽视的问题。名义上,国民政府有 200 万军队可以投入战斗。但据外国观察家观察,这个政府的真正实力远不及表面。中央军的军官们缺少指挥大军团作战的经验,而由士兵提升的军官又多为文盲。各省的军事实力派都保留着对相当一部分军队的控制,以便用于他们自己的目的。在其有关中国军队的统计中,迈克尔·吉布森统计出在全部 165 个师中共有 79 个师对南京负责,而在剩余的 86 个"杂牌"或者地方实力派的师中,只有 17 个师具有良好的战斗力。据另一位中日战争史学家齐锡生的统计,听命于蒋的军队只有 31 个师。中国的许多军事单位兵员严重不足,甚至精锐部队也缺乏重型武器。尽管日军人数要少

①　《陈诚回忆录——抗日战争》,北京,东方出版社,2009 年,第 8 页。

②　何应钦:《日军侵华八年抗战史》,台北,黎明文化事业公司,1982 年,第 24 页。

③　《抗战前的国防建设史料选辑》,台北《近代中国》第 47 期,转引自袁素莲《略论南京国民政府的抗战准备》,《齐鲁学刊》1996 年第 6 期。

④　《陈诚回忆录——抗日战争》,北京,东方出版社,2009 年,第 9 页。

得多,在这个国家里只有 17 个师团,但它的军事单位却兵员满额,且装备有炮兵,并且有后勤与空中支援。蒋估计三个满员的、每师 14 000 人的中国师才可以抵得上一个日本师团的战斗力。[①]

4. 经济改革

为加强抗战的经济基础,国民政府着手进行经济改革。1935 年 4 月,蒋介石在贵阳发表讲话,提出要开展国民经济建设运动,以"振兴农业、改良农产、保护矿业、扶助工商、调节劳资、开阔道路、发展交通、调整金融、流通资金、促进农业为宗旨"。1935 年 11 月,国民党五全大会增设国民经济计划委员会,负责全国的国民经济建设。12 月,国民党五届一中全会又通过《确定国民经济建设实施计划大纲案》,确立了国民经济建设实施计划原则 28 条,提出经济建设运动的主要目的为"谋国民生活的安定与抵御外侮的国防能力的充实"[②],也就是把经济建设与国防建设结合起来。"1936 年前后,农业生产获得丰收,出现了抗日战争前历史上的最好的生产水平。"[③]如果这些经济建设是间接地为抗战做准备的话,那么自 1935 年开始的改革就是直接为抗战做准备。1935 年,国民政府公布《法币政策实施办法》,规定自 1935 年 11 月 4 日起,以中央、中国、交通三银行所发行之钞票定为"法币",所有完粮、纳税及一切公私款项之收付,概以法币为限,所有银币、白银一律交由指定银行兑换法币,实现白银国有。

1937 年 3 月,蒋介石向国民党五届三中全会送交了《中国经济建设方案》,提出在今后五年中"铁路建设应以国防运输及沟通经济为中心原则",并计划筹款 9.948 亿元用于铁路建设,5 000 万元用于公路建设。4 月,南京国民政府又拟订《公路建设五年计划》,计划改建和新建公路 5 万公里。[④]

通过经济改革,到 1936 年,中国经济开始发展,综合国力有所增强,抗战准备工作进展有序,各地方集团也开始走向团结。1936 年 7 月 10 日至 14 日,国民党召开五届二中全会,蒋介石将对日政策讲得比五全大会时强硬许多,一定程度上显示了国民政府准备抗战的底气。国民党五届二中全会决定

---

① [英]乔纳森·芬比著,陈一鸣译:《蒋介石传》,北京,中国青年出版社,2011 年,第 246 页。
② 蒋纬国:《抗日御侮》,第 1 卷,台北,黎明文化事业公司,1978 年,第 101—104 页。
③ 朱荣等主编:《当代中国的农业》,台北,当代中国出版社,1992 年,第 32 页,转引自金冲及《二十世纪中国史纲》,第 2 卷,北京,社会科学文献出版社,2009 年,第 392 页。
④ 转引自傅宏《略论抗战前夕南京国民政府的抗战准备》,《东方论坛》2000 年第 1 期。

组织国防会议,直属中央执行委员会,研究国防计划与有关重要问题,进一步把抗战摆在了重要工作日程上。全面抗战爆发前,国民政府的准备工作并未完成,但抗战气氛逐渐浓厚,初步具备抵抗日本全面入侵的物质基础与政治基础。

（三）人才储备

国民政府抗战准备的一项重要举措是进行人才储备。蒋介石总结"九一八"后政治受挫的一个重要原因是"政治与党务人才缺乏,根本上干部无一得力之人"[1]。蒋介石复出后,负责"剿共"与"国防"等军事行动,全面关注国民政府的内政、外交等诸多方面,意识到网罗人才的重要性。1932 年 4 月 1 日,蒋记:"近日对内研究较多,开诚布公,广揽贤才,信用旧人,调和嫌怨。"[2]

为应对危局,蒋介石试图制订一个具体的人才培植进程表。蒋在 1932 年 6 月 2 日记:"五年计划以培植人才为重。人才以宪警、教育、测量、党员、工农之基干为准。"[3]蒋同时考虑到:"近日极思准备时期组织之重要,而组织以人为主,故求人心切。"[4]蒋此处所说之准备时期,是指抗日御侮的准备阶段。蒋希望加紧抗战准备,首要前提是培植人才,在获得人才的基础上方能生成良好组织。1932 年 6 月 22 日,蒋记道:"为政之人,余一人未得,何能为政? 余欲将左右之人试量之,非政治上人。"[5]6 月 24 日又记:"近思组织干部,人才几无一得,而本党原有之干部,更难多得。季陶、益之较有才干,而其消极懒散,不能为用,是为最大之不幸。其次则为张岳军、蒋雨岩、朱镏先亦只能尽一部之责任而已。"[6]为抵御外侮,蒋介石成立了直隶于参谋本部的国防设计委员会,广泛延揽人才,并与所圈定或推荐的专家学者多次交谈。1932 年 6 月 19 日,翁文灏给蒋介石讲东北与西北农产地之分量等问题。蒋记道:"翁实有学有识之人才,不可多得也。"[7]

蒋介石也多次听专家学者讲课。以 1932 年 7 月 20—28 日为例,蒋至少

---

① 《蒋介石日记(手稿本)》,1931 年 12 月 4 日。
② 《蒋介石日记(手稿本)》,1932 年 4 月 1 日。
③ 《蒋介石日记(手稿本)》,1932 年 6 月 2 日。
④ 《蒋介石日记(手稿本)》,1932 年 6 月 16 日。
⑤ 《蒋介石日记(手稿本)》,1932 年 6 月 22 日。
⑥ 《蒋介石日记(手稿本)》,1932 年 6 月 24 日。
⑦ 《蒋介石日记(手稿本)》,1932 年 6 月 19 日。

与 11 位专家有过谈话,其中与周鲠生见面了两次(见表 2 - 3)。

表 2 - 3　蒋介石与各方人才的谈话内容及观感表(1932 年 7 月 20—28 日)

时间	会见人物	谈话内容	蒋介石的观感
7 月 20 日	周鲠生①	谈国际形势、法律问题	所得颇多
	徐青甫②	谈经济问题	此人老练,应早用也
	胡汝麟③	谈大国家财政制度,以统一征收比例分配,即统收分解之法,与军预算制,以及确立各级政府之收入,且以经济单位,定政治等	皆有所见独到之处也;此二日来,得识徐、胡二君④,至为欣慰
7 月 22 日	周鲠生	谈领事裁判权与租界问题	甚有研究也
7 月 25 日	刘健群⑤	谈话内容未记	皆有为之士也;今年得刘健群、钱昌照、俞大维、翁文灏、王陆一⑥、罗贡华⑦诸人,以翁最有阅历,亦有能力,可喜也
7 月 26 日	周炳琳⑧、沈熨若、宣介溪、曹金轮	谈话内容未记	周老练,沈幼浮,宣急求,知人才之难也

---

　　① 周鲠生,又名周览,湖南长沙人,巴黎大学法学博士,中央研究院院士,中国外交部顾问,著名法学家,曾任武汉大学教授兼政治系和法律系主任、法科所所长。

　　② 徐青甫,1922 年后任浙江省政务厅厅长、财政委员。1927 年返里读书著述。五年后复出,1934 年任浙江省民政厅厅长,一度代理省主席。

　　③ 胡汝麟,清末秀才,吴淞中国公学、华北大学等校校长。

　　④ 指徐新六、胡汝麟。

　　⑤ 刘健群,何应钦机要秘书。刘健群加入复兴社后,蒋介石几次召见他,与他谈话,对他很赏识,随即命他为军委会(总)政训处处长。

　　⑥ 王陆一,曾任国民党中央党部秘书处书记长、安徽大学文学院院长、监察院秘书长。1935 年任国民党中行执行委员会委员。

　　⑦ 罗贡华,1931 年任海南岛琼山县县长与海口市市长,1932 年 1 月任国民政府内政部常务次长,并任全国内政会议副主席、军事委员会委员长南昌行营设计委员、委员长侍从室秘书等职。

　　⑧ 周炳琳,曾任清华大学经济系教授、北京大学经济系教授兼法学院院长、河北省教育厅厅长、南京政府教育部常务次长、中央政治学校教务主任。

续　表

时间	会见人物	谈话内容	蒋介石的观感
7月27日	王雪艇①	讲英国政治制度,其法院、外交、审计三种制度,最为特点	雪艇言其政党之趋势,余亦为然也。下午,与熳若谈话,此人最好在身心之修养方面,多注重也
7月28日	徐淑希②、翁咏霓③	谈话内容未记	徐对外交较有研究与见解之人,其能力如何,尚不可知,但其貌甚正也。曹生金轮,亦较有能力之人也

资料来源:《蒋介石日记(手稿本)》,1932年7月20—28日。

　　蒋对以上所见之学者,凡认为为人才者,皆寄予厚望。蒋认为:"组织与专才重要,而才不易得也。现在进行者,翁钱之组织,近于政治与经济;而俞之组织,近于外交与教育;刘之组织,则近于军事与党务。最难得者,为外交与财政人才,应注意。"④此处翁钱指的是翁文灏、钱昌照,俞则指俞大维,刘指刘健群。

　　蒋介石注意倾听专家的意见。1932年8月29日蒋日记中记:"健群言,预定国防教育经济计划,以为收揽人才之标准。俞大维、刘健群、陈诚、晏阳初数人,乃可负责也。"⑤蒋会见何浩若之后记道:"浩若以湖南为抗日与革命之根据,余甚赞同。"⑥蒋对陶孟和的印象亦相当良好,"孟和注重办事方法组

----

　　①　王世杰,1891年3月10日生,湖北省崇阳人,字雪艇,法学家,《现代评论》、《自由中国》等杂志创办人,武汉大学首任校长,历任民国教育、宣传、外交部部长。
　　②　徐淑希,哥伦比亚大学哲学博士,曾担任燕京大学政治系主任,此后编有《南京安全区档案》等著作,任联合国大使。
　　③　翁文灏,字咏霓,著名地质学家。翁文灏早年表现不欲从政,曾被委为国民政府教育部部长但亦未受;所任政府公职皆与学术有关。1932年出任军事委员会国防计划委员会秘书长。
　　④　《蒋介石日记(手稿本)》,1932年7月27日。
　　⑤　《蒋介石日记(手稿本)》,1932年8月29日。
　　⑥　《蒋介石日记(手稿本)》,1932年8月29日。何浩若,湖南省湘潭县人,1899年生。1913年入北平清华学校。1920年赴美国斯坦福大学学习。1923年入威斯康星大学研究经济,获哲学博士学位,后又入洛威治军校习骑兵。1926年回国,任黄埔军校第四期教官。1928年任中央大学、金陵大学教授。1932年应湖南省政府主席何键之请,出掌西路总司令部党政事宜,兼主办学生集训。1935年8月任湖南省政府委员兼财政厅厅长。注重中国政治、经济、文化的研究。

织与研究专家"①。蒋与吴达铨谈话，感觉"此人确有研究，亦知人事，可以交也。其对经济，亦有心得"②。

尽管目前尚无法查证蒋介石面见每位专家后的具体观感，但可得知，蒋主要关注两类人才，一是政治、经济、财政类专家，如胡适、翁文灏、蒋廷黻、何廉、徐淑希等人；二是国防、军事、外交类的专家，如刘健群、陈诚、王世杰等人。蒋与前者的交往，将其延入政府，有利于个人形象的树立，实现专家政治的理念，推进现代化进程；而与后者的交往则有利于个人权力的集中，提高危机应对的能力。蒋对前者采取暂时的人才储备政策，在 1935 年底兼任行政院院长时将他们大多延入政府；对后者则直接将其揽入服务于个人的组织机构，或通过各种途径使其进入蒋能控制的组织机构。

第三节　西安事变与国民政府政策的调整

1936 年末，蒋介石巩固了对全国大部分地区的政治控制——中国本土的 18 个省，仅有 7 个保持基本自治——从而为一个可行的政治制度的建立奠定了基础。据《剑桥中华民国史》的作者观察：从 1936 年秋开始，一种新的乐观情绪及国家统一感弥漫全国。转折点是南京政权平定了两广叛乱。随着两广的失败，中国自 1916 年以来第一次出现了统一。③ 1936 年秋的经济好转，连同国家统一的加强和政府的决心抗日，都对国民精神产生了极其巨大的影响。④ 许多观察家认为："国民党人仅用了 10 年就扭转了分裂的浪

---

① 《蒋介石日记(手稿本)》，1932 年 9 月 10 日。陶孟和，即陶履谦，社会学家，浙江绍兴人。1910 年，陶孟和赴英国伦敦大学经济政治学院学习社会学和经济学，1913 年获经济学博士学位。同年归国后任北京高等师范学校教授。1914—1927 年任北京大学教授、系主任、文学院院长、教务长等职。自 1935 年起，陶孟和被聘任为中央研究院评议会的评议员。1948 年当选为中央研究院院士。

② 《蒋介石日记(手稿本)》，1932 年 9 月 30 日。吴达铨，即吴鼎昌。

③ ［美］费正清、费维恺编，刘敬坤等译：《剑桥中华民国史(下)》，北京，中国社会科学出版社，2006 年，第 158 页。

④ ［美］费正清、费维恺编，刘敬坤等译：《剑桥中华民国史(下)》，北京，中国社会科学出版社，2006 年，第 160 页。

潮。"①在抗日热情不断高涨的形势下,中苏关系不断改善,国共关系逐渐缓和。西安事变的爆发,成为国民政府政策调整的重要转折点。

一、西安事变

西安事变的发生,对于国民政府的政策调整产生了深远的影响。西安事变"是国民政府在应付日本侵略的应变图存过程中,所遭遇的最大困顿"②。陈诚认为,"不战而亡中国"是日本大陆政策最理想的目标。西安事变之后,日本对于中国的看法为之一变。"不战而亡中国"的如意算盘,旷日持久,可能给中国复兴以更多的时间和机会,于是他们迫不及待了,于是卢沟桥的炮声响了,于是全面抗战的悲壮史剧也揭幕了。③

(一)西安事变之发生

从1932年至1935年,日本步步进逼,中华民族的反抗情绪高涨,国内游行事件不断爆发。1936年3月15日巴黎《救国时报》报道认为,上海举行万人反日大游行,为"一·二八"以来未有之壮举。各报谓此次反日示威,实充分表现中华民族团结之力量。④中日冲突事件不断增加。如1936年8月24日北海事件、9月18日丰台事件、9月18日上海日本水兵被枪杀事件等,"在抗战前中日大大小小的冲突事件不知凡几"⑤。

当中央红军到达陕北后,中共将建立抗日民族统一战线作为工作中心,大力争取张学良的东北军、杨虎城的第十七路军作为同盟者。同时争取阎锡山、傅作义、宋哲元、李宗仁、白崇禧、刘湘等地方实力派的合作。蒋介石在西安设立了西北"剿匪"总司令部,"围剿"西北的红军,驻陕甘的有东北军20万、第十七路军总指挥杨虎城部3万、宁夏马鸿逵部2万、青海马步芳部约1万。张学良担任了西北"剿匪"总司令部副总司令,代行蒋的总司令职务。

然而,东北军到陕甘"剿共"接连失败,损兵折将。张学良认识到红军数

---

① [美]费正清、费维恺编,刘敬坤等译:《剑桥中华民国史(下)》,北京,中国社会科学出版社,2006年,第161页。

② 刘维开:《国难期间应变图存问题之研究:从九一八到七七》,台北,1995年,第499页。

③ 《陈诚回忆录——抗日战争》,北京,东方出版社,2009年,第6—7页。

④ 张黎等选编:《老新闻——民国旧事(1935—1937)》,天津,天津人民出版社,1998年,第94—95页。

⑤ 张群口述,陈香梅整理:《张群先生话往事》,北京,中国友谊出版社,1992年,第50页。

量虽少,但战斗力不可低估,认识到"剿共"并非东北军的出路。东北军主要由东北当地人组成,对反共缺乏热情。他们深信,真正的敌人不是他们敬重的真正的爱国者共产党人,而是侵占他们家乡的日本人。[①] 故此,他们不得不重新考虑出路。

此时,中共开始加强争取东北军的工作。被红军俘虏的东北军团长高福源是争取的主要对象。高曾参加长城抗战,具有强烈的抗日要求,深得张学良的信任。1935 年 10 月 22 日,高与红军交战被俘。在对其做思想工作,宣传抗日救国的道理后,高表示愿意为红军和东北军沟通联系,促进两军的合作。1936 年 1 月,高福源见到张学良,说服张学良联共抗日,将自己在红军中的感受和盘托出,希望张能停止"剿共",与红军联合抗日。张学良答应让高重新回到红军,请红军派一位代表以便正式谈判。

在高福源的联系下,1936 年 1 月 17 日,红军正式派中共中央社会局局长李克农去洛川与张学良、王以哲见面。1 月 20 日,毛泽东指示李克农与张学良会谈时的基本策略:"(甲)向彼方表示,在抗日反蒋的基础上,我方愿与东北军联合之诚意。(乙)向彼方提出东北军如不在抗日反蒋的基础上求出路是很危险的。(丙)暗示彼方,如诚意抗日反蒋,我方可助其在西北建立稳固局面,肃清蒋系势力,进一步助其回平、津、东三省。军饷械弹,我方亦有办法助其解决,并暗示彼方,如有抗日反蒋诚意,国防政府首席及抗日联军总司令可推张汉卿。"[②]

1 月 21 日晚,张学良与李克农在洛川举行会谈,张学良表示愿意劝蒋放弃一党专政。25 日,中共方面以毛泽东、周恩来、彭德怀等红军将领的名义发表《红军愿意同东北军联合抗日致东北军全体将士书》,肯定东北军绝大多数是爱国的,"是愿意打日本帝国主义的"。指出打红军、进攻苏区是东北军的绝路,抗日反蒋才是东北军的唯一出路。[③]

此后,张学良与中共方面来往逐渐紧密。3 月 4 日,张学良与李克农再

---

① [美]费正清、费维恺编,刘敬坤等译:《剑桥中华民国史(下)》,北京,中国社会科学出版社,2006 年,第 160 页。

② 《毛泽东致彭德怀转李克农电》,1936 年 1 月 20 日,未刊件,转引自李新主编《中华民国史》,第 8 卷,北京,中华书局,2011 年,第 561 页。

③ 中央档案馆编:《中共中央文件选集(1936—1938)》,第 10 册,北京,中共中央党校出版社,1985 年,第 4 页,转引自李新主编《中华民国史》,第 8 卷,北京,中华书局,2011 年,第 561 页。

次举行会谈。在如何对待蒋介石的问题上,双方发生了分歧。李克农主张抗日民族统一战线不包括蒋介石,张学良则认为,要抗日,不争取蒋介石参加是不可思议的。因为蒋掌握着国家的政权、军权、财权,实力雄厚,而且蒋本人有参加抗日的可能,只是主张先"安内"后"攘外"。① 会谈还包括了对抗日战争的看法、关于红军的去向问题等。双方同意共同派代表去苏联谋求援助。

1936 年 4 月 9 日,张学良与周恩来在肤施(延安)进行会谈,关于联蒋抗日的问题,张学良仍然坚持此前观点,认为抗日民族统一战线若不包括蒋,蒋以中央政府名义反对,不好办。他还说,在国民党要人中,他只佩服蒋介石,蒋有民族情绪,在国民党中领导力量强,据他回国后两年来的接触与观察,蒋可能抗日。张学良还表示:蒋如确降日,他决离开蒋,但现在反蒋做不到。② 双方商定,共同派代表赴莫斯科寻求援助,办法是张派人从欧洲前去,中共派人经新疆前往,并由张先与盛世才联系。张学良还要求红军派"有政治头脑及色彩不浓的人"作为代表常驻西安,以便联络。③ 中共中央决定派刘鼎常驻西安,继续与张学良联系。中共中央对东北军及第十七路军的统战工作,进一步化解了两军的歧见,初步建立了东北军、第十七路军及中共三方面的合作局面。1936 年秋,三方基本停止了敌对状态,三方的往来在西北地区各军政首长间已非秘密。

中共进一步加强与张、杨之间的统战关系,准备在"抗日反蒋"的旗帜下建立西北国防政府,"打通苏联",与苏联及外蒙订立抗日互助条约,以西北为中心发动全国的抗日战争。中共中央明确主张按照实力原则推举张学良为未来西北抗日联军总司令,并应吸收张学良加入中国共产党。杨奎松先生认为,张学良愿意与中共结盟,筹划实行西北大联合,建立西北国防政府,则是在于希望通过共产党取得苏联和共产国际的同情和援助,以便实现其抗日救

---

① 张学良 1990 年在美国接受唐德刚采访时说:"我与蒋先生的冲突,没旁的,就是这两句话,他要安内攘外,我要攘外安内,一点没旁的冲突。"[美]唐德刚访录,王书君著述:《张学良世纪传奇(口述实录)》,济南,山东友谊出版社,2002 年,第 646 页。

② 《周恩来关于与张学良商谈各项问题致张闻天毛泽东彭德怀电》,1936 年 4 月 10 日,《中共党史资料》,第 33 辑,转引自李新主编《中华民国史》,第 8 卷,北京,中华书局,2011 年,第 566—567 页。

③ 《周恩来关于与张学良商谈各项问题致张闻天毛泽东彭德怀电》,1936 年 4 月 10 日,《中共党史资料》,第 33 辑,转引自李新主编《中华民国史》,第 8 卷,北京,中华书局,2011 年,第 566—568 页。

亡、收复失地的夙愿。① 不过,共产国际对张学良并不信任,在给中共中央的指示信中谈道:"不能把张学良看作可靠的同盟者。"②

蒋介石对于张学良、杨虎城的联共抗日活动,如王以哲与李克农在洛川达成互不侵犯之口头协定,张学良与周恩来在肤施(延安)秘密会晤等,早就得到密报。但因张学良驻军前线,不免投鼠忌器,未便采取直接行动。当蒋解决了"两广事变"后,立即把目光转向了西北。

1936 年 10 月 23 日,张学良、杨虎城向蒋介石明确表示反对继续"剿共",向蒋提出"停止内战、一致抗日"主张。蒋向张、杨表示他的"剿共"计划不变,"汉卿之缺点,应规正之"。③ 如张、杨不服从他的"剿共"命令,就将东北军、十七路军调离陕甘,让中央军前来担任"剿共"要务,"与其在陇东妨碍'进剿',则不如令其调防也"。④ 绥远抗战爆发后,张学良于 11 月 27 日写了一份《请缨抗敌书》,要求率东北军全部或一部开赴绥远抗击日本侵略,遭到蒋介石拒绝,蒋认为"汉卿要求带兵抗日,而不愿""剿匪","剿匪""已至最后五分钟,是汉卿无最后五分钟之坚定力也"。⑤

12 月 4 日,蒋介石再次来到西安,向张、杨提出两个办法:第一个办法,服从"剿共"命令,把东北军、十七路军开赴陕甘前线,"进剿"红军;第二个办法,张、杨如不愿"剿共",则将东北军调往福建,十七路军调往安徽,由中央军"代剿"陕甘两省的共产党军队。这两种办法均无法让张、杨接受。张学良希望说服蒋改变"剿共"主张,7 日,张学良再次面蒋,恳请蒋改变政策,停止内战,共同抗日,但被蒋斥为年轻无知。张、蒋苦谏无果后,商定实施"兵谏"。

12 月 9 日,张学良在面对一二·九运动周年游行示威的学生时,深受触动,当晚,去蒋介石处转达学生的请愿要求,再次遭到蒋的训斥。蒋介石认为张学良:"此人心志不定,余甚悲愤,不能不切训之。"⑥同日,蒋介石任命蒋鼎

---

① 杨奎松:《中间地带的革命——中国革命的策略在国际背景下的演变》,北京,中共中央党校出版社,1992 年,第 286—294 页。

② 转引自刘维开《国难期间应变图存问题之研究:从九一八到七七》,台北,1995 年,第 535 页。

③ 王宇高、王宇正主编:《困勉记(下)》,台北,2011 年,第 520 页。

④ 王宇高、王宇正主编:《困勉记(下)》,台北,2011 年,第 525 页。

⑤ 王宇高、王宇正主编:《困勉记(下)》,台北,2011 年,第 525 页。

⑥ 王宇高、王宇正主编:《困勉记(下)》,台北,2011 年,第 528 页。

文为西北"剿总"前敌总司令,卫立煌为陕甘绥宁边区总指挥,陈诚以军政部次长身份驻前方指挥"督剿",准备对红军发动全面进攻。12 月 10 日,蒋介石在西安向东北军、西北军将士训话称:"我们最近的敌人是共产党,日本离我们很远,如果远近不分,便是前后倒置,便不是革命。"同日,蒋召集全体参谋人员会议,决定 12 日颁布向红军发动总攻击令,如张、杨两部不服从命令,即解除其武装。

12 月 11 日,张学良、杨虎城商定捉蒋军事部署,东北军负责在临潼扣押蒋介石;十七路军负责解除西安城内蒋系军警的武装和扣押住在城内西京招待所的南京军政要员。午夜,张、杨分别召集在西安的东北军和第十七路军将领,宣布捉蒋、逼蒋抗日的计划。杨虎城命令冯钦哉师连夜由陕西大荔渡过渭河,移驻潼关,阻止中央军西进。但冯钦哉旋即背叛了杨虎城而投靠了中央。12 月 12 日,张、杨发动西安事变,扣押了蒋介石。

(二)国民党内部讨伐张、杨之分歧

西安事变发生后,张、杨通电全国,阐明扣蒋的原委,提出了八项救国主张,以期获得国人的理解、同情与支持。八项主张是:(1)改组南京政府,容纳各党各派,共同负责救国;(2)停止一切内战;(3)立即释放上海被捕之爱国领袖;(4)释放全国一切政治犯;(5)开放民众爱国运动;(6)保障人民集会结社一切政治自由;(7)确实遵行总理遗嘱;(8)立即召开救国会议。① 杨奎松先生认为,这八项主张,在很大程度上正是近一年来共产党人一直在公开宣传和积极争取的目标,已远远地超出了一般意义上的"停止内战,一致抗日"的民族主义要求,几乎是直截了当地呼吁取消国民党一党专政,废止蒋介石先安内后攘外的既定国策。②

西安事变发生后,张、杨为了得到其他地方实力派的支持,派代表去新疆、山西、山东、广西、四川等省,说明对蒋实行"兵谏",是为促其反省,改变内战政策,实现抗战救国。张、杨也做好了军事准备,成立"抗日联军西北军事委员会",张学良自任主任,杨虎城任副主任,董英斌为参谋长,准备迎击南京讨伐派的军事进攻。当日,张学良致电宋美龄,承诺将保证蒋的安全。同时

① 《解放日报》(西安),1936 年 12 月 13 日,转引自李新主编《中华民国史》,第 8 卷,北京,中华书局,2011 年,第 587 页。

② 杨奎松:《张学良与西安事变之解决》,《中国社会科学》1996 年第 5 期。

致电毛泽东、周恩来,谓:"吾等为中华民族及抗日前途利益计,不顾一切,今已将蒋及其重要将领陈诚、朱绍良、蒋炳文、卫立煌等扣留,迫其释放爱国分子,改组联合政府,兄等有何高见,速复。并盼红军全部速集于环县一带,以便共同行动,以防胡(宗南)敌北进。"张学良、杨虎城致电冯玉祥、李烈钧,说明西安事变起因和情况,称蒋坚持"剿共"政策,拘捕爱国将领,"一意孤行,亲痛仇快,危亡无日,海内骚然,自非另寻救国途径,则国脉之断送,近在眉睫。因请蒋公暂留西安,保障一切安全,以便反省"。[①]

西安事变的消息传到南京后,不啻晴天霹雳。关于如何营救蒋介石,南京要员们意见并不一致。当晚,国民党召开党政联席会议,国民政府五院院长和各部会负责人列席,共有四五十人参加,会场意见分歧明显。汪派极力鼓吹讨张,并主张迎汪回国;以何应钦为首的主战派,主张立即讨伐张、杨,进攻西安;而冯玉祥、张继、李烈钧等主和派则主张保蒋安全,对西安不宜使用武力,应通过和平方式解决。在戴季陶等人的鼓噪下,主战派占据上风。会议做出了如下决定:(1) 张学良背叛党国,决定先褫夺其本兼各职,交军事委员会严办,所部军队,归军事委员会直接指挥。(2) 鉴于蒋被扣西安,无法履行行政院院长职位,会议决定行政院由孔祥熙副院长负责。[②] 何应钦掌握军事大权后,立即电令在海州巡视的开封绥靖主任刘峙,迅速抽调河南与苏北的国军开赴潼关。其他军队也相继集结,形成了从东西两线对西安的夹击态势,并有"回汪精卫以加强与日本和睦相处的可能性"[③]。

宋美龄闻蒋被扣,非常震惊,她在上海找到时任蒋介石顾问的端纳(英籍澳大利亚人)。端纳根据多年来对张的了解,不相信张会杀害蒋。他接受宋美龄的约请,决定亲赴西安,探明真相。宋美龄、宋子文和孔祥熙等反对何应钦的讨伐主张,力主用和平办法营救蒋介石。孔祥熙在西安事变当天就收到了张学良的私人电报,郑重表示"弟爱护介公,八年如一日,今不敢因公害私,

---

① 韩信夫、姜克夫主编:《中华民国史大事记》,第7卷,北京,中华书局,2011年,第5301页。

② 《中国国民党中央常务委员会临时联席会议记录》,《革命文献》,第94辑,第307页,转引自李新主编《中华民国史》,第8卷,北京,中华书局,2011年,第592页。

③ 〔日〕重光葵:《日本及其命运》,第222—223页,转引自费正清、费维恺编,刘敬坤等译:《剑桥中华民国史(下)》,北京,中国社会科学出版社,2006年,第226页。

暂请介公留住西安,促其反省,决不妄加危害"①。13 日晨,当孔祥熙、宋美龄等一行人离沪到京后,何应钦向孔、宋通报了国民党连夜召开的中央党政联席会议决定,宋美龄感到事态严重,"立下决心","以求不流血的和平与迅速之解决"。宋、孔不顾何应钦的反对,依然派端纳于 13 日中午飞离南京,经洛阳赴陕。13 日下午,孔祥熙在南京召见苏联驻华临时代办,要求苏方对张学良施加影响,释放蒋介石。他说:"西安之事,外传与共产党有关,如蒋公安全发生危险,则全国之愤恨,将由中共而推及苏联。"孔还威胁说,这样"将迫使我与日本共同抗苏"。② 14 日,孔祥熙根据宋美龄的要求召开高级会议,研讨在武力讨伐前如何采取和平办法营救蒋。孔祥熙受命代理行政院院长,对执行和平方针极为有利。

据与何应钦意见一致的张发奎回忆:"当时我们不明白内幕秘辛,认为蒋先生已沦为人质。我们知道蒋先生的毅力和性格,相信他一定不会屈服。我们相信讨逆行动会加快蒋先生恢复自由。"有人认为,何应钦力主讨逆是因其个人野心所驱使,从此蒋先生再也不信任他了。不过,张发奎认为,何应钦力主讨逆,绝非出于自私自利的动机,也不是要伤害蒋先生。何相信,中央采取强硬的行动,才能迫使张、杨早日释放蒋先生,绝大多数军人同意何应钦的态度。③ 何应钦的意见得到戴季陶、张继等人的赞成。讨伐西安,也得到蒋介石的理解与支持。据称 14 日端纳见蒋时,告知蒋"南京已决议讨伐张学良",蒋介石谓"余心乃安"。④ 21 日宋子文见蒋介石时,蒋亦嘱告:"五日内围攻西安,则余乃安全,虽危亦无惧,不可为余而有所顾忌也。"⑤

西安事变发生后,尽管蒋介石有这样或那样的缺点,但因随着"剿共"与安内政策所建立起来的个人威信,他的存在至关重要。甚至那些反对他独裁野心的人也给他以"勉强的支持",美国大使纳尔逊·约翰逊(Nelson T.

---

① 孔祥熙:《西安事变回忆录》,《革命文献》,第 94 辑,第 116 页,转引自李新主编《中华民国史》,第 8 卷,北京,中华书局,2011 年,第 595 页。

② 孔祥熙:《西安事变回忆录》,《革命文献》,第 94 辑,第 126 页,转引自李新主编《中华民国史》,第 8 卷,北京,中华书局,2011 年,第 597 页。

③ 张发奎口述,夏莲瑛访谈及记录,胡志伟翻译及校注:《张发奎回忆录》,北京,当代中国出版社,2012 年,第 165—166 页。

④ 王宇高、王宇正主编:《困勉记(下)》,台北,2011 年,第 531 页。

⑤ 王宇高、王宇正主编:《困勉记(下)》,台北,2011 年,第 534 页。

Johnson)写道:"因为他们普遍的(地)认识到,在中国没有一个人具有和他相同的唤起国民凝聚力的能力。""西安,突然使得蒋介石成了中国人最想要的一个象征,这就是团结。"①

张学良原本期待能得到一些地方实力派的支持。13日,张学良致电阎锡山,热切盼望了解阎的意图。14日,阎锡山复电质问张、杨:"第一,兄等将何以善后?第二,兄等此举,增加抗战力量乎,抑减少抗战力量乎?第三,移内战为对外战争乎,抑移对外战争为内战乎?第四,兄等能保不演成国内之极端残杀乎?"②18日,阎锡山派赵戴文、徐永昌往西安,见蒋、张。广西李、白、黄等通电反对张学良,主张抗日。③ 公开支持张、杨和完全站在南京一边的都是少数,大多持中立立场:既不支持张、杨扣蒋,呼吁张、杨早日释蒋,也不支持南京武力讨伐西安,而是主张双方通过和平协商解决事变。比如长期和蒋有矛盾的桂系,公开表示同情与支持张、杨之举。担任四川省政府主席兼"剿匪"总司令的刘湘,先暂与南京虚与委蛇,派人去安慰蒋系人员,视事态发展再作定夺。控制冀察、平津的宋哲元和统治山东的韩复榘,对西安事变的态度虽有所不同,但都反对南京向西安动武。早先支持张、杨的阎锡山攻击张、杨"以救国之热心,成危国之行动",且企图让张、杨把蒋送到太原。社会上的其他民众团体对张、杨的行为也表示不理解,右翼团体、传媒和知识分子掀起了一股拥蒋潮流和攻击张、杨的恶浪。

在这种压力面前,张学良"彷徨束手,问策无人"。尤其让他感到失望的是苏联方面的反应。《真理报》和《消息报》发文谴责张学良的行为。中共亦向苏联发了六封电报,未获回电。④ 个中原因是苏联为了减轻东线的威胁,实行联蒋遏日方针,希望蒋介石统帅中国军民抗日,以牵制日本的侵略势力。英美等国也要求张、杨释放蒋介石。日本在静观的同时,做了武装干涉的准备。

(三)西安事变和平解决

西安事变后,张、杨认为,一定会得到中共和苏联方面的支持。不过,据

① [英]乔纳森·芬比著,陈一鸣译:《蒋介石传》,北京,中国青年出版社,2011年,第243页。

② 韩信夫、姜克夫主编:《中华民国史大事记》,第7卷,北京,中华书局,2011年,第5303页。

③ 翁文灏著,李学通、刘萍、翁心钧整理编:《翁文灏日记》,1936年12月18日,北京,中华书局,2010年,第99页。

④ 刘维开:《国难期间应变图存问题之研究:从九一八到七七》,台北,1995年,第537—538页。

蒋介石 16 日估计,"余知苏俄素贱视张学良之为人,决不赞成其叛逆行径也,余心颇安"①。西安事变的发生,中共并未参与策划。但事变发生后,中共旗帜鲜明地给张、杨以力所能及的支持,并根据国内外形势发展的需要,确定了和平解决西安事变的方针,在西安和南京之间进行调解,为事变的最终和平解决做出了重大贡献。

中共中央在对待蒋介石问题上产生过摇摆。中共中央书记处于事变当天致电主持中共北方局工作的刘少奇,提出中共"拥护张、杨之革命行动"。党面临的任务是把蒋介石与南京政府分开,争取南京及各地政权中的抗日派;稳定 CC 派、黄埔派,推动欧美派和元老派;对蒋介石,揭发其对外投降、对内镇压与强迫其部下坚持内战之罪状,号召人民要求南京罢免蒋介石,交人民审判。②刘少奇后来说:"在西安事变中我们虽然执行了正确的政策,但发生了很大动摇,在政治上引起了极大的纷乱与群众对我们的误解。"③

12 月 13 日,中共中央在保安召开政治局扩大会议,会议焦点是西安事变问题。毛泽东提出在西安建立抗日援绥委员会。周恩来提出在政治上不与南京对立,在西安建立一个有各方面代表参加的群众团体,名称可叫抗日救国会。张国焘提出"打倒南京政府,建立抗日政府"的口号。中共中央负总责的张闻天表示"不要采取与南京对立方针,不组织与南京对立形式(实际上是政权形式)"。他提出"把局部的抗日统一战线,转到全国性的抗日统一战线"。此次会议,张闻天等提出的一些正确意见没有被采纳,"审蒋"、"除蒋"基调没有变。会议结果是:"中央正确地分析了当时错综复杂的政治形势,经过反复研究,确定了和平解决的方针,并派周恩来、秦邦宪、叶剑英等前往西安参加谈判。"④12 月 15 日,中共中央公开致电国民党和国民政府,呼吁"接受张杨二氏主张,停止正在发动之内战,罢免蒋氏,交付国人裁判,联合各党、各派、各界、各军,组织统一战线政府"⑤。

①　王宇高、王宇正主编:《困勉记(下)》,台北,2011 年,第 532 页。

②　李新主编:《中华民国史》,第 8 卷,北京,中华书局,2011 年,第 603 页。

③　刘少奇:《关于过去白区工作给中央的一封信》,1937 年 3 月 4 日,中央档案馆编:《中共中央文件选集(1936—1938)》,第 10 册,北京,中共中央党校出版社,1985 年,第 152 页。

④　张魁堂:《中共中央和平解决西安事变方针的制定》,《近代史研究》1991 年第 2 期。

⑤　《关于西安事变致国民党、国民政府电》,1936 年 12 月 15 日,《毛泽东文集》,第 1 卷,北京,人民出版社,1993 年,第 469 页。

关于如何解决西安事变,12 月 16 日,共产国际和苏联在由季米特洛夫签署、以共产国际书记处名义给中共中央的复电中,指示中共坚决主张和平解决西安事变的四个条件:"(1) 改组政府,吸收几名抗日运动的代表和立志维护中国领土完整和国家独立的人加入政府,用这样的办法改组政府。(2) 保证中国人民的民主权利。(3) 停止消灭中国红军的政策,与红军合作抗击日本侵略。(4) 与同情中国人民抗击日本帝国主义谋求解放的国家实行联合。""建议你们不要提出联合苏联的口号。"①

12 月 19 日,中共中央政治局常委扩大会议再次讨论西安事变,毛泽东在发言和总结中提出了正确的方针。他再次肯定西安事变实际上是抗日起义。中共对事变双方实行调停方针。他说,我们要争取南京,更要争取西安,我们不要远离张、杨,而要与之接近,同情并帮助他们。② 此次会议提出了中共处理西安事变的四个方针:(1) 坚持停止一切内战、一致抗日的组织者与领导者的立场,反对新的内战,主张南京与西安在团结抗日的基础上,和平解决。(2) 用一切方法争取南京左派,正确中派,反对亲日派,以达到推动南京走向进一步抗日的立场的目的,揭破日寇及亲日派利用拥蒋的号召发动内战的阴谋。(3) 同情西安的发动,给张、杨以实际的援助(军事上的与政治上的),使之彻底实现西安发动的抗日主张。(4) 切实准备"讨伐军"进攻时的防御战,给其以严重打击,促其反省。这种防御战不是为了要以扩大内战方针代替一致抗日的方针,而依然是为了促成全国性抗日统一战线的建立与全国性抗日战争的发动。③

当中共和平解决西安事变的方针正式确定后,应张学良之邀请,中共中央派周恩来、博古、叶剑英作为代表前往西安,进行调解。17 日,周恩来与张、杨举行会谈,商定了与南京谈判的五项条件:(1) 立停内战,中央军全部开出潼关。(2) 下令全国援绥抗敌。(3) 宋子文负责成立南京过渡政府,肃清一切亲日派。(4) 成立抗日联军。(5) 释放政治犯,实现民主,武装民众,

---

① 中国社会科学院近代史研究所翻译室编译:《共产国际有关中国革命的文献资料》,第 3 辑,北京,中国社会科学出版社,1990 年,第 11 页,转引自李新主编《中华民国史》,第 8 卷,北京,中华书局,2011 年,第 608—609 页。

② 李新主编:《中华民国史》,第 8 卷,北京,中华书局,2011 年,第 605—606 页。

③ 中央档案馆编:《中共中央文件选集(1936—1938)》,第 11 册,北京,中共中央党校出版社,1991 年,第 128 页。

开救国会议,先在西安开筹备会。① 周恩来与杨虎城等也达成了一致意见,并向东北军、十七路军的中下级军官以及在西安的爱国民主人士宣传中共的和平方针。

12 月 22 日,宋美龄、宋子文等飞往西安,与张、杨谈判。宋美龄中途在洛阳停留,严令驻洛阳的国军,在未接到蒋的命令时,空军不得派飞机前往西安,陆军停止向西安进攻。宋美龄在 23 日、24 日两次会见周恩来,交换了关于和平解决西安事变的意见,宋希望周劝杨虎城早日释蒋。周说,只要蒋介石答应抗日,中共拥护他做全国领袖,除蒋介石外,全国没有第二个适合的人。宋氏兄妹来西安后,蒋指定宋氏兄妹作为他的代表与西安方面谈判,对于双方商定的条件,他可以"领袖人格"担保,待回京以后逐步实施,但不签署任何文件。

12 月 25 日,周恩来要求宋美龄告知蒋介石,愿蒋先生面说一语以后不"剿共"足矣。蒋言:"此语,此时决不能说;若尔等以后不再破坏统一,听命中央,受余指挥,其余其他部队,一视同仁。"② 是日,张、杨正式释蒋,张学良陪同蒋介石回南京。12 月 26 日,蒋一回到南京,即命陈布雷撰写一篇《对张杨的训词》,在报纸上发表,把他在西安获释,说成是由于他"伟大的人格"的感召,回避了他对张、杨做出的承诺。27 日,所有被扣人员全部获释,乘机离陕。29 日,蒋介石思考处置张学良的办法:"此事欲求一公私两全之法而不可得,只有决心不准张学良再回西北,而保其生命,并缓撤西北及潼关部队,以备叛军抗命;如果放弃西北,任其赤化,不惟国防失一根据,十年建设成绩,毁于一旦,而且中华民族发祥之地,陷于永劫不复矣。"③

张学良陪同蒋介石回到南京后,30 日,蒋介石决定处置张学良、杨虎城办法,31 日,蒋介石闻张学良卫队到宋子文寓中者 11 人,不禁担忧:"不解除张学良卫队之武装不可;不审判张学良亦不可！ 而军事干部,多迟疑不决,不愿负责,不禁愤怒之至。"④ 蒋介石下定了处罚张学良的决心。31 日,李烈钧

---

① 《周恩来致毛泽东并中央电(1936 年 12 月 17 日)》,《文献和研究》1986 年第 6 期,转引自李新主编《中华民国史》,第 8 卷,北京,中华书局,2011 年,第 615—616 页。

② 王宇高、王宇正主编:《困勉记(下)》,台北,2011 年,第 536 页。

③ 王宇高、王宇正主编:《困勉记(下)》,台北,2011 年,第 537 页。

④ 王宇高、王宇正主编:《困勉记(下)》,台北,2011 年,第 537 页。

担任高等军法会审的审判长,对张学良进行审判,张被判处有期徒刑 10 年,褫夺公权 5 年。1937 年 1 月 4 日,在蒋介石的授意下,林森主持召开第 22 次国民政府委员会会议,决定对张实行特赦,"张学良所处十年有期徒刑本刑,特予赦免,仍交军事委员会严加管束"①。

西安事变后,蒋介石对陕甘进行善后,妥善处理张学良缺位的西北局势。1937 年 1 月 1 日,蒋介石在南京召见军事委员会办公厅主任朱培德、重庆行营主任顾祝同等人,"对西北,以政治为主,军事为从,以此方针解决之"②,并令顾祝同驻节潼关,指挥陕甘军事。对于西北的局势,蒋介石命令其嫡系部队进入陕西并占据陇海路沿线的要害地带,顾祝同掌控西北军事大权,几十万军队对西安形成夹击之势,推翻了他离陕时把西北军政交张、杨负责的口头承诺。西安方面强烈要求蒋介石恢复张学良的自由,请张回陕主持一切。西安与南京的关系逐渐紧张,双方调兵遣将,同时又开展和平交涉与谈判。

张学良被扣后,东北军内部群龙无首,以于学忠、王以哲为首的老派和以应德田、孙铭九为首的少壮派围绕营救张学良的分歧和矛盾日益明显,愈演愈烈。少壮派向周恩来请愿,要求中共支持他们主战的主张,声言中共如不同意他们的主张,将不惜与中共决裂。为此,中共与东北军、十七路军进行磋商,31 日晚,在王以哲家召开三位一体最高会议,由杨虎城主持,参加者有于学忠、王以哲、何柱国和周恩来,达成先撤兵再设法救张的决议。然而,2 月 2 日,少壮派突然发动了兵变,杀害了王以哲,引发了东北军的分裂和内讧。在中共与杨虎城等人的控制下,东北军内一场大规模互相残杀才得以避免。但是,误会并未消除,周恩来力劝东北军留在陕甘与红军、十七路军靠拢保持三位一体的局面,也未能被接受。

三位一体局面的瓦解,在何应钦看来,三方各有打算:杨虎城志在扩充军队,保持地盘,设法延宕中央的决定,以待时日之转变;东北军将领如同一盘散沙,无人敢作主张;中共则目的在扩展实力,借此机会竭力补充兵员、装械、粮食,并对民众组织训练。③ 因是,中央军进入了西安,东北军于 1937 年 3 月

---

① 《中央日报》(南京),1937 年 1 月 3 日。
② 王宇高、王宇正主编:《困勉记(下)》,台北,2011 年,第 539 页。
③ 《2 月 1 日何应钦发余汉谋黄慕松密电》,刘镜亮:《西安事变电报选载》,《历史档案》1988 年第 3 期,转引自刘维开《国难期间应变图存问题之研究:从九一八到七七》,台北,1995 年,第 546—547 页。

之后全部东开,分驻豫南、皖北和苏北地区,驻地分散,互不统属,不久被缩编为四个军。十七路军被南京改编,除投蒋的冯钦哉师和另外两个团外,其余部队被编为三十八军,由孙蔚如任军长,杨虎城被逼出国考察。抗战爆发后,杨虎城回到国内即被逮捕关押,1949 年底遇害。

二、国民政府政策之调整

西安事变的和平解决是在中共主张和平解决的基础上得以实现的,为两党实现停止内战、一致抗日奠定了基础。蒋介石解决了西安三位一体的局面,加强了对西北的军事控制。国民政府的内外政策也随之进行了一些调整:一是进行国共和谈,二是安内政策的变化,三是外交政策的调整,从而迎来了全面抗战局面的到来。

（一）国共和谈

当外侮不断加深之际,蒋介石的安内政策也逐步进行调整。当日本步步进逼,华北危机日甚之际,苏联政府希望国民政府早日停止"剿共",国共两党组成抗日民族统一战线。中共对建立抗日民族统一战线表示出了相当诚意。国民党政府在"剿共"方面成效不彰,在抗日大局面前,不得不调整对共政策。

早在 1935 年底政治"收抚"中共之前,"收抚"一直是蒋介石对中共的策略之一。蒋指示张学良"剿共"方略时指出:"对入甘'股匪',多印发劝其来归之赏项及各县交通重要地点路口,皆书白底黑字甚大之标语,使'匪'远处一望而知之,并种种设法宣传,使'匪'溃散来降为要。"[1]一是到 1935 年底,蒋确信共产党的存在已经无足轻重,下一步的战略重心应当放到抗日方面来。二是中日战争随时可能发生,蒋需要争取苏联援助。为了避免中日战争期间苏联在援华过程中暗中扶植中共,使之东山再起,蒋在设法争取苏援时,不能不首先设法解决中共问题。三是蒋认为在苏联承认只有国民党才有资格统率全国的情况下,为了支持他的统一政策,苏联会对中共施加压力。[2]

基于抗日的考虑,蒋向中共开放了政治谈判的大门,但其所提条件是"招

① 《蒋介石致张学良、朱绍良电》,1935 年 9 月 30 日,周美华编注:《事略稿本》,第 33 册,台北,2008 年,第 480—481 页,另见郭昌文《蒋介石对地方实力派的策略研究》,博士学位论文,浙江大学历史研究所,2011 年,第 196 页。

② 有关蒋谋求政治解决中共问题的原因及经过参见杨奎松《国民党的"联共"与"反共"》,北京,中国社会科学文献出版社,2008 年,第 310—343 页。

抚"而非平等合作。其具体条件是：(1) 取消苏维埃政府，归顺南京；(2) 取消红军，改编为国民革命军；(3) 共产党可以存在，或共产党全部加入国民党；(4) 改编后的红军全部开赴内蒙前线地区驻防抗日。①

在苏联的联系之下，国共两党开始秘密接触。1936 年 9 月 1 日，周恩来亲自写信给陈果夫、陈立夫两位国民党中枢要员，要求他们向蒋介石进言，"立停军事行动，实现联俄联共，一致抗日"，并谓中共"早已准备随时与贵方负责代表作具体谈判"。② 随即，中共派潘汉年等至上海与陈立夫进行秘密商谈。然而，其时蒋介石对中共的政策仍以"剿"为主，故谈判代表陈立夫与张冲仍以拖延为主。1936 年 11 月 10 日，潘汉年与陈立夫在上海沧州饭店首次见面会谈。因陈立夫所提条件过于苛刻，为潘所不认同。19 日，双方在南京举行第二次会谈，亦无成果。1936 年 12 月 10 日，中共中央致电潘汉年，指出蒋介石还没有抗日救亡决心，合作谈判缺乏必要前提，坚持"红军不能减少一兵一卒，并须扩充之"，"离开实行抗日救亡任务，无商量余地"。历时一年的国共两党秘密接触和谈判，至此告一段落。③

西安事变后，蒋介石认识到，如不放弃安内攘外政策，就无法继续维护其有效的统治。所以蒋说："今天以后发生内战，我负责，今后我绝不'剿共'。"④国共和谈迎来了转机。

然而，在国共和谈初期，蒋介石的主张限于"编共"。1937 年 1 月 5 日，蒋介石研究对共方针，表示："应与共党以出路，而以相当条件收容之；但须令其严守范围。"⑤1 月 23 日，蒋介石主张："对共党应示以光明而强硬之决心。"⑥只要国民党政府对中共有诚意，"勿使其失望，料彼亦终于屈服也"⑦。不过，蒋介石并不愿意解决实质性问题，给中共以合法地位，真正做到两党合作抗日。

---

① 《潘汉年与邓文仪 1936 年 1 月 13 日谈判情况纪要》，转引自杨奎松《国民党的"联共"与"反共"》，北京，中国社会科学文献出版社，2008 年，第 314 页。

② 转引自李云汉《中国国民党史述》，第 3 编，台北，中国国民党中央委员会党史委员会，1994 年，第 329 页。

③ 韩信夫、姜克夫主编：《中华民国史大事记》，第 7 卷，北京，中华书局，1991 年，第 5298 页。

④ 《与宋子文、宋美龄谈判结果》，1936 年 12 月 25 日，《周恩来选集》，上卷，第 73 页，转引自李新主编《中华民国史》，第 8 卷，北京，中华书局，2011 年，第 637 页。

⑤ 王宇高、王宇正主编：《困勉记(下)》，台北，2011 年，第 539 页。

⑥ 王宇高、王宇正主编：《困勉记(下)》，台北，2011 年，第 541 页。

⑦ 王宇高、王宇正主编：《困勉记(下)》，台北，2011 年，第 542 页。

2月6日,蒋介石电顾祝同,告知"对共党代表,应另派人接洽,仍推杨虎城间接办理,若与之见面,只可谈感情话"①。

两党谈判过程中,军队整编问题是关键。2月9日,毛泽东给周恩来的电文中谈道:"军事方面同意编为十二个师、四个军,林贺刘徐为军长,组成一路军,设正副总司令,朱正彭副。""如有国防委员会之组织,红军应派代表参加,如暂时无此种组织,红军亦需要驻京代表,参与国防准备。""党的问题求得不逮捕、不破坏组织即可,红军中组织领导不变。"②是日,经毛泽东、张闻天等人酝酿与起草,中共中央通过了《中共中央给中国国民党三中全会电》,提出了五项要求和四项保证。这些保证是"对国民党一个重大的原则上的让步,其目的在于取消国内两个政权的对立,便利于组成抗日民族统一战线,一致的(地)反对日本的侵略"③,为国共合作奠定了谈判基础。

2月11日起,中共代表周恩来、潘汉年与顾祝同、张冲展开会谈,经两日结束,顾祝同将会谈情况报告蒋介石。蒋介石对中共并不信任,试图"先监视后统制"④,但为抗日之需,把"编共"、"容共"与"抗日"并排⑤。蒋介石决定"编共而不容共"的原则,并于16日再度致电顾祝同,指示改编中共军队的处理方针:"不可与之说款项多少,只可与之商准留编部队人数之几何。"蒋介石提出的"编共"的方针是,可准其编成四团制师两师,约15 000人,其余人数,准由中央为之设法编并与安置,但各师之参谋长与师内各级之副职,自副师长乃至副排长均应由中央派充。⑥ 这个方针与中共的要求相距甚远。

2月15日国民党五届三中全会开会,讨论国共关系和对日政策。在会

① 王宇高、王宇正主编:《困勉记(下)》,台北,2011年,第543页。

② 《毛泽东、洛甫对周恩来关于据潘汉年观察蒋介石对西北方针的报告及周恩来拟去杭中央意见为何的询问的答复(1937年2月9—10日)》,中共中央党史研究室编:《1937年国共谈判中毛泽东、周恩来、洛甫等的一组来往电文》,《中共党史资料》2007年第2期。

③ 《中央关于西安事变和平解决之意义及中央致国民党三中全会电宣传解释大纲》,中央档案馆编:《中共中央文件选集(1936—1938)》,第10册,北京,中共中央党校出版社,1985年,第137页,转引自李新主编《中华民国史》,第8卷,北京,中华书局,2011年,第639页。

④ 《蒋介石日记(手稿本)》,1937年2月13日。另见王宇高、王宇正主编《困勉记(下)》,台北,2011年,第544页。

⑤ 《蒋介石日记(手稿本)》,1937年2月16日。日记原文中说:"注意:三,编共而又容共。四,抗日而非排日。"

⑥ 《蒋委员长致顾祝同主任补充指示改编共军方针电》,1937年2月16日,转引自刘维开《国难期间应变图存问题之研究:从九一八到七七》,台北,1995年,第564页。

上,杨虎城、于学忠提出改组政府;收容各党各派人才负责救国,停止一切内战;释放上海被捕之爱国志士及全国一切政治犯;开放民众爱国运动等八项主张。孙科、王宠惠、冯玉祥、于右任等6人提出了《请特赦政治犯案》;冯玉祥等16人提出《促进救国大计案》;李宗仁、白崇禧等提出《抗日救亡之方案》,要求保障民众爱国言论自由,解放民众爱国运动,扩大救国力量;潘公展、张继、张发奎等提出《请确立巩固和平统一之事实步骤案》。

2月21日,国民党三中全会第六次会议通过主席团蒋介石、汪精卫、戴季陶、冯玉祥、于右任、邹鲁、居正提出的《根绝"赤祸"决议案》,要求中共"精诚悔过",以答复中共2月10日提出的五项要求和四项保证,表示要与共产党重新合作的意向,提出了处理与共产党关系的"最低限度办法",其主要内容是:军队必须统一编制,取消红军;政权统一,取消苏维埃政权;停止"赤化"宣传;停止阶级斗争。[①] 周恩来对国民党三中全会宣言及《根绝"赤祸"决议案》的意见:"宣言决议提到对内集中国力和平统一,对外维护领土主权,一致抗战,并发表了目前的三民主义方针,这确是进了一步,应当欢迎他(它)。"[②]该意见得到了毛泽东的同意。

国民党五届三中全会后,两党的谈判逐渐进入实质性阶段,国民党开始认真考虑红军的改编问题,初步具有"容共"的意味。在中共看来,国民党三中全会是"国民党国策基本转变的开始"[③]。2月26日,参加三中全会后回到西安与周恩来谈判国共合作的张冲,介绍三中全会的经过,说明国民党"容共"的基础已定。[④] 双方再次进行谈判,焦点是红军改编后的人数、编制等问题。中共坚持编成6个师,每师3个团,总计至少6万人;国民政府方面则只同意3师9团,总计约2万人。

在国共谈判过程中,对于整编军队,中共坚持要保持红军主力。3月12日,中共中央在给周恩来的电文中再次强调原则立场:"三个国防师组成某路

① 《中央日报》,1937年2月22日。

② 《洛甫、毛泽东对国民党三中全会宣言等的意见的复电(1937年2月23—25日)》,中共中央党史研究室编:《1937年国共谈判中毛泽东、周恩来、洛甫等的一组来往电文》,《中共党史资料》2007年第2期。

③ 《中共中央政治局扩大会议讨论经过摘要》,1937年4月7日,转引自李新主编《中华民国史》,第8卷,北京,中华书局,2011年,第647页。

④ 《周恩来年谱》,第354页,转引自李新主编《中华民国史》,第8卷,北京,中华书局,2011年,第645页。

军。领导不变,副佐不派。""申明西安无可再谈,要求见蒋解决。""红军准备持久斗争。""总的和平局面已定,政治上采取进攻的姿势,只会有利于问题的解决,不会使谈判根本破裂。"①

面对中共的立场,蒋介石顾虑颇多,认为"编共"时,"只可编其部队,而决不许成立军部或总指挥部"②。"编共"意味着"收抚",其条件相当苛刻,"不能设立总部","不能成立特区","不能编地方警甲为武力暴动之张本","对其高级干部保护其自由权,如其愿出洋,则可由政府资送"。③ 为此,蒋介石"研究对共党收抚问题,夜不能寐"④。

因顾祝同、张冲在国共谈判中无法做主,国共谈判层次上升。3 月 26 日,蒋介石与周恩来开始讨论国共合作的根本办法。此后通过数次电文往来后,蒋认为"共党之态度,当以诚意感召"⑤。在"收编"中共问题上,蒋认为"不与公开为宜","应使其取消名称与改编组织",⑥中共应当取消党名与改组,誓行三民主义,确立蒋的领袖地位,中共军队改编为国军。⑦"中共主要领导人不能留在党内,其他问题可以考虑从宽。"⑧

对于蒋的要求,中共在军队数量上再次做出了一定的让步,但坚持战斗师的指挥权与党对军队的领导权。5 月 23 日,周恩来向中共中央请示与蒋谈判的内容中提出:"改编红军,发表名义,正规至少四万五千,地方部队一万,工兵一万,红校五千,老弱残废及工厂医院约一万。"毛泽东回电中说:"红军设某路军总司令部,总司令朱德、副司令彭德怀(但准备让步设总指挥部)。至少四个师,一师长林彪,二师长贺龙,三师长徐向前,四师长刘伯承。先发表上述六人,余俟后呈请委任。为加强抗日政治教育,政治部制度照旧

---

① 《中央书记处对周恩来关于谈判中商讨条文应坚持的立场的意见的指示(1937 年 3 月 10—12 日)》,《中共党史资料》2007 年第 2 期。

② 《蒋介石日记(手稿本)》,1937 年 3 月 6 日。

③ 《蒋介石日记(手稿本)》,1937 年 3 月 10 日。关于要求中共主要领导不能留在党内,蒋在 1937 年 6 月 7 日的日记中再次明确共产党的主要领导"应离军区或出洋"。6 月 17 日的日记中明确:"毛泽东出洋。"

④ 王宇高、王宇正主编:《困勉记(下)》,台北,2011 年,第 546 页。

⑤ 《蒋介石日记(手稿本)》,1937 年 4 月 28 日。

⑥ 《蒋介石日记(手稿本)》,1937 年 5 月 12、13 日。

⑦ 《蒋介石日记(手稿本)》,1937 年 5 月 17 日。

⑧ 《蒋介石日记(手稿本)》,1937 年 5 月 20 日。

(但准备让步设政训处)。"①

蒋要求严格限制中共军队数量与所占区域,但认为经济与政治问题可以从宽。饶有意思的是,蒋担心因"编共"招致地方实力派反对,询问中共是否将站在国民党中央政府一边。蒋欲"问其各省军阀借口中央容共叛变时,共党武力是否共同讨逆"②。实际上,蒋已基本接受了中共的要求。

为彻底解决两党的合作问题,5月31日,蒋提议在国共合作框架下,"组织国民革命会,双方各推代表五人"③,作为国共合作的协调机构。6月1日,蒋介石与张季鸾、张群、陈立夫研究对共方针,确定了十大方针:(1)经济从宽;(2)政治次之;(3)军事必严定限制;(4)主张坚决,绝对不能迁就;(5)行动须令一致;(6)区域与军官,仅施监察亦可;(7)勿准联合各党各派;(8)勿准宣传共产主义;(9)改党名,誓行三民主义;(10)承认领袖权责。而最要紧的是,"使共产党与第三国际断绝关系,应令共党明了中国抗倭,须以中国为本,并非为其他国家抗倭也"。④

6月5日,蒋介石继续研究国民革命同盟会组织方案,基本确定了4个原则:"(1)组最高干部会或团,各派5人至7人。(2)手续,各先取消原有党籍,重填盟约誓书。(3)领袖有最后决定权。(4)干部,先推定,后为圈定制。"⑤6月8日,蒋与周恩来继续商谈。9日,周恩来仍坚持主张设军事总机关,遭到了蒋的"严厉拒绝"⑥。8日至15日,周恩来与蒋介石在庐山进行了多次谈话。根据周恩来17日的报告可知,关于两党合作问题,蒋介石做出了

---

① 《洛甫、博古、毛泽东对周恩来关于拟于沪见蒋商定的问题和近几天内与顾商定的问题的请示及周对边区政府及四个师配备意见的答复(1937年5月23—25日)》,《中共党史资料》2007年第2期。

② 《蒋介石日记(手稿本)》,1937年5月25日。

③ 《蒋介石日记(手稿本)》,1937年5月31日。蒋的这种主张遭到中共的反对,此机构未能建立。任弼时提到:"蒋介石企图把中国各个党派统一于他的控制之下,以逐渐削弱溶化共产党。他在抗战爆发前曾提出一种合作方式,是在两党之上成立一个共同的党,两党分子均可加入,由两党选出同等数量人员组织最高委员会,而以他为主席,主席有最后决定之权,两党必须服从这最高机关的决议而行动,共产党不再与第三国际发生关系,即由最高委员会与第三国际发生关系。他这一建议,被我们拒绝了。"《中国抗日战争的形势与中国共产党的工作和任务(节录)(一九三八年五月十七日)》,彭明编:《中国现代史资料选辑》,第5册补编,北京,中国人民大学出版社,1993年,第34页。

④ 王宇高、王宇正主编:《困勉记(下)》,台北,2011年,第554页。

⑤ 王宇高、王宇正主编:《困勉记(下)》,台北,2011年,第555页。

⑥ 《蒋介石日记(手稿本)》,1937年6月9日。

如下表示:(1)成立国民革命同盟军,由蒋指定国民党的干部若干人,共产党推出同等数量之干部合组之,蒋为主席,有最后决定之权。(2)两党一切对外行动及宣传,统由同盟会讨论决定,然后执行,关于纲领问题,亦由同盟会加以讨论。(3)同盟会在进行顺利后,将来视情况许可,扩大为国共两党分子合组之党。(4)同盟会在进行顺利后,可与第三国际发生代替共产党之关系,并由此坚定联俄政策,形成民族国家间之联合。[①] 上述指示即对两党设立革命同盟会的具体方案,蒋介石对该方案具有最后决定权。

6月18日,周恩来回到延安,向中共中央汇报与蒋谈判情况。6月25日,中共中央向共产国际请示关于周恩来谈判的新提案,其中有关两党合作问题内容如下:"(1)原则上同意组织国民革命同盟会,但要求先确定共同纲领(已于一个月前交蒋介石)以使其奠定同盟会及两党合作之政治基础。(2)同盟会组织原则,在共同承认纲领的基础上,可同意国共两方各推出同数干部组织最高会议,另以蒋为主席,承认其依拟纲领,有最后之决定权(蒋目前在此甚为坚持),其组织原则由我方拟出草案(见另电)与蒋商定。我们应运用同盟会使之成为在政治上两党合作的最高党团。在宣言发表后如蒋同意设立总的军事指挥部,红军即□其待名义发表后改编,否则即于八一自行改编,宣布采用国民革命军暂编军师名义,编三个正规师,共四万五千人。朱毛出处问题,力争朱为红军改编后的指挥人,军事和政治名义可不拘,原则上毛不拒绝出外做事,但须至适当时机则拖故不去。"[②]

至此,两党谈判问题可谓取得了一些实质性进展。第一,蒋介石的方针从"编共"发展至"容共",即承认与容许中共的存在,承认中共的合法地位;第二,在双方的让步下,就中共军队的整编数量问题大体达成了一致意见,即3个国防师4.5万人左右;第三,双方同意设立国民革命同盟会,作为两党政治上合作的最高机构。分歧也是显而易见的,即中共军队改编后,中共坚持设立总指挥与掌握对军队的领导权,遭到蒋的拒绝。

卢沟桥事变爆发后,国共两党迅速进行了实质性合作。7月15日,周恩

---

① 《中共中央书记处关于周恩来同志第二次与蒋介石在庐山谈判结果致国际书记处电》,1937年6月17日,《第二次国共合作的形成》,第225—226页,转引自刘维开《国难期间应变图存问题之研究:从九一八到七七》,台北,1995年,第573—574页。

② 《中央发报第87期——关于与蒋谈判方案问题致国际书记处的请示电(1937年6月25日)》,《中共党史资料》2007年第2期。

来致书蒋介石,表达"国内问题应迅速解决"之意。^① 7 月 17 日,蒋发表庐山谈话后,要求对中共武装的编组应即解决。^② 7 月 27 日,周恩来向中共中央发电:"我们认为目前推动抗战应立即改编,每师编足一万五千人。"中共中央于电文中称:"三个师以上必须设总指挥部,朱正彭副,并设政治部,任弼时为主任,邓小平为副主任(不要康泽),以便指挥作战。"^③8 月下旬,中共主力改编基本完成,隶属于国民政府军事委员会的战斗序列。改编后的八路军(不久编组为第十八集团军)设置了军事总机关,按照中共中央的意见,"保证红军在改编后成为共产党的党军"^④。八一三事变后,双方就僵持已久的红军改编后的军事指挥和人事问题找到了解决的办法。18 日,蒋介石同意发表红军改编为国民革命军第八路军,任命朱德、彭德怀为正、副指挥,下辖 3 个师,第一一五师师长林彪,副师长聂荣臻,参谋长周昆;第一二〇师师长贺龙,副师长肖克,参谋长周士第;第一二九师师长刘伯承,副师长徐向前,参谋长倪志亮。9 月 22 日,中央社公布中共中央关于国共合作宣言,第二次国共合作正式形成。

(二)对内政策之调整

西安事变时,大多数地方实力派并未如张学良所愿支持张,而是站在中央政府一边。事变和平解决后,蒋介石调整了对内政策。1937 年 1 月 7 日,蒋介石研究对内政策,主张"结束目前之纠纷,使各势力,暂时相安,俾得逐渐补救与改正"^⑤。就各地方实力派而言,蒋介石也注意到:"阎锡山主张容共而不放张,刘湘亦欲容共而反对中央。"^⑥1937 年 2 月 5 日,蒋介石听取各方意见后,决定:(1) 对内不造内战,然一遇内乱,则不可放弃"戡乱"平内之责;(2) 政治、军事仍应渐进,由近及远,预订三年或五年为统一时间;(3) 不说排

---

① 《国内问题应迅速解决——周恩来致蒋介石(1937 年 7 月 15 日)》,彭明编:《中国现代史资料选辑》,第 5 册补编,北京,中国人民大学出版社,1993 年,第 1 页。

② 《蒋介石日记(手稿本)》,1937 年 7 月 19 日。

③ 《洛甫、毛泽东对周、博、林等关于向蒋介石转达红军改编计划的复电(1937 年 7 月 27—28 日)》,《中共党史资料》2007 年第 2 期。

④ 《中央革命军事委员会关于红军改编为国民革命军第八路军的命令(1937 年 8 月 25 日)》,彭明编:《中国现代史资料选辑》,第 5 册补编,北京,中国人民大学出版社,1993 年,第 6 页。

⑤ 王宇高、王宇正主编:《困勉记(下)》,台北,2011 年,第 540 页。

⑥ 王宇高、王宇正主编:《困勉记(下)》,台北,2011 年,第 540 页。

日而说抗战;(4) 强化军事教育;(5) 逐省物色人才与正绅;(6) 健全宣传部。① 蒋介石希望以实力为后盾,尽量利用和平方式,解决国内尚存在的一些纠纷,推进真正的统一。

1937 年 2 月 22 日,五届三中全会闭幕后通过宣言,第一次于公开正式文件中提出抗战方针,比二中全会宣言提出的"牺牲未到最后关头,决不轻言牺牲"又前进了一步,公布了将于当年 11 月 12 日召开国民大会,制定宪法,实行民主主义,促进经济建设之进展,改善人民生活,逐步实现民生主义。全会还决定改中常会主席制为常委共同负责制,决议重设国防委员会,为全国国防最高机关。闭幕当天,蒋介石接见中央社记者,阐述了对开放言论、集中人才和赦免政治犯等问题的意见。随后,蒋介石又密令国民党的报刊不再使用"赤匪"、"共匪"等字样。全会结束后,张群辞去外交部部长职位,主张对日采取强硬政策的欧美派人物王宠惠被任命为外长。

蒋介石在平定各实力派的问题上,最关注的是粤桂及四川。2 月 22 日,蒋介石研究内部各种政局,认为"粤局妥后,应令速筑国防工事"。23 日,研究桂局,"应令白崇禧任职国防会议"。② 4 月 1 日至 2 日,蒋介石研究安定各省实力派政策,决定"收湘定川,固粤怀桂,而对鲁晋冀察,则维持其现状可也"。"怀柔蒙藏,羁縻新疆。"③1937 年 4 月 16 日,何应钦在上海对记者称:"中央对四川省,唯有希望川军国军化。刘(湘)主席已表示矢诚拥护领袖。云南龙(云)主席亦表示绝对拥护中央。桂省李(宗仁)、白(崇禧)二司令,在最短期内决定入京一行。此乃国家统一现象。"④4 月 17 日,贺国光在成都电蒋介石,报告与刘湘谈判情况称,解决四川问题的六项办法及"川军国有化"与"政治中央化"方针,刘湘已遵照办理。⑤ 4 月 19 日,蒋介石与汪精卫、张群思考内外局势,认为"对内则共党与晋阎二问题,对外则日本与苏俄二问题,均应彻底分析而运用之"。为此,研究上述四个问题"夜不能寐","甚觉疲乏也"。⑥ 5 月 16 日,蒋介石继续研究川局,"川事目的,在制刘湘,使其绝对

---

① 王宇高、王宇正主编:《困勉记(下)》,台北,2011 年,第 543 页。
② 王宇高、王宇正主编:《困勉记(下)》,台北,2011 年,第 544—545 页。
③ 王宇高、王宇正主编:《困勉记(下)》,台北,2011 年,第 549 页。
④ 韩信夫、姜克夫主编:《中华民国史大事记》,第 8 卷,北京,中华书局,1991 年,第 5404 页。
⑤ 韩信夫、姜克夫主编:《中华民国史大事记》,第 8 卷,北京,中华书局,1991 年,第 5405 页。
⑥ 王宇高、王宇正主编:《困勉记(下)》,台北,2011 年,第 553 页。

服从;或去刘湘,使四川彻底统一;未知刘湘有入京之意乎"①。为了稳定边局,蒋介石决定派陈立夫、汤恩伯特往视察。5 月 27 日,蒋介石决定对刘湘,"先将军政与军令统一,再言其政权之久暂,则轻而易举也"。"刘湘如不来京,则应如何应付之。"②30 日,思考对刘湘的政策,"不如从下层做起,使其停征钱粮,停派鸦片销数,而其预算不足之数,则由中央认筹之"③。

除了对地方实力派继续羁縻之外,蒋介石也高度关注对知识分子的政策调整,逐渐放宽了知识分子论政的空间,并给予了一定的自由。3 月 16 日,蒋介石考虑对国内各种力量的政策调整,决定"先文后武,先从收拾文人政客做起"。17 日,继续研究"人民阵线派、国家主义派、国社派、教授'左倾'分子,究如何始可收服?"④6 月 20 日,蒋介石认为,"对文人政客,可于先解决其饭碗下手,则天下可太平乎⑤。蒋的这种政策调整在"七君子"事件中得到了运用。"七君子"事件发生时,蒋介石主张采取严厉镇压方针,到 1937 年 6 月,蒋介石嘱咐中央党部秘书长叶楚伧早日结束"七君子"案,转而采取宽大怀柔政策。这种变化,体现了蒋介石从"攘外必先安内"向共同抗敌御侮态度的转变。但是,江苏高等法院在审判中,认为张学良与沈钧儒有所勾结,庭审反复延期,并未结案,导致了宋庆龄、何香凝、胡愈之等人发起救国入狱运动,在社会上引起了强烈反响,迫使国民党不能轻易对"七君子"判罪。在七七事变发生后,沈钧儒等七人出狱。

(三)对外政策之变化

1936 年 11 月到 12 月,中国晋绥军与日本支持的德王等蒙古分裂分子在绥远发生了一场局部性战争,粉碎了日军侵占绥远的阴谋,激发了全国人民空前的抗战热情,增强了国民党地方实力派抗战的信心。11 月 27 日,张学良向蒋介石递交了《援绥请缨抗敌书》。中国绥远抗战的胜利与其后西安事变的和平解决,宣告了日本贯彻实施对华政策企图的全面失败。有研究者

---

① 王宇高、王宇正主编:《困勉记(下)》,台北,2011 年,第 553 页。
② 王宇高、王宇正主编:《困勉记(下)》,台北,2011 年,第 554 页。
③ 王宇高、王宇正主编:《困勉记(下)》,台北,2011 年,第 554 页。
④ 王宇高、王宇正主编:《困勉记(下)》,台北,2011 年,第 546 页。
⑤ 王宇高、王宇正主编:《困勉记(下)》,台北,2011 年,第 557 页。

认为，"绥远事件"和"西安事变"被日本视为两个"决定命运的事件"①。国民政府对外政策发生了一些变化，主要表现为对日外交的主动，强化对苏、美、英等大国的外交。

1937年1月6日，蒋介石预测对日交涉之危机，决定："不可刺激，亦不可退缩，以维持现状，相机进取，如刺激，则危险性甚大也。""对倭应抱定抗倭而不排倭，应战而不求战之主张。"②2月22日国民党召开五届三中全会，上海日文《每日新闻》报承认："国民党三中全会决定对日政策，是外表退让，内实强硬之政策。""全会系使中国坚决准备对日抗战之转变关头。"③蒋介石一面准备抗战，一面加紧对日本的积极外交政策，多次提到"对倭不可过于冷淡"④。

国民政府加强了与欧美等国的关系。1937年3月5日，蒋介石与美国大使会谈，准备召集太平洋和平会议，"运用亲英联美，以制倭寇"⑤。3月14日，汪精卫在太原各界欢迎会上演讲，称对内求自立，对外求共存，是一切工作的重心，和安内攘外是一件事。⑥1937年3月31日，蒋介石召集有关人员研究向欧美等国商洽借款及购买军火，以备抗日之用。孔祥熙赴欧之行，即负有此项任务。⑦5月8日，蒋介石与英国大使会谈，说到"中英合作纲要与原则，并应通知孔祥熙，在伦敦直接进行"⑧。

在对外政策的调整问题上，国民政府高度重视与苏联关系的改善。1937年3月，苏联驻华大使鲍格莫洛夫返任，会见孔祥熙、陈立夫，转达苏联政府请中国发起太平洋地区公约和苏联准备向中国提供军用物资的建议。4月3日，蒋介石带病在上海会见鲍格莫洛夫，感谢苏联政府在西安事变问题上对他的支持和给予武器援助的建议，并请新任外长王宠惠谈判具体外交问题。不过，蒋不愿中共与共产国际联系过于紧密，"应令断绝或设法间接联络"，最

①　［日］日本防卫厅防卫研修所战史室编著：《战史丛书·大本营陆军部(1)》，东京，朝云新闻社，1974年，第420页，转引自臧运祜《西安事变与日本的对华政策》，《近代史研究》2008年第2期。

②　王宇高、王宇正主编：《困勉记(下)》，台北，2011年，第539—540页。

③　转引自李新主编《中华民国史》，第8卷，北京，中华书局，2011年，第648页。

④　王宇高、王宇正主编：《困勉记(下)》，台北，2011年，第549、550页。

⑤　王宇高、王宇正主编：《困勉记(下)》，台北，2011年，第546页。

⑥　韩信夫、姜克夫主编：《中华民国史大事记》，第8卷，北京，中华书局，2011年，第5385页。

⑦　韩信夫、姜克夫主编：《中华民国史大事记》，第8卷，北京，中华书局，2011年，第5394页。

⑧　王宇高、王宇正主编：《困勉记(下)》，台北，2011年，第552页。

重要的应使中共"明了中国抗倭须以中国为本,而非为其他国家抗倭也"。[①]
蒋希望中共对第三国际关系"由领袖主持负责"[②]。日本全面侵华战争爆发
后,国民政府加速了中苏两国的谈判进程,并于8月签订了《中苏互不侵犯条
约》,从而为全面抗战迎来了一个相对有利的外交环境。

---

① 《蒋介石日记(手稿本)》,1937年6月1日。
② 《蒋介石日记(手稿本)》,1937年6月6日。

第三章
重庆时期的国民政府

第一节　全面抗战爆发与国民政府西迁

一、全面抗战爆发

1937年7月7日晚，日本华北驻屯军在河北省宛平县卢沟桥以北地区进行夜间演习，借口一名士兵失踪，要求派兵进入宛平县城搜查，为北平市市长兼第二十九军副军长秦德纯拒绝，仅同意双方派员会同前往现地调查。然，调查工作尚未展开，日军已发动进攻，驻守该地的第二十九军第三十七师一一〇旅二一九团主动还击，卢沟桥事变爆发。

7月8日上午，正在江西牯岭主持庐山暑期训练团的国民政府军事委员会委员长、行政院院长蒋介石接到时在山东乐陵原籍休养的冀察政务委员会委员长宋哲元送来关于卢沟桥附近发生军事冲突的电报，立即以两电指示。一为指示固守宛平，称："宛平城应固守勿退，并须全体动员，以备事态扩大，此间已准备随时增援矣。"一为请宋立即返回保定驻所指挥，称："请兄速回驻保定指挥，此间决先派四师兵力增援。"同时采取下列行动：（1）电令南京军事委员会办公厅主任徐永昌、参谋总长程潜，准备派兵增援华北，以防止事态扩大。（2）电令开封绥靖主任刘峙，先派一师兵力前往黄河以北，再准备两师随时出动。次日，复电令第二十六路军总指挥孙连仲，立即由平汉路方面派出两师兵力；第四十军军长庞炳勋、第八十五师师长高桂滋立即率所部向石家庄集中，统归宋哲元指挥；同时再电令徐永昌、程潜等，第二十一师李仙洲部、第二十五师关麟征部亦令动员候调,并指示准备全军动员,"各地皆令戒严,并准备宣战手续"。10 日,指示将洛阳高射机枪队速运往保定,归二十九军指挥。① 事实上,由蒋氏所采取的一连串措施来看,可以说国民政府已经进入备战状态。日方尝指称国军行动违反《何梅协定》,而蒋氏则谓《何梅协定》已经完全被打破了。他说:"试问我们的部队、开到河北以后,他还能拿他所谓的何梅协定来限制我吗?"②蒋氏之所以采取如此迅速积极的行动,主要有几个原因:第一是随着"剿共"军事的发展,西南的川、滇、黔三省纳入中央的统治范围,扩大了国民政府应付日本侵略的对抗空间,加上整军建设等各项国防建设均已展开,使他在对日的态度上趋于强硬。③ 第二是 1936 年12 月的西安事变,中止了自 1933 年以来,政府执行安内攘外政策中的"剿共"军事行动。以往在这个政策下,政府对日采取"隐忍"态度的一个理由就是"'匪乱'未消",如"外寇不足虑,'内匪'实为心腹之患,如不先清'内匪',则决不能御外侮"④。现在军事行动中止,抗日已提到台面上,没有理由再加回避。第三,从 5 月下旬,蒋氏根据各方面所得的情报判断,日军将于近几个月在华北采取行动,现在果然展开行动。而且自 1933 年长城战役以来,"保全平津"一直是对日和战的底线,如今日军在北平近郊发动军事行动,并有扩大的趋势,情形自然严重。

但是华北的情况特殊,战与不战,并非中央所能决定,而是在于冀察当局。卢沟桥事变发生后,冀察当局曾经三度与日方进行现地交涉,并达成协议,希望借以缓和日军的侵略行动。第一次是在 7 月 9 日凌晨 2 时,夜,秦德纯与北平特务机关长松井太久郎达成大致的协议:(1) 双方即时停止射击;(2) 日军撤退至永定河左岸,中国军队撤退至同河右岸;(3) 由华北边境保安队负责守备卢沟桥。⑤ 9 日晨,日军虽然再有攻击行动,但及时受到制止,并

---

① 各电详见秦孝仪主编《卢沟桥事变史料》,上册,台北,中国国民党中央委员会党史委员会,1986 年,第 209—216 页。

② 刘维开:《蒋中正委员长在庐山谈话会讲话的新资料》,《近代中国》双月刊第 118 期,1997 年 4 月,第 159 页。

③ 《国府迁渝与抗战前途》,秦孝仪主编:《蒋公思想言论总集》卷 14《演讲》,台北,中国国民党中央委员会党史委员会,1984 年,第 653 页。

④ 《蒋委员长训令(1933 年 4 月 6 日)》,中国国民党文化传播委员会党史馆藏。

⑤ 〔日〕日本防卫厅防卫研究室编,林石江译:《从卢沟桥事变到南京战役》,台北,"国防部史政编译局"(下略),1987 年,第 205 页。

未继续。第二次是在华北驻屯军接到日本陆军参谋部电示《关于解决卢沟桥事件的对华交涉方针》之后,根据是项方针,松井于 10 日就解决卢沟桥事变向冀察当局提出道歉、处分肇事者、中国军队撤出卢沟桥及取缔排日团体等四项要求,其中"中国军队撤出卢沟桥"一项遭到秦德纯的强烈反对,交涉因此触礁。之后日方承诺"如果中国方面允许日军的要求,日军签字盖章之同时自卢沟桥周围撤军",天津市市长张自忠、第二十九军参谋长张允荣代表秦德纯与松井太久郎于 11 日签订《卢沟桥事变现地协定》。其内容为:(1) 第二十九军代表对日军表示遗憾之意,且处分负责人,声明负责防止将来发生类似事件;(2) 因中国军队过于接近驻扎丰台之日军而容易发生事情,故不在卢沟桥城郭及龙王庙驻军,以保安队维持其治安;(3) 鉴于本事变因所谓蓝衣社、共产党及其他抗日系统各种团体的指导而引起,将来针对此问题采取对策彻底取缔。① 第三次交涉,在宋哲元于 11 日抵达天津后,至 19 日深夜,由张自忠、张允荣代表第二十九军与日方签订协议。其内容如下:(1) 彻底镇压共产党的策动;(2) 由冀察政府主动罢免不适合于双方合作的职员;(3) 在冀察政权的范围内,取缔由其他各方面设置的各机关具有排日色彩的职员;(4) 由冀察政府撤离如蓝衣社、CC 团等排日团体;(5) 取缔排日的言论及排日的宣传机构及学生、民众等的排日运动;(6) 取缔冀察政权所属各部队、各学校的排日教育及排日运动。② 这三次协议的内容一次比一次具体,日本方面提出的条件一次比一次苛刻,冀察当局与第二十九军的妥协也一次比一次严重。③

对于冀察当局的行动,南京方面并不清楚,亦无法掌握。蒋介石于事变发生后,即分别致电宋哲元、秦德纯等,指示守土应具决死决战之决心与积极准备之精神应付;至于谈判,则须防备日方奸狡之惯技,务期不丧丝毫主权为原则。④ 同时他也十分明确地向宋哲元表示,希望与中央行动一致,无论和

---

① 〔日〕日本防卫厅防卫研究室编,林石江译:《从卢沟桥事变到南京战役》,台北,1987 年,第235—236 页。

② 〔日〕日本防卫厅防卫研究室编,林石江译:《从卢沟桥事变到南京战役》,台北,1987 年,第283 页。

③ 荣维木:《论卢沟桥事变期间的中日"现地交涉"》,《民国档案》1998 年第 4 期,第 79 页。

④ 《蒋委员长饬示冀察绥靖主任宋哲元与日军谈判务期不丧主权为原则电(1937 年 7 月 10日)》,秦孝仪主编:《卢沟桥事变史料》,上册,台北,中国国民党中央委员会党史委员会,1986 年,第216—217 页。

战,万勿单独进行,不稍与敌人以各个击破之隙。① 但是冀察当局有其自身利益的考量,与日方所达成协议,事前未与中央商量,事后亦未立即报告中央。南京方面只能透过派驻平津相关人员侧面所得消息以及报纸所披露略为了解大概。何应钦曾致电秦德纯等,表示"现全国均渴望前方消息,故传达真实情报,最为重要,而报馆及通信社消息,不可为凭",希望他们每日将确实情形,至少早、午、晚电告三次。② 而宋哲元直至7月22日才将11日与日方达成的三项条件报告蒋介石,并电复何应钦的询问,称:"查该条件内容,均甚空洞,本拟早日电陈请示,因双方屡次冲突,故未即报告。刻下虽较有进步,然尚无把握,就今日情形观察,此事或可暂告一小段落。"③

蒋介石自事变发生后,对于和、战已有定见,能和则和,不能和则战,而和、战的关键在于日方的态度。蒋对于"和"不具太大的信心,因此要做好"战"的准备。他曾对宋哲元表示:"卢案必不能和平解决,无论我方允其任何条件,而其目的,则在以冀察为不驻兵区域,与区内组织用人皆得其同意,造成第二冀东,若不做到此步,则彼必得寸进尺,决无已时,中早已决心,运用全力抗战,宁为玉碎,勿为瓦全,以保持为我国家与个人之人格。"④而他对于这个问题最具体的陈述,是7月17日在庐山谈话会第二次共同谈话上对与会人士发表的口头报告,明确传达了中国希望和平解决的讯息,但是也表示如果日本一再压迫,使中国面临最后关头,便只有拼全民族的生命以求国家的生存。所谓"最后关头",即是平津的保全。他说:"卢沟桥事变的推演,是关系中国国家整个的问题,此事能否结束,就是最后关头的境界。"如何能结束卢沟桥事变,完全在于日本政府的态度。他表示:"卢沟桥事件能否不扩大为

---

① 《蒋委员长致冀察绥靖主任宋哲元勉宁为玉碎毋为瓦全决心抗战电(1937年7月13日)》,秦孝仪主编:《卢沟桥事变史料》,上册,台北,中国国民党中央委员会党史委员会,1986年,第219—220页。

② 《军政部部长何应钦致北平市市长秦德纯并转河北省政府主席冯治安天津市市长张自忠告报馆及通信社消息不可为凭电(1937年7月14日)》,秦孝仪主编:《卢沟桥事变史料》,上册,台北,中国国民党中央委员会党史委员会,1986年,第221页。

③ 《冀察绥靖主任宋哲元复何应钦部长报告与日方交涉拟定之三条件电(1937年7月22日)》,秦孝仪主编:《卢沟桥事变史料》,上册,台北,中国国民党中央委员会党史委员会,1986年,第162页。

④ 《蒋委员长致冀察绥靖主任宋哲元勉宁为玉碎毋为瓦全决心抗战电(1937年7月13日)》,秦孝仪主编:《卢沟桥事变史料》,上册,台北,中国国民党中央委员会党史委员会,1986年,第220页。

中日战争,全系日本政府的态度,和平希望绝续的关键,全系日本军队之行动。在和平根本绝望之前一秒钟,我们还是希望和平的,希望由和平的外交方法求得卢事的解决。"他提出中国方面的四点立场:"(一)任何解决不得侵害中国主权与领土的完整;(二)冀察行政组织不容任何不合法的改变;(三)中央政府所派地方官吏,如冀察政务委员会委员长宋哲元等不能任人要求撤换;(四)第二十九军现在所驻地区不能受任何约束。"同时指出"这四点立场,是弱国外交最低限度,如果对方犹能设身处地,为东方民族作一远大的打算,不想促成两国关系达于最后关头,不愿造成中日两国世代永远的仇恨,对于我们这最低限度之立场,应该不至于漠视"。他在最后特别强调:"政府对于卢沟桥事件,已确定始终一贯的方针和立场,且必以全力固守这个立场,我们希望和平而不求苟安,准备应战而决不求战,我们知道全国应战以后之局势,就只有牺牲到底,无丝毫侥幸求免之理,如果战端一开,那就是地无分南北,年不分老幼,无论何人皆有守土抗战之责任,皆应抱定牺牲一切之决心。"①

不过日本方面并未充分了解中国的立场,一再要求中国撤出进入河北增援的部队,并要求承认华北一切地方协定。② 另外,日本内阁于是月20日,通过陆军大臣杉山元的提议,决定自日本本土派遣三个师团至华北。日军再度发动军事行动,炮轰卢沟桥,平津情势日趋严重。唯宋哲元对于和平解决,仍认为有相当希望。③ 23日,蒋介石针对冀察当局11日与日方之协议电宋,谓:"中央对此次事件,自始即愿与兄同负责任,战则全战,和则全和,而在不损害领土主权范围之内,自无定须求战、不愿求和之理。所拟三条,倘兄已签字,中央当可同意与兄共负其责;惟原文内容甚空,在我愈宜注意;第二条之不驻军,宜声明为临时办法,或至某时间为止,并不可限定兵数;第三条之彻底取缔,必以由我自动处理,不由彼方任意要求为限。至此事件真正结束,自应以彼方撤退阳日(按:7日)后所增部队为关键,务希特别注意。再拟三条

---

① 刘维开:《庐山谈话会会议记录选辑》,《近代中国》1992年第90期,第29—33页。

② 秦孝仪主编:《蒋公大事长编初稿》,卷4(上),台北,财团法人中正文教基金会,1978年,第84—85页。

③ 《外交部派驻平人员孙丹林杨开甲呈王宠惠部长告晤宋会谈内容电(1937年7月23日)》,秦孝仪主编:《卢沟桥事变史料》,上册,台北,中国国民党中央委员会党史委员会,1986年,第167页。

如未签订,则尚有改正与讨论之点。究已签订否? 盼复。"①除显示蒋尊重宋的态度外,同时也说明蒋对于和平解决事变亦有若干期待。

25 日下午,日军对北平、天津间重要交通据点的廊坊车站发动攻击,驻守该地的第二十九军第三十八师之一一三旅起而还击,双方战至 26 日中午,驻军被迫撤退,日军占领廊坊,是为"廊坊事件"。26 日下午,驻丰台之日军一部,分乘军车数十辆,冒充城内日使馆卫队演习归来,企图经由广安门进入北平,为守城部队发现。俟日军进城后,守军即开枪射击,日军死伤十余人,是为"广安门事件"。"廊坊事件"与"广安门事件"相继发生,使和平解决已不可能。蒋介石于接获报告后,认为是日本方面"必欲根本解决冀察与宋哲元部",感慨"而宋始终了悟,犹以为可对倭退让苟安,而反对中央怨恨,要求中央入冀部队撤退,可痛也乎",②乃立即致电宋哲元,指示下定决心,从速部署,决心大战,谓:"此刻兄应决心如下:甲、北平城防立即准备开战,切勿疏失。乙、宛平城防立即恢复戒备。此地点重要,应死守勿失。丙、兄本人立即到保定指挥,切勿再在北平停留片刻。丁、决心人战,照中昨电对沧保与沧石各线从速部署。"③

26 日,日本华北驻屯军司令官香月清司向宋哲元提出最后通牒,要求驻守卢沟桥及八宝山附近之第三十七师于 27 日正午以前撤至长辛店,驻守北平城内及西苑之第三十七师于 28 日正午以前撤至永定河以西,并陆续撤至保定方面。④ 对此,宋哲元予以严词拒绝,日军于 28 日展开全面攻击。当晚,宋哲元、秦德纯、冯治安等以战况恶劣为由,率部撤出北平,转往保定。二十九军一撤,北平不保。29 日,日军进攻天津;30 日,天津失陷。

平津失陷,中国对日的最后关头已到。29 日,蒋介石答复记者询问,表示:"自卢沟桥事变发生,余在庐山谈话会曾切实宣告,此事将为我最后关头

---

① 《蒋委员长致军事委员会参谋次长熊斌转冀察绥靖主任宋哲元指示在不损害我领土主权范围内言和电(1937 年 7 月 23 日)》,秦孝仪主编:《卢沟桥事变史料》,上册,台北,中国国民党中央委员会党史委员会,1986 年,第 229 页。

② 《蒋介石日记(手稿本)》,1937 年 7 月 26 日。

③ 《蒋委员长致冀察绥靖主任宋哲元指示从速部署决心大战电(1937 年 7 月 26 日)》,秦孝仪主编:《卢沟桥事变史料》,上册,台北,中国国民党中央委员会党史委员会,1986 年,第 232 页。

④ 〔日〕日本防卫厅防卫研究室编,林石江译:《从卢沟桥事变到南京战役》,台北,1987 年,第 300—301 页。

之界限,并列举解决此事之最低立场,计有四点,此中外所共闻,绝无可以变更。"至于今后政府之对日方针如何? 蒋介石强调政府之限度,始终一贯,绝不变更,即"不能丧失任何领土与主权"。① 8 月 1 日,蒋氏出席中央军校扩大总理纪念周,发表讲演,说:"在民国二十年的时候,我曾在此地对大家说过,我们一定要坚忍苦干,到民国二十五年,就是西历一九三六年,我们国家民族才有出路,所以在民国二十五年以前,无论敌人如何侮辱压迫我们,我们都要忍受。现在过了民国二十五年,到了二十六年的今天,国家已经有了整整五年的准备,我们的平津不但不能让敌人随便占去,而且要排去敌人的威胁挟持。……我们现在的准备,当然不算充实,但是较之五年以前,我们的国力已超过二十倍还不止,只要大家从此下决心,拿平津失败作教训,在一个命令之下,共同一致,沉着应战,愈挫愈奋,愈奋愈进,持久不懈,拼战到底,我相信最后的胜利终属于我们的。"②但是日本方面似乎不了解中国政府的决心,错估了整体的形势,因而导致一场长达八年的战争。

二、国民政府移驻重庆

卢沟桥事变发生后,首都南京的安全立即受到关注,而有迁地办公之准备。7 月 27 日,军政部部长何应钦主持事变后第 17 次军事会报,军政部总务厅厅长项雄霄报告当日行政院对蒋介石手令各院、部、会"实施动员演习及准备迁地办公,限三日具报"之会商结果。关于迁地办公,决定:"(一)第一步各机关办公地点疏开,即假定敌机轰炸或敌舰开炮时,各机关在城内或城外准备民房,秘密办公,并先登记负责人及电话号数等,以资联络。(二)万不得已时,则迁移他处办公(如衡阳)。必须永久保存之重要文件,先行迁地保管。至各机关之实行迁移,则须候命实施。"③平津失陷后,何应钦于 8 月 4 日主持第 25 次会报,亦曾指示"战时政府所在地应加研究(是否以武汉为

①　《平津形势骤变后之政府方针》,秦孝仪主编:《蒋公思想言论总集》卷 38《谈话》,台北,中国国民党中央委员会党史委员会,1984 年,第 92—93 页。

②　《准备全国应战》,秦孝仪主编:《蒋公思想言论总集》卷 14《演讲》,台北,中国国民党中央委员会党史委员会,1984 年,第 603—604 页。

③　中国第二历史档案馆编:《中华民国史档案资料汇编》第 5 辑第 2 编《军事(二)》,南京,江苏古籍出版社,1998 年,第 40 页。

宜)"①。可是是月14日举行的国防最高会议第一次会议,对于迁都问题则决议:"外侮虽告急迫,政府仍应在首都,不必迁移。"②迁都问题暂缓。至是年11月,国军在淞沪地区经过三个月的苦战,牺牲惨重,决定全线撤退,上海失陷。此战对日后战事发展影响甚巨,延迟日军进攻武汉之线行动,"使国民政府得以有充裕时期部署及建设大后方,奠定长期持久抗战的基础"③。

上海失陷后,南京成为日军下一个进攻的目标,为进行长期抗战准备,迁都势在必行,但为不抵触国防最高会议决议,中央采取以"国民政府移驻"取代"迁都"的方式,地点为重庆。为何选择重庆,蒋介石从军事的角度说明:"军事上最重要之点,不但胜利要有预定计划,即挫折亦要有预定的打算;不但胜利要立于主动地位,就是退却也要立于主动地位。"而四川就是预定计划中主动退却的所在,可以持久抗战的地方。他说:

> 自从九一八经过一二八以至于长城战役,中正苦心焦虑,都不能定出一个妥当的方案来执行抗日之战。关于如何使国家转败为胜转危为安,我个人总想不出一个比较可行的办法,只有忍辱待时,巩固后方,埋头苦干。但后来终于定下了抗日战争的根本计划。这个根本计划,到什么时候,才定了下来呢?我今天明白告诉各位,就是决定于二十四年入川"剿匪"之时。到川以后,我才觉得我们抗日之战,一定有办法。因为对外作战,首先要有后方根据地。如果没有像四川那样地大物博人力众庶的区域作基础,那我们对抗暴日,只能如一二八时候将中枢退至洛阳为止,而政府所在地,仍不能算作安全。所以自民国二十一年至二十四年入川"剿匪"之前为止。那时候是绝无对日抗战的把握,一切诽谤,只好暂时忍受,决不能漫无计划的(地)将国家牺牲,真正为国家负责者,断不应该如此。到了二十四年进入四川,这才找到了真正可以持久抗战的

---

① 中国第二历史档案馆编:《中华民国史档案资料汇编》第5辑第2编《军事(二)》,南京,江苏古籍出版社,1998年,第51页。

② 《国防最高会议第一次会议记录》,中国国民党文化传播委员会党史馆藏。

③ 蒋纬国:《全面抗战》,见《中华民国建国史》第四篇《抗战建国(一)》,台北,编译馆,1990年,第285页。

后方。所以从那时起,就致力于实行抗战的准备。①

　　论者则认为选择西迁重庆的原因为:(1)卢沟桥事变后,华北已被日军占领,上海失守,南京危急,必须从速迁都,而洛阳已在日军炮火之下,西安亦有危险,武汉、广州等地则是易攻难守,相比之下,只有重庆较为适宜;(2)重庆为西南重镇,地处长江与嘉陵江交会口,水陆交通方便,为四川门户,而四川地大物博,移驻四川,利于持久抗战和抗战建国;(3)经过参谋团及重庆行营多年的努力,四川已为国民政府控制,工作有一定的基础。同时,四川人力、物力、财力充足,能为抗战胜利创造有利的条件。②

　　11月15日,国防最高会议常务委员在南京召开第三十一次会议,通过《非常时期中央党政军机构调整及人员疏散办法》,规范中国国民党中央党部、军事委员会及国民政府所属各机关三方面的机构调整与人员疏散的原则。关于中国国民党中央党部方面,决定:"(一)中央执行委员会及监察委员会留秘书处,中央组织、训练、宣传三部暂时归并军事委员会;(二)中央政治委员会暂行停止,其职权由国防最高会议代行,国防最高会议应在军事委员会委员长所在地;(三)中央其他各委员会机构之调整,由中央常务会议决定之;(四)除各常务委员仍在中央党部办公外,其余留京各执监委员及候补执监委员仍继续派赴各省市工作;(五)预定迁移地点为重庆。"③军事委员会方面,决定:"(一)将中国国民党中央执行委员会的组织、民众训练、宣传三部暂时归并军事委员会;(二)第二部取消,其职掌与总动员有关系者,归并国家总动员设计委员会办理;(三)第五部取消,其职掌归并中央宣传部办理;(四)第六部以中央组织、民众训练两部并入;(五)军事委员会其他各单位之机构调整办法,由参谋总长拟定。"④政府机关方面,决定:"(一)政府各机关之与军事委员会有关系者,如军政部、海军部及外交部、财政部之一部分机构,应在军事委员会所在地;(二)参谋本部、训练总监部,仍隶属于军事委

---

　　① 《国府迁渝与抗战前途》,秦孝仪主编:《蒋公思想言论总集》卷14《演讲》,台北,中国国民党中央委员会党史委员会,1984年,第653页。
　　② 杨光彦等主编:《重庆国民政府》,重庆,重庆出版社,1995年,第4页。
　　③ 中国国民党中央委员会秘书处编:《中国国民党第五届中央执行委员会常务委员会会议记录汇编(上)》,台北,中国国民党中央委员会秘书处,[出版时间不详](下略),第177页。
　　④ 《国防最高会议常务委员第三十一次会议记录》,中国国民党文化传播委员会党史馆藏。

员会;(三) 军事委员会迁移地点,由委员长临时指定。此项调整,系基于即将西迁的需要,非战斗单位并入军事委员会统一行动,较为方便。"①次日,中国国民党中央执行委员会常务委员会第五十九次会议,决议依据前项办法,通过处理办法,中央党部组织精简,随政府西迁。

11 月 17 日,国防最高会议决议:为长期抵抗日本侵略,中央党部及国民政府迁往重庆办公。19 日晚,国防最高会议常务委员举行第三十三次会议,即撤退南京前最后一次会议。蒋介石在会中发表讲话,强调国民政府迁移重庆与抗战前途之密切关系。他认为以四川作为根据地,对日抗战虽有一时的挫败,但是前途一定乐观。他提出以下三个根据:

> 第一、自从二十四年开始将四川建设成后方根据地以后,就预先想定以四川作为国民政府的基础。日本如要以兵力进入四川来消灭国民政府,至少也要三年的时间,以如此久长的时间来用兵,这在敌人的内部是事实上所不许,他一定要失败的。我军节节抵抗,不惜牺牲,就希望吸引他的兵力到内地来,愈深入内地,就于我们抗战愈有利。

> 第二、只要我们国民政府不被消灭,我们在国际上一定站得住,而敌人骄横暴戾,到处树敌,他在二三年以内,一定站不住,决不能持久下去的,所以我们决不怕消灭,一时一地的得失,无害于我们的根本,我们的唯一方针,就是要"持久"。

> 第三、鉴于阿比西尼亚的事例,有若干人不免对国际正义失望……但我们中国决不做阿比西尼亚,要知道阿比西尼亚在地理上和军事上的条件,与我们中国有很大的不同,我们不独幅员广大,而且有极坚强的抗敌意识,越到内地,这种意识越普遍,所以日本决不能亡我,就是再多几个日本,亦不能亡我,日本如果以意大利来比拟自己,他就一定要失败。

他表示:"现在中央已经决议,将国民政府迁移到重庆了。国府迁渝并非此时才决定的。而是三年以前奠定四川根据地时所早已预定的,不过今天实现而已。"并提醒同志"切不可因为距离战场辽远了,而精神意志懈怠下来,无

---

① 李云汉:《中国国民党史述》,第 3 编,台北,中国国民党中央委员会党史委员会,1994 年,第 405—406 页。

形中造成如南宋时代苟安的局面";期勉表现"长期抗战的决心,和最后必胜的信心,无论到什么地方,必须要革除惰习,造成蓬蓬勃勃的新气象,使国民有所激劝,国际上也得到良好的观感,以配合我前方的浴血战斗,达成抗战最后的胜利"。[1]

　　会议同时通过国民政府移驻重庆宣言,揭橥国民政府抗日御侮的决心,宣示"此后将以更广大之规模,从事更持久之战斗"。11 月 20 日,国民政府明令发布。同日,国民政府明令公布改组内政、实业两部,及湖南、湖北、安徽、贵州四省政府,以湖南省政府主席何键调任内政部部长,遗缺由张治中继任;湖北省政府主席黄绍竑另有任用,遗缺由何成浚继任;安徽省政府主席刘尚清另有任用,遗缺由蒋作宾继任;贵州省政府主席顾祝同另有任用,遗缺由吴鼎昌继任;实业部部长吴鼎昌调贵州省政府主席,职务派该部政务次长程天固暂代。[2] 此项人事改组,主要为国民政府强化对后方的控制力,以利移驻重庆后的施政。蒋介石于当日日记中记道:"本日发表国府迁渝命令,与湘、皖、黔各主席命令,实为内政外交转移之一关键。"[3]

第二节　凝聚抗战意志与党政军统一指挥

一、召开国防联席会议

　　全面对日抗战开始后,国家面临非常时期。但当时在政治体制上仍为训政时期,国民政府在中国国民党指导监督下综理全国政务,国民政府主席为国家元首,不负实际政治责任;以行政院为国民政府最高行政机关,对中国国民党中央执行委员会负责。党政关系上,中央方面是以中国国民党中央执行委员会政治委员会(以下称"中央政治委员会")为政治最高指导机关,对中央执行委员会负责;政军关系上,国民政府军事委员会直隶国民政府,为全国军

---

①　《国府迁渝与抗战前途》,秦孝仪主编:《蒋公思想言论总集》卷 14《演讲》,台北,中国国民党中央委员会党史委员会,1984 年,第 652—658 页。

②　《国民政府公报》渝字第一号,1937 年 12 月 1 日,第 6—7 页。

③　《蒋介石日记(手稿本)》,1937 年 11 月 20 日。

事最高机关,地位与行政院平行。战争初起时,党政军三方面的领导,全系于蒋介石一人,在党为中央执行委员会常务委员及中央政治委员会副主席,主席为汪兆铭;在政为行政院院长;在军为军事委员会委员长。就中央而言,在党政军三方面的关系,可以说非常和谐而能紧密地配合。① 但是战时不同于平时,在平时体制下的党政军关系,到了战时不一定适用。战争期间,相关政令均要求能切合实际,迅速敏捷,尤其重要的是各方面必须能够齐一步伐,"力量集中,意志集中"②。因此在全面抗战开始后,中央决定重新考虑党政军三方面的关系,以求适应战时的需要,而有设置党政军统一指挥机构之主张。

抗战初起时,在党国体制内,存在两个国防最高决策机构:一个是由军事、行政两部门相关首长与各省军政长官组成的国防会议;一个是由党政军三方面负责人在中央政治委员会所组成的国防委员会。

国防会议系 1936 年 7 月中国国民党五届二中全会决议设置,目的在讨论国防方针及关于国防各重要问题。③ 国防会议设议长一人,由军事委员会委员长担任;副议长一人,由行政院院长担任。是时军事委员会委员长及行政院院长均为蒋介石,是以正、副议长均为蒋介石。会员由三方面组成:第一,中央军事机关各长官,包括军事委员会副委员长、参谋总长、军事参议院院长、训练总监、航空委员会委员长。第二,行政院关系各部长,包括军政、海军、财政、外交、交通、铁道等部部长。这两方面人员系职务任命,为阎锡山、冯玉祥、程潜、朱培德、唐生智、陈调元、孔祥熙、何应钦、陈绍宽、张群、张嘉璈、俞飞鹏等。④ 第三,中央特别指定之军政长官。⑤ 这一方面主要为政治

---

① 张群:《三十年来党政军关系之回顾》,台北,革命实践研究院,1954 年,第 7 页。

② 陈之迈:《中国政府》,第 1 册,上海,商务印书馆,1945 年,第 120 页。

③ 国防会议设置经过,参见刘维开《国防会议与国防联席会议之研究——抗战初期相关史实的辨正》,中国抗日战争史学会、中国人民抗日战争纪念馆编:《中华民族的抗争与复兴——第一、二届海峡两岸抗日战争史学术研讨会论文集》,北京,团结出版社,2010 年,第 306—307 页。

④ 中央政治委员会于函送五届二中全会关于组织国防会议及调整粤桂两省军事政治决议案时,决定加派吴鼎昌为国防会议会员。吴鼎昌为实业部部长,据此行政院关系各部长,应加实业部部长。见中国国民党中央委员会秘书处编《中国国民党第五届中央执行委员会常务委员会会议记录汇编(上)》,台北,中国国民党中央委员会秘书处,第 81 页。

⑤ 《国防会议条例案》,秦孝仪主编:《中国国民党历届历次中全会重要决议案汇编(一)》,台北,中国国民党中央委员会党史委员会,1979 年,第 402—403 页。

任命,为李宗仁、白崇禧、陈济棠、刘峙、张学良、宋哲元、韩复榘、何成浚、顾祝同、刘湘、龙云、何键、蒋鼎文、杨虎城、朱绍良、徐永昌、傅作义、余汉谋、盛世才等。①

国防会议的权责为审议国防方针、国防外交政策、关于国防事业与国家庶政之协进事宜、关于处置国防紧急应变事宜、国家总动员事宜、关于战时之一切组织及其他与国防相关联之重要事项。② 但其真正功能,则在团结地方与中央,使各地方实力派人士能共同一致至中央参加讨论。蒋介石于五届二中全会报告政府御侮救亡之最低限度时,曾就组织国防会议一案附带提出说明,谓:

> 今天主席团提出组织国防会议一案,主要的意义,就是希望各地方的军事当局,能够共同一致,来中央参加讨论,对于各项决议办法,大家可以彻底明了。一旦发生事变,也可以团结一致,共同负责来抵御外侮。③

国防委员会最初成立于 1933 年 2 月,为全国国防最高决定机关,对中国国民党中央执行委员会政治会议(以下称"中央政治会议")负责。④ 1935 年 12 月,中央政治会议改组为中央政治委员会,成立国防专门委员会,国防委员会随之取消。⑤ 但国防专门委员会为设计及审议机构,并不具有决策权。1937 年 2 月,中国国民党五届三中全会鉴于国防之必要,决议交由中央政治委员会参考前例,重设国防委员会。3 月 3 日,中央政治委员会第三十七次会议决议通过《国防委员会条例》,规定"国防委员会为全国国防最高决定机关,对于中央执行委员会政治委员会负其责任"。国防委员会设正、副主席各

---

① 李宗仁等 18 人为 1936 年 7 月 13 日五届二中全会第二次会议通过,7 月 14 日国民政府任命;盛世才为 8 月 26 日国民政府任命。见朱汇森主编《中华民国史事纪要(初稿)——中华民国二十五年(一九三六)七至十二月份》,台北,1988 年,第 138、450 页。

② 《国防会议条例案》,秦孝仪主编:《中国国民党历届历次中全会重要决议案汇编(一)》,台北,中国国民党中央委员会党史委员会,1979 年,第 403 页。

③ 秦孝仪主编:《中华民国重要史料初编——对日抗战时期绪编(三)》,台北,中国国民党中央委员会党史委员会,1981 年,第 667—668 页。

④ 关于国防委员会的成立经过,参阅王正华《国防委员会的成立与运作(1933—1937)》,《国史馆学术集刊》(以下简称《学术集刊》)2006 年第 8 期,第 76—89 页。

⑤ 王正华:《国防委员会的成立与运作(1933—1937)》,《学术集刊》2006 年第 8 期,第 101 页。

一人,以中央政治委员会正、副主席兼任,即汪兆铭、蒋介石。委员会由党、政、军三方面负责人组成,包括中国国民党中央执行委员会常务委员、中央监察委员会常务委员、中央执行委员会常务委员会秘书长、中央政治委员会秘书长;国民政府五院院长;行政院秘书长,内政、外交、财政、交通、铁道、实业、教育各部部长;军事委员会委员长、副委员长、办公厅主任,参谋本部总长,军政、海军部部长,训练总监部总监;全国经济委员会常务委员等。其职权为国防外交政策之决定、国防作战方针之决定、国防费用之编制与筹备、国家总动员事项之决定、国防紧急事变之审议及其他与国防有关重要问题之决定。同时规定"国防委员会为便利决议之执行,得直接秘密指导国民政府之军事及行政各高级机关,并督促其完成"。①

国防会议设置后,蒋介石曾多次与幕僚协商召开会议事宜,但未有进一步行动。卢沟桥事变发生后,蒋氏于 1937 年 7 月 13 日致电军事委员会办公厅主任徐永昌、参谋总长程潜、军政部部长何应钦及训练总监唐生智,准备召开国防会议,谓:"拟十日内召集国防会议,兄等之意如何,如同意,请即发电召集可也。"②然因蒋氏于 7 月 17 日在庐山谈话会上发表关于政府对卢沟桥事变所持的基本方针谈话,表明"在和平根本绝望之前一秒钟,我们还是希望和平的,希望由和平的外交方法,求得卢事的解决"③。为配合全盘政策,召集国防会议一事遂告暂缓,会议通知并未即时发出。④

至 7 月底平津情势逆转,蒋氏认为和平绝望,大战在即,但是当时中国并不具备对日作战的充分条件。⑤ 尤其是部分地方实力派,包括山西的阎锡山、河北的宋哲元、山东的韩复榘、四川的刘湘、云南的龙云、广西的李宗仁和

---

① 中国国民党中央委员会秘书处编:《中国国民党第五届中央执行委员会常务委员会会议记录汇编(上)》,台北,中国国民党中央委员会秘书处,第 130 页。

② 《蒋中正电示徐永昌等如同意十日内开国防会议即发电召集各同志(1937 年 7 月 13 日)》,《蒋中正筹笔》,台北藏。

③ 《蒋委员长对于卢沟桥事件之严正表示》,秦孝仪主编:《卢沟桥事变史料》,上册,台北,中国国民党中央委员会党史委员会,1986 年,第 3 页。

④ 李云汉:《卢沟桥事变》,台北,东大图书股份有限公司,1987 年,第 406 页。

⑤ 蒋于日记中记道:"平津既陷,人民涂毒至此,虽欲不战,亦不可得,否则国内必起分崩之祸,与其国内分崩,不如对倭抗战,以倭寇内部之虚弱及其对华之横暴,以理度之不难使制胜也。但我之弱点太多,组织与准备可谓无有,以此应敌危险实大。"见《蒋介石日记(手稿本)》本月(1937 年 8 月)反省录。

白崇禧等,对中央表面服从,私下仍各行其是,或呈半独立状态。而在处理卢沟桥事变的过程中,蒋氏对于宋哲元不完全听命于中央的态度,以及中央所处的困境,点滴在心头。① 但此种情形绝非宋哲元一人如此,其他地方实力派面临如宋之情况时,恐亦如宋或更不如宋。因此蒋氏认为要使这些将领能配合中央的决策,就必须让他们了解中央的应变措施及态度,乃再有召集国防会议之意,电邀各省区军事首领至南京共商大计。

除了各地方实力派领袖外,因此时国共关系改善,国民政府于 1937 年 1 月停止"剿共"政策,中共方面亦多次由周恩来代表面见蒋介石,陈述中共中央对解决国共两党关系相关问题的意见。在会议召开之前,蒋介石于 8 月 1 日致电西安行营主任蒋鼎文,请其转周恩来,希望朱德、毛泽东至南京面商大计。而所谓"面商大计",即参加"国防会议"。但因大雨成灾,铁路冲毁,朱德、周恩来、叶剑英等至 9 日方由西安搭机赴南京。而毛泽东在肤施(延安),天雨路阻,无法成行。因此当朱、周、叶三人抵达南京时,国防会议已于 7 日召开完毕,实际上并未参加。②

1937 年 8 月 7 日上午 8 时,国防会议在南京举行,阎锡山、白崇禧、刘湘、何键、余汉谋等亲自与会。会议进行半天,主要为听取国防相关单位工作报告。继于当晚 8 时,与国防委员会举行联席会议。③ 联席会议由蒋介石以国防会议议长身份主持,首先由何应钦报告"卢沟桥事变之经过及其措置"及军事委员会办公厅副主任刘光报告"军事准备事项",随即进入"大计讨论"。在"大计讨论"之前,蒋介石先就会议的重要性提出说明。他说:

---

①　吕芳上:《"最后关头"已到:1937 年"蒋中正日记"的考察》,纪念抗战胜利六十周年学术研讨会论文,2005 年 8 月 18—19 日,第 24—25 页。

②　详见刘维开《国防会议与国防联席会议之研究——抗战初期相关史实的辨正》,中国抗日战争史学会、中国人民抗日战争纪念馆编:《中华民族的抗争与复兴——第一、二届海峡两岸抗日战争史学术研讨会论文集》,北京,团结出版社,2010 年,第 305 页。

③　国防委员会成员与国防会议有相当重叠性,国防委员会增加党务系统人员、全国经济委员会常务委员,立法、司法、考试、监察四院院长,其余政、军两方面成员大致相同。但是就职权而言,国防委员会主要为"决定"相关事项,国防会议则为"审议"相关事项。国防委员会为全国国防最高决定机关,国防会议的决定在体制上应于会后送国防委员会核定,因此有借各地方军事将领抵京出席国防会议的同时,召开国防委员会与国防会议联席会议。见刘维开《国防会议与国防联席会议之研究——抗战初期相关史实的辨正》,中国抗日战争史学会、中国人民抗日战争纪念馆编:《中华民族的抗争与复兴——第一、二届海峡两岸抗日战争史学术研讨会论文集》,北京,团结出版社,2010 年,第 314—315 页。

现在这回中日战争,实在是我们国家生死存亡的关头,如果这回战争能胜利,国家民族就可以复兴起来,可以转危为安,否则必陷国家于万劫不复之中。中日战争,假如中国失败,恐怕就不是几十年,甚至于几百年可以复兴的。今晚能与各地长官,各位同志聚集在一起,来讨论大计的决定,这对于我们国家的存亡,有绝大的关系。因此之故,请大家尽量的(地)为民族为国家多多的(地)发表意见,务须完全站在民族的立场上着想,不要以个人的意见来主观的(地)判断,完全要拿实际的状况,替国家作一个忠的打算,胜利是党国的幸福,生死存亡,义无反顾。就是失败,也可以对得起后辈和我们的祖先。因此之故,应绝对将个人的一切辟开,完全站在国家的立场上,来讨论决定大计。①

与会者先后有汪兆铭、张继、林森、阎锡山、刘湘、程潜等中央及地方军政负责人,一致发言主张对日抗战。汪兆铭更明确地表示:"目前中国的形势,已到最后关头,只有战以求存,绝无苟安的可能。"最后,蒋介石对与会者发言做出两点结论:"一、在未正式宣战以前,与彼(日)交涉,仍不轻弃和平。二、今后军事、外交上各方之态度,均听从中央之指挥与处置。"表示:"如决定抗战,请各自起立,以资决定,并示决心。"②与会者共同起立,无异议③,抗战大计正式确定。蒋介石于闭会词中说:"刚才已经议决了今后的方针,大家应共同的(地)一致去努力,预料一定能达到目的,此后就要请各位分头努力,最重要的,要团结一致的(地)向目标迈进,我很相信最后的胜利,必属于我。善于侵略的日本,终于是失败的。"④

二、成立党政军统一指挥机构

在国防联席会议上,除了确定抗战的大政方针外,对于战时体制的建立

---

① 戚厚杰:《抗战爆发后南京国民政府国防联席会议记录》,《民国档案》1996 年第 1 期,第30 页。

② 戚厚杰:《抗战爆发后南京国民政府国防联席会议记录》,《民国档案》1996 年第 1 期,第32 页。

③ 《国防联席会议》,《中行庐经世资料》,中国国民党文化传播委员会党史馆藏。

④ 戚厚杰:《抗战爆发后南京国民政府国防联席会议记录》,《民国档案》1996 年第 1 期,第33 页。

也达成共识,而为日后设置党政军统一指挥机构的依据。

会议相关资料显示,阎锡山在发言中,除指出当晚所应决定之问题为"研究应取何态度以对付现在之敌人",还认为"此事应先立定最后决心及需要最高努力,一方面增加自己力量,一方面争取外援力量,尤需党政军合而为一,服从决议。如四万万人合而为一,则今日之危机,有胜败的问题,而无亡国的问题"。① 因此会中决议:"作战期间,关于党政军一切事项应统一指挥之。"② 与此同时,亦有国民政府委员萧佛成致函国民政府委员会,建议授予蒋委员长以抗战全权,付以救国重任,督饬将士,扫荡敌氛。③ 因此在国民政府方面,决定设置大本营为作战最高指挥机构;中央政治委员会方面,亦决定合并国防会议与国防委员会,设置国防最高会议为全国国防最高决定机关,两者皆以军事委员会委员长蒋介石为中心。

根据国防联席会议决议,中央政治委员会于 8 月 11 日举行之第五十一次会议通过《合并国防委员会及国防会议设立国防最高会议案》,决议:"设立国防最高会议,国防最高会议组织条例通过,送国民政府并送请中央执行委员会备案。中央执行委员会第五届第二次全体会议议决组织之国防会议,及第五届第三次全体会议议决组织之国防委员会,均请中央执行委员会撤销之。"④国防最高会议依据组织条例规定,为全国国防最高决定机关,对中央执行委员会政治委员会负责。12 日,第五届中央执行委员会常务委员会(以下称"中央常会")第五十次会议决议通过备案;14 日,国防最高会议正式成立。⑤

国防最高会议设主席、副主席各一人,以军事委员会委员长为主席,即蒋介石;中央政治委员会主席为副主席,即汪兆铭;委员包括党、政、军各部门主管,成立初期共 39 人,之后陆续再有增加,并由主席就委员中指定 9 人为常

① 《国防联席会议》,《中行庐经世资料》,中国国民党文化传播委员会党史馆藏。
② 《国防最高会议组织条例案》,中国国民党文化传播委员会党史馆藏。
③ 《陆海空军大本营组织法、中央执行委员会授权军事委员长行使最高统帅权统一党政指挥案》,中国国民党文化传播委员会党史馆藏。
④ 中国国民党中央委员会秘书处编:《中国国民党第五届中央执行委员会常务委员会会议记录汇编(上)》,台北,中国国民党中央委员会秘书处,第 167 页。
⑤ 关于国防最高会议相关运作,参阅刘维开《战时党政军统一指挥机构的设置与发展》,中华民国史专题讨论会秘书处编:《中华民国史专题论文集第三届讨论会》,台北,1996 年,第 347—350 页。

务委员,组成常务委员会议,为国防最高会议之决策中心。① 国防最高会议之职权为:(1) 国防方针之决定;(2) 国防经费之决定;(3) 国家总动员事项之决定;(4) 其他与国防有关重要事项之决定。赋予主席紧急命令权,规定:"作战期间,关于党政军一切事项,国防最高会议主席得不依平时程序,以命令为便宜之措施。"②

国防最高会议全体委员会议于 8 月 14 日在南京举行第一次会议,至1939 年 1 月改组为国防最高委员会,共召开 8 次。第一次会议由蒋介石亲自主持,会中对于战争问题通过两项决议:"一、外侮虽告急迫,政府仍应在首都,不必迁移;二、此次对日抗战,不采宣战、绝交等方式,并由外交部斟酌情形,向国联提请予侵略者以经济制裁。"此外,蒋介石同时指定立法院院长孙科、司法院院长居正、考试院院长戴传贤、监察院院长于右任、军政部部长何应钦、外交部部长王宠惠、财政部部长孔祥熙、经济委员会常务委员宋子文及中央执行委员会秘书长叶楚伧等 9 人为常务委员,中央政治委员会秘书长张群为秘书长。③ 常务委员原则上每星期举行两次会议,遇有特殊议案则召开临时会议;1938 年 8 月,国防最高会议迁至重庆后,常务委员会议改为每星期举行一次。常务委员会议于 1937 年 8 月 16 日举行第一次会议,至 1939年 1 月,共举行常务委员会议 115 次、常务委员临时会议 1 次。其中第一次至第三十二次会议及临时会议在南京举行,第三十三次至第九十次会议在汉口举行,第九十一次至第一一五次会议在重庆举行。④

国防最高会议依规定对中央政治委员会负责,但是受时局影响,中央政治委员会召集困难,无法按期开会。因此于 8 月 27 日召开中央常会第五十一次会议,决议:"中央政治委员会应提会各案,先由政治委员会主席批行,再

---

① 国防最高会议成员包括:(1) 中央执行委员会常务委员、秘书长,组织部、宣传部、民众训练部各部部长,中央监察委员会常务委员,中央政治委员会秘书长;(2) 五院院长、副院长;(3) 行政院秘书长,内政部、外交部、财政部、交通部、铁道部、实业部、教育部各部部长;(4) 军事委员会副委员长,参谋本部总长,军政部、海军部部长,训练总监部总监,军事参议院院长;(5) 全国经济委员会常务委员。参见《国防最高会议组织条例案》,中国国民党文化传播委员会党史馆藏。

② 《国防最高会议组织条例》,第 6 条,中国国民党文化传播委员会党史馆藏。

③ 《国防最高会议第一次会议记录》,中国国民党文化传播委员会党史馆藏。

④ 国防最高会议常务会议全部会议记录及全体会议记录,均庋藏于中国国民党文化传播委员会党史馆。

报告政治委员会追认。"①而中央政治委员会主席汪兆铭亦是国防最高会议副主席,因此国防最高会议虽然在法律上对中央政治委员会负责,事实上则是取代了中央政治委员会的位置。至 11 月 15 日,国防最高会议常务委员第三十一次会议通过《非常时期中央党政军机构调整及人员疏散办法》,决议:"中央政治委员会暂行停止其职权,由国防最高会议代行,国防最高会议应在军事委员会委员长所在地。"②自此,中央政治委员会的职权正式由国防最高会议代行,其范围包括:立法原则、施政方针、军政大计、财政计划、特任特派官吏及政务官之人选及中央执行委员会交议事项。③ 此外,中央政治委员会之下所设的各专门委员会亦同时改归国防最高会议指挥工作。1938 年 4 月,中国国民党五届四中全会通过《关于改进党务及调整党政关系案》,决议中央政治委员会以决议案报告于常务委员会④;因中央政治委员会之职权由国防最高会议代行,所以自 4 月 13 日之常务委员第六十四次会议起,国防最高会议之决议案需报告中央执行委员会常务委员会议核备。

三、军事委员会改组

1937 年 8 月 11 日,中央政治委员会第五十一次会议,除通过设立国防最高会议外,亦通过由中央监察委员会常务委员、国民政府主席林森提出的《陆海空军大本营组织法》,规定"国民政府于战时特设陆海空军大元帅,组织陆海空军大本营,直隶国民政府,执行国民政府组织法第三条所规定之职权"⑤。所谓"国民政府组织法第三条所规定之职权",为"国民政府统率陆海空军",易言之,即将国民政府的最高统帅权直接交由陆海空军大元帅行使。

---

① 中国国民党中央委员会秘书处编:《中国国民党第五届中央执行委员会常务委员会会议记录汇编(上)》,台北,中国国民党中央委员会秘书处,第 167 页。

② 《国防最高会议常务委员第三十一次会议记录》,中国国民党文化传播委员会党史馆藏。

③ 《中央执行委员会政治委员会组织条例》,第 3 条,中国国民党中央委员会秘书处编:《中国国民党第五届中央执行委员会常务委员会会议记录汇编(上)》,台北,中国国民党中央委员会秘书处,第 9 页。

④ 《总裁提出对于改进党务及调整党政关系案修正案之修正意见》,秦孝仪主编:《中国国民党历届历次中全会重要决议案汇编(一)》,台北,中国国民党中央委员会党史委员会,1979 年,第451 页。

⑤ 《陆海空军大本营组织法、中央执行委员会授权军事委员长行使最高统帅权统一党政指挥案》,中国国民党文化传播委员会党史馆藏。

12 日,中央常会第五十次会议通过林森之临时提议,推定蒋介石为陆海空军大元帅。[①] 但是当时中国政府并未对日正式宣战,使用"战时"一词是否适当,颇引起部分人士质疑,因此林森于 19 日提议将《陆海空军大本营组织法》中"战时"两字修正为"需要自卫权之行使时",即"国民政府于需要自卫权之行使时特设陆海空军大元帅"。[②] 20 日,蒋介石以大元帅身份发布第一号训令,颁发国军战争指导方案,宣言"本大元帅受全体国民与全党同志付托,统帅海、陆、空军及指导全民,为求我中华民族之永久生存及国家主权领土之完整,对于侵犯我主权领土与企图毁灭我民族生存之敌国倭寇,决以武力解决之",公布大本营之组织,设置第一至第六部,分掌军令、政略、财政金融、经济、宣传、训练等事宜。[③]

蒋介石对于大元帅一职,虽然同意接受,但是态度上仍有相当保留,并未正式就职,同时要求报纸暂缓发布讯息。[④] 主要原因在于他认为此次抗战,在中国方面是敌人逼迫到了最后关头,不得已而战争,而大本营之组织过重形式,"现时仍以在表面上避免战争之名为宜",决定将中央原议暂时搁置,而以改组军事委员会,将大本营拟设各部纳入该会方式进行。[⑤] 8 月 27 日,中央常会第五十一次会议决议通过:"公布大本营组织条例,由军事委员会委员长行使陆海空军最高统帅权,并授权委员长对于党政统一指挥。"[⑥]正式以军事委员会取代大本营,成为战时最高统帅机构。同时为实现是项决议,国防最高会议于 10 月 25 日召开的常务委员第二十六次会议通过致函中央执行

---

① 中国国民党中央委员会秘书处编:《中国国民党第五届中央执行委员会常务委员会会议记录汇编(上)》,台北,中国国民党中央委员会秘书处,第 167 页。

② 《陆海空军大本营组织法、中央执行委员会授权军事委员长行使最高统帅权统一党政指挥案》,中国国民党文化传播委员会党史馆藏。

③ 方山、潘寿:《南京国民政府大本营关于全面抗战作战指导方案等训令四件》,《民国档案》1987 年第 1 期,第 22—25 页。

④ 大本营训令第一号所附"大本营组织系统表"中附记二称,"在大元帅未正式就职以前暂以军事委员长名义指挥之",见《南京国民政府大本营关于全面抗战作战指导方案等训令四件》,《民国档案》1987 年第 1 期,第 25 页;《国防最高会议常务会议第二次会议记录》,中国国民党文化传播委员会党史馆藏。

⑤ 《王世杰日记(手稿本)》,第 1 册,台北,1990 年,第 97 页;蒋介石:《最近军事与外交》,秦孝仪主编:《蒋公思想言论总集》卷 14《演讲》,台北,中国国民党中央委员会党史委员会,1984 年,第 626 页。

⑥ 中国国民党中央委员会秘书处编:《中国国民党第五届中央执行委员会常务委员会会议记录汇编(上)》,台北,中国国民党中央委员会秘书处,第 169 页。

委员会及中央政治委员会："嗣后凡属中央党政机关适应战事之各种特别设施令行各省市地方党政机关办理者，概应先请军委会委员长核准施行，以期统一。"①

1937年10月，军事委员会调整组织，扩大架构，于委员长下设正、副参谋总长，正、副秘书长各一人，并设第一部（军令）、第二部（政略）、第三部（国防工业）、第四部（国民经济）、第五部（国际宣传）、第六部（民众组训）、管理部、后方勤务部、卫生勤务部、警卫执行部、秘书厅及侍从室等单位，另设军法执行总监一人、军事参议官若干人、侍从武官长一人，总办公厅主任、副主任各一人等，分掌应办事务。②

军事委员会组织扩大后，为使各部所主管业务能与行政主管部门密切配合，以适应战时的需要，第一至第六部的工作，大体上是由相关机关兼办，如第三部由资源委员会办理，第四部由实业部办理，第五、六两部由中国国民党中央执行委员会所属相关部门办理。③ 10月底，复增设农业、工矿、贸易三个调整委员会，以促进生产，调整贸易。11月中旬，南京情势危急，政府决定迁都重庆；15日，国防最高会议常务委员第三十一次会议通过《非常时期中央党政军机构调整及人员疏散办法》，决定将中国国民党中央执行委员会的组织、民众训练、宣传三部暂时归并军事委员会。军事委员会组织随之再度进行调整，取消第二部，其职掌与总动员有关系者，归并国家总动员设计委员会办理；取消第五部，其职掌归并中央宣传部办理；第六部以中央组织、民众训练两部并入；其他各单位之机构调整办法，由参谋总长拟定。④

至1937年底，因军事委员会改组之后，所谓党政军组织上的配合，依然只是一种形式，无补于实际，中央决定重新调整内部单位。⑤ 此次调整的基本原则是将第一至第六部全部裁撤，改设军令、军政、军训、政治四部，原有行政各部之主管业务分别归并行政院相关各部，原党务机构回隶中央执行委员

① 《国防最高会议常务委员第二十六次会议记录》，中国国民党文化传播委员会党史馆藏。

② 《军事委员会呈国民政府该会重加改组情形祈鉴核备案》，1937年10月8日，见周美华编《国民政府军政组织史料》第1册《军事委员会（一）》，台北，1996年，第77页。

③ 张群：《三十年来党政军关系之回顾》，台北，革命实践研究院，1954年，第9页；徐矛：《中华民国政治制度史》，上海，上海人民出版社，1992年，第310页。

④ 《国防最高会议常务委员第三十一次会议记录》，中国国民党文化传播委员会党史馆藏。

⑤ 张群：《三十年来党政军关系之回顾》，台北，革命实践研究院，1954年，第9页。

会。其重点为：(1) 原中央执行委员会的组织、民众训练、宣传三部,回归党务系统；(2) 第三、四两部归并于经济部,农业、工矿、贸易三调整委员会及水陆运输联合办事处亦分别归并于经济、财政、交通三部；(3) 参谋本部归并于军令部,军政部自行政院改隶军事委员会,训练总监部归并于军训部,第六部及政训处合并为政治部。经过此次调整,党、政、军又各成系统,军事委员会于委员长、副委员长、委员、参谋总长、副参谋总长外,设军令、军政、军训、政治四部,军事参议院、军法执行总监部、航空委员会及铨叙厅,职务回归至军事方面。①

第三节 《抗战建国纲领》与设置战时民意机构

一、党派合作,团结御侮

训政时期,中国国民党以党领政,党外无党。1937 年 7 月底,平津失陷,中日两国间的全面战争已不可避免。为集中意见,团结御侮,中央政治委员会于 8 月 11 日决议于国防最高会议之下设置国防参议会,邀请在野各党派领导人士及社会贤达参加,这项决议虽然"未丝毫变更中国国民党党治体制"②,但是却"不合中国国民党以党训政原则"③,可以说是政治制度上的一大突破。学者称此为中国国民党"开放政权"的标志④,开创了国民党执政以来邀集各党各派各方共商国是之先河⑤。

9 月 22 日,国民政府复公布中国共产党中央发表的《共赴国难宣言》,向全国宣告：(1) 孙中山先生的革命的三民主义为中国今日之必需,本党愿为其彻底的实现而奋斗；(2) 与现在中国占领导地位的国民党开诚相与,共同

---

① 《国防最高会议常务委员第三十二次会议记录》,中国国民党文化传播委员会党史馆藏;钱端升等：《民国政制史》,上册,上海,商务印书馆,1946 年上海增订二版,第 291 页。

② 王世杰、钱端升：《比较宪法》,北京,中国政法大学出版社,2004 年,第 489 页。

③ 董霖：《中国政府》,第 1 册,上海,世界书局,1941 年,第 385 页。

④ 陈瑞云：《现代中国政府》,长春,吉林文史出版社,1988 年,第 287 页。

⑤ 林炯如、傅绍昌、虞宝棠：《中华民国政治制度史》,上海,华东师范大学出版社,1995 年,第 301 页。

为对外抗战、对内民主与民生幸福而努力,取消一切推翻国民党政权的暴动政策及"赤化"运动,停止以暴力没收地主土地的政策;(3) 取消现有的苏维埃政府,实行民主政治,以期全国政权之统一;(4) 取消红军名义及番号,改编为国民革命军,受中央军事委员会之统辖,并待命出动,担任抗敌前线之职责。[1] 次日,蒋介石发表谈话,肯定中共中央发表之《共赴国难宣言》,并谓:"对于国内任何派别,只要诚意救国,愿在国民革命抗敌御侮之旗帜下,共同奋斗者,政府无不开诚接纳,咸使集中于本党领导之下,而一致努力。"[2]实质上承认了中国国民党以外各党派的存在,是对训政体制的进一步开放,是更明确的宣示。

国防参议会由国防最高会议主席指定或聘任之参议员组成。参议员名额不定,8 月 17 日举行第一次会议时,已聘定张伯苓、胡适、张嘉森(君劢)、蒋梦麟、马君武、曾琦、李璜、黄炎培、沈钧儒、张耀曾、毛泽东、晏阳初、傅斯年、梁漱溟、蒋方震(百里)、陶希圣等 16 人为参议员,嗣后陆续增聘罗文干、颜惠庆、施肇基、徐谦、左舜生、甘介侯、张东荪、杨赓陶等 8 人,总计 24 人。[3]参议员均是以个人身份聘请,但是基本上容纳了中国国民党以外的各党派,包括中国青年党、国家社会党、中国共产党、中国社会民主党、救国会、村治派、职教社、平教会等主要负责人,及学术、外交、司法、军事等方面的代表性人物,目的在集中意志,团结御侮,为抗战时期各党各派合作的开端,亦是 1938 年所成立国民参政会的胚胎。[4]

国防参议会于 1937 年 8 月 20 日正式成立[5],是月 17 日晚 8 时半先行举

---

① 《中国共产党中央发表"共赴国难"宣言》,秦孝仪主编:《中华民国重要史料初编——对日抗战时期第五编中共活动真相(一)》,台北,中国国民党中央委员会党史委员会,1985 年,第 286—287 页。

② 《蒋委员长谓中共共赴国难宣言发表谈话》,秦孝仪主编:《中华民国重要史料初编——对日抗战时期第五编中共活动真相(一)》,台北,中国国民党中央委员会党史委员会,1985 年,第 284—285 页。

③ 刘维开:《战时党派合作的开端——国防参议会研究》,《纪念七七抗战六十周年学术研讨会论文集》,台北,1998 年,第 122—123 页。

④ 参见刘维开《战时党派合作的开端——国防参议会研究》,《纪念七七抗战六十周年学术研讨会论文集》,台北,1998 年,第 119—152 页。

⑤ 部分资料谓国防参议会正式成立的日期为 1937 年 9 月 9 日,此处系据汪兆铭于 1938 年 1 月 3 日国防最高会议常务委员第四十次会议提案原稿,见《国防最高会议组织条例案》,中国国民党文化传播委员会党史馆藏。

行第一次会议,至 1938 年 6 月 17 日结束,前后存在共 10 个月,集会 64 次。[①]
国防参议会在当时为秘密性质,对外并未公开,参议员有听取政府关于军事、外交、财政等之报告,及向国防最高会议提出建议之权。汪兆铭担任主席,除主持会议,听取各项建议外,还定期向国防最高会议常务委员会议提出报告,而常务委员亦会针对参议员提出的意见做出决议,交付有关机构研究或执行。

关于国防参议会的职权,《国防最高会议国防参议会组织要纲》规定:"国防参议会参议员听取政府关于军事、外交、财政等之报告,得制成意见书于国防最高会议",即参议员有听取政府关于军事、外交、财政等方面报告的报告权,以及对国防最高会议提出意见书的建议权,并赋予参议员会内言论免责权,以保障言论自由。[②] 国防参议会原则上每周集会两次,由国防最高会议主席或副主席主持,主席蒋介石忙于军务,从未出席会议,实际上由副主席汪兆铭主持一切。开会时,负责军事、外交等相关单位的主管官员列席,以备参议员咨询,参议员亦得要求政府就特定事件派员报告,使参议员对于抗战情势有所了解。[③] 而参议员的背景不同,对问题的理解各异,亦可以透过参议会交流,沟通彼此意见,开启党派合作的契机。但是国防参议会是一个咨询机关,而不是一个民意机关,当时在野党派希望的是政府能成立一个民意机关,在无法达成目标之前,亦希望能扩充参议员的名额。对此,国防最高会议拟先采取扩充参议员的方式,于 1937 年 12 月 31 日召开的常务委员第三十九次会议上,通过国防参议会扩充参议员名额案,决议将国防参议会参议员之名额定为 75 人。其扩充原则如下:(1) 原任参议员全体;(2) 五院秘书长;(3) 各省政府及各直属市政府,就本省市推出有学识经验及社会有名望者三人,由中央选定一人;(4) 蒙藏委员会及侨务委员会各推出九人,由中央各选

---

① 闻黎明:《国防参议会简论》,《抗日战争研究》1995 年第 1 期,第 91 页。另据《王世杰日记(手稿本)》,第 1 册,1937 年 8 月 17 日记:"本日晚,国防最高会议正副主席召集国防参议会。"《胡适日记(手稿本)》,第 13 册,1937 年 8 月 17 日记:"八时半,在汪宅开国防参议会第一次会议。"

② 周天度:《1937 年的国防参议会》,杨天石编:《弹指兴衰多少事:民国史谈》,北京,中共中央党校出版社,2008 年,第 294 页。

③ 刘维开:《战时党派合作的开端——国防参议会研究》,《纪念七七抗战六十周年学术研讨会论文集》,台北,1998 年,第 129—130 页。

定三人；(5) 其不足之名额由中央增聘之。① 全案经呈送蒋介石以国防最高会议主席核定后，即于 1938 年 1 月初展开各项作业。不过与此同时，蒋介石亦有意召集中国国民党临时代表大会或中央执行委员会全体会议，以解决设置民意机关等问题，目的在"调和党外分子不平之气"，并防止"华北伪组织假借民意名义，成立某种组织，以反抗党治"。②

1938 年 2 月 3 日，中国国民党中央常会决议，定于 3 月 29 日召开临时全国代表大会；次日下午，汪兆铭约集相关人士讨论民意机关的产生方法及其职权范围等问题，决定在非常时期应有国民参政会之组织，设置民意机关问题正式列入临时全国代表大会讨论的议案之中，扩充国民参议会参议员名额之作业遂告中止。③ 3 月 31 日，中国国民党临时全国代表大会通过《国民参政会组织法大要案》，决议："在非常时期应设一国民参政会，其职权及组织方法交中央执行委员会详细讨论，妥订法规。"④次日，通过《抗战建国纲领决议案》，作为抗战建国最高准则，其中"政治"方面为："组织国民参政机关，团结全国力量，集中全国之思虑与识见，以利国策之决定与推行"⑤，进一步确认组织国民参政机关为抗战建国之重要工作之一。4 月 7 日，中国国民党五届四中全会修正通过《国民参政会组织条例案》，12 日，国民政府明令公布，随即展开参政员之选任工作。

与此同时，国家社会党代表张君劢、中国青年党代表左舜生先后代表各该党致函中国国民党总裁蒋介石、副总裁汪兆铭，陈述精诚团结、共赴国难之意旨。蒋、汪两人亦联名复函张、左致意，重申临时全国代表大会宣言及抗战建国纲领之要义。⑥ 而国社党与青年党两党代表与中国国民党领导人交换

---

①　《国防最高会议常务委员第三十九次会议记录》，中国国民党文化传播委员会党史馆藏。

②　刘维开：《战时党派合作的开端——国防参议会研究》，《纪念七七抗战六十周年学术研讨会论文集》，台北，1998 年，第 146—147 页。

③　刘维开：《战时党派合作的开端——国防参议会研究》，《纪念七七抗战六十周年学术研讨会论文集》，台北，1998 年，第 148 页。

④　林泉编：《中国国民党临时全国代表大会史料专辑(上)》，台北，中国国民党中央委员会党史委员会，1991 年，第 250 页。按：本案系与《组织非常时期国民参政会以统一国民意志增加抗战力量案》并案讨论。

⑤　《抗战建国纲领决议案》，秦孝仪主编：《中国国民党历次全国代表大会重要决议案汇编(上)》，台北，中国国民党中央委员会党史委员会，1978 年，第 342 页。

⑥　国社党、青年党与国民党往来函件，见林泉编：《中国国民党临时全国代表大会史料专辑(下)》，台北，中国国民党中央委员会党史委员会，1991 年，第 781—786、831—832 页。

函件后,与中国共产党相同,国社党与青年党两党在中国国民党领导下,以合法政党身份参与抗战。① 此举较邀请各党派代表以个人身份参加国防参议会更进一步,实质承认中国国民党以外各党派之存在,打破训政时期中国国民党"党外无党"的党治框架。

6月16日,中国国民党中央常会通过国民参政会参政员名单,国防参议会参议员除蒋梦麟外,均受聘为参政员;17日,国防参议会举行第六十四次会议后结束。国防参议会前后存在10个月,由于中国国民党表现出"集思广益,开诚布公"的态度,参议员对于抗战情势有所了解,中国国民党对于参议员提出的各项建议,亦能予以充分重视,获得参议员的高度评价,进而增强了其对政府领导抗战的信心。②

二、策定抗战建国大政方针

中国国民党作为执政党,鉴于国难严重,负荷艰巨,认为有举行全国代表大会策定抗战建国大政方针之必要。惟战时集会,诸多困难,爰依照《中国国民党总章》规定:"中央执行委员会认为必要或有省党部半数以上请求时,得召集临时全国代表大会。"决议召集临时全国代表大会,此亦是中国国民党自1924年改组以来,第一次召开临时全国代表大会。

1938年3月29日上午,中国国民党临时全国代表大会于重庆国民政府大礼堂举行开会典礼,由中央监察委员会常务委员、国民政府主席林森担任主席,中央常务委员丁惟汾宣读中央常务委员、军事委员会委员长蒋介石之开会词。下午8时,会议在武昌珞珈山武汉大学正式展开,首先举行预备会议,出席代表255人、中央执监委员98人,列席候补中央执监委员50人,出列席共403人,由汪兆铭担任主席,通过中央执行委员会提出以蒋介石、汪兆铭等17人为大会主席团案,追认叶楚伧为大会秘书长、王子壮等25人为大会秘书案,通过代表资格审查委员会之代表资格审查报告、大会议事规则等。预备会议结束后,随即于当晚9时举行第一次会议。

---

① 李云汉:《中国国民党史述》,第3编,台北,中国国民党中央委员会党史委员会,1984年,第441—443页。

② 刘维开:《战时党派合作的开端——国防参议会研究》,《纪念七七抗战六十周年学术研讨会论文集》,台北,1998年,第151—152页。

临时全国代表大会会期 4 天,举行正式会议 4 次,至 4 月 1 日结束。会中听取党政负责同志进行第五次全国代表大会以来相关工作报告,包括中央执行委员会秘书长叶楚伧报告党务、中央政治委员会主席汪兆铭报告政治、外交部部长王宠惠报告外交、军政部部长何应钦报告军事、财政部部长孔祥熙报告财政等;通过《在抗倭战争中必须举国一致一切建设以军事为中心以期完成国军建设案》(中央执行委员会提)、《为达成长期抗战之目的必须一致努力推行兵役制度案》(中央执行委员会提)、《非常时期经济方案案》(中央执行委员会提)、《战时各级教育实施方案纲要案》(中央执行委员会提)、《国民参政会组织法大要案》(中央执行委员会提)、《改进党务并调整党政关系案》(中央执行委员会提)、《确定文化政策案》(陈果夫等提)、《组织非常时期国民参政会以统一国民意志增加抗战力量案》(胡健中等提)、《战时土地政策草案案》(曾济宽等提)、《工业政策实施大要案》(徐恩曾等提)、《推举总裁副总裁案》(大会主席团、中央执行委员会、监察委员会提)、《中国国民党抗战时期纲领草案案》(中央执行委员会提)、《中国国民党临时全国代表大会宣言草案案》(大会主席团提)等重要议案。

在通过的各重要议案中,《中国国民党抗战时期纲领草案案》为中国国民党在抗战时期的施政纲领。蒋介石对于该案有个说明,谓:

> 本案的来由,是因抗战中要有简单明了的纲领告知全体国民,因为国民既不能看到大会的全部决议案宣言文字,又不能像这样简单明了。这个纲领就是对全国国民对抗战中各种疑问的一个总答复,将来有人对我们提出许多问题,我们也可以根据这个纲领予以答复。[①]

大会最后通过者,更名为"中国国民党抗战建国纲领",前言说明制定此纲领的理由与目的,为:"中国国民党领导全国从事于抗战建国之大业,欲求抗战必胜,建国必成,固有赖于本党同志之努力,尤须全国人民戮力同心,共同担负。因此本党有请求全国人民捐弃成见,破除畛域,集中意志,统一行动之必要","使全国力量得以集中团结,而实现总动员之效能"。

---

① 林泉编:《中国国民党临时全国代表大会史料专辑(上)》,台北,中国国民党中央委员会党史委员会,1991 年,第 348—349 页。

《抗战建国纲领》全文共 32 条，分为总则、外交、军事、政治、经济、民众运动、教育 7 项。① 总则 2 条，为纲领之中心所在，说明指导抗战建国的最高原则是三民主义，抗战建国运动以中国国民党及总裁蒋介石为领导者。

一、确定三民主义暨总理遗教为一般抗战行动及建国之最高准绳。

二、全国抗战力量应在本党及蒋委员长领导之下，集中全力，奋励迈进。

外交 5 条，说明对外政策的精神、对国际政治的立场、抗御暴敌的方针、对于友邦的态度、对于国内一切伪组织的态度。

三、本独立自主之精神，联合世界上同情于我之国家及民族，为世界之和平与正义共同奋斗。

四、对于国际和平机构，及保障国际和平之公约，尽力维护，并充实其权威。

五、联合一切反对日本帝国主义侵略之势力，制止日本侵略，树立并保障东亚之永久和平。

六、对于世界各国现存之友谊，当益求增进，以扩大对我之同情。

七、否认及取消日本在中国领土内以武力造成之一切伪政治组织，及其对内对外之行为。

军事 4 条，说明抗战必胜、建国必成的意义：一面抗战，一面建国，抗战因持久而胜利，建国因抗战而完成。

八、加紧军队之政治训练，是全国官兵明了抗战建国之意义，一致为国效命。

九、训练全国壮丁，充实民众武力，补充抗战部队；对于华侨回国效力疆场者，则按照其技能，施以特殊训练，使之保卫祖国。

---

① 林泉编：《中国国民党临时全国代表大会史料专辑(上)》，台北，中国国民党中央委员会党史委员会，1991 年，第 355—358 页。

十、指导及援助各地武装人民,在各战区司令长官指挥之下,与正式军队配合作战,以充分发挥保卫乡土捍御外侮之效能,并在敌人后方发动普遍的游击战,以破坏及牵制敌人之兵力。

十一、抚慰伤亡官兵,安置残废,并优待抗战人员之家属,以增高士气而为全国动员之鼓励。

政治5条,揭橥战时政治的原则:第一要运用灵敏,随机应变,适合需要;第二要集中全国智力,增强抗战力量;第三要增强民众抗战力量,改善和健全民众自卫的组织和能力;第四要整肃纲纪,增进忠实服务的信念。

十二、组织国民参政机关,团结全国力量,集中全国之思虑与识见,以利国策之决定与推行。

十三、实行以县为单位,改善并健全民众之自卫组织,施以训练,加强其能力,并加速完成地方自治条件,以巩固抗战中之政治的、社会的基础,并为宪法实施之准备。

十四、改善各级政治机构,使之简单化、合理化,并增高行政效率,以适合战时需要。

十五、整饬纲纪,责成各级官吏忠勇奋斗,为国牺牲,并严守纪律,服从命令,为民众倡导。其有不忠职守,贻误抗战者,以军法处治。

十六、严惩贪官污吏,并没收其财产。

经济8条,揭示经济建设的原则为以军事为中心,同时注意改善人民生活,并说明战时财政政策、货币金融政策、生产政策、贸易政策、交通政策、消费政策、国民生计政策。

十七、经济建设应以军事为中心,同时注意改善人民生活。本此目的,以实行计划经济,奖励海内外人民投资,扩大战时生产。

十八、以全力发展农村经济,奖励合作,调节粮食,并开垦荒地,疏通水利。

十九、开发矿产,树立重工业的基础,鼓励轻工业的经营,并发展各地之手工业。

二十、推行战时税制,彻底改革财务行政。

二十一、统制银行业,从而调整工商业之活动。

二十二、巩固法币,统制外汇,管理进出口货,以安定金融。

二十三、整理交通系统,举办水陆空联运,增筑铁路公路,加辟航线。

二十四、严禁奸商垄断居奇,投机操纵,实施物品平价制度。

民众运动4条,说明民众组织与民众总动员的关系,言论、出版、集会、结社的保障,难民的救济、组织与训练,加强国家意识,肃清汉奸。

二十五、发动全国民众,组织农、工、商、学各职业团体,改善而充实之,使有钱者出钱,有力者出力,为争取民族生存之抗战而动员。

二十六、在抗战期间,于不违反三民主义最高原则及法令范围内,对于言论、出版、集会、结社当与以合法之充分保障。

二十七、救济战区难民及失业民众,施以组织及训练,以加强抗战力量。

二十八、加强民众之国家意识,使能辅助政府肃清反动,对于汉奸严行惩办,并依法没收其财产。

教育4条,说明教育对于抗战与建国所负之使命。

二十九、改订教育及教材,推行战时教程,注重于国民道德之修养,提高科学的研究与扩充其设备。

三十、训练各种专门技术人员,与以适当之分配,以应抗战需要。

三十一、训练青年,俾能服务于战区及农村。

三十二、训练妇女,俾能服务于社会事业,以增强抗战力量。[1]

---

① 中国国民党中央执行委员会宣传部编:《抗战建国纲领浅说》,林泉编:《中国国民党临时全国代表大会史料专辑(下)》,台北,中国国民党中央委员会党史委员会,1991年,第1041—1187页。

《抗战建国纲领》公布后,《大公报》评论指出《抗战建国纲领》中除关于外交者纯属指示国家政策之外,其他军事、政治、经济、民众运动、教育诸项,多属于事务的实践问题,表示"纲领虽定,而工作浩繁。其中每一项目,皆需要个别的具体计划,而实行之时,更需要多数人共同努力",呼吁"全国一切抗战力量,应完全集中于如何迅速完全实现抗战建国纲领之一点,此外之事,概不足以萦心"。① 1938 年 7 月 12 日,国民参政会第一届第一次大会第七次会议亦对五个拥护《抗战建国纲领》之提案,即参政员郑震宇等提《精诚团结拥护抗战建国纲领案》,陈绍禹等提《拥护国民政府实施抗战建国纲领案》,王家桢等提《拥护抗战建国纲领案》,周士观等提《抗战建国纲领迅速推动完成案》,胡景伊等提《拥护政府长期抗战国策案》,进行讨论,决议:"拥护民国二十七年四月中国国民党临时全国代表大会所通过之抗战建国纲领案。切望国民政府制定实施办法,督促各级政府切实施行。同人当随全国国民之后,依据此项纲领,在最高统帅蒋委员长领导之下,努力奋斗,以取得抗战最后之胜利,而达到建国之成功。"②行政院则订定《行政院抗战建国纲领实施方案》,说明:"抗战建国同时并进,中国国民党临时全国代表大会已明白指示,并制定纲领及非常时期经济教育各方案,本院负总揽全国行政之责,接受抗战建国及议决交办各方案,详细擘划,订定实施方案",分为内政、外交、军政、财政、经济、教育、交通、蒙藏、侨务、赈济十章,详细陈列。③《抗战建国纲领》在经济方面尤为具体,对于抗战建国目标的达成,至关重要。学者认为"这些大原则,在此后抗战期间,均能一一完成,故在抗战胜利时,非仅我们对外打倒了帝国主义侵略强敌日本,而我大后方西南、西北诸省席开发工作,也已灿然大备",并称:"临全大会所议定的目标:抗战建国同时分头并进,已获致相当圆满成果。"④

① 林泉编:《中国国民党临时全国代表大会史料专辑(下)》,台北,中国国民党中央委员会党史委员会,1991 年,第 408 页。

② 林泉编:《中国国民党临时全国代表大会史料专辑(上)》,台北,中国国民党中央委员会党史委员会,1991 年,第 545—553 页。按:决议系对郑震宇、陈绍禹、王家桢三案合并讨论所作。

③《行政院抗战建国纲领实施方案》,林泉编:《中国国民党临时全国代表大会史料专辑(下)》,台北,中国国民党中央委员会党史委员会,1991 年,第 1041—1187 页。

④ 李国祁:《临时全国代表大会》,林泉编:《中国国民党临时全国代表大会史料专辑(下)》,台北,中国国民党中央委员会党史委员会,1991 年,第 1331 页。

三、国民参政会的成立

组织国民参政会为中国国民党临时全国代表大会之决议,亦为《抗战建国纲领》"政治"项下主要条目,但是设置国民参政会的主张,早在1932年已经提出。先是1931年12月,中国国民党四届一中全会通过《关于国难会议国民救国会议及国民代表会等之组织以及缩短训政实行宪政各案》,决议:"应从速限期完成地方自治,筹备召集国民代表机关,交中央常会遵照建国大纲,妥速议定办法。"①1932年4月,国难会议决议请政府设立一个民意机关,称"国民代表会",于1932年10月10日以前成立。②5月,中央政治会议第309次会议,决议:"训政时期中央民意机关,定名为国民参政会。"8月,第322次会议复决议:"国民参政会决议事项之最后决定权,属于中国国民党中央执行委员会。"③1932年12月,中国国民党四届三中全会通过《请定期召集国民参政会并规定组织要点交常会切实筹备以期民意得以集中训政早日完成案》,其要点为:"(一)国民参政会,于民国二十二年内召集之。(二)国民参政会代表之产生,参用选举及延聘两方法。(三)国民参政会之职权,应以训政时期约法为基础,参酌中央政治会议及国难会议所举各点规定之。(四)关于国民参政会之一切法规,交由中央执行委员会常务会议,于四个月内,依照立法程序制定,颁布施行。"④据此,1933年2月23日,中国国民党第四届中央常会第五十九次会议通过《国民参政会组织法》;3月2日,第六十次会议通过《国民参政会会员选举法原则》9项。《国民参政会组织法》全文共8章,23条,规定国民参政会为国民政府于训政时期,征采国民公意之机关。会员共160人,由各省市职业团体、蒙古、西藏及华侨选举150人,由国民政府就全国各界富有学识资望者聘任10人,任期一年,得延任一次。国民参政

---

① 秦孝仪主编:《中国国民党历届历次中全会重要决议案汇编(一)》,台北,中国国民党中央委员会党史委员会,1979年,第267—268页。

② 陈之迈:《中国政府》,第2册,重庆,商务印书馆,1945年上海初版,第258页。

③ 谢振民编著,张知本校订:《中华民国立法史》,上册,北京,中国政法大学出版社,2000年,第254页。

④ 秦孝仪主编:《中国国民党历届历次中全会重要决议案汇编(一)》,台北,中国国民党中央委员会党史委员会,1979年,第299—300页。

会的职权为审议国民政府交议的预算、宣战、媾和等案,及其他重要国际事项,并得提出法律案,受理人民请愿,建议关于政治设施于国民政府。每年开常会两次,会期一月,必要时延长,并得召开临时会。① 嗣后因中国国民党中央常会以国难严重,地方自治难于短期内完成,决议提前召开国民大会,国民参政会之召集因此而停顿。1935 年 11 月,中国国民党五全大会通过《召集国民大会及宣布宪法草案案》,决议:"宣布宪法草案及召集国民大会日期,由大会授权于第五届中央执行委员会决定之,惟务须于民国二十五年内实施之。"②国民参政会之召集遂被搁置,至 1938 年 3 月,中国国民党临时全国代表大会决议设置之。

1938 年 6 月 21 日,国民政府明令公布第一届国民参政会参政员名单;7 月 6 日,国民参政会召开第一届第一次大会,国民参政会正式成立。

第一届国民参政会参政员名额,依《国民参政会组织条例》定为 200 名。③其产生方式,100 名分别自各省市、蒙古、西藏及海外侨民符合资格人士中,依规定名额遴选;100 名由政府于曾在各重要文化或经济团体服务三年以上、著有信望,或努力国事,信望久著之人员中遴选,包括了各党各派及无党派人士,除中国国民党外,各党派的领导人均延揽在内。而在全数 200 名参政员之党派,属中国国民党者 80 名,属各党各派者约 50 名,属无党派者约 70 名;国民党虽然人数最多,但未过半数。④ 1940 年 12 月《国民参政会组织条例》修正,第二届名额增加为 240 名,其产生方式及名额亦有所调整,改为各省市、蒙古、西藏及海外侨民符合资格人士中遴选者增为 102 名,政府遴选者增为 138 名。1942 年 3 月修正,第三届国民参政会参政员总额维持 240 名,修改各省市与政府遴选名额,改为 180 名自各省市、蒙古、西藏及海外侨民符合资格人士中遴选,较原规定增加 78 名;60 名由政府遴选,较原规定减少

① 谢振民编著,张知本校订:《中华民国立法史》,上册,北京,中国政法大学出版社,2000 年,第 255 页。按:《国民参政会组织法》及《国民参政会会员选举法原则》均送立法院议决,前者已完成立法程序,后者亦制定草案,共 26 条。

② 秦孝仪主编:《中国国民党历次全国代表大会重要决议案汇编(上)》,台北,中国国民党中央委员会党史委员会,1978 年,第 227—231 页。

③ 国民政府于 1938 年 4 月 12 日公布《国民参政会组织条例》,名额为 150 名,后经修正,增为 200 名,于 6 月 21 日明令公布。

④ 张玉法:《近代中国民主政治发展史》,台北,东大图书股份有限公司,1999 年,第 272 页。

78 名。此项修正使得具中国国民党党籍之参政员人数增加,成为参政会的多数党。① 1944 年 9 月再作修正,第四届参政员总额增加 50 名,为 290 名,其中各省市、蒙古、西藏及海外侨民符合资格人士中遴选 215 名,政府遴选 75 名。1947 年 3 月,《国民参政会组织条例》进行最后一次修正,参政员名额增至 362 名,其分配为由各省市、蒙古、西藏及海外遴选者 243 名,由政府遴选者 119 名。② 各届的参政员被视为"一时的人望,可以代表人民说话",论者称:"虽然不是由人民选举的,它却很能反映全国的民意。"③

国民参政会在第一届时设议长、副议长各一人,由中国国民党中央执行委员会选任,分别为汪兆铭、张伯苓;议长、副议长并非参政员,可由现任官吏兼任,1938 年底汪兆铭自重庆出走后,议长一职即由蒋介石兼任。第二届起,议长、副议长制改为主席团制,由国民参政会选举定额组织,其人选不以参政员为限,国民参政会开会时由主席团互推一人为主席。第二届国民参政会主席团主席为五人,为蒋介石、张伯苓、左舜生、张君劢、吴贻芳;第三届修改为五至七人,为蒋介石、张伯苓、吴贻芳、莫德惠、李璜④;第四届维持五至七人,为张伯苓、王世杰、吴贻芳、莫德惠、李璜、江庸、王云五⑤。参政员任期一年,国民政府认为有必要时,第一届规定"得延长一年",自第二届起改为"得延长之",取消"一年"的限制。会议时间,第一届规定每 3 个月开会一次,会期 10 日;第二届起改为每 6 个月开会一次,会期维持 10 日;第四届维持每 6 个月开会一次,会期改为 14 日,并规定"国民政府认为有必要时",得延长其会期,或召开临时会。国民参政会共召开 4 届 13 次会议,历次会议时间、地点如表 3-1 所示。

---

① 张玉法:《近代中国民主政治发展史》,台北,东大图书股份有限公司,1999 年,第 272 页。

② "行政院新闻局":《历届国民参政会的成就》,秦孝仪主编:《中华民国重要史料初编——对日抗战时期第四编战时建设(二)》,台北,中国国民党中央委员会党史委员会,1988 年,第 1636 页。

③ 陈之迈:《中国政府》,第 2 册,重庆,商务印书馆,1945 年上海初版,第 266 页。

④ 1943 年 9 月第三届第二次大会,蒋介石因当选国民政府主席,辞去主席团主席,会议补选王宠惠、王世杰、江庸为主席团主席。

⑤ 1947 年 5 月第四届第三次大会因主席团主席王世杰与王云五辞职,大会补选林虎、张君劢继任。

表 3-1 国民参政会历次大会会议时间、地点一览表

届次	会 次	参政员名额	时间	地点
第一届	第一次	200	1938.7.6—7.15	汉口两仪街 20 号
	第二次	200	1938.10.28—11.6	重庆军事委员会委员长行营
	第三次	200	1939.2.12—2.21	重庆军事委员会
	第四次	200	1939.9.9—9.18	重庆大学
	第五次	200	1940.4.1—4.10	重庆林森路军事委员会
第二届	第一次	240	1941.3.1—3.10	重庆复兴关国民大会堂
	第二次	240	1941.11.17—11.27	重庆林森路军事委员会
第三届	第一次	240	1942.10.22—10.31	重庆林森路军事委员会
	第二次	240	1943.9.18—9.27	重庆林森路军事委员会
	第三次	240	1944.9.5—9.18	重庆林森路军事委员会
第四届	第一次	290	1945.7.7—7.22	重庆林森路军事委员会
	第二次	290	1946.3.20—4.3	重庆林森路军事委员会
	第三次	362	1947.5.20—6.2	南京国府路国民大会堂

资料来源:秦孝仪主编:《中华民国重要史料初编——对日抗战时期第四编战时建设(二)》,台北,中国国民党中央委员会党史委员会,1988 年,第 1638—1639 页。

休会期间,设置驻会委员会,第一届为 15~25 人,由参政员互选产生,其任务以"听取政府各种报告,及决议案之实施经过为限"。第二、三届为 25 人,由主席团及参政员互选产生,任务为"(一) 听取政府各种报告;(二) 促进业已成立决议案之实施,并随时考核其实施之状况;(三) 在不违反大会决议案之范围内,得随时执行本会建议权,暨调查权"。第四届将人数改为 31 人,其产生方式及任务维持原规定。

国民参政会的职权,依《国民参政会组织条例》规定,初期拥有"在抗战期间,政府对内对外之重要施政方针,于实施前,应提交国民参政会决议"之决议权;"国民参政会得提出建议案于政府"之提案权;"国民参政会有听取政府施政报告,暨向政府提出询问案之权"之询问权。1940 年 12 月,修正组织条例,自第二届起,增加"国民参政会得组织调查委员会,调查政府委托考察事项"之调查权;1942 年 3 月对于上述规定再作修正,增列"前项调查结果,得由国民参政会(或由国民参政会授权于调查委员会)提请政府核办",第三届起执行。1944 年 9 月再修正,自第四届起,增加"政府编制国家总预算,应于

决定前,提交国民参政会或其驻会委员会作初步之审议",即有限度的预算审议权。①

国民参政会自 1938 年 7 月成立,至 1948 年 3 月正式结束,前后历时 10 年,协助政府完成抗战使命。蒋介石称"参政会在抗战期间,拥护国策,领导人民,协助政府,对于国家的贡献很大"②。他于 1946 年 1 月政治协商会议开会致辞中,推崇国民参政会对国家的贡献,认为其最重要的贡献就是共同一致,拥护抗战到底的国策。他说:"尽管参政员中间,在政治上的立场和见解各有不同,而对于国家民族安危存亡所系的根本大计,其主张则是全体一致,始终一贯的,我们所以能持久抗战,获得胜利,这是一种主要的力量。"③蒋氏对于国民参政会与政府之间的密切联系,始终一贯,不但丝毫没有间隔,而且始终匡辅政府,补正不少的缺点,至为推崇,认为与西方各国议会与政府的关系相比,毫不逊色,谓:"在贵会闭会期间各位驻会参政员,对于政府的措施,随时作客观而真切的检讨,贡献宝贵的意见,政府方面也常将施政上的重要事项,向驻会参政员提出报告,听取批评。此种密切合作,真诚孚洽的精神,已为我国将来实施宪政奠立了良好的规模,比之西方各国议会与政府之间的关系,可谓已无愧色,实在应该继续保持而发扬光大的。"④

外人尝以国民参政会形式类似西方国会,有称之为中国的战时国会,但是究其性质既非民主政治下的议会,亦非行政咨议机关,而是介于议会与咨议机关之间。⑤ 就党派参与而言,各党派参政员大多自居于党派会议立场,无党派之社会贤达有时又以调停者自居,其代表各党党意的色彩实较民意气氛浓厚。⑥ 但是国民参政会之存在对于训政体制,实有其特殊意义,论者曾

---

① 李云汉:《中国国民党史述》,第 3 编,台北,中国国民党中央委员会党史委员会,1994 年,第 462 页;马起华:《抗战时期的政治》,秦孝仪主编:《中华民国政治发展史》,第 2 册,台北,近代中国出版社,1985 年,第 1230—1239 页。

② 《协助政府实施宪政》,1947 年 5 月 20 日,秦孝仪主编:《蒋公思想言论总集》卷 22《演讲》,台北,中国国民党中央委员会党史委员会,1984 年,第 127 页。

③ 《政治协商会议开会词》,1946 年 1 月 10 日,秦孝仪主编:《蒋公思想言论总集》卷 21《演讲》,台北,中国国民党中央委员会党史委员会,1984 年,第 225—226 页。

④ 《国民参政会第四届第二次会议开幕词》,1946 年 3 月 20 日,秦孝仪主编:《蒋公思想言论总集》卷 21《演讲》,台北,中国国民党中央委员会党史委员会,1984 年,第 283 页。

⑤ 王世杰、钱端升:《比较宪法》,北京,中国政法大学出版社,2004 年,第 494 页。

⑥ 李云汉:《中国国民党史述》,第 3 编,台北,中国国民党中央委员会党史委员会,1994 年,第 462 页。

指出："参政会之产生与其继续存立,已显示吾国政治的动向。此一事实的重要性,不容否认","其在抗战时期所留下的经验,于吾国民治制度前途,决不会漫无影响"。[①]

国民参政会成立后,于1938年7月通过《拟设省县参议会推进行政完成自治案》等,决议:"设立临时地方民意机关各案,原则通过,其组织法及筹设程序,应请国防最高会议议订施行";经国防最高会议常务委员第九十八次会议议决《省临时参议会组织条例》及《市临时参议会组织条例》,函送国民政府,于9月26日公布。自1939年起,国民政府统治地区的省级民意机构陆续成立,至1944年,有浙江、贵州、河南、福建、广东、广西、江西、四川、陕西、云南、安徽、湖南、湖北、甘肃、宁夏、青海、西康、山东、绥远等19省及重庆市设置省、市临时参议会。[②]

国民参政会在推动制宪工作方面亦有促成作用,曾于1939年9月成立由参政员组织之宪政期成会,建请政府早日召集国民大会、公布宪法与实施宪法,并对"五五宪草"提出修正草案,供制宪时参考。[③] 1943年11月,国防最高委员会设置宪政实施协进会,由中国国民党中央执行委员、国民参政会参政员及富有政治学识经验或对宪政有特殊研究之人士共同组成,以国防最高委员会委员长即蒋介石为会长。该会至1946年3月结束,对于修改宪草,促使制宪国民大会的召开,有相当贡献。[④] 1945年3月,蒋介石以宪政实施协进会会长身份宣布于是年11月12日召集国民大会;5月,中国国民党第六次全国代表大会复对此事加以决定,国民大会筹备工作亦随之展开,嗣因抗战胜利,政治情势变化,该项工作暂时延后进行。1946年11月15日,国民大会在南京开幕,出席代表1 355人。12月25日,国民大会三读通过《中华民国宪法》,全文共14章,175条,并决议1947年12月25日为宪法施行日期。至此,制宪工作正式告成。

① 王世杰、钱端升:《比较宪法》,北京,中国政法大学出版社,2004年,第494页。

② 参见许秀孟《抗战时期省级民意机构的建立:以四川省临时参议会为例的讨论(1939—1945)》,硕士学位论文,台湾师范大学历史学系,2011年6月,第34—40页;向中银:《重庆市临时参议会研究(1939—1946)》,北京,中华书局,2013年,第1页。

③ 《宪政期成会对国民参政会第一届第五次大会报告书》,1940年4月,秦孝仪主编:《中华民国重要史料初编——对日抗战时期第四编战时建设(二)》,台北,中国国民党中央委员会党史委员会,1988年,第1658—1659页。

④ 张玉法:《近代中国民主政治发展史》,台北,东大图书股份有限公司,1999年,第274页。

第四章
战后的国民政府

第一节　抗日战争胜利前后的国内政局

一、战后接收与复员

1945 年 8 月 15 日,中华民国与美、英、苏四盟国同时宣布接受日本投降,国民政府主席蒋介石广播《抗战胜利告全国军民及世界人士书》,吁请国人以德报怨,迎接世界和平。

由于胜利来得太快,国民政府对于战后的复员工作虽有初步构想,但还没有产生具体的实施方案,加以抗战后期美国军方改变对日战略,决定由海路直攻日本本岛,跳过中国战场,导致国军无法紧跟美军反攻的脚步而逐步收复国土,增加了战后沦陷区接收的困难,使情况变得复杂。

关于战后复员工作,中央设计局曾于 1943 年 2 月呈报有关《战后复员计划配合战后五年国防及经济建设计划》,但在该档案中并未看到有关复员沦陷省政的计划内容。[①] 国民政府曾将复员计划的制订分成几个步骤:(1) 由中央设计局会商各机关制订复员计划纲要,呈奉国防最高委员会核定。(2) 行政院依据复员计划纲要各点,责成各部会及省市政府规划复员事宜,并颁发《关于各机关编拟复员计划应行注意事项》,供各部会署制订复员计划之参考。(3) 各部会署及省市政府各机关依此拟订详细的复员计划,交由中

---

① 《中央设计局呈报战后复员计划配合战后五年国防及经济建设计划(1943 年 2 月 18 日)》,《复员计划纲要》,《国民政府档案》,台北藏,档号 0411/2860.01-01。

央设计局综合审核,编成复员总计划,呈请国防最高委员会核定。各部会及省市政府则于接获命令后,自1943年陆续将复员计划呈报行政院审核。(4)中央设计局汇整各部会及省市政府的计划后,于1944年7月31日向国防最高委员会第141次常务会议提出。国防最高委员会确实在第141次会议中通过了中央设计局拟订的《复员计划纲要草案》,也决议各机关应于6个月内拟妥详细计划送该局核议,以利该局综合编审复员总计划。① 复员计划纲要文件的内容是内政、外交、军事、文化、社会、金融等方面的计划项目和工作要点,并无各省区规划复员的具体内容。②

　　复员计划的延宕,与日本发动"一号作战"有密切关系。1943年晚秋,美日在太平洋地区战事日益白热化,以中国大陆为基地的美国空军开始空袭台湾,另在太平洋上的美军特遣舰队亦经常奇袭日本本土,引发日本重视。鉴于美国驻华空军增强后,其长江补给线颇受威胁,故日本急于打开华北与武汉地区的联络路线,使华北、华中兵力易于调动,遂有贯穿中国大陆并消灭美国空军基地的作战念头。翌年,日军订下"一号作战"计划,其目的有三:(1) 消灭中国西南的空军基地,摧毁美军 B－29 机空袭日本本土的企图;(2) 鉴于海上联系困难,欲确保贯穿中国领土的平汉、粤汉铁路畅通,重启对华南日军之陆上补给线;(3) 击溃中国军主力,摧毁其继续抗战的意图。③ 于是自1944年4月起,日本对华发动为时9个月的"一号作战",动员62万日军,战线长达1 400公里。④ 9月,河南、湖南以及广西的桂林和柳州相继沦陷,年底,日军攻占贵州独山,四川基地震动。随着重要城市相继失陷,正面鏖战的国军屡次受挫,而敌后的中共军队却逐渐扩展控制地区,气势昌盛。伴随战事而来的通货膨胀、物资短缺,亦增民生困顿,经济凋敝,又逢美国态度转变,对华支援只是维持作战能力,对国民政府而言,无异雪上加霜,实是面临抗战以来最艰险的苦战。或许因此导致政府各单位无暇顾及复员计划

　　① 中国国民党中央委员会党史委员会影印:《国防最高委员会常务会议记录》,第6册,台北,近代中国出版社,1996年,第446页。

　　② 秦孝仪主编:《中华民国重要史料初编——对日抗战时期第七编战后中国(四)》,台北,中国国民党中央委员会党史委员会,1981年,第351—381页。

　　③ 参考吴相湘《第二次中日战争史》,下册,台北,综合月刊社,1974年,第981页;[日] 服部卓四郎著,"国防计划局编译室"译:《大东亚战争全史》,第3册,台北,军事译粹社,1978年,第191页。

　　④ F. F. Liu, *A Military History of Modern China*, Princeton, New Jersey: Princeton University Press, 1956, p. 219.

的拟订。

另从几件事也可看出复员计划的难产。1944 年 9 月国民参政会召开第三届第三次会议,会中参政员李锡恩等提议《请政府预行编派各沦陷省市之行政、交通、工矿、教育人员以利复员工作,并以东北四省首先试行》一案,但大会并未通过。① 其次,《收复区各项紧急措施办法》是在 1945 年 9 月通过的,内容为地方治安、财政金融、交通、教育等复员原则及方针。至于国民政府的首都——南京,其复员计划是在 1945 年 7 月 11 日提出的。② 此外,行政院各部会审议各收复省市的复员计划时间多集中在 1946 年下半年,所以复员计划书比较合理的提出时间及其作业方式,应该是战后曾沦陷的省市政府在军事接收后方草拟计划提交行政院,经各部会加注审核意见后,再由行政院汇整指示各地省市政府办理。③ 由此可见在抗战胜利前,复员计划相关事务虽已开展,但还不到计划审核、重要计划讨论阶段。

抗战时期国民政府对敌伪产业的处理和复员时的人力需求也有过规划,如 1943 年 3 月成立"敌产处理委员会",由行政院及辖下内政、外交、交通、经济、财政、教育、军事及司法行政等单位各派一人组成,专责敌产处理,并分三组负责敌产的登记、清理及管理工作。④ 同年 11 月 17 日,国民政府军事委员会委员长蒋介石要求行政院秘书长张厉生调查自九一八事变后,即中国受日本侵略以来,有关国家、社会公私财产所有损失。⑤ 但因战争时期,欲调查沦陷区的敌伪产业和国家、社会的公私财产损失着实不易,且此调查是针对抗战期间中国遭受日本侵略直接或间接的损失估算,主要目的是为了战后向日本求偿,并非为处理敌伪产业。⑥ 另行政院各部会的复员委员会是在 1945 年

① 国民参政会秘书处编:《国民参政会第三届第三次大会记录》,重庆,国民参政会秘书处,1945 年,第 195—196 页。

② 林桶法:《抗战时期国民政府的复员准备工作——以京沪地区为例》,《纪念七七抗战六十周年学术研讨会论文集》,台北,1998 年,第 1028 页。

③ 吴淑凤:《抗战胜利后广东的复员工作(1945—1947)》,《走向近代》编辑小组编:《走向近代》,台北,东华书局,2004 年,第 381 页。

④ 秦孝仪主编:《中华民国重要史料初编——对日抗战时期第七编战后中国(四)》,台北,中国国民党中央委员会党史委员会,1981 年,第 38—40 页。

⑤ 高素兰编注:《事略稿本》,第 55 册,台北,2011 年,第 424 页。

⑥ 参见吴淑凤《战后中国对日求偿之交涉(1945—1949)》,《中华军史学会会刊》(台北)2008 年第 13 期,第 267—293 页。

年中陆续成立的,如5月成立的经济部经济复员委员会、6月成立的教育部教育复员委员会、7月成立的交通部交通复员委员会,负责资料的搜集和政策的拟订。对于复员人力,国民政府曾要求各部门编列复员人员分成文、法、商、理、工、农、医、教育、军事、警务等十类,各类又概分为高、中、初三级:高级人员具有相当于大学毕业并服务5年以上,或高级中学毕业并服务11年以上之学识经验者;中级人员指具有相当于高级中学毕业并服务6年以上之学识经验者;初级人员则为具有高级中学毕业之学识经验者。[①] 然而各部会的复员委员会还在筹备、复员人力尚未编列和训练之际,胜利之声便已来到,致使敌产调查不足、统计不翔实,人力专业素养不足,让国民政府在接收复员工作上实措手不及。

战后国民政府首先进行沦陷区的军事接收,之后将复员工作分成以下几个步骤:(1) 接收复员法令的制订;(2) 成立接收复员委员会和接收机关;(3) 进行接收复员工作。而这三项皆是接收失败的重要因素。由于筹备时间不足,接收法令不足以应付实际需求,国民政府只能一面接收,一面颁布或修订法令。以平津地区为例,1945年8月至1946年12月,接收及复员法令即超过100种。[②] 然纵使法令繁复,仍难以妥适规范接收复员工作。

至于接收机关,则有叠床架屋的问题。战后接收单位可分为四类:(1) 国民党团的接收组织;(2) 行政院下有关各收复区全国性事业临时接收委员会;(3) 行政院各部会特派员办公处;(4) 各地区的军政接收单位。这四大类可谓党、政、军、团、中央与地方的总结合,各地的接收单位已难一一条列,加以执行人员又不能熟谙接收复员法令,致接收复员工作频生纷扰。以广东省政府的复员计划为例,可以发现适时广东省政府对中央政令认知有限,譬如自卫队已改编为警察,故增编自卫队实于法不合;如民间的贷款利率问题,司法院已有判例可供办理;进出口的管制则已订立《进出口贸易暂行办法》,以资遵循。还有,行政院曾指示粤省蚕桑事业的恢复,系由中国蚕丝公司广州办事处专责办理,粤省府仅需从旁协助。这些现象显示地方省府不谙

---

① 《关于各机关编拟复员计划应行注意事项》,《行政院档案》,中国第二历史档案馆藏,档号2-1-7956,转引自林桶法《从接收到沦陷——战后平津地区接收工作之检讨》,台北,东大图书股份有限公司,1997年,第94页。

② 林桶法:《从接收到沦陷——战后平津地区接收工作之检讨》,台北,东大图书股份有限公司,1997年,第83—84页。

中央政令,自行其是地规划复员计划,无法明确掌握复员工作性质、权限范围,无意中即可能侵夺中央权职。[1] 这种中央与地方事权不一的情形,在战后初期还持续发生。[2]

关于敌伪产业处理,中央设立了"敌伪产业处理局",下分冀平津、粤桂闽、山东、上海等区,虽然依法要求各接收机关将已接收日伪的田粮机关、粮食加工厂、文化教育机关、卫生器材、药品等项,统交由该区的敌伪产业处理局处置,但往往受到抵制,且"……因事前缺乏正确的调查与严密的统计,致使所订办法,每与实际情形捍格不入,执行之际,常感棘手"[3]。如粤省各接收机关不肯配合拨交其先前接收的产业、物资,粤省府亦自认有权接收及处理上述产业。在粤桂闽区敌伪产业处理局局长林继庸的报告中,上述接收项目均不在该局的接收范围中。[4] 另如行政院社会部部长王云五呈给院长的建议之一:

> 处理敌伪物资法令,因发布机关不同,多有矛盾,最后行政院内统一处理法令,虽为最高法令,但各接收机关仍多不遵照,敌伪产业处理局在事实上无法依照法令处理,应请行政院重申前令,令各接收机关必须依照法令将所接收物资、工厂,限期交敌伪产业处理局处理。[5]

接收复员计划仓促作业,接收机关叠床架屋且权责不清,接收人员训练不足,对敌伪物资调查不够确实、统计不够严密,接收法令虽繁复但不足以应

---

① 吴淑凤:《抗战胜利后广东的复员工作(1945—1947)》,《走向近代》编辑小组编:《走向近代》,台北,东华书局,2004年,第384页。

② 如粤省府不单在推动复员工作时有误解职司范围的情况发生,即便日后拟订的施政计划,亦有类似情形。如中央设计局审核广东省府1947年的工作计划时,即表示因侨务行政在全国行政会议早已决定列为中央直接办理,是以粤省府规划侨务部分,如设立粤侨事业辅导委员会等及其业务与实施办法,实与侨务委员会广东侨务处职掌冲突,应予删除,且粤省府对侨务如有措施,应商同侨委会广东侨务处办理,以一事权。见《广东省省府一九四七年工作计划》,《国民政府档案》,中国第二历史档案馆藏,档号1-1-5522。

③ 《本处工电组接收工作报告书》,《经济部冀热察绥区特派员办公处》,中国第二历史档案馆藏,档号536-815。

④ 《广东区敌伪产业处理局工作报告》,《行政院档案》,中国第二历史档案馆藏,档号2-2-2643。

⑤ 《行政院制发接收处理日伪财产有关法令》,《经济部冀热察绥区特派员办公处》,中国第二历史档案馆藏,档号536-199。

付实际需求，且互有矛盾，加上人谋不臧，造成国民政府接收复员工作之失。

二、伪币兑换之流弊

国民政府在接收沦陷区，停用中储券、东北的流通券等伪币，改以通用法币，是象征政权收复要务之一。然而伪币兑换比率的制定，却深深影响收复区人民的生活及其对政府的印象。此处的中储券指的是对日作战期间汪兆铭伪政权辖下的"中央储备银行"所发行的货币，使用于华中、华南地区，发行时的兑换比率是每元中储券兑换法币 2 元。[①]

战后有关中储券的兑换率问题，曾任武汉大学、西南联大经济学教授，在抗战胜利后被行政院借调为顾问的伍启元，主张汇兑率应定为 100：1；曾任重庆邮政总局业务处副处长、联邮处副局长的谷春帆则主张定在 50：1。[②]另从物价兑换率来看，上海在 1945 年 2 月间因日军搜刮使得中储券暴跌，至5 月时，物价约涨一至二倍，此时的中储券和法币兑换率尚约为 20：1。由于上海、南京的人民重视法币，急于将中储券脱手，故在光复初期两地的中储券币值惨跌，犹如废纸，当时上海市场行情约为 210～250 元中储券兑换法币 1元。[③]而南京则是中储券每元仅值法币一分或五厘，即兑换率在 100：1 与200：1 之间，同年 9 月初，因中储券兑换值稳定，曾有 120：1 的价值。[④]而光复初期广东的中储券对法币的比值，在市场上自然水准约为 20：1。[⑤]

1945 年 9 月 19 日，财政部部长俞鸿钧表示，收复区内所有政府机关、国营事业单位，以及一切税款之收支，应完全使用法币，各银行亦不得接收伪钞存款及汇款；为安定收复区人民生活，在伪钞发行数额、准备数量及流通情形调查未竣之前，暂准流通，俟调查完竣后，即公布处理伪钞办法。[⑥]

①　《法币、关金、美元，"中储券"》，退职记者：《哀江南》，第 1 集，香港，振华出版社，1960 年，第41 页。

②　《宋子文的政治资本》，林天行编：《中国政治内幕》，第 1 辑，广州，南华出版社，1947 年，第16—18 页。

③　《法币、关金、美元，"中储券"》，退职记者：《哀江南》，第 1 集，香港，振华出版社，1960 年，第43 页。另见《中央日报》(重庆)，1945 年 2 月 19 日、5 月 14 日第 2 版。

④　《中央日报》(重庆)，1945 年 9 月 2 日第 2 版。

⑤　《文汇报》(上海)，1946 年 9 月 14 日，见《接收舞弊与接收清查》，《中央通讯社剪报》，政治大学图书馆藏。

⑥　《大光报》(广州)，1945 年 9 月 20 日，第 4 页。

至 9 月 27 日,中央对伪币处置方法终于出炉,财政部公布《处理伪中央储备银行钞票办法》,规定伪币 200 元折换法币 1 元。这个兑换比率与先前经济学者的主张差距颇大,显然金融当局与行政院院长宋子文并未参酌专家和舆论的建议。不过,这项收兑办法对当时的上海和南京两地而言,与市场的自然水准相差不大,但对广东一地而言,却有着十倍的差距。

广东地区中储券兑换市价之所以高于华中地区,系因沦陷时期交通阻隔,故虽然同为中储券流通区,但各地发行与流通的数量颇不相同,因而造成各地区间的币值并不齐一。根据调查,沦陷期间中储券由广州汇至上海,在穗只需支付 4 万元,在沪即可收 100 万元,这意味着当时广州中储券的币值高于上海达 25 倍之多。① 中央不能顾及广东与华中地区中储券的币值差距,仅参考沪宁等地的中储券市场自然水准,一体将兑换率订定为 200∶1,等于一纸命令即造成广东民间财富缩水近 90%,使得广东经济蒙受莫大损失,流弊也因此产生。

伪币兑换过低,物价自然迅速上涨,其影响最迅速、最严重的,便是反映在社会治安上。在军警集中防卫的广州尚无异状,但广东边境县份或兵力薄弱的地区,如粤南、琼崖,东、西、北江等地,则是土匪横行,民变蠢起。广东全省 103 个县市中,在伪币兑换率订定之后,即有 27 个县份匪情甚烈。报载匪患缘起,多数实受生活逼迫,且物价持续暴涨,民众生计困难,遂铤而走险,因而助长匪势。②

另外,中央规定兑换期间为 1945 年 11 月 1 日至翌年 3 月底,为期 5 个月,由中、中、交、农四家银行办理收兑中储券事务,但每日收兑总数限定约 8 000 万元,因此 5 个月也仅能收兑 120 亿元左右,是中储券在华南发行量 600 亿的五分之一,遂造成民众疯狂挤兑。③ 对广东而言,中储券兑换率过低,物价已然腾贵,又因挤兑,更加刺激物价上涨,币值骤减,生活费暴增,一般市民购买力跟着大幅削弱,导致门市冷落,广州倒闭或歇业之行庄、商号持

---

① 《文汇报》(上海),1946 年 9 月 14 日,见《接收舞弊与接收清查》,《中央通讯社剪报》,政治大学图书馆藏。

② 《文汇报》(上海),1947 年 5 月 4 日,见《接收舞弊与接收清查》,《中央通讯社剪报》,政治大学图书馆藏。

③ 《大光报》(广州),1945 年 11 月 6 日,第 5 页。

续地增加。① 在商业极度萧条的情况下，工业连带不景气，于是失业率不断攀升，人民生活更加困难，经济陷入恶性循环，难以改善。

三、黄金风潮

抗战后期，国民政府因战事费用浩繁，致法币通膨问题严重，为求因应，自 1943 年起实施"黄金政策"，即以贩售黄金换回过度发行的纸币，以抑制通货膨胀。所谓"黄金政策"即购买黄金现货的购户须先行付款订购，每两需搭购乡镇公益储蓄二成，俟每次黄金运到，方行付现。其后国民政府又举办"黄金存款"，即先收存法币，6 个月到期后兑付黄金。1944 年 12 月宋子文代理行政院院长，仍继续此二项措施，至 1945 年 4 月 25 日，计售出黄金现货 1 144 543两，收存黄金存款 1 374 915 两，总计约 251.9 万余两，收回法币 518.4亿元。实施初期对于吸收法币回笼，尚具成效。②

然抗战期间国民政府的黄金来源主要依赖美国供给，故须交涉接洽，不但手续繁复，而且因战时运输每多阻滞，致美国输入的黄金实不足应付国内存户踊跃购存的需求。根据四联总处统计，自 1944 年 11 月 2 日至 1945 年 4 月 30 日，黄金现货已近 6 个月无法兑付，社会大众啧有烦言，订购者亦大见减少，是以 1945 年 4 月仅售出 213 两，黄金存款则兑付 13 933 两。由于黄金来源不继，国民政府被迫决定自 1945 年 4 月 21 日起暂停兑付。③ 四联总处秘书处表示，虽然黄金政策对国库收入不无裨益，但供需不能相应，必然妨害政府信用；此外，黄金存款须由重庆分铸小块，后分运各地兑付，在手续繁重、运输不便情况下，兑付容易失时，若中、中、交、农四行及邮汇局分行人员应付不周，极易引起金融风暴。因而四联总处建议宣布停止出售黄金，而法币折合黄金存款亦暂时停止收存，俟黄金大量运到，准备充足，再行举办。④ 然而

---

① 《新民报》(南京)，1946 年 12 月 2 日，见《接收舞弊与接收清查》，《中央通讯社剪报》，政治大学图书馆藏。

② 四联总处秘书处：《四联总处文献选辑》，南京，四联总处秘书处密件，1948 年，第 81 页。

③ 其时仍有 167.2 万余两黄金有待陆续兑付；就四联总处秘书处判断，以美国运入的黄金数量，对应每月应兑黄金两数，日后仍无法按期兑付。

④ 四联总处秘书处：《四联总处文献选辑》，南京，四联总处秘书处密件，1948 年，第 81—82 页。

直至 1945 年 6 月,宋子文真除行政院院长后,始予采纳四联总处停办法币折合黄金存款的建议。然同年 8 月,宋子文又以充实对日反攻经费名义,令黄金购户、存户捐金四成,即不论购买黄金现货或是到期兑得黄金存户,均需捐金四成给政府。命令一出,民众哗然。正因可取得的黄金愈加减少,反而刺激大众对黄金的追求,致黄金价格扶摇直上,而法币日益贬值。

抗战胜利后,宋子文认为金融管制将导致法币汇率与市场脱节,使外贸停顿,封闭的市场不利于经济发展;为振兴战后经济,宜采金融开放政策,除可恢复对外贸易,刺激国内工商业发展,亦可吸引国外投资。不过,实行金融开放政策需有相应的金融市场作为后盾,于是宋子文决定以中央银行库存黄金为基础,开放黄金自由买卖,借以回收过量发行的法币,稳定通货,并为金融开放政策提供有力支撑。宋子文以为战后庞大的国库库存黄金、敌伪充公资产与美国贷款等储备,可提供开放黄金买卖及外汇市场以雄厚的基础,自信该项政策可以成功。①

1946 年 3 月 4 日,中央银行开放外汇市场,8 日起中央银行在上海抛售黄金,以平抑金价,无奈金价仍是节节升高,即使中央银行从重庆运来库存黄金,依然无法应付抢购风潮。民众之所以抢购黄金,实因对政府控制经济能力、稳定法币币值缺乏信心,视外汇和黄金方能保值。基于市场需求,中央银行大量售出黄金,反而吸引黄金的投机客,甚至连部分军政人员都不惜挪用行政经费购买黄金,而大型工厂也将银行借贷的生产贷款投入抢购黄金行列。事实证明,宋子文抛售黄金、开放外汇政策,徒然消耗政府大量黄金外汇储备,不但没能因市场开放而振兴战后中国的经济,反而成为其下台的导火线。②

研究指出,战后黄金自由买卖、开放外汇政策是由宋子文和财政顾问杨格(Arthur N. Young)及中央银行总裁贝祖诒等密商决定,财政部部长俞鸿钧一无所悉,即如蒋介石亦仅于事后接获报告而已。③ 黄金抢购风潮使蒋介

---

① 1945 年底,中央银行的黄金外汇储蓄为 85 805 万美元,黄金为 568 万盎司,达到历年最高峰。而 1946 年仅上海一地变卖的接收物资收入即达法币 6 698 亿元。见汪朝光《简论 1947 年的黄金风潮》,《中国经济史研究》1999 年第 4 期,第 65 页。

② 吴景平:《宋子文评传》,福州,福建人民出版社,1998 年,第 494—497 页;汪朝光:《简论 1947 年的黄金风潮》,《中国经济史研究》1999 年第 4 期,第 65 页。

③ 汪朝光:《简论 1947 年的黄金风潮》,《中国经济史研究》1999 年第 4 期,第 67 页。

石质疑宋子文的金融政策及其处理经济危机的能力。从 1947 年初开始,为了解决经济问题,蒋介石曾多次紧急召见宋子文,咨询美国贷款的用途计划,期能了解美国援助情形,以减缓黄金飙涨,然而外汇基金日减,黄金减空现象一无改善。①

由于黄金飙涨局面已难掌控,蒋介石无法再信任宋子文的应变能力,开始积极介人。1947 年 2 月 1 日,蒋介石召见财政部部长俞鸿钧,指示各银行等"现虽有监督办法查核,但事实上执行极为松懈,故亟应认真办理,借以防止其经营投机又不正当之业务,以免扰乱金融"。2 月 6 日,蒋介石对贝祖诒临时采取黄金限额出售措施表示"事前既未请示,又毫无准备,造成物价腾涨,经济更趋败坏",是掉以轻心又不负责任的作为,斥贝祖诒颟顸无能。由于通货膨胀问题严重,公务人员深受其苦,蒋乃指示宋子文从速筹设公教人员生活日用品供应处,并指定经济部负责主持。其后宋回复,预备于 3 月 15 日在京、沪两地同时开始供应。2 月 8 日,宋子文面告蒋介石关于上海金钞与物价腾涨的情形,对于如此紧急的经济情况,宋子文竟无善策,只是要求减核预算,作为缩减之计。蒋介石颇不以为然,认为研筹改革具体办法,才能治标治本。2 月 9 日,宋子文协同英籍顾问劳杰斯(Rogers)、中央银行总裁贝祖诒谒见蒋介石,陈述经济问题。蒋氏均以为泛泛之论,而贝祖诒的颟顸无能直让蒋不解宋子文为何推荐其继任央行总裁。蒋介石在自省时,亦感叹"经济失败,亦在余一任子文之所为,以致误国至此也"②。是以 2 月 11 日,蒋介石又召集宋子文、俞鸿钧和经济部部长王云五等人,指示速拟平抑物价、安定民生方案。③

虽然蒋介石严厉批评宋子文、贝祖诒无能,但纯就经济因素而言,蒋从事内战所需庞大军费才是金融危机的根由、通货严重膨胀的最大元凶,故而宋子文金融政策失败,蒋亦需负大部分责任。

在蒋介石尝试另寻途径解决金融危机时,宋子文仍不改初衷,将所有问题的解决办法寄望于美援上。2 月 5 日,宋子文访晤美国大使司徒雷登

---

① 高素兰编注:《事略稿本》,第 68 册,台北,2012 年,第 484、507 页。
② 高素兰编注:《事略稿本》,第 68 册,台北,2012 年,第 515—516、538、540、544—546、548—551 页。
③ 《申报》,1947 年 2 月 13 日。

(John Stuart Leighton),除以书面备忘录说明通货急遽膨胀情形外,还口头说明中国经济和金融局势十分危急,希望美国立即提供1.5亿美元的棉花借款或棉麦借款,甚至明白表示,如果数额小于此数,恐怕危急情势将无法改变。① 2月11日,宋子文与驻华的美国外交人员会谈时,也特别强调中国货币有崩盘之虞,亟需美国的财政援助。② 宋子文一味等待美援解决黄金飙涨的做法,已无法满足蒋介石的要求。2月13日,宋子文率同外国顾问谒见,仍是提出变更外汇汇率和继续抛售黄金为请,蒋即认为宋子文已"别无他法",遂指示"今日物价不能管制,投机不能取缔,虽变更汇率决难维持外,此无异速国之亡,至于继续无限制抛售黄金,则适中奸党与市侩扰乱投机之毒计,则尤期以为不可"。研商之后,决定停抛黄金,先拟定管制物价、取缔投机、禁用外钞等各种办法。蒋以为宋子文当此紧急关头,却是彷徨无计,"一若失其脑力与主宰者然,而唯贝祖诒与劳杰斯之计是从,为之忧戚无已"③,显示其对此际宋子文之做法极度不满。

由于蒋介石坚持停抛黄金,1947年2月15日,在宋子文指示下,中央银行正式停止出售黄金。但失去央行出售黄金的平衡,黄金和美钞黑市价格失控狂飙,法币暴跌,物价飞升,上海部分地区食米有价无市,愤怒的市民甚至毁店抢米,外地亦有类似情况发生。④ 此为宋子文出任行政院院长以来最严重的经济风潮。然而,由于宋子文和央行总裁贝祖诒先前的政策已抛售了政府大量的黄金储备⑤,且面对困局一无善策,为此,宋招致党政人士和舆论的普遍抨击,要求宋下台的呼声渐高。

对于此次黄金风潮,党政方面交相诘责,反应激烈。1947年2月17日,

① "Stuart J. Leighton to the Secretary of State, February 6, 1947", United States Department of State, *Foreign Relations of the United States*(以下简称 *FRUS*), *1947. The Far East:China*, Volume Ⅶ, Washington,D.C.:U.S. Government Printing Office,1947,pp.1053 - 1055.

② "Stuart J. Leighton to the Secretary of State, February 12, 1947", United States Department of State,*FRUS, 1947. The Far East:China*, Volume Ⅶ,Washington,D.C.:U.S. Government Printing Office,1947,pp.1058 - 1059.

③ 高素兰编注:《事略稿本》,第68册,台北,2012年,第566—567页。

④ 吴景平:《宋子文评传》,福州,福建人民出版社,1998年,第497页。

⑤ 根据李立侠的回忆,自1946年3月8日至1947年2月中旬期间,中央银行共抛售黄金370余万两,而1946年12月即售出约783 060两,1947年1月售出674 540两,1947年1至15日售出109 860两。转引自吴景平《宋子文评传》,福州,福建人民出版社,1998年,第497页。由上述可知,短短两个半月时间,所抛售黄金即占这14个月间黄金抛售总额四成之多。

国民参政会驻会委员一致决议：此次黄金风潮，行政院院长及有关当局未能预为防止，贻误国计民生至巨，应请国防最高委员会查明责任所属，认真处分，并建议政府由参政会与立法、监察两院共同组织调查团，彻查此次黄金风潮及京沪两地金融和官僚资本的垄断情况。[①] 中国国民党第六届三中全会也通过黄宇人等百名中央执行委员的提议，"彻查金钞风潮负责大员，及彻查官办商行账目，没收贪官污吏之财产案"[②]。而监察院也由监委何汉文、谷凤翔、万灿和张庆桢等四人对上海市黄金风潮案进行调查，甚至进而对宋子文提出弹劾。[③]

此外，舆论界的批判更象征着社会的具体压力。在诸多舆论当中，最具影响力的来自学界的傅斯年，他对宋子文个人及"孔宋集团"抨击不遗余力。[④] 傅斯年指出宋子文行事五大缺失，其中影响经济最烈者莫过于黄金和工业政策，其次是孔宋企业公私难分，而宋子文以亲信之言决定政策，视其他部长如无物，加之宋子文本人缺乏中国文化，是以认为宋子文难堪行政院院长之职。[⑤] 傅斯年要求这样的宋子文非走开不可。

国民党内不满宋子文之人士，视黄金风潮为攻击宋子文最佳机会，批评不断[⑥]；而友党民社党与社会贤达如胡适、傅斯年等人，均反对宋子文继续主

---

① 《大公报》（上海），1947 年 2 月 18 日。

② 荣孟源主编：《中国国民党历次代表大会及中央全会资料（下）》，北京，光明日报出版社，1985 年，第 1156 页。

③ 其后监察院李世军等轮值委员认为宋子文是政策失当，并无犯罪情事，黄金风潮发生后已自请去职，故无须交付惩戒。

④ 关于傅斯年公开抨击宋子文个人及"孔宋集团"的整体分析，参见 Wang Fan-sen, *Fu Ssu-nien: A Life in Chinese History and Politics*, Cambridge, Mass.: Cambridge University Press, 2000, pp.480－483.

⑤ 傅孟真（斯年）：《这个样子的宋子文非走开不可》，《世纪评论》第 1 卷第 7 期，1947 年 2 月 15 日。此外，傅斯年还写了《宋子文的失败》和《论豪门资本之必须铲除》，分别刊于《世纪评论》第 8 期，1947 年 2 月 22 日，《观察》第 2 卷第 1 期，1947 年 3 月 1 日。文中强烈抨击孔、宋以权贵发达豪门资本将国家利益直接送入自己的企业中，而宋子文的政策，又让其他工业难以维持，导致国民经济几毁之殆尽。

⑥ 大陆学者汪朝光以为宋子文一意垄断敌伪产业、物资的处理权，及扶植、重用其亲信，早已引起国民党内其他派系尤其是 CC 系的不满。汪朝光：《简论 1947 年的黄金风潮》，《中国经济史研究》1999 年第 4 期，第 70 页。不过，就广东的情形来看，党、政、军、团等接收单位并不顺从中央指示，将接收产业移交敌伪产业处理局处理，而产业处理局无可奈何，宋子文如何一意垄断处理权，实有待商榷。

持行政院,民社党甚至表示,如宋组阁,则不参加政府改组。① 因朝野的强烈抨击,宋子文遂与蒋介石达成协议后,在 1947 年 3 月 1 日辞卸行政院院长之职,鞠躬下台,其职由蒋介石兼代。

虽然蒋介石对自己暂代行政院院长的自我期许是"悉心擘划,勇渡难关"②,改发行短期库券和美金公债,认为如此才是稳定政治、经济的重要措施,对继任中央银行总裁的张嘉璈能与其配合、稳定金融,感到安慰③,但张嘉璈对于新职却惴惴不安,主因在军费未能缩减,通货膨胀的压力仍在,以致两个月后金融又现危机。④

第二节　国共重庆会谈与政治协商会议

一、国共重庆会谈

战时国共关系因 1941 年皖南的新四军事件陷入紧张状态,直至 1943 年冬双方在均有心缓和的情况下开展了西安会谈。1944 年 5 月 4 日,国民参政会主席团主席王世杰即与军事委员会政治部部长张治中到西安与中共代表、参政会参政员林祖涵会谈,然而会谈后的记录因毛泽东的新指示随即遭到推翻。6 月 4 日,林祖涵函告张治中、王世杰,和谈的要求已转换成毛泽东的指示,但国民政府仍以原先中央的提示案作复,未能产生交集。⑤ 于是这次会谈就在双方交锋中延宕三个月。同年 8 月 30 日,林祖涵来函反驳中央提示案,函末并促请王世杰和张治中赴延安一行。王世杰认为中共意在参加

---

① 《王世杰日记(手稿本)》,第 6 册,台北,1990 年,第 38—39 页。
② 据宋子文告诉顾维钧,其下台前与蒋达成协议,蒋承诺在各方面尽力帮助他。"T. V. Soong to Wellington Koo, March 8, 1947",*T. V. Soong Collections*, *Schedule A. Box 51*, Hoover Institution Archives, Stanford University.转引自汪朝光《简论 1947 年的黄金风潮》,《中国经济史研究》1999 年第 4 期,第 71 页。
③ 高素兰编注:《事略稿本》,第 69 册,台北,2012 年,第 11 页。
④ 姚崧龄编:《张公权先生年谱初稿》,台北,传记文学出版社,1982 年,第 805、828 页。
⑤ 参见吴淑凤《中共的"联合政府"要求与国民政府的对策(1944—1947)》,硕士学位论文,政治大学历史学系,1992 年,第 10—13 页。

政府,向蒋介石提议可在行政院予以中共地位,但蒋并不同意。① 9 月 4 日、9 日,王世杰两度向蒋建议准许其与张治中赴延安一行。② 随后因中共将和谈要求升高为组织"联合政府",而美国总统罗斯福(Franklin D. Roosevelt)派赫尔利(Patrick J. Hurley)以其个人代表的身份来华,除调和蒋与中国战区参谋长史迪威(Joseph W. Stilwell)的关系外,并有意协助国共谈判,于是王世杰的延安之行因此作罢。

1945 年 4 月 24 日,毛泽东于中国共产党第七次全国代表大会上提出《论联合政府》的报告,借以肯定组织"联合政府"的必要性,并说明"联合政府"乃中共向国民政府抗争的最高目标。毛泽东在报告中开宗明义地指出,由于世界上反对侵略者的神圣战争已经取得决定性的胜利,是以中国人民配合同盟国打败日本的时机已经迫近,然而此刻中国仍未团结,国内依然存在严重危机,故在此决胜关键时刻,且基于人民基本要求,中国急需团结各党各派及无党无派的代表人物组织合乎民主的临时性联合政府,方能实行民主改革,克服国内危机,并动员及统一全国抗日力量,以配合盟军,一举打败日本侵略者,然后在更广泛的民主基础上,召开国民代表大会,由为数更多的各党各派与无党无派代表联合成立正式的民主政府,以建设独立、自由、民主、统一与富强的新中国。③ 因此,推动建立"联合政府"成为中共坚持的诉求。

赫尔利与王世杰有相同见解,认为与毛泽东直接会商才是解决国共问题的最好方法,遂有亲赴延安与毛晤谈、事后偕同毛返渝与蒋会晤的打算。为此,王世杰建议蒋赞同赫尔利的延安之行,认为此举若无效,则美国对国民政府之疑惑当可稍减。④ 因此,赫尔利担起协调国共和谈工作,却也助长中共"联合政府"的要求,及使毛泽东有机会提出召开国事会议之预备会议。然国共还在折冲期间,1945 年 8 月 6 日、9 日,美国两投原子弹于日本的广岛、长崎,加速日本溃败。8 日,苏联对日宣战,9 日,苏军迅速进占东北,毛泽东认

---

① 《王世杰日记(手稿本)》,第 4 册,1944 年 8 月 30 日记事,台北,1990 年,第 389—390 页。

② 《王世杰日记(手稿本)》,第 4 册,1944 年 9 月 4 日、9 日记事,台北,1990 年,第 393、396 页。

③ 毛泽东:《论联合政府》,[日]竹内实监修,毛泽东文献资料研究会编:《毛泽东集》,第 9 卷,东京,苍苍社,1983 年,第 183—184 页。

④ 《王世杰日记(手稿本)》,第 4 册,1944 年 11 月 3 日、4 日记事,台北,1990 年,第 437—438 页。

为要准备对付内战。① 10 日,日本照会盟国投降。翌日,身为中国战区最高统帅的蒋介石即电令全国各部队听候命令,根据盟邦协议执行受降的决定,并电示第十八集团军总司令朱德、副总司令彭德怀,"所有该集团军所属部队,应就原地驻防待命,其在各战区作战地境内之部队,并应接受各该战区司令长官之管辖",且"为维护国家命令之尊严,恪守盟邦共同协议之规定,各部队勿再擅自行动为要"。②

然朱德当日即以"延安总部"名义,于一日之内连发七道命令,指示各中共控制区抗日部队向附近敌军、伪军及伪政权发出通牒,限其投降缴械,若遇顽抗,则予以消灭,分饬所部向东北、华北推进,以配合苏、蒙军作战,并令其占据各交通要道,接收各敌伪侵占之城镇要塞。另外,朱德还直接向日本驻华派遣军总司令冈村宁次及英、美、苏三国使馆要求受降权。③ 因而暗潮汹涌的国共冲突接踵而至,俨然成为内战的隐忧。

有鉴于此,美国驻华大使赫尔利乃秉其以往谋求国共合作的精神,继续为国共会谈奔走。赫尔利返华时,曾就苏联与中共关系加以分析,以为苏联势力将可"控制"中共行动,因此,必须有苏联之支持,中共才可能在中国发动内战。④ 于是赫尔利等待苏联表态,8 月 14 日《中苏友好同盟条约》签订后,得到苏联公开承诺支持国民政府为中国唯一政府,赫尔利即力促蒋介石邀请毛泽东到重庆会谈。国民政府之所以接纳赫尔利的意见,乃鉴于当时的国际环境,中国若不签订《中苏友好同盟条约》并接受美国调停,将使国民政府陷于孤立。国民政府思考此时虽有力量解决与中共之间的问题,却没有单独力量对抗苏联,阻止其侵入东北。在此考虑之下,蒋介石乃接受赫尔利的建议,力邀毛泽东来渝共商国是。

蒋介石首先于 8 月 14 日发函邀毛泽东至陪都共商国是,毛泽东斥为"完

---

① 蒋永敬:《战后国共和谈——从重庆会谈到整军方案》,《国史馆馆刊》(台北)(以下简称《史馆馆刊》)2001 年第 34 期,第 120 页。

② 秦孝仪主编:《中华民国重要史料初编——对日抗战时期第七编战后中国(二)》,台北,中国国民党中央委员会党史委员会,1981 年,第 275 页。

③ 秦孝仪主编:《中华民国重要史料初编——对日抗战时期第七编战后中国(二)》,台北,中国国民党中央委员会党史委员会,1981 年,第 276—282 页。

④ U.S. Department of State, *The United States Relations with China*, *with Special Reference to the Period*, *1944 - 1949*, Washington, D. C.: U. S. Government Printing Office, 1949, pp.96 - 97.

全欺骗",但斯大林(Joseph Stalin)以俄共中央名义发电给毛要求与蒋合作,毛只得依从。①毛泽东初因中共内部意见不一,乃回电要求蒋介石先就第十八集团军总司令朱德所提要求表示意见。同月20日蒋发出第二封电报,谓受降办法系由盟军所规定,各战区依照办理,自然未便以朱德一封电报而破坏盟军共同之信守,但仍寄望于毛泽东能共体时艰,惠然一行至渝,共定大计。②毛泽东在回信之前,先确保其前往重庆之安全。21日,毛泽东自延安电请中国战区参谋长兼在华美军司令魏德迈(Albert C. Wedemeyer)保证其接受蒋介石邀请前往重庆开会时之安全。虽然政府早已对毛氏作此保证,但毛泽东仍希望同时得到美方之承诺。因此,赫尔利立刻传话延安,谓其本人将亲赴延安,同机与毛飞渝,并负责其停留重庆期间之安全。③蒋三次邀请下,得到毛泽东赴渝的肯定回复。④

中共方面很清楚此次和谈利弊之处,在毛泽东24日答允赴渝会谈后,中共中央随即发表《对目前时局的宣言》,提出六项紧急措施:(1)废止一党专政;(2)成立联合政府;(3)召开各党派会议;(4)承认解放区共产党政权;(5)承认解放区共产党军队;(6)参加对日受降,要求国民政府立刻实施。⑤中共中央的想法是:"现在苏美英三国均不赞成中国内战,我党又提出和平、民主、团结三大口号,并派毛泽东、周恩来、王若飞三同志赴渝和蒋介石商量团结建国大计,中国反动的内战阴谋,可能被挫折下去","在内外压力下,(国民党)可能在谈判后,有条件地承认我党地位,我党亦有条件承认国民党的地位。造成两党合作(加上民主同盟等),和平发展的新阶段","如果国民党还要发动内战,它就在全国全世界面前输了理,我党就有理采取自卫战争,击破

①　杨奎松:《中共与莫斯科的关系(1920—1960)》,台北,东大图书股份有限公司,1997年,第524页。

②　秦孝仪主编:《中华民国重要史料初编——对日抗战时期第七编战后中国(二)》,台北,中国国民党中央委员会党史委员会,1981年,第23—28页;中共重庆市委党史工作委员会等编:《重庆谈判纪实》,重庆,重庆出版社,1984年,第22—24页。

③　United States Department of State, *FRUS*: *Diplomatic Papers*, 1945. *The Far East*, *China*, Volume Ⅶ, Washington, D.C.: U.S. Government Printing Office, 1945, p.541.

④　秦孝仪主编:《中华民国重要史料初编——对日抗战时期第七编战后中国(二)》,台北,中国国民党中央委员会党史委员会,1981年,第28页;中共重庆市委党史工作委员会等编:《重庆谈判纪实》,重庆,重庆出版社,1984年,第36—37页。

⑤　秦孝仪主编:《中华民国重要史料初编——对日抗战时期第七编战后中国(二)》,台北,中国国民党中央委员会党史委员会,1981年,第30页。

其进攻"。① 对于重庆会谈的底限,毛泽东在出发前已有主意,要求中央承认解放区政权和军队,以及中共控制陇海路以北到外蒙边界,至于东北的接收,为顾及苏联已签订《中苏友好同盟条约》的立场,主张行政大员由国民党派任,但干部则是中共人员。② 毛此时的心态大有谈判未达目的,宁可破局之心。

同年8月28日,毛泽东由张治中、赫尔利及美国大使随行秘书一人陪同,乘军机飞抵重庆九龙坡机场;随毛泽东同来者,有周恩来、王若飞及毛泽东的参谋团9人。而蒋介石在毛泽东初抵重庆当日,记下协商方针是政治与军事应整个解决,政治可给予极度之宽容,军事则严格之统一,不稍迁就。翌日,蒋更明确提出谈判底线:(1)不得于现在政府法统之外讨论改组政府问题;(2)不得分期或局部解决,必须现时整体解决;(3)一切问题必须以政令、军令统一为中心。③

9月4日起双方正式会谈,至10月5日包含谈话会,共进行了12次协商。国民政府代表为四川省主席张群、国民参政会秘书长邵力子、军事委员会政治部部长张治中、外交部部长王世杰,中共代表为中共中央委员兼中共军委会副主席周恩来、中共中央委员王若飞,就政治民主化、军队国家化、党派合法化、国民大会及中共的解放区政权等要点进行商讨。双方初期谈判并不理想,后就中共军队编制数目、军队驻地、解放区合法地位、各党派参加的政治会议以及国民大会旧代表是否有效等问题进行商谈。国民政府代表对中共的提案大多无法认同,由是接下来的谈话会的沟通更形重要。

中共代表谓本欲借成立"联合政府"解决国共间所有问题,因考虑国民政府立场,暂缓提出,改提召开政治会议的方案。谈话会期间,周恩来表示,中共本来提案主张召开党派会议,成立联合政府,如能通过,即可结束党治,实行普选,而一切军队之整编,省区问题之处置,皆可由联合政府办理,如此,一

---

① 中共重庆市委党史工作委员会等编:《重庆谈判纪实》,重庆,重庆出版社,1984年,第16页。

② 中共中央文献研究室编:《毛泽东年谱》,下卷,1945年8月26日条,北京,中央文献出版社,1998年,第14页。

③ 《蒋公大事长编(未刊行)》,第5卷下册,1945年8月28日、29日条,第815—816页。

了百了。① 然而国民政府认为此举有推翻政府之顾虑,故不在此次提出,改由国民政府召集政治会议,各党派参加政府。

周恩来解释政治会议即是"党派协商会议",而"政治会议的意义,在训政结束之过程中使各党派由协商而合作,一改过去一党在野一党在朝之方式,亦非以此党代替彼党之方式,乃求党派合作,共同参加政府,以求全国政治之安定"。张群询问政治会议的人数、方式及代表产生方式,周恩来以为国共双方人数不妨减少一些,而保留较多之名额,延揽各党派与无党派人士参加。至于参加方式,除共产党外,其他党派最好以民主同盟之方式包括之。后双方同意政治会议由政府召开,参加的代表可由各方推举而由政府聘请召集。②

国共双方代表经商讨后,终于在 10 月 10 日于重庆发表会谈纪要,其结果可分三类:第一类为双方有共识者,包括主张和平、民主、统一,拥护蒋介石的领导,保障人民自由,各党派合法平等,地方自治与普选,释放政治犯,严禁司法和警察以外机关有拘捕及审罚之权。第二类为虽有共识,但仍需会谈者,包括政治协商会议之代表名额分配、国民大会代表名额及奸伪处理问题。第三类为未有共识而又有困难者,包括中共军队整编及驻地问题,解放区政权及中共要求受降等问题。③

另关于政治民主化问题,双方会谈结果"一致认为应迅速结束训政,实施宪政,并应先采必要步骤。由国民政府召开政治协商会议,邀集各党派代表及社会贤达,协商国是,讨论和平建国方案及召开国民大会各项问题。现双方正与各方洽商政治协商会议名额、组织及其职权等项问题,双方同意一俟洽商完毕,政治协商会议即应迅速召开"④。

重庆会谈期间,时任外交部部长的王世杰因出席伦敦五国外长会议,未

①　秦孝仪主编:《中华民国重要史料初编——对日抗战时期第七编战后中国(二)》,台北,中国国民党中央委员会党史委员会,1981 年,第 56 页。

②　秦孝仪主编:《中华民国重要史料初编——对日抗战时期第七编战后中国(二)》,台北,中国国民党中央委员会党史委员会,1981 年,第 61、74 页。

③　秦孝仪主编:《中华民国重要史料初编——对日抗战时期第七编战后中国(二)》,台北,中国国民党中央委员会党史委员会,1981 年,第 97—102 页。

④　秦孝仪主编:《中华民国重要史料初编——对日抗战时期第七编战后中国(二)》,台北,中国国民党中央委员会党史委员会,1981 年,第 98 页。

能参与,待其返国后方与政府及中共代表共同签署《双十会谈纪要》。签署纪要的当晚,王世杰邀毛泽东长谈,望毛氏返延安后能再度来渝续商,并参加政治协商会议。① 然就在《双十会谈纪要》公布的当晚,毛泽东即向蒋主席要求延缓召集政治协商会议,谓须回延安准备召集解放区民选代表会议,再定办法。② 其后因解放区问题尚未解决,毛泽东在对中共中央说明双十协定后的任务与方针时指出:"解放区军队一枪一弹均必须保持","过去中央指示各地扩大军队整编计划,继续执行不变"。③

而《双十会谈纪要》关于政治民主化的问题,实则打乱国民党从训政过渡到宪政的预定步骤,因国民党在 1945 年 5 月召开的第六次全国代表大会中,即已议决是年 11 月 12 日召开国民大会,通过中华民国宪法。换言之,国民党希望在战争结束后召开国民大会,通过宪法,结束训政,实施宪政。然就纪要内容考察,关于召开国民大会之事已协商为与中共协商,且在召开国大前,尚需举行政治协商会议。因是,日本学者山田辰雄认为"国民党希望通过专政领导来完成由训政时期过渡到宪政时期的立场已遭到挑战"④。

由于《双十会谈纪要》仍有许多问题未获实质解决,故国共双方仍摩擦不断。就王世杰的记载,自 10 月 17 日起,中共军队已破坏多处,尤以铁路交通为甚,国共情势转恶,令王世杰不得不面对现实,明白重庆会谈无法解决国共问题,今后必须改弦更张。同月 27 日,王世杰与张群甚至向中共代表周恩来表示,"只要中共不阻挠铁路交通,则在交通线以外之中共占领区域可暂维现状,一面另商根本解决办法"⑤。王世杰认为内战一发,势将不可遏止,中共即可借此机会,以苏联为暗援,夺占热察绥甚或东北三省而自成一国。因此,王氏建议需向中共提出暂时避免冲突办法;但在办法提出之前,要求第十二

---

① 《王世杰日记(手稿本)》,第 5 册,1945 年 10 月 10 日记事,台北,1990 年,第 191—192 页。

② 秦孝仪主编:《中华民国重要史料初编——对日抗战时期第七编战后中国(二)》,台北,中国国民党中央委员会党史委员会,1981 年,第 105 页。

③ 中央统战部、中央档案馆编:《中共中央解放战争时期统一战线文件选编》,北京,档案出版社,1988 年,第 19—20 页。

④ [日]山田辰雄:《在和平与民主主义阶段的中国国民党战后政权构想》,张宪文、陈兴唐、郑会欣编:《民国档案与民国史学术讨论会论文集》,北京,档案出版社,1988 年,第 339 页。

⑤ 《王世杰日记(手稿本)》,第 5 册,1945 年 10 月 17 日、27 日记事,台北,1990 年,第 195、201—202 页。

战区司令长官傅作义暂勿使用空军，以免给予对方宣传之柄。① 对国民政府释出的友善，周恩来虽表示将请示延安，但就王世杰所见，国共冲突并未停歇。王世杰谓：

> 近数日中共之延安广播及其在渝新华日报又大叫"国民党军队"对彼攻击。实则中共毁坏一切铁路线，以阻遏交通，使政府军队不能北上，同时中共以大军向绥远方面接近，威胁傅作义所部。午后予及岳军、力子与周恩来、王若飞续谈停止军事行动办法，但周等显无息兵之诚意，中共之目的显欲于苏军自东三省撤兵前，进占热察绥及东北之大部区域，形势之严重，实属空前。苏联暗中似亦在鼓励，因东北共产党之活动显示受其扶拉，政府派赴长春人员则大受苏军之压制。②

当初毛泽东在重庆会谈招待会上表示："中国只有一条路，就是和，和为贵。"③言犹未远，但事实却是内战战火在各地燃起、扩大，东北局势亦日益恶化。对此，王世杰以为解决国共问题，可以"假统一形式下，暂取分疆而治之策"，以避免内战及耗损战后中国建国大业。④ 但王世杰深知中共与苏联问题无法分开，故须观察此际苏联将采取与英美合作路线，抑或背道而驰，因此在此一问题尚未解决前，国民政府对于中共问题只可尽力防范其扰乱范围，不可能希求得到根本解决。纵然如此，王世杰仍致力于政治协商会议召开的可能，是以在中国民主同盟主席张澜邀集国共代表商谈停止内战问题时，张群与王世杰即呼吁尽速召开政治协商会议。⑤

二、政治协商会议的召开

为了筹备召开政治协商会议，1945 年 10 月 20 日起，国共双方即在重庆

---

① 《王世杰日记（手稿本）》，第 5 册，1945 年 10 月 31 日记事，台北，1990 年，第 203—204 页。
② 《王世杰日记（手稿本）》，第 5 册，1945 年 11 月 2 日记事，台北，1990 年，第 206—207 页。
③ 中央统战部、中央档案馆编：《中共中央解放战争时期统一战线文件选编》，北京，档案出版社，1988 年，第 18 页。
④ 《王世杰日记（手稿本）》，第 5 册，1945 年 11 月 9 日记事，台北，1990 年，第 213 页。
⑤ 《王世杰日记（手稿本）》，第 5 册，1945 年 11 月 3 日、11 日记事，台北，1990 年，第 207、213 页。

就会议性质、代表总额和各方面应推出的代表数、会议的职权、表决方式及由谁出面召集等五个问题进行商谈。① 然而军事冲突、交通中断等问题日益严重，令双方不得不先就停战、恢复交通之事举行谈判。27 日，国民党中宣部部长吴国桢发表声明，表示国共商谈正在"和谐气氛下进行"，然中共代表王炳南却告诉美国大使馆，谈判并无新的进展。王炳南指称国民政府显然企图一面取得中共收复区之军事控制，一面拖延时间；另中共对美国军队在华北各地登陆驻扎以待美国空军运输大批国军之举动深表不满，且认定此举系一种"美方对华干涉行动"。中共在指责美方时，故意对东北情势避而不答，但表示除非美国积极援助国民党，否则苏联不致干预中国内争。② 然现实的发展是苏联不同意国军从大连登陆，自 10 月 28 日起又阻止运送国军的美舰在葫芦岛登陆。是以国军改由秦皇岛登陆，11 月 10 日起，则向山海关推进，与中共军队发生严重的军事冲突。由于战况激烈，而国共协讨亦因缺乏共识，陷入停顿，再则，中共的政治协商会议代表名单迟迟未能派定，于是原定于 11 月初举行的政治协商会议便因此延为 12 月 1 日召开。③

为解决内战蔓延威胁，国民政府于 10 月底向中共以书面方式提出六项建议：(1) 双方令所属部队保持原防，不攻击对方；(2) 中共撤退各铁路沿线之军队，国民政府应允不派兵赴该处，当地警备事宜交予铁路警察；(3) 由国民参政会指定参政员及其他党派之代表组织交通监察委员会，沿各铁路线执行视察工作，并将情况提出报告；(4) 倘国民政府认为在平绥路、同蒲路、胶济路、陇海路东段及津浦路北段有运兵之必要，将先与中共磋商，以取得协议；(5) 关于中共军队改编及指定驻防地点问题，双方应竭诚在一个月以内觅一根本解决办法；(6) 政治协商会议立即召开。国民政府还表示，政治协商会议之代表名额为国民政府 8 人，中共 7 人，民盟 13 人，社会贤达 9 人，除中共外其余代表均经派定。④ 中共迟至 11 月 8 日方予回复，但其对案令国民

---

① 中国共产党南方局党史资料征集小组编：《南方局党史资料：大事记》，重庆，重庆出版社，1986 年，第 325—326 页。

② U.S. Department of State, *The United States Relations with China*, *with Special Reference to the Period*, *1944 - 1949*, Washington, D.C.: U.S. Government Printing Office, 1949, p.110.

③ 秦孝仪主编：《中华民国重要史料初编——对日抗战时期第七编战后中国(三)》，台北，中国国民党中央委员会党史委员会，1981 年，第 291 页。

④ 秦孝仪主编：《中华民国重要史料初编——对日抗战时期第七编战后中国(三)》，台北，中国国民党中央委员会党史委员会，1981 年，第 290—291 页。

政府深感不满。其后业经选定的中共政协代表因飞返延安,未能及时赶回重庆,致使政治协商会议再次延期。

国共持续的军事冲突使国内反内战的气氛愈炽,而美国对华政策也由以往全力援助国民政府转变成要求国民政府与中共合作。[①] 12 月 15 日,美国总统杜鲁门(Harry S.Truman)发表对华政策声明,谓:"美国深知在中国国民政府乃属一党之政府,美国相信倘若该政府之基础加以扩大,包容全国其他政治分子在内,则和平、团结与民主之改革可推及于中国。职是之故,美国强烈主张应由国内所有主要政治分子推出代表举行一全国性之会议,从而商定办法,使彼等在中国国民政府内均享有公平而有效的代表权。"[②]

当时美国对华新政策有两个重点:一是召开包含中国国内主要政治分子之全国性代表会议;二是扩大中国现政府的基础,包容其他政治分子在内。于是杜鲁门总统在赫尔利大使辞职后,改派马歇尔(George C. Marshll)将军来华调停。杜鲁门总统向马歇尔表示:"我特别希望你竭力说服中国政府召开包括各主要政党代表的国民会议,以实现中国的统一,同时实现停止敌对行动,尤其是在华北停止敌对行动。"[③]所以马歇尔使华的调停方针为,一方面停止国共之间的敌对行动;另一方面促使国民政府召开全国主要政党代表的国民会议,以求早日解决内争,促成中国的统一。[④]

除了美国的压力,国内的舆论也不断地吁请停止内战,召开政治协商会议。[⑤] 国内国外这两股结合的压力令国共双方必须回到谈判桌前。蒋介石于 12 月 31 日宣布,政治协商会议确定于翌年 1 月 10 日召开。于是,千呼万唤的政治协商会议终于登场。

在政协召开前夕,中国青年党领袖曾琦返国,决定脱离民盟,于是删去青年党 5 席政协代表后,民盟代表减为 7 名。民盟一再与国民政府主其事者力争增加 2 名代表,但终未获允。嗣周恩来当众允让中共 9 名代表中的 2 名予

①　梁敬錞:《中美关系论文集》,台北,联经出版事业公司,1982 年,第 25 页。

②　秦孝仪主编:《中华民国重要史料初编——对日抗战时期第七编战后中国(三)》,台北,中国国民党中央委员会党史委员会,1981 年,第 54 页。

③　[美]马歇尔著,中国社会科学院近代史研究所翻译室译:《马歇尔使华:美国特使马歇尔出使中国报告书》(以下简称《马歇尔使华》),北京,中华书局,1981 年,第 28 页。

④　[美]马歇尔著,中国社会科学院近代史研究所翻译室译:《马歇尔使华》,北京,中华书局,1981 年,第 27 页。

⑤　参见中央通讯社征集《战后政府组织之成立》(剪报),第 1 册,政治大学图书馆藏。

民盟,即得解决,而民盟以此益发同情中共。[①]

1946 年 1 月 10 日停战命令一颁布,紧接着由国民政府召集各党派代表及社会贤达共商国是的政治协商会议便在当天上午 10 时于国民政府礼堂开幕。该会议成员构成如下。

中国国民党:孙科、吴铁城、陈布雷、陈立夫、张厉生、王世杰、邵力子、张群。

中国共产党:周恩来、董必武、王若飞、叶剑英、吴玉章、陆定一、邓颖超。

中国青年党:曾琦、陈启天、杨永浚、余家菊、常乃德。

中国民主同盟:张澜、罗隆基、张君劢、张东荪、沈钧儒、张申府、黄炎培、梁漱溟、章伯钧。

社会贤达:莫德惠、邵从恩、王云五、傅斯年、胡霖、郭沫若、钱永铭、缪嘉铭、李烛尘。

以上 38 位代表,分别就政府组织、施政纲领、军事问题、国民大会及宪法草案等五项议题进行协商。

由于政党成立的最终目的便是执政,能以政治解决,便无须以武力相向,故以下专就政协中扩大政府组织案讨论。中共提出先前的"联合政府"的要求,而其他民主党派也希望借联合政府的形式,脱离训政以来国民党的党治。因此在政治协商会议中首先讨论政府组织一案,以谋求政治民主化。

国民政府召开的政协,对政府讨论一案,不以中共力主的"联合政府"之名,改用"扩大政府组织"替代。而参与该组协商的委员有王世杰、陈立夫(国民政府),王若飞、陆定一(中国共产党),曾琦、余家菊(青年党),罗隆基(民盟),沈钧儒(救国会),王云五、傅斯年(社会贤达)等 10 人,由王世杰与罗隆基担任召集人。政府组织的问题于 1 月 14 日第四次大会中提出讨论,会中有中国国民党的扩大国民政府组织提案、中共代表董必武的报告及青年党的

----

① 蒋匀田:《中国近代史转捩点》,香港,友联出版社,1976 年,第 23 页。蒋匀田认为在政治协商会议中,民盟攻击国民党之所以较中共为激烈,其因除政协代表名额外,尚有两点:其一,民盟因与中共较接近,受到国民党的压制较多,故争自由的意念较强。其二,民盟代表罗隆基为谋在政府任官,曾不惜脱离民主社会党,但任官之事终不成,遂使罗隆基恼羞成怒。据称在政协召开前夕,罗隆基从昆明至重庆,国民党人张道藩宴请之,席间张道藩劝罗脱离国家社会党(其后改为民主社会党),谓如是至少可被任命为外交部部长。罗乃声明脱离国社党,但政府并未给官位,故罗隆基在政治协商会议中攻击国民党最烈,远超过中共代表。

提案。国民政府组织的主要议题在于改组后的国民政府委员额数问题、名额分配及人选的决定,另外国民政府委员会的职权与国民政府主席应否具有紧急处置权亦是争议的焦点。国民政府因有其合法地位,不接受中共要求的"联合政府",仅就现有组织扩大改组;而中共之所以愿意妥协,乃基于本身实力与外在形势考量而做出决定。

从国际情势分析,抗战胜利前后,美、英、苏三大国在对华政策方面有着共识,即一致同意扶助国民政府政权,同时要求蒋介石制止内战、开放政权,成立一个包括各党派在内的联合政府,通过政治手段解决中共问题。从雅尔塔协定、《中苏友好同盟条约》、斯大林致中共中央要求中共同国民党谈判走和平道路之电报、杜鲁门对华政策声明和1945年底莫斯科三外长会议关于中国问题的公报,均可看出这种精神。美、英、苏三国乃战后初期世界局势发展的主导力量,而三大国所展现的意向,对中共决策产生重要影响。另外,第二次世界大战结束前后,欧洲先后有17个国家建立包含共产党人在内甚至以共产党人主导的联合政府,故显示共产党人在一定条件下"可以走一条通过和平方式向社会主义过渡的道路"[①]。这对中共而言,无疑是一大鼓励。

由国内情形来看,中共认为因国民党始终未退出抗日阵营,故而"在人民中间,主要是在日本占领区和国民党统治区的人民中间,还有相当多的人相信蒋介石"[②]。再则,国共两党之间的广大中间人士是中共反对国民党统治的重要盟军,然而中间人士亦不赞成战后即完全否定国民党的统治地位,故中共认为此时应争取广大的中间人士,不能对国民政府采取完全敌对做法。

就国共实力而言,据中共自行估计,自抗战至日本投降,其解放区遍及19省区,面积近百万平方公里,人口达1亿,中共军队发展为130万人,另有268万民兵。[③] 由于中共在抗战期间力量壮大,毛泽东自豪地认为"不论什么政党或社会集团,也不论是中国人或外国人,在有关中国的问题上,如果采取不尊重中国共产党人意见的态度,那是极端错误且必然要失败的"[④]。然而

① 余逊达:《联合政府方针的坚持及评价》,《党史通讯》1985年第4期,第16—17页。
② 《毛泽东选集》,第2卷,北京,人民出版社,1953年,第1131页。
③ 余逊达:《联合政府方针的坚持及评价》,《党史通讯》1985年第4期,第18页。
④ 中共中央毛泽东选集出版委员会编:《毛泽东选集》,第2卷,北京,人民出版社,1953年,第1087页。

抗战胜利后,国民政府担负受降之责,且统治大部分的国土,又得到美国提供大量的军事和经济援助,诚中共实力所不能及。

基于上述各方面考量,中共乃面对现实,承认国共力量的差别,为保存实力,打算先透过组织联合政府,以待来日从内部改造,再过渡到社会主义的制度,但在国民政府坚持不提"联合政府"口号的情况下,遂割舍"联合政府"名称,只坚持其原则与精神,并同意只提"国民政府"。[①] 于是,其后政协提案乃采"扩大政府组织"名称。

至于国民政府委员额数与人选的争议,王世杰解释扩大国民政府组织案是根据以下三个观念制定出来的:(1) 认为政府机关组织应该扩大,俾能容纳国民党党外人士在政府机关以内;(2) 容纳国民党以外人士之机关,应不以政府最高决策机关为限,即行政院亦可容纳党外人士;(3) 扩大组织的制度是从现在到宪政实施的过渡的制度,因此要兼顾法律与事实。所谓顾到事实,在使此制度与未来宪政制度更接近;顾到法律,即在此过渡时期,不要根本动摇法律的系统。因此,国民党的提案为:(1) 国民政府委员就原有名额增加 1/3;(2) 国民政府委员得由主席提请选任党外人士充任之。[②]

王世杰说明国民政府委员原本有 36 人,若增 1/3,即再增 12 名,共为 48 人。其产生的方式是由国民政府主席提请选任党外人士担任。"所谓选任,就是由国民政府主席提经国民党中央执行委员会通过。"这是维持国民大会未召集前的法律系统。在人选方面,则自须先征求各方意见,而后提请选任。至于名额分配,王世杰认为法律既无规定,而在当时情况下,若强为明白规定,必引起无谓争议,"反于事无补"。因此他提议"分配与人选如何规定,可待办法通过后,政府与各方商量后解决"。不过他特别声明,国民党是立于领导地位的大党,因此"如果国民党委员的名额,仅仅是比较任何他党的名额多,而不具某特定程度的多数,国民党便不能履行领导的责任"。[③]

中共代表董必武认为改组政府应有一个共同纲领,在纲领的基础上改组

---

① 彭焕才:《评抗战胜利前后中共关于"联合政府"的政治主张》,中国人民大学书报资料社复印,《中国现代史》(月刊),第 116 页。

② 秦孝仪主编:《中华民国重要史料初编——对日抗战时期第七编战后中国(二)》,台北,中国国民党中央委员会党史委员会,1981 年,第 148—150 页。

③ 秦孝仪主编:《中华民国重要史料初编——对日抗战时期第七编战后中国(二)》,台北,中国国民党中央委员会党史委员会,1981 年,第 151 页。

政府。他说中共承认国民党是第一大党,当然也同意可以多一些国民政府委员名额,但要多到什么程度,根据中共"做地方政权工作的经验,最好是政府主要职员大党所占的地位①不要超过三分之一"。至于国民党主张委员人选由主席提交国民党中央执行委员会或中央常务委员会通过,董必武认为这样仍流于国民党专政的形式,如此一来,改组后的政府中国民党的地位便与训政时期并无区别。他希望能由"主席提出国民政府委员人选,也还要和政治协商会议协商"。中共认为采三三制最好,国民党、各党派及社会贤达各占三分之一。另外,董必武以为国民政府委员如有 48 人,开会不易适用,难免不灵,"可由委员会选定少数人,组织小的会议,如外国所谓小内阁一样"。②

青年党曾琦报告该党意见,他们对委员名额倒无意见,但希望现政府的执行机关应全面改选,包括各院部会在内。若要顾及国民党的法统问题,曾琦说:"蒋先生为国家元首,为国民党总裁又兼中央政治会议主席,经过他就能三面联系,并不改变国民党领导地位与蒋先生的领导地位。"③

由以上三方的意见可知,国民党希望维持训政时期以来的法统,并保持在国民政府委员名额上特定的多数,以便继续负起领导责任。中共则希望去除国民党专政的形式,提议以三三制来分配国民政府委员名额,并认为国民政府委员无需太多,以免运作不灵。青年党则较重视政治运作执行机关改选,认为虽须兼顾法律与事实,但无须过度拘文牵义。

关于国民政府委员会职权问题,国民党提议:(1)国民政府委员会为政治之最高指导机关。(2)国民政府委员会讨论及决议之事项:甲,立法原则;乙,施政方针;丙,军政大计;丁,财政计划及预算;戊,主席交议事项;己,委员三分之一以上联署提出之建议事项。(3)国民政府主席对于国民政府委员会之决议,如认为有执行困难时,得提交复议,复议时如有三分之二以上委员仍主张维持原案,该案应予执行。④

国民党解释其提案系依训政时期国民党党纲及建国大纲规定,最高决策

---

① 此处的"地位"应为比例。

② 历史文献社编选:《政协文献》,[出版地点不详](下略),历史文献社,1946 年,第 54—55 页。

③ 历史文献社编选:《政协文献》,历史文献社,1946 年,第 57 页。

④ 秦孝仪主编:《中华民国重要史料初编——对日抗战时期第七编战后中国(二)》,台北,中国国民党中央委员会党史委员会,1981 年,第 151—152 页。

机关在抗战前是国民党中央政治会议,抗战以来是国防最高委员会,此后将由国民政府委员会取代。王世杰说明国民政府委员会在职权上承继国防最高委员会,其决策事项包括:(1)议决立法原则,交由立法院根据原则制定或修改法律。(2)议决施政方针。(3)议决军政大计,并有权对军政做最后决定。(4)议决财政计划及预算。王世杰提到唯一新增职权是议决主席提议事项,该项是保留任免高级官员权,而仅给国民政府委员会同意权。王世杰的解释是"用人的权最高级是选任,选任权向来不由国防最高委员会行使,至于各部会长官以及各省政府人选,向来系由行政院决定……";他还认为中央政府的各部会长官的任用,如需先由国民政府委员会讨论批评,对院长来说固难于负责,爱惜声名者便不愿出而担任部会首长,如此一来对政治效能并无帮助。①

中共则认为国民政府委员会既成最高决策机关,如果委员会无权用人,那么政策决定了,仍交一党专政下的官僚去执行,结果还是和从前一样。"最好有权决定人选,至少是政府中的重要职员应由委员会选定。"②

罗隆基代表民盟发言,认为共同的决策机关要真能决策,并询问增加三分之一的国民政府委员是整个国民政府委员会改组重选抑是补充?若是补充,则参加国民政府委员的党外人士永远难有建议权,更谈不上否决权。③王世杰回答国民政府委员是整个改组,不是补充,政府从未决定只以12名委员给党外人士参加。青年党曾琦报告指出,应以各党派、无党派人士参加的中央政治会议取代国防最高委员会。④

各方在国民政府委员会职权上的最大争执,在于是否具有任用人选权,以及党外人士参加国民政府委员会后是否能有效行使其权力,真正拥有建议权和否决权。

有关国民政府主席的紧急处置权,国民党的提案是遇有紧急情形时,国民政府主席得为权宜之处置,但应于处置后,报告国民政府委员会。王世杰

---

① 秦孝仪主编:《中华民国重要史料初编——对日抗战时期第七编战后中国(二)》,台北,中国国民党中央委员会党史委员会,1981年,第152页。

② 历史文献社编选:《政协文献》,历史文献社,1946年,第54页。

③ 三分之一委员联名方可建议,要有议案始可通过。

④ 秦孝仪主编:《中华民国重要史料初编——对日抗战时期第七编战后中国(二)》,台北,中国国民党中央委员会党史委员会,1981年,第147、154页。

进一步说明规定主席所有种种权力,这是表示中国的国民政府主席"不是如英王之统而不治"。[1]

中共对此表示反对,认为"中国除叠床架屋的政权机构妨碍行政效率外,还有手令制,如果确定主席有紧急处置权,不但不能防止手令制,而且更促进手令制的发展,紧急处置权并非国家元首必不可少之权",是以建议主席的命令还是要经议会通过,而且要有人副署。而民盟的罗隆基也认为紧急两字如何解释,若无限制,则可能使将来的国民政府委员会无所作为。他还指出:英美的紧急权需提交议会通过,而国民政府的提案只规定向国民政府委员会报告,并不合理。[2] 王世杰对罗隆基的质疑提出说明,在过渡时期只能采取主席紧急处置权,而且紧急事项很难一一规定,但是国民政府委员仍可用建议权。虽然青年党对主席的紧急处置权并未发表意见,然而国民党与中共、民盟的意见是针锋相对的。

由于国民政府与中共、民盟意见相左,该分组连日商谈遂陷入胶着状态,进度甚慢。为了使扩大政府组织的议案有进展,王世杰等人在 1946 年 1 月 26 日晚与国民政府主席蒋介石商定,对原本提案做适度的让步:在名额分配上,中国国民党只占国民政府委员会的半数,但国民政府主席不计入;在职权方面,国民政府委员会取代国防最高委员会,其议案须过半数为原则,若涉及共同纲领之变更者,则须三分之二通过。[3]

中共中央本在该年 1 月 16 日致电中共代表团,指示"政府改组,各方委员应有一定比例,国民党不得高于三分之一";到了同月 25 日中共中央书记处电周恩来,指示可以同意国民党在国民政府委员中占二分之一的名额。[4] 至此,协商方有了进展。

一则考虑到国民党已让步到在国民政府委员会中只占半数人员,二则欲改变谈判筹码,争取"多数党在任何政府机关中不超过三分之一的要求",中共中央转变态度,改以要求中共代表周恩来等人,第一要力争"国民党人员在行政院各部会中,在军事委员会中,在各省市政府及地方政府中均不得超过

---

① 历史文献社编选:《政协文献》,历史文献社,1946 年,第 53 页。

② 历史文献社编选:《政协文献》,历史文献社,1946 年,第 55—56 页。

③ 《王世杰日记(手稿本)》,第 5 册,1946 年 1 月 26 日记事,台北,1990 年,第 255 页。

④ 中国共产党南方局党史资料征集小组编:《南方局党史资料:大事记》,重庆,重庆出版社,1986 年,第 361、367 页。

三分之一,以便逼迫国民党在这些机关中也同样让步到不超过半数"。中共中央认为如若成功,便是很大胜利。第二要争取"国民政府委员会应有用人权,或表决特定重要问题,表决时应以三分之二通过为有效,每个委员有提议权,主席及行政院应对国民政府委员会负责"。①

经过半个月的努力,政协的五项议题大致取得协议,1月27日中共代表周恩来飞回延安请示,待取得中共领导的许可后,30日飞回重庆。于是31日上午8时便召开综合小组会议,清理汇总各项问题所达成的协议,并商定未取得协议的问题。会议直开到下午2时,终于对各项议题达成最后协议。当晚7时举行闭幕会,宣读五项议案的协议内容,备受瞩目的政治协商会议终告一个段落。

政治协商会议中有关政府组织案之协议内容,关于国民政府委员会者:

(1) 名额定为40人(内有五院院长为当然委员)。

(2) 委员由国民政府主席就中国国民党内外人士选任之。②

在附注中注记:

1. 国民政府主席提请选任各党派人士为国府委员时,由各党派自行提名。但主席不同意时,由各该党派另提人选。

2. 国民政府主席提请选任无党派人士为国府委员时,如所提人选有为各被选人三分之一所反对者,则主席须重新考虑,另行选任之。

3. 国府委员名额之半由国民党人员充任,其余半数,由其他各党派及社会贤达充任,其分配另行商定。③

国民政府委员会职权方面:

(1) 国民政府委员会为政府之最高国务机关。

(2) 国民政府委员会讨论及议决事项,包含:甲,立法原则;乙,施政方

---

① 中央统战部、中央档案馆编:《中共中央解放战争时期统一战线文件选编》,北京,档案出版社,1988年,第51—52页。

② 秦孝仪主编:《中华民国重要史料初编——对日抗战时期第七编战后中国(二)》,台北,中国国民党中央委员会党史委员会,1981年,第229页。

③ 秦孝仪主编:《中华民国重要史料初编——对日抗战时期第七编战后中国(二)》,台北,中国国民党中央委员会党史委员会,1981年,第231页。

针；丙,军政大计；丁,财政计划及预算；戊,各部会长官及不管部会政务委员之任免,暨立法院委员监察委员之任用事项；己,主席交议事项；庚,委员三人以上联署提出之建议事项。

（3）国民政府主席对委员会之决议,如认为执行有困难时,得提交复议,复议时如有五分之三以上委员仍主张维持原案,该案应予执行。

（4）一般议案以出席委员之过半数通过之,若涉及施政纲领之变更者须由出席委员三分之二赞同始得议决。若某一议案内容是否涉及施政纲领之变更发生疑义时,由出席委员之过半数解释之。

（5）每两周开会一次,必要时得召集临时会议。[1]

由于政府组织扩大案在大会讨论时亦提及执行机关的改组,故关于行政院方面,有两项重要决议：（1）行政院各部会长官均为政务委员,并得设不管部会之政务委员 3～5 人；（2）行政院不管部会之政务委员及部会长官,均可由各党派及无党派人士参加。并在附注中说明：（1）行政院现有部会及拟设之不管部会政务委员总额中,将以 7 或 8 席约请国民党以外人士充任之。（2）关于国民党以外人士所担任之部会数目,于会后继续磋商。[2] 在这个协议中,可见国民政府委员会拥有大部分的人事任命权,复议国民政府主席提交议案的表决人数也降到五分之三的比例,另外还取消了国民政府主席的紧急处置权,这些都表现了国民党的让步。然而,协议并未明确规定如何分配国民党以外的 20 席国民政府委员名额,以及国民党以外人士担任行政院部会长官、政务委员的额数问题,以致成为日后纷争的祸源,阻碍了国民政府改组。

1 月 31 日军事三人小组政府代表、政协成员张群向蒋介石面报与周恩来商谈政治协商诸事,蒋介石感慨道："政治协商会议中所决议各事,其实已逾越其所希冀者矣！"[3]同日下午 3 时,国民党人在其中央党部召开常会,根据梁漱溟的回忆,国民党内部对政协决议并不满意,许多人如谷正纲、张道藩等均在会场上吵闹,甚至顿足号哭地谓国民党完蛋了,投降给共产党！他们对

---

① 秦孝仪主编：《中华民国重要史料初编——对日抗战时期第七编战后中国（二）》,台北,中国国民党中央委员会党史委员会,1981 年,第 229—230 页。

② 秦孝仪主编：《中华民国重要史料初编——对日抗战时期第七编战后中国（二）》,台北,中国国民党中央委员会党史委员会,1981 年,第 230—231 页。

③ 《蒋公大事长编初稿（未刊行）》,第 6 卷,第 32 页。

五项协议均表不满,尤其不满宪法草案 12 条原则把"五五宪草"破坏无遗。蒋介石最后才说,宪法草案 12 条原则只是一个草案,而且这是党派协议,还待取决于全国人民的国民大会。①

同年 2 月 5 日,蒋介石接见英美新闻记者时表示,国民党对国家只知有责任,而不知有权利,现在将其一部分责任分与各党派,实为还政于民愿望的开始。还政于民以后,国民党仍当与全国人民共负建国的责任。日前协议改组的政府仍为政党合作的形式,将来政府采取何种方式,须由国民大会决定。蒋介石强调,他"个人甚愿中国各党派永久合作,共同建设国家"。当记者询问政府改组时间时,蒋答道:"国民党二中全会以后,经政府与各方洽商,即可改组。"②

由此可见,国民党内部虽对政协决议感到让步太多,不过政治协商对国民党来说是党派协商,最后的决议仍应依循训政时期法统办理,或交由国民大会来裁决。

中共中央认为政协决议的达成及其实施,便可破坏国民党一党党制,使中共及其军队和解放区走上合法化。中共表示"这是中国民主革命一次伟大的胜利"。③ 政协会议闭幕次日,周恩来即公开声明"现在已经进入和平时期,愿国民党与及各党派长期合作,以后不是武装斗争"。至于改组政府问题,周氏亦言自然希望愈快愈好,但仍得和国民政府商量。④ 2 月 2 日,周恩来邀蒋匀田就改组政府问题商谈,谓国民政府委员人数尚待与国民党协商,唯人选问题最为重要,须多提选敢言之人。另周氏希望民社党首要人物张君劢及张东荪均能参加国民政府委员会,且保证毛泽东"必定参加国民政府委员会"。⑤ 而第十八集团军总司令朱德亦声称实行民主化的决议业已通过,国内和平已经实现,此后中共的任务,"就是要和国民党各党派与无党无派的民主分子,和国内外一切拥护和平民主的人们亲密团结,长期合作,来实行停战协定和政治协商会议的决议,保证和平,促进民主,不让任何人加以破坏"。

---

① 梁漱溟:《忆往谈旧录》,北京,中国文史出版社,1987 年,第 259—260 页。
② 《蒋公大事长编初稿(未刊行)》,第 6 卷,第 38—39 页。
③ 中央统战部、中央档案馆编:《中共中央解放战争时期统一战线文件选编》,北京,档案出版社,1988 年,第 70—71 页。
④ 《新华日报》(重庆),1946 年 2 月 2 日。
⑤ 蒋匀田:《中国近代史转捩点》,香港,友联出版社,1976 年,第 50 页。

朱德还强调中国共产党已经准备参加政府,实现政协决议,使中国政治彻底民主化,军队彻底国家化,将中国建设为一个独立、自由、民主、统一的新国家。[①] 此外,中共中央还指示地方进行宣传,"要求政府立即实行决议",而中共本身"则准备为坚决实现这些决议而奋斗"。[②]

政治协商会议召开期间,会场内各党派协商议案,会场外舆论界亦纷纷呈现其立场,其中有批评政治协商会议的性质的,也有针对五项议案的评论。偏向国民政府立场的报刊,则表示政治协商会议权限应加限制,如国民政府主办的《中央日报》1 月 16 日社论指出:"我们固然切盼在此协商会议中关于实施宪政民主问题,在各党各派与无党无派之间能获得一致的结论,但目前所能实行的却只是宪政时期的一些必要的准备工作,而绝对不是还政于民的实行,因为政治协商会议无论如何也不能代替国民大会的职权。"[③]而国民政府军方主办的《和平日报》认为"政治协商会议,并不是一个正规的民主议会。参加会议的会员既不由民选而生,自然无权打破法统,推翻政府"[④]。当时妇女界也借《中央日报》发表对时局的意见:"……政治协商会议只能代表党派的意见,不能代表全体国民的意见,所以政治协商会议不能代行国民大会的职权,也不能代行国民参政会的职权","所以政治协商会议的一切决议案,政府应先提交国民大会或国民参政会通过,然后执行"。[⑤]

曾由罗隆基担任主笔的《益世报》,在此时也刊印反对组织联合政府的声音。其认为联合政府不是常态的民主政府,联合政府的成立系党派林立国家,因无法在国会产生多数党组织政府,抑或国家遭遇外祸,为停止各党派政争才组织联合执政,但当时中国并无此必要。况且联合政府容易因妥协而牺牲其政党政纲,或流于党派分赃,疏漏民意,或政出多门,政潮起伏不定,并非理想体制。[⑥]

国外舆论则对政治协商会议的成就赞誉有加,政协闭幕后,英国伦敦《纳

---

① 《新华日报》(重庆),1946 年 2 月 6 日。

② 中央统战部、中央档案馆编:《中共中央解放战争时期统一战线文件选编》,北京,档案出版社,1988 年,第 71 页。

③ 《中央日报》(重庆),1946 年 1 月 16 日。

④ 李旭编:《政治协商会议之检讨》,南京,时代出版社,1946 年,第 96 页。

⑤ 《中央日报》(重庆),1946 年 1 月 8 日。

⑥ 郑毅生:《联合政府之研究》,见《益世报》(重庆),1946 年 1 月 3 日。

克郡邮报》社论谓："政治协商会议之成就,充分证明中国人愿以理智而不愿以武力解决问题之传统精神。"[1]纽约《前锋论坛》亦评论政治协商会议是"中国各党派一致努力结果,奠定了中国民主宪法的基础"[2]。伦敦《星期观察报》将其评为"中国的和平"[3]。然国外传播媒体虽有如是之佳评,国内的舆论却不敢因此认定中国的和平即将到来。2月1日《大公报》社评虽盛赞政治协商会议之成功,但也期许今后"各党派都要痛感责任,忠于其本身任务"[4]。

政治协商会议谢幕后,国民政府在训政时期约法的体制下,须将这份协议内容交由国民党六届二中全会通过,方得付诸实行。

第三节 第一届国民大会的召开

一、解读政协决议的纷争

根据政治协商会议之决议,国民政府应尽速改组政府,容纳各党派人士,共同筹划结束训政党治阶段,并为未来实施宪政铺路。各党派衷心盼望国民党能确实落实政协决议,故而国民党在1946年3月16日召开的六届二中全会备受瞩目。

在筹备六届二中全会前,国民政府已积极展开还都南京的工作,力求回归运作常轨。同年2月21日,行政院令发《中央党政机关还都办法》;3月12日,行政院订颁《中央党政机关还都办法解释及补充》,虽然此时运输能力难以支应还都需求,但国民政府仍勉力而为;5月5日,国民政府在南京举行庆祝还都大典。在还都南京的作业下,国民党的六届二中全会在南京召开。该全会就政府组织案决议"国民政府既须改组,容纳各党派分子参加,各党派均应一本忠诚,为国家之和平统一民主建设而共同努力",确认了政府改组和容纳各党派参与,但强调"属望中国共产党切实依照协议,在其所占区域内首须

---

① 中统局上海特派员办事处编:《政治协商会议经过检讨》,上海,中统局上海特派员办事处,1947年,第215页;李旭编:《政治协商会议之检讨》,南京,时代出版社,1946年,第218页。

② 李旭编:《政治协商会议之检讨》,南京,时代出版社,1946年,第218页。

③ 李旭编:《政治协商会议之检讨》,南京,时代出版社,1946年,第218页。

④ 《大公报》(天津),1946年2月1日社评。

停止一切暴动,实行民主,容许人民有身体、思想、宗教信仰、言论、出版、集会、结社、居住、迁徙、通讯之自由及各党派公开活动,使政治民主化之原则,不致因任何障碍而不能普遍实现"。①

国民党六届二中全会的决议引发中共方面的反弹,周恩来认为这违反政治协商会议的协议事项,指出"改组政府是件大事,究竟是否结束训政走向宪政,在此过渡期间成立举国一致的各党派合作政府,二中全会无明确态度";周恩来还说国民党六届二中全会不仅避开结束训政不谈,"反而要把各党派推选的国民政府委员会拿到国民党中常会去选任,这是完全违反政协决议的"。因此,周恩来指称此举令人不能不怀疑二中全会是欲"恢复"从前指导国民政府的政治委员会,倘果真如此,国民政府委员由国民党中常会选任,中央政治委员会又要指导国民政府,这说明政府仍是一党政府,不是民主的各党派合作之政府。②

然国民党中央党部秘书长吴铁城于 3 月 19 日向中央社记者表示,对中共方面指称二中全会的决议动摇政治协商的决议,感到"甚为诧异,不知其用意何在"。他认为政治协商会议为政府所召集,政府对其决议,正在着手实施;二中全会对政协报告也加以确认,且已有明确之决议,政府不仅将实行决议,也期望中共遵守决议。至于国民政府委员的选任权,吴铁城表示依照训政时期约法,国民政府委员应由国民党中央执行委员会选任,政治协商会议关于扩大政府组织之决议,附注内明白指出国民政府委员由"国民政府主席提请选任",当时共同了解即系由国民党中央执行委员会选任,故只需参阅政协决议原文,即可明了。吴铁城认为若依周恩来的谈话,则不知"提请选任"字样将作如何解释,至于周恩来所谓中央政治委员会将要指导国民政府,因国防最高委员会之职权已划归国民政府委员会,所以中央政治委员会是国民党指导党员政治之最高机关,并非指导政府,是以周恩来的谈话显系曲解,故意使人误会。③

翌日,中共代表团回应,强调吴铁城所言只是为国民党六届二中全会辩

---

① 秦孝仪主编:《中华民国重要史料初编——对日抗战时期第七编战后中国(二)》,台北,中国国民党中央委员会党史委员会,1981 年,第 268 页。

② 中共中央文献研究室编辑委员会编:《周恩来选集》,上卷,北京,人民出版社,1980 年,第227 页。

③ 《吴铁城的谈话》,历史文献社编选:《政协文献》,历史文献社,1946 年,第 157 页。

护,且依然用强辩、逃避等方法蒙混事情。中共发言人以为结束国民党一党专政,必须建立各党派及无党派人士合作之政府,这个政府实无理由如吴铁城所说,须"依照训政时期约法"产生。国民政府委员更无须由国民党中央执行委员会选任,况且国民政府亦曾有过经国民党选任之非国民党员参加政府,然其一党专政的性质并不因此改变。在政协协议中,关于政府组织的协议第二条明文规定"国民政府委员由国民政府主席就中国国民党内外人士选任之",即说明国民政府委员系由政府主席选任,而非由国民党中央执行委员会选任。中共方面解释协议附注第一条注记的"提请"二字的由来,实因第七次小组会议争持不下,为顾全国民党代表的困难,遂予以保留,况且协议正文与附注发生矛盾时,自应以正文为依据。中共发言人还提到,该附注之第二条规定"国民政府主席提请选任无党派人士为国府委员时,如所提人选有为各被选人三分之一反对者,则主席须重新考虑,另行选任之";可见主席在选任无党派人士时,当与其他被选人商量,取得渠等同意,故国民政府委员绝非国民党中央执行委员会可以有权决定。中共认为国民党六届二中全会破坏政协决议尚不仅于此,如其决议称国民大会由政府主席"指导",无疑是将蒋主席的地位放在国民大会之上,而"恢复中央政治委员会"以取代国防最高会议,即是企图把中央政治委员会置于国民政府委员会之上。凡此种种做法,均是为坚持国民党一党训政的实质,是以中共指称吴铁城才是"故意误解"。①

中国民主同盟主席张澜也发表谈话,指出在政治协商会议会期中,就政府改组问题争执最久,其中各党派争执最激烈者为:(1)各党派自行提出国民政府委员,由国民政府主席选任,不能提交国民党中央执行委员会通过。(2)国民政府委员会必须有决策权与用人权,历经多次协商始获得国民党代表尊重,终达成协议。然这次国民党六届二中全会决议推翻第一点,不仅决定各党派所提国民政府委员须由国民党中央执行委员会选任,并且通过如各党派人选在六届二中全会闭会前不能提出名单,由国民政府主席提请中常委会选任。不过,张澜认为第二点混淆之因,乃国防最高委员会为暂时最高决策与用人机关,其权力移交国民政府委员会,正是政协各党派力争的结果,关于此点,对吴铁城发表的谈话亦不否认。但张澜对于国民党六届二中全会决

---

① 《中共代表团发言人斥吴铁城谈话》,历史文献社编选:《政协文献》,历史文献社,1946年,第153—157页。

议"战事业已结束,国防最高委员会应即撤销,恢复成立中央政治委员会,为本党对于政治最高指导机关"一事,仍认知为国民党意图用中央政治委员会取代国防最高委员会,而其目的无非在于维持国民党一党专政的实质与形式,把各党派参加政府变成请客,所以国民党六届二中全会动摇政协的决议,是以民盟必须加以重视。如若上述问题无法澄清,则民盟为对国民负责计,决不贸然参加政府。①

由于政治协商会议分组讨论阶段是秘密而不对外公开的,故1月27日《大公报》社评曾建议,改组后的国民政府应该是民治最高机关,不应另受党的控制;若据国民党代表之提案说明,党外人士的国民政府委员将由主席提请中常会选任,如此则中常会既可通过选任,当然也可以决定罢免,故其仍是以党制政。该报希望改组后的国民政府最好党政分离,遂建议透过国民政府主席身兼国民党总裁的身份,直接由国民党中常会授权与该党总裁,然后由身兼总裁的国民政府主席选任国民政府委员,而国民政府主席一人对国民党负责,如此,一可维系法统,二可避免继续以党制政的体制。② 然此一设计虽可调和当时体制与党政分离之要求,却落入一人独裁的政治弊端。

1946年1月28日,孙科曾在国防最高委员会第182次常会上报告政协各分组委员会商谈情形,指称他的提案为容纳各党派参加政府组织,国民政府委员由主席提请选任之,然因其他代表不同意,最后商定不明文规定,但提请选任手续依旧,如仍应向国民党政权机关提出名单,该法定程序不容变更。③ 政协政府组织案的召集人之一王世杰在日记中记载:"政治协商会议中我所任之分组,于今日结束,其结论与昨我方所提议相同。"④二人的说法,均是国民党中常会保留国民政府委员的选任权。

《和平日报》于1月30日社论中举出两例以证明政府是以忍让精神寻求合作,其中一例是政府组织问题,因依照建国大纲和中华民国训政时期约法的规定,在国民大会没有执行以前的训政时期,政权由中国国民党全国代表

---

① 中国民主同盟中央文史资料委员会编:《中国民主同盟历史文献》,北京,文史资料出版社,1983年,第153页。

② 《大公报》(天津),1946年1月27日。

③ 秦孝仪主编:《中华民国重要史料初编——对日抗战时期第七编战后中国(二)》,台北,中国国民党中央委员会党史委员会,1981年,第213页。

④ 《王世杰日记(手稿本)》,第5册,台北,1990年,第257页。

大会代表国民大会行使,全代会闭会后由中执会行使,因此,国民政府委员必须提请中执会通过,以符政权与治权分别之义。该社论提到等国民大会召开后,结束国民党训政,方符合还政于民宗旨,然而政治协商会议中竟有人将政权与治权混淆,并把建国大纲和约法所规定的建国程序一概抹杀,这种主张无异于不待举行国民大会以使国民党党政分离,便要国民党在举行国民大会之前分政于党派。①

揆诸时人回忆,因国民党与中共、民盟各执一词,对政协决议解读各自不同,国民党坚持改组政府须遵循训政时期约法办理,实施宪政、还政于民时,方能结束训政。但这点却是中共、民盟最不能接受的,视国民党一党训政的实质与形式均无改变,以致改组政府之路窒碍重重。

中共的参政员之一董必武于同年3月20日发表声明称,可预料此次参政会势必因国民党内CC派巧立各种名目,以多数决动摇政治协商会议一切决议,一如其在国民党六届二中全会中所为;另因国民参政会的职权有限,且各方面的组成分子比例不均,议会易为某一多数团体操控,即使中共出席此次参政会亦将"无补于事"②,故而中共拒绝参加,以示杯葛。

随后,中共也拒绝配合国民政府提交部队复员次序表册。国民政府依循当年2月25日所签订军队整编及统编协定第四条第一节之规定,即向军事三人小组提交国军所保留的90师的表册及两个部队复员的次序。中共坚称只有国民政府完全履行政协五项决议,中共才会提交指定参加国民政府委员会的人员名单,或部队复员次序之表册。③

3月29日,周恩来向王世杰表示,政府改组时,中共要求在行政院占有副院长,经济、交通两部部长及国防、内政两部次长之职,王世杰未予答复。④3月30日,中共代表团代表王若飞在政协综合小组会议上,提出中共对国民政府委员会名单问题的看法。王若飞声称政府对四项诺言迄今未切实履行,而国民党六届二中全会所造成违反政协之混淆情形亦尚未澄清,更甚者,政协遗留的问题犹未达成共识,诸如对宪草修改原则争议不休,国民政府对国

---

① 《和平日报》(重庆),1946年1月30日。
② 历史文献社编选:《政协文献》,历史文献社,1946年,第175页。
③ [美]马歇尔著,中国社会科学院近代史研究所翻译室译:《马歇尔使华》,北京,中华书局,1981年,第68页。
④ 《王世杰日记(手稿本)》,第6册,台北,1990年,第293—294页。

民大会代表名额总数又提修改之议,且中共应有国民政府委员会及行政院政务委员之名额,政府亦未作最后肯定。有鉴于此,中共目下实难提出国民政府委员名单。是以中共代表团郑重声明唯有以上各项问题解决后,中共方能考虑参加国民政府委员会及行政院之人选。[①] 于是,改组政府工作陷入停顿。

5 月 25 日,周恩来向王世杰表示愿意和平谈判,王世杰乃提议仿美国体制,中共不参加中央政府,中央机关仍由国民党一党执政,民意机关则由各党参加,至于地方政府,不妨在若干省份由中共执政。周氏虽言愿加以研究,但日后却无下文。[②]

因是,政协遗留的纷争阻碍政府进行改组,同时造成国共谈判之僵局。国共各执一词的解释与僵持的做法令政协决议无法推展,然而政治冲突却远不及东北战火危机来得严重。关于此点,驻华美军指挥官魏德迈实洞烛先机。他曾向马歇尔建议在日军投降时,应立即调派足够的占领军到各个重要的地区,特别是那些有大量日军集中的地区和附近亦有中国共产党武力占据的地区。[③] 但其建议未受美国重视。

二、美国的调解

战后国民政府依据《中苏友好同盟条约》展开接收东北工作,在 1946 年 1 月 10 日停战协定的附注中说明国军可开入东北九省并于东北境内调动军队。不过,中共军队认为早在胜利之前,东北未见国军踪迹,而中共军队则为协助苏军,已立下不少汗马功劳,但政府一直不肯承认这个事实。中共强调国军是在日本宣布投降之后始进入东北。中共还要求日军、伪军向其缴械投降。

此外,对于美军调动各种运输工具运送国军登陆东北之举,中共深表抗议,声明此举系违反军队整编及统编协定中国军在东北只有五个军的规定。马歇尔返国期间,其代理人吉伦将军(Alvan C. Gillem)虽就此项指控予以回

---

① 历史文献社编选:《政协文献》,历史文献社,1946 年,第 176 页。
② 《王世杰日记(手稿本)》,第 6 册,台北,1990 年,第 326 页。
③ Keith E. Eiler 著,王晓寒、翟国瑾译:《魏德迈论战争与和平》,台北,正中书局,1989 年,第 208 页。

复,谓军队整编及统编协定乃 12 月底生效,此时应遵照 1 月 10 日停战令规定,国军得开入东北,以恢复中国主权,而且当时国军在东北的数量远远低于五个军所准许人数,对此共产党不予理会,批评美国帮助国民党抢夺胜利成果,且以国军无端开火、攻城略地为由,继续从关内调兵进入东北,与国军争夺控制区。是时,国民政府因中苏经济交涉政策犹疑不定,致令苏联阻碍国军接收工作,延宕了争取东北控制权。① 同时,苏联在不确定国民政府态度的情况下,遂未遵守中苏协定,将接收日军之配备装备中共军队,并助中共接管苏军占地,故自是年 3 月起,中共先占四平街、长春,4 月中旬又占吉林、哈尔滨、齐齐哈尔等地。②

对于东北主权,蒋介石在四届二次国民参政会作政治报告时,特别强调东北问题本质上系一外交问题,国民政府乃依照《中苏友好同盟条约》的精神及附件之规定,恢复中国在东北的主权,是以在东北九省主权接收未完成以前,实无内政问题可言,倘若此时有人提出内政问题,作为对政府的交涉条件,则无异于妨碍中央主权的接收,且加重外交的困难。蒋介石言当前中央对东北职责只有接收领土,并恢复主权行政的完整,而这不仅是政府的责任,且为国家民族的要求。③ 国民政府接收东北之心既定,故而同年 5 月,国军积极推进,国共激战之余,国军连续占领四平街、长春,6 月初已迫近哈尔滨。

马歇尔再次来华,见东北硝烟弥漫,乃加紧脚步进行调解,遂有国共第二次停战谈判。④ 6 月 6 日,蒋介石正式下令东北各军自 6 月 7 日下午起,停止一切前进和追击,限期为 15 日。蒋介石谓“此举在使中共再获得一个机会,使其能确实履行其以前所签订之协定”,然此一措施,绝不影响根据《中苏友好同盟条约》恢复东北主权之权利。宣告要求 15 天内得议定完全停止东北冲突之详细办法与完全恢复国内交通之详细办法及进度,以及获得一确切之

---

① 李璜:《学钝室回忆录(节录本)》,台北,中国青年党党史委员会,1985 年,第 341—344 页。

② 参考[美]马歇尔著,中国社会科学院近代史研究所翻译室译《马歇尔使华》,北京,中华书局,1981 年,第 112—113 页;蒋介石:《苏俄在中国——中国与俄共三十年经历纪要》,台北,1956 年,第 167 页;胡璞玉主编:《和谈纪实》,上册,台北,“国防部史政局”(下略),1971 年,第 85 页。

③ 重庆市政协文史资料委员会、中共重庆市委党校编:《国民参政会纪实》,下卷,重庆,重庆出版社,1985 年,第 1538—1539 页。

④ [美]马歇尔著,中国社会科学院近代史研究所翻译室译:《马歇尔使华》,北京,中华书局,1981 年,第 115—143 页。

基础,迅即实施本年 2 月 25 日有关全国军队复员、整编、统编之协定。①

周恩来随即于 6 日下午 4 时发布公报,指出由于中共的坚持与中国人民的愿望以及马歇尔将军的努力,才得蒋介石下令在东北停止内战 15 天,然不论是中原抑或东北的冲突,中共都主张无条件且公正地停止内战。在这 15 天中,国共双方将商定结束东北冲突的详细办法,并议定完全恢复中国交通的时间表,以及立即执行 2 月 25 日关于中国军队复员、整编及统编的协定基础。周恩来虽担心短促的 15 天内无法解决东北乃至全国性的政治问题,但保证中共一定竭尽所能,谋取谈判成功,使暂时休战成为长期休战。②

马歇尔认为双方的新闻稿均含有两党间的怀疑和抱怨口气,且均含蓄责备对方未确实执行以前的协定③,乃感国共成见甚深。

休战初期,国军指责中共军队不守规定,进攻长春东北的拉法,并沿胶济、陇海铁路前进,而中共军队则控诉国军出兵占领沈阳西北的法库。由于双方交相指控,增加谈判困难,但在马歇尔的坚持下,谈判得以照常举行。

初次会谈,马歇尔即已看出中共撤退地区之地方政权问题将是达成协议的关键,但他极不愿卷入国共的政治谈判。是以周恩来提议待 15 天休战期结束时,即立刻讨论改组政府的问题,届时东北地方政府将作为全面解决改组政府的部分问题来处理。周氏谓俟政府改组之后,则地方行政官员即须依照政治协商会议通过的和平建国纲领进行选举,从事改组地方政府工作,故目前可暂时维持现状。④

关于整军问题,国民政府方面欲以增加驻军、分配驻地与制订整编复员计划解决冲突,故于初次提案中表示为求得和平,允许中共在东北驻军由一个师增为三个师,作为让步,但须取消原驻华中中共军队一个师。另鉴于双方在关内、关外驻军犬牙相错,易生纠纷,以致冲突屡起,故强调应划定驻地,乃提议中共军队驻于黑龙江及兴安二省,并为利于整编统编起见,要求东北中共军队于一个月内进入驻地,两个月内完成整编,而华北中共军队则于一

---

① 《群众》第 11 卷第 6 期,1946 年 6 月 10 日,第 26 页。

② 《群众》第 11 卷第 6 期,1946 年 6 月 10 日,第 26 页。

③ 〔美〕马歇尔著,中国社会科学院近代史研究所翻译室译:《马歇尔使华》,北京,中华书局,1981 年,第 147 页。

④ 〔美〕马歇尔著,中国社会科学院近代史研究所翻译室译:《马歇尔使华》,北京,中华书局,1981 年,第 151—152 页。

个月内进入驻地,12 个月内完成整编。① 然而马歇尔的修正提案却更厚待中共军队,其提议东北中共军队增为三师,但驻地则扩为黑龙江、兴安二省,嫩江省中北部及吉林省东部,进入驻地时限为四个月,完成整编时限为六个月,且华中中共军队第一期保留一个军,第二期方取消。② 而中共于此次谈判中,做法不似以往早有明确腹案,周恩来解释系因中共愿做让步,尤其有一些政治问题本欲提出建议,但担心影响须立即解决的军事谈判,遂暂时搁置。谈判期间,周恩来仅向马歇尔提出中共希望东北中共军队能增为五个师,并各驻于东北五大重要城市。③ 马歇尔认为可以考虑,遂希望蒋介石能接受以5∶1 的比例作为东北兵力基础,其后虽未如中共所愿,却促使政府再度让步,将整编东北中共军队期限修改为四个月完成,两个月内进入驻地。④ 无奈这项让步实非中共关心要件。

国共双方字斟句酌商讨提案,虽有马歇尔居间折冲,然重要问题均未达成协定,而停战 15 日期限即届期满,是以马歇尔向蒋介石建议延长 6 月 22 日中午期满的休战期限。政府遂决定将停止前进攻击命令再延长八日,由蒋介石于 21 日正式宣布,为予中国共产党更大之机会,并期得完满解决停止军事冲突、恢复交通、整编军队及军队驻地问题,特命令前方指挥官,停止前进攻击命令有效时期延长至 6 月 30 日中午为止。⑤

延长停战命令发布前,周恩来不愿在整军方案中讨论华北驻地问题,以中共中央命令,提出"应举行第二次三人小组会议,讨论政府改组、保障人民权利、解决人民生活问题,地方政府应予改组并实行选举"之建议。周氏表示相信蒋介石最关心军队整编统编及训练问题,故而提出是项要求,以避免共产党产生顾虑。因为中共倘若此刻接受国民政府之提案,则对其他尚未谈判之问题便将缺乏保证,是以建议在军队整编时期,中共军队于共产党区域整

---

① 胡璞玉主编:《和谈纪实》,上册,台北,1971 年,附件第 11。

② 胡璞玉主编:《和谈纪实》,上册,台北,1971 年,附件 12、13,附录 1、2。

③ 〔美〕马歇尔著,中国社会科学院近代史研究所翻译室译:《马歇尔使华》,北京,中华书局,1981 年,第 163—164 页。

④ 〔美〕马歇尔著,中国社会科学院近代史研究所翻译室译:《马歇尔使华》,北京,中华书局,1981 年,第 163 页;胡璞玉主编:《和谈纪实》,上册,台北,1971 年,附件 17,附录 1。

⑤ 〔美〕马歇尔著,中国社会科学院近代史研究所翻译室译:《马歇尔使华》,北京,中华书局,1981 年,第 169 页;胡璞玉主编:《和谈纪实》,上册,台北,1971 年,第 94—95 页。

编,国军于政府区域整编,至于训练则由双方委托美国军官执行,过渡时期一过,国共两军才合在一起统编。然马歇尔指出,蒋介石于 6 月 6 日停战令中已清楚说明,应立即实行 2 月 25 日签订的中国军队复员整编统编协定,此点当初中共亦无异议,何况中共并未按照协定提交军队复员表册,故政府此时坚持解决全国军队配置问题极为合理。不过,马歇尔于延长休战时限后,亦曾尝试说服蒋介石就政治协商会议的决议和改组政府有关问题发表一项声明或做出明确的承诺①,惜未能如愿。

6 月 23 日、24 日因召开三人小组会议,故陆续通过恢复交通问题与结束东北战事方案,唯整军方案因意见尚未取得一致,遂于会外商讨。是时,政府为求京沪安全及北宁路畅通,希望中共于签字后十日内撤离胶济铁路,一个月内退出苏北,进入华北预定统编驻地,并于两个月内将热河、察哈尔部队向热、察边境预定统编地区集中;政府于十日内接收胶济铁路,且预定于一个月内接防承德、古北口,以及进驻热、察与苏北等地。② 而周恩来随即向马歇尔强调,中共愿意在军事问题上做出让步,以使政府在政治上让步。于是,马歇尔提出折中办法,建议中共军队于一个月内从应撤离的地区撤退,但政府军队则延缓两三个月开入,并由中央承认黑龙江、兴安、嫩江及察哈尔省政府内的中共官员,作为临时办法,俟将来政府改组时再行考虑。③ 无奈国共双方均不感兴趣。

马歇尔见双方僵持不下,而延长八日期限又将期满,在此情况下,马氏认为若再次延长休战期限,将使中国局面完全崩溃,遂再度草拟一项解决办法的特殊协定,以充分保障政府的利益,使政府可于 6 月 30 日发出停止冲突命令以为缓冲。然蒋介石对马歇尔是项提议只让步接受哈尔滨市任命中共能接受的市长,以及允许保留保安队,但不接受中共在苏北的地方政府。

对此条件,周恩来明白指出,蒋介石未能了解中共对中共军队配置的基本原则,是在军队整编期间中共军队撤出的地区不得由国军占领,并称在没

---

① [美]马歇尔著,中国社会科学院近代史研究所翻译室译:《马歇尔使华》,北京,中华书局,1981 年,第 170—171 页。

② 胡璞玉主编:《和谈纪实》,上册,台北,1971 年,附件第 19 之附录 3 "第二次修正东北驻军提案附带中央政府关于华北华中驻军之规定"。

③ [美]马歇尔著,中国社会科学院近代史研究所翻译室译:《马歇尔使华》,北京,中华书局,1981 年,第 177 页;胡璞玉主编:《和谈纪实》,上册,台北,1971 年,附录 3。

有联合政府的情况下,不能把苏北地区的人民交给国民党统治。其后因政府坚持中共军队一个月内由苏北撤至陇海铁路以北,且撤销中共军队撤离地区的地方政府;而中共声明需要一至三个月时间以集中中共军队,并坚决保留撤离地区的地方政府及保安队,双方对峙不让。① 是时,休战期限既届,整军谈判如同宣告破裂,连带恢复交通问题与结束东北战事方案亦无法签字。

在这次谈判过程中,虽有停战命令,但战火仍然不断,谈判初期战事尚限于东北,而休战期限将届时,中共军队甚至重兵聚集于山西大同。为保护地域,山西省主席阎锡山呈电蒋介石,谓中共军队攻陷城镇、破坏交通,并企图围攻大同,乃要求蒋主席"乾纲独断,迅筹有效制止办法,以救民命"②。中共军队亦指称国军以谈判争取积极部署的时间,调兵于太原附近。由此观之,双方均怀疑对方的谈判诚意。

就谈判态度而言,国民党内部对谈判意见相当分歧,诚如马歇尔指称,国民政府部分党政要员反对谈判,主张以武力解决,使得谈判特别困难。③ 蒋介石为安抚内部,亦不可能对中共做出太多的让步。而周恩来根据中共中央指示,以政治、军事谈判互为进退,一方让步,即要求另一方作为补偿。

然而马歇尔未能理解谈判破裂背后的因素,他始终认定乃周恩来所称地方政权问题所致,遂希望国民政府能继续停止冲突,且不放弃任何谈判之可能。国民政府为符合马歇尔期望,且尚未断绝政治解决之念,故于停战期满当日下午 3 时,由国民党中央宣传部部长彭学沛代政府发表声明,谓政府在此期间一再忍让,以期建立和平统一之基础,然迄今仍未获得圆满之解决,唯政府对共产党问题仍本政治解决之方针,始终不渝,"尤以我国八年血战之余,人民痛苦,水深火热,不能使之重见战祸;而美国政府特使马歇尔将军为中国为世界蕲求和平之一片热忱,更不能使之失望。以此政府乃请马歇尔将军继续调解,期得和平解决,但中国共产党必须停止其军事进攻与破坏交通之行动,以证明其诚意"。是以国民政府表态"中央军不对共军采取军事行

---

① [美]马歇尔著,中国社会科学院近代史研究所翻译室译:《马歇尔使华》,北京,中华书局,1981 年,第 181—190 页。

② 秦孝仪主编:《中华民国重要史料初编——对日抗战时期第七编战后中国(二)》,台北,中国国民党中央委员会党史委员会,1981 年,第 366 页。

③ [美]马歇尔著,中国社会科学院近代史研究所翻译室译:《马歇尔使华》,北京,中华书局,1981 年,第 183 页。

动,以静候各项未决问题之解决",并冀望中共给予善意回应。① 马歇尔认为这样没有时限地停止冲突,实为谈判提供了延长时间,因其认定地方政权问题导致整军方案谈判破裂,遂建议蒋介石召集一个由政府和中共代表组成的特别小组,以讨论中共军队依照政府要求撤出地区的地方政权问题。② 于是国民政府批准此项建议,遂由外交部部长王世杰、参谋总长陈诚、国民参政会秘书长邵力子与中共代表周恩来、董必武组成特别小组,统称为"五人会议",负责解决地方政权问题。

1946 年 7 月初,五人小组即召开会议,国民政府代表传达蒋介石之意,为消除对政府的任何威胁及提供安全,政府坚持中共交出承德以南之热河地区、安东省、胶济铁路以及苏北四个地区的军事控制权与地方政府,其余中共军队所撤出地区的地方政府问题,则可交由政治协商会议或政协综合小组讨论解决,但上述四个地区的地方政府问题必须在能发布永远停止冲突命令之前解决。③ 然中共坚持不让出苏北地区,会商无法继续,6 日即休会,双方各自回报上级。事后,邵力子向马歇尔陈明原委,并说明蒋介石已指示渠等三人继续与共产党谈判,但关于进行谈判的方式至今尚未决定。④ 日后五人会议便不再开会,而蒋介石则动身前往牯岭避暑。因是,谈判前途似更加晦暗。

在五人小组会议期间,战火仍四处蔓延,国军在平息中共军队攻击胶济铁路后,即沿线追击,公开宣布欲"收复"中共军队自 6 月 7 日以来所占之地,而共产党则指责国军从西安地区进入山西南部,且正沿同蒲铁路向北进攻共产党地区。国共互相报复的行为令马歇尔深感调处愈加困难,其遂根据以往调停经验,觉得在调解努力中,须有德高望重且在中国有长久经历的美国人协助,乃推荐北平燕京大学校长司徒雷登担任美国驻华大使,7 月 11 日即得

① 胡璞玉主编:《和谈纪实》,上册,台北,1971 年,第 97 页。

② 〔美〕马歇尔著,中国社会科学院近代史研究所翻译室译:《马歇尔使华》,北京,中华书局,1981 年,第 190—191 页;《王世杰日记(手稿本)》,第 5 册,台北,1990 年,第 344 页,谓此建议系周恩来向马歇尔提出,请求将政治问题交由邵力子、陈诚及王世杰三人共商。

③ 〔美〕马歇尔著,中国社会科学院近代史研究所翻译室译:《马歇尔使华》,北京,中华书局,1981 年,第 192 页;《王世杰日记(手稿本)》,第 5 册,台北,1990 年,第 345 页。

④ 〔美〕马歇尔著,中国社会科学院近代史研究所翻译室译:《马歇尔使华》,北京,中华书局,1981 年,第 192 页。

美国参议院批准。不久,司徒雷登向国民政府呈递国书,立即与两党代表展开讨论。周恩来向司徒雷登建议,若无法全面停止内战,则最好讨论政治问题,并为改组政府制订程序,以便政治与军事问题能同时解决。于是,8月1日司徒雷登在牯岭同蒋介石长谈中,即建议组织一个包含国共双方代表的特别小组,由其担任主席,旨在获得立即组织国民政府委员会的协议。① 其后虽得蒋介石同意,但声明中共须撤出苏皖边区、胶济铁路、热河省承德以南地区,东北中共军队须于10月中旬前退至黑龙江、兴安两省,嫩江北部与延吉等地,而山东、山西两省之中共军队须撤出6月7日后占领之地区等五项要求以为实现和平之条件。② 而周恩来坚称不能接受政府的五项条件,以致马歇尔、司徒雷登二人联合调停受挫。

马歇尔与司徒雷登因调处频遇困难,乃于8月10日发表联合声明,指出国共冲突症结系中共军队撤出地区的地方政权问题,其严重性甚于整军问题,"盖中共主张军队可于整军后自各地撤退,而地方政府仍予保留,以待日后由国民大会根本解决"③。于是马歇尔与司徒雷登专心致力于促成国民政府委员会成立,认为这点至少是改组政府的确定步骤,且可能因而产生力量以奠定停战基础。

8月起,中共军队即沿陇海铁路线向徐州、郑州发动攻势,且开始进逼大同,而国军依据政府的五项指令,遂延续在苏北的攻势,"肃清"胶济铁路沿线,并于8月底占领热河省城承德。因中国烽火弥漫,美国总统杜鲁门两度以私函致蒋介石,关切中国恶化情势,并强调必须借政治统一方式,求迅速结束中国内战问题,以方便美国实行援助中国复兴工业与农业经济之计划。④在杜鲁门的压力下,蒋介石乃于9月3日接受马歇尔的建议,成立非正式五人小组,以磋商政府改组事宜。

由司徒雷登担任主席的非正式五人小组,其成员包括两位国民政府代表及两位中共代表,分别是国民党秘书长吴铁城、内政部部长张厉生,以及周恩

---

① [美]马歇尔著,中国社会科学院近代史研究所翻译室译:《马歇尔使华》,北京,中华书局,1981年,第200—201、204页。

② 胡璞玉主编:《和谈纪实》,上册,台北,1971年,第97—98页。

③ 胡璞玉主编:《和谈纪实》,上册,台北,1971年,附件第21。

④ U.S. Department of State, *The United States Relations with China, with Special Reference to the Period, 1944 - 1949*, Washington, D.C.: Government Printing Office, 1949, pp. 652 - 654.

来、董必武两位中共代表。司徒雷登有意先讨论政府改组问题,再由改组政府促成停战、恢复交通及整军等问题之解决。而中共的表现显系对国民政府极度缺乏信任,先是承继以往要求,坚持国民政府须即发布停止冲突命令,作为中共参加小组的先决条件。接着司徒雷登与国民政府代表拜会中共代表时,周恩来再次坚称待讨论改组国民政府问题之后,必须发布停战命令,并要求国民政府放弃五项条件。国民政府代表则认为停战的问题应由国民政府委员会处理,故须俟国民政府委员会举行成立典礼后,方能提出这个问题。①

其后双方的争执在于中共要求国民政府保证共产党在国民政府委员会中能控制 14 票,以利掌握否决权,防止任何改变政协的措施,并要求早日发布停战命令,以及同时召开三人小组会议,以制定颁发停战令之协定。而国民政府方面,蒋介石早已明确指示不能重新讨论国民政府委员会席位和否决权问题,且蒋介石坚持除非五人小组开会通过关于组织国民政府委员会之协议,否则不能同意同时召开三人小组会议。② 在国民政府看来,中共之做法系存心刁难,然而司徒雷登却认为对中共而言,谈判主要障碍乃缺乏政协决议不被更改的保证。③ 由于双方均不让步,周恩来感到无法沟通,遂离宁赴沪,司徒雷登的调处工作中挫。

9 月 20 日,军事调处执行小组离开张家口,而张家口为中国共产党的政治、军事重镇之一。政府为屏障平津并保护军事调处小组不受威胁,命国军兵分三路,迫进张家口,情势更趋紧张。

有鉴于此,马歇尔与司徒雷登格外用心,企图打开僵局,于蒋介石返京前夕,联名致函在沪的周恩来,邀其返南京续商,然周氏坚称待三人小组开会再行返回。④ 马歇尔犹不气馁,乃于 27 日草拟一份声明,希冀由国民政府发布,

---

① ［美］马歇尔著,中国社会科学院近代史研究所翻译室译:《马歇尔使华》,北京,中华书局,1981 年,第 245、253 页。

② U.S. Department of State, *The United States Relations with China*, *with Special Reference to the Period*, *1944 - 1949*, Washington,D.C.:Government Printing Office,1949,pp.180 - 181.

③ ［美］马歇尔著,中国社会科学院近代史研究所翻译室译:《马歇尔使华》,北京,中华书局,1981 年,第 270—271 页。

④ U.S. Department of State, *The United States Relations with China*, *with Special Reference to the Period*, *1944 -1949*,Washington，D.C.:Government Printing Office,1949,"Annexes 93,94",p.659.

其要点系履行 1946 年 6 月间三人小组所拟定的东北停战协定及恢复交通办法,并同时召开三人小组与五人小组会议,由三人小组迅速解决执行军队整编统编问题,政协综合小组应通过五人小组所达成之协议,一切地方政权问题交由国民政府委员会处理,而停战令发布之时中共应同时提交参加国民大会代表名单。[①] 马氏寄望此举能挽救国共全面内战一触即发之势,无奈蒋介石坚持须俟三人小组、五人小组均全部达成协议后,方发布停战命令,此一程序为中共所反对,遂使马歇尔深感斡旋前途晦暗,乃萌生退出调停念头。

9 月 30 日,中共宣告,如不尊重政协决议,则共产党拒绝提出参加国民大会的代表名单,周恩来亦于同日致函马歇尔,请其转告国民党,谓“如果国民党不立即停止对张家口及其周围的军事行动,中共不能不认为政府业已公然宣告全面破裂,并已放弃政治解决之方针”,因此一切严重后果均由政府负责。[②] 至此中共态度复转强硬。

适时民盟眼见国共为张家口冲突陷入严重僵局,遂由其政协代表张澜、沈钧儒、黄炎培、张君劢、张东荪、张申府、章伯钧、梁漱溟及罗隆基等 9 人致电蒋介石,要求制止内战,坚决反对内战制造者,谓“凡陷国家于长期分裂,永久内战之举措,见绝于国人,贻祸于子孙,同人不止不敢冒从某事,且将呼吁国人共起反对而制止之”[③]。然政府没有理会周恩来的通牒,亦没有顾及民盟抗议,是以张家口冲突日益激化。另一方面,国民政府为实施宪政而亟欲召开的国民大会亦进入紧锣密鼓的准备阶段。

10 月,张家口激化的冲突,使得国共两党情势更形剑拔弩张。10 月 1 日,行政院院长宋子文向司徒雷登表明国民政府之立场,希望先取得张家口,

① U.S. Department of State, *The United States Relations with China, with Special Reference to the Period, 1944－1949*, Washington, D.C.: Government Printing Office, 1949,"Annexes 95", pp.660－661.

② [美]马歇尔著,中国社会科学院近代史研究所翻译室译:《马歇尔使华》,北京,中华书局,1981 年,第 293 页。

③ 中国民主同盟中央文史资料委员会编:《中国民主同盟历史文献》,北京,文史资料出版社,1983 年,第 234 页。

再采取恢复谈判行动,并提出一份解决眼下困难的建议程序提纲。① 马歇尔估计讨论此一程序约需一个月时间②,对停战难收立竿见影之效。

　　适时中共驻南京代表董必武、王炳南拜会马歇尔,要求国民政府停止进攻张家口,作为中共参加同时举行的两个小组的先决条件。马歇尔对双方的行动方针均不敢苟同,且指出国共一连串的互相指责,及彼此提出建议与反建议拉锯情况周而复始,令其无法继续充任调人角色。马歇尔强调中共此时追求之程序无济于遏制军事行动;然在此紧要关头,仍愿尽力说服国民政府采取行动,以增加和平解决的可能性。③ 此际马歇尔的态度系一方面希望中共有所退让,另一方面则要求国民政府采取实际步骤以利和平谈判,遂于当日致备忘录于蒋介石,严正声明,除非觅得协议基础以终止战争,而不以建议和反建议更事拖延,否则便向杜鲁门总统提议将其召回,终止美国政府调处国共的努力。④

　　国民政府毕竟不愿此事有损中美关系,因而蒋介石于 2 日回复马歇尔,说明国民政府有恢复秩序、维持治安之责,不能任混乱局面无限延长,然政府为节省时间并掬示其衷诚起见,特表明其对解决时局可能让步之最大限度如下:

　　第一,中共不断催促国民政府改组,而改组之关键为名额之分配,政府原同意国民政府委员会名额为中共 8 名,民盟 4 名,共 12 名;中共则要求中共10 名、民盟 4 名,共 14 名。兹政府折中让步,中共 8 名,民盟 4 名,无党无派名额中 1 名由中共推荐,政府同意,共 13 名。中共应即提出国民政府委员中

---

　　① 宋子文所提非正式建议备忘录为:(1) 五人会议首先开会讨论共产党参加国府委员会问题。(2) a. 第一次开会以后,三人会议开会并决定中共军队驻地。b. 规定中共军队移驻地区之日期。c. 派遣停战小组视察各军队调动之情形。d. 中共代表接受中共军队移驻日期时,即可下停战命令。e. 中共军队抵达指定地区时,即统编于国军之内,与其他国军各师受同样之训练与装备。(秦孝仪主编:《中华民国重要史料初编——对日抗战时期第七编战后中国(二)》,台北,中国国民党中央委员会党史委员会,1981 年,第 268 页。)

　　② [美] 马歇尔著,中国社会科学院近代史研究所翻译室译:《马歇尔使华》,北京,中华书局,1981 年,第 294 页。

　　③ [美] 马歇尔著,中国社会科学院近代史研究所翻译室译:《马歇尔使华》,北京,中华书局,1981 年,第 295—296 页。

　　④ U.S. Department of State, *The United States Relations with China*, *with Special Reference to the Period*, *1944 - 1949*, Washington, D.C.: Government Printing Office, 1949, "Annexes 97", p.662.

共方面之名单及其国民大会代表名单,但此项协议,由非正式五人小组会议协定后,仍交由综合小组取得协议。

第二,为切实实施整军方案,先行迅速规定中共18个师之驻地,并遵照规定期限,进入驻地。此项决议应由三人会议正式协定后,交由军事调处执行部监督施行。[①]

随即中宣部部长彭学沛发布政府声明,重申以上两项让步。[②]

中共仍以停战为会谈首要条件,据《群众》杂志载,延安某重要人士于3日郑重指出,政府应无条件恢复1946年1月10日停战令的效力,即国军必须退出1月13日以后所占地区,并将所调动军队撤至原来位置,这是"唯一合法合理和有效的保证"。中共强调唯有获得此一和平保证后,才能考虑参加政府改组与国民大会问题。[③]

此外,因国民政府声明中提及民盟,遂引起民盟出面公开反对国民政府的做法。民盟解释其四席国民政府委员之所以与中共合计,系因政协会议期间,政府仅允中共12席国民政府委员,而中共则坚持14席以获得三分之一的否决权。由于双方争执不下,民盟为缓冲国共起见,息事宁人,乃自动将民盟应有的名额并入中共内,以达成三分之一强否决权的目的,故绝非外界所称"民盟是中共的尾巴",且此一折中办法等于使中共放弃14席席位,方使国共僵局转化。而今政府忽改变态度,否定前议,甚至谓愿意让出一名无党无派国民政府委员予中共指定,以使中共、民盟合约13席。这种指派性质,完全违背政协精神,民盟坚决反对。此外,民盟认为国民政府若彻底执行政协决议,则《和平建国纲领》明白规定党政分治,军政分治,如此军队确实国家化,则驻军问题便不存在。[④]

民盟秘书长梁漱溟进一步阐释,因政协政府组织案规定,变更《和平建国纲领》的议案须三分之二以上通过,遂有中共与民盟联合占全部国民政府委员三分之一强的办法,即拥有14席国民政府委员,以确保纲领在国民政府委

---

① 秦孝仪主编:《中华民国重要史料初编——对日抗战时期第七编战后中国(二)》,台北,中国国民党中央委员会党史委员会,1981年,第221页。

② 《大公报》(天津),1946年10月3日。

③ 《群众》第12卷第11期,1946年10月6日,第3页。

④ 中国民主同盟中央文史资料委员会编:《中国民主同盟历史文献》,北京,文史资料出版社,1983年,第235—239页。

员会上不致轻易变更。至于中共、民盟 14 席国民政府委员掌握国民政府委员会否决权之说,梁漱溟颇不以为然,因"普通议案之通过及其案是否涉及变更纲领之议定,均是取决多数,而中共民盟三分之一强的人数,根本不发生否决作用"。梁氏认为有人滥称此为否决权,且以国际上运用否决权之可怕,驳斥中共、民盟 14 个名额,此种做法徒令人感到政府无意于政治让步以促进民主化。[①]

否决权运用一如梁漱溟所言,依据政府组织案协定,普通议案之通过系采多数决,是以 14 席国民政府委员仅于变更《和平建国纲领》议案时,方享有国民政府委员会否决权,然对一般议案则难发挥作用,更无法与国际上以少数操纵多数的否决权相较。然而民盟所称席位分配问题,可能只是一方说法。目前尚未有直接资料证明国民政府曾经允诺中共 10 席国民政府委员,国民政府方面相关记载均谓中共 8 席,民盟 4 席,而梁漱溟亦曾谓国民政府委员会席次系国民党占 20 席,余者归各党派及社会贤达。然政协期间,并未言明如何分配,只说"另定之",当时众人以为此乃简单问题,由各党派商议决定即可。[②] 因此余下 20 席国民政府委员似乎未明确划分各党派之席数,也许是政协会议期间,国共双方均曾提出分配席位想法,可能经过讨论,但未成定议,以致日后各说各话,莫衷一是,卒成分裂关键。

除中共、民盟反对蒋介石之声明外,马歇尔亦对声明中未提及停战问题深表不满。梁漱溟描述当时马歇尔对此两项让步甚为不满,旋欲退还给蒋,然蒋避不见面,马歇尔无奈遂将此两点交由中共代表团转予上海的周恩来。[③] 事后,蒋介石方接见马歇尔,竭力慰留其继续担任特使,然马歇尔认为国民政府目前做法显系以军事行动而非谈判方式解决,如此一来,谈判仅系军事行动之幌子。如若政府没有具体事实改变其观点,则其决意请召回国。谈话结束,马歇尔剑及履及,不仅报告华府,建议将其召回,且拟就函稿一件,提议华府以总统名义发致蒋介石。蒋介石获悉后,即向司徒雷登表示愿停战五日,若美方调人坚持,期限亦可延长,唯中共须立即参加五人小组与三人小

---

① 中国民主同盟中央文史资料委员会编:《中国民主同盟历史文献》,北京,文史资料出版社,1983 年,第 238 页。

② 梁漱溟:《忆往谈旧录》,北京,中国文史出版社,1987 年,第 296 页。

③ 梁漱溟:《忆往谈旧录》,北京,中国文史出版社,1987 年,第 297 页。

组会议,且首就张家口问题协商。马氏接获蒋介石提议短期休战消息后,旋致电华府请求暂缓转呈杜鲁门总统将其召回之电文。[①]

10月6日马歇尔、司徒雷登往见蒋介石,讨论张家口停战提议问题,经交换意见,蒋介石同意停战十天,然要求美方宣布此举系其发议。马歇尔遂以其特使与司徒雷登大使名义公布停战十日,并谓停战目的乃实施10月2日蒋介石送交马歇尔文中的两项建议。[②] 对此,中共认为停战不应有时限,且商讨内容不应限于蒋介石所提两项建议。翌日,马歇尔赴沪邀周恩来回南京续商。周氏认为政府停战建议系为战争做掩护,是以必须做到无限期休战。另为避免国共关系全面破裂,周氏希望在军事上,双方军队在关内恢复1月13日的位置,在东北则恢复6月7日的位置。在政治方面,周氏提出八项要求,其要点为:

第一,中共及民盟在国民政府委员会中应占14席,以确保《和平建国纲领》不被变更。两党间的席位分配问题将由双方单独讨论。

第二,行政院应与国民政府委员会同时改组。

第三,待国民政府改组后,各党派应根据改组政府商定之名额提交国民代表名单。[③]

面对上述提议,马歇尔明白周恩来拒绝休战建议,似乎象征其调处努力宣告结束。马歇尔虽深信中共并不希望美国真正退出谈判,然此次努力争得的停战终是徒劳无功。

国共建议及反建议对峙情势丝毫未变,而国军攻势亦未减弱,10月11日国军攻克张家口后,随即发布国民大会召集令。

三、召开制宪国民大会

国民政府欲召开国民大会的历程相当迂回,首是1935年12月在国民党

① [美]马歇尔著,中国社会科学院近代史研究所翻译室译:《马歇尔使华》,北京,中华书局,1981年,第305—306页。

② U.S. Department of State, *The United States Relations with China*, *with Special Reference to the Period*, *1944 - 1949*, Washington, D.C.: Government Printing Office, 1949, "Annexes 99", pp.664 - 665.

③ 详见[美]马歇尔著,中国社会科学院近代史研究所翻译室译《马歇尔使华》,北京,中华书局,1981年,第320—321页。

五届一中全会决定翌年 11 月 12 日召集国大,后因各省选举工作未能如期完成,首度延期。1937 年 2 月的国民党五届三中全会议决推迟一年召集国大,不意中途因抗战爆发而再度延期。1939 年 10 月五届六中全会始议决延至 1940 年 11 月召开,然当时环境尚不允许,遂再度延后。直至 1945 年元旦,国民政府主席为因应中共的"联合政府"要求,再度声明国大于同年 11 月 12 日召集,并经同年 5 月举行的国民党第六次全国代表大会议决。然因各方压力,卒无法进行。

　　1946 年 1 月举行政治协商会议,在国民大会议案的讨论上,民盟代表章伯钧即竭力反对战前原选国大代表的合法性:其一,原选国大代表任期 6 年,然当时距选出已逾 10 年。其二,10 年中计增有选举资格的选民约有 3 000 万人。其三,10 年前的选举只有国民党一党,其他各党均没有参选的机会。青年党领袖曾琦亦谓战前的选举系一党包办,不合民主原则。[①] 社会贤达王云五则谓:"原有代表固然选出了多年,中共、民盟各会员多认为不能代表新的民意。但是国民大会之不能如期召集,其责任不在各代表,因处此抗战之非常时期,甚至如英国之重视选举,其现有国会议员亦因战事而特别延长任期。查我国国民大会代表选举法明定,各代表之职责应于第一届国民大会召集后解除。国大一日不召集,则其职责一日不能解除。国大之主要职权在制定宪法。制宪为法治之基,倘以政治方式变更制宪代表的法律地位,不仅此例不可开,且原有代表倘以护法之名自行集会,岂不是徒滋纷扰。"[②]经过初步的协商,青年党代表、中共代表及社会贤达代表虽认为战前选举不合理,但均赞同采取政治解决方式,即增加国大代表名额,由各党分配席次的方法,只有民盟坚持重选,中共因而转向支持民盟的要求。其后几度磋商,中共、民盟不再力主重选,始乃达成下列决议:(1) 1946 年 5 月 5 日召开国民大会;(2) 第一届国民大会之职权为制定宪法;(3) 宪法之通过须出席代表四分之三同意为之;(4) 依选举法规定之区域及职业代表 1 200 名照旧;(5) 台湾、东北等新增各该区域及其职业代表共 150 名;(6) 增加党派及社会贤达代表

---

　　① 蒋匀田:《中国近代史转捩点》,香港,友联出版社,1976 年,第 29—32 页。

　　② 王云五:《岫庐八十自述》,台北,商务印书馆,1967 年,第 359—360 页。但查 1936 年 5 月 14 日国民政府公布的《国民大会代表选举法》,其中并未规定国大代表职责。王云五的说法可能有误。见杨纪编《宪政要览》,收入沈云龙主编《近代中国史料丛刊续编》,第 81 辑,台北,文海出版社,1966 年,第 15—22 页。

700 名,其分配另定之;(7) 总计国民大会代表为 2 050 名;(8) 依据宪法规定之行宪机关,于宪法颁布后 6 个月内,依宪法之规定选举召集之。[①]

时至 1946 年 3 月,国民政府即依政协决议通告全体国大代表,依照国民大会选举法施行细则规定,于开会前 10 日,即 4 月 25 日起,向南京国民大会代表报到处报到。至期各地代表纷赴南京,而政协决议参加国大之各党派代表名单却迟未提出。国民政府主席蒋介石乃于 4 月 24 日邀请各党派代表及社会贤达,共同商讨,征请提出名单,俾国大得如期开会。然中共及民盟代表要求再行延期,其展延日期另定。蒋介石复徇所请,并即由国民政府于是日明令宣布,且通电各省市转告各代表暂止入京。

其后在国共屡战屡停的军事冲突和时断时续没有共识的谈判下,国民政府已不再等待,坚称决不因任何阻碍而延迟结束训政、开始宪政的程序,于是在 1946 年 7 月 3 日国防最高委员会召开第 196 次会议,决定于该年的 11 月 12 日召开国民大会。[②] 由于此一决定事前未与中共或其他党派商议,周恩来遂于 7 月 7 日向蒋介石提出书面抗议,郑重声明"关于国大诸问题,在未得协议以前,敝方不受贵方任何片面决定之拘束,并仍坚持速开政协综合小组商讨国大及其有关问题之主张"[③]。至此,召开国民大会会期之议题亦加入国共争执的战局。

根据政治协商会议通过的各项决议,对于召开国民大会有三项要点:第一,依宪法草案之协议,"第一次国民大会之召集方法,由政治协商会议协议之";第二,政协会后设立宪草审议委员会应先完成宪草修正案,提供给国民大会采纳;第三,国民大会召开前,应先改组政府。[④] 故而国民政府独自决定召开日期,确有授人口实之嫌。惜国民政府执意召开国大,除了 7 月国防最高委员会的决议外,蒋介石还于 8 月 14 日抗战胜利周年纪念日发表《告全国

---

① 秦孝仪主编:《中华民国重要史料初编——对日抗战时期第七编战后中国(二)》,台北,中国国民党中央委员会党史委员会,1981 年,第 239 页。

② 《王世杰日记(手稿本)》,第 5 册,台北,1990 年,第 345 页。

③ 《周恩来等人致孙科并转蒋介石的信》,中共中央文献研究室编:《周恩来书信选集》,北京,中央文献出版社,1988 年,第 321 页,转引自金冲及主编《周恩来传》,北京,人民出版社,1989 年,第 639 页。

④ 秦孝仪主编:《中华民国重要史料初编——对日抗战时期第七编战后中国(二)》,台北,中国国民党中央委员会党史委员会,1981 年,第 240 页。

军民书》，再度强调"11 月 12 日的国民大会，必须如期召开"①。这些宣告招致民盟抗议国民政府未经政协协商，即自行决定召集日期，严重违反政协决议。② 其后国民政府又于 10 月 11 日取得张家口后，发布国大召集令，此举更令民盟深感国民政府行径完全背离政协决议，因而公开声明抵制参加国大。③ 关于这一点，王世杰即曾建议先确定召集办法，再行宣告日期，然此提议未被蒋介石接纳。④

国民政府攻克张家口、恢复征兵制及颁发召集国大令等一连串事件，导致周恩来取消返京计划，国共僵局难有转圜余地，而其他党派亦对国民政府的措施产生恶感。蒋介石为缓和局势演变，且不愿召开一党国大以落人口实，遂于 13 日邀请马歇尔、司徒雷登相商。马歇尔指出当前要素在于停战，而蒋介石表示必须中共提出其国大名单，方能同意停战。于是马、司二氏根据蒋介石要求之原则，草拟一份声明送交蒋介石发布。⑤ 16 日，蒋介石修改部分建议，发表处理目前时局声明，谓鉴于最近局势之发展，以及全国人民迫切渴望和平，更感于近来各党派人士热诚期望及早停止冲突，遂提出八项建议。其要点为：(1) 实施本年 6 月所拟恢复交通、东北军队驻地办法；(2) 华北、华中之国军与中共军队暂驻现地，以待三人小组协议，商决国军与中共军队驻地分配，及整军统编与缩编诸事宜，而达成全国军队统一之目的；(3) 五人小组所成立之协议应交由政协综合小组，以获得其通过；(4) 关内之地方政权问题，由改组后之国民政府委员会商定；(5) 宪草审议委员会应即召开，商定宪法草案，经由政府提交国民大会，作为讨论之基础；(6) 共产党同意上述各点后，国民政府即下令停止军事冲突，然下令同时共产党应即宣布参加国民大会，并提出其代表之名单。⑥

由声明内容可知，蒋介石避开中共所关心的国民政府委员会席位问题，

---

①　《大公报》(天津)，1946 年 8 月 14 日。

②　中国民主同盟中央文史资料委员会编：《中国民主同盟历史文献》，北京，文史资料出版社，1983 年，第 211 页。

③　中国民主同盟中央文史资料委员会编：《中国民主同盟历史文献》，北京，文史资料出版社，1983 年，第 241 页。

④　《王世杰日记(手稿本)》，第 5 册，台北，1990 年，第 345 页。

⑤　[美]马歇尔著，中国社会科学院近代史研究所翻译室译：《马歇尔使华》，北京，中华书局，1981 年，第 330—331 页。

⑥　胡璞玉主编：《和谈纪实》，台北，1971 年，第 105—106 页。

且忽视中共恢复 1946 年 1 月 13 日军队驻守位置的要求。然此二项关键不能突破,欲得中共善意回应,无异缘木求鱼。

周恩来接获马氏送交的八项声明,尚未表态,中共中央即先于 10 月 18 日郑重声明,强调恢复 1 月 13 日国共双方军事位置为一切军事商谈的准则,实行政协决议为所有政治商谈的准则。[①] 10 月 24 日,周恩来正式拒绝蒋介石的八项建议。中共的反应足以证明国民政府欲以停战、同时召开三人小组及五人小组会议条件,换取中共的国大名单,仅是一厢情愿的想法。

眼见国共关系日趋恶劣,其他党派与社会贤达遂商议出面调解。梁漱溟解释其他党派之所以参与调解工作,其因有二:一则缘于 10 月 9 日马歇尔与周恩来闹僵后,美方调人作用已失,是以司徒雷登力邀梁漱溟担任斡旋重任;二则乃孙科因政协会议颇受国民党内部排斥,极感孤立,故希望其他党派与社会贤达相助,使政协决议能顺利推行,以改变其地位。[②] 其他党派与社会贤达以其参加国民大会与否作为调停国共谈判的主要武器,因各党派不参加国民大会是国民党在政治上的大失败;相反,各党派均参加国大而中共不参加,则共产党顿形孤立,亦为其政治上的大败仗。有了凭借条件,其他党派与社会贤达即开会商讨,首先确立其调解的原则为要求政府所作所为应尽量纳入政协轨道,以示不背信义;次为对国共两方利害相关的问题应平情酌理,并促其互相让步。根据此两大原则,其他党派与社会贤达拟出三条调停办法:

第一,双方即日下令全国军队各就现地一律停战,执行调处及恢复交通办法,由军调部及其执行小组依据军事三人小组已有之协议处理之。双方军队应依军队整编统编方案办理;其驻地分配问题,由三人小组协议定之。

第二,全国地方政权问题,一律由改组后的国民政府委员会依据政协决议之《和平建国纲领》规定解决。其有争执之地方,则依军民分治之原则尽先解决。

第三,依据政协决议及其程序,首先召集综合小组,商决政府改组问题,一致参加政府,并商决关于国大问题,一致参加国大。同时,尽速召开宪草审

---

① 中央统战部、中央档案馆编:《中共中央解放战争时期统一战线文件选编》,北京,档案出版社,1988 年,第 132 页。

② 梁漱溟:《忆往谈旧录》,北京,中国文史出版社,1987 年,第 305—306 页。

议委员会,完成宪草修正案。①

　　梁漱溟以为中共所要求恢复 1946 年 1 月 13 日的军队位置实难达成,遂就现实考量,折中国共双方,主张关内关外一律就地停战、全国地方政权问题一律交由改组后的国民政府委员会解决,并尽量引导国民政府之作为符合政协决议。然而梁氏亦自知此三项办法不够具体,担心其不足以息争,遂会商再三,卒具体加入东北国共驻军地点,以及政府得派县长带领警察接收东北铁路沿线共方 20 县的政权,以求全线行政统一。由于国大召开日期迫在眉睫,而其他调停人士事务繁忙,亦难抽身仔细订正调解方案,梁于 28 日匆促定案,当下清缮三份,送交国共及马歇尔。

　　早在其他党派与社会贤达商讨调解方案时,蒋介石似乎不甚重视,10 月20 日匆匆接见调停人士,21 日即飞往台湾,25 日国军又拿下安东。为此,调停人士不免信心动摇,然仍勉力而为。28 日文件送交中共。29 日,蒋介石约见调停人士,笑其书生论政,国民政府既不可能向共产党割地求和,而共产党亦不可能满足文件中规定的几块驻地。蒋还表示国民党已决定结束训政,还政于民,制宪国大非召开不可。国民政府方针既定,中共复以严拒,导致调停人士热心一场,却落得"自讨没趣"。②

　　1946 年 11 月初,国民大会筹备委员会秘书长洪兰友对外宣称,为完成制宪工作,11 月 12 日召开的国民大会将以宪草审议委员会所拟之宪草为蓝本。随即中共代表团发言人发表声明,谓 11 月 12 日召开国大,原为国民政府违背政协决议及其程序的"一党片面行为",中共已于 7 月初向国民政府当局书面抗议,并声明不受任何约束。中共表示政协决议是各方一致的临时宪章,凡违反临时宪章的行为,包含 11 月 12 日国大日期在内,皆为毁法行为,"中共一概反对,一概拒绝参加"。另外,中共宣称,自 5 月以来,宪草审议委员会会议即告停顿,更未拟定任何宪草修正案,因此洪氏所云,实无法律或事实根据。③

　　其他党派调解国共一事无成,而国大召开日期将届,有鉴于此,蒋介石认

---

　　①　梁漱溟:《忆往谈旧录》,北京,中国文史出版社,1987 年,第 310—311 页。

　　②　李璜:《学钝室回忆录(节录本)》,台北,中国青年党党史委员会,1985 年,第 350—352 页。

　　③　《中共代表团发言人对国民党片面召开国大发表声明》,《群众》第 13 卷第 4 期,1946 年 11月 11 日,第 91 页。

为有必要对国人交代现况,并做最后转圜努力。蒋遂与马歇尔、司徒雷登商议后,于 11 月 8 日再度发表声明,谓其原冀望本年 10 月 16 日的八项提议能得中共答复,以达全面停战之目的。在国民大会开会前夕,他再次重申政府一贯政策系促进国内和平、全国统一,以求完成结束训政、开始宪政之目的。为实现此一期望,蒋已明令关内外国军除必要防卫,一律停止军事行动。蒋介石解释国民大会依政治协商会议所决议,应于本年 5 月 5 日召开,因中共与各党派拒绝提交其代表名单而延后,国民政府复于 7 月 4 日宣布本年 11 月 12 日召开国大,俾各党派能于此 4 个月期间做一切之商讨与准备。蒋谓不意此点招致各党派批评,称政协所同意改组政府尚未实施,不可先行召开国大。然此缘于政协会议闭会以来,半年内情势变迁甚剧,东北首先掀起战事,旋蔓延华北,加以中共军队迄未依照协议进行整编,以致政治协议未获结果。目前依法选出之国大代表均已如期报到,势无法再予延期,以增加政治、军事之不安,加深人民之痛苦,且召开国大乃政府还政于民唯一合法步骤,亦不能再有稽延,因此政府决定国大于 11 月 12 日如期开会。蒋介石表示政府已做最大让步,是以当前做法为政府一面保留中共及其他党派在国民大会应出席之代表名额,仍望其随时参加制宪;一面希望中共立即派出代表参加军事三人小组会议,根据其 10 月 16 日声明所提各点,商讨停止冲突,分配军队驻地,以及恢复交通与整编统编等办法,以期从速施行。关于国民政府委员会之改组,蒋介石亦希望能早日获得协议,以利尽速改组成立;至于行政院为实际负责之机构,改组应更慎重,故于国大未闭会前,不宜做重大变更。另关于宪草,政府拟向国民大会提出宪草审议委员会未完成之修正草案,并于此次国大闭会后 6 个月内,依照宪法举行全国普选,各党派与全国人民届时均可自由竞选,以产生下届国大,即按宪法所规定,行使其法定之职权。是故各党各派如对宪法有修改意见,可于下届国大依法提出修正。[①]

由此声明可见国民政府召开国大势在必行,但尚未完全放弃和谈希望,遂虚位以待中共、民盟参加制宪国大,并以日后修宪之方式转移外界对于宪草尚未定案,国民政府即先行召开国大之批评。

随后彭学沛于中外记者会上宣读此一声明,并发表蒋介石所颁发第三次

---

① 胡璞玉主编:《和谈纪实》,上册,台北,1971 年,第 106—108 页。

停战命令,宣布 11 月 11 日正午 12 时起停战生效,以示政府和平忍让之至意。①

国民政府原意以停战表现其最大诚意,争取中共及其他党派合作,且希望中共能有善意回应,能得以共同参与制宪工作。然彼时中共争取重心已从停战转移至停开国大,是以蒋介石之声明方经公布,中共代表团旋发表书面谈话,称国民政府单方面所宣布之停战令事前既未与中共协商,而声明中所谓"防守现地所必须"仍可作一切军事行动的借口,至于政治方面所提的办法,均与政协决议及其程序相违背,因此谈判前途"未容乐观"。② 而周恩来甚至向来访的李璜、胡霖及章伯钧谓蒋介石系以停战作为交换国大名单的诱饵,并非真正停战,故要求调停人士坚持立场及保持信誉。③

延安方面反弹更甚,《群众》杂志社论讥刺国民政府停战,系为骗取中共国大名单而已。④ 而中共中央发言人更激烈表示国民政府违背政协决议,在一党专政的情形下召开国民大会。这个非法的分裂步骤,证明蒋介石内战之决心,故停战只是为粉饰其内战的阴谋。中共中央认为只有蒋介石下令停开"一党包办的国大",按照政协决议的内容和程序在各党派协商的基础上召集"民主的国大",并恢复 1 月间第一次停战令的军队位置,方能证明其具有和平的诚意。⑤ 国民政府宣布停战,系就现状停止军事行动,而中共要求乃 1 月间的停战位置,国民政府冀望中共参加国大,然中共却是坚决主张停开国大,显见冲突已届决裂边缘,实现和平希望亦趋渺茫,全面内战氛围开始笼罩中国。

中共将国民政府召集国大推论为内战前奏,实根源于中共认定政协决议系国民政府与各党各派和社会贤达的契约,因此认为国大召开及提交国大代表名单程序,理应为:首先改组国民政府委员会与行政院,以确保《和平建国纲领》实施;其次由政协宪草审议委员会依据政协原则完成宪草修正案,并由各党派保证于国大通过;再次政协综合小组解决国大代表增加的名额及其分

---

① 胡璞玉主编:《和谈纪实》,上册,台北,1971 年,附件第 24。

② 《群众》第 13 卷第 4 期,1946 年 11 月 11 日,第 91 页。

③ 李维汉:《回忆与研究》,下册,北京,中共党史资料出版社,1986 年,第 649—650 页。

④ 中央统战部、中央档案馆编:《中共中央解放战争时期统一战线文件选编》,北京,档案出版社,1988 年,第 133—134 页。

⑤ 《群众》第 13 卷第 3 期,1946 年 11 月 4 日,第 62 页。

配问题后,决定国大召集日期;最后由改组之国民政府颁发国大召集令,而各党派之国大代表名单亦即提交此改组后之政府。然国民政府认为政协会议仅是党派会议,况且5月5日召集日期展延后,国民政府曾与各界协商数月未果,而身为执政党职责所在,实施宪政不容再次拖延,乃依据训政时期约法,国民党有权责决定召集国大日期。中共批评国民政府违背契约召开国民大会,对国大全面抵制,双方冲突随之激化,逐步走向全面决裂。

迨首届国民大会会期迫近前夕,战前原选国大代表及新增地区代表完成报到手续千余人,虽已达开会法定人数,然斯时中共、青年党及民盟等方面,犹未就协商所定之国民大会代表人数提出名单。[①]

由于缺乏其他党派共襄盛举,实为制宪国大的缺憾,因此,国民政府首先宣布停战,以利国大在和平气氛下举行,并于11月10日请求召开军事三人小组会议。周恩来本不愿参加,后同意于翌日举行一非正式会议。周氏于会中表示,政府违反政协决议,以片面行动召开国民大会,必造成中国完全之分裂,故如此讨论停战,显属无用,是以商议卒无所成。[②] 适时,其他党派与社会贤达亦尝试尽其最后斡旋之努力。

在临时召开之会议上,莫德惠报告蒋介石的意见,谓其他党派若提名单,则可考虑延期。时罗隆基建议交出部分名单,先换得延期,但须声明只系提供国共两党延续谈判机会,并非参加分裂之国大,以保持本身公正立场。最后莫德惠提议立即与中共商量三点:(1) 由综合小组规定开会日期;(2) 民盟及中共交出部分代表名单,以换取延期,俾国共继续商谈,但声明不参加分裂之国大;(3) 国大如仍照常举行,劝中共代表团勿即刻回延安。12日,其他党派与社会贤达正拟请求国大延期之际,国民政府宣布决定国大延期三天。消息传来,引起调解人士激辩,民盟表示决意退出调停,亦决不参加片面召开的国大。青年党的左舜生则认为国民政府既接受调解人士意见,足见尚具诚意,故青年党考虑参加。民社党则仍犹豫未决。[③]

---

① 秦孝仪主编:《中华民国重要史料初编——对日抗战时期第七编战后中国(二)》,台北,中国国民党中央委员会党史委员会,1981年,第556页。

② [美]马歇尔著,中国社会科学院近代史研究所翻译室译:《马歇尔使华》,北京,中华书局,1981年,第381页。

③ 左舜生:《近卅年见闻杂记》,台北,中国青年党党史委员会,1984年,第111页;蒋匀田:《中国近代史转捩点》,香港,友联出版社,1976年,第144—150页。

14 日,民盟最先表态,通告所属:"民盟历次宣言维护政协决议,一切行动以此为唯一依据,同人当竭尽最后一切努力,以求政协决议关于国大开会以前各项手续之完成。完成以后,即一致参加国大,未完成前,暂不参加。"①同日,民盟主席张澜发表谈话,民盟立场为调和国共关系,争取和平、民主,以达统一。然目前民盟即使提出国大代表名单,非但不能促进原定目标,反而制造纠纷,故而民盟决意保持调人态度,以实现和平、民主、统一,"所以民盟绝不参加一党国大"②。对民盟来说,旧国大代表的合法性或可承认,但国民政府理应确实遵照政协决议召开国大程序,而国民政府自行宣布召集国大,等于破坏政协决议,致令民盟坚决抵制。

在中共、民盟公开抵制制宪国大后,14 日,蒋介石方明确指示曾任政协秘书长的雷震促请青年党和民社党参加制宪国大。关于青年党方面的接洽工作,国民党方面除雷震随时会晤外,尚有陶希圣等尽力拉拢;至于民社党方面,则除雷震外,无人尝试接触。雷震在 1946 年回忆当时情况时,认为国民党方面,特别是领袖蒋介石和 CC 派不喜欢张君劢和民社党,所以雷震虽与其接触,但未敢积极出面邀请,只是暗中常与民社党领袖之一的蒋匀田提及"要想结束国民党的训政,必须使国民大会召开成功,完成制宪工作,这样逼得国民党不能不还政于民,以实行宪政"。雷震还提醒蒋匀田:"如想国民大会通过民社党宪法的政协宪草,必须民社党和青年党同时参加,且要以国民大会之通过政协宪草为他们参加国民大会的保证条件,如若不然,国民大会一定通过'极权'宪法的五权宪草也。"雷震表示,先前只能从事"侧面"工作,因为蒋介石尚未表态,所以不敢正式邀请,唯在国民党党部开会时,强调"制宪国民大会不能只有国民党代表参加,必须要青年和民社两党联合参加,不仅制宪工作可以圆满达成,亦可塞住共产党和民主同盟宣传的毒舌"。③雷震自言因此得罪许多 CC 分子。

由于青年党自 1923 年在巴黎成立以来,即不断要求实行民主宪政,领袖

① 中国民主同盟中央文史资料委员会编:《中国民主同盟历史文献》,北京,文史资料出版社,1983 年,第 246 页;蒋匀田:《中国近代史转捩点》,香港,友联出版社,1976 年,第 144—150 页。

② 中国民主同盟中央文史资料委员会编:《中国民主同盟历史文献》,北京,文史资料出版社,1983 年,第 247 页。

③ 雷震:《制宪国民大会始末——代序》,傅正主编《雷震全集》第 23 册《制宪述要》,台北,桂冠图书公司,1989 年,第 6—7 页。

曾琦常感慨有民国而无民宪,是以有此制宪机会,当然乐观厥成。另外,李璜认为"恶法总胜于无法",何况这部政协宪草意见多为张君劢所提供,对国民党在立法院起草的"五五宪草"修改甚多,尤其把有形的国民大会改为无形的国民大会,扩大立法院的权限,并规定行政院向立法院负责,实不同于总统制,故而政协宪草的体制相当适合国情与民意,并非恶法。[①] 但青年党还是向雷震表示,必须邀得民社党出席,否则青年党决不单独参加。[②] 然而雷震为促成必然之势,15 日即将青年党提交的 100 名国大名单(另地区代表 10 名)送交大会。

民社党方面,立场相当为难,据雷震分析:第一,当时民社党尚未退出民盟,民盟的领袖经常向民社党人游说抵制国大;第二,民社党过去受国民党很多压迫,所以党内许多人士对国民党不满,但又不见得与中共和民盟同一阵线;第三,民社党总部设在上海,南京无人可传话,加上部分国民党人士的政策是只要青年党能够参加国民大会即可,至于民社党参加与否,均无所谓。[③]

此外,民社党内部意见亦不一致。该党宣布参加前夕,张东荪偕创党人之一梁秋水自北平飞沪,反对参加制宪国大,其主要理由乃中共不参加,纵能通过政协宪草,若无制衡的政党力量,亦未必能实行所通过之宪法,而有助和平建国,况政协闭幕时,对于政协宪草采仿内阁制及无形国大选举总统之规定,蒋介石均极表不满,此点不应忘怀。然民社党副主席伍宪子与甫自美国返华的中央委员李大明却积极主张参加制宪,盖伍宪子毕生追随康有为、梁启超的立宪运动,故不愿放弃制宪机会,坚称任何在野党均应促成国家立宪机运,不该有负制宪使命。因两派相持不下,后张东荪失意返沪,梁秋水为伍宪子说服,不再坚持,但该党内依然存在反对力量,卒造成民社党革新派分裂而去。

民社党领袖张君劢则因政协宪草系其所拟之宪稿,故不愿其心血结晶成废纸,而且事关国家前途,不能不审慎处理。国大开幕前,张君劢忽又犹豫不决,原因可能是国民党内部依然有人坚持"五五宪草",因而担心国民党出尔

---

① 李璜:《学钝室回忆录(节录本)》,台北,中国青年党党史委员会,1985 年,第 363—364 页。

② 雷震:《制宪国民大会始末——代序》,傅正主编:《雷震全集》第 23 册《制宪述要》,台北,桂冠图书公司,1989 年,第 10 页。

③ 雷震:《制宪国民大会始末——代序》,傅正主编:《雷震全集》第 23 册《制宪述要》,台北,桂冠图书公司,1989 年,第 7—8 页。

反尔,所以迟迟不肯提出民社党参加国大的名单,使得政府于大会举行开幕仪式之后,即采休会方式,等候民社党提出名单。① 经筹思后,张君劢于 20 日致函蒋介石,谓:"倘对宪草能一本政协之决议,而同时政府能迎之于机先,早日自动表示结束党治,一面彻底执行停战命令,一面彻底实现政协决议之精神,则民主社会党同仁,虽深以各党不克共聚一堂为缺憾,然在还政于民之日,自当出席,以赞大法之完成。"② 翌日,蒋介石以国民党总裁身份回函,表示此次召开国民大会,即在制定宪法,俾国民党结束党治,还政于民,"故此国民大会,甚盼贵党人出席,共同参加制宪工作,俾宪政早日实施,则先生所有之政治主张,一切皆可迎刃而解"③。于是,23 日民社党即送交 40 名(另地区代表 10 名)参加国大名单。

民社党提交国大名单的次日,民盟即致函指称民社党违反政协决议,参加国大,与民盟政治主张显有出入,因此,双方已碍难继续合作,故民盟决议具有民主社会党党籍之盟员而参加国大者,"应予退盟"④。

民盟抵制态度如此坚决,雷震遗憾地表示国民党当权者当初若能听其劝告,民盟不会为中共所"利用"。事后民盟的主要发起人张君劢和左舜生均有相同感受,而罗隆基和章伯钧也在 1948 年时表示过他们并不愿见中共成功。⑤

11 月 15 日国民大会在南京国民大会堂举行开幕典礼,大会法定人数为 2 050 人,当日出席代表 1 381 人,其后青年党、民社党代表全数报到。至 12 月 25 日闭幕时,总报到人数增为 1 701 人,未报到人数为 349 人,其中包含国民政府虚位以待中国共产党代表 190 名和民盟代表 80 名。⑥ 12 月 25 日大会一致通过《中华民国宪法》,并决定于 1947 年 12 月 25 日行宪,完成制宪工作。

---

① 杨永乾:《张君劢传》,台北,唐山出版社,1993 年,第 135 页。

② 蒋匀田:《中国近代史转捩点》,香港,友联出版社,1976 年,第 178 页。

③ 蒋匀田:《中国近代史转捩点》,香港,友联出版社,1976 年,第 178—179 页。

④ 中国民主同盟中央文史资料委员会编:《中国民主同盟历史文献》,北京,文史资料出版社,1983 年,第 255 页。

⑤ 雷震:《制宪国民大会始末——代序》,傅正主编:《雷震全集》第 23 册《制宪述要》,台北,桂冠图书公司,1989 年,第 9 页。

⑥ 秦孝仪主编:《中华民国重要史料初编——对日抗战时期第七编战后中国(二)》,台北,中国国民党中央委员会党史委员会,1981 年,第 646 页。

自国民政府筹备制宪国大起,中共即谓国民政府违背政协决议,是违法召开国民大会,而国共内战已全面展开。制宪国大开幕次日,周恩来发表声明,谓政协各项决议系各党派协议的临时大宪章,而政府 10 个月来不但丝毫未予实施,反而破坏无遗,现今举行的国大,不仅破坏政协决议、停战协定及整军方案,且更隔断政协以来和平商谈的道路。周氏表示和谈之门已为国民党一手关闭,是以国大所有作为,乃至改组政府,中共决无一顾之必要。① 18 日,中共中央在延安召开大会,思图对抗。② 19 日,中共代表团周恩来等 15 人乘美国军用飞机返回延安。其后,虽有马歇尔意图调停僵局,但 12 月 4 日周恩来托中共在南京代表董必武向马歇尔表示,要求国民政府立即解散正在进行的"非法国大",并恢复 1 月 13 日停战时的军队驻防位置,则两党仍可重启谈判。③ 此项要求为国民政府所拒,至此,国共和谈彻底破裂。

四、行宪国民大会召开及代表选举纠纷

制宪国大闭幕后,国民政府随后改组,新的改组政府为筹办实施宪政,于 1947 年 6 月 25 日成立国民大会代表及立法院立法委员选举总事务所,由张厉生、洪兰友、蒋匀田、刘东岩、金体干等人负责。④ 7 月 10 日,国民大会代表及立法委员选举总事务所即决定:国民大会代表选举投票日期为 11 月 21—23 日,立法委员选举投票日期为 12 月 21—23 日。⑤

三党为迎接各项公职人员选举,多次会商。1947 年 7 月 21 日,国民党中央执行委员会秘书长吴铁城呈报总裁蒋介石,青年党要求在各项选举中均须占五分之一名额,而民社党要求国大代表 400 名,立法委员 100 名,监察委员未定。业经孙科召集该党党政小组研究,咸认此次选举困难甚多,难以给予

---

① 《中共代表团周恩来将军十一月十六日声明》,《群众》第 13 卷第 5 期,1946 年 11 月 18 日,第 119 页;中共中央文献研究室编辑委员会:《周恩来选集》,上卷,北京,人民出版社,1980 年,第 242 页。

② 秦孝仪主编:《中华民国重要史料初编——对日抗战时期第七编战后中国(三)》,台北,中国国民党中央委员会党史委员会,1981 年,第 246—247 页。

③ U.S. Department of State, *The United States Relations with China*, *with Special Reference to the Period*, *1944 - 1949*, Washington, D.C.; Government Printing Office, 1949, "Annexes 112", pp.685 - 686.

④ 《蒋公大事长编(未刊行)》,第 6 卷下册,第 484 页。

⑤ 《蒋公大事长编(未刊行)》,第 6 卷下册,第 507 页。

民、青两党绝对的保证,但为表示三党切实合作建国起见,遂暂拟国大代表方面,青年党400名,民社党300名,国民党2 000名,余为社会贤达及其他党派500名左右;立法委员方面,青年党120名,民社党80名,国民党400名,社会贤达及其他党派约120名。蒋介石同意以此为基数,但无法对友党做负责之保证。① 10月13日,国民党为减轻协助友党当选责任,商议民社党国大代表150～200名,立法委员50名;青年党国大代表250～300名,立法委员70名。②

由于中共势力已由黄河流域蔓延至长江流域,国民政府一方面动员"戡乱",一方面筹备选举事宜,困难重重,是以孙科、吴铁城、居正、张群、邵力子与陈立夫等人于11月4日上书蒋介石询问是否延缓举办选举,但蒋介石坚持如期举行。③ 8日,蒋介石约集五院院长及有关部会首长,商讨国民大会代表选举与各政党提名事宜。虽然适时民社党所提名额与指定地区问题尚未获得解决,但蒋介石认为倘再延期,则将益感困难,遂仍决定照常举行。④

1947年11月21日,全国各地开始投票选举国民大会代表。22日,国民政府公布《国民大会筹备委员会组织规程》,同时派孙科、张继、曾琦、徐傅霖、莫德惠为副主任委员,又派洪兰友兼任秘书长。28日,在国民政府委员会召开的国务会议上,因其他政党立法、监察委员候选人名单尚未送到,是以决定监察委员选举改为同年12月26日至下一年1月10日选出,立法委员选举改为下一年1月21日至23日选出。⑤

1948年3月15日,国民政府公布国民大会代表当选名单,青、民两党落选人数甚多,对国民党深感不满。为此,国民政府主席蒋介石于21日召见陈布雷、陈立夫,商谈解决国民大会代表选举纠纷办法。由于国大选举中,国民党本身即有提名与签署两种资格问题,致发生纠纷,经决定以得票最多者发给

　　① 秦孝仪主编:《中华民国重要史料初编——对日抗战时期第七编战后中国(二)》,台北,中国国民党中央委员会党史委员会,1981年,第804—805页。

　　② 秦孝仪主编:《中华民国重要史料初编——对日抗战时期第七编战后中国(二)》,台北,中国国民党中央委员会党史委员会,1981年,第811页。

　　③ 秦孝仪主编:《中华民国重要史料初编——对日抗战时期第七编战后中国(二)》,台北,中国国民党中央委员会党史委员会,1981年,第813页。

　　④ 《蒋公大事长编(未刊行)》,第6卷下册,第577页。

　　⑤ 《蒋公大事长编(未刊行)》,第6卷下册,第584—585页。

证书。另外,为补偿青、民两党,则采取退让方式。①

3月29日国大召集日期将届,而代表问题犹未能解决,民、青两党提名而落选者为数甚多,经劝告国民党代表只有20人愿让,其余则不肯让。虽然国民党中央有以党让党决议,但内政部部长张厉生、组织部部长陈立夫均未贯彻执行。雷震认为两党如不能得到相当数目之代表,是否出席当成问题,如因代表问题发生破裂,则多党联合政府之基础必致产生裂痕。行政院院长张群与吴铁城亦要求雷震出面奔走协调,以求解决。②

3月27日上午,在国大筹委会上,民、青两党力言要延期国大开幕式,而且法定人数要以已选出者为准。午间国民党总裁蒋介石决定,以党让党办法必须执行,是以雷震当晚即拜访民社党的徐傅霖、蒋匀田,以及青年党刘东岩、余家菊、夏涛声、杨永浚、郑振文等人,转告国民党总裁蒋的决议,言明翌日当有一严正表示,请其谅解,也许人数不能满足原来的决定,但当足以表现国民党之诚意,请两党接受并出席大会。两党人士有许多不满之言,多对陈立夫而发,雷震则请民、青两党勿做过度之要求,并强调翌日举行三党会商。28日,有10名国民大会代表至国大会场,绝食以示不肯退让。下午4时半在立法院院长孙科家中召开三党谈话会,始有初步妥协。③ 于是,行宪第一届国民大会才能如期在3月29日于南京举行开幕典礼。

4月5日晚,在孙科公馆召开三党谈话会,国民党方面由孙科、吴铁城、陈立夫、张厉生出席,民社党推派徐傅霖、蒋匀田、杨浚明,青年党推派余家菊、陈启天、于浚先、刘东岩,会商解决国大代表及立委问题,并就国民大会会场内三党联系问题提出讨论,最后决定国民党推派谷正纲、贺衷寒及雷震三人,民社党推派徐傅霖、孙亚夫、程文熙三人,青年党推派陈启天、余家菊及刘东岩三人共同负责。会后,雷震与张厉生、陈立夫二人对签署代表及提名代表问题商讨甚久,然无重大进展。④

1948年4月19日,第一届国民大会选举蒋介石为行宪后第一任总统。

① 《蒋公大事长编(未刊行)》,第7卷上册,第59页。
② 傅正主编:《雷震全集》第31册《第一个十年(一)》,台北,桂冠图书公司,1989年,第8页。
③ 傅正主编:《雷震全集》第31册《第一个十年(一)》,台北,桂冠图书公司,1989年,第9—10页。
④ 傅正主编:《雷震全集》第31册《第一个十年(一)》,台北,桂冠图书公司,1989年,第11页。

4月29日,在经过四次选举大会后,由李宗仁当选第一任副总统。5月20日,蒋介石、李宗仁在南京宣誓就职。国民政府自此日结束,改为中华民国政府。

　　行宪后首届立法院是在1948年5月8日自行集会,但首届监察院则是由总统蒋介石明令6月5日在首都集会。民、青两党由于立法委员落选为数不少,遂暂不出席立法院,遭《大公报》讥评民、青两党坐待"配票",是为"参加舞弊"。① 事后经雷震奔走协调,蒋匀田方于7月11日电告雷震,民社党决定该党立委将至南京报到,唯要求国民党方面发表二人退让。当晚,国民党中央党部讨论退让民、青两党立委一事,雷震一再提出应发表莫松岫退让,经决定先去电商黄隐梅退让。② 12日,民社党蒋匀田、孙亚夫及石友渔与李才彬造访雷震,告以当晚可送来张君劢函,希望对退让之5名予以具体答复,并盼雷震发表一谈话,表示欢迎民社党出席之意;雷震虽应允,但表示具体回复有所困难,实因退让工作着实不易。民社党本意要求国民党退让5席后出席立法院,后顾全大局,不待退让即已决定翌日出席。当晚,青年党得知民社党的决定后,即通知该党立委当选人隔日出席立法院。③ 至此,立法院顺利召开,三党选举纠纷终告一段落。

　　国民政府虽于1947年元旦公布《中华民国宪法》,但全国内战愈演愈烈,国家严重分裂。中共不但否认1947年公布的宪法,称其为"伪宪法",也否认"制宪国大"。国民政府主席蒋介石在同年7月5日宣告全国总动员,进入"总动员'戡乱'时期"。第一届国民大会依宪法第174条第1款程序,制定《动员"戡乱"时期临时条款》,内容为"总统在动员'戡乱'时期,为避免国家或人民遭遇紧急危难,或应付财政经济上重大变故,得经行政院会议之决议为紧急处分,不受宪法第三十九或第四十三条所规定程序之限制"。此临时条款于1948年4月18日通过,同年5月10日由国民政府公布施行,且优于宪法而适用。是以中华民国政府以《动员"戡乱"时期临时条款》施政,《中华民国宪法》并未全面施行。

---

① 《大公报》(上海),1948年5月10日社评。
② 傅正主编:《雷震全集》第31册《第一个十年(一)》,台北,桂冠图书公司,1989年,第14页。
③ 傅正主编:《雷震全集》第31册《第一个十年(一)》,台北,桂冠图书公司,1989年,第159页。

第五章
国民政府时期的中美关系

第一节　南京国民政府成立之初的中美关系

　　1927 年 3 月 24 日,北伐军抵南京,造成"南京事件",为 1926 年 7 月国民革命军展开北伐后引起的最大的排外冲突事件。美国驻华公使马慕瑞(John V. A. MacMurray)称此事件为"1900 年义和团事件以来,中国对外关系上最令人感到不安的惟一事件"①。南京事件发生后,国民政府内部温和派与激进派之冲突加大,导致宁汉分裂。国民政府内部的变化,影响及于美国政府对宁案交涉之措施,反映出美国对中国政治派系及其对华政策之转变。其后,《中美宁案协议》签订,此一协议为南京政府自 1927 年 4 月成立后签署的第一个外交协议。

　　本节探讨南京国民政府成立后的两大重要外交议题。首先为南京事件。关于南京事件发生之原因,以及其与国民党左右派系和共产党的微妙关系,

---

　　①　"MacMurray to Kellogg, May 10, 1926", United States Department of State, *FRUS, 1927*, Vol. Ⅱ, Washington,D.C.:U.S. Government Printing Office,1927,p. 7.

有不同的说法。① 本节不拟探究南京事件与中国内部政治之关联,主要是针对外交层面进行探析,亦即南京政府建立之初美国方面对宁案的态度、立场,并分析南京事件在中美关系史上的重要意义。其次探讨南京政府成立之初进行的重要外交谈判——《中美关税自主协议》,以及此一协议对南京政府成立之初的中美关系究竟有何意义。1917—1927 年中国处于南北分裂和政局动荡时期。历经北伐战争,1927 年国民政府成立。中国为实现政权统一经历了一段缓慢的、曲折的过程,直到 1928 年 12 月,张学良发出东北易帜通电,长达十余年的南北分裂始告结束,而美国政府早于 7 月间透过《中美关税自主协议》承认南京国民政府,成为列强之中最先承认南京政府的国家。从宁案交涉到关税协议,可看到国民政府在成立之初,利用美国长期对华门户开放政策,成功恢复中国主权与领土完整的尝试。因而,《中美关税自主协议》不仅是一项经济协议,更具重大的政治意义。

一、中美宁案交涉

(一)南京事件的发生

1927 年 3 月 24 日,北伐军第二军、第六军进入南京(第二军副党代表兼政治部主任李富春、第六军副党代表兼政治部主任林祖涵,均为共产党员),对英、美、日领事馆及外人商店、住宅、学校、医院进行破坏,造成英领事贾斯

---

① 国民革命军称其为共产党所为,早期台湾学者持此一看法,因为南京事件发生于国共分裂前夕。国民政府苏联顾问鲍罗廷和武汉国民政府左派与其他苏联顾问试图借发动排英、排日运动,来发动群众革命,壮大共产党的影响,清除国民政府内的右派势力。因此,支持此一观点者认为南京事件是北伐军内潜伏的共产党员策动的。(李云汉:《从容共到清党》,台北,中国学术著作奖助委员会,1966 年,第 586—589 页。郭廷以编著:《中华民国史事日志》,第 2 册,台北,1984 年,第 164 页。)中国大陆方面早期将南京事件视为直鲁军嫁祸北伐军所为,并将南京事件视为帝国主义反对中国革命的一桩暴行。近 20 余年来有所转变,有持论者认为其为北伐军中的部分国民党士兵违纪所策动,亦有学者认为南京事件中的抢劫和屠杀外侨行为不是"革命",列强炮轰南京也不是"武力干涉革命",而是"帝国主义在'保障在华权益'的政策指导下的干涉行动"。新近的研究亦有认为国民政府及其领导的北伐军没有策动南京事件,中共也不会策动此一事件,"南京事件的发生是自发的,对外国人的劫杀行为是极少数北伐军士兵和地痞所为"。(孔庆泰:《1927 年宁案与宁案处理始末》,《历史档案》1987 年第 2 期,第 108—119 页。牛大勇:《对 1927 年南京事件的再探讨》,《江海学刊》1989 年第 6 期,第 145—150 页。)至于西方学界则认为国民革命军和共产党人均参与了此一事件,蒋担心共产党借由排外反帝运动壮大其势力,南京事件的结果使得蒋介石决心清除国民党内的共产党。(Benjamin R. Beede, *The War of 1898, and U.S. Interventions, 1898 - 1934: An Encyclopedia*, New York: Routledge, 1994, p. 355.)

(Herbert Giles)受伤,英人二名,美、法、意人各一名遇害,其中美籍遇害人士为金陵大学副校长文怀恩(John E. William),此即所谓"南京事件"。

事件发生当日,美国长江巡逻分队(Yangtze Patrol)司令霍夫上将(Admiral H. H. Hough)率美舰诺亚号(Noa)、泼利司登号(Preston)炮轰南京城,并以英舰绿宝石号(Emerald)为掩护,登陆南京救出躲藏在美孚石油公司内的外侨,其中包括美国驻南京总领事戴维斯(John K. Davis)一家人。次日凌晨,美国长江巡逻分队司令霍夫上将接获国民革命军总司令蒋介石的间接口信:"明日将亲自到南京,负责控制局势,保证外人生命财产安全。"因此,亚洲舰队(Asiatic Fleet)总司令威廉斯(Admiral Clarence S. Williams)训令"尽可能避免采取更激烈的行动,直到蒋将军有机会履行他所承诺的保护所有外人之责"。驻华公使马慕瑞以为"此一事件证明国民政府当局不能或不愿在其领土内保护美国侨民,命令该地区内全体美国领事尽力从各地撤走所有美侨"。①

美国驻南京总领事戴维斯于 3 月 28 日详细报告整个事件的经过,对于国民革命军总司令蒋介石严重不满,认为蒋未能履行其确保外人生命安危的承诺,指称蒋在发生此事件后,自芜湖抵南京,却没有停驻此地,径驶上海。②同日,另电驻华公使说明"此一事件系革命军策划,并非意外",认为"美国对国民政府的调和政策已经失败,目前必须迅速采取强硬措施,否则外人生命财产将遭到日益严重的威胁"。③

3 月 28 日,由英国公使蓝浦生(Miles Lampson)所召集的英、美、日三国公使会议,提出解决南京事件的建议:与其和武汉国民政府外交部部长陈友仁交涉,不如和蒋介石交涉。英国政府最初主张应向武汉政权表明联合调查的意见。日本公使则以为陈友仁是激进派政权的发言人,并无实权。英美政

---

① "MacMurray to Kellogg, Mar. 25, 1927", United States Department of State, *FRUS*, *1927*, Vol. Ⅱ, Washington, D.C.: U.S. Government Printing Office, 1927, pp. 146-147. Kemp Tolley, *Yangtze Patrol: The U.S. Navy in China*, Annapolis: Naval Institute Press, 2000.

② "Davis to Kellogg, Mar. 28, 1927", United States Department of State, *FRUS*, *1927*, Vol. Ⅱ, Washington, D.C.: U.S. Government Printing Office, 1927, p. 162. 此为关于南京事件的报告,第151—163 页。

③ "MacMurray to Kellogg, Mar. 29, 1927", United States Department of State, *FRUS*, *1927*, Vol. Ⅱ, Washington, D.C.: U.S. Government Printing Office, 1927, p. 168. 内容为南京领事馆的电报。

府也有感于武汉政权在苏俄共产党的操纵下,陈友仁早已非自由代言人,最后同意日本的提议。三国公使决定透过上海总领事对蒋介石要求:(1)惩凶、道歉和赔款;(2)蒋介石必须立刻表示诚意,否则各国将发出限期答复的通牒,如不服从,各国将保留采取他们认为适当措施的权利。美国公使马慕瑞态度强硬,他再次向美国国务院建议,立刻从国民革命军所占地区撤出所有侨民,然后封锁上海以南所有中国港口。"如不采取强硬措施对付局势,即意味着西方在东方影响及利益的崩溃。"①其后,戴维斯又致电:"任何一天的拖延,都将使问题愈难解决。"②

美国白宫的反应却较心平气和。3月25日柯立芝总统在一场记者招待会上针对南京事件表示,美国在中国的兵力足够用于解救侨民之危,没有必要再派遣更多军队,也表示美国在华部队是警察部队,绝无征伐中国人之意。29日,柯立芝总统又表示,他相信南京事件为暴民所为,而非中国政府所为。柯立芝总统的谈话,主要为应付来自美国国会及舆论对于在中国使用海军舰队的质疑。③ 3月31日,美国国务卿凯洛格(Frank B. Kellogg)致电马慕瑞表达美国国务院的考虑:由于美国公民尚未撤离危险地区,美国国务院不希望刺激更大的排外情绪。美国国务院对于蒋介石是否真能控制国民革命军和满足各国要求,尚持疑虑。因此,同意派1 500名陆战队至上海,提供可能的应变保护。④

美国驻日大使麦克维(MacVeagh)得自日本的一份情报影响了美国国务院的处置态度。3月28日,币原外相与麦克维会晤,表示他相信蒋介石强烈反对南京事件之暴行:

① "MacMurray to Kellogg, Mar. 29, 1927", United States Department of State, *FRUS*, *1927*, Vol. Ⅱ, Washington,D.C.:U.S. Government Printing Office,1927,pp. 164-168.

② "MacMurray to Kellogg, Mar. 31, 1927", United States Department of State, *FRUS*, *1927*, Vol. Ⅱ, Washington,D.C.:U.S. Government Printing Office,1927,p. 170. 关于北伐时期英国对华政策的转变,可参考吕芳上《北伐时期英国增兵上海与对华外交的演变》,《近代史研究所集刊》1997年第27期,第185—229页;Edmund S. K. Fung, *The Diplomacy of Imperial Retreat*: *Britain's South China Policy*, *1924-1931*, Hong Kong, New York: Oxford University Prees, 1991, pp. 137-144.

③ Dorothy Borg, *American Policy and the Chinese Revolution*, *1925-1928*,New York:Octagon Books,1968,pp. 318-319.

④ "Kellogg to MacMurray, Mar. 31, 1927", United States Department of State, *FRUS*, *1927*, Vol. Ⅱ, Washington,D.C.:U.S. Government Printing Office,1927,p. 170.

南京事件是广州派中企图使蒋介石丧失信誉的激进派挑起的,日本已劝告蒋,他和广州派政府的前途,将取决于维护秩序、镇压暴乱。外相相信蒋愿意,也能维护秩序。认为目前采取任何压制措施,只会帮助蒋的政敌,并使广州派中的激进分子得以控制国民政府。[1]

日本外相币原与陆相宇垣认为,中国一旦"赤化",势必从南方威胁到华北和属于日本势力范围的满蒙,主张支持南方"稳健派"。[2] 日本驻上海总领事矢田七太郎曾透过黄郛劝告蒋介石,表明日本政府希望蒋对抗党内激进派、解决内部问题并稳定华南局势。[3] 日本政府的这项意见对各国产生相当大的影响。

4月1日,马慕瑞报告日本驻华公使收到的训令,内文与麦克维报告相似。日本政府对于3月28日公使团的决议,除其中第二款的时间限制外,同意全部建议案。根据日本的情报,蒋介石目前处境困难。在汉口的一次全体会议上,共产党及左派竭力限制蒋的权力,似乎期待蒋因南京事件问题陷于困境而垮台。蒋若垮台,共产党必定强化。在这种情况下,上上之策是"给健全分子一个制造稳定政局的机会":

> 我们的想法是诱使蒋主动迅速解决,把目前问题留给蒋和其他健全分了解决,以防蒋和各国落入共产党人的圈套,必须避免采取使蒋介石易于垮台的步骤。

---

① "The Ambassador in Japan (MacVeagh), Mar. 28, 1927", United States Department of State, *FRUS, 1927*, Vol. Ⅱ, Washington, D.C.: U.S. Government Printing Office, 1927, p. 164.

② [日]外务省编:《日本外交年表并主要文书》,下卷,东京,原书房,1978年,第92—95页。蒋于南京事件后下野,于1927年9月曾访问日本,与首相田中晤面。田中劝告蒋巩固华南地盘,勿急于北伐,并表示对中国"赤化"之忧心,坦言出于反共立场支持蒋介石和温和派。有关日本对于南京事件及对温和派缓和之意图,参见 Akira Iriye, *After Imperialism: The Search for a New Order in the Far East, 1921 - 1931*, Cambridge, Mass.: Harvard University Press, 1965, pp. 130 - 137, 157 - 158.

③ C. Martin Wilbur & Julie Lien-ying How, *Missionaries of Revolution: Soviet Advisers and Nationalist China*, 1920 - 1927, Cambridge, Mass.: Harvard University Press, 1989, p. 400.

由于这些因素,日本政府建议英美尽可能删去"限定时间,如逾期,列强将保留权限"等强烈字眼,主张采取不限定时间的条件,等待南方派的响应,再考虑该采取何种态度。①

凯洛格同意日本的建议,认为国民革命军总司令蒋介石需对此事件负完全责任,但不希望该通牒含有任何限定时间的最后通牒性质的措辞。② 4月2日,美国国务院授权与列国一致,向陈友仁及蒋介石提出要求,同时告知蒋介石,如果他拒不满足列国提出的条件,有关列国将不得不采取自认为适当的措施。对于制裁行动,美国国务院态度保留,表示"如有必要使用制裁,美国政府对于应实行何种制裁保留自己的意见"③。

4月5日,英国政府同意删去时间限制,但是建议加入"如国民政府拒不满足要求,则实行制裁"的文字,建议各国在中国的海军实行联合制裁计划,要求美国采取一致行动。④ 美国政府随即拒绝,表示不准备与其他国家讨论有关制裁一事。⑤ 日本政府也反对制裁,认为贯彻制裁的强制手段,诸如封锁、炮击、军事占领等,有实施上的困难。如果采取封锁措施,对于向来自给自足的中国,根本不能造成威胁,损失的反而是依赖中国贸易的外国侨民。如采炮击或军事占领,则必须占领大地域的军事重地,在军事上不可行。⑥

---

① "MacMurray to Kellogg, Apr. 1, 1927", United States Department of State, *FRUS*, *1927*, Vol. Ⅱ, Washington, D.C.: U.S. Government Printing Office, 1927, pp. 171—172. 日本公使重申,列强若采强硬态度,尤其表示蒋如不接受条件就诉诸武力,此一做法势必促使蒋的垮台,这样便使汉口共产党称心如愿,造成长江以南秩序的更大困难。

② "Kellogg to MacMurray, Apr. 2, 1927", United States Department of State, *FRUS*, *1927*, Vol. Ⅱ, Washington, D.C.: U.S. Government Printing Office, 1927, p.175.

③ "Kellogg to MacMurray, Apr. 2, 1927", United States Department of State, *FRUS*, *1927*, Vol. Ⅱ, Washington, D.C.: U.S. Government Printing Office, 1927, pp. 176-177.

④ "The British Ambassador (Howard) to Kellogg, Apr. 5, 1927", United States Department of State, *FRUS*, *1927*, Vol. Ⅱ, Washington, D.C.: U.S. Government Printing Office, 1927, pp. 179-180.

⑤ "Kellogg to MacMurray, Apr. 5, 1927", United States Department of State, *FRUS*, *1927*, Vol. Ⅱ, Washington, D.C.: U.S. Government Printing Office, 1927, p. 181.

⑥ "Memorandunm by the Under Secretary of State (Grew), Apr. 6, 1927," United States Department of State, *FRUS*, *1927*, Vol. Ⅱ, Washington, D.C.: U.S. Government Printing Office, 1927, p. 183. [日] 臼井胜美著,陈鹏仁编译:《中日外交史——北伐时代》,台北,水牛出版社,1989年,第27页。

在美日政府的反对下，英国终于不再坚持制裁。[①] 11 日，英、美、日、法、意五国分别向陈友仁、蒋介石提出内容相同的照会，予蒋的照会由上海领事经白崇禧转交蒋介石。[②]

对于列国欲以国民革命军总司令蒋介石为交涉对象，反对最强烈的是武汉政府及外交部部长陈友仁。陈友仁拒绝各国发出他和蒋介石的联合照会，但接受同文照会。[③] 陈友仁认为南京事件为涉外事件，应循正常外交途径，各国如与蒋介石交涉，则为助长独裁。4 月 14 日，陈友仁分别答复各国，表示国民政府有责任保护外人生命财产，承诺赔偿英、美、日三国领事馆及外侨的损失，提议组织国际调查委员会调查，同时也调查英美军舰轰南京的情形，并提议废除不平等条约。[④]

由于陈的照会中提出为避免重蹈南京事件之覆辙，各国应废除不平等条约，令各国公使不满，且不能接受，于是他们向本国政府建议向陈友仁提出："除非国民政府能明快履行各国提出的条款，否则，有关国家将被迫考虑得到满意的必要措施。"[⑤]这一建议等于又重新回到原初讨论制裁的起点。

英国政府仍主张制裁，并希望美国采取一致行动。4 月 20 日，英、法、意公使考虑对陈友仁第二次联合照会，表达强硬措辞。日本公使仍未收到本国训令，马慕瑞则催促美国国务院参加。[⑥]

美国国务院当时正仔细评估国民政府内部的分裂。4 月 18 日，南京国

---

① "The British Ambassador (Howard) to Kellogg, Apr. 9, 1927", United States Department of State, *FRUS*, *1927*, Vol. Ⅱ, Washington, D.C.: U.S. Government Printing Office, 1927, p. 185. 吕芳上：《北伐时期英国增兵上海对华外交的演变》，《近代史研究所集刊》1997 年第 27 期，第 185—229 页。

② "MacMurray to Kellogg, Apr. 11, 1927", United States Department of State, *FRUS*, *1927*, Vol. Ⅱ, Washington, D.C.: U.S. Government Printing Office, 1927, p. 188. 中文见《外舰炮击南京事件之重要文件》，《东方杂志》第 24 卷第 7 号，1927 年 4 月 10 日，第 95—97 页。

③ "MacMurray to Kellogg, Apr. 12, 1927", United States Department of State, *FRUS*, *1927*, Vol. Ⅱ, Washington, D.C.: U.S. Government Printing Office, 1927, p. 190.

④ 详见 "The Consul General at Hankow to Kellogg, Apr. 14, 1927", United States Department of State, *FRUS*, *1927*, Vol. Ⅱ, Washington, D.C.: U.S. Government Printing Office, 1927, pp. 192‐194.

⑤ "MacMurray to Kellogg, Apr. 15, 1927", United States Department of State, *FRUS*, *1927*, Vol. Ⅱ, Washington, D.C.: U.S. Government Printing Office, 1927, p. 198.

⑥ "MacMurray to Kellogg, Apr. 20, 1927", United States Department of State, *FRUS*, *1927*, Vol. Ⅱ, Washington, D.C.: U.S. Government Printing Office, 1927, p. 203.

民政府正式成立,造成宁汉分裂。国务院尚不能掌握宁汉分裂的确实情况。4 月 20 日,凯洛格训令马慕瑞:"美国国务院不赞成参加第二次对武汉政府的联合照会。"理由之一是:

> 温和派正努力将激进派驱逐出国民政府,国务院认为此时若迫使国民政府接受要求,将会削弱温和派领导人的地位……政府不欲参与列国制裁行动,也不欲采单独制裁,不仅是因为此一举措可能危及在华侨民,而且将使已陷入分裂状态的国民政府腹背受敌,所以制裁行动难以奏效……①

训令中又表示,必要时单独与武汉政府交涉。② 虽然武汉正式分共是 7 月以后的事,但是受到国民革命军总司令蒋介石在上海执行"清党"(4·12 上海"清党")的影响,武汉政府内部亦有反共声浪。美国驻汉口总领事罗赫德自 4 月中旬以来,陆续报告武汉政府领导人试图限制共产党的活动,"显然反共的努力,日益壮大"。③

美国驻华公使坚决反对美国单独行动,他在致美国国务院的电文中强调,如果美国不与英、日合作,则将使得英日两国更加团结,如此美国将被排除,进而丧失对华外交的领导地位。④ 4 月 25 日,凯洛格向马慕瑞解释"此一问题,不能代表美国放弃对中国事务的领导权,所谓领导权既存在于温和行动,也存在于武装行动,国务院认为此时应发挥温和行动的影响力,国务院不相信美国在华利益需靠武力才能获得"。美国国务院希望给武汉当局的第二

---

①　"Kellogg to MacMurray, Apr. 20, 1927", United States Department of State, *FRUS*, *1927*, Vol. Ⅱ, Washington, D.C.: U.S. Government Printing Office,1927, p. 203.

②　"Kellogg to MacMurray, Apr. 20, 1927", United States Department of State, *FRUS*, *1927*, Vol. Ⅱ, Washington, D.C.: U.S. Government Printing Office,1927, pp. 203 - 204.

③　4 月 17 日汉口总领事罗赫德报告:"尽管国民党激进派在此地基础稳固,但上海和广州查抄共产党总部的行动在此仍产生影响,汉口也试图镇压共产党人,至少限制他们的活动。毫无疑问,一般反共的势力正日益壮大,只是缺乏领导和勇气。""Lockhart to Kellogg, Apr. 17,1927", United States Department of State, *FRUS, 1927*, Vol. Ⅱ, Washington, D.C.: U.S. Government Printing Office,1927, p. 291.有关"4·12 上海'清党'"及武汉"分共"的情况,详见李云汉《从容共到清党》,台北,中国学术著作奖助委员会,1966 年,第 628—629、728—746 页。

④　"MacMurray to Kellogg, Apr. 23, 1927", United States Department of State, *FRUS*, *1927*, Vol. Ⅱ, Washington, D.C.: U.S. Government Printing Office,1927, p. 210.

次照会比第一次照会更加温和。① 同日,日本驻美大使将修改后措辞较为温和的照会与凯洛格商议。美国政府仍反对联合调查和制裁行动,且对于蒋介石与武汉政府的分裂表示:"或许各国应等待国民党内部的分裂结果……目前急于提出第二次联合照会是不智的。"②

5月初,英国政府同意放弃制裁行动,并暂时停止第二次通牒,等待中国局势的演变。③ 5月9日英外相张伯伦(Neville Chamberlain)于下院中宣布:"目前采取强硬态度处理南京暴行,是不适当的……虽然有足够的理由。""南京暴行加速国民党内部分裂……(激进派)似乎企图颠覆蒋介石与各国的关系。"张伯伦表示武汉的政府已失去领导的优势,实际上陈友仁仅是徒具虚名的外交部部长,将不再对陈友仁发出任何进一步的照会。④

5月4日召开的公使团会议中,英、法、意、美、日五国公使决议与本国政府联系,表达南京事件的相关国家之间难有共识,原因包括制裁行动之歧见、中国政局的混沌不明、国民政府的分裂等。⑤

就上述讨论,南京事件发生后,美国政府坚决主张无时限、无制裁的措施,以避免迫使国民政府内温和派垮台。待宁汉正式分裂,美国政府乃主张暂缓宁案交涉,静观国民政府内部的变化。此一态度和北伐初期南北情形未定之际有所不同。北伐初期国民革命军与美国之冲突,在于长江航运的自由航行权及保侨措施。美国政府始终不赞成大量派兵,指示"保护侨民,但不维护租界",此一指令在美国国务院与驻华使领间迭有争议。至 1927 年 1 月北

① "Kellogg to MacMurray, Apr. 25,1927", United States Department of State, *FRUS*, *1927*, Vol. Ⅱ, Washington, D.C.: U.S. Government Printing Office,1927,pp.210 - 211.

② "Memorandum by the Secretary of State, Apr. 25, 1927", United States Department of State, *FRUS*, *1927*, Vol. Ⅱ, Washington, D. C.: U. S. Government Printing Office, 1927, pp.211 - 213.

③ "The British Ambassador (Howard) to Kellogg, May 3, 1927", United States Department of State, *FRUS*, *1927*, Vol. Ⅱ, Washington,D.C.: U.S. Government Printing Office,1927,p.216.

④ Dorothy Borg, *American Policy and the Chinese Revolution*, *1925 - 1928*, New York: Octagon Books,1968,pp. 315 - 316.有关英国对南京事件的反应,可参见 Edmund S. K. Fung, *The Diplomacy of Imperial Retreat: Britain's South China Policy*, *1924 - 1931*, Hong Kong, New York: Oxford University Press,1991,pp. 137 - 144.

⑤ "MacMurray to Kellogg, May 4,1927", United States Department of State, *FRUS*, *1927*, Vol. Ⅱ, Washington, D. C.: U. S. Government Printing Office, 1927, p. 218. Dorothy Borg, *American Policy and the Chinese Revolution*, *1925 - 1928*, New York: Octagon Books,1968, p. 316.

伐军抵上海后,鉴于上海为各国在华最大利益及考虑各国侨民之安危,美国政府提议上海租界中立化的主张。南方派认为此一提议,受惠的可能是孙传芳,而非北伐军;然而孙传芳认为此一提议漠视其统治权而不支持。上海中立化的主张,显见美国政府对于南北内战的不干涉政策,而以保护侨民为第一优先。[1] 短短两个月之后南京事件爆发,两相对照之下美国政府对中国内部派系的态度又再次转变。

(二)美国与南京事件的解决

《中美宁案协议》是南京国民政府成立以后与外国达成的第一个重要协议。其时北京政府仍受张作霖掌控,美国政府仍与北京政府保持外交关系,尚未正式承认南京政府。《中美宁案协议》可谓是美国正式承认南京政府的一个阶梯。在交涉过程中,国民政府分裂为武汉、南京对峙,美国政府之交涉则不只是牵涉宁案本身的求偿,而是因应于国民政府内部左、右两派势力之角逐以及中国政局的明朗化。

4月18日,南京国民政府正式成立,与武汉政府相对峙,形成所谓"宁汉分裂"。4月19日,武汉中央政治委员会下令"惩戒"蒋介石等人。汉口总领事罗赫德当日即向马慕瑞报告此事。[2] 但是,形势的发展,对于武汉政权愈来愈为不利。一星期后,罗赫德致电凯洛格表示,陈友仁处境困窘并对蒋介石抱有极深的敌意。[3] 25日,汉口持续的排外及金融危机明显好转,汉口总领事认为此系武汉领导人被迫采取的温和补救措施之效,否则就将面临被党内外政敌彻底压垮的险境。[4]

面对中国局势的变化,美国南京总领事戴维斯建议,美国国务院"应与代表所谓'国民革命运动'精华的蒋介石集团,培养可能的良好关系"。前提为:(1)国民政府应强烈谴责南京暴行并答应充分满足美国所提关于南京事件

[1] 详见吴翎君《美国与中国政治(1917—1928)——以南北分裂政局为中心的探讨》,台北,东大图书公司,1996年,第203—216页。

[2] "Lockhart to MacMurray, Apr. 19, 1927", *SDA*, 893.00/8955.

[3] "Lockhart to Kellogg, Apr. 23, 1927", United States Department of State, *FRUS*, *1927*, Vol. Ⅱ, Washington, D.C.: U.S. Government Printing Office, 1927, p. 112. 原文为"由于蒋、北方张作霖、西面杨森和广州方面明确的反汉口联盟及本地商业财政的瘫痪状况,陈友仁正处于极为窘迫的境地"。

[4] "Lockhart to Kellogg, Apr. 25, 1927", United States Department of State, *FRUS*, *1927*, Vol. Ⅱ, Washington, D.C.: U.S. Government Printing Office, 1927, p. 293.

的要求；（2）国民政府应保证停止骚扰美国侨民财产，确实尊重美国人民权利。这份电报等于希望美国国务院与南京国民政府展开宁案之交涉。①

5月4日，南京政府新任外交部部长伍朝枢向美国驻上海总领事高斯表示，准备尽快谈判解决宁案。② 美国国务院对于宁汉对峙，未见分晓，态度极为谨慎，指示上海总领事高斯和南京总领事戴维斯，接受南京方面的任何建议，但不做任何评论，同时暂不赞成提出任何新的照会；可以确认的是"如果蒋介石准备负责及提出合理赔偿，我们将考虑他的提议"③。5月27日，又指示马慕瑞做如下答复："美国驻沪领事准备受理伍朝枢代表蒋介石可能提出的任何建议，并向美国政府报告以供考虑。"④由此展开美国与南京政府交涉宁案的第一步。

另一方面，南京国民政府为打开外交之出路，对于宁案交涉甚为积极。与美国进行宁案交涉的同时，对英之交涉也已展开，但进展不顺利。5月22日，英国公使蓝浦生抵达上海，与尔后出任南京政府司法部部长的王宠惠做非正式会谈。6月3日达成《宁案讨论基础草案》，大致内容为：（1）中国政府惩凶、道歉及赔款；（2）英国就兵舰向南京城内炮击事道歉、赔偿；（3）以平等及互尊主权之原则，修改现行中英条约。但英国政府对于（2）（3）项甚为不满，双方谈判触礁。⑤

对英交涉受挫后，南京政府寄望于与美国政府之交涉能有所突破。6月份，伍朝枢与南京政府江苏交涉员郭泰祺多次会晤美国驻上海总领事高斯，表示南京方面急于和美国解决宁案。郭向美方表示，中美宁案之解决，如因美国欲与英国一致而耽搁，则属不幸；因为与英国的协议尚须包含万县惨案、沙基惨案一并解决，南京政府坚持把这三案合并处理，如此宁案之解决可能

① "Davis to Kellogg, May 3, 1927", United States Department of State, *FRUS*, *1927*, Vol. Ⅱ, Washington, D.C.：U.S. Government Printing Office, 1927, p. 217.

② "MacMurray to Kellogg, May 6, 1927", United States Department of State, *FRUS*, *1927*, Vol. Ⅱ, Washington, D.C.：U.S. Government Printing Office, 1927, p. 219.

③ "Kellogg to MacMurray May 9, 1927", United States Department of State, *FRUS*, *1927*, Vol. Ⅱ, Washington, D.C.：U.S. Government Printing Office, 1927, p. 220.

④ "Kellogg to MacMurray, May 27, 1927", United States Department of State, *FRUS*, 1927, Vol. Ⅱ, Washington, D.C.：U.S. Government Printing Office, 1927, p. 221.

⑤ 有关中英宁案交涉，详见孔庆泰《1927年宁案与宁案处理始末》，《历史档案》1987年第2期，第115—116页。

会拖延。伍、郭两人还主张，由中美组成调查小组调查南京事件的肇事者及美国公民的损失。①

7月12日，伍朝枢向上海总领事正式提出宁案交涉草案：

（1）经国民政府调查，此事件为共产党在南京政府未成立前所制造的"阴谋"，尽管如此，国民政府仍依国际公法的一般原则负其责任。

（2）国民政府将与该案有牵连之人员的处分，先以说明书的形式，非正式地详细告知美国政府，并经美国政府同意后，付诸实行。

（3）国民政府外交部对该案表示歉意，并严禁对美国人民生命财产采取各种形式的暴力行为。

（4）成立中美调查联合委员会，对美国人民所遭受之损失如数赔偿。

（5）希望美国政府对于美舰炮击南京所造成中国军民的伤亡表示歉意。

（6）请求美国政府废除现存中美之间的条约，并立即订定平等及领土主权互相尊重之新约。

郭泰祺向高斯表示，第5项和第6项为安抚民间舆论。马慕瑞认为不能接受此项草案，因为从英国公使和王宠惠交涉的机密消息来看，国民政府应可提出更好的条款。马慕瑞以为美国政府没有必要急于谈判，"宁案显然是国民政府负很大的责任，只有在完全承担起责任后，才能指望得到它所企求的国际承认"②。

英国政府则于7月25日向美国提出备忘录，希望在各国代表充分讨论条款之前，不要缔结宁案协议。③ 凯洛格答复英国："在各国充分讨论之后，如果不能与其他国家取得共识，各国应有完全的行动自由"，责令美国驻北京公使与英国就此事充分讨论。④ 美国政府显然不愿受英国及其他国家之牵

---

① "MacMurray to Kellogg, July 6,1927", United States Department of State, *FRUS*, *1927*, Vol. Ⅱ, Washington,D.C.：U.S. Government Printing Office,1927,p. 224.

② "MacMurray to Kellogg, July 22, 1927", United States Department of State, *FRUS*, *1927*, Vol. Ⅱ, Washington, D.C.：U.S. Government Printing Office, 1927, pp. 225 – 226.

③ "The British Embassy to the Department of State, July 25, 1927", United States Department of State, *FRUS*, *1927*, Vol. Ⅱ, Washington, D.C.：U.S. Government Printing Office, 1927, pp. 227 – 228.

④ "The Department of State to the British Embassy, July 28, 1927", United States Department of State, *FRUS*, *1927*, Vol. Ⅱ, Washington, D.C.：U.S. Government Printing Office, 1927, p. 228.

制,与公使马慕瑞的强硬意见也不甚契合。但是对于南京政府所提这项草案,却迟迟未做回复,主因仍是中国政局的不安定。

8月12日,蒋介石下野,南京出现无政府状态。9月中旬,宁汉政权统一,并改组国民政府及军事委员会。由于排外风潮已渐平息,不少传教士及商人都急于重返南京,但是,南京事件中美国领事馆遭破坏,包括领事馆官员都已撤走,馆务停顿,不能为美国侨民提供必要的保护。9月底南京总领事包懋勋(J. Hall Paxton)打算重返南京(原总领事戴维斯改派为北京公使馆一等秘书),建议美国派海军军舰一艘,作为通讯联络及保侨之助。① 亚洲舰队总司令布里司托(Mark L. Bristol)上将②,则以为海军不能长期承担领事馆区的职责,他相信"如果与中国各派都建立热络关系,外交官和海军就能提供美国在华利益的最好保护",建议与南京当局建立关系,并尽快交涉宁案。但是,美国驻京代办迈尔(Mayer)以为时机不宜,原因除了国民政府内部延续宁汉分裂的斗争仍未明朗外,应对宁案负责的程潜出任军事委员会委员,也令各国不满。南京政府是否有诚意解决南京事件,令人怀疑。③

直到11月3日,美国国务院才确定对7月12日伍朝枢所提《宁案交涉草案》的复文。美国政府基本上接受前4项意见,即接受国民政府关于惩凶、道歉、赔款的意见。对于第5点,美国国务院则以为美舰主要用于保护侨民,不能接受此项要求。但美国国务院不反对声明:"因情势之必需,致有此举,表示遗憾之意。"对于第6点,美国政府表示1927年1月27日美国对华政策声明已诚恳表示愿与中国展开修约,但此事绝不能作为公平解决南京事件的交换条件。美国国务院也表示希望美国驻南京总领事馆重新开馆,指示马慕

---

① "Mayer to Kellogg, Sep. 26, 1927", United States Department of State, *FRUS*, *1927*, Vol. Ⅱ, Washington, D.C.: U.S. Government Printing Office, 1927, pp. 228 - 229.

② 布里司托上将于1927年9月接替威廉斯职。布里司托上将原任职为驻土耳其高级专员(high commissioner),主要负责外交工作,是故他到中国,对中国的政治问题深感兴趣。他坚信中美之间存在特殊关系,与英日两国采取联合行动将会妨碍美国对中国人民的示范性角色。他主张与中国各派人物建立友好关系。他上任后便大力主张裁减亚洲舰队在中国的兵力以及表达对撤军问题的看法。由于他对中国政治问题的投入,曾一度使美国在华人员猜测,他将兼管马慕瑞的工作。Bernard D. Cole, *Gunboats and Marines: The United States Navy in China*, 1925 - 1928, Newark: University of Delaware Press, 1983, pp. 140 - 141.

③ "Charge (Mayer) to Kellogg, Oct. 26, 1927", United States Department of State, *FRUS*, *1927*, Vol. Ⅱ, Washington, D.C.: U.S. Government Printing Office, 1927, pp. 229 - 230.

瑞尽快掌握有利时机解决宁案。[①]

1928 年 1 月 7 日,蒋介石复任国民革命军总司令职,政局相对稳定。1 月中旬,马慕瑞向美国国务院建议,准备亲自至上海与国民政府交涉宁案,尽力促成令人满意的结果。[②]

2 月 21 日,黄郛就任外交部部长并发表《对外宣言》,希望与各国商订平等新约,解决重要悬案。[③] 2 月 25—28 日,马慕瑞在上海与黄郛交换初步意见,黄郛邀马慕瑞前去南京,马慕瑞表示宁案交涉未果,美国驻南京总领事馆尚未恢复,在此情况下,不能在南京上岸。黄郛表示国民政府诚心承担宁案之责任。此后中美间的预备性会谈,由上海总领事柯银汉(Cunningham)与国民政府外交部司长金问泗、何杰继续举行。[④]

3 月 12 日,马慕瑞得知黄郛之提案,大表失望,认为内容比以前的提案更令人不满。[⑤] 然而,美国国务院反对马慕瑞的意见。由于美国国务院得知 3 月 19 日英国与黄郛在上海针对南京事件的赔偿等讨论有所进展,美国政府乃不愿落于英国之后。3 月 24 日,美国代理国务卿奥尔兹(Olds)训令美国驻北京公使馆,希望在合理的范围下尽快进行谈判。[⑥] 3 月 26 日,马慕瑞抵上海。3 月 30 日,黄郛与马慕瑞公使互换照会 6 件,基本上按照伍朝枢于去年提出的 6 点中的前 4 点解决。马慕瑞致黄郛之覆照如下。

第一份覆照:本公使……深信于去年 3 月 24 日南京事件,贵国有思想之人民莫不谦憾并信所有该事件各犯(尤以亲身负责之林祖涵一名为最要)其惩办一层,必能依照表示,从速完成履行。故本公使代表本国政

---

① "Kellogg to MacMurray, Nov. 3, 1927", United States Department of State, *FRUS*, *1927*, Vol. Ⅱ, Washington, D.C.: U.S. Government Printing Office, 1927, pp. 233 – 234.

② "MacMurray to Kellogg, Jan. 14, 1928", United States Department of State, *FRUS*, *1928*, Vol. Ⅱ, Washington, D.C.: U.S. Government Printing Office, 1928, p. 323.

③ 郭廷以编著:《中华民国史事日志》,第 2 册,台北,1984 年,第 320 页。

④ "MacMurray to Kellogg, Feb. 29, 1928", United States Department of State, *FRUS*, *1928*, Vol. Ⅱ, Washington, D.C.: U.S. Government Printing Office, 1928, pp. 323 – 325.

⑤ "Cunningham to Kellogg, Mar. 13, 1928", United States Department of State, *FRUS*, *1928*, Vol. Ⅱ, Washington, D.C.: U.S. Government Printing Office, 1928, p. 326.

⑥ "The Acting Secretary of State to Mayer, Mar. 24, 1928", United States Department of State, *FRUS*, *1928*, Vol. Ⅱ, Washington, D.C.: U.S. Government Printing Office, 1928, p. 329.

府承受贵部长来文内开各条件。

第二份覆照：去年3月24日停泊南京之诺亚（Noa）及泼利司登号（Preston）美舰对南京萨家湾开火，是不得已而采取之措施，美国政府对此深为抱憾。

第三份覆照：查修约问题，虽未能认为与南京事件向美政府及美籍人民赔偿一层有关系，然本公使现仍将上月与贵部长晤谈时所发表各节再为部长陈之……美政府希望当时所以必须载在旧约各条款之情形有以改善，俾得随时遇机将所有不需要及不妥当之约章，得经双方修改，希冀贵国有代表贵国人民之政府施行实权，俾能确实履行贵国一方面关于修改约章所有应尽之义务。①

马慕瑞的覆照，来自11月3日美国助理国务卿约翰逊②所拟的国务院备忘录。美国政府对这项结果甚为满意。3月31日美国国务院致电马慕瑞表示："十分满意，谨对于您的努力成果致祝贺之意。"③至于黄郛致马慕瑞之照会有三。

第一份照会：1. 经国民政府调查证实，南京事件完全为共产党于国民政府未建都南京前所煽动而发生。但国民政府仍负其责。

2. 国民政府对于1927年3月24日在南京发生的对美国驻宁馆之美国国旗及美国政府代表等有不敬之处，领馆及侨民受有生命财产上之损失，以诚恳之态度向贵政府深示歉意。

3. 现在共产党及其足以破坏中美人民关系之恶势力业已消灭，自此以后，国民政府对外人之保护自必较易为力。

4. 国民政府今后对于美侨生命及其正当事业，担保不致再有与南京

---

① 此项中美之照会，英文本见"MacMurray to Kellogg, Mar. 30，1928"，United States Department of State，*FRUS*，*1928*，Vol. Ⅱ，Washington, D.C.：U.S. Government Printing Office，1928，p. 331 - 333.笔者所引为中文本。见《黄部长与美马使来往照会》，中国第二历史档案馆藏，转引自孔庆泰《1927年宁案与宁案处理始末》，《历史档案》1987年第2期，第116—117页。

② 约翰逊于1927年夏末由远东事务司司长调升此职。

③ "Kellogg to MacMurray，Mar. 31，1928"，United States Department of State，*FRUS*，*1928*，Washington, D.C.：U.S. Government Printing Office，1928，p. 333.

事件同样之暴行及鼓动发生。

5. 南京事件发生时被共产党煽动而参加不幸事件之该军队业已解散，国民政府且已施行切实办法，对肇事兵卒及其他人等进行惩办。

6. 对于美国驻宁领事馆员及美侨在事件中生命财产之损失，提议组中美调查会进行，以证实美人从有关系之华人方面所确受之损失并估计每案中所应赔偿之数目，由国民政府担任充分赔款。

第二份照会：国民政府要求美国政府于去年 3 月 24 日停泊江面之诺亚号及泼利司登号两美舰向南京城内萨家湾开火一事，表示歉意。

第三份照会：国民政府希望美国能应允以平等及互相尊重领土主权为原则，修订中美间现行条约，并进一步接洽解决中美间之其他悬案。①

4 月 2 日，中美宁案照会于上海正式换文，并决定于 4 月 4 日正式公布。②

值得一提的是，中美宁案调查委员会核定赔款额数期间，1928 年 11 月初，美国在华浸礼会、长老会、美以美会、金陵大学、基督会共五团体宣布，愿将宁案之赔偿费全数放弃，以示中美亲善之意。后来此笔款项捐助美国在华著名大学——金陵大学，以纪念宁案中遇难的该校副校长文怀恩博士，并以该款孳息设立中国文化讲座，期消弭美国人士对中国之种种误解。③

南京政府成立后，美国政府最初不急于解决宁案，等待宁汉分裂的明朗化。其后，宁案协议之签订，国民政府将宁案归诸共产党人于南京政府未成立前所制造的阴谋，此一说法，更加印证美国国务院原本得来的讯息，即南京暴行系国民党内的激进派促使温和派的蒋介石为难。交涉过程中，美国政府逐渐倾向支持南京政府的温和派，尤其是核心人物蒋介石。《中美宁案协议》是南京政府成立以后与外国达成的第一个重要协议，为南京政府获得国际之承认迈出一大步。其后，英国、意大利、法国与南京政府签订宁案协议，多以《中美宁案协议》为蓝本。

---

① 《黄部长与美马使来往照会》，中国第二历史档案馆藏，转引自孔庆泰《1927 年宁案与宁案处理始末》，《历史档案》1987 年第 2 期，第 116—117 页。

② "Cunningham to Kellogg, Apr. 2, 1928", United States Department of State, *FRUS, 1928*, Vol. Ⅱ, Washington, D.C.: U.S. Government Printing Office, 1928, p. 336.

③ 孔庆泰：《1927 年宁案与宁案处理始末》，《历史档案》1987 年第 2 期，第 119 页。

美国政府与南京政府签订《中美宁案协议》,事实上已显见美国政府对温和派政权的支持。但是,中国政局的变化莫测并非美国国务院所能掌握,最有利的立场即是采取没有立场的观望态度。对于南京政府的承认,仍有待进一步观察。

二、中美关税谈判和对南京政府的承认

1928 年 7 月,《整理中美两国关税关系之条约》(即《中美关税自主协议》)由财政部部长宋子文与美驻华公使马慕瑞在北京签字,美国率先有条件地承认中国关税自主。这项协议也被视为美国对国民政府的事实承认(de facto recognition),为南京政府与美国正式外交关系建立的开始。

(一)《中美关税自主协议》

关税自主是国家主权独立的表征,关税收入多寡影响国家财政与发展。晚清以来中国被迫接受列强所订之税则,海关行政权、关税收支与保管等业务均为列强所掌控。20 世纪 20 年代中国民族主义运动风起云涌,废除不平等条约的呼吁响彻云霄。在 1921 年召开的华盛顿会议上,中国曾向大会提出废除不平等条约之要求,其中,恢复中国关税自主权及税率案例为第一优先要求(此外还有治外法权、势力范围及租借地的收回等),但并没有得到解决。1925 年五卅事件发生后,北京政府于 6 月 24 日向华盛顿会议相关国家提出修约照会。美、英、日各国反应略有不同。美国表示如果中国政府善尽保护外人之职,美国愿意就关税问题尽速召开特殊会议,并组成一个治外法权调查团,依循调查结果将有明确的计划案。不久美国国务卿凯洛格两次会见中国驻美公使施肇基时表示,美国政府愿意敦促其他国家尽快召开关税会议,并催促派遣治外法权调查团代表到中国。

1925 年 10 月 26 日,关税会议(The Special Tariff Conference)于北京召开。会议召开的直接原因是法国终于在同年的 8 月 5 日批准华盛顿各项条约。按华会之规定,关税会议"得自条约生效后,三个月内在中国集会"[①]。当时中国内部反对召开关税会议,直接要求关税自主权,尤其是南方的国民

---

① 黄月波、于能模、鲍厘人合编:《中外条约汇编》,上海,商务印书馆,1935 年,第 610 页。法国因金佛郎案争议,迟迟不批准华会决议。1925 年 4 月北京政府让步使得金案解决。法国国会始通过华会各项条约,该条约需至 1925 年 8 月 5 日才正式生效。

政府,大力抨击北京特别关税会议"不过使北洋军阀得到巨款,徒增中国之内乱"①。受到中国内部的舆论压力,中国政府代表王正廷于关税会议召开的第一天,具体提出中国关税自主的提案。王正廷甚至向各国记者表示如列国不接受中国关税自主的要求,中国有可能仿照土耳其之先例,废除与列国间一切关税条约。11 月 19 日,关税会议临时办法委员会通过了下列决议:"承认中国享有关税自主之权利,约定中国与各国现存条约中之关税上之限制,一切废除,并允许中国国定税率,将于 1929 年 1 月 1 日发生效力。"施行税率的同时,中华民国政府声明,裁废厘金。②

　　受到五卅事件发生后华南地区日益激化的民族主义威胁以及省港大罢工等事件的影响,英国有意缓和与南方之关系。1926 年 12 月 18 日,英国驻京代办欧玛利(Owen O'Melley)在召开的公使会议上正式发表《英国变更对华政策建议案》(即"圣诞备忘录"),强调不必等待强而有力的中央政府成立,就应与中国地方政府协调。在这个基本认识下,英国所提关于附加税的具体方案是:"无条件承认华会附加税,不当以在外人监督之下,而以其大部分供偿还无担保借款为要求,应准许其在各处实行征收,其进款之支配储存均由中国主管官厅自行,并根本反对关税会议涉及无担保债款问题。"③

　　国民政府并不欢迎英国之新政策,缘于声明中有关华会附加税方案,对尚未掌握全局的国民政府造成不利态势。12 月底武汉国民政府外交部部长正式发表宣言,反对英国政府对于附加税之提案,因为英国的新提案将使新税的三分之二归于国民政府的政敌使用,而且将使各地商港成为军阀争夺的新目标,尤其是占附加税总数 40％的上海,必定成为各派争夺的血战之地。④基于长期以来领导中国实现华盛顿会议协议的考虑,美国政府有意做更大的

---

　　①　李守孔:《北伐前后国民政府外交政策之研究》,中华文化复兴运动委员会主编:《中国近现代史论文集》,第 24 编,台北,商务印书馆,1986 年,第 631 页。

　　②　详见吴翎君《美国与中国政治(1917—1928)——以南北分裂政局为中心的探讨》,台北,东大图书公司,1996 年,第 154—158 页。

　　③　Edmund S. K. Fung, *The Diplomacy of Imperial Retreat：Britain's South China Policy*, *1924 - 1931*, Hong Kong, New York：Oxford University Press, 1991, p. 101.

　　④　"The Chinese Acting Minister of Foreign Affairs at Hankow to Kellogg, Dec. 31, 1926", United States Department of State, *FRUS*, *1926*, Vol. Ⅰ, Washington, D.C.：U.S. Government Printing Office, 1926, pp. 935 - 936.中文参见洪钧培《国民政府外交史》,上海,华通书局,1930 年;台北,文海出版社翻印,1968 年,第 84—85 页。

让步,国务院准备发表一公开的对华政策宣言。1927年1月27日,美国国务卿凯洛格发表对华政策声明,对于2分5厘附加税的实施,表示此为1925年关税会议所决定,但因中国内战导致会议中断,无法签订协议,美国政府始终希望"实施华会所规定的附加税,并增加海关税收,俾在实施关税自主以前,足够维持中国一切需要",并且说明:

> 美国政府准备继续谈判治外法权及关税的全盘问题,或由美国进行单独谈判。唯一的问题是和谁去谈判。我已说过假如中国能协议任命能代表本国的人民或当局的代表,我们准备谈判这样的一个新条约。……①

在声明中美国政府再次强调对中国内政保持严谨中立态度。诚如凯洛格所言,"唯一的问题是和谁去谈判"。中国驻美公使施肇基认为北京及国民政府不可能推出共信之代表;美国国务卿凯洛格则表示北京政府外长顾维钧或国民政府外长陈友仁都不能单独代表中国谈判。② 美国政府此一方案实施的困难,显然在于北方的张作霖与国民政府都不愿与对方共同推出谈判之代表。③ 这份对华政策声明比起美国政府过去有关修约的主张有两项改变:其一,提到美国政府准备"单独"与中国谈判,此意含不考虑其他条约国家的态度,有异于过去美国政府一向主张协调外交。其二,此一声明中所言"协议任命能代表本国的人民或当局的代表",美国愿与中国展开修约,比1925年7月23日凯洛格的主张"一旦中国当局表明有能力及愿意履行责任时",愿与

---

① 美国对华政策重要声明,"Kellogg to the Chargé in China, Jan. 25, 1927", United States Department of State, *FRUS*, *1927*, Vol. Ⅱ, Washington, D.C.: U.S. Government Printing Office, 1927, pp. 350 - 353.

② "Memorandum by the Chief of the Division of Far Eastern Affairs, Jan. 27, 1927", United States Department of State, *FRUS*, *1927*, Vol. Ⅱ, Washington, D.C.: U.S. Government Printing Office, 1927, p. 354.施肇基于1月27日晨向美国国务卿表示,凯洛格对华政策宣言中"语意不甚清楚",美国政府究竟是要在关税会议的基础上还是在华盛顿会议或平等与互惠之基础上与中国商谈不甚明确。美国国务卿表示愿意立即商谈关税及治外法权之所有问题。施肇基认为美国政府应任命谈判代表,如此将使得中国对任命代表一事感兴趣。美国国务卿表示尚未考虑此一问题,但是很清楚的是,一旦中国任命出代表全中国人民之代表,美国愿意立即展开谈判。

③ *United States Daily*, Jan. 31, 1927, p. 1, quoted in Dorothy Borg, *American Policy and the Chinese Revolution*, *1925 - 1928*, New York: Octagon Books, 1968, p. 241.

中国展开修约谈判,显然更进一步。[①] 此一方案也比《英国变更对华政策建议案》中所谓"一俟中国新政府成立,即行交涉修约及其他未决问题"更表示对中国的让步。

北京政府外交部与国民政府外交部对于 1927 年 1 月 27 日美国对华政策声明的响应如何?中国各大报纸与杂志都刊载了美国对华政策宣言,值得留意的是当时舆论对《英国变更对华政策建议案》的讨论远比凯洛格对华政策宣言之讨论多。[②] 此缘于当时全国舆论瞩目焦点为与英国交涉收回汉口、九江英租界,陈友仁表示因与英方交涉此事,暂缓回复美国对华政策。[③]

2 月 3 日,凯洛格表示没有收到任何中国南北双方同意联合交涉的官方指示。[④] 5 日,柯立芝总统重申,美国政府准备与中国南北两政府交涉修约,并表示 1 月 27 日国务院发表的对华政策绝对不会改变。[⑤] 在此之前,1 月 22 日,国民政府外交部针对英国对华宣言,曾发表正式声明:"本政府愿与任何单独列强,开始谈判讨论修改两国条约及其他附属之问题,但此项谈判须根据经济平等及彼此主权互相尊重之权利",且表示北京政府垂垂待毙,"国民政府为中国唯一之政府",主张英国与国民政府直接谈判,不必与北京政府谈判。如依此推断,国民政府虽欢迎凯洛格之对华宣言,但不可能与北京政府共同推出南北政府之代表极为可能。[⑥]

---

① "Kellogg to MacMurray, July 23, 1925", United States Department of State, *FRUS*, *1925*, Vol. Ⅰ, Washington, D.C.: U.S. Government Printing Office, 1927, p.797.

② 见《大公报》(1927 年 1 月 29 日)、《申报》(1927 年 2 月 5 日)、《盛京时报》(1927 年 2 月 14 日)刊出美国国务卿对华宣言。《东方杂志》于第 24 卷第 4 号(1927 年 2 月 25 日)同时刊出英国变更对华政策及凯洛格之宣言,并有杭立武《英国对华政策之面面观》一文,对美国政策,则无评论。

③ 据《申报》(1927 年 2 月 5 日)载,陈友仁面告来访之美国人士,因与英国交涉谈判,尚未回复美国宣言,唯数日后,当对此宣言发表谈话。有关收回汉口与九江英租界,详见李恩涵《北伐前后的"革命外交"(1925—1931)》,台北,1993 年,第 58—74 页。

④ *New York World*, Feb. 3, 1927, p. 1, quoted in Dorothy Borg, *American Policy and the Chinese Revolution, 1925 - 1928*, New York: Octagon Books, 1968, p. 241.

⑤ *New York World*, Feb. 5, 1927, p. 4.

⑥ 见《国民政府外交部长陈友仁之对外宣言》,《东方杂志》第 24 卷第 4 号,1927 年 2 月 25 日,第 104—105 页。

（二）法理承认的肇端

随着北伐军的告捷，愈来愈多的美国人对中国民族主义运动深表同情，相对也增加对国民政府的好感，甚至以为帮助中国民族主义运动是抵挡苏联模式的方式。在此一期盼之下，美国政府对中国民族主义运动欲有更大的领导权，希望中国大革命风潮系以美国革命为范本。[1] 美国本土舆论于20世纪20年代末期普遍对中国问题有同情的理解。[2] 而在华传教士的响应亦有异于五卅惨案爆发之初的激烈。南京事件后，排外风潮大有缓和，一些撤离的传教士又回中国本土，对于中国人民的呼声渐有理解及响应。[3]

美国参众两院于1927年初对中国问题热烈讨论，对美国国务院产生强大压力。1927年1月4日，由当时担任众议院外交事务委员会主席的共和党议员波特（Stephen G. Porter）提出所谓的《波特决议案》（Porter Resolution），要求柯立芝总统与"中国政府合法授权而能替全中国人民发言的代表"进行商谈，以便修订中美两国间的条约，使今后两国间的外交关系建立在平等互惠的基础上。[4] 2月21日，美国众议院以262票对43票的压倒性优势通过了有关中国问题的《波特决议案》。在此案讨论过程中显见不少国会议员对中国民族主义运动之同情，同时也有一些主张予国民政府承认的呼声。[5] 在参议院中同情中国民族主义运动者也不在少数，其中以担任外交委

---

① Warren I. Cohen, *America's Response to China: A History of Sino-American Relations*, New York: Columbia University Press, 1990, pp. 96 – 97.

② 有关美国舆论对中国问题的评论，详见 Dorothy Borg, *American Policy and the Chinese Revolution, 1925 – 1928*, New York: Octagon Books, 1968, pp. 256 – 266, 319 – 337；本书对于此一问题有非常详细的叙述。包括《华盛顿邮报》（*Washington Post*）、《巴尔的摩太阳报》（*Balitimore Sun*）等大报都表示对中国国民革命的同情，除了《芝加哥论坛报》（*Chicago Tribune*）、《纽约时报》（*New York Times*）表达不同的声音，美国舆论基本上对中国革命运动表示同情。

③ 参考 Paul A. Varg, "The Missionary Response to the Nationalist Revolution", in John K. Fairbank (ed.), *The Missionary Enterprise in China and America*, Cambridge, Mass.: Harvard University Press, 1974, pp. 311 – 335. 传教士于20世纪30年代左右响应中国民族主义风潮，有所谓基督教会本色化运动的发生，可参考宇宙光出版社编《基督教与中国本色化论文集》，台北，宇宙光出版社，1988年。

④ House Concurrent Resolution, Congressional Record, 69 Cong. 2 sess., no. 46, Jan. 24, 1927, p. 2195. Dorothy Borg, *American Policy and the Chinese Revolution, 1925 – 1928*, New York: Octagon Books, 1968, pp. 242 – 243.

⑤ 魏良才：《一九二〇年代后期的美国对华政策：国会、舆论及压力团体的影响》，《美国研究》（台北）第10卷第1、2期合刊，1980年6月，第160页。

员会主席的包拉(William E. Borah)及共和党参议员宾汉(Hiramm W. Bing-ham)最为支持中国民族主义运动。参议员金氏(William H. King)全力支持美国国务院应承认南京政府为法理政府。他认为美国如果及时给予南京政府承认，当能"稳定中国政情，并使共产党人无法得逞"①。

中国舆论对《波特决议案》多持肯定与感激之辞。北京政府外长顾维钧及国民政府外长陈友仁，均致电驻美公使施肇基转交波特电文表示赞成。陈电文希望美国政府勿步英国行动之后尘，派兵在华登陆；顾电文则谓波特之努力，实为美国对中国人民友谊之新纪念。②

1928 年 5 月，国民政府派特使伍朝枢赴美活动，希望获得美国在废除不平等条约上率先允诺及外交之承认。5 月 24 日，美国助理国务卿约翰逊与西班牙驻美大使表示，美国尚未承认南京政府，不承认伍的官式身份，将以非官方及私人身份接待伍朝枢。③ 28 日，凯洛格亲自接见国民政府全权代表伍朝枢，重申美国政府将不改 1927 年 1 月 27 日对华政策声明的承诺，亦即只要中国能有"代表本国人民或当局之代表"，美国政府愿与中国展开治外法权及关税问题的谈判，对于承认问题仍三缄其口。④

6 月 6 日，北伐军攻克北京，关内各省宣告统一。对于南京政府已统一中国的事实，美国政府没有理由不予承认。但是美国驻华公使与美国国务院对于中国政局的安定仍有所迟疑而态度谨慎。最初美国国务院并未准备立即给予法理承认(de jure recognition)。⑤

---

① *New York Times*, July 10, 1928.

② 《大公报》(1927 年 3 月 3 日)和《申报》(1927 年 3 月 3 日)刊出来自华盛顿的消息。波特公开发表顾维钧及陈友仁致彼之电文。

③ "Memorandum by the Assistant Secretary of State (Johnson), May 24, 1928", United States Department of State, *FRUS*, *1928*, Vol. Ⅱ, Washington, D.C.: U. S. Government Printing Office, 1928, p. 180.

④ 1927 年 1 月 27 日，《美国对华政策重要声明》，英文见"Kellogg to the Chargé in China, Jan. 25, 1927", United States Department of State, *FRUS*, *1927*, Vol. Ⅱ, Washington, D.C.: U.S. Government Printing Office, 1927, pp. 350 – 353.参见附录。

⑤ 国际法对于新政府的承认标准有采事实(de facto)承认和法理(de jure)承认两种方式。至于承认政府的方式，则有明示(express)与默示(tacit)之分。明示承认较之于默示承认，在实施上较为确定，可避免一些不必要的争论。明示的承认，通常以照会、节略、信件、电报等正式文件，明白表示承认之意。至于默示承认，则有缔结双边条约，邀请参加多边条约，或与之建立外交关系，交换使节等方式。参见丘宏达主编《现代国际法》，台北，三民书局，1993 年，第 217—221 页。朱建民：《外交与外交关系》，台北，正中书局，1977 年，第 283 页。

6月14日,中国驻美公使施肇基向凯洛格表示,他已答应南京政府留任"中国驻华盛顿代表"一职。① 由于施肇基系北京政府委派,美国政府如接受施之续任中国公使职务,则必先承认南京政府。次日,凯洛格致电马慕瑞,表示由于中国内战即将结束,美国政府必须尽快与南京政府——"至少是事实政府的承认"展开交涉以及履行对华政策声明的承诺,指示马慕瑞就下列事项是否恰当提供意见:其一,南京政府是否能建立负责的政府? 其二,采取承认——至少是事实承认的应有步骤。其三,一旦南京政府任命授权的代表,美国政府履行对华政策之声明,并与之展开交涉。②

马慕瑞的看法与国务院略为不同。他对南京政府是否能稳定国内政局以及履行国际义务表示存疑,认为美国政府本已和南京政府建立事实关系(de facto relationship),目前只是它的控制地区扩大,不需要采取事实承认的步骤,更毋庸讨论法理承认。可实行的是与目前的"优势派"讨论关税问题,坚决主张不提治外法权问题。他认为目前中国的统一与和平言之过早,进一步的计划应建立在稳定政权的基础上。③

6月23日,南京政府全权代表伍朝枢、代表李锦纶(Lee W. Frank)会晤美国助理国务卿约翰逊、远东事务司司长项贝克(Stanley K. Hornbeck)④,讨论国民政府之组织架构。伍答复南京政府之建置系依照孙中山的五权宪法而设计;双方还讨论了修约问题及美国北京公使馆何时迁往南京政府首都。美国国务院对于大使馆的搬迁并无答复。⑤ 鉴于中国政局尚未明朗,国务卿希望给予南京政府至少是事实承认,法理承认则尚待观望。但国务卿不同意

---

① "Kellogg to MacMurray, June 15, 1928", United States Department of State, *FRUS*, *1928*, Vol. Ⅱ, Washington, D.C.: U.S. Government Printing Office, 1928, p. 181.

② "Kellogg to MacMurray, June 15, 1928", United States Department of State, *FRUS*, *1928*, Vol. Ⅱ, Washington, D.C.: U.S. Government Printing Office, 1928, pp. 181 - 182.

③ "MacMurray to Kellogg, June 20, 1928", United States Department of State, *FRUS*, *1928*, Vol. Ⅱ, Washington, D.C.: U.S. Government Printing Office, 1928, p. 184.

④ 项贝克于 1927 年夏末担任远东事务司司长,原任的约翰逊升任为助理国务卿。项贝克是位杰出的学者,向为约翰逊对华政策的辩士之一。他对于约翰逊主张对华亲善、尊重中国主权及保护美国侨民利益的政策,产生相当影响力,参见 Bernard D. Cole, *Gunboats and Marines: The United States Navy in China, 1925 - 1928*, Newark: University of Delaware Press, 1983, p. 140.

⑤ "Memorandum by the Assistant Secretary of State (Johnson), June 23, 1928", United States Department of State, *FRUS*, *1928*, Vol. Ⅱ, Washington, D. C.: U. S. Government Printing Office, 1928, pp. 185 - 188.

马慕瑞所言之连事实承认也不必。

6月27日,凯洛格接见法国公使时,表示美国国务院将考虑中国政局的演变,采取承认之步骤,希望外交承认有助于中国政府表现统治能力,促使中国政局稳定,遣散私人部队,停止内战,且希望与中国商谈关税协议;虽然在可预见的未来,还看不出整个中国政治的安定。[①] 7月9日,凯洛格与各国驻美使节会面,仍持此一主张。他给美国驻华公使电文表示,如果北京公使团内提出此一问题,希望表达美国政府欢迎对南京政府的承认,至少是事实承认之意。如果不做此表示,他相信将危及对华关系。相反地,如果表示承认,将有助于中国政治之稳定。[②]

全权代表伍朝枢至华盛顿的另一任务为促成关税协议之签订,交涉过程顺利。7月11日,凯洛格向柯立芝总统请示,希望履行1927年1月27日对华政策之承诺,"不论此一政府是否能演变为稳定的公民政府,但我认为各国给予的鼓励,将有助于它解决内部的重大困难",希望美国政府能就关税问题与南京尽速谈判。[③] 柯立芝总统次日即予批准。[④] 美国驻华公使马慕瑞不赞成与中国过早谈判治外法权问题,他认为国民政府尚无法履行保护外人之义务,主张暂且拖延,凯洛格亦接受其意见。7月25日,《中美关税自主协议》由财政部部长宋子文与美驻华公使马慕瑞在北京签字。[⑤] 此项协议为打破百年来不平等条约桎梏的第一项成绩,写下中国迈入国际社会新纪元的一页。

《中美关税自主协议》签约之后,承认南京政府也就顺理成章。所以,凯

---

① "Memorandum by the Assistant Secretary of State (Johnson), June 27, 1928", United States Department of State, *FRUS*, *1928*, Vol. Ⅱ, Washington, D.C.: U. S. Government Printing Office, 1928, pp. 188 – 189.

② "Kellogg to MacMurray, July 9, 1928", United States Department of State, *FRUS*, *1928*, Vol. Ⅱ, Washington, D.C.: U.S. Government Printing Office, 1928, p. 190 – 191.

③ "Kellogg to Coolidge, July 11, 1928", United States Department of State, *FRUS*, *1928*, Vol. Ⅱ, Washington, D.C.: U.S. Government Printing Office, 1927, pp. 455 – 456.

④ "Coolidge to Kellogg, July 12, 1928", United States Department of State, *FRUS*, *1928*, Vol. Ⅱ, Washington, D.C.: U.S. Government Printing Office, 1928, p. 456.

⑤ "Treaty Regulating Tariff Relations Between the United States of America and the Republic of China, Signed at Peking, July 25, 1928", United States Department of State, *FRUS*, *1928*, Vol. Ⅱ, Washington, D.C.: U.S. Government Printing Office, 1928, pp. 475 – 477. 有关中美关税会议之交涉与内容,详见李恩涵《北伐前后的"革命外交"(1925—1931)》,台北,1993年,第117—133页。

洛格于 8 月 10 日致电马慕瑞表示，关税协议之签订在技术上（technically）已表示承认南京政府，但参议院批准条约并不能代表承认，不久将以某种外交程序公开确认此事。^① 依美国宪法承认政府之权在于总统，而不是由参议院批准条约之程序承认一国之政府。同日，凯洛格请示柯立芝总统："有关承认南京政府之事总统有绝对的权力。"他同时表示"我们对南京政府的影响莫甚于此时"。^② 柯立芝总统表示"你可将此条约的签订视为对国民政府的承认"^③。

9 月 1 日，约翰逊与伍朝枢会面时，表示美国政府已在关税协议中给予南京政府事实和法理的承认，南京政府如要求何种外交程序确认，美国政府将予以满足。约翰逊又向伍朝枢表示，南京政府外交部部长王正廷电告施肇基，签约已表示承认，无须再透过任何外交程序，并询问南京政府对他是否另有指示，伍表示没有。伍向约翰逊说明施肇基虽为北京政府所派的驻美公使，但将留任。^④ 所以，对南京政府的承认在技术上通过关税协议的签订而完成，无须另行照会或其他程序。9 月 11 日，美国国务院致电马慕瑞："你可声明北京公使馆已授权与南京政府在完全承认（full recognition）的基础上发展正式关系。"^⑤南京政府与美国政府的关系乃正式进入法理承认的阶段。其后英国政府随之跟进，1928 年 12 月 20 日《中英关税条约》签订，英国公使于当日呈递英国女王的国书，亦即英国正式承认南京政府。^⑥

在此一理解下，美国政府通过关税协议在技术上与南京政府建立正式外

---

① "Kellogg to MacMurray, Aug. 10，1928"，United States Department of State，*FRUS*，*1928*，Vol. Ⅱ，Washington, D.C.：U.S. Government Printing Office，1928，p. 192.

② "Kellogg to Coolidge, Aug. 10，1928"，United States Department of State，*FRUS*，*1928*，Vol. Ⅱ，Washington, D.C.：U.S. Government Printing Office，1928，p. 193. 当时大多报纸已认定美国已承认国民政府，但仍有部分商人及传教士持疑。凯洛格向总统建言，承认问题应当明确，或在中国以宣告的方式，或是明确告知中国驻美大使施肇基。

③ "Coolidge to Kellogg, Aug. 11，1928"，United States Department of State，*FRUS*，*1928*，Vol. Ⅱ，Washington, D.C.：U.S. Government Printing Office，1928，p.193.

④ "Memorandum by the Assistant Secretary of State（Johnson），Sep. 1，1928"，United States Department of State，*FRUS*，*1928*，Vol. Ⅱ，Washington, D.C.：U.S. Government Printing Office，1928，p. 196.

⑤ "Kellogg to MacMurray, Sep. 11，1928"，United States Department of State，*FRUS*，*1928*，Vol. Ⅱ，Washington, D.C.：U.S. Government Printing Office，1928，p. 199.

⑥ ［日］臼井胜美著，陈鹏仁编译：《中日外交史——北伐时代》，台北，水牛出版社，1989 年，第 135 页。

交关系,但最后决定权在于柯立芝总统的认可,而非批准关税协议的参议院。1929 年 2 月 13 日,美国参议院通过《中美关税自主协议》条文,一周后中美双方在华盛顿换文生效①,但美国驻华公使早于 1928 年 9 月即收到美国国务院正式承认南京政府的通知。

美国政府承认南京为法理政府,但对于中国政治并不具信心,此由两件事可看出。其一,公使馆升级为大使馆问题。其二,北京美使馆南迁问题。续留任的中国公使施肇基于 1928 年 10 月 12 日向美国国务院提出使馆升级要求,希望将中国驻美公使馆升级为大使馆。此一举动意含着美国政府基于平等国交,势必也须将美驻华公使馆升格为大使馆。远东事务司司长项贝克坦言,如果此时和中国互换大使,是对中国政府宽大为怀的政治礼物;但此一问题牵涉中国是否已具备此一条件,它在国际义务上的履行是否能符合大使级国家之身份。② 美驻华公使马慕瑞认为,中国政局之乱象有增无已,南京政府可能只是过渡性政权,中国的军事统治也可能卷土重来。③

当时各国中只有美国政府已承认南京政府,从 10 月底到 11 月中,美国助理国务卿约翰逊就此一问题与英、法、日、德等国大使展开密集会谈。日、法、德认为应等待中国局势安定,再做此考虑。④ 施肇基于 10 月底又向约翰逊表示,早于顾维钧担任驻美公使时(1915—1920 年),威尔逊总统就曾表示如果中国政府有意将使馆升级,美国政府有此打算。⑤ 当时报载美国政府已

----

① Dorothy Borg, *American Policy and the Chinese Revolution*, *1925 - 1928*, New York: Octagon Books, 1968, p. 406.

② "Hornbeck to Kellogg, Oct. 12, 1928", United States Department of State, *FRUS*, *1928*, Vol. Ⅱ, Washington, D.C.: U.S. Government Printing Office, 1928, pp. 199 - 200.

③ "MacMurray to Kellogg, Oct. 15, 1928", United States Department of State, *FRUS*, *1928*, Vol. Ⅱ, Washington, D.C.: U.S. Government Printing Office, 1928, p. 200.另外,马慕瑞在8 月份的月报中,举出南京政府之动荡不安有 12 项原因,包括政府内部之歧见,难以有任何建设性措施,缺乏真正的爱国者及有能力之人,各省仍为军阀掌控等因素。"MacMurray to Kellogg, Oct. 9, 1928", United States Department of State, *FRUS*, *1928*, Vol. Ⅱ, Washington, D.C.: U.S. Government Printing Office, 1928, pp. 168 - 169.

④ 各国大使与约翰逊的讨论内容见 United States Department of State, *FRUS*, *1928*, Vol. Ⅱ, Washington, D.C.: U.S. Government Printing Office, 1928, pp. 202 - 207.

⑤ 但是据美国外交档案编者附注,美国外交档案中并无当年威尔逊与顾维钧公使的这项谈话记录。见 "Memorandum by the Assistant Secretary of State (Johnson), Oct. 30, 1928", United States Department of State, *FRUS*, *1928*, Vol. Ⅱ, Washington, D.C.: U.S. Government Printing Office, 1928, p. 206.

同意互换大使,约翰逊向施肇基澄清系误传,美国国务院尚在考虑此事,将呈请柯立芝总统裁定。他还向施肇基表示将以同情与谅解之态度考虑此一问题。①

英国政府于 11 月答复,表示其目前所关心的是关税自主之谈判,使馆升级问题暂不考虑。② 在各国反应冷淡且衡量中国政情的考虑下,12 月 10 日,美国国务院以时机不宜为由,婉拒使馆升级之事。③ 施肇基于 1929 年 1 月 22 日被改派为驻英公使,驻美公使一职则改由伍朝枢担任。④

南京政府成立后,美国驻华公使馆并没有迁往国民政府首都——南京,显见对于新政府不够尊重,而位居南京政府所在地的美国南京总领事馆则于南京事件时遭破坏而关闭。早于 1928 年 3 月 30 日黄郛与马慕瑞交涉宁案时,即希望重新开放领事馆⑤,但因调查及赔偿问题而拖延。迟至 1928 年 12 月 15 日美国南京总领事馆在完全没有举行任何仪式的情况下重新开馆。⑥ 一直到 1935 年 9 月,美国政府将公使馆升格为大使馆时,才将北京使馆迁往南京。⑦

《中美关税自主协议》的签订不仅为百年中国条约史的大事,亦是美国与南京政府建立政府关系的重要开端。美国率先通过《中美关税自主协议》对

---

① "Memorandum by the Assistant Secretary of State (Johnson), Nov. 15, 1928", United States Department of State, *FRUS*, *1928*, Vol. Ⅱ, Washington, D. C.: U. S. Government Printing Office, 1928, p. 211.

② "Memorandum by the Assistant Secretary of State (Johnson), Nov. 22, 1928", United States Department of State, *FRUS*, *1928*, Vol. Ⅱ, Washington, D. C.: U. S. Government Printing Office, 1928, p. 212.英国与南京政府于 1928 年 12 月 10 日,由英国公使蓝浦生与王正廷谈判关税问题。见郭廷以编著《中华民国史事日志》,第 2 册,台北,1984 年,第 414 页。

③ "Johnson to MacMurray, Dec. 10, 1928", United States Department of State, *FRUS*, *1928*, Vol. Ⅱ, Washington, D.C.: U.S. Government Printing Office, 1928, p. 213.

④ "外交部档案信息处"编:《中国驻外各大使(公使)馆历任馆长衔名年表(增订本)》,台北,商务印书馆,1968 年,第 87、145 页。

⑤ "MacMurray to Kellogg, Mar. 31, 1928", United States Department of State, *FRUS*, *1928*, Vol. Ⅱ, Washington, D.C.: U.S. Government Printing Office, 1928, p. 335.

⑥ Bernard D. Cole, *Gunboats and Marines: The United States Navy in China*, 1925 - 1928, Newark: University of Delaware Press, 1983, p. 168.由于南京政府拒向美国国旗鸣放礼炮,美国政府后来退让,领事馆遂在无仪式中复馆,此一退让,主要是避免让中国人民及在南京的美侨忆起中美关系史上不愉快的经验——南京事件。有关美国南京总领事馆重开之经过,美国外交文件中有详细的讨论。详见 United States Department of State, *FRUS*, *1928*, Vol. Ⅱ, Washington, D.C.: U.S. Government Printing Office, 1983, p. 338 - 369.

⑦ 郭廷以编著:《中华民国史事日志》,第 3 册,台北,1984 年,第 507 页。

南京国民政府表示友好,其政治意义应大于此项经济协议本身,更为南京政府被美国和国际社会所承认的一件大事。

如就关税自主的谈判过程而言,早于 1925 年的北京关税会议,列强对中国将于 1929 年 1 月实施关税自主权已有共识原则。通过《中美关税自主协议》及承认南京政府,美国政府强化了国民政府内部温和派的影响力,也提高了国民政府的国际地位。随着南京政府的建立,美国以国民党温和派保护者的姿态,对国民政府产生更大的影响力。

然而,美国国务院对于初成立的南京政府的前途不表乐观。国民政府提出公使馆升格为大使馆、使馆南迁等要求,美国政府之消极响应,显见美国政府对南京政府成立之初政局的评价。但在 20 世纪 30 年代中期以后,美国逐渐参与国民政府的各项改革,包括经济、财政、交通等改革与现代化工程建设。

如与美国相较,苏联是 20 世纪 20 年代对中国干预最为投入的国家,国民党最初的联俄联共、武汉政权的成立及其后的北伐都曾受到苏联的资助和影响。然而 20 世纪 20 年代末期演变的结果却是国民政府内部苏俄势力完全被驱离。衡情而论,在 20 世纪 20 年代美国政府对于中国政治的援助及响应相当有限。华会结束后的数年内,美国政府并未积极促成华会的各项协议实现,一直到中国一波波的民族主义运动兴起,美国政府才开始响应关税协议及修约问题。但是,美国政府比起其他国家仍算友善,如孔华润(Warren I. Cohen)所言:"1928 年仅凭借上帝的仁慈和凯洛格、约翰逊两人可靠的直觉,促进了美国与国民党政府的和解,美国人再次把自己视为'中国主权的维护者'。"[①]

第二节 中国的求援和美国的孤立主义

九一八事变发生之后,美国正处于经济大恐慌的风暴中。为摆脱经济危机,美国在经济和外交上更加趋向政治上的孤立主义和贸易保护主义。美国总统胡佛(任期 1929—1933 年)的首要任务为解决国内的经济危机。由于美国的经济大恐慌引爆为世界性经济危机,欧洲战债和赔款问题愈为尖锐,中

---

① Warren I. Cohen, *America's Response to China*:*A History of Sino-American Relations*, New York:Columbia University Press, 1990,p. 101.

国和远东事务事实上并非美国政府的关注所在。然而,国民政府内亲美派的人士则寄望于美国伸出援手。1933年罗斯福总统上台后,环绕政府交往层次的经济关系,例如棉麦借款、白银问题、币制改革和平准基金等议题有重要的成果,并对中国向美国倾斜的经济格局和外交路线产生深远的影响。

就各国在华关系而言,20世纪20年代在远东国际事务上有以英国、美国为主导的华盛顿体系的建立,标榜合作和协调外交的精神。20世纪30年代日本侵略华北,也被视为华盛顿体系崩溃的开始。中日冲突如何引爆成一个国际性问题? 各国当时是否放弃新的国际秩序的建立,还是企盼通过一场战争,重新建构新政治秩序? 欧美的姑息抑或是遏制政策,对日本的南进政策有何影响? 上述世界主要国家英国、德国、美国和苏联对远东危机的响应,曾是国内外史学者关注的焦点,重要国际史大师的经典论著,如多萝西·博格(Dorothy Borg)、入江昭(Akira Iriye)等人的系列研究深深地影响着近三四十年来的外交史研究取向。大致而言,主流学者的看法认为太平洋战争之前,罗斯福总统对日本的政策是一条不刺激日本的路线,直到1938年以后日本南进政策的积极布局威胁美国在太平洋的整体利益,美日双方关系进入尖锐的冲突阶段,美国政府始展开禁运等经济制裁措施。①

对于南京十年中美政治与经济关系的研究,特别是环绕政府交往层次的经济议题作为外交交涉的一环,过去长期受到中外学者的关注而有丰硕的成果,不论是通论性的专书或单篇论文的产量都甚为惊人。因此,本节主要为综述前人的研究成果,并希望从新的研究视角和论点考察其意义。

---

① Dorothy Borg, *The United States and the Far Eastern Crisis of 1933 - 1938: From the Manchurian Incident Through the Initial Stage of the Undeclared Sino-Japanese War*, Cambridge, Mass.: Harvard University Press, 1964. Akira Iriye, *Across the Pacific, An Inner History of American-East Asian Relations*, New York: Harcourt, Brace & World, Inc., 1967. Akira Iriye, *The Cambridge History of American Foreign Relations*, Vol. III, *The Globalizing of America, 1913 - 1945*, New York: Cambridge University Press, 1993. Akira Iriye & Warren I. Cohen (eds.), *American, Chinese and Japanese Perspectives on Wartime Asia, 1931 - 1949*, Wilmington, Del.: SR Books, 1990. Ernest R. May & James C. Thomson Jr. (eds.), *American-East Asian Relations: A Survey*, Cambridge, Mass.: Harvard University Press, 1972. 汪熙主编:《150年中美关系史著作目录,1923—1990》,上海,复旦大学出版社,2005年,第321—329页。

一、从"九一八"到珍珠港事件时期的中美关系

1931 年九一八事变发生后,中国政府向国际联盟提出声诉,要求制裁日本侵略,并同时照会英、美等国,盼其主持正义,对日本之侵略行动予以劝告或干预。事变发生后的第二天,国民政府指示驻国联代表将中日冲突诉诸国联。9 月 21 日,中国驻美公使馆人员容揆将国民政府的照会递交美国国务院,请美国以"非战公约"首倡国身份采取行动,制止日本侵略,维护和平解决国际冲突的原则。9 月 24 日,美国国务卿史汀生(Henry L. Stimson)同时向中日两国政府发出完全相同的照会,表示美国政府关注满洲发生的事情,希望中日两国政府"根据国际法和国际协议的要求"解决两国间的争端。[①] 这个照会反映出美国政府对日本侵略东北的最初立场:美国并未在第一时间谴责日本的侵略行为,但又希望华盛顿会议后所建立起的远东秩序能继续维持。

1931 年 12 月,国联派遣李顿调查团到上海调查中国与日本在满洲的争端,以及九一八事件的始末。次年 10 月李顿调查报告书同时在东京、南京和日内瓦公布。报告书共 10 章,10 万余字。虽指责日本为侵略者,否定日本的行为是为了自卫,并指出"满洲国"之成立乃日本侵略中国之举动,但报告书末章对所谓解决中日争端的原则和建议,则充分显示英美国家对侵略者的绥靖政策。报告书一方面建议国联会员国不应急于承认"满洲国",但另一方面亦建议对于日本在满洲的利益及中日之外的其他国家在东北的利益则应予承认,并适当尊重苏联在东北已有的权益,以实现满洲的"高度自治"、树立中日新关系及"以国际合作促进中国之建设"等诸原则。蒋介石在对中国出席国联代表团的指示中表示:"在目前情势下,对于报告书自宜采取温和态度,不可表示过度之反抗。"蒋认为日本绝不可能接受报告书,因而要求代表团特别声明中国的主权和行政完整不得因任何解决方法而受到损害。[②] 由于国联不承认"满洲国"为主权独立国家,日本退出国联以表抗议。显然李顿

---

① "The Secretary of State to the Minister in China (Johnson), Sep. 24, 1931", United States Department of State, *FRUS*, *1931. The Far East*, Vol. Ⅲ, Washington, D.C.: U.S. Government Printing Office, 1931, p. 58.

② 顾维钧著,中国社科院近代史研究所译:《顾维钧回忆录》,第 2 分册,北京,中华书局,1989 年,第 69—70 页。吴东之主编:《中国外交史:中华民国时期,1911—1949》,郑州,河南人民出版社,1994 年,第 262—268 页。

报告书只是纸上谈兵,完全不能让国联采取外交途径介入及解决问题。

由于美国并未加入国际联盟,英法控制下的国联希望美国派代表列席国联行政院讨论中日冲突的会议。美国政府态度暧昧,不做明确表态。而对国联提出的向中国东北派调查团并请美国参加的方案,美国则建议由一个中日双方授权的委员会代替。美国此举显然是为了不激怒日本,并且避免介入国联调停中日冲突的争端。对美国寄予厚望的国民政府对此十分失望。1931年10月初,国民政府行政院副院长兼财政部部长宋子文向美国驻南京总领事贝克(W. R. Peck)提出请求,希望美国对日态度强硬,促使日本迅速撤军。① 当时史汀生认为日本外相币原喜重郎应能控制局势的进一步发展,遏制日本军方的躁进行动,结果情况完全超出史汀生的意料。10月8日,日本开始轰炸锦州。锦州是连接关内外的战略要地,日本此举显示意图进犯东北及关内的可能性。10月12日,美国向日本驻美大使递交一份抗议照会,指出日本此举将可能影响世界安全,同时史汀生说服总统胡佛,让美国驻日内瓦总领事作为官方代表出席国联行政院有关中日冲突的会议。这是国联成立以来美国官方代表首次出席国联会议,标志着美国寄望通过国联解决中日冲突。10月24日,国联行政院通过决议,限令日本立刻撤军,应于11月16日前撤兵完毕。日本无视国联的要求,接着向中国东北北部推进,又占领黑龙江省省会齐齐哈尔。②

12月初,日本币原内阁下台,日本军方势力更加高涨,增军占领锦州。史汀生于此时向胡佛总统建议采取对日经济制裁的手段。但胡佛总统深陷经济大恐慌的泥沼,反对采取比道义制裁更强硬的措施,对中日争端基本上采取不介入态度。美国国务卿史汀生则力主门户开放之对华传统政策,不欲日本独占中国东北。1932年年初,日本悍然侵占东北之最后据点锦州,美国决定予以外交上及道德上之抵制。1月7日,史汀生同时向中日两国政府提出照会,谓:凡违反条约(指"九国公约"与"非战公约")而订立之条约与协议,及由此而造成之事实上之局面,损害美国条约上之权利,包括中国之主权独

---

① "The Minister in China (Johnson) to the Secretary of State, Oct. 6 & Oct 7, 1931", United States Department of State, *FRUS*, *1931*, *The Far East*, Vol. Ⅲ, Washington, D.C.: U.S. Government Printing Office, 1931, pp. 126, 135.

② 胡礼忠、金光耀、顾关林:《从望厦条约到克林顿访华》,福州,福建人民出版社,1996年,第219—221页。

立或领土与行政完整以及开放门户政策者,美国政府皆不能承认。此即史汀生之"不承认主义",亦即所谓的"史汀生主义"。

1932年1月28日,日本在上海发动一·二八事变。上海是美国在华侨民最多和商业利益最为集中之处。因此,美国对事变的反应较为激烈。1月31日,美国海军亚洲舰队7艘军舰调往上海,千余名士兵也奉命增援上海,以保护美国侨民安全。美国呼吁其他国家做出同样的决定,以有效阻止日本破坏九国公约和非战公约。[①] 美国的同情态度,使得国民政府内部亲英美派人士、时任行政院副院长兼财政部部长的宋子文逐渐采取"联合欧美、抵制日本"的方针,在罗斯福总统上台后,积极赴华府展开经济与外交上的谈判。

然而,美国的同情并未转化成有效遏止日本的力量,国民政府则是在日军节节进逼之下,采取了更为灵活的外交策略。20世纪20年代有两个国家——德国与苏联被排拒于远东华盛顿体系之外,前者因系第一次世界大战战败国遭排斥,后者作为当时世界上唯一的共产革命成功的社会主义国家,亦受到英美两国为主导的国际社会的排斥。抗战最初阶段国民政府争取国际援助的活动不仅限于华盛顿体系国家,还延伸至华盛顿体系外的国家,而苏德两国亦希望扩大对远东的影响力,于是有1937年8月20日《中苏互不侵犯条约》的签订,以及德国的中立政策,乃至后来德国驻中华民国大使陶德曼(Dr. Oskar P. Trautmann)为和平解决中日战争而做的调停工作(史称"陶德曼调停")。从中德关系而言,1928—1938年中德关系密切,德国对此一时期中国的政权建设、军事制度、工业经济及意识形态均产生重要的影响。[②]除了争取苏、德、英、美等大国的政府援助外,欧战爆发前的法国亦曾提供贷款给国民政府,加拿大、奥地利、荷兰等北欧国家曾向中国提供机械和军需物资。[③] 国民政府亦积极通过官方或半官方力量向国际社会控诉日本的侵略,例如1936年9月初国际反侵略运动(International Peace Campaign)于布鲁塞尔召开第一次代表大会时,中国派出14人代表。1937年11月6日国民政

---

① 胡礼忠、金光耀、顾关林:《从望厦条约到克林顿访华》,福州,福建人民出版社,1996年,第222页。

② 详见柯伟林(William C. Kirby)著、陈谦平等译:《德国与中华民国》,南京,江苏人民出版社,2006年。

③ 详见沈庆林《中国抗战时期的国际援助》,上海,上海人民出版社,2000年,第5、103—109页。

府军事委员会第五部改组为国际宣传处。次年2月,该处改隶国民党中央宣传部,通过国际宣传使国际社会了解中国人民抗战的实况。该处在上海、香港、伦敦、纽约、日内瓦、柏林、莫斯科设有支部。[①] 凡此,均显示出国民政府在抗战初期外交策略的灵活与谨慎。

从华北事件到淞沪抗战之交涉,日本欲"现地交涉",而中国政府则欲将冲突事件"国际化",让国际社会参与,试图以国际联盟和九国公约来解决中日冲突。中国在国联会议和在布鲁塞尔召开的九国公约会议中虽然没有解决实际问题,不论是对日制裁还是中国内部期望的实质性援助均告落空,但国民政府将华北事件国际化的做法,即通过国际会议使中日问题的解决国际化,挫败了日本企图直接交涉的图谋,使这一问题成为国际社会共同关注的一个中心问题,也为日后的物质援助打下基础。[②]

1937年7月卢沟桥事变发生后,中国政府即希望与苏联达成协议,由苏联供应军事装备并缔结一个中苏互助条约,但苏联方面以中日已开战,如签订互助条约,则意味着苏联必须参战为由,乃提议签订互不侵犯条约。王建朗的研究指出,过去普遍以为《中苏互不侵犯条约》为中国政府要求签订,实则恰恰相反,此一条约是苏联政府强烈要求签订的。当时中国政府只希望签订互助条约,而无意签订互不侵犯条约,此系因中国政府不欲仅仅得到苏联的极小支持而予外界以亲苏印象,从而影响与其他国家的外交关系。《苏联外交文件》所录中国外交部部长王宠惠与苏联驻华大使鲍格莫洛夫(Dimitri Bogomolov)的谈话,说明当时国民政府认为美国态度不如英国强硬,然而英国对中国事务的参与亦为有限。[③]

严格而言,卢沟桥事变发生后,英、美、德、苏四国之中,除了苏联较为积极主动谋求国际的社会集体行动外,英美国家主张置外于冲突。英国对中日冲突的反应比美国敏锐,1937年八一三淞沪战役发生后,由于上海的国际商

---

① 香港办事处于1938年4月创办了英文月刊《战时中国》(*China at War*),到1941年4月时,该刊每期印数已达3 000份,较创刊时期增加了一倍。香港沦陷后,该刊于1942年1月开始在纽约印刷发行。详见王凌霄《中国国民党新闻政策之研究(1928—1945)》,台北,中国国民党中央委员会党史委员会,1996年。

② 陶文钊、杨奎松、王建朗:《抗日战争时期中国对外关系》,北京,中共党史出版社,1995年,第64—65页。

③ 王建朗:《抗战初期的远东国际关系》,台北,东大图书公司,1996年,第107—113页。

业地位,英国乃提议调停,然而日方拒绝英国提案,继续扩大冲突。国联会议拒绝对日本侵华行为使用"侵略"字样,仅发表道义制裁声明。但国联会议并非毫无作用,它至少唤起部分国际舆论的同情。其后,英国提议召开九国公约会议,英国有意借此会议拉曳美国进入远东的复杂情势。然而,九国公约会议并没有解决实际问题,例如中南半岛过境问题就因列强间的互相推诿而悬宕不决。

博格将 1937 年卢沟桥事变视为中美关系转折点。她认为日本的侵略行动形成对世界和平挑战的新局面,但受孤立主义影响,罗斯福并没有马上采取坚定立场反对日本的侵略,而是由赫尔(Cordell Hull)国务卿谴责日本的侵略,强调条约的神圣性和避免采用武力的必要性,邀请其他国家采取类似的行动。"帕奈号"(Panay)事件实际上没有改变美国谨慎的远东政策,但到1938 年美国对华政策的目标已显然改变了。[①] 也有研究指出卢沟桥事变发生之初,英国对于中日冲突的反应比美国积极,英国首相张伯伦曾向美国三次提议联合行动阻止华北危机,但美国政府态度消极。此事适与 1931 年九一八事变时相反,当年史汀生竖起不承认主义的旗帜,英国不愿配合。如今历史重演,角色互易。美国内部受孤立主义情绪的阻挡,其对华政策举棋不定。[②]

1937 年 12 月中旬,美舰"帕奈号"被日军炸沉,同时又有数艘英国炮舰也在长江遭受日本陆、海军的袭击。此事件为英美两国在东亚的联合行动造就一项契机。然而,英美两国未能对日本采取强硬震慑手段,以致日本愈加肆意妄为。美国方面既要日本感受压力,又不想得罪日本;同时由于英国积欠美国一笔巨额战债未还,美国人民对于和英国的联合行动因而有所犹豫,加以日本愿意赔偿、惩凶等因素,使得美国当局采取谨慎的态度。英国方面则由于欧洲必须面对日渐升高的德意两国的威胁,无法抽调主力舰东来,再加以法国海军军力在地中海要对付意大利海军并无胜算,所以法国希望英国能将主力舰留在欧洲海域以分担防卫任务,这也使英国踌躇不前。日本方面

---

①　Dorothy Borg, *The United States and the Far Eastern Crisis of 1933－1938:From the Manchurian Incident Through the Initial Stage of the Undeclared Sino-Japanese War*, Cambridge, Mass.:Harvard University Press, 1964, pp. 294－300.

②　陶文钊、杨奎松、王建朗:《抗日战争时期中国对外关系》,北京,中共党史出版社,1995 年,第 39—41 页。

则以分化英美两国并表现出解决诚意,化解了一场可能与美国提早宣战的危机。[1]

抗战初期美国政府采取中立政策,除了受国内孤立主义的掣肘外,一些与日本有生意往来的利益集团为了自己的商业利益,也对政府施加了影响。当时美国对日贸易在美国整个对外贸易中居第三位,远远高于对华贸易。1937年美国对日出口总额2.89亿美元,对华出口总额仅0.5亿美元;1938年前者为2.4亿美元,后者跌至0.35亿美元。商业利益制约了美国的东亚政策。需要指出的是,这两年间美国向日本出口的货物中,军需品占了一半以上,其中包括日本国内缺乏而发动战争又急需的石油和废钢铁。因此,当时的国民政府经济部部长翁文灏曾说:"深感美国虽具充分之决心,而实助日人以相当之实力,矛盾悲痛莫过于是。"[2]

从国际局势而言,日本侵略中国之际,德国于1933年退出国联,继而进占莱茵非武装区。意大利于1935年侵略东非王国埃塞俄比亚。正当德、意、日三个轴心国向外侵略之际,欧洲国家却采取绥靖政策。由于受到孤立主义的影响,美国国会于1935年后制定一系列的"中立法案"(Neutrality Act),禁止政府及人民供应军火及战备给交战国,以避免卷入战争。英法两国则在军事上未有准备,无力制裁轴心国的侵略。在此一情势下,英国首相张伯伦只得采取绥靖政策,希望以退让的手段来安抚希特勒的野心。因此,在德国欲强行占领捷克领土苏台德区(Sudetenland)时,欧洲国家不仅未加制止,反而转促捷克政府让步。1938年,英、法、意、德召开慕尼黑会议(Munich Conference),在会中罔顾捷克的反对,允许德国吞并捷克苏台德区,借以换取和平的保证。然而,未及半年,希特勒毁约吞并捷克,粉碎了姑息主义者的幻梦。

1938年欧洲时局动荡不安,欧洲列强在无法东西兼顾的情况下,继续对日妥协,上海海关税款的谈判即是以牺牲中方的利益来绥靖侵略者的产物。约此同时,同样的也有一批欧美人士对中立政策提出怀疑,开始思考援华政策的可行性。至于中国战时外交方针,则随着英美实力的消长而有所调整。

① 杨凡逸:《美日"帕奈号"(U.S.S. Panay)事件与中美关系,1937—1938》,硕士学位论文,政治大学历史学系,2002年,第181页。
② 中国社会科学院近代史研究所编:《胡适任驻美大使期间往来电稿》,北京,中华书局,1978年,第75页。

1938 年中国在外交方针上逐步转向以对美外交取代对英外交,确立了以对美外交为重点的外交方针。

　　1940 年 10 月 18 日,蒋介石约见美国驻华公使约翰逊,向美国提出前所未有的援华要求,希望美国在飞机和贷款两方面给中国以积极援助。蒋介石指出,中国缺少飞机,"敌机狂施轰炸,横行无忌,此实使民众转侧不安",因此在最近 3 个月内急需 500 架飞机,并有空军志愿人员来华助战;至于贷款,则盼"能化零为整,一次贷我以巨款,必可激励人民抗战之情绪"。约翰逊当即表示同意蒋介石所言,并会"使华盛顿了解此意"。[①] 在此之前,美国援华还仅仅限于经济方面,蒋介石的求援则要求美国将援华范围扩大至军事方面,因此,蒋介石与约翰逊的这次谈话在抗战时期的中美关系发展中具有重要意义。

　　11 月 30 日,在东京承认汪伪政权、日汪签订《基本关系条约》的同一天,罗斯福不待中美双方商定具体条件即宣布给中国 1 亿美元贷款。根据这一决定,中美于 1941 年 2 月 4 日签订《金属借款合约》,规定美国向中国提供 5 000 万美元贷款,年息 4 厘,中国向美国出售价值 6 000 万美元的锡、钨等金属,于 7 年内还清本金。接着,4 月 1 日,中美签订《平准基金协议》,美国提供 5 000 万美元作稳定法币之用。在宣布对华贷款 1 亿美元的同时,罗斯福也支持向中国援助飞机的计划,满足蒋介石所提出的要求。时任中国空军顾问的美国人陈纳德(Claire Lee Chennault)受蒋介石派遣,在华盛顿为中国获得飞机进行游说,打动了包括摩根索(Henry Morgenthau)、海军部长诺克斯(Frank Knox)在内的一些军政要人。这些人对罗斯福的决策产生了影响。

　　1941 年 3 月 11 日,美国国会经过激烈的辩论终于通过了租借法案。3 月 31 日,宋子文向美国政府开出了一张请求租借物资的列表,列表上的内容包括:700 架战斗机,300 架轰炸机,30 个师的武器装备,以及修建交通线所需物资等。4 月 21 日,罗斯福又告诉宋子文,中国可根据租借法案从美国获得 5 亿美元的租借物资。几天后,罗斯福正式批准向中国提供首批价值 4 500 万美元的军用物资。5 月中旬,300 辆 2 吨卡车作为第一批援华租借物

---

　　① 秦孝仪主编:《中华民国重要史料初编——对日抗战时期第三编战时外交(一)》,台北,中国国民党中央委员会党史委员会,1981 年,第 101—103 页。

资从纽约港启程运往远东。此后,租借物资源源不断地向中国输送。[①]

一般学者以为美国政府开始对远东问题态度由消极转向积极,关键点在于 1939 年日本南进政策,导致英美安全体系的危机,而不是日本侵略中国。美国为维系本身的安全体系,唯有采取强硬行动遏制日本的侵略。持此一观点者有入江昭和孔华润等人。[②] 也有学者指出 1941 年初美国已得悉日本的南进政策,试图安抚日本的愿望更为强烈,同年 5 月美国甚至准备在"共同防共"、"承认'满洲国'"以及日本在中国北方驻军的问题上做出谅解与让步[③],但是就在美日政府试图达成谅解时,发生了珍珠港事件,迫使美国最后和中国走向同一战场。

二、中美经济关系与外交交涉

从"九一八"到珍珠港事件之前中美之间达成数次的经济借款和协议,对国民政府的财政经济和外交动向有重要的影响和意义。从美国而言,1929 年以后深陷大恐慌的经济,使其内部孤立主义抬头,不愿介入中日冲突。1933 年 3 月,罗斯福总统上台后,国会受到白银集团的操纵。他们利用罗斯福急于实施"新政"法案将美国从经济泥沼中脱困出来的时机,迫使罗斯福为解决其经济问题而实行大量购买白银的政策。美国的政策导致中国白银外流严重,世界银价大幅上涨,使中国的金融结构陷于紧张,并且削弱了南京政府抵抗日本侵略的能力,最后迫使中国不得不放弃银本位,并向美国寻求各项金融援助。1933 年的棉麦借款和 1934 年的白银协议,均显示南京政府愈来愈向美国靠拢的结局。

---

① 胡礼忠、金光耀、顾关林:《从望厦条约到克林顿访华》,福州,福建人民出版社,1996 年,第 241—243 页。

② 此一观点最具代表性的著作,参见入江昭《越过太平洋》(*Across the Pacific: An Inner History of American-East Asian Relations*)第 8 章"走向珍珠港"。其后入江昭于《第二次世界大战在亚洲和太平洋的源起》一书中重申此一观点。见 Akira Iriye, *The Origin of the Second World War in Asia and the Pacific*, New York: Congeman Inc., 1987, pp. 64 - 73.孔华润亦持相同看法,认为珍珠港事件前后,美国开始对日本实施经济制裁,并不是突然关心中国,而是由于日本南进政策对安全体系的威胁,最终是由于它依附于罗马—柏林轴心。见 Warren I. Cohen, *America's Response to China: A History of Sino-American Relations*, New York: Columbia University Press, 1990, p. 133.

③ 陶文钊、杨奎松、王建朗:《抗日战争时期中国对外关系》,北京,中共党史出版社,1995 年,第 241—242 页。

1. 中美棉麦借款

据仇华飞的研究,1927—1937 年,中国总共向外国借款 14 笔,其中政治借款有 6 笔,其他 8 笔为路工借款。在这 6 笔政治借款中,1931 年中美小麦借款和 1933 年中美棉麦借款形式特别,并非一般意义上的借款。它们是从美国借贷小麦、面粉、棉花运到中国后出售给中外厂商获得款项,其情形类似国际贸易;所获得的款项用于各地建设,发展生产,又具有投资的属性。所以,棉麦借款是介乎贸易和投资之间的特殊形式借款。[①] 由于两次借款在国内外引起很大的反响,特别是 1933 年棉麦借款发生于九一八事变之后,日本将棉麦借款视为政治借款而强烈抨击,以致日美矛盾加深。因此,棉麦借款不论其经济价值如何,都带有政治效应。

1933 年,财政部部长宋子文与美国金融复兴公司签订《中美棉麦借款合同》。宋子文此次的美国之行是应罗斯福邀请,在参加由罗斯福发起的伦敦世界经济会议前赴美商讨双边经济关系,最后达成总额高达 5 000 万美元的棉麦借款。访美之初,中国代表团准备向美国商界借贷用于购买棉花和小麦两笔各 500 万美元的信贷,以应国内经济和国防之急需。但处在经济萧条中的美国对此却有自己的考虑,认为这是倾销国内过剩棉花和小麦的良机,主动把贷款总额提高到 5 000 万美元。一些来自棉麦产区的国会议员出于对国内经济的考虑,积极促成这笔贷款,以期通过倾销过剩产品为经济复苏注入动力。时任农村信贷署署长的摩根索代表这部分人士的观点。他说得非常坦率:“即使这笔借款永远不能偿还,然而出售这些棉花将会提高国内棉价,美国国内库存棉花的价值即可以增加 1 亿美元。”[②]但国务院对此持不同看法,反对借款给中国,理由是:中国没有很好地偿还美国的债务,而且这样一笔借款会激怒日本,日本又恰好是美国棉花的大主顾。这是中日在美国经

---

　　① 仇华飞的《中美经济关系研究,1927—1937》为迄今针对中美政府的经济交往最完整的综论性著作。该书共分为四部分:第一,修订商约与整理债务。第二,中美商务关系。第三,中美白银问题。第四,币制改革与中美货币协议。美国农业部答应中方要求于 1931 年 9 月 8 日正式启动。规定年利息 4 厘,每年的 6 月 30 日和 12 月 31 日为付息日期。麦款分三期偿还,每期付三分之一。中美订有八项条件,含购麦数量、装运安排、麦和面粉价格、每次运麦数量、长年利息、利息偿还时间、借款票据、借款用途等。详见仇华飞《中美经济关系研究,1927—1937》,北京,人民出版社,2002 年,第 316—317 页。

　　② John Morton Blum, *From the Morgenthau Diaries*, Boston: Houghton Mifflin, 1959, p.53.

济中的不同地位对美国决策者产生影响的一个例证。最后,问题摆到了罗斯福总统面前。罗斯福否定了国务院的意见,赞同摩根索的主张。由于罗斯福此时在远东外交问题上采取不愿有所作为以免刺激日本的态度,其对于此项棉麦借款的选择显然主要是着眼于美国国内的经济因素。5 月 29 日,宋子文与美国金融复兴公司总经理琼斯正式签订借款合同。合同规定:5 000 万美元中,4 000 万美元用于购买美棉,其余 1 000 万购买美麦;年息 5 厘,5 年还本。

当宋子文在欧洲频繁活动,倡导建立由欧美国家组成的顾问委员会,对中国的经济发展提供意见,并请国际联盟加强与华合作时,日本意识到宋子文"联合欧美抵御日本"的企图,将中美棉麦借款视为整个计划的一部分,加以反对。7 月下旬,日本政府公开声称,反对向中国提供借款,"如列国仍继续不变其态度,则日政府为阻止计,固不得不讲求适当手段以应付"。与此同时,日本驻美使馆参赞武富会见美国国务院远东事务司司长项贝克,根据外务省的指示,指责美国向中国提供棉麦借款是针对日本的援华行为,他要求美国应让中国保证借款不被用于政治目的。8 月 10 日,日本驻美大使出渊又向美国国务卿赫尔表示,棉麦借款"会严重影响日本",美国政府在采取任何会影响日本利益的步骤之前,"应与日本商量"。[①]

9 月下旬,装载首批美棉的船只抵达上海。然而,此时恰逢中国棉花丰收,而棉纺织业却因供过于求紧缩生产。于是,中国政府试图向上海的日本纺织厂转售美棉。日本厂商对此颇感兴趣,日本政府却极力加以阻挠。刚取代内田出任外相的广田弘毅告诉日本驻华公使有吉明,如果美棉比其他棉花便宜,要劝说日本厂商不去购买确实有困难,但应在"政治上引导"他们,以便在"事实上中止"棉麦借款。显然广田意图破坏这一借款计划。尽管日本厂商不太情愿,但外务省的方针还是得到贯彻,其结果是造成美棉大量积压,为这项棉麦借款设置了最后的障碍。1934 年 2 月,中国政府不得不向美国提出,将美棉部分的借款由原来的 4 000 万美元削减为 1 000 万美元。[②]

---

① 以上参考胡礼忠、金光耀、顾关林《从望厦条约到克林顿访华》,福州,福建人民出版社,1996 年,第 222—226 页。

② [日]细谷千博:《30 年代中期的美国与东亚——棉麦借款》,[美]入江昭、孔华润编:《巨大的转变:美国与东亚(1931—1949)》,上海,复旦大学出版社,1987 年,第 75—91、85—86 页。

究竟这项借款对中国产生怎样的效益？中外学者的研究基本上都同意这项借款的政治意义大于经济意义。日本学者细谷千博早于1980年的论文《30年代中期的美国与东亚——棉麦借款》，认为这笔借款使得美日两国关系的改善更加无望，然而这笔借款并不比白银购买法案对中国有更大的帮助。南京政府企图通过棉麦借款促进中美两国财政合作以抵制日本入侵，结果却加剧了日本帝国主义对中国的干预，反而给棉麦借款带来更大的困难，这项借款的失败是不可避免的。① 郑会欣的《1933年中美棉麦借款》则将中美棉麦借款与国内政治联系起来。他认为宋子文商订棉麦借款包含有广泛向欧美各国寻求财政技术援助，遏制日本侵略的目的，然而在日本的阻挠下，欧美各国最初都不愿触怒日本而采取冷漠态度，进而使得南京政府内部亲日势力抬头而采取对日妥协态度，致使宋子文计划完全破灭。宋子文也因此被迫于1933年10月辞去行政院副院长兼财政部部长职务。② 近年陈永祥的研究则指出这项借款正于日本极力谋求改善美日关系之时达成，对于防止日美再次妥协以牺牲中国利益也起到了抑制作用，"反映宋子文和南京国民政府具有一定的远见"。虽其实效对南京政府的财经帮助并不大，并对国内经济产生消极作用，但对日本侵略者造成一定的压力。③ 此外，李宇平则探讨了美国棉麦借款对中国本身的政治、经济的冲击与意义。该文分析中国对美国棉花的需求，美棉进口的趋势及其对中国棉农、棉商与纱厂的冲击，美麦进口的趋势及其对麦农、麦商与面粉厂的冲击，实业界与金融界及国民政府对借款的态度，地方政府与国民政府对借款的争议。她认为这项棉麦借款的失败，形成了普遍的总体农业危机，并使中国走向以救济农业为目标的社会内在保护主义。④

2. 中美白银问题

在1929—1933年的世界经济危机中，全球金融市场完全处于失序状态，

---

① ［日］细谷千博：《30年代中期的美国与东亚——棉麦借款》，［美］入江昭、孔华润编：《巨大的转变：美国与东亚（1931—1949）》，上海，复旦大学出版社，1987年，第75—91页。

② 郑会欣：《1933年中美棉麦借款》，《历史研究》1988年第5期。收入氏著《改革与困扰——三十年代国民政府的尝试》，香港，香港教育图书公司，1998年，第153—172页。

③ 陈永祥：《1933年中美棉麦借款协定》，《广州大学学报》第6卷第4期，2007年4月。

④ 李宇平：《1930年代美国对华棉麦借款的政治经济分析，1931—1934》，侯坤宏、林兰芳编：《社会经济史的传承与创新——王树槐教授八秩荣庆祝寿论文集》，台北，稻乡出版社，2009年，第219—254页。

股票暴跌,银行倒闭,信用危机,企业也随之大量破产,但 1929 年的世界经济大恐慌并未马上影响到中国,中国大约到 1934 年以后才受到影响。有些经济学者主张用"金镣铐"(the golden fetters)假说解释 1929—1931 年的全球大危机。所谓"金镣铐"是指 19 世纪 70 年代到 20 世纪 30 年代流行于世界的金本位制度,实际上可以等同于固定汇率制度。通过"金镣铐"的机制,商业危机、金融危机、银行恐慌可以迅速传播至国际。朱嘉明以 1929—1935 年的生产水平、贸易平衡、汇率、银价以及批发价格的相互关系及其变动,作为理解当时中国经历的四个重要变项。他认为中国因为不是金本位国家,经历了从"得以幸免"甚至受益到深受其害的三个不同阶段。第一阶段,1929—1931 年。中国白银货币体系为中国经济与世界大萧条隔绝开的防火墙或是"救生艇"。银本位制的贡献是:造成世界大危机的波及时间滞后了 2～3 年;隔绝和缓冲大萧条的冲击力度。中国银圆贬值使得中国在这波世界经济大恐慌的严重期未受影响,甚至出现荣景。中国以银圆为标准的物价,在 1929—1931 年上升了四分之一以上,1931 年后半年达最高峰。中国面对的是通货膨胀而非通货紧缩,成了当时世界上少数物价不跌反涨的国家,经历了一次温和的通货膨胀和温和的增长。第二阶段,1931—1933 年。一方面中国仍是白银输入国;另一方面,国际大环境改变,世界经济危机的影响及于中国。1931 年英国迫于美国金融市场的信用危机冲击及德国等国停止偿付战债的影响,宣布放弃金本位制,不久与英镑挂钩的国家也纷纷放弃金本位制。日本发动九一八事变之后,不久亦颁布法令停止银行券与黄金兑换,正式脱离金本位制,实施金汇兑本位制。这次世界性的金本位制度瓦解,金价下降,使得相对于黄金的白银价格上升。就在世界银价上扬的 1933 年中国实施"废两改元",确立银本位制,继续对白银实行自由流入和流出体制。所以购买中国银,再合法地融化成白银,通过国际市场套购,利润空间巨大,刺激中国银外流。1931 年之后,流入上海的白银不再流入本国市场,而是从上海流失到国外,到了 1933 年上海已是白银纯输出口岸。中国银根紧缩,负面后果立即出现,对中国进出口影响至深。第三阶段,1934—1935 年。1934 年美国实行购银法案后,立即刺激世界白银价格上涨,对中国业已严重的白银外流无疑是"火上浇油",引爆 1934—1935 年的"白银风潮",中国成为美国购银法案的最直接和最大的受害者。[①]

　　1934 年 6 月 19 日,罗斯福总统签署了《白银收购法案》。该法案规定,美国政府应收购白银,使之数量达到联邦货币准备金的 1/4,或者通过收购白银使世界银价上升到每盎司 1.29 美元的水平。接着,罗斯福根据该法案颁布白银国有令,将美国国内银价定为每盎司 50 美分。随之,美国在世界市场上大量收购白银。世界银价一下子扶摇直上。

　　美国政府公布《白银收购法案》是国内白银集团施加压力的结果。美国国内有 7 个产银州,尽管这 7 个州都是小州,但在每州两个席位的参议院中共有 14 名参议员,占表决人数的 15%,尤其是其中有担任参议院外交委员会主席这样重要职位的资深参议员毕德门(Key Pittman),因此在国会中相当有影响力。这些议员的当选取决于他们为白银卖力的程度,而政治家为了获取这些人手中的选票又要取悦他们。罗斯福竞选时颇受制于白银集团的选票压力,当选后的罗斯福为了推行新政,要通过各种各样的法案,更需要这些议员的支持。于是,罗斯福最终屈服于白银集团的压力,推行了新的白银政策。

　　虽然白银政策制定的最初动因源于美国国内政治,但它导致的世界银价的飞涨却对当时中国的经济产生了灾难性的后果,并深刻地影响了远东的国际关系。中国是当时世界上少数几个仍实行银本位制的国家,而且又是世界上最大的用银国。世界银价的猛涨拉开了中外银价间的差距,1934 年秋国际上的银价是中国国内银价的 1.25 倍,1935 年春前者已是后者的 1.5 倍,中国成了世界白银市场的低谷。从中国收购白银到国际市场抛售成为一项利润极大的买卖,于是各种投机活动造成了中国历史上规模最大的白银外流高潮。按白银议员们的说法,银价的上升会增加中国对外的购买力,扩大中美贸易总量,从而为美国商品开辟一个广阔的市场。但实际上,白银外流使中国出现了通货紧缩的经济危机:工商业凋敝,金融衰败,进出口减退,农村破产。更为严重的是,日本此时正向华北大肆扩张。当中国因美国的白银政策深受其害时,日本却乘机大捞利益。通过从中国有组织地、大规模地走私白银,日本一方面进一步破坏了中国的经济,削弱了中国的抵抗能力,另一方面

---

　　① 朱嘉明:《从自由到垄断:中国货币经济两千年》,上册,台北,远流出版公司,2012 年,第 360—371 页。

则积累了资金,为进一步扩充军备提供了条件。[1]

白银政策实行后,国民政府多次请求美国政府放弃该项政策。1934 年 12 月初,财政部部长孔祥熙告诉美国政府,由于中外银价差距甚大,中国白银必将以合法或非法方式流向境外。他请求美国政府提供帮助,并提出两项方案供其选择:宣布不以高于每盎司 45 美分的价格从国外购银;向中国提供贷款或合作整理中国币制。[2]

1934 年 10 月下旬,中国请美国以非公开方式从中国收购 1 亿盎司白银,所用款项作为中国发行纸币的准备金。企图通过援助的方式来插手中国财政的美国财政部部长摩根索对此提议颇为动心,表示可以采纳。11 月初,摩根索与中国驻美大使施肇基就购银条件进行磋商。但此时中国国内尤其是上海金融危机加剧,国民政府在尚未得到外援的情况下,不得不于 11 月 4 日开始推行币制改革,将白银收归国有。中国币制实行改革后,英国政府反应积极,态度明朗,立即颁布了英王敕令,要求在华英国侨民服从中国的币改法令。

虽然国民政府并没有宣布法币与英镑连锁,但摩根索一直认为东亚有一场美元、英镑、日元之间的货币战,他当然不愿美国无所作为而让英镑在这场货币战中独占鳌头。摩根索要求调整白银政策的想法立即得到罗斯福的支持。1935 年底罗斯福对在国会中通过自己想通过的法案已充满信心,不必再为白银议员们的投票而困住自己的手脚了。于是,12 月 9 日,美国政府突然宣布停止在伦敦收购白银,并降低在国外的白银收购价格,世界银价随即迅速下跌。

然而,白银政策的改变对中国又产生了新的不利影响。中国的币制改革是以法币自由兑换外币为信用保证的,而银价下跌影响中国获取外汇,这就迫使国民政府再向美国求援。1936 年 4 月上旬,陈光甫率领中国代表团抵达美国,与摩根索开始进行谈判。5 月 14 日,中美以换文形式达成《中美白

① 胡礼忠、金光耀、顾关林:《从望厦条约到克林顿访华》,福州,福建人民出版社,1996 年,第 228—229 页。

② Dorothy Borg, *The United States and the Far Eastern Crisis of 1933 – 1938: From the Manchurian Incident Through the Initial Stage of the Undeclared Sino-Japanese War*, Cambridge, Mass.: Harvard University Press, 1964, p. 22.

银协定》（中美货币协议）。协议的主要内容是：自 1936 年 6 月至 1937 年 1 月，美国将分批从中国购银 7 500 万盎司，价格根据当时的市价确定，美国可以根据中国的要求支付黄金。这是美国的让步，因为美国原来拒绝向非黄金本位的国家出售黄金。中国的售银所得存放在纽约的美国银行；中国货币储备中至少保持 25％的白银；中国扩大白银在艺术和工业中的用途；中国将在美国铸造含银量为 72％的 1 元和半元辅币；中国改变其法币与外汇的报价方式，以避免造成法币与英镑挂钩的印象；以中国存在纽约的 5 000 万盎司的白银作抵押，美国联邦储备银行向中国提供 2 000 万美元的外汇基金。[①] 在协议中，中国保证不与其他货币连锁，打消了美国原先对英镑与法币关系的担忧，而中国货币准备金的 1/4 仍用白银，则是摩根索对白银集团的安抚，因此毕德门参议员最终对这个协议表示"完全满意"。这一协议显示出美国开始改变原先在远东的消极政策。对美国来说，由于中国向美国出售白银的所得必须存于美国，实际上它控制了中国的外汇基金，并增强了对中国财政金融的影响力，从而在列强间的货币战中赢得了优势。对中国来说，美国政府收购中国白银，充实了中国的外汇基金，对稳定法币和确保币制改革的顺利进行起了一定的积极作用。

西方学界的研究重点在于美国白银政策与罗新福新政的关系。这一问题，早从 20 世纪 50 年代开始，迄今仍受到外交史学者的注意。[②] 关于白银政策的掌舵者国务卿摩根索的研究亦相当丰富，最新研究有 2010 年出版的 Herbert Levy, *Henry Morgenthau, Jr.: The Remarkable Life of FDR's Secretary of the Treasury* (New York，2010)。该书运用大量档案资料以及摩根索个人的信件，说明摩根索与罗斯福的关系。在中文著作方面，仇华飞认为将 20 世纪 30 年代中美白银问题产生的全部责任归诸美国白银利益集团是不客观的，罗斯福、摩根索等人对于白银政策的制定亦需负有

---

① 详见任东来《1934—1936 年间中美关系中的白银外交》，《历史研究》2000 年 3 期，第 103—115、191 页。

② Allan Seymour Everset, *Mongenthau, the New Dear and Silver: A Story of Pressure Political*, New York：King's Crown Press，1950. Michael B. Russell, *American Silver Policy and China, 1933–1936*, Champaign, Illinois：University of Illinois Press，1972. 中文版见［美］迈克尔·罗素著，郑会欣译：《院外集团与美国东亚政策：30 年代美国白银集团的活动》，上海，复旦大学出版社，1992 年。

相对责任。白银问题对中国而言是经济问题大于政治问题,因先有美国白银抬价,才出现中国白银外流,中国征收白银出口税、平衡税,直至放弃银本位实施法币政策。该书有异于其他大陆学者的著作,他同时亦强调"白银问题最终由于它的负面效应走向它的反面,中国进行货币改革,实施法币政策,从根本上改革中国货币制度,使中国货币走向现代化"。李宇平的《银与亚洲国际经济秩序——孟买与上海白银流通动向的比较观察(1933—1935)》一文,环绕以上海为中心的亚洲国际金融秩序发生的变化,强调美国白银政策对中国的冲击,事实上是透过国际银市场的相互作用而形成的。美国实施白银政策期间,纽约、上海、孟买的买卖关系发生了改变,纽约成了银的买方市场,上海、孟买两市场转变为卖方市场。她认为美国企图借大力购买白银提升纽约在国际金融中心的地位,虽未能成功地达成预期目标,然此一政策确实产生了巨大的威力,影响了跨地域白银流通及地区分布。作者也认为20世纪30年代初期伦敦国际金融霸主的地位仍难以撼动,可由与上海外汇市场呼应密切的欧洲白银投机帮的活动,系以伦敦为核心,进行白银、法郎与英镑的套汇行为看出。相对而言,纽约市场几乎不能对上海外汇牌价产生任何重大影响。

3."废两改元"、币制改革与世界经济危机

为应付1929—1933年的世界经济危机,罗斯福在实行放弃金本位制,调整美元与黄金的比价等政策的同时,于1933年、1934年通过购银法案,采取禁止白银出口、发行银券、白银收归国有等一系列措施。美国此一政策实施至1935年底,其目的在于控制和操纵世界银价,增加银本位国家对美货的购买力。然此一政策实施的结果,导致中国白银外流,对中国经济造成严重打击,国民政府乃于1935年11月为稳定国内经济而实施法币政策。法币改革以中央、中国、交通三银行(后加中国农民银行)所发行的钞票为法币,其他银行不得发行,由银本位改为法币。限期收回其他纸币,并且规定一切公私款项必须以法币收付,将市面银圆收归国有,以一法币换银圆一元。在此之前的1933年3月1日,南京政府财政部发布"废两改元"令,确立中国银本位货币体制。此一计划是在当时世界经济危机日益加深,中国受美国等资本主义国家降低白银价格影响、国内经济不断萧条情况下实施的。国民政府的"废两改元"与法币政策牵动此一时期的中美经济关系。

在国民政府的货币改革过程中,英、美、日三国因各有不同的政治动机而

采取了不同的态度。英国表现最为支持,然而中国的币制改革使法币与英国货币联系之后,英国既不能利用它的力量来安定中国币制,又不能借款以解决中国财政和经济上的困难,所以中国在关键时刻改弦更张,投入美元集团。日本则是竭力反对,因日本在华大规模走私白银再到国际上抛售,由此牟取暴利,中国宣布白银国有,使日本的经济利益受到打击。中国放弃银本位后,世界减少对中国的白银输出,削弱了美国在中国的影响,加强了英国的影响,使英国得以利用中国政府对美国的白银政策的反对态度来增强伦敦作为世界白银市场的作用。但经济实力强大的美国不愿让中国的货币落入英、日等国之手,于是通过与中国进行金银交换,实现控制中国货币发行权的计划,其标志是 1936 年 5 月《中美白银协定》与 1937 年 7 月《中美金银交换协议》的签订,中国的货币终于与美元发生连锁关系。据统计,从 1934 年 11 月到 1937 年 7 月 10 日,国民政府一共向美国政府出售了 4 批白银。第一批,1934 年 11 月,1 900 万盎司;第二批,1935 年 11 月,5 000 万盎司;第三批,1936 年 5 月(《中美白银协定》),7 500 万盎司;第四批,1937 年 7 月 10 日,6 200 万盎司(即将 5 000 万盎司作为借款抵押的白银售与美国政府,另外再加上额外运往美国的 1 200 万盎司的白银)。美国能否购买中国足够的白银,增加中国货币发行准备的外汇基金,使得国内通货暂时得以稳定,避免一场行将爆发的全国性金融总危机,是币制改革成败的关键所在。也就是说,如果中国没有以美元作为外汇储备的主体,这次改革成功的概率微乎其微。[①]

经济大萧条在 1933 年以后始波及中国,国际白银价格节节上涨,中国经济困顿全面显现,此时"废两改元"并不能有效化解中国日益恶化的经济形势。两年半之后国民政府不得不废弃银本位制,于 1935 年 11 月宣布实行法币改革,发行国家信用法定货币,取代银本位的银圆。因此,1933 年的"废两改元",从国际情势来看,不仅可行性研究不充分,且在实施的时候已暴露其显而易见的局限性,其评价不可与后来的"法币改革政策"混为一谈。法币改革以信用货币代替银本位,中国由此进入现代货币经济时代。法币初期与英镑挂钩,可在指定银行无限兑换。1936 年国民政府与美国签署白银协议后,由中国向美国出售白银,换取美元作为法币发行的外汇储备,法币改为与英

---

① 朱嘉明:《从自由到垄断:中国货币经济两千年》,上册,台北,远流出版公司,2012 年,第 384—385 页。

镑及美元挂钩。①

大陆学界方面对于货币改革的研究在 1990 年左右有突破性的进展,摆脱货币改革是"帝国主义直接策动下的殖民地货币制度"的说法,对中国政府内部的具体事例进行研究。郑会欣的论文是较早即修正币制改革与帝国主义国家关系的说法的,针对币制改革前后中美之间签订的三次白银协议及其对中国社会经济所产生的作用进行事证分析。② 仇华飞认为"废两改元"政策"客观上看对内有助于中国摆脱世界经济的干扰,统一国家的货币,发展经济和金融流通,并扩大中央银行活动的规模和机能,有利于中央银行推行纸币政策,为中国实行货币彻底改革,实行法币制度打基础"。他认为中国的币制改革,虽然经历了 1931 年美国甘末尔委员会的建议和 1935 年李滋罗斯来华的协助,但法币的真正实施归根到底还是由于形势的需要和美国白银政策的促使,由中国人筹划推行,且得到当时金融界和工商界的支持和赞助。③

近年来对于法币改革与美国的历史责任有不同的看法。有学者认为中国在 1935 年底放弃银本位,其经济、政治、社会条件都没有成熟,且美国的白银政策导致中国的"白银风潮",客观上为国民政府实现金融垄断制造合法的机会,所以美国是中国 1935 年法币改革的直接原因。问题是,中国和美国经济发展水平差距过大,中国货币与美元挂钩之后,其风险更大。因为美国可以承受美元的强弱波,而处于二元经济下的中国却难以承受。特别是一旦中国没有足够的美元外汇储备时,不仅法币会急剧贬值,整个国家的信用制度都会动摇。1963 年米尔顿·弗里德曼(Milton Friedman)和安娜·J. 施瓦茨(Anna J. Schwartz)于《美国货币史》一书中认为,1933 年美国白银政策给中国经济带来灾难性的打击,这一政策剥夺了中国的货币储备,使中国陷入严重的通货紧缩,迫使其放弃银本位,实行法币政策。④ 白银外流削弱了国民党政权的基础,导致战时严重的通货膨胀和战后恶性通膨。而世界经济危

---

① 朱嘉明:《从自由到垄断:中国货币经济两千年》,上册,台北,远流出版公司,2012 年,第 350—352 页。

② 详见郑会欣《近年来国内有关币制改革问题的研究述评》,《中国经济史研究》1989 年第 3 期,第 154—160 页。戴建兵:《白银与近代中国经济》,上海,复旦大学出版社,2005 年。

③ 仇华飞:《中美经济关系研究,1927—1937》,北京,人民出版社,2002 年,第 481 页。

④ Milton Friedman & Anna J. Schwartz, *A Monetary History of the United States, 1867 - 1960*, Princeton, New Jersey: Princeton University Press, 1963.

机的头几年,中国因采用银本位获利,1933 年美国放弃金本位,使中国原本采用银本位的优势成为最不利的因素,而这不利因素又被美国采购白银政策所强化。1989 年劳伦·布朗特(Loren Brandt)和托马斯·莎金特(Thomas J. Sargent)共同发表《对有关中国与美国白银政策新资料的阐述》,对 20 世纪 30 年代美国白银政策对中国的影响提出新的看法。他们认为美国的白银购买计划并没有使中国的全面经济活动遭到划时代的、长期的萎缩,没有引起一系列经济恶性事件。中国政府之所以放弃银本位而采用法币本位,是为了从白银升值中获利,以便在未来易于发行低利率的国债。中国政府实行此一措施是主动的,并非美国白银购买政策所致。为此,弗里德曼于 1992 年为文《罗斯福、白银与中国》,重申他在《美国货币史》一书中的观点。在《货币的祸害》(Money Mischief)一书中,他甚至提到中国如不那么早放弃银本位制,整个中国未来的发展过程也会发生改变:"最终那场恶性通货膨胀可能无法阻止,但至少可以往后拖延,这就可以给国民政府更多的时间去恢复战争创伤,有更多的时间来抵御共产党的威胁。"①

中国学者刘佛丁等人认为这两派学者的根本分歧在于对 20 世纪 30 年代前期中国基本经济状况的估计不同。在过去包括弗里德曼等人的著作之前,长期以来的主导意见是 20 世纪早期的中国经济是衰退的境况,直到罗斯基(Thomas G. Rawski)于 1989 年出版《战前中国经济的增长》一书对传统的说法提出挑战,而布朗特和托马斯·莎金特在这方面的看法可说是和罗斯基一路的,同时他们两人亦采用罗斯基关于中国战前货币供给一文中的数字为基础进行分析。②王玉茹从中国银价波动与进出口物价的问题出发,针对两方学者的说法提出不同的见解。她认为弗里德曼夸大了美国白银政策对 20 世纪 30 年代前期中国经济的影响,而忽视了其他因素(中国本身经济发展的作用,例如货币供应的作用等因素);同时她也认为布朗特等人要说明美国购买白银政策与中国物价变动、放弃银本位和经济的进一步衰退是没有关系

---

① 　[美]米尔顿·弗里德曼,安佳译:《货币的祸害》,北京,商务印书馆,2006 年,第 164、171—172 页。

② 　刘佛丁、王玉茹、王利华:《二十世纪三十年代前期的中国经济——评美国学者近年来关于美国白银政策对中国经济影响的讨论》,《南开经济研究》1995 年第 2 期,第 73—80 页。这篇文章同时讨论了罗斯基所著《战前中国的经济增长》一书及《1910—1936 年中国货币供给》文章的观点。

的,亦难以令人信服。[1] 她认为世界市场对中国经济发展的影响正是通过价格变动的信号作为媒介,两方学者的说法均有不足之处。上述经济史上的重大争辩,后续研究必须根据更可靠的资料及翔实的考证,始有助于厘清相关问题的讨论。

4.《桐油借款合同》及中英美平准基金的签订

1938 年初,中国驻美大使王正廷向美国政府提出借款 5 亿美元的要求,国务卿赫尔答复美国目前对此尚无能为力。但随着日本在华北的攻势,美国政府援华趋向积极。7 月,正在欧洲的美国财政部部长摩根索与中国驻法大使顾维钧会谈。顾维钧请美国于"财政上切实援助",摩氏当即表示,美国有可能向中国贷款,希望中国派两年前签订白银协议的陈光甫赴美,以便找到一个妥善的解决方法。8 月下旬,蒋介石请孔祥熙敦促陈光甫早日成行,"借款问题应对美积极进行"。[2] 9 月,陈光甫抵达华盛顿,开始与美国方面谈判借款事宜。10 月下旬,谈判正在进行之时,日军攻占武汉和广州,随即日本首相近卫发表第二次声明,公开提出建立"东亚新秩序"。日本独霸东亚的野心使美国加快了援华步伐。11 月底,罗斯福批准向华贷款。12 月 15 日,美国国务院宣布由美国进出口银行贷款给陈光甫任总经理的世界贸易公司2 500万美元,次年 2 月,双方正式签订《桐油借款合同》,规定在 5 年内中方以出售桐油所得偿还这笔年息 4.5 厘的贷款。这是抗战开始以来美国向中国提供的第一笔贷款,也是美国在援华抗日的道路上迈出重要一步的标志。对于正在艰苦抗战的中国军民,这是一个极大的鼓舞。当时担任驻美大使的胡适认为:"此款成于我国力最倒霉之时,其富于政治意义至显。"[3]

1938 年与 1939 年之交,中国在外交上终于见到新的曙光,英美迈出援华步伐,对日本标举的"东亚新秩序"予以反击。美国国务院顾问要求美国应逐步采取一系列措施,其中包括中止 1911 年签署的《日美商约》、取消中立法案、限制对日贸易及显示美国海军力量等。由于国际和远东情势的险恶,美

---

① 王玉茹:《近代中国价格结构研究》,西安,陕西人民出版社,1997 年,第 58—60 页。

② 秦孝仪主编:《中华民国重要史料初编——对日抗战时期第三编战时外交(一)》,台北,中国国民党中央委员会党史委员会,1981 年,第 234—236 页。

③ 中国社会科学院近代史研究所中华民国史组编:《胡适任驻美大使期间往来电稿》,北京,中华书局,1978 年,第 5、8 页。

国预测它和日本的冲突难以避免，又担心国民政府无力支撑而投降，罗斯福决定采取紧急措施援助中国。1940 年 6 月，宋子文代表军事委员会委员长蒋介石前往美国，成功地向美国政府争取钨砂贷款 2 500 万美元与金属贷款5 000 万美元。[①] 1940 年 12 月 1 日，获得信用借款 1 亿美元。太平洋战争爆发以后，美国援华更为积极，1942 年 2 月 7 日，援助中国 5 亿美元贷款。

1941 年 4 月，中美、中英签订新平准基金协议，规定由中国拨出美金2 000万元，美国提供美金 5 000 万元，英国出资 500 万英镑（约合美金 2 000万元），建立中英美平准基金委员会（Stabilization Board of China）。委员会由中英美三方人员组成，便于三国统一管理平准基金，进行货币与金融合作。中方委员是上海储蓄银行总经理陈光甫、中央银行业务局局长席德懋、中国银行副总经理贝祖诒，美方委员为美国关税委员会研究部主任福克斯（A. Manuel Fox），英方委员是英国驻华大使馆原财政顾问霍伯器（Edmund L. Hall-Patch），主席为陈光甫。名义上中英美平准基金委员会设于重庆，另在香港、上海设有分会（太平洋战争爆发前，实际工作地点主要在香港）。1941年 8 月，平准基金委员会召开第一次会议，宣告正式成立。除了平准基金会，国民政府还于 9 月 15 日成立外汇管理委员会（Exchange Control Commission），以强化外汇行政管理。外汇管理委员会委员由财政部、四联总处[②]和中央银行主管担任，孔祥熙任委员长，陈光甫也是委员之一，以加强平准基金委员会与外汇管理委员会的联络。[③]

关于平准基金会的研究成果相当丰富，其中吴景平的研究针对平准基金会的成立，陈光甫、孔祥熙等人的参与谈判和交涉已有完整的探讨。[④] 杨雨

①　秦孝仪主编：《中华民国重要史料初编——对日抗战时期第三编战时外交（三）》，台北，中国国民党中央委员会党史委员会，1981 年，第 9 页。

②　抗日战争后，国民政府为了统合国营金融事业力量，于 1939 年 9 月 8 日，公布战时健全中央金融机构办法纲要，财政部函令中央、中国、交通、中国农民四家银行，合组联合办事处，称为"四联总处"，并且负责经办中央信托局与原属于交通部的邮政储金汇业局相关业务，被习称为"四行二局"。

③　详见吴景平《美国和抗战时期中国的平准基金》，《近代史研究》1997 年第 5 期，第 78—108 页。

④　吴景平：《美国和抗战时期中国的平准基金》，《近代史研究》1997 年第 5 期；吴景平：《英国与中国的法币平准基金》，《历史研究》2000 年第 1 期，第 34—50、189 页。此外的研究成果尚有刘达永《中美〈平准基金协议〉的签订与美国对华态度的变化》，《贵州师范大学学报（社科版）》1995 年第3 期，第 10—14 页；宋佩玉《陈光甫与中英美平准基金委员会》，《社会科学研究》2006 年第 4 期，第154—159 页。

青的研究,则探讨了中英美平准基金的实际运作及其对中国战时外汇管理的影响。该文提到平准基金会成立之初对限制敌伪套汇和资金外流、打击外汇黑市并稳定金融市场,都起到了一定的作用,但其实际运作效果则有很多局限。冻结法令、平准基金和外汇审核制度使外汇黑市在一定程度上得到控制,但未能完全消除,外汇和法币的投机生意仍然存在。平准基金和外汇管理在战争环境下难以持续有效,其主要原因之一为在抗日战争中,军事作战和经济恶化都在继续,通货膨胀、物价上涨、法币增发、货币贬值都无法制止,仅依靠数量有限的平准基金来阻止中国法定货币的贬值,当然是不可能的。[①]

1941 年中美、中英平准基金协议的签订,以及中英美平准基金会的成立,是抗日战争时期中英美金融合作的一个重要步骤,关系到战时中国的货币制度、外汇政策和市场运作。平准基金在维持法币汇率,加强外汇管理,保障进出口贸易,防止日伪套汇、资本外逃和外汇投机等方面,发挥了积极的功效。从中国来看,平准基金有利于抵御日本的金融货币侵略,巩固法币信用,稳定民心。从英美来看,平准基金有利于维持对华贸易,以免本国在华经济势力被日本一扫无余。中英美平准基金为维持法币汇率,从 1941 年 8 月中旬至 11 月底的 3 个半月内,直接出售外汇总额约为 2 100 万美元,力度大大超过了以往三年的平均售汇额。到太平洋战争爆发前夕,上海的法币汇率大体上平稳,黑市基本被消灭。[②] 虽然这些措施不可能完全控制外汇,但为中国逐渐建立起有效的外汇管理和贸易管理制度奠定了基础。太平洋战争爆发后,平准基金运作地点移至重庆,对于在中国内地建立健全外汇市场、加强外汇管理也有促进作用。抗战前期中国外汇统制受制于英美等国,1939 年中英平准基金时期,国民政府不得不维持上海公共租界的外汇黑市,也无法将外汇中心转移到大后方。但在 1941 年中英美平准基金运作以后,随着平准会逐渐放弃支持上海外汇黑市直至限制、取缔黑市,以及在重庆和昆明建立机构,平准基金和国民政府的外汇政策都不再支持上海外汇黑市,而逐渐

---

① 杨雨青:《中美英平准基金的运作与中国战时外汇管理》,杨天石、侯中军编:《战时国际关系》,北京,社会科学文献出版社,2011 年,第 308—337 页。

② 吴景平:《美国和抗战时期中国的平准基金》,《近代史研究》1997 年第 5 期,第 93 页。

转向大后方的外汇市场。①

　　在太平洋战争爆发,上海公共租界和香港陷落之后,中国对外贸易受到极大的限制,相应的外汇审核和供应需求量的锐减,缩减了平准基金会的活动,中、英、美对其存在的必要性产生了严重的分歧。1942 年就有人主张应该暂停平准基金委员会的活动,但是美方代表阿德勒(Solomon Adler)于 3 月 5 日致电美国财政部部长摩根索,认为这样做会使中国孤立无援,并会削弱英美在中国的影响力,以及加剧中国的通货膨胀。摩根索接受了这一建议,中止平准基金的动议暂时搁置。② 1943 年春,因为中英美平准基金协议将于 6 月 30 日到期,撤销基金会的问题又被重新提出来。美国国会主张结束平准基金,但是英国政府认为平准基金对中国战后重建工作应有非常重要的作用,主张中英美平准基金会继续存在。

　　美国方面对于维持协议渐趋消极,主要原因在于通货膨胀和法币贬值造成法币官价汇率与重庆黑市汇率差别过大,继续维持原有的固定汇率,对在华美军来说损失很大。当时,美国政府默许中国政府用美元来支付在华美军军费,因为法币的官方汇价估值过高,中方按照 1 美元兑换 20 法币的固定汇率来支付美军费用,实际上并不能满足美方的需要。美方多次与中方交涉,希望中国调低法币的官方汇率,但是都遭到了拒绝。由于美军在华开支不堪重负,美国方面不愿再继续公开维持法币的官价,自然认为平准会已无存在的必要。1943 年 11 月 10 日,中国驻美代表向孔祥熙汇报,美国财政部准备终止 1941 年的中美平准基金协议。孔祥熙在收到报告后,决定放弃继续维持平准基金委员会。29 日,基金会举行了最后一次会议。随着中美协议的终止,1941 年的中英平准基金协议也面临结束。1944 年 1 月 14 日,国民政府行政院致函国防最高委员会秘书厅,报告财政部拟取消平准基金委员会,将其业务并入外汇管理委员会办理。3 月 3 日,中英平准基金协议宣布中止,中英美平准基金委员会正式宣告撤销。③

---

　　①　详见杨雨青《中美英平准基金的运作与中国战时外汇管理》,杨天石、侯中军编:《战时国际关系》,北京,社会科学文献出版社,2011 年,第 333、335 页。

　　②　Arthur N. Young, *China's Wartime Finance and Inflation, 1937 - 1945*, Cambridge, Mass.: Harvard University Press, 1965, pp. 278 - 279.

　　③　杨雨青:《中美英平准基金的运作与中国战时外汇管理》,杨天石、侯中军编:《战时国际关系》,北京,社会科学文献出版社,2011 年,第 325—331 页。

如上所述,九一八事变发生后,中国政府除向国际联盟提出申诉之外,还对欧美列强采取灵活的外交策略,以争取各项援助。美国则因受孤立主义之影响,对远东事务并不热衷,尽管对中国人民表示同情,但国内的经济状况完全吸引了美国人的精力。20 世纪 30 年代初期中美间一系列的经济外交谈判,如白银政策、棉麦借款,美国的初衷系基于解决其国内的经济问题。美国国会于 1935 年后制定一系列的"中立法案",禁止政府及人民供应军火及战备给交战国,以避免卷入战争,但美国持续供应石油等军需物资给日本。随着日本南进政策的确立,美国政府对远东问题的态度始由消极转向积极,而有桐油、钨砂等借款和中英美平准基金之运作,姑不论其成效如何,显现1938—1939 年以后美国对华政策的逐渐转向。1939 年下半年起,美国政府着手废除 1911 年《日美通商航海条约》,开始策划从经济上对日本实施一系列的抵制策略。

第三节　美国在华企业的投资活动与外交
——以大来和英美烟公司为例

1937 年中日战争爆发之后,日本除占领东北之外,还对华北、华中占领区进行经济扩张与垄断。日本在中国及东亚的扩张引起美国的关注,美国政府开始策划从经济上实施抵制策略。1939 年下半年开始,美国政府着手废除 1911 年《日美通商航海条约》(简称《日美商约》)以抵制日本在中国的经济垄断。[①] 1940 年 1 月,《日美商约》废止生效,3 月,美国政府贷款给中国政府2 000万美元。1940 年 9 月,当日本与德、意正式签订"轴心国"协议后,美国宣布对日本的进一步禁运措施,包括飞机制造等一切军用技术及备件、生产

---

① 1939 年 7 月 26 日,美国国务院照会日本驻美大使堀内谦介(Horinouchi),表示美国拟废除1911 年 2 月 21 日所签订之美日通商条约,依该条约第 17 款所规定条约之终止将自照会起始之六个月后生效。"The Secretary of State to the Japanese Ambassador Horinouchi, July 26, 1939", United States Department of State, *FRUS*, *1939*, Vol. Ⅲ, Washington, D.C.: U.S. Government Printing Office, 1939, pp. 558 - 559. 1911 年《日美商约》为近代美日关系的第一个平等条约,让日本取得关税自主权。1940 年 1 月《日美商约》的废止生效,为美国单方面废除《日美商约》,使日本进入美国的货品不再享有关税上的互惠平等,可谓中日战时美国从商业政策上对日本的惩罚手段。

用机械和战略物资等。① 而另一方面，从 1940 年起，日本在华北实施《产业开发第一次五年计划修正案》，对华北的煤、铁、棉等重要产业的生产及营运，以及华北的交通、能源、通讯等设施实施统制和垄断措施。②

华北的紧张情势及美国政府的远东政策引起在华美商的不安。美国在华企业面对日本日益强大的商业扩张和垄断有何具体响应并采取怎样的手段？其与美国政府之对华政策有何关系？中日战争时期美国在华企业的经营策略和以往有何不同？过去对于此一题旨并未有较完整的分析。理由或许在于外交史学者着重远东政策的政治层面，而企业史学者着重美国在华投资等经济层面的分析；即便以探讨中美经贸与外交关系而论，关于 1937 年中日全面战争爆发至珍珠港事件前夕美国在华投资的相关研究显然相对不足。③

高家龙（Sherman Cochran）在《企业、政府与中日战争》一文中，处理以下三个个案：（1）中国大企业——申新纺织厂（荣宗敬）与国民政府的冲突，1931—1945 年。（2）日本大企业——南满铁道株式会社与日本军方的竞争。

① 关于中日战争时期美国的远东政策，详见 Michael Schaller, *The U.S. Crusade in China*, *1938 - 1945*, New York: Columbia University Press, 1971.

② Lincoln Li, *The Japanese Army in North China*, *1937 - 41*: *Problems of Political and Economic Control*, London: Oxford University Press, 1976, pp. 122 - 153. 居之芬、张利民主编：《日本在华北经济统制掠夺史》，天津，天津古籍出版社，1997 年，第 153—170 页。

③ 探讨民国时期外人在华投资和中美经贸的相关著作中，多数专系以 1937 年作为时间下限。例如侯继明探讨外人在中国投资的著作，即以 1937 年为时间下限。Hou Chi-ming, *Foreign Investment and Economic Development in China*, *1840 - 1937*, Cambridge, Mass.: Harvard University Press, 1965. 其他中文著作亦多以 1937 年作为时间下限。仇华飞：《中美经济关系研究，1927—1937》，北京，人民出版社，2002 年。罗志平：《清末民初美国在华的企业投资，1818—1937》，台北，1996 年。林美莉：《外资电业的研究，1882—1937》，硕士学位论文，台湾大学历史研究所，1990 年。其他中美经济关系史的专书亦未以 1937—1941 年为讨论断限，诸如：Julia Fukuda Cosgrove, *United States Foreign Economic Policy Toward China*, *1943 - 1946*: *From the End of Extraterritoriality to the Sino-American Commercial Treaty of 1946*, New York & London: Garland Publishing, Inc., 1987. 该书探讨了从 1943 年废除领事裁判权到 1946 年《中美商约》签订期间美国对华经济政策之演变。C. X. Geroge Wei（魏楚雄），*Sino-American Economic Relations*, *1944 - 1949*, Westport, CT and London: Greenwood Press, 1997. 该书则是探讨战后美国对华经济政策，着眼 UNRRA, CNRRA,《中美商约》以及美国自由派经济学家对战后国民党经济政策的看法。国民政府前财经顾问杨格（Arthur Young）所著《中国与战时援助，1937—1945》（*China and the Helping Hand*, *1937 - 1945*, Cambridge, Mass: Harvard University Press, 1962）与本节论题时间相近，但杨格专书主要讨论抗战时期中国向美国及国际社会寻求财政（税制、货币、金本位制问题）、军事和技术的援助，与本节着重美国企业在中国的活动，重点大为不同。

（3）美国大企业——美孚石油公司（Standard Vacuum Oil Company）与美国国务院在中国的合作。[①] 高家龙的论著着重于战时中、日、美三国的大企业与其政府政策的关系，扩大了企业史和政治史的研究视野；但后来高家龙的研究兴趣转向消费文化，并未针对此一主题再做进一步的研究。[②] 本节讨论的个案系以战时日本对占领区政济垄断政策之下美国在华企业之遭遇、响应及其与美国政府政策之关联为问题导向，和高家龙在《企业、政府与中日战争》中选取中、日、美三家企业的比较观察有所不同。

以研究美国企业在海外投资及跨国企业史享誉学界的 Mira Wilkins 认为，美国在中国的投资在 1930 年达到高峰，即使中日战争期间在日军占领区仍持续运作，直到美国参加第二次世界大战才急遽下滑。他认为许多企业认为中日战争就像中国军阀时期的冲突一样，最终总会平息。虽然美国政府坚守条约利益、门户开放和不垄断政策原则，但美国企业的做法更加具有弹性，他们看重的是环境，而不是一套原则。[③] 此一总括战时美国在华投资活动的

---

① Sherman Cochran, "Business, Governments, and War in China", in Akira Iriye & Warren I. Cohen (eds.), *American, Chinese, and Japanese Perspectives on Wartime Asia, 1931 – 1949*, Wilmington, Del.: SR Books, 1990, pp. 117 – 146.

② 以研究跨国企业为主的高家龙最早成名著作为 1980 年研究英美烟公司（BAT）在华的商业竞争的专著。该书奠定了其研究外资在华企业的学术地位。见 Sherman Cochran, *Big Business in China: Sino-Foreign Rivalry in the Cigarette Industry, 1890 – 1930*, Cambridge, Mass.: Harvard University Press, 1980. 20 年后作者更有精辟之作，选择英美、日本与中国共六家著名的代表企业，分析西方、日本和中国大公司在中国市场遭遇"关系网"的经历，时间下限为 1937 年中日战争全面爆发。Sherman Cochran, *Encountering Chinese Networks: Western, Japanese and Chinese Corporations in China, 1880 –1937*, California: University of California Press, 2000. 近年高家龙的兴趣转向医药消费文化的研究。Sherman Cochran, *Chinese Medicine Men: Consumer Culture in China and Southeast Asia*, Cambridge, Mass.: Harvard University Press, 2006.

③ Mira Wilkins, "The Impact of American Multinational Enterprise on American-Chinese Economic Relations, 1786 – 1949", in Ernest R. May & John K. Fairbank (eds.), *America's China Trade in Historical Respective. The Chinese and American Performance*, Cambridge, Mass.: Harvard University Press, 1986, pp. 285 – 287. Mira Wilkins 在哈佛大学出版社有四本学术专著，但中国市场非其研究重点。这四本学术专著如下：*The Emergence of Multinational Enterprise: American Business Abroad from the Colonial Era to 1914* (1970), *The Maturing of Multinational Enterprise: American Business Abroad from 1914 to 1970* (1974), *The History of Foreign Investment in the United States to 1914* (1989), *The History of Foreign Investment in the United States, 1914 –1945* (2004). 其最近著作为与 William J. Hausman, Peter Hertner 合著的 *Global Electrification: Multinational Enterprise and International Finance in the History of Light and Power, 1878 –2007*, New York: Cambridge University Press, 2008.

看法,事实上有必要围绕企业史与外交史的相关档案,做更细致的整合研究。

20 世纪 80 年代以后中国大陆整理的外资企业资料汇编,其编目或论述普遍将外资企业视为"攀附伪满政权"、"勾结日伪政权"。[①] 笔者认为通过中英文资料的具体个案分析,应更能反映战时外国公司在中国的商业活动与外交联系。大企业在战争时期和日伪临时政府的关系,究竟该如何看待,其如何反映跨国公司的处境及其与美国政府的关系,应可以再做进一步的讨论。

继"满洲国"成立后,华北危机成为日本与各国在华利益的新冲突点,同时再一次考验美国所宣称的中国门户开放政策和维系远东和平秩序的诚意。本节讨论时间主要以 1939 年下半年起日本在华北势力扩大,而美国政府谋思废除《日美商约》等经济制裁日本的措施为始,下迄于 1941 年 12 月 9 日珍珠港事件发生。拟以美国两大跨国公司:美国在华最大的货运公司——大来公司和最大的烟草公司——英美烟公司作为代表个案,以"企业、政府与中日战争"为联系点,探讨中日战争时期美国在华企业之遭遇。

一、美国大来青岛分行的经营

大来轮船公司(Dollar Steamship Company,或称 Dollar Line),由劳勃·大来(Robert Dollar)所创。劳勃·大来原为苏格兰人,其事业起于 1893 年购得美国太平洋岸一间锯木工厂,后来他和儿子史丹利(Stanley Dollar)建立大来轮船公司,经营货运生意。1902 年,该公司开始插足国际运输业,经营租船航次(chartered voyage)到横滨和菲律宾。1916 年,该公司在加拿大英属哥伦比亚 Roche Point 购得一百亩地建造木材工厂即大来顿厂(Dollarton)。20 世纪 20 年代该公司购得美国政府七艘总统型号的轮船,以及接收太平洋邮船公司(Pacific Mail Steamship Company),成为全球获利最大的船运公司之一。1929 年经济大恐慌发生,该公司的营运虽受影响,但仍继续扩张,除购得新轮船,还开辟了横跨太平洋的客轮航线。同年公司更名为大来轮船有限公司(Dollar Steamship Line Inc. Ltd)。20 世纪 30 年代初,

---

① 例如上海社会科学院经济研究所编撰的《英美烟公司在华企业资料汇编》为英美烟公司撤离中国之前的业务记录,这批资料对学界贡献甚大,然其史观则强烈反映帝国主义国家勾结日伪政权,压垮华资企业的民族主义立场。上海社会科学院经济研究所编:《英美烟公司在华企业资料汇编》,全四册,北京,中华书局,1983 年。

大来公司向美国政府大笔借款打造"胡佛总统号"(*SS President Hoover*)、"柯立芝总统号"(*SS President Coolidge*)为横跨太平洋的客轮,同时大来公司也成为挂着美国国旗的最大的一家货运与客轮公司。[①]

劳勃·大来至中国的首航是 1901 年,他率领"阿拉伯号"(*Arab*)满载木材来到中国,然因所载木料不受欢迎赔本而归。但他并未灰心,反而更有意探寻中国木材市场和其他商品的生意。大来公司以其雄厚的资本、研发特制的木材质量,并以销价竞争等营销策略,很快打进中国木材市场,在 20 世纪 20 年代几乎垄断了中国木材进口业。[②] 在航运方面,他亦投资中国的内河航行运输,1920 年起悬挂美国国旗的大来号商船开始定期航行于上海、重庆口岸,但长江航运的经营在中国内战动乱时期充满风险,利润不大。20 世纪 30 年代以后,大来在中国内河航运的经营事业没落,仍以经营大洋航线为主,而大来公司在华北的木材市场始终居于领先地位。[③]

1940 年初,美国驻北京公使约翰逊针对日本进一步执行其在华北的政治与军事控制计划,向美国国务院做了具体的情势报告和分析。

日本当局正以其强大的国家政策组织,对于各项重要经济活动进行全面垄断,包括运输、交通、工业、农业和银行。这些大部分的组织是所谓"临时政府"(Provisional Government)下成立的"合股公司"(joint-stock companies),可视为中日合资,但是中国的持分远少于日本,在多数的个案中,中国的资产被日本所接管。虽然有些大型组织仍挂有中国头衔,实权均掌控在日本人手中。这些组织的立即目标是:

---

① Robert Dollar, *Memoirs of Robert Dollar*, San Francisco: Privately published for the author by Schwabacher-Frey, c1918. http://www.theshipslist.com/ships/lines/dollar.htm, http://en.wikipedia.org/wiki/Robert_Dollar. 下载时间 2010 年 4 月 12 日。

② 阮渭经:《美商大来洋行在中国的掠夺》,全国政协文史委员会辑:《淘金旧梦:在华洋商纪实》,北京,中国文史出版社,2001 年,第 78—96 页。

③ David H. Grover, *American Merchant Ships on the Yangtze, 1920-1941*, Westport, Connecticut: Praeger Publisher, 1992, pp. 75-84. 除航运和木材两大主要业务之外,大来公司也经营进出口业务,另外,亦设有一家环球无线电公司,以收发无电报为主要业务。大来公司在上海设有总部,于天津、汉口、北京、南京、芜湖、青岛、汉口、重庆、广州、香港等地设有分支机构。中国人一般称之为大来洋行。阮渭经:《美商大来洋行在中国的掠夺》,全国政协文史委员会辑:《淘金旧梦:在华洋商纪实》,北京,中国文史出版社,2001 年,第 91 页。

　　1. 为日本军队的占领提供运输和补给。

　　2. 生产、强行征收或以低价格购买原料，以提供日本母国工业之所需。

　　3. 使华北成为日本企业的独占区，并成为日本剩余产品的倾销地。[①]

　　约翰逊的电报透露出对美国在华北利益的不安。他的结论是日本正在华北复制其满洲经验，此一行为严重违反门户开放政策，除非美国政府有力挑战，否则无疑将导致美国在华北地区的合法贸易被排挤出来。[②] 就在约翰逊向国务院报告的同时，美国在华最大的货运公司——大来公司（在华北的主要营业为木材运输与经销），正饱受日本公司在华北的竞争和市场侵吞之苦而面临关闭危机。

　　1941 年 6 月，美国驻青岛领事迈尔（Paul W. Meyer）致国务院的密电，透露大来公司青岛分行将于该月底关闭。理由是从北美西岸到青岛的木材营运，无法和日本公司所享有的优惠货运费、税率以及半官方所掌控的组织在青岛和整个山东省的木材营运互相竞争。[③] 大来青岛分行于 1924 年 5 月开张，有经理 1 名及所聘雇 6 名当地职员，办公室为租赁。由于公司关闭，美国经理将被资遣回国，6 名职员也将被解雇。[④]

　　大来公司从加拿大或美国进口木材的贸易长期以来在华北市场占有一枝独秀的地位，包括原木、地板材料和木板制品等。青岛分公司在当地并未经营锯木工厂，它的地板材料和木材制品主要由加拿大英属哥伦亚的大来顿厂供应。1932—1940 年，大来青岛分行的木材交货量和当地市场占有率如

　　① "The Ambassador in China (Nelson T. Johnson) to the Secretary of State, Jan. 15, 1940", United States Department of State, *FRUS*, *1940*, Vol. Ⅳ, Washington, D.C.: U.S. Government Printing Office, 1940, p. 262.

　　② "The Ambassador in China (Nelson T. Johnson) to the Secretary of State, Jan. 15, 1940", United States Department of State, *FRUS*, *1940*, Vol. Ⅳ, Washington, D.C.: U.S. Government Printing Office, 1940, p. 262.

　　③ "American Consul in Tsingtao (Paul W. Meyer) to the Secretary of States, June 21, 1941", U.S. Department of State, *Confidential U.S. State Department Central Files. China, 1940 -1944: Internal Affairs*（以下简称 *Internal Affairs*）(*microform*), No. 893.5034/404, pp.1 - 2, Washington, D. C: United States National Archives.

　　④ "American Consul in Tsingtao (Paul W. Meyer) to the Secretary of States, June 21, 1941", U.S. Department of State, *Internal Affairs*, No. 893.5034/404, pp.1 - 8, Washington, D.C.: United States National Archives.

表 5 - 1 所示：

表 5 - 1　1932—1940 年大来公司青岛分行木材交货量和市场占有率

年度	木材交货量(英尺)	市场占有率(%)
1932	2 056 611	41.4
1933	3 715 580	50.5
1934	4 993 380	44.5
1935	3 027 180	47.0
1936	3 119 494	45.0
1937	3 743 922	52.0
1938	1 107 168	21.0
1939	2 123 005	37.4
1940	553 035	05.8

资料来源："American Consul in Tsingtao (Paul W. Meyer) to the Secretary of States, June 21, 1941", U.S. Department of State, *Internal Affairs*, No. 893.5034/404, p. 2, Washington, D.C.: United States National Archives.

由表 5 - 1 可知华北地区当时木材市场需求量颇大，多用于重建各项设施，此外作为铁路、矿业、房子和公共工程的材料，其市场需求量亦不少。由本章最后的附录可知，1937 年以前大来公司在华北可谓独占鳌头，直到 1938 年才首度被英国的 China Import Co. 超越。1938 年以后日本迅速进入华北的木材营运市场，各家运输公司竞相出头，使得大来公司青岛分行的市场占有率由 1939 年的 37.4% 骤减为 1940 年的 5.8%，不仅落后于英国 China Import Co. 的 10.2%，且整个市场几为日本所吞噬。日本最大的一家河田木材公司(Wada Lumber Co.)市场占有率由 1939 年的 7.1% 跃升到 1940 年的 41.1%。其他日本公司的营运量亦超过英国和美国，而中国在青岛的木材航运公司的营运早于 1932 年即远不如英美国家的公司。

日本公司之所以能快速控制青岛木材市场，主要由于日本政府进行经济垄断，并以具体手段对进出口、木材经销和运费进行控制。其运作的策略如下：日本对进出口和外汇率进行严格管制，木材进口业实际由日本政府建立一套垄断机制，由指派的四家日本木材公司取得订单和交货。他们是由三井物产会社(Mitsui Bussan Kaisha)、三菱贸易公司(Mitsubishi Trading Company)、山长建材公司(Yamacho Lumber Company) 和田村商店(Tamura Shoten) 等四家公司组成的日美进口公司(Japan-American Importing

Company)。这套制度不仅存在于青岛，实则全面实施于华北地区。从 1940
年 6 月 29 日开始，日本在华北全面实施木材进口法令，主管部门设于北京，
控制从日本本土、韩国、中国东北和中国其他占领区到中国不同港口的木材
运输，同时也控制中国占领区木材的再出口；除非获得日本控制的联合准备
银行（Federal Reserve Bank）①的进口批准，否则是不可能从日本和中国以外
的地区进口木材的。在青岛还设有"木材运输协会"（Lumber Importers As-
sociation），除非获得该协会的同意，中国业者不能进口木材或再出口木材，
而此一协会完全掌控在当地最大的数家日本木材公司手中。②

　　此外，青岛的木材销售中还有两个障碍。其一，外汇的支付问题。虽然
所有外国轮船公司依照太平洋西航会议（Pacific Westbound Conference）均
同意遵照从太平洋海域航行到东方的木材货运费率，然而欧美货运公司怀疑
日本业者长久以来在逃避这些费率，借由日本轮船公司的名义以当地汇率支
付货运费。如此一来，木材进口到中国的运输成本不同，在市场上的开价就
不同，特别是当时木材进口的货运费大约是木材成本价格的一成到一成半。
这种怀疑基于对木材价格在美国的行情及在中国销售市价的评估，日本木材
商的低售价，应是以当地轮船公司的名义钻营货运费的结果。其二，为大型
建物所需的木材采购完全操控于日本政府及日本代理商手中，例如铁路建造
等工程。从 1940 年 6 月开始，华北地区的铁路和军事合同中的木材原料直
接经由日本木材商而非透过当地业者获得。因此当地业者的获利比起以前

　　①　日本占领华北后，企图掌控华北金融，于 1938 年 2 月 11 日成立中国联合准备银行。总行
设于北京，另在天津、青岛、济南、开封等地设立办事处。该行强迫中国银行、交通银行、大陆银行等
数家银行共同出资，并企图以该行发行的纸币为唯一合法的货币，借此掌控物资流通及外汇。Li
Linclon 的研究提到"联合准备银行"由于在国际货币市场没有价值，且因只能通行于华北，不能直
接在日本购买产品进口，其所起的作用有限。再者，战争局势的恶化和交通中断问题造成通货膨
胀。虽然据官方资料统计，日本占领后的出口金额没有下滑；然而，事实上由于货币的贬值，出口价
值反为下降。Lincoln Li, *The Japanese Army in North China, 1937 - 41: Problems of Political
and Economic Control*, London: Oxford University Press, 1976, pp. 55,144. 本节主要呈现大来公
司等美国企业在青岛的进口业务和汇率转换受制于"联合准备银行"的实情，至于"联合准备银行"
对国际金融体系和日本进出口价值所起的实际的作用，非本节题旨。
　　②　"American Consul in Tsingtao（Paul W. Meyer）to the Secretary of States, June 21,
1941", U.S. Department of State, *Internal Affairs*, No. 893.5034/404, p.4, Washington, D.C.: Unit-
ed States National Archives.

约损失 80%。[1]

在航运政策方面,1937 年后,日本海军发表所谓"遮断航行"宣言,封锁渤海湾与南方的航路,1937 年底日本又宣布封锁中国全部领海。1939 年 9 月,日本继续禁止第三国船只在中国沿海航行,这样日本几乎控制中国的领海权,大大影响了各国轮船进出华北各港口。与此同时,日本在华轮船的数量迅速增加,不仅原有的日本邮船、日清汽船、大阪商船、大连汽船等会社继续扩大航运范围,而且,为进一步强化航运业,以日本邮船、大阪商船为基础成立东亚海运株式会社。该会社兼并了往来于中日之间的各家航运公司,专门经营中日、中国沿海及中国与其他国家之间的航运业,使华北各港口的航运业几乎全被日本掌控。据海关资料,1938 年进出天津的商船共 5 808 只(5 570 559 吨),其中日本船舶有 3 203 只(2 292 607 吨),占 55.1%。1940 年日本进出港船舶分别占所有船只和吨位总数的 70.70% 和 65.48%。青岛的情况亦一样,1938 年进出青岛港的日本船舶占总数的 62%,到 1940 年上升至 80% 以上;吨位数由 1938 年的 76.5%,到 1940 年上升至 90% 左右。[2]

如据青岛商会的报告,日本船只装载货运量的市场占有率比中国海关所录还高。英、美、日各国所占之市场比数如表 5-2 所示。

表 5-2　1936—1938 年各国轮船公司由青岛至美国及加拿大载货量比率

年度 国家	1936	1937	1938	1939
日本	63%	53%	90%	98%
英国	13%	25%	7%	0.5%
美国	23%	17%	3%	1%
德国	—	5%	—	0.5%

资料来源: Tsingtao American Chamber of Commerce, *Biweekly Bulletin*, No. 31,上海市档案馆藏,Q-459-1-257, p.183.

不唯如此,日本军方建造新码头,且垄断华北各港口码头仓库,除在天津

---

[1] "American Consul in Tsingtao (Paul W. Meyer) to the Secretary of States, June 21, 1941", U.S. Department of State, *Internal Affairs*, No. 893.5034/404, pp.5-6, Washington, D.C.: United States National Archives.

[2] 《海关中外贸易统计资料年刊》,转引自居之芬、张利民主编《日本在华北经济统制掠夺史》,天津,天津古籍出版社,1997 年,第 185—186 页。

兴建"特三区码头"外，1940年8月华北交通公司码头完工，共760米长，两座仓库总面积达7 500平方米，为军用、客货用及散装码头。[①] 日军在占领青岛后，海、陆军盘踞港口码头和仓库，1940年后更加明显。据统计，1940年后，在31个泊位中，除军用、定期航班和煤盐专用泊位外，很少有供货船使用的泊位，而军事用途的泊位则达30％，至于仓库也多为军队所占领。[②] 日本当局对外宣称新增两个泊位货栈供第三国家使用，事实却不然，他们甚至在货栈和码头的贮放及搬运上进行刁难。青岛美国商会报告如下：

> 1940年1月13日以来，没有一个外国轮船公司获得使用两个新增的泊位货栈和进行夜间作业的权利，事实上日本货运公司的员工之前就对外宣称外国轮船不得停泊于此两个新增泊位或进行夜间作业。任何一家货运公司也不必期待将来有此一可能。这两个新的泊位早已保留给日本轮船公司，并继续为日本所垄断……许多申请新泊位的卷宗被归档，日本政府总是以各种理由拒绝外人使用这两个新泊位。[③]

上述航运政策对大来公司及其他公司的影响，由以下事例可见一斑。一艘从太平洋岸装载木材的轮船（Kozui Maru，应是日本货运公司）于1940年初抵达青岛口岸，由日本代理商安排停靠第二号码头卸货。这批货系大来青岛公司所托运的木材。就在卸货之际，日本当局以处理的速度过慢为由，强迫该船转到后湾（Back Bay）停泊，并以筏船将货品运上岸。结果大来公司就得多负担三倍的卸货和搬运费用。这种情况在英商亚细亚石油公司（Asiatic Petroleum Co.）和美商德士谷石油公司（Texco Petroleum Co.）的油轮中也曾发生过。该油轮被迫中断油管线运输，只得转到后湾，等待日本军方的运

---

① 1938年8月，日本华北株式会社开始进行"特三区码头建设计划"。它是在天津英法租界各码头的下游，原德租界内，计划两年内使其年吞吐能力达100万～120万吨，码头岸线长约1 200米，可同时停靠2 000吨级船10艘，并另建造仓库16座，5万平方米，堆场12万平方米，及铁道岔道4条。李华彬主编：《天津港史》，古、近代部分，北京，人民交通出版社，1986年，第214—217页。

② ［日］中村隆英：《战时日本对华北的经济支配》，东京，山川出版社，1983年，第244—245页。居之芬、张利民主编：《日本在华北经济统制掠夺史》，天津，天津古籍出版社，1997年，第185页。1940年统计，青岛港前方仓库有8座，其中军用仓库占2座；后方仓库16座，军用仓库11座。

③ Tsingtao American Chamber of Commerce, *Biweekly Bulletin*, No. 32,上海市档案馆藏，Q-459-1-257, p. 159.

输船卸货完毕,这样这批油货就耽搁了四天之久。①

更有甚者是密西根号(*The SS Michigan*)的案例。该船为一艘将青岛设为停靠港的美国籍货轮,固定航行已有两年之久。1940 年 2 月 14 日从太平洋岸载运一批木材抵达青岛口岸。该公司的经销商和美国驻青岛领事馆联系,希望安排二号或三号码头,但竟遭到日方拒绝,尽管码头根本是闲置状态。日方指派一号码头供第三国家货轮使用。该泊位事实上太小,不利于搬运木材,唯一的取代方式是转到后湾卸货,但这样不仅不便利且又耗损搬运费用。②

相较之下,另一值得注意的事是,只有 2 艘德籍轮船和 2 艘日籍轮船曾使用后湾卸货。据非官方的统计数字,1939 年度共有 1 253 艘日籍轮船盘踞所有码头,另有 118 艘中国籍轮船和 14 艘"满洲"轮船使用过青岛码头。此数字尚不包含频繁运送日本军人的小艇。③

如上述分析,中日战争以来,大来青岛木材行的营运在 1938 年大受打击。尽管 1939 年青岛分行仍有约 2 000 000 板材量尺(board feet)的载运量,但随着日本军方对华北贸易的控制愈为严格,加以日本木材公司得享有优惠的货运费率,官方及半官方的组织以直接向生产者下订单的运作方式进入木材市场,以致大来公司的青岛市场额被削减大半。因此,大来公司不得不于1941 年 6 月关闭青岛分公司。美国驻青岛领事迈尔只能无奈地表示,这是另一证明日本挑战美国在中国的门户开放政策的事例。④ 由上文可知,1939年以后大来公司在华北的业务日形恶化,木材市场价格悉为日方所操控,且运输码头亦为日本军方所强占。美国国务院经由领事报告完全掌握和理解此一情况,但是美国政府对于大来公司在华北的利益从未能积极处理,导致该公司不得不关闭分公司。

---

① Tsingtao American Chamber of Commerce, *Biweekly Bulletin*, Feb. 15, 1940, 上海市档案馆藏, Q - 459 - 1 - 257, p. 164.

② Tsingtao American Chamber of Commerce, *Biweekly Bulletin*, Feb. 15, 1940, 上海市档案馆藏, Q - 459 - 1 - 257, p. 164.

③ Tsingtao American Chamber of Commerce, *Biweekly Bulletin*, Feb. 15, 1940, 上海市档案馆藏, Q - 459 - 1 - 257, p. 164.

④ "American Consul in Tsingtao (Paul W. Meyer) to the Secretary of States, June 21, 1941", U.S. Department of State, *Internal Affairs*, No. 893.5034/404, pp. 7 - 8, Washington, D.C.: United States National Archives.

二、英美烟公司在华北

19 世纪 90 年代,英、美烟草即进入中国市场,其中美国烟草大王杜克(James B. Duke)和英国的帝国烟草公司(Imperial Tobacco Company)激烈竞争,最后于 1902 年合并创建英美烟公司(British American Tobacco,简称 BAT),形成对中国烟草市场的垄断。[1] 据统计,1919 年英美烟公司的销售量为 399 028 箱,是 1902 年的 24 倍。英美烟公司独步中国烟卷市场,在 20 世纪 20 年代虽有华资的南洋兄弟烟草公司与其激烈竞争,但它在中国烟卷市场始终占有最大销售量。1934 年,英美烟公司在中国成立颐中烟草股份有限公司(Yee Tsoong Tobacco Co.)和颐中运销烟草有限公司(Yee Tsoong Tobacco Distributors Co.),负责承担中国市场的烟草制造和销售业务。[2] 在 1937 年日本入侵中国时,英美烟公司在中国内地和香港已拥有 33 家不同的企业,资本总额达 28 840 万元(8 480 万美元),其在中国各种资产的账面价值达 46 180 万元。[3]

1937 年 7 月中日全面战争爆发前后,在东北地区,英美烟已与日本东亚烟叶公司(Toa Tobacco Company)协议分占市场的限额。[4] 次年 12 月英美烟公司为保有东北市场的营运,又同意参与组织满洲烟草公司(Manchou Leaf Tabcco Co.)。[5] 随着中日战局的演变,日本在中国各地占领区一再复制东北的军事和经济统制经验,而邻近的华北地区更是首当其冲。日本在华北又一次的军事和经济垄断政策,正适以考验美国处理远东危机的决心。

据资料所示,1938 年春,日本军方已展开排挤外国卷烟公司的计划,许

---

[1]　Sherman Cochran, *Big Business in China：Sino-Foreign Rivalry in the Cigarette Industry*, 1890‐1930,Cambridge, Mass.：Harvard University Press, 1980, p. 13.

[2]　上海社会科学院经济研究所编:《英美烟公司在华企业资料汇编》,北京,中华书局,1983 年,"前言",第 3 页。

[3]　Sherman Cochran, *Big Business in China：Sino-Foreign Rivalry in the Cigarette Industry, 1890‐1930*, Cambridge, Mass.：Harvard University Press, 1980,p. 199.

[4]　"Memorandum of Agreement by Toa Tobacco Co. and Chi Tung Tob. Co.1937",上海社会科学院经济研究所企业史资料室藏,英美烟公司抄档,(55) 13‐B1‐4,p. 0051.

[5]　《1938 年 12 月英美烟参与组织满洲烟草公司》,Approval of Company's participation as shareholder in Manchu Leaf Tabacco Company Limited,上海社会科学院经济研究所企业史资料室藏,英美烟公司抄档,(58)13‐C‐4.

多日本人的卷烟不交付任何税，私运到上海。相对的是"外国卷烟制造商，每箱五万支卷烟要交付统税约一百元，日本人逃税后将他们的纸卷烟售与小企业"①。与此同时，日本迅速扩大其在华北的烟草市场。他们打算建立河北烟草公司，预计每年以15亿支的产量生产。此外，日资河北东亚烟草公司则将一家中国的烟草公司——晋华公司纳入附属公司，年产5亿支。在青岛亦规划出一个年产15亿支卷烟的新厂。另在天津和秦皇岛的两家日资企业共年产24亿支卷烟，且即将迈入30亿支的年产量。因此华北的日本工厂不久后即可能有年65亿支的生产量，而华北每年的卷烟消费量约为350亿支。虽然英美烟公司在华北尚占有绝大市场，但在长期竞争中，显然仍有一定压力。②

1939年11月，华北《日本星期周报》（*The Japan News Week*）的编辑 W. R. Wills 从日人筑井健仁（Kenjin Chikui，或译"筑井贤人"）处得知一份极机密讯息，日本军方正拉拢英国怡和洋行（Jardine，Matheson & Co.）和日本数家公司签署一项"联合贸易公司"（Joint Trading Corporation）的合同。数家日本公司中最有名的当属王子制纸公司（Oji Paper Company）。③ 这份合同首先是由日本军方南京当局所拟定，据悉出自冈田（Okada）少佐和宇都宫（Utsunomiya）两人之手。《日本星期周报》前任职员 Redmond 居间联系，由他引介筑井和怡和洋行经理 Keswick 认识。而怡和洋行对此事颇为犹豫，他们非常企盼美国大企业能加入此一联合贸易公司，特别是英美烟公司，还有美孚石油公司。④

这数家公司中，英国怡和洋行为老字号跨国集团。英美烟及美孚为美国在华最大的两家跨国公司。日本王子制纸公司成立于1873年，初名为"抄抵会社"。1893年，以创业地（东京府下王子村）冠名，改称为"王子制纸"。

---

① 上海社会科学院经济研究所编：《英美烟公司在华企业资料汇编》，北京，中华书局，1983年，第475页。

② 上海社会科学院经济研究所编：《英美烟公司在华企业资料汇编》，北京，中华书局，1983年，第476页。

③ "The Ambassador in Japan (Joseph C. Grew) to the Secretary of State, Dec. 2, 1939", U.S. Department of State, *Internal Affairs*, No. 893.5034/381, Washington, D.C.: United States National Archives.

④ "Memorandum of Conversation Nov. 28, 1939, Between Mr. Wills and the American Ambassdor", U.S. Department of State, *Internal Affairs*, Enclosure in No. 893.5034/381, Washington, D.C.: United States National Archives.

1933年,与富士制纸及桦太工业合并,成为占日本机制纸总产量80％的公司。业务涵盖范围广泛,包括丝绵日货、机器、烟草、石油、纸业等商品交易,不一而足。此一合作契约一旦成立,无疑会对华北经贸物流市场造成绝大的影响。

怡和洋行希望这项合同有美方加入的理由有二:第一,万一未来英国陷入欧战泥沼,这项联合公司的外人利益能有美国的支持。第二,万一上述情况发生,则怡和洋行的财产,例如轮船、船坞等可租给美国人。为求谨慎,这项合约系通过怡和洋行转达,日方尚未和任何一家美国公司直接联系,直到这项合约得以公开或为美国国务院所同意。这项由日本军方授意起草的合约,涵盖华北五个省份。由于传闻"汪精卫政权"即将于次年1月成立,宇都宫表示"汪政权"成立后,联合贸易公司的合同可立即生效。合同一旦签订,南京方面会马上停止在中国占领区的反英风潮。日本显然也有意以此为诱饵,争取怡和洋行的加入。[①]

这项合作提议,名义上系为促进华北经济发展所展开的一项中(日)、美、英的合作计划。总裁由日人出任,副总裁由外人(英美)出任,在管理上给予英美商人相对副手的地位,而在资本和获利方面亦提出相对的保障。重点如下:

(1) 合资公司的总部设于天津,支部可能在青岛、北平、东京和上海。

(2) 合资公司为1 000万联合准备银行货币资本额的有限公司,由中日占一半,外国占一半。

(3) 中日一方所占资本为当地货币,英美一方所占资本为英镑或美元或财产;中日资本额系存放在中日银行,而外国资本则存放在外国银行。

(4) 公司董事会(Board of Directors)组成分子为,总裁一位由日人出任,副总裁一人由外人出任。执行董事二位,日人和外人各半。六位常任董事和二位公证人,日人和外人各半。

(5) 在获利方面,红利不应超过本金的10％,其余额应作为储备金之用。红利在外国一方以外汇计算,日本当局全力支持外汇市场的运作。

(6) 两方同意尽力合作。英(美)一方同意在组织和资产上尽力投注此

---

① "Memorandum of Conversation, Nov. 28, 1939, Between Mr. Wills of *Japan News Week*, Tokyo, and the American Ambassador, Mr. Grew. Nov. 28, 1939", U.S. Department of State, *Internal Affairs*, No. 893.5034/381, Washington, D.C.: United States National Archives.

一新公司,而日本一方则允诺将争取日本当局的协助,以促进此一新公司带动华北的经济。①

为确定这项消息来源的可靠性,美国国务院远东事务司向英方求证,并探寻英国的态度。英国驻东京大使克雷格(Robert Craigie)给美国国务院的回函相当谨慎,表示无法得知最近的讯息,但早在去年(1939 年)10 月,上海怡和洋行即抵抗日本军方强迫其合作的要求。当时英国驻东京大使和英国驻上海使领馆都认为合作的时机"不成熟,且是个轻率的提议"(premature and ill-advice),使领馆已尽其所能和怡和洋行沟通过,而这些公司当然仍可采取某种他们认为合宜的措施。他个人同时表示对筑井印象不佳,这个消息来源应谨慎对待。② 美国远东事务司司长项贝克则表示需掌握关于该筑井和该合作计划更详尽的情报,在局势未明朗化之前,美国政府不宜有任何表示。③

关于这项拟议中的"联合贸易公司"计划,美国政府没有表示肯定意见,而英美烟公司对于这样的组合也心存疑虑,采取观望态度。这项提议最后未能成局。英美烟公司在华北的业务持续恶化。据青岛美国商会的报告,1940年 2 月在所有 65 000 000 磅烟叶的收成中,预估有 15 000 000～20 000 000磅烟草未销售出,仍在制造商手中;意即所有收成的 70% 已被购买,实际上它是由日本获利,因为所有的中国买主全是由日本军方所支配。烟草的价格为每磅 72 分,预计农历年后将涨到每磅 80 分以上,而在中日战争之前,华北地域烟叶的平均价格仅为每磅 17 分。在华北地区购买烟草还遭逢另一大困难,即缺少铁路货运,无法将烟草送到青岛或其他地区再次烘干,中国买主和外国买主都面临无车可用的困境。而如上所言,铁路运输亦为日本军方所掌控,春天以后天气转暖,烟草如无法运送出去再次烘干,很快就会坏掉,将造

①　拟议中的合同草文见"Tentative Draft of the Articles of the Joint Trading Corporation", in the enclosure of "The Ambassador in Japan (Joseph C. Grew) to the Secretary of State, Dec. 1, 1939", U.S. Department of State, *Internal Affairs*, No. 893.5034/381, Washington, D.C.: United States National Archives.

②　"The British Ambassador in Tokyo, Sir Robert Craigie to the American Ambassador, Mr. Grew. Very Confidential, Dec. 1, 1939", U.S. Department of State, *Internal Affairs*, No. 893. 5034/381,Washington, D.C.: United States National Archives.

③　"The Division of Far Eastern Affair, Comment, Jan. 30, 1940", U.S. Department of State, *Internal Affairs*, No. 893.5034/381,Washington, D.C.: United States National Archives.

成英美烟公司不小的损失。[①]

鉴于烟叶价格的持续飙涨,1940 年 3 月日本当局宣称之前和日本签订的内地烟叶交易的协议将于该月 25 日起取消,所有的买主被授意关闭销售点。消息一公布,华北农民即抛售更多的烟叶,买主便抓紧机会降低内地的烟草价格。此一情况显示日本当局已完全掌控华北地区的烟草买主、农民和烟叶市场。[②] 不唯如此,6 月,一名颐中烟草公司的管理人(supervisor) S. J. Kuh 被日本军方扣留两星期之久,理由是个人资金和公司资金的来源交代不清。然实情不免令人疑窦。这个消息在青岛美国商会的报告中被披露出来,受到华北美商的重视。[③]

1940 年 7 月 26 日,日本在华北恢复实施许可证制度,凡从"国外"(包括日本、第三国以及伪满洲等)进口商品,进口商不得以法币或其他货币直接支付,必须从"联合准备银行"买进外汇支付,且该项买进的外汇又必须以出口比该项外汇价高出 10% 的商品来抵偿,方能获得"联合准备银行"准予输入物资的"许可证",才准输入物资。[④] 为了控制货物不致运入内地和防止货品到达敌区,日本方面组织一个协会,所有的卷烟必须通过该协会进行交易;协会一旦组成,除了该协会外,其他一律不发给许可证。显然此一许可证制度是要垄断卷烟销售以谋取利益。实施制度之初,日本军方即邀请颐中公司加入这一协会组织。然而,颐中公司认为该公司有权在交付统税后自由进行贸易,因此不同意加入协会:"这样做意味着我们将服从该公司的规章制度,其结果,我们对自己的组织将全部失去控制,因此我们不能同意参加该组合。"[⑤]然而,不加入协会的结果是,不到半年的时间里,英美烟公司及其运销

---

①　Tsingtao American Chamber of Commerce, *Biweekly Bulletin*, No. 32, Feb. 22, 1940, pp. 7 - 8,上海市档案馆藏,Q - 459 - 1 - 257, p.162.

②　Tsingtao American Chamber of Commerce, *Biweekly Bulletin*, No.36, Mar. 31, 1940,上海市档案馆藏,Q - 459 - 1 - 257, p. 113.

③　Tsingtao American Chamber of Commerce, *Biweekly Bulletin*, No. 41, July 1, 1940,上海市档案馆藏,Q - 459 - 1 - 257, p.21.

④　居之芬、张利民主编:《日本在华北经济统制掠夺史》,天津,天津古籍出版社,1997 年,第 243 页。

⑤　上海社会科学院经济研究所编:《英美烟公司在华企业资料汇编》,北京,中华书局,1983 年,第 478—479 页。关于许可证制度的态度。

公司颐中公司的货品均无法运送到内地,对其业务造成严重打击。[①] 其业务恶化情况如表5－3所示。

表5－3　英美烟公司及代理商颐中公司之卷烟装运数(支)

年　月	英美烟公司品牌	颐中公司品牌
1939.11—1940.5	256 200 000	1 642 050 000
1940.06—1940.12	2 250 000	313 700 000

资料来源:上海社会科学院经济研究所编:《英美烟公司在华企业资料汇编》,第1册,北京,中华书局,1983年,第481页。

由于货品无法运销到中国内地,英美烟公司不得不填具要求销售货物的"申请书"。到了1941年10月1日,北平中国事务局经济部主管高濑(Takase)致函北平颐中烟草公司,针对该公司要求销售货物的申请书,日方所开列的"批准单"条件如下:

1.该公司必须接受中国事务局推荐之四名顾问。

2.该公司必须同中国事务局协商实行下列销售计划。

(1)总额12 000箱。

(2)分配至下列税务管理区的销售额(含天津、青岛、济南、北京、石家庄、烟台、开封、唐山等区)进行配额销售。

(3)产品购买者的姓名、购买数量和品牌都得事先向中国事务局报告,将根据冻结令发给许可证,上述交易和运输均由"中国事务局"妥为照料。

(4)销售产品的货价收入则需立即存入"联合准备银行",提款时批准整数,事后要向"中国事务局"报告款项用途。[②]

上述日方的"批准单"条件,涉及人事管理、经销、运输等方面,可谓全面掌控英美烟公司在华北的业务,连货价收入亦被日本控制下的北平"中国事

---

① 上海社会科学院经济研究所编:《英美烟公司在华企业资料汇编》,北京,中华书局,1983年,第481页。不只是华北的烟草市场受到日本的全面控制,从上海运销到内地的通路亦然。1940年9月,颐中公司约有价值法币658 000元的卷烟7 000万支,由于无法运到内地,已存放库房数月,再不运出就得全数销毁,因而被迫向日本军方经济局许可证处交涉。交涉约半年仍未有结果。此记载见于1941年1月9日上海花旗烟公司备忘录。该备忘录提到上海许可证制度实施的时间是1940年6月10日,而在6月10日至9月21日之间尚可由日本代理商昭和公司运销少量的货。但此后不论是直接运,还是通过运销公司,即使是日本代理商都不能运任何货到内地。

② 上海社会科学院经济研究所编:《英美烟公司在华企业资料汇编》,北京,中华书局,1983年,第481—482页。

务局"经济部全面监督。如与 1939 年 11 月日方所提议的"联合贸易公司"条件相较,1941 年 10 月的"批准单"足以显见日本在华北全面垄断之优势。

就在 1941 年 10 月日方提出这项条件后不久,颐中公司也已配合实施上述措施,但是华北各分处的业务仍受到阻难,其中最紧急的是一批已在天津完税的两千多箱的卷烟,仍无法获得许可令。颐中公司又和高濑交涉,提到在日方的冻结令之下,该公司填报"联合准备银行"的各项表格,包括运销品牌、经销商、价格等冗长程序,致使该公司业务严重延误,造成巨额损失。他们请求北平"中国事务局"应立即让这批已完税的烟品获得通行,否则这项提议将失效,因为错不在该公司。[①] 然而日方并不予理会。次年 1 月起,日军在华北建立"分销协会"(Distributing Union),入会者才可分配烟草销售额。颐中公司的华北经销商不得不正式加入该协会,由日本军方配给限额经销烟草,至此,颐中公司等于在日军管理下恢复销售业务。[②]

一般学者认为,美国政府对远东问题的态度开始由消极转向积极,关键点在于 1938 年以后日本的南进政策,而不是日本侵略中国。此一观点最早由入江昭在《越过太平洋》一书中提出。入江昭不认为日本侵略中国是太平洋战争的根本原因,而是日本的南进政策导致美日关系的尖锐。对美国人而言,他们将美英安全当作是相互依赖的,日本的扩张意味着最后破坏了英国在亚洲的地位和削弱了英国的安全;而南进政策的高峰点——珍珠港事件,终于迫使美国对日宣战,使得美国将亚洲战争与欧洲战场联系起来,为本身的安全体系而战。[③] 本节的研究亦显示美国政府无视日本在华北地区的经济垄断,对于美商在华北的个别遭遇予以漠视。特别是针对日本继"满洲国"成立后,再一次复制其在东北的军政垄断经验,肆意挑战美国的门户开放政

---

① "YITD Ltd. (颐中公司)To Takase,1941. Oct.(日期不清)",上海社会科学院经济研究所企业史资料室藏,英美烟公司抄档,(55)13B1－4,p. 0110.

② "Memorandum of YITD Ltd.",上海社会科学院经济研究所企业史资料室藏,英美烟公司抄档,(55)13B1－4,p. 0130. "Resumption of Sales,Shanghai,26th Jan.,1942",上海社会科学院经济研究所企业史资料室藏,英美烟公司抄档,(55)13B1－4,p. 0114. 在华中地区,太平洋战争爆发后,日本陆军和海军在上海占领区以强制命令方式,令颐中烟草公司将香烟运交华中烟草公司进行销售,关于运销的细则则根据兴亚院华中办公处的指示进行具体安排。上海社会科学院经济研究所编:《英美烟公司在华企业资料汇编》,北京,中华书局,1983 年,第 487 页。

③ 详见 Akira Iriye, *Across the Pacific*, *An Inner History of American-East Asian Relations*, New York:Harcourt, Brace & World, Inc., 1967, pp. 200－211,第 8 章"走向珍珠港"。

策,美国政府并未做出积极的响应。美国政府在1939年以后面对日本在华北一波波的军事侵略和经济控制措施,所采取的便是废除《日美商约》等经济制裁措施。

然而,美国以经济制裁作为抵制日本在远东扩张的手段,这种做法成效究竟有多大? Waldo Heinrichs研究1939—1941年美国对远东危机的反应,认为1939—1941年美国所采取的对日经济压迫政策,其结果是不明的,包括废除1911年《日美商约》及其后的对日经济制裁政策,采取一系列对日出口的削减计划,直到最后实行禁运石油措施。美国政府谨慎地对日进行经济制裁,但是他们也担心禁运措施将使日本更迫切地想控制荷属东印度公司的石油,因此美国政府决定勿跨过一些门槛。无论如何,禁运措施最后卡在石油问题上,也显现美国政府的软弱,使得经济制裁的路径看似变成一种伎俩。日本仍可以获得废料和较劣质的石油,禁运措施的象征意义较大。[①]

日本方面,面临美国所采取的经济制裁可能造成的冲击,日本政府积极挽救,并通过向来对日本友好的美国驻东京大使格鲁(Joseph C. Grew)居中协调。从1939年秋开始阿部信行(Abe Nobuyuki)内阁试图改善和美国的关系。格鲁和新任外长野村吉三郎(Nomura Kichisaburo)频频接触,提议日本重新开放长江下游的航行,以换取签订新的《日美商约》的谈判。格鲁亦曾敦促美国政府接受这样的条件以使日美关系转向"积极健全的渠道"(a progressively healthy channel)。但华盛顿方面拒绝此一提议。美国国务院给格鲁的指示很清楚,一是美国的国家利益,包括美国的在华权益应获得保障;二是美日关系可在一更广泛的基础上来进行,但不宜就经济和财政的具体项目和日本谈判,以免产生误解。[②] 国务院的基本立场是不就具体项目和日本谈判条件,因为如此一来,可能导致美国在华利益受到更大的伤害。同时美方也怀疑阿部内阁究竟任期有多长以及能否实践此一承诺。果不其然,阿部内

---

① Waldo Heinrichs, "Franklin D. Roosevelt and the Risk of War, 1939 - 1941", in Akira Iriye & Warren I. Cohen (eds.), *American, Chinese, and Japanese Perspectives on Wartime Asia, 1931 - 1949*, Wilmington, Del.: SR Books, pp.154 - 156.

② "The Secretary of State to the Ambassador in Japan (Grew), June 4, 1940", U.S. Department of State, *FRUS*, Vol. Ⅳ, Washington, D. C.: U. S. Government Printing Office, 1940, pp. 344 - 345.

阁于 1940 年 1 月下台,两星期后《日美商约》正式终止。① 直到珍珠港事件发生以前,美日间未再重新订立商约。

《日美商约》的废除,意味着美国政府拟采取进口关税的歧视政策,软性制裁日本。美国进口商乃要求对日本货运采取"货到付款"的自保政策,因为在美日无商约的状态下,美国政府将采取怎样的关税策略犹未可知,所以他们同时要求收货方可以拒收日本货运;而在华美商则进一步要求这项指示应在日本货运公司同意所有货物先不付款的前提下实行,以做到万无一失。青岛美国商会报告如下:

> 鉴于《日美商约》的失效,一家美国大型进口公司指示对所有由日本商船承运的货物务必做到货到付款。装运清单上必须写明"倘若美国政府以日本无商约地位为由,对日本货运的商品采取歧视税率,收货方可以暂时拒收受到歧视税率的货物"。此一指示显示美国商人已经预测到此类歧视对待的税率可能发生。因此**除非**日本货运公司同意所有货物先不付款的做法,否则美国商人可能无法同日方做货运交易,因其将对此地的托运人带来生意上的风险。②

1939—1941 年,美国在华企业面临日本强大的经济垄断,美国国务院虽再三申令门户开放政策的精神,或采取废除《日美商约》和禁运政策等经济制

---

① Waldo Heinrichs, "Franklin D. Roosevelt and the Risk of War, 1939 - 1941", in Akira Iriye & Warren I. Cohen(eds.), *American, Chinese, and Japanese Perspectives on Wartime Asia, 1931 -1949*, Wilmington, Del.:SR Books, pp. 150 - 151. 诚如 Edward M. Bennett 概括,格鲁于驻日大使任内(1932 年 2 月 19 日至 1941 年 12 月 7 日)的对日政策为"和平外交"(Diplomacy of Pacification)。他在任内极力调和美日间的紧张关系,但他的心态是比较同情日本的,在政治手段上也比美国政府的立场更加对日让步。当 1937 年罗斯福在芝加哥发表隔离演说(Quarantine Speech),谴责德、日的侵略行为时,格鲁对美国政府的外交政策持保留态度;后来他反对美国政府以废除《日美商约》及禁运政策,作为经济制裁日本的手段,因此与国务院立场时相冲突。而格鲁则始终为自己的妥协政策辩护,他认为如果美日战争可以避免,主要的原因应是在于美国政府采纳他的主要建议。但后来珍珠港事件发生,美日正式断交,他的任期以美日正式宣战而告终,不免有负其以和平使者(Peacemaker)为信念的历史抱负。详见 Richard Dean Burns & Edward M. Bennett(eds.), *Diplomats in Crisis: United States-Chinese-Japanese Relations, 1911 -1941*,Santa Barbara, Calif.: ABC-Clio, 1974, pp. 65 - 89.

② Tsingtao American Chamber of Commerce, *Biweekly Bulletin*, No. 38, Apr. 30, 1940,上海市档案馆藏,Q - 459 - 1 - 257, pp. 121 - 122.

裁的手段,但对在华企业而言,这些措施对他们是缓不济急,且亦无直接受惠,如何维系中国市场的利益才是最实际的。本节两个个案一为关闭模式,一为从"观望"到"合作"模式。两个个案的形成和处理方式均颇有转折,可看出战时美国企业在华的困境及其伴随着局势演变所实行的变通策略。

美国在华企业一方面要求政府坚持门户开放政策,寻求美国政府的支持,另一方面它们也和日方周旋,试图仍以自己的销售网络保有营运市场。在本节的个案中,1939 年以后英美烟公司在华北的业务受创严重,对于日本所采取的经济控制的形式和协会垄断组织,最早英美烟总公司选择不予形式上的承认,要求美国政府维护其具体利益,甚至不愿加入日方提议的协会组织。及至日本进一步颁布"许可证"特许制度,该公司货品无法运销到中国内地,造成严重滞销,最后英美烟公司不得不让步,甚至主动向日本军方交涉,填具"申请书",要求日方合理解决屯货之损失。据统计,从 1931 年至 1941 年,英美烟公司仍占有中国三分之二的卷烟市场(包括东北)。1931—1940 年,该公司的利润达到 17 860 万美元,这七年间的资金回报比 1935 年所估价的该公司在中国的账面资产总额还多 1 880 万美元。直到 1941 年珍珠港事件爆发后,英美烟公司才终于撤出了它在中国的西方代表,在太平洋战争期间中止在中国的业务。[①] 而大来公司在青岛的木材营运业务从 1939 年市场占有率的 37.4% 到 1940 年市场占有率的 5.8%,最后不得不于 1941 年关闭青岛经销处。另据大来公司的员工回忆,天津大来木行的情况则是一面撤退,一面物色一个代理人。珍珠港事件爆发后,他们不得不让华人员工担任分销处经理,与日方进行交涉,而总公司则在旧金山遥控,改市销为远洋出口。[②] 这些案例,显现出中日战争时期美国在华企业的生存之道相当灵活。

1939 年下半年,由日本军方提出由日本王子制纸公司和怡和洋行、英美烟公司、美孚石油公司等合作的"联合贸易公司"计划,虽未获得回应,但亦可看出日本军方对于英美大型企业的战时策略,即一方面实施经济控制,一方

---

① Sherman Cochran, *Big Business in China: Sino-Foreign Rivalry in the Cigarette Industry, 1890-1930*, Cambridge, Mass: Harvard University Press, 1980, p.199. 陈真编:《中国近代工业史资料》,第 2 卷,北京,三联书店,1957 年,第 94、135 页。汪熙:《从英美烟公司看帝国主义的经济侵略》,《历史研究》1976 年第 4 期,第 85—93 页。

② 阮渭经:《美商大来洋行在中国的掠夺》,全国政协文史委员会辑:《淘金旧梦:在华洋商纪实》,北京,中国文史出版社,2001 年,第 78—96 页。

面则以笼络手段,企图达到双赢目标。及至 1940 年下半年,日本已全面掌控华北政经与运输动脉,美日两国交手之形势和日本军方开列之条件已全然易位。

Lincoln Li 对于 1937—1941 年日本军方在华北的政治活动和经济控制的研究认为,日本私人企业对于华北的煤铁开发是比较存疑的,因为投资金额庞大,风险过巨。日本在华北虽有意仿照东北模式,将其作为日本母国工业的原料地,但并不成功。[①] 本节个案则显示木材运输和烟叶物流的控制可由日本军方直接控管,短期操作即可见成效,不同个案显示战争时期经济占领与政府政策间的复杂面向。例如在石油问题上,由于日本缺乏油源,主要购自美国公司和荷属东印度公司。在美国采取对日禁运石油政策之前,日本石油运销公司和美国的美孚、德士谷公司在中国东北和华北激烈抢夺市场,其形成的诡谲画面则是日本油商向美国买油,然后到中国市场将美国石油排挤出去。石油为战时飞机、装甲车等军需重要燃料,不同于英美烟公司和大来的个案,随着战争情势的紧张,美国这两家石油公司对美国远东政策的影响力愈大。太平洋战争爆发后中美同盟关系正式形成,石油能源成为另一种作战策略,如何以石油战争策略来抵制日本,成为中美战时合作的重要议程。[②]

第四节　战时同盟与国共内战时期的中美关系

1941 年 12 月 7 日珍珠港事件爆发,美国对日宣战。次年 1 月 1 日,中、美、英、苏共同领衔发表了《联合国家宣言》,标志着世界反法西斯同盟的正式形成。由于美国的积极策动,中国得以跻身四强之一签署共同宣言。在征得

[①]　Lincoln Li, *The Japanese Army in North China*, *1937 – 41*: *Problems of Political and Economic Control*, London: Oxford University Press, 1976, pp. 122 – 153.

[②]　Irvine H. Anderson, Jr., *The Standard-Vacuum Oil Company and United States East Asian Policy*, *1933 – 1941*, Princeton, New Jersey: Princeton University Press, 1975, pp. 71 – 104. Wu Lin-chun(吴翎君), "One Drop of Oil, One Drop of Blood: The United States and the Petroleum Problem in Wartime China, 1937 – 1945", *Journal of American-East Asian Relations*, 19 (2012), pp. 1 – 26.

英、苏政府的同意后，美国罗斯福总统致电蒋介石，建议成立中国战区，由蒋介石"担负起指挥现在或将来在中国战区作战的联合国家军队之责"。1月2日，蒋介石致电罗斯福正式接受中国战区统帅一职。四强地位的确立和中国战区的成立使中国获得了近代以来从未有过的国际地位。

关于太平洋战争时期的中美关系，如同多数史家所认为的那样，史迪威事件为此一时期中美关系的缩影，且长期以来受到学者的瞩目。西方学界对此一事件的研究成果众多，包括：20 世纪 50 年代赫伯特·菲斯（Herbert Feis）的《中国的纷乱：从珍珠港事变到马歇尔使华期间美国人在中国的努力》（The China Tangle：The American Effort in China from Pearl Harbor to the Marshall Mission，Princeton，New Jersey：Princeton University Press，1953），Charles F. Romanus 和 Riley Sunderland 的《史迪威使华任务》（Stilwell's Mission to China，Office of the Chief of Military History，Dept. of the Army，1953）和《史迪威指挥权问题》（Stilwell's Command Problems，Office of the Chief of Military History，Dept. of the Army，1956），20 世纪 70 年代的巴巴拉·塔克曼（Barbara W. Tuchman）的《史迪威与美国人在华经验》（Sand Against the Wind：Stilwell and the American Experience in China，1911‑45，New York：Macmillan，1971），以及晚近 David Rooney，Stilwell the Patriot：Vinegar Joe，the Brits and Chiang Kai-Shek（London：Greenhill Books；Mechanicsburg，PA：Stackpole Books，2005）。西方学界普遍认为蒋介石是软弱的，国军是无组织的，美国的参战保证了同盟国的最后胜利，因此国民政府准备坐待胜利；美国人全神贯注于打败法西斯，使得他们忽略了在中国革命中增长的分裂，甚至蒋介石似乎越来越把共产党而不是日本人当作他的权力的主要威胁。史迪威对蒋介石军队的态度，与第一次世界大战时期德国将军鲁登道夫（Erich Luddendorf）对奥地利战斗力的经典论断相似："我们是同僵尸结盟（We are allied to a corpse）。"[①]

历来西方史学界对于史迪威的立场都给予充分阐述和高度肯定，但对蒋

---

① Joseph W. Stilwell, The Stilwell Papers, New York：W. Sloane Associates，1948.转引自 Ernest R. May & James C. Thomson Jr.（eds.），American-East Asian Relations：A Survey，Cambridge，Mass.：Harvard University Press，1972，pp. 320‑321.

介石的立场却没有给予同等的重视。特别是有些著作几乎完全不提蒋介石对二次缅甸战争的想法和感受,此实为重大之缺失。拉纳米特(Rona Mitter)的《被遗忘的盟邦——中国的第二次大战,1937—1945》(*Forgotten Ally:China's World War Ⅱ*,1937 - 1945)则认为西方学界过去没有承认中国对第二次世界大战的贡献。该书将中国战场的故事和事件置于全球视野,认为其不仅是政府屡次的抗日战争,更是全民的抗日战争,并将欧洲战场和中国战场做同时空的比对和交叉论述。全书分为四部分:迈向战争、灾难、独立抗战和致命的盟邦。作者以深入浅出的书写方式意图扭转西方过去对中国八年抗战历史的漠视。[①] 中文学界早期梁敬錞所著《史迪威事件》(台北:商务印书馆,1971),因受限于资料及时空背景,有所不足。大陆较新著作则有陶文钊主编《战时美国对华政策》(收入《反法西斯战争时期的中国与世界研究:战时英国对华政策》第 6 卷,武汉:武汉大学出版社,2010)。最重要的中文学术专书则为齐锡生所著《剑拔弩张的盟友:太平洋战争期间的中美军事合作关系,1941—1945》(台北:联经出版公司,2011)。该书运用了大量中英文档案资料,包括新近开放的英美政府档案和蒋介石日记等文件,从史料基础和研究观点上,全面检验了过去历史论著的正确性,特别是针对中国战区的地位和对蒋介石定型化的观点,提出不同的看法。齐著从大量蒋介石日记中探析蒋对英美同盟国家的感受,重探史迪威事件的各种成因,并以多元视角、多国档案,具体分析太平洋战争时期的中国与盟邦国家之间的合作与矛盾。

至于战后美国与国共关系的研究,中英文著作的研究成果至为丰富。[②]迄今最重要且最具影响力的著作,应仍属邹谠(Tang Tsou)于 1963 年的名著《美国在中国的失败》(*American Failure in China*)。"失败"一词指的是美国拒绝对蒋介石施行种种压力策略或"相等补偿策略"(Quid Pro Quo Policy),以致无法达成罗斯福在太平洋战争爆发后将中国扶植为"强大、统一、民主的大国"的目标;美国对共产党意识形态认识不清,致使在支持国民

---

① Rona Mitter, *Forgotten Ally:China's World War Ⅱ*, *1937 - 1945*, Boston:Houghton Mifflin Harcourt; London:Allen lane, 2013.

② 中文学界则有牛军:《内战前夕:美国调处国共矛盾始末 》,台北,巴比伦出版社,1993 年。杨奎松:《中共与莫斯科的关系,1920—1960》,台北,东大图书公司,1997 年。后者运用莫斯科档案重探从共产国际成立以来以迄 1960 年的中苏关系,有助于对中美关系另一侧面的理解。

党或共产党的政策上首鼠两端,进而放任蒋介石的个人独裁及国民党的腐败,以致失去改造中国的机会,使得美国的伟大战略理想难以实现。"美国既不愿意劝说蒋介石进行国民党政府生存所必需的改革,也不愿意帮助形成一种新的政治力量来取代它",终以对华政策的困境和彻底失败而退出中国。①

本节主要归纳前人研究之主要结果,探讨两大主题:第一,太平洋战争时期中美关系的缩影——史迪威事件;第二,美国与国共内战之调停。

一、太平洋战争时期中美关系的缩影——史迪威事件

齐锡生依据《蒋介石日记(手稿本)》分析蒋对珍珠港事件的反应,并非如同过去美国政府一些官员(或一些学者)所认为蒋介石有大舒口气的想法,以为从此以后中国无须认真作战。齐著认为蒋在珍珠港事件前后的外交策略相当谨慎,1940年底以前曾沙盘推演过各种国际局势变化和中国的对策。蒋认为中国最坏的出路是与日本媾和,此外,即使在西方与轴心国之间发生战事时,中国应该先观察局势的变化,无必要仓促做出选边决定。蒋当时最在乎的是苏联的态度,认为苏联是最有价值的盟邦,也最希望日苏之间能够开战。在这种情形下,如果中国贸然去参加西方阵营的话,只会增加苏联和日本联手欺压中国的风险。因此蒋介石提醒自己,在苏联表态之前,中国务必置身于西方与轴心国的战争之外,等到情况明朗之后,中国再决定是否加入西方同盟。突然爆发的珍珠港事件,让西方国家和蒋介石都处在极大的压力下,两者都须马上做出对轴心国家宣战的决定,但蒋依旧最关心苏联是否会对日本宣战。因此,他认为主张中国领袖在1941年12月想搭美国顺风车、妄图不战而获的想法是不熟悉中国官方的思路。珍珠港事件的后果,是让蒋介石有了信心,认为他自己先前向西方所提出的日本侵略威胁警告,证明果然是正确的。因此他也认为,在新的同盟架构内,中国当然应该获得更多的发言权才对。就蒋看来,西方海军的惨重损失正充分暴露出它们因为忽视中国的警告而自食恶果,因此,盟国应该加紧建立在远东的防务部。至于中国能够对同盟国做出的贡献,则包括两大项:(1)加强盟邦组织联系;

---

① Tang Tsou, *America's Failure in China, 1941-50*, Chicago:University of Chicago Press, 1963, pp. 90-91.

(2) 提供中国军队参战。为了加紧盟邦合作的步调,蒋介石决定邀请英美军事领袖到重庆会商。^① 当时中国政府表示愿意提供两个军的陆军去协防缅北,英国却一口拒绝。蒋在日记中发泄对英国人的愤恨:"英人之盗行与自私,实驾于德倭而上之,其蔑视中国,贱视有色人种更甚。"在同盟国领袖之中,蒋介石对罗斯福最具好感而且心存感激。但是这些感情很快就因盟国对中国的歧视和排挤而受到干扰。珍珠港事件爆发之初,蒋介石感受到英美对中国的倨傲轻视,在给罗斯福的电文中(1942 年 4 月 19 日),蒋曾明白指出盟邦关系中最令人无法容忍的就是白种人的种族优越感。^② 战争一开始就让许多新冲突变得尖锐化,让中国对西方国家的反感程度超过了珍珠港事件之前。可惜的是,不少现有的著作很详细地交代了战争后期盟邦关系的紧张,却忽略了开战初期所种下的冲突种子。因而,齐锡生认为盟邦在太平洋战争初期的感受大大地影响了日后的互动关系。

由于中美两国对对方在战争中的作用有着不同的看法,因此在共同抗击日本法西斯的同时,双边关系中又存在着矛盾,有时甚至激化成冲突。这些矛盾和冲突的焦点人物就是战时美军在华最高指挥官史迪威。

蒋介石与史迪威之间的关系非常复杂,摩擦原因起自他们两人之间不同的个性、文化和教育背景、战略观点以及对于中国共产党的认知落差。另一方面,因为国情不同,造成对于某些国际重要外交事务的表达方式,双方不易彼此适应,以致产生误解。

史迪威毕业于西点军校,在华拥有相当丰富的工作与学习经验。1919年任北京美军语言教官,学习中文。此后又曾被派往北京充美军语言教官。1926 年至 1929 年期间任驻天津美军第十五步兵团营长及参谋。1935 年至1939 年任驻华大使馆军事参赞。1942 年史迪威赴中国战时首都重庆,任同盟国中国、缅甸、印度战区总参谋长,兼任驻华军事代表。(原先华府属意由一次世界大战的猛将段澜〔Hugh Drum〕中将出任中国战区参谋长,后因故改派史迪威。)

---

① 齐锡生:《剑拔弩张的盟友:太平洋战争期间的中美军事合作关系,1941—1945》,台北,联经出版公司,2011 年,第 12—16 页。

② 《蒋介石日记(手稿本)》,1941 年 12 月 25 日,转引见齐锡生《剑拔弩张的盟友:太平洋战争期间的中美军事合作关系,1941—1945》,台北,联经出版公司,2011 年,第 19、28 页。

史迪威抵华之前,史汀文生部长在 1942 年 1 月 29 日交给宋子文的函件中指出,美军代表的职权有如下三项:(1) 办理并监督美国一切对华军援事宜;(2) 代表美国政府参加在华一切国际军事会议与担任蒋委员长统辖之下的参谋长;(3) 改良、维持及管理中国境内滇缅公路之运输事宜。宋子文在华盛顿担任蒋介石的特别代表,与美军部讨论史迪威来华的使命以及其与中国政府的关系。他未经蒋介石之同意即认同美军部上述三大声明。1 月 29 日,美军部曾给予宋子文特使相关之报告,宋当时并未对蒋介石做详细的报告解释。而此事直到后来中美双方对于史迪威的职权、地位产生不同的解释,进而产生争论时,中国才知晓。① 蒋介石当初给予宋子文的指示是要求美国派遣来华的这位军事代表隶属于中国战区;而参谋长就是部属的地位,必须接受最高统帅蒋委员长的指挥。② 蒋介石的动机是要在中国战区建立一个中央指挥系统,以免中美官员因职权、地位等混淆不清的问题争论。但是在华盛顿的宋子文显然并未将蒋介石此项要求转告美方。

蒋史之间的最初争端亦即源自美方给予史迪威之主要职务。不仅充当统率中国、缅甸和印度等地的中国战区参谋长,同时兼任美国在华军事代表,史迪威是以此种双重身份被派遣来华的,以促进美国援助中国政府对日抗战以及改良中国军队的作战能力。依照蒋介石的说法,当史迪威和蒋介石会面时,他唯一的身份只是中国战区联军参谋长;当史迪威选择以其美国代表身份和中国政府交往时,则他将受到中方对等单位的接待(比如:外交部或是陆军部),而不能同时享有联军参谋长所专有的待遇。蒋介石特别感到不满的是,史迪威始终坚持只用"美国陆军中将"的名义签署一切呈送蒋介石的文件,好像他不是蒋介石的军事部属一般。③

1942 年 3 月初,史迪威来到中国。蒋介石立即授权他赴缅甸指挥中国远征军,希望他能协调中英军队共同对日作战。临行前,蒋介石告诉史迪威,

---

① 秦孝仪主编:《中华民国重要史料初编——对日抗战时期第三编战时外交(三)》,台北,中国国民党中央委员会党史委员会,1981 年,第 114—115 页。邵宗海:《美国介入国共和谈之角色》,台北,五南图书文化有限公司,1995 年,第 21 页。

② 秦孝仪主编:《中华民国重要史料初编——对日抗战时期第三编战时外交(三)》,台北,中国国民党中央委员会党史委员会,1981 年,第 114 页。

③ 《蒋介石在重庆接见居里先生续论克复缅甸之攻势计划及史迪威将军之地位问题谈话记录》,1942 年 7 月 29 日,秦孝仪主编:《中华民国重要史料初编——对日抗战时期第三编战时外交(一)》,台北,中国国民党中央委员会党史委员会,1981 年,第 662—667 页。

缅战对中国局势十分重要,"其胜败之机,不独以决定全部军心之振颓,且足以影响全国人民之心理",故"能胜不能败",应持保守战略。[1] 但史迪威入缅后,根据敌我双方的力量对比和缅甸的战略地位,制定了夺取仰光的积极作战计划。因与蒋介石原定方针相左,史迪威的指挥处处受到干扰,他因而恼怒地认为自己是一个"受捉弄的愚人"。由于英方出于维护殖民利益的自私考虑延误了战机,又由于作战中中英军队缺少联系和配合,第一次缅甸战役最终以盟军惨败告终。5月上旬,史迪威率领部分远征军穿越人迹罕至的密林野谷撤往印度。蒋介石和史迪威都认为对方应承担这次失败的责任。其实,他们两人在缅战方针上的分歧反映了中美双方不同的对日作战观念。而史迪威未经蒋介石的准许,擅自离缅入印,这种举动显示出他疏忽军纪。梁敬錞即认为史迪威之不能见重于委员长源自于此。[2]

6月,史迪威从印度飞返重庆后不久,紧急部署在远东的美国第10航空队调往中东。于是,蒋介石再次将对美国的不满转化为对史迪威的不满,认为这是史迪威没有向华盛顿如实报告中国战区情况所致。7月1日,蒋介石命史迪威从其支配下的租借物资中调拨两架运输机给中国航空委员会,遭到史迪威的拒绝。蒋介石因失面子而大为恼火,表示对史迪威完全失望,希望美国能将其"自动召回"。[3] 蒋介石与史迪威之间的关系出现第一次危机。为此,居里(Lauchlin Currie)奉罗斯福之命专程来华进行斡旋。在与居里会谈中,蒋介石强调关键是史迪威必须摆正与他本人的关系,服从他的命令,这是中国"应接之礼节"。参加会谈的宋美龄在一旁特地指出,"此实为应对得宜之问题"。[4] 表面上,蒋史之争似乎是一个礼节问题,但实质上却是,蒋介石对美国的远东军事战略和援华现状有所不满,而碍于美国在盟国中的地位不便直陈于美国首脑之前,于是史迪威就成了他发泄对美国不满的对象。中美间的这次危机在居里代表罗斯福对蒋介石进行安抚后平息了,但矛盾并没

　　① 秦孝仪主编:《蒋公思想言论总集》,第 38 卷,台北,中国国民党中央委员会党史委员会,1984 年,第 144 页。

　　② 梁敬錞:《史迪威事件》,台北,商务印书馆,1971 年,第 43 页。

　　③ 秦孝仪主编:《中华民国重要史料初编——对日抗战时期第三编战时外交(三)》,台北,中国国民党中央委员会党史委员会,1981 年,第 611 页。

　　④ 秦孝仪主编:《中华民国重要史料初编——对日抗战时期第三编战时外交(一)》,台北,中国国民党中央委员会党史委员会,1981 年,第 671 页。

有解决。

史迪威返回重庆后不久,制订了中国战区的全盘作战方案。这个方案包括两个方面:(1) 收复缅甸,打通美国向中国提供物资的运输线;(2) 按美国方式整编中国军队,使其担负起在亚洲大陆对日作战的任务。对史迪威方案的第一点,蒋介石当然赞成,因为争取美援正是他此时对美外交的一个重点。但第一次缅战的失利使他在军事上持更保守的态度,要求美英都要派军队参战。然而,英国对收复缅甸不感兴趣,不愿提供蒋介石所要求的海空支持力量。蒋介石对史迪威收复缅甸计划的态度因此趋于消极。对整编中国军队的计划,蒋介石的态度颇为复杂。他希望自己的军队能得到美国装备,以增强对日作战能力和在战后国内斗争中的力量,但他对部队的指挥权十分敏感。史迪威打算在受整编部队的团以上各级指挥机构中设立美国顾问,这一做法犯了蒋介石的大忌,从而影响了他对史迪威整个作战计划的看法。①

美国在太平洋的战事暂居优势,给予美国军事决策者莫大的鼓舞。1942年6月初中途岛(Midway)战役胜利之后不久,美国即欲采取更具攻击性的作战行动。8月11日,罗斯福总统的白宫幕僚长海军上将雷尹西(William D. Leahy)要求美英联席参谋首长(CCS)提出关于恢复缅甸交通线的精确作战行动计划,同时美国海军部也赞成联军积极主动地攻击缅甸,以支持太平洋海军作战的战略。美国作战署也向美英联席参谋首长提议,于雨季结束后,约在1942年10月至1943年5月之间,考虑对日军用兵,以收复缅甸,并希望美英联席参谋首长能够接受此一提议。美国联合参谋首长(JCS)于9月19日请史迪威告诉蒋介石,联合参谋首长正在研究如何收复缅甸以及打通缅甸交通路线的战略计划。

1942年11月3日,史迪威返回重庆晤蒋介石、蒋夫人以及宋子文等三人,报告其在印商谈结果。当时,蒋介石告诉史迪威,如海空军实力不能充分准备,则他不愿派令一兵一卒参加此次收复缅甸的战役,因不能再受第二次之挫败。② 华盛顿方面极为重视蒋介石之去电,罗斯福总统立刻做出反应。

---

① 参考胡礼忠、金光耀、顾关林《从望厦条约到克林顿访华》,福州,福建人民出版社,1996年,第266—268页。

② Charles F. Romanus & Riley Sunderland, *Stilwell's Mission to China*, Office of the Chief of Military History, Dept. of the Army, 1953, pp.222-223.

1943 年 1 月 2 日,经由史迪威,罗斯福传达了一份措辞强烈、深含意义的讯息给蒋介石。罗斯福告知蒋介石,打通滇缅公路比收复全缅更重要,并且罗斯福同意在最短的时间内对联军最高当局清楚地说明全力打通滇缅公路的急迫性,不能有任何延误。但是,英国并没有视收复缅甸为其第一优先的政策。英国坚持无法派遣英国舰队到孟加拉湾援助中国作战,因为连英国海军在太平洋上都尚欠缺驱逐舰,无法承担护航其他弱小战舰的任务。[①]

蒋介石认为英国仅拨出三师参战,数量实在太少。英军数量少又无海军支持,而且只限于对北缅作战等,因此,蒋介石最后决定,如果英国皇家海军不能控制住孟加拉湾,那么只好将缅甸战役延缓几个月,甚至等到下个秋季雨季结束,不应再冒险进攻北缅。对于蒋介石取消第二次缅甸战役的决定,史迪威是第一位私下表示愤怒的人。他在 1 月 8 日的日记上,曾把这一天标为"黑色的星期五"。[②]

齐锡生认为美国军部进行第二次缅甸战争,其背后的出发点就是要让中国政府继续相信,解决中国物资匮乏危机的唯一途径就是必须重开缅甸公路,而且要让中国派遣庞大的部队参战,担负主要甚至全部责任,但是此中自有其不可向中国人透露的奥秘,亦即美国军方隐瞒有关驼峰运输量的实情。虽然说如此便让英国人失去了取消缅甸战争的借口,但实际上却是重重处罚了中国,使它每个月少得到 10 000 吨援助物资。美国军方对发动第二次缅甸战争的考虑超过史迪威个人的动机,但是两者却不谋而合。因此,齐不同意史迪威自认为是第二次缅甸战争的倡议人和设计人的说法。"史迪威既不是缅甸战争计划(大主意)的创始人,也不是该计划自始至终最执着的推动者。"史迪威一方面诚心诚意相信缅甸战争是唯一可以帮助中国建立强大军事力量、打败日本的方法,但是另一方面也有强烈的决心要洗刷自己被日本人打败的个人污点。[③] 齐锡生同时也不支持史迪威指责蒋介石是战争的主

①　Charles F. Romanus & Riley Sunderland, *Stilwell's Mission to China*, Office of the Chief of Military History, Dep. of the Army, 1953, p.259.

②　Charles F. Romanus & Riley Sunderland, *Stilwell's Mission to China*, Office of the Chief of Military History, Dep. of the Army, 1953, p. 262.邵宗海:《美国介入国共和谈之角色》,台北,五南图书文化有限公司,1995 年,第 37—38 页。

③　齐锡生:《剑拔弩张的盟友:太平洋战争期间的中美军事合作关系,1941—1945》,台北,联经出版公司,2011 年,第 391 页。

要绊脚石的说法。因为事实上,中国对于第二次缅甸战争的关注,早在第一次战争尚未结束之前就已经开始,且中国政府立场始终一致,那就是,三个同盟国都应该各自履行承诺,务求如期开战。实际上,蒋介石之所以强烈希望缅甸战争能够按时展开,主要原因是他非常担心中国国内的情势。蒋介石在1943年底的判断是,中国无论在军事上还是经济上都将难以挨过1944年。如果想不出办法因应巨大的国内压力,他的政权有可能面临全面崩溃。而解除中国内部困境的上上之策,则是重新开通国际交通线,尤其是占领仰光。值得指出的是,这也正与日军1944年对华谋略的大构想相吻合,并非蒋介石危言耸听。纵使如此,蒋介石仍然没有能力拒绝罗斯福对于延期的要求。[①]

中国为缅甸战争付出的代价,远远超过在缅甸当地战场上中国将士的伤亡数字。因为蒋介石的让步,虽然使得同盟国可以在缅甸赢得重大军事胜利,但是也让日本在中国本土进行的"一号作战"得以横行无阻,大幅扩大了它对中国政治和军事的破坏性。蒋介石其实早就看到这两者之间可能发生的因果关系,而这也是他不愿意加入一个准备不足的缅甸战争的重要原因。缅甸战争是亚洲的第二战场,它在基本战略原则上和欧洲第二战场的情形恰恰相反。在欧洲战场上,英美两国决定开辟第二个战场的目的,是要舒缓德军在东战场对苏联红军所施加的压力。但是在亚洲,英美两国却对中国施加极端的压力,把它的军队分割使用,进行两地作战。亚洲的第二战场不但没有减轻日军在中国境内的压力,反而使之更为加剧。第二次缅甸战争终于在1944年春天发动,当时中国正被日军"一号作战"打得体无完肤,仅是指望把物资经由缅甸送进中国已经不能救燃眉之急。中国真正需要的是如何避免全盘瓦解。因为假如中国果真不幸瓦解了,那么美国的物资援助根本无处可送,但是英美两国对于这么简单的道理却无动于衷,它们依然决定在缅甸北部发动战争,因为只有这样才能解救美国在太平洋地区的燃眉之急。[②]

至于中美在《租借法案》上的争端,则可先回顾中国战区存在的种种问题:

---

① 齐锡生:《剑拔弩张的盟友:太平洋战争期间的中美军事合作关系,1941—1945》,台北,联经出版公司,2011年,第309—314、381页。

② 齐锡生:《剑拔弩张的盟友:太平洋战争期间的中美军事合作关系,1941—1945》,台北,联经出版公司,2011年,第409、443页。

（1）缅战失败后，美国《租借法案》的援华物资须仰赖空运，经由印度运输至中国。但是，以空运运输的《租借法案》的物资，效果不佳。又罗斯福总统已同意，欲迅速给予中国轰炸机以及运输机，共计456架。但是直至1942年6月17日，中国手中只有5架运输机而已。至于空运吨数，5月份只有80吨，6月份106吨，7月份731吨。此外，中国战区所需要的物资被军需品分配委员会（Munitions Assignments Committee，MAC）列为第3级及最后使用权。对于这种不平等的待遇，中国政府也毫无掩饰地表示不满。

（2）战争期间，军需品分配委员会对中国来说是相当重要的，但是中国却无代表参加该委员会。军需品分配委员会隶属于美英参谋首长联席会议，中国因非美英参谋首长联席会议的会员而无法参加军需品分配委员会。

直至1942年4月19日，蒋介石再度诚恳地向美英参谋首长联席会议说明中国对日作战的重要性，请求准予中国入会。然而，美英参谋首长联席会议虽知中国对日作战的重要性，却仍然婉拒中国入会。中国被拒加入美英参谋首长联席会议，主要的原因系美英参谋首长联席会议的会员共同规定：凡属该理事会成员必须负担生产军需品之费用，而理事会的功能即是分配军需品给各会员国。因此，美英参谋首长联席会议认为中国对于美英合资的军需品，未能捐献或出资，仅欲多分一些军需品，所以拒绝中国入会。[1]

引发蒋介石与史迪威冲突的导火线，系6月26日宋子文获悉《租借法案》援助中国的军需品，华府欲延迟至1942年7月才装运。宋子文对于此事，强烈表示不满，并有意辞职谢罪。美国减少供应《租借法案》的援华物资，系在第一次缅战大败期间以及日本开始大规模进军浙江时，当时，的确对中国造成很大的困扰。6月20日，史迪威也曾向美军部报告说，空军《租借法案》的援华物资给予中国，达不到中国要求数量的十分之一。军需品分配委员会虽知道中国应该分配有45 000吨物资，但却只核准数百吨军需品于未来数月运交给中国。[2]

此外，由于盟军未经蒋介石的同意，就任意把隶属中国战区的美国第10

---

① 参考邵宗海《美国介入国共和谈之角色》，台北，五南图书文化有限公司，1995年，第41—42页。Charles F. Romanus & Riley Sunderland, *Stilwell's Mission to China*, Office of the Chief of Military History, Dept. of the Army, 1953, pp.158-167.

② 邵宗海：《美国介入国共和谈之角色》，台北，五南图书文化有限公司，1995年，第45页。

联队空军改调中东,以及军需品分配委员会主席在7月份断然拒绝空军将任何物资给予中国,再加上宋子文控诉史迪威搁置美方欲给予中国战区飞机的申请案等事件之冲击,中美双方的关系一时之间异常紧张。罗斯福总统看到事态十分严重,改由电报向蒋介石解释说:"因为以德军为主,轴心国的军队迅速入侵中东,而且,印度与中国之间的航空线路将被断绝。如果未能中断其侵略的行动,我们到印度的海路将受到严重的威胁。"因为情况这么危急,所以美国尽力将一切力量移往中东作战,而唯有如此始能确保中国战区的海空航线的通畅。① 但此事更加显示盟军重欧轻亚的战略。

1944年6月底,日军进攻衡阳,该处为中国东部的主要空军军事基地,是通往桂林的要塞。衡阳失守后,日军直扑桂林,使得中国战时首都重庆以及昆明都受到极大的威胁。此种危急的战况,使得美国更加希望国军与中共军队合作,期盼增大作战力量,共同对抗日军之侵略。史迪威欲指挥中共军队的念头从未消失过。1944年9月史迪威给马歇尔的密件说:"我们必须将支持中国的租借武器给予共军,他们将为美国作战,他们与我联络,愿接受我的指挥而不愿接受蒋介石的指挥。"②史迪威有意武装中共军队并指挥中共军队的想法,亦加深了蒋介石对他的不满。蒋在日记中提到此事言:"此其(史迪威)必受'共匪'所主使,而且其语意有威胁之意……此史实一最卑劣胡(糊)涂之小人。余不屑驳复,乃置之不理,表示拒绝其干涉之意。"③

当时史迪威的政治顾问戴维斯及其周围幕僚,如谢伟志(John Stewart Service)、陆登(Raymond Paul Ludden)以及爱默森(John K. Emmerson)等,都是共产党的同情支持者。柯贝克(Kubek)著的《远东如何失去》一书指称这些人在1943—1944年主导并改变美国对华政策,其影响甚至直到1949年。④ 史迪威对中国共产党人的同情也是蒋史之间无法跨越的鸿沟。

---

① "Roosevelt to Chiang, June 27, 1942", United States Department of the State, *FRUS, 1942. China*, Washington, D.C.: U.S. Government Printing Office, 1942, p.89.

② "Stilwell Document (Undated) File 158, MSS", Joseph W. Stilwell, *The Stilwell Papers*, New York: W. Sloane Associates, 1948.

③ 《蒋介石日记(手稿本)》,1943年9月12日上星期反省录,转录自王建朗《太平洋战争爆发后国民政府外交战略与对外政策》,收入李安世等《反法西斯战争时期的中国与世界研究:战时英国对华政策》,第7卷,武汉,武汉大学出版社,2010年,第154页。

④ Anthony Kubek, *How the Far East Was Lost: American Policy and the Creation of Communist China, 1941-1949*, Chicago: Henry Regnery, 1963, p.212.

1944 年 7 月 4 日,马歇尔向罗斯福建议,请蒋介石任命史迪威统帅中国军队,因为"史迪威是能统帅中国军队对日作战的唯一人选"。罗斯福接受了这一建议,于 7 月 6 日致电蒋介石,要求他授权史迪威全权指挥在华一切军队包括中共军队,以抵御日军的进攻。罗斯福强调:"倘欲挽救危局,余认为须迅采紧急之措置,鉴于现状之危急,余意应责任一人,授以调节盟国在华资力之全权,并包括共产军在内。"①对于把军权交给史迪威,并让中共军队享有获得美国物资的权力,蒋介石当然不会同意,但对罗斯福的电报他又不能一口回绝。蒋介石于 7 月 8 日回电给罗斯福总统,原则上,他同意罗的提议,但请求保留一些条件,以待进一步磋商之后再决定。

1944 年 7 月 23 日,蒋对罗斯福确认史氏的新职务,但是附带三个条件,必须在史氏就任新职务之前执行。因为中国人民与军队的心理因素,三个条件之执行必须以正式的书面同意书交给蒋介石。蒋介石的三个条件是:(1)中共军队在同意服从中国政府的行政与军事命令之前,不可交由史氏指挥。(2)史氏的职务、职权、头衔以及与蒋委员长的关系,必须说明清楚。(3)全部租借武器的分配、处理必须与《租借法案》的条款之基本精神吻合,应完全归属中国政府当局或它的最高指挥官。蒋介石预备代表中国当局,监管美国有关官员对租借物资的处理与供应的情形。② 对"中国军队"一词,中美双方的解释有所不同。7 月 6 日罗斯福函中之用语"中国军队"是涵盖"全中国的军队包括中共的军队"。但是,蒋介石所认为的"中国军队"系指实际对日作战的军队,并不包括后备或正在训练中的军队。这是中美双方的领导人,因感受与立场方面的差异引起的不同理解。③

1944 年 9 月 6 日,曾在胡佛总统任内担任过陆军部部长的赫尔利作为罗斯福总统的私人代表抵达重庆。赫尔利将军使华的主要任务,系在于增进

---

①　秦孝仪主编:《中华民国重要史料初编——对日抗战时期第三编战时外交(三)》,台北,中国国民党中央委员会党史委员会,1981 年,第 634 页。

②　Charles F. Romanus & Riley Sunderland, *Stilwell's Command Problems*, Office of the Chief of Military History, Dept. of the Army, 1956, p. 414.

③　Charles F. Romanus & Riley Sunderland, *Stilwell's Command Problems*, Office of the Chief of Military History, Dept. of the Army, 1956, pp.383, 415. 邵宗海:《美国介入国共和谈之角色》,台北,五南图书文化有限公司,1995 年,第 67—68 页。

蒋史之间和谐的关系,并且附带帮助史氏获取中国军队的指挥权。[①] 在赫尔利于9月到达重庆之前,某些心理上与物质上的障碍皆已消除。至于中共军队,赫尔利决定召回且加以武装,但在交给史氏指挥之前,须先经过全国军队的组织统一化。[②]

9月初,罗斯福的私人代表赫尔利抵达重庆。随即,中美双方就史迪威指挥权问题开始谈判。谈判中,双方初步商定由史迪威出任中国军队前敌总司令,指挥编入作战序列的部队,而不是所有中国军队。但就在此时,蒋介石要求史迪威调遣在缅甸的驻印军去攻八莫,否则将撤走在滇西前线的中国军队。史迪威陷入了困境,他无法照蒋介石的要求调派刚攻下缅北重镇密近那的驻印军向八莫进军,但如果在滇西前线的中国军队真的撤走,那将意味着他一直为之努力的收复缅甸、打通滇缅公路的计划将会付诸东流。史迪威急电华盛顿,将这一情况报告马歇尔。马歇尔是史迪威的坚决支持者,并且一直主张采取强硬手段以促使蒋介石对日作战。当时罗斯福正与丘吉尔在加拿大举行会议(Octagon Conference),随后,罗斯福总统与丘吉尔首相即订立一项计划,声明如果中国自缅甸撤军,英美双方仍须充分合作,欲于最短时间内将日军全部歼灭,收复缅甸。罗斯福发给蒋介石一份通牒,要求他须对从缅甸撤军的提议可能导致的后果负起全部责任。此份正式通牒系由美军部作战署起稿经马歇尔修正,再以特殊编号的正式外交文件形式于9月19日送达重庆。此份通牒还附加指示史氏:"亲自交给蒋委员长,四十八小时内将蒋的答复送至华府。"[③]

9月19日,这份经罗斯福签署的电报到了史迪威手中。赫尔利看过电报后,马上就被信件的文字所震惊,认为不应该此时交给蒋介石,理由是他认为史迪威指挥权一事即将大功告成,不宜节外生枝。但是史迪威坚决主张无权截留总统电报。在蒋介石正和宋子文、何应钦、白崇禧及军事委员会的要员举行重要会议时,史迪威当着众人的面将罗斯福的电文交给蒋介石,并请

① Charles F. Romanus & Riley Sunderland, *Stilwell's Command Problems*, Office of the Chief of Military History, Dept. of the Army, 1956, p.418.

② Herbert Feis, *The China Tangle: The American Effort in China from Pearl Harbor to the Marshall Mission*, Princeton, New Jersey: Princeton University Press, 1953, p. 178.

③ Charles F. Romanus & Riley Sunderland, *Stilwell's Command Problems*, Office of the Chief of Military History, Dept. of the Army, 1956, pp. 441 - 446.

朱世民把译文当场宣读。罗斯福在电报中要求蒋介石立即委任史迪威全权指挥所有中国军队,否则,"必须准备接受必然之结果及负完全之责任"。这种最后通牒式的口吻当然使蒋介石恼羞成怒,他在当天的日记中写道:"实为余平生最大之耻辱也。"而史迪威向蒋介石交这份电报时的心情在他后来写的一首小诗中也表露无遗:"我等待复仇已良久,机会终于来到。我瞪眼怒视小人物,朝他腿上飞去一脚。"①当天晚上,蒋与赫尔利共进晚餐。蒋介石相信这份最后通牒系史氏要求马歇尔以及罗斯福总统发给他的。蒋表达了强烈的不满,要求替换史迪威,称史迪威非走不可。

蒋介石写道:"史迪威之阴险卑劣已达极点,余甚悔去秋收回其撤职之成议而致今日陷入苦境,以后对外国人如觉其不妥应即罢撤,一经罢撤无论有任何理由亦不可收回成命,以致打蛇不死,养成奇祸。"②蒋于9月25日向赫尔利表达了史迪威必须辞去中国战区参谋长之职,由中国战区调遣离任的强烈要求,并要求罗斯福另选派一深具友谊合作精神之将领以接替史迪威。③同时蒋致电信给在美洽公的行政院副院长孔祥熙(并转蒋夫人),在电文中说:"史迪威决难再留,如有人来说情,应严正拒绝,并请其速撤换以免阻碍今后之合作也。"④

10月18日,罗斯福致电蒋介石,正式召回史迪威。几天后,史迪威愤愤不平地离开了重庆。正如我们现在已经熟知的,罗斯福给蒋介石的信件声明,美国政府在当前情况下,不拟负担中国军队作战指挥的责任。在蒋介石提名的三位美国将领中,两位另有任务,无法调任中国战区。他因此可以任命魏德迈将军为中国战区美军司令,并由蒋介石同时任命他为联军参谋长。罗斯福指出,原先的"中国—缅甸—印度战区"将分割成两国战区:中国战区当然由蒋介石主持,但是缅甸—印度战区则由索尔登(Daniel I. Sultan)将军

---

① 秦孝仪主编:《中华民国重要史料初编——对日抗战时期第三编战时外交(三)》,台北,中国国民党中央委员会党史委员会,1981年,第658页;[美]巴巴拉·塔奇曼著,陆增平译:《史迪威与美国在华经验》,台北,商务印书馆,1984年,第715页;[日]古屋奎二著:《中央日报》译:《蒋总统秘录:中日关系八十年之证言》,第13册,台北,1997年,第157页。

② 叶惠芬编注:《事略稿本》,第58册,台北,2011年,第435页。

③ 叶惠芳编注:《事略稿本》,第58册,台北,2011年,第485页。

④ 叶惠芳编注:《事略稿本》,第58册,台北,2011年,第48—490页。

担任司令官。第 14 航空队则留在中国战区内。[①]

史迪威离华后,魏德迈在中国战区参谋长任内,以同情、谅解与包容的态度对待蒋介石及其政府,并积极争取美国的援助,且适时提出一些建言。在魏德迈领导下,美国温和的说服力、坚定的领导力、丰富的财力和物力以及不张声势的作为,都达到了高效率的结合运用,使得美国发挥了一个盟邦可以指望的最大作用。[②] 与此同时,中国政府也终于建立了对美国的信心,认识到美方的意见和物资对于提高中国国力的价值,因此给予充分合作和信赖。齐锡生教授就认为如果中美同盟关系在更早时间就能够在这个稳定的基础上展开,那么中国在抗日战争里或许可能做出更大的贡献,也或许能够帮助中国领袖对和平的到来做更好的准备。[③]

邹谠教授于《美国对华政策的错误》(*America's Failure in China*,1941-50)一书中曾说:召回史迪威不可避免地给美国官员带来深刻的挫折感和失败感,这种感觉可与蒋介石认为美国非他不行的感觉相匹配。从那时起,只要美国官员把注意力转向中国,他们就被一种无能为力的感觉所折磨。他们感到,蒋并不想获得帮助。他听不进劝告,不愿意被人说服。向他施加压力是无效的。与蒋合作是否能实现美国的目的,成了很现实的疑问。伴随着召回史迪威而来的是罗斯福总统决定削减美国对中国的军事承诺,再次确定了从太平洋击败日本的战略。如前所述,罗斯福不再希望中国在不久的将来成为大国了。他从未像现在这样把远东战后的问题放在与苏联的合作上。在雅尔塔会议上,他欣然同意支持斯大林对中国的要求。在他与斯大林的一次谈话中,他把中国缺乏解决办法的现状主要归咎于国民党,而不是中国共产党。罗斯福对中国的态度的确产生了戏剧性的转变。在召回史迪威和 B-29 型轰炸机基地于 1945 年 1 月从中国转移到印度之后,罗斯福对中国的兴

---

① 齐锡生:《剑拔弩张的盟友:太平洋战争期间的中美军事合作关系,1941—1945》,台北,联经出版公司,2011 年,第 551 页。

② 魏良才:《国民党最后的美国诤友——魏德迈将军与中美关系》,《欧美研究》2002 年第 2 期,第 341—386 页。

③ 齐锡生:《剑拔弩张的盟友:太平洋战争期间的中美军事合作关系,1941—1945》,台北,联经出版公司,2011 年,第 605—606 页。

趣大大减少,他加强研究在远东与苏联进行战时和战后合作的问题。① 另外,史氏在中国的任期内也产生了另一个分水岭,即对中国共产党而言,其已能从被孤立的逆境演变成对抗中国国民党的顺境。邹谠也赞同史氏对马歇尔影响很大的说法。马歇尔是史氏的直属长官以及亲密的朋友,他非常知道史氏最后被召回时无助的往事,当时他曾全力为史氏奔波、求援,但是未能被罗斯福总统接受。美国政府在调停国共内战不成后决定撤离中国,其很大一个因素系出于对蒋介石及国民政府的不信任和负面印象,这在很大程度上源于抗战时史迪威对蒋介石政府的指控。这一结果象征了美国决策在中国的严重挫败。换言之,蒋迫使美国召回史氏虽赢得了明显胜利,却埋下了后来失去中国的种子。②

1941 年珍珠港事件爆发后,中美成为太平洋战区最亲密的伙伴,然而美国与国民政府的联盟一开始就为痛苦和误解所分裂。中国是美国全球战略外围的一部分。美国战略是欧洲第一,苏联第二,太平洋第三。美国只能推进对中国的更大援助,直到战胜德国以后,才能摆脱欧洲战事的危机,全力对付日本,而史迪威事件便是上述中美战时合作下的矛盾汇集点和缩影。史迪威对蒋介石和共产党人的看法,影响及于后来美国的调停政策。

二、美国与国共内战之调停

美国从 19 世纪末提出在中国的门户开放策以来,如何以和平的政治方式实现建立统一、民主的中国的方针,可谓体现了传统的美国对华态度和政策。在国共内战时期,美国的调停代表了其对华政策的原则与感情作用。战后远东的军事和政治关系亦是美国衡诸实际利益的作为。由于罗斯福总统在战后世界的宏伟计划中预见到他与苏联的友好合作,因此他害怕国共两党关系的日益恶化将可能导致中国的内战,使美国卷入与苏联的纠纷。美国官员与人民普遍同罗斯福总统一样深恐苏、美在中国问题上陷入纠纷。当时《生活》杂志 1944 年 5 月 1 日的社论有言:

---

① 　Tang Tsou, *America's Failure in China*, *1941－50*, Chicago:University of Chicago Press, 1963,p. 123.

② 　Tang Tsou, *America's Failure in China*, *1941－50*, Chicago:University of Chicago Press, 1963, p. 124.

　　……(但是)美国不能忽视这样一个事实,即如果中国政府成为一个法西斯政府、只知揽权的压制性政府、地主和高利贷者的政府,那么它更有可能与俄国陷入纠纷,而主张自由、改革、国际合作的政府却不会这样。美国人民无论如何不愿意卷入一场他们认为是在政治上站错了立场的与俄国的斗争中去。[①]

和平统一中国是整个美国战后对华政策的基本想法,然而美国却无法理解使相互争斗的国共两方产生分裂的深刻的政治分歧所在,最终导致美国调停国共和谈的失败。

(一) 从华莱士到赫尔利

1944 年 3 月初,美国总统罗斯福要求副总统华莱士(Henry A. Wallace)前往中国,以解决中国的危机。华莱士的任务之一是纾解蒋史之间的紧张关系。而赫尔利,这位曾在胡佛政府(Hoover Administration)时代担任陆军部部长的将军,亦于 1944 年 9 月来华,以罗斯福总统的特别代表的身份前来调解日益恶化的蒋史关系。华莱士与赫尔利在华期间,还有一个共同的目标:处理国共两党间的矛盾和成立联合政府。两位最后都遭遇了失败。

1944 年 3 月上旬,罗斯福总统派遣副总统华莱士前往中国,以求后者能稳住华中地区的战局。罗斯福训令华莱士的四项任务如下:(1) 设法引导蒋介石与中共进行军事合作;(2) 建立国军反扑日军的作战计划;(3) 向国民党政府施加压力,期能达成与苏联签订一项有关远东情势的协议;(4) 得到蒋介石的同意,在中共控制的地区内建立美国空军基地。华莱士亦被要求对中国当时恶化的经济给予建设性意见。

在华莱士与蒋介石的会谈中,蒋将国军士气低落的原因归诸经济状况的恶化以及缅甸战区攻势的受挫。话锋转到中苏关系改善的焦点问题上,据华莱士事后的报告透露,蒋介石表现出非常强烈的意愿,同意与莫斯科当局达成相互了解。不过,在美方强烈期望的国共携手合作方面,蒋对中共有非常冗长且严厉的批判。他说,中共多次的行动,对整个国军的士气产生了非常

---

① *Life* (magazine), May 1, 1944.

不利的影响。会谈最后的结论是蒋介石提出愿意以政治协商的方式解决中共的问题。

除了国共之间冲突的话题之外,史迪威与蒋介石不和的状况也是这次会谈的主题之一。蒋介石明确表示与史迪威的合作非常困难,不仅由于他感到史个性倔强与看法太过于主观,而且也有许多实际的例子来佐证。蒋坦言他对史迪威的军事判断能力缺乏信心。在送华莱士到机场的途中,蒋介石曾建议说,如果史迪威的职务不能调动(史迪威当时担任中国战区参谋长),他希望美方能够征召陈纳德将军担任他与史迪威之间的联络人。①

华莱士给罗斯福的访华报告书中,提到美国在中国即将面临转型期,应支持一个包含国共及第三势力的联合政府,并应尽速结束对日战争以及准备能够应付战后中国需求的政治资源。在华莱士心目中,此一联合政府的组成应包括思想进步的金融界与企业界的领袖,他们不仅了解中国落后的症结,也了解西方进步的原因。这个联合政府同时也包含了一批高级将领及文官。② 华莱士所创造的"统一阵线"(United Front)这个名词,本来的意思是希望蒋介石能与接受西方教育的中国企业家共同抗日建国,未料这个名词稍后竟演变成促进国共合作的"联合政府"(Coalition Government),为后来调停国共两边的美方仲裁者所使用。③ 根据邹谠的看法,华莱士访华时并没有为当时已进行中的国共和谈添加一些催化因素。华莱士一方面促谈国共合作,另一方面却没有设法去抑制中共的要求。华莱士促成了美军观察团前往延安访问,使中共利用新闻及言论自由的机会从事一切扩大他们影响力的活动。④

1943 年 11 月,中国共产党提出在政治事务领域内,他们仅仅要求"在《抗战建国纲领》中取得一个合法地位"。1944 年 6 月 6 日,共产党人要求在政治上"实行民主,保障言论、报刊、集会、结社、人身自由……承认中国共产

---

① 邵宗海:《美国介入国共和谈之角色》,台北,五南图书文化有限公司,1995 年,第 110—115 页。

② *The New York Times*, July 10, 1944, pp. 1, 15.

③ Tang Tsou, *America's Failure in China*, 1941-50, Chicago: University of Chicago Press, 1963, p. 166.

④ Tang Tsou, *America's Failure in China*, 1941-50, Chicago: University of Chicago Press, 1963, p. 167.

党的合法地位……释放政治犯","允许人民实行地方自治政府"。他们不仅增加了一系列重要的要求,而且把党的自由和合法地位以及其他要求理所当然地提出来了,他们再也不以国民党的《纲领》为基础了。

1944 年 9 月 6 日赫尔利作为罗斯福总统的私人代表抵达重庆,10 月 18 日史迪威被罗斯福总统召回,而美国驻华大使高斯(Clarence E. Gauss)亦于同年 11 月 30 日辞职。罗斯福总统乃于 1944 年 11 月 30 日正式任命赫尔利担任美国驻华大使。赫尔利的基本设想是,既然苏联支持美国扶植蒋的政策,那么中国共产党人最终不得不接受蒋的条件。这种乐观主义的设想出自三种信念:第一,至少直到 1946 年 1 月,他一直认为苏联将全心全意地跟随美国的对华政策。第二,他一开始就得出这样的结论,中国共产党人并不是负有献身精神的共产党人,中国两大党在民主结构内足以在基本的政府原则问题上达成协议,调解分歧。第三,也是最重要的一点,他对中国共产党的实力和真正的群众支持,抱持怀疑态度。他认为如果共产党人知道苏联不会支持他们,如果美国一方面与他们保持友好关系,另一方面又拒绝援助他们的话,那么共产党人就会主动采取必要的措施,加强自己的力量。[1]

关于国共调停工作,当时赫尔利设计了包含五项要点的草案,于 1944 年 10 月 28 日分别与国共两党公开讨论。大意为:第一,双方承认国民政府主席蒋介石的统一领导。第二,国民政府给予中共及其他政党以平等、合法地位。第三,中共军队接受国民政府编制。该草案于 11 月 7 日经国民政府修正,同日由赫尔利携带草案亲自前往延安试探。毛泽东则要求"改组现在之国民政府为联合国民政府,包括所有抗日党派及无党派之政治团体代表"。蒋介石不同意"联合政府"的要求,但谓如中共军队接受国民政府的管辖,中共将领可参加军事委员会。中共不同意国民党的条件,12 月 28 日周恩来又提出四项新要求:(1)取消边区封锁。(2)释放政治犯。(3)取消限制人民自由之法令。(4)取消特务警察。赫尔利致函毛泽东,拟偕同国民党代表赴延安谈判,为毛拒绝;毛于 1945 年 1 月 11 日致函赫尔利,于上述四项之外,又加"由政府邀集国共双方及民主同盟等代表在平等地位上召开国是会议之预备会议"。在此期间,赫尔利于 1 月 8 日继任驻华大使。1 月 20 日,赫尔利

---

① Tang Tsou, *America's Failure in China*, 1941-50, Chicago: University of Chicago Press, 1963, pp.177-178.

致函中共,催促重开谈判。1 月 24 日,毛任周恩来为代表,飞重庆谈判,周重申"联合政府"主张。1 月 26 日,国民政府代表宋子文与周恩来谈判,提出于行政院内设置一决策机构,使中共及其他党派人士参加;周则坚持召开党派会议,不谈其他。在赫尔利的要求下,国民政府于 2 月 3 日另提对案,成立"政治咨询会议",由国共两党及其他党派和无党派人士参加;中共对此案未置可否。2 月 19 日赫尔利返美述职。3 月初,蒋强调召开国民大会,周恩来宣布国共谈判已告破裂。7 月 1 日,国民政府派国民参政员七人赴延安商谈,带回中共两点要求:(1) 取消定于 11 月 12 日召开的国民大会。(2) 召开党派会议。国民政府不答应。日本投降后,国共冲突愈烈,在赫尔利的调停下,国共双方展开长达 41 天的会谈,赫尔利于 9 月 22 日返国述职。10 月 10 日,《会谈纪要》发表,国共双方对召开国民大会、军队国家化、解放区地方政府和受降等问题未能达成协议。①

毛泽东曾于 1945 年 7 月间亲自撰写了《赫尔利与蒋介石的双簧已经破产》、《评赫尔利政策的危险》等文章,严厉批评赫尔利公开偏袒国民党的对华政策。8 月 13 日,毛泽东在延安干部会议上的演讲中则已将美国作为敌对力量,指责蒋介石"完全是依靠美国帝国主义的帮助,把美国帝国主义作为靠山。独裁、内战和卖国三位一体,这一贯是蒋介石方针的基本点"②。

中共再三拒绝赫尔利提出国共和谈案的热诚,一些历史学家对中共这种反常的态度也感到怀疑,认为其中必有原因。费依斯(Feis)认为此系美国部分军官与延安中共领导人们曾筹划一项联共抗日的军事计划使然。③ 不过,这些意图私下联共抗日的计划,最后全部被揭发。当赫尔利访见蒋介石时,获知蒋从戴笠领导的中美合作所情报单位得知,中共打算让美国派遣伞兵部

---

① 张玉法:《中华民国史稿(修订版)》,台北,联经出版公司,2001 年, 第 437—438 页。王建朗:《太平洋战争爆发后国民政府外交战略与对外政策》,收入李安世等《反法西斯战争时期的中国与世界研究:战时英国对华政策》,第 7 卷,武汉,武汉大学出版社,2010 年,第 228—229 页。

② 中央档案馆编:《中共中央文件选集(1945)》,第 15 册,北京,中共中央党校出版社,1991 年,第 179—180 页。毛泽东:《抗日战争胜利后的时局和我们的方针》,1945 年 8 月 13 日,《毛泽东选集》,一卷本,第 1132 页,转引见王建朗《太平洋战争爆发后国民政府外交战略与对外政策》,收入李安世等《反法西斯战争时期的中国与世界研究:战时英国对华政策》,第 7 卷,武汉,武汉大学出版社,2010 年,第 241 页。

③ Herbert Feis, *The China Tangle*:*The American Effort in China from Pearl Harbor to the Marshall Mission*, Princeton, New Jersey:Princeton Universtiy Press, 1953, p. 219.

队到日军占领区领导中共的游击队对日作战。① 赫尔利得悉后，显得非常惊骇、愤怒。魏德迈调查此事后，于 1945 年 1 月 27 日对马歇尔报告说，他已通知所有属于他指挥的美国军官"我们必须支持国民政府"以及在未经蒋介石批准认可之前，不可与中共洽商。魏德迈对马歇尔总结他的看法："无需说，许多人被卷入这一敏感的事件，我感到十分的抱歉。然而，我却不认为这事件是导致国共终止协商的主要原因，但是深知在我的军官中，其中某些也是赫尔利所信任的官员，对事情未经证实就发表不精确的论述，严重地促成问题的复杂难解。"②

美国驻重庆职业外交官员与赫尔利双方在对华政策的观点上互有歧见。例如，任职于美国大使馆的谢伟志及魏德迈司令部政战官陆登于 1945 年 2 月呈给美国国务院的资料充分说明此种歧见：

> 美国对华政策的目标已为美国当局正式所明示，美国支持中国的先决条件，系中国领组织统一的联合政府，动员全国军队抗日。但是，我们驻在重庆的使者，并未朝着这些目标前进。相反地，使国民政府误认为美国只单独支持他们，只会对他们继续提供武器及军需品。我们的政策是应提供武器、军需品给任何欲抗日者，而非仅给予国民政府。
>
> 美国必须以这些原则影响国民政府，以造成其内部政治统一，集合全国军队抗日。我们认为目前解决国共双方歧异的外交政策，已违背这些原则……③

谢伟志及陆登欲接纳中共，系受到主管中国事务使馆的高级外交官员艾奇逊(George Atcheson)的影响。艾奇逊于 2 月 28 日对国务院提出长篇大

---

① Charles F. Romanus & Riley Sunderland, *Times Runs Out in CBI*, Washington, D.C.: Department of the Army, 1959, p. 252.

② 邵宗海:《美国介入国共和谈之角色》，台北，五南图书文化有限公司，1995 年，第 133—137 页。

③ "Memorandum by Messrs. John S. Service and Raymond P. Ludden to the Commanding General, U.S.Forces, China Theatre(Wedemeyer)", United States Department of State, *FRUS*, *1945*, *The Far East*, *China*, Washington, D.C.: U.S. Government Printing Office, 1945, pp. 216-218.

论的报告,说明国共冲突根深蒂固,很难达成协议,如果美国放弃中共,中共将投向苏联的怀抱,最后会导致中国内战。[①]

赫尔利为了确认他的立场和美国对华政策的目标,屡次要求华府以书面或公开方式颁布、阐明现在的美国对华政策。然而,华府却持否定且模糊的立场,同时赫尔利对美国国务院内亲共分子对其调停多方掣肘至为不满,乃于 11 月 27 日辞去驻华大使职务。

赫尔利担任驻华大使任内是战后远东事务瞬息万变、最为艰困的一段时期。发生的重大事件有:日本投降,苏联进入中国且在战后取代日本在远东的势力,加上中共在苏联帮助之下得以迅速成长及产生影响力,以及国共间激烈的权力斗争,致中国爆发严重的内战。赫尔利的调停工作,主要基于他相信只要借着双方的协议,就能达成统合国共军队,以及将中共并入国民政府成为统一的政治体系的目标。诚如邹说的观察,蒋甚至都肯任用某些中共优秀的磋商代表人员担任政府的高级官员,以消除美国在史迪威事件上可能对华产生的误解。但赫尔利的失策在于未能抓住特殊的机会,促使国民政府从事根本的改革。日本投降后,国民政府在有效接收日军占领区及面对来自中共的挑战方面,都显出相当的无力感。[②]

(二)马歇尔调处

马歇尔的调停任务始于 1945 年 12 月 21 日,止于 1947 年 1 月 8 日,为 1949 年以前美国在华调停的最后一段时期,也是最积极的一段时期。马歇尔的调停,其短期目标旨在促成国共两党达成停战协议,特别是结束在东北的冲突,长期目标则是在于建立一个统一民主的中国,使其成为战后安定远东的主要力量。调停的重点以组成联合政府,终止国共双方敌对为首要工作。关于战后东北的军事情势、国民党的接收及美国对华政策等相关议题,

---

① "The Charge in China(Archeson) to the Secretary of State", United States Department of State, *FRUS*, 1945, *The Far East*, *China*, Washington,D.C.:U.S. Government Printing Office, 1945, p. 246.

② Tang Tsou, *America's Failure in China*, 1941-50, Chicago:University of Chicago Press, 1963, pp.344-345.

相关研究甚多,本节不赘。①

1945 年 12 月马歇尔将军第一次与蒋介石会谈时,就坦率地告诉蒋,就中美关系而言,美国希望早日见到中国和平统一。他也清楚表明,美国不愿卷入中国的内争。除非中国改进现在的立场,就国共之间和平达成协议,否则虽然中美两国友情深厚,但美国人民亦不允许杜鲁门总统继续为中国提供军事或经济援助。马氏在重庆与周恩来等中共代表会谈时,中共明确表明组织"联合政府"的坚定立场。② 次年 1 月 2 日国共双方同意由三位代表成立一个委员会,这三位代表包括美方的马歇尔、国民政府的张群以及中共的周恩来。这个委员会的主要任务在于中止国共双方的敌对及解决相关问题。③ 1月 7 日,三人小组委员会正式举行第一次会议,1 月 10 日,双方达成一项协议,由蒋介石与毛泽东各自向其军队正式发布"战斗敌对立即停止,军队调动一律停止"命令。政治协商会议还提出在 1946 年 5 月 5 日召开国民大会,实行宪政体制,同时成立一个宪政委员会,基于政治协商会议决议的原则及促进中国宪政主义之发展的目的,经由相关团体机构的同意,规划修正 1936 年的宪法草案,最后将此宪法修正草案在国民大会中加以研讨。政治协商会议期间,最大的争论是关于政府的改组问题。马歇尔于 1 月 22 日对蒋介石提出一份有关政府改组的备忘录。蒋介石对此备忘录反应极其冷淡,他在日记上记载:"马歇尔备忘录的内涵,连中共都未曾如此要求过,马氏实在不了解中国的政治实况。"④

虽然蒋不满意马氏的备忘录,但政治协商会议仍执行决议,在未来召开国民大会时要求国民党主动修正《国民政府组织法》,并成立国民政府委员会,使之成为管理国家政务的最高机构。国民政府委员会由 40 位委员组成,

---

① 可参见 Ernest R. May & James C. Thomson Jr.（eds.），*American-East Asian Relations: A Survey*，Cambridge，Mass.：Harvard University，1972. pp. 319 - 376. 汪熙、[日]田尻利主编:《150 年中美关系史论著目录,1823—1990》,上海,复旦大学出版社,2005。王成勉:《马歇尔与中国——国务卿任内之探讨》,《史馆馆刊》1997 年第 22 期,第 205—228 页。

② 参考 George C. Marshall，*Marshall's Mission to China*，Vol. Ⅰ，Arlington，VA：University Publications of America，1976，pp，1，6.

③ George C. Marshall，*Marshall's Mission to China*，Vol. Ⅰ，Arlington，VA：University Publications of America，1976，p. 11.

④ 秦孝仪主编:《中华民国重要史料初编——对日抗战时期第七编战后中国(一)》,台北,中国国民党中央委员会党史委员会,1981 年,第 70—71 页。

依照政治协商会议的决定,委员由蒋介石从国民党党员与非国民党党员中选出,其中国民党委员占半数,而其他政党与无党派人士占半数。非国民党政府委员分配所占的席位,在政治协商会议休会后,由各政党及无党派人士等各自讨论后决定之。政治协商会议决定的政府委员人数及否决权,在后来的国共磋商会议中也成为主要的协商问题。特别是关于政府委员的否决权问题,中共预先提出,他们及其联盟在政府委员会议中至少须占 14 个席次,这样才能有足够的票数,对政治协商会议的决议案行使否决权。

对于国共军队重组的问题,双方同意成立调处小组,由国民政府的张治中、中共的周恩来以及美方马歇尔组成三方代表,且于 1946 年 2 月 14 日召开第一次会议。2 月 25 日,军事调处小组达成一项协议,命名为"军队重组与中共军队并入国军的基本计划"。协议内容也规定国民政府于第 12 个月底裁军至 90 师,同期中共军队重组为 18 师。更进一步的裁军行动是,第 18 个月国民政府裁减成 50 师,中共军队裁减成 10 师,全国军队共计 60 师,每师不超过 14 000 人,总共编成 20 个军团。1946 年 2 月 27 日,军事调处小组达成决议后,即迅速通知并指示执行总部规划军队重组的基本计划。这包括将中共军队并入国军,以统一全国军队。[①] 3 月 27 日,国共签署了东北停战协议。

1946 年 1 月 31 日,政治协商会议的决议案发布之后,国民党就在 3 月 1 日至 17 日期间所召开的第六届全体大会第二次中央执行委员会会议中,通过政治协商会议的决议案。该委员会在会议结束时宣布"初步"核准政治协商会议的决议案。但是依马歇尔的观察,核准案实际上已被保守派阻碍,因为国民党内反马歇尔的分子正设法破坏政治协商会议的计划。[②] 这段时间,中共及民盟的代表维持相同的立场,就是他们声明反对决议案有任何重大的变更。而且,国民政府在东北的失势强烈地影响一般人民的反应,使多数民众倒向中共。虽然政治协商指导委员会于 4 月 1 日达成有关召开国民大会的协议,但是情况的发展急速恶化。在国民党宣布愿意遵照政治协商会议决议的原则以修正宪法草案之前,中共与民盟拒绝任命他们的委员参加政治改

---

　　① 张玉法:《中华民国史稿(修订版)》,台北,联经出版公司,2001 年,第 439 页。

　　② George C. Marshall, *Marshall's Mission to China*, Vol. Ⅰ, Arlington, VA: University Publications of America, 1976, p.64.

组的协商,因为他们认为国民党明确地改变了政治协商会议的决议案。在这些情况下,政治协商会议之宪政审查委员会即停止他们预定于 5 月 5 日提交国民大会的修宪草案工作。这项中止行动使得国民大会的会议一直延至当年 11 月份才举行。马歇尔向美国国务院表示,中国唯有军政统一,始能巩固政治与经济的秩序,特别是中国需要有效地全面改善其经济条件。1946 年 3 月 11 日,马氏返国述职报告中国情势,并讨论对中国的物资援助和贷款。

虽然国民党在东北的失败不是构成马歇尔最后调停失败的主要原因,却是导致他最后任务失败的基本因素之一。当时两个主要局势发展使得东北情况迅速恶化:(1) 苏联在此地区屡次延迟撤军;(2) 苏联协助中共获取日本投降时的武器及军需品。苏联曾力阻国军进入东北,拒绝国军登陆大连港,已如前所述。此外,国军挥兵进入东北时,被延迟撤离的苏联军队封锁。反之,中共方面却受益于苏联的延迟撤离,不仅利用充裕的时间加强其在东北的军力,而且加大他们对东北的渗透。苏联一再延迟撤军所产生的问题,使得长久以来互不信任的国共双方在东北发生军事冲突。因此,国共双方的紧张关系持续升高,导致第一次停战协议失去意义。[①]

1946 年 4 月 5 日,经过美式训练及装备的国民革命军第一军团到达四平战斗地区,次日即进攻四平市。经过六周的战斗,国民革命军于 5 月 20 日占领四平市。同时间,国共军队也正在长春进行另一场激烈战斗。自 4 月 14 日苏联撤军后,中共开始大规模进军长春,战斗持续 34 天。因为国民革命军只有刚刚空运到的 4 000 名士兵及当地 3 000 名的后备军人,而中共军队则有 2 万~3 万装备良好的军队,在如此力量悬殊的情况下,国民革命军在 4 月 18 日战败。经过此次战役,国民政府屡次要求中共自长春撤军,而且马歇尔也支持国民政府此项要求。中共最后于 5 月 22 日自长春撤军。四平与长春的冲突可说是自 1934 年以来国共之间首次爆发的主要战争,此一悲剧的产生源自苏联的延迟撤离东北。邹谠教授认为长春的内战,不但结束了停战令,而且也破坏了马歇尔精心设计的调停计划。[②] 1946 年 4 月 18 日马歇尔自美返华,该日正巧赶上中共军队占领长春市。马氏返美期间,东北情

---

① 邵宗海:《美国介入国共和谈之角色》,台北,五南图书文化有限公司,1995 年,第 242 页。

② Tang Tsou, *America's Failure in China*, *1941-50*, Chicago: University of Chicago Press, 1963, p. 338.

势恶化,政治解决的希望再度破灭。

马氏返华后,迫切任务在于使国共重返谈判桌,尽可能让双方重启谈判大门。其返华之初决定帮助国民党运送两个军往东北,结果不仅调停未取得进展,战事反而愈演愈烈。5月下旬,国军占领长春后,中共要求在东北立即休战。但国军直到推进至松花江边无力继续前进时,才接受马歇尔的建议在6月7日同意东北休战。东北休战期间,马歇尔虽仍尽力在国共间斡旋,但美国政府却在6月中旬向国会递交《军事援华法案》,实际上助长了蒋介石打内战的气焰。6月下旬,国军在中原地区向中共军队发起进攻,全面内战终于爆发。

据马歇尔的说法,南京与沈阳之间通讯联络非常困难。蒋介石离开南京后,马氏即无法直接与他联络,此时为最紧急的关键时刻,造成他调停上的极端困难。国军占领长春后,向北沿铁路线向哈尔滨推进,以及向东朝着吉林推进。马歇尔抱怨国军这种行动会把情况恶化,使中共对国民政府的承诺更加失去信心,而且也使中共认为马歇尔的调停不公平。中共被迫自长春撤军的事实,以及国民政府占领长春这个战略城市的证据,加上国军继续向北推进的行动,使中共觉得被马歇尔所鼓吹的停战协议所欺骗。另外,蒋乘坐马歇尔的专机前往沈阳,更使得中共怀疑马氏偏袒国民政府。这些事端激怒了中共,多如弹雨的宣传抨击美国对华政策,特别是指责马歇尔使"东北的内战扩大"。[1]

马歇尔与周恩来讨论过国共协议的条件后,即以电报通知蒋,此电文于5月26日到达在沈阳的蒋手中。电文中他对蒋提议下列数点:(1)立即在长春成立军事调处执行部;(2)蒋委员长于24小时内发布停战令,然后再公开表示希望结束战斗,愿以和平磋商的方法解决事情。[2] 第二次停战协议,虽然期间仅15天,却产生了重大的影响,致使国民政府在东北的地位急速下降。由此引发两个主要后果:(1)由于宣布第二次的停战协议,蒋丧失了消灭在东北的中共军队的机会;(2)从1946年6月之后,莫斯科对华态度开始

---

① 邵宗海:《美国介入国共和谈之角色》,台北,五南图书文化有限公司,1995年,第257页。George C. Marshall, *Marshall's Mission to China*, Vol. I, Arlington, VA: University Publications of America, 1976, pp. 112 - 118.

② Tang Tsou, *America's Failure in China, 1941 - 50*, Chicago: University of Chicago Press, 1963, p. 413.

转变,并加强援助中共在东北与华北的军队。

蒋介石也将东北日后的"沦陷"归因于第二次停战协议。他在备忘录上书写如下:

> 第二次停战令使国军在东北之军事优势逐渐减弱。当时国军追逐中共军队已至双城附近,离哈尔滨尚未及 100 公里,已经逼近中国长春铁路上这个重要的战略城镇。拿下哈尔滨,国民政府就能稳固控制住整个东北。如果中共被驱出东北以北哈尔滨这个据点,苏联将无法给予中共补给,自然而然东北就不会落入中共的手中。所以第二次的停战协议是导致 1948 年冬季东北"沦陷"最主要原因。①

1946 年之后,苏联明显地对国民政府改变态度,他们不仅加强对中共的援助,而且数次公开指责国民政府。1946 年 7 月,苏联的报纸更是用严厉的口气指责中国国民党。苏联当时已濒于接受中共的观点,即放弃要求中共与蒋氏共同组织联合政府,转而企图以内战胜利的姿态夺取政权。

美国政府根据马歇尔的建议,从 1946 年 8 月起对国民党实行武器禁运。军事禁运的决定由马歇尔及艾奇逊联合推动。他们停止对中国的军事物资的运送,是希望能迫使国民政府按照美国的政策行事。《纽约时报》7 月 22 日发表一份报告说,美国高层官员已经考虑很久"切断对中国的武器及军火的运送,希望能重新帮助他们,促进中国的和平"②。此段期间国民政府正亟需购买武器军火对中共军队展开大规模的反击,因而禁运措施使蒋介石在军事上遭受很大的挫败。对华禁运武器措施,美国地区自 1946 年 7 月 29 日开始生效,太平洋地区则自 8 月 15 日生效。虽然 1947 年 5 月 26 日美国正式解除对华禁运,但是直至 1948 年 11 月,美国未曾核准过任何一项售华武器案。③

---

① Oliver Edmund Clubb, *Twentieth Century China*, New York: Columbia University Press, 1964, p. 270. 转引见邵宗海《美国介入国共和谈之角色》,台北,五南图书文化有限公司,1995 年,第 262 页。

② George C. Marshall, *Marshall's Mission to China*, Vol. Ⅰ, Arlington, VA: University Publications of America, 1976, p. 214.

③ 邵宗海:《美国介入国共和谈之角色》,台北,五南图书文化有限公司,1995 年,第 271 页。

1946 年 8 月 30 日,马歇尔得到蒋介石的正式同意,成立一个特殊的五人小组委员会,由新任命的驻华大使司徒雷登负责领导,专门讨论国民政府委员会的改组问题。依马氏的看法,这一行为表示重组政府有了决定性的行动步骤,此为双方停止敌对的首要基础。假定能够终止双方的敌对,美国将会恢复对华援助。

禁运措施并未使蒋放弃军事进攻。10 月 11 日,国军占领中共在华北的战略要地张家口。一个月后,国民党在共产党和民盟代表缺席的情况下单方面召开"国民大会",国共谈判等于彻底破裂。12 月下旬,马歇尔最后一次尝试在国民政府与中共间进行协调。1947 年 1 月 3 日,美国总统杜鲁门在马歇尔最后的调停有结果之前便令国务卿贝尔纳斯(James Francis Byrnes)召回马歇尔将军。[①] 马歇尔在华奔波一年,中国的战争却从局部发展成全面战争,他调处国共关系的愿望也终成泡影。1947 年 1 月 7 日,马歇尔沮丧地离开了中国。

邹谠认为马歇尔将军以为没有任何人能取代蒋介石的地位,美国除了在合理限度内尽力支持蒋以外,别无其他选择。另一方面,蒋介石抓住政权不放,也破坏了那些最强烈支持国民党政权的美国人的事业,使美国拒绝承担至少在部分中国土地上继续保持国民党政权的道义上和政治上的责任。1946—1949 年,中国政府不能有效地运用美援,不能全心全意地跟美国合作,不接受美国的劝告,并拒绝进行必要的改革。即使在 1949 年 1 月由于满洲和华北的溃败迫使蒋介石下野,而李宗仁正式接替了蒋的职务之后仍是如此,因为蒋的军队仍然拒绝服从李宗仁的命令。而蒋自己仍以国民党总裁的身份企图在幕后操纵政治局势。其后果就是:李宗仁无法再保卫中国的任何一部分土地。只有美国长期地、有意识地干涉国民党的政治,也许能迫使最高统帅蒋介石早日退休,才能为成功的武装干涉创造必要的条件,才能有效地运用军援,才能切实采纳美国的劝告。[②]

从马歇尔在麦克阿瑟听证会上的下列证词中,可以清楚地看出他在

[①]　详见翟强《院外援华集团与杜鲁门对华政策,1947—1949 年》,《世界历史》1986 年 5 期。魏良才:《马歇尔与所谓国共和谈》,《近代中国》第 46 期。

[②]　Tang Tsou, *America's Failure in China*, 1941 - 50, Chicago:University of Chicago Press, 1963, pp.358 - 359.

1947年初的心情：

> 回国以后，我在寻找解决这个问题的长久之计上陷入了困境。这是因为国民党机构腐败不堪，而共产党集团则有决心、有组织、有纪律，毫无疑问还要加上从苏联政府方面来的咨询与将来可能会给的支持。

一年以后，在1948年2月12日的国家安全委员会的会议上，马歇尔念了两个文件，其中心思想是认为中国问题"实际上是无法解决的"。当国民党政权在灾难的边缘上摇摇欲坠的时候，马歇尔的迷惘就变成了绝望。[1]

（三）1949年《中美关系白皮书》

1947年3月杜鲁门发表国情咨文，要求拨款援助土耳其和希腊政府，防止当地发生革命，此为杜鲁门主义正式形成的起点。在马歇尔计划的推动下，美国逐年援助欧洲各国，使西欧经济逐渐稳定，并得以避免共产势力的颠覆活动。几个月后，凯南（George F. Kennan）又以X署名发表了《苏联行为的根源》（The Sources of Soviet Conduct）的文章，从理论上对杜鲁门主义进行阐述。美国由此确立了争霸全球的外交战略，向苏联展开了全面"冷战"。马歇尔调处失败后的美国对华政策，正是在这一背景下制定的。

3月21日，司徒雷登从南京向华盛顿报告说，杜鲁门的总统咨文使在南京的许多政界人士相信，美国不久将资助南京政权与共产党作战。国民政府驻美大使顾维钧对此也感到高兴，"因为我一眼就看出，这些原则和这项政策事实上可以，并且应该适用于远东，更主要的是适用于中国"。于是，蒋介石加紧了争取美援的活动。4月中旬，国民政府向美国驻华使馆提出了一个广泛的大规模财政援助的方案。5月8日，顾维钧在华盛顿会晤马歇尔，要求美国提供10亿美元贷款。与此相配合，国民党在4月进行了所谓的政府改组，由深得马歇尔赏识的张群出任行政院院长，并吸收了一些非国民党人士来装饰门面，以改变政府形象，对付美国国内要求国民政府进行改组的呼声。7月9日，杜鲁门又根据马歇尔的建议，任命魏德迈为总统特使，赴华调查中国的政治、经济和军事情况。美国政府派魏德迈使华的主要目的其实并不完

---

[1]　Tang Tsou, *America's Failure in China 1941 - 50*, Chicago: University of Chicago Press, 1963, pp. 445 - 446.

全是为了了解情况,因为在这一点上司徒雷登做得并不逊色;派魏德迈使华的真正用意,一方面是为了应付国会中亲蒋派对政府的指责,一方面是为公开改变马歇尔调处以来"不介入内战"的姿态找台阶。①

与美国国务院一些官员主张国民政府必须先进行改革美国才能给予援助的看法相比,魏德迈尽管对国民政府严加批评,但他主张提供美援和促蒋改革同时并进。魏德迈于 1947 年 9 月 19 日向杜鲁门提交了一份报告,认为"一个共产党统治下的中国,对美国利益是有害的",因此必须向国民政府提供大规模的经济和军事援助。在魏德迈提出上述报告的同时,美国国内亲蒋势力也在积极鼓吹全面援蒋。10 月中旬,正在中国访问的四名美国众议员致电杜鲁门,呼吁立即援助国民政府。参议员周以德(Walter Judd)访华返美后也四处活动,力主全面援蒋。在援蒋舆论的压力下,更重要的是在反对共产主义的战略框架下,美国政府没有其他的选择,于是着手加强对国民政府的援助。②

1947 年 11 月,马歇尔要求国会通过总额为 3 亿美元的援华拨款。次年2 月,在亲蒋议员对政府的攻击下,杜鲁门向国会提出的援华方案,总额增加到 5.7 亿美元。4 月 2 日,美国国会正式通过了作为《1948 年援外法》一部分的《援华法》,援助国民政府 4.63 亿美元,其中 1.25 亿美元作为特别赠款,不受任何条件约束,后来这笔款项的大部分被国民政府用来购买军事装备。有资料显示,通过美国陆军部取得的、在 1948 年援华法案剩余时间内送往中国大陆的唯一一次弹药装备,是一批价值 1 600 万美元的送货。这批货于 1948年 12 月 1 日抵达上海,尔后的装运由于蒋介石的要求被改送到台湾。在1.25 亿美元的特别基金中,6 090 万美元于 1948 年内支付,5 500 万美元于1949 年内支付,在 1950 年 1 月 1 日尚结余 900 万美元,在 1951 年 2 月尚结余 100 万美元。③ 尽管援华法案的援助其实是有限的,但《援华法》的通过结束了美国国内在如何援蒋问题上的分歧,也表明美国政府在扶蒋反共的方针

① 资中筠:《美国对华政策的源起和发展(1945—1950)》,重庆,重庆出版社,1987 年,第152 页。

② 胡礼忠、金光耀、顾关林:《从望厦条约到克林顿访华》,福州,福建人民出版社,1996 年,第298 页。

③ Tang Tsou, *America's Failure in China*, *1941 - 50*, Chicago:University of Chicago Press,1963, p.431.

下越来越深地卷入了中国的内战。

然而,随着 1948 年下半年起国军节节败退的事实,美国政府迅速翻转对华政策,甚至认为国民党的最终失败只是时间问题,特别是三大战役之后国军形如崩溃。[①] 早在 1948 年 8 月 12 日马歇尔就强调,美国不支持在中国成立联合政府的提议,同时也强调美国不再扮演调停的角色。马歇尔还说"美国必须保留最大的行动空间",因为"中国情势的进展正处于一个相当纷争扰攘的局面"。因此,1948 年的美国对华政策可归纳为:(1) 不再认同与共产党联合成立政府;(2) 不再继续调停;(3) 不再直接涉入中国内战;(4) 不再增援中国;(5) 以新而有弹性的态度处理中国问题。美国只消极地依照国会之决议,而无法积极援助国民政府。在此情况下,1948 年 12 月 1 日,当宋美龄第二次赴美促请增援的行动时,华府上下冷眼相待,已可预见其有限的成果了。几乎与人民解放军发起战略攻势同时,9 月 8 日,美国国务院政策设计司提出一份题为"重新审查和制定美国对华政策"的文件,华盛顿开始考虑从中国的内战中脱身,与国民党这艘沉船拉开距离。

美国政府要从中国内战的泥沼中脱身,实际上表明了它扶植国民党政策的失败。为替这一已失败的政策辩护,也为了让美国公众对国民党的崩溃有所准备,为美国最终撤离中国准备好说词,美国政府于 1949 年 8 月 5 日——驻华大使司徒雷登业已离开南京——发表了《美国与中国——着重于 1944 年至 1949 年时期》的政府文件集,也就是通常所称的《中美关系白皮书》(以下简称《白皮书》)。《白皮书》是 1949 年初接替马歇尔出任国务卿的艾奇逊极力主张编辑出版的。在总共 1 054 页的报告中叙述了自 1844 年《中美望厦条约》签订至 1949 年间美国与中国之间的关系,尤其是国共内战时期。这份《白皮书》被描述为一篇用来遮掩美国在太平洋军事及外交挫败的宣传文件。《白皮书》将中国失败之责任推给蒋介石,且陈述尽管拥有美国之援助,但蒋已失去他的人民的支持,终究造成失败的局面;其中似也有向即将出现的中国新政权抛出"问路石"的意味。艾奇逊传送《白皮书》的信函中,提到"这个不幸但也是无可避免的中国内战结局,是超越美国政府所能掌握的范围"。

---

① 三大战役指的是在 1948 年 9 月至 1949 年 1 月间国共战争的三次关键战役。这三次战役是指辽沈战役、淮海战役和平津战役,均以人民解放军的胜利告终。这三大战役结束后,国军损失超过 150 万,精锐部队丧失殆尽,国民党在大陆的统治崩溃。

他又强调美国无法改变结局，而且美国也做了所有该做的努力。国民政府对于美国发表《白皮书》并未做好任何准备。①《白皮书》发表后，一夜之间，国民党及其支持者士气更加低落。《白皮书》形如压垮骆驼的最后一根稻草。中国共产党则针对《白皮书》中对共产党的攻击，做出强烈反应。《白皮书》公布后一个星期，新华社发表了《无可奈何的自供状》的评论。不久，毛泽东写了《丢掉幻想，准备斗争》、《别了，司徒雷登》、《为什么要讨论白皮书》、《友谊，还是侵略》、《唯心历史观的破产》等五篇文章，大力抨击杜鲁门政府。国共两党都对《白皮书》同声表示愤怒不满，《白皮书》的发表乃成为美国对华政策的一部失败的记录。②

战后美国愈来愈卷入中国内部事务，实现一个和平统一的民主中国的方针始终为美国决策者所关怀，究竟要改变中国或是接受一个改变着的中国，也考验美国决策者对华政策的主张。随着国共情势的大逆转，最终美国放弃调停角色，并以"白皮书"方式为美国对华政策的失败辩白。美国长期扮演国共冲突的调停角色，遂使国民党习于被扶植并养成对美国过度依赖的心理，一旦美国袖手旁观，则国军及其支持者极度恐慌，导致全盘士气的崩溃。关于"美国如何失去中国"的议题，20世纪50年代初期当道的麦卡锡主义（McCarthyism）曾是冷战初期对这一议题既简单又权威的解释。这一议题在现今中英文等新资料逐渐开放，且中美自1979年建交后的历史进程中，应又有不同的解释。

在考虑美国调停战后国共关系的议题时，尚需留意国际上的因素，亦即战后正当美苏在有关欧洲命运问题上的斗争愈演愈烈时，中国国内的两党之争正在向高潮发展。对欧洲的关注越来越显著地影响着美国在中国的"袖手旁观"政策。1947年3月杜鲁门发表国情咨文后，7月正式启动马歇尔计划，逐年援助欧洲各国，使西欧经济逐渐稳定，并得以避免共产势力的颠覆活动。美国也由此巩固它和西欧之间的贸易关系，并以此推进了美国领导的北

---

① "Statement on China White Paper by American China Policy Association，Inc.，Aug. 29，1949"，*China White Paper Folder*，*Presidential Official Files*，*Truman Papers*，Truman Library. Tang Tsou，*America's Failure in China*，*1941－50*，Chicago：University of Chicago Press，1963，pp. 507-508. ［美］美国国务院编：《美国与中国之关系：特别着重一九四四年至一九四九年之一时期》，台北，"中华民国外交部"，1949年。

② 牛军：《从延安走向世界》，福州，福建人民出版社，1992年，第286—287页。

大西洋同盟。1949 年美国联合英、法、比、荷等 12 国成立北大西洋公约组织。美国与欧洲和地中海地区的攸关利益,注定了它要把一切可利用的资源首先投入这些地区。从美国战后的全球布局而言,1947—1949 年正是美国外交政策史的大决定时代。这些步骤的采用,也正是在中国内战进入决定性阶段的时刻。

第五节　战后新局势——重探《中美商约》

1946 年 11 月 4 日,《中美友好通商航海条约》(以下简称《中美商约》)签订。条约内容公布之后,引起舆论诸多讨论。金融界、航业界、工商界及经济学者,褒贬不一。中共则抨击此约无异于《廿一条要求》之国耻,主张立即废约。1948 年 11 月 30 日,该约生效的同时,国共形势已见逆转。此后中华人民共和国成立,不承认"美蒋卖国商约";美国经贸势力亦伴随美国对华政策撤离中国市场。

《中美商约》的签订是根据 1943 年 1 月《中美关于取消美国在华治外法权及处理有关问题条约》(以下简称《中美平等新约》)第七条规定:《中美商约》应在战争结束六个月后进行谈判。1946 年《中美商约》第二十九条第一款规定:"本约一经生效,应即替代(supersede)中华民国与美利坚合众国下列条约中尚未废止(terminate)之各条款",共有九项条约。[①] 第二款说明该约中任何规定,不得解释为对于 1943 年所签订的"关于取消美国在华治外法权及处理有关问题条约及所附换文所给予之权利、优例及优惠,加以任何限制"。因此,从条约精神而言,《中美商约》一方面是 1943 年《中美平等新约》

---

① 九项条约如下:(1) 1844 年(道光二十四年),《中美望厦条约》(或称《中美五口贸易章程》)。(2) 1858 年(咸丰八年),《中美天津条约》。(3) 1858 年(咸丰八年),《中美上海条约》(《中美通商章程善后条约》)。(4) 1868 年(同治七年),《中美续增条约》(《中美天津条约续增条约》)。(5) 1880 年(光绪六年),《中美续修条约》。(6) 1880 年(光绪六年),《中美续约附款》。(7) 1903 年(光绪二十九年),《中美续议通商行船条约》。(8) 1920 年(民国九年),《在华盛顿签订之修改通商进口税则补约》。(9) 1928 年(民国十七年),《中美两国关税关系之条约》。本节所引《中美友好通商航海条约》,均录自"外交部"编印:《中外条约辑编(增编再版)》,台北,"外交部",1963 年,第 688—718 页。由于条款中文字数即多达 16 000 余字,除非特别需要加注,本文不再另行加注出处。又,"外交部"版本将"terminate"一词译为"废止",然就国际法之概念应译为"终止"。

的延续和实践；另一方面是代替《望厦条约》以来中美通商航海的相关条约。

关于 1946 年商约，中英文的研究成果均相当丰富。中文著作以大陆学者的研究为主，主要为辩证商约为形式上的平等或实质意义的不平等。大陆学者任东来根据收藏于中国第二历史档案馆的主要档案，论述 1946 年《中美商约》的不平等性质，突破之处是肯定国民政府各部门对于此约"深入细致的研究，尤其以主张战后实行国家控制工业发展的经济部最为突出"。但该文作者认为商约的酝酿到谈判过程均是美国压力下的产物，"这非但不能说明商约的平等性，而且更揭示它的不平等一面"。[①] 陶文钊针对战后中美关系及经济因素的考察，尤侧重于国民政府对于 1946 年《公司法》中有关外国公司定义的修改，实为美方压力下的让步，认定商约为"形式上平等，但实质上不平等"。[②] 王建朗认为在最低程度上，完全可以认定它是形式上平等而实质上并不对等的条约。李育民则称"平等形式下的不平等条约"。[③] 台湾学者吴翎君曾为文探讨 1946 年商约，从《望厦条约》签订以来中美条约关系的回顾中检视 1946 年商约的历史性意义，并分析 1946 年商约签订后国共两党对商约条款的争论、舆论评价与外交部之回应。吴翎君还指出清末《中美商约》（1903 年）与 1946 年商约的连续性的历史意义，两次《中美商约》同为规范近代中美经济关系的重要条约，其与割地赔款等政治性条约大不相同，且条约内容都带有开发中国、将中国与国际市场拉近的含意，并进而促成了中国的经济立法及其与近代世界的接轨。[④]

西方学界对于《中美商约》的探讨，早于 1948 年即有 M. E. Orlean 发表的专文。针对中共所宣称 1946 年商约为国耻，以及苏联《真理报》（*Pravda*）指控商约将使中国倒退至"半殖民"状态和依附美国经济的言论，M. E. Orlean 就条约内容逐一加以反驳。作者除强调条约的平等互惠性质之外，同时也强调战后国民政府在计划经济政策下愈来愈依赖美国资本和商品的

① 任东来：《试论一九四六年〈中美友好通商航海条约〉》，《中共党史研究》1989 年第 4 期，第 20 页。

② 陶文钊：《1946 年〈中美商约〉：战后美国对华政策中经济因素个案研究》，《近代史研究》1993 年第 2 期，第 237—258 页。

③ 王建朗：《中国废除不平等条约的历程》，南昌，江西人民出版社，2000 年，第 356—360 页。

④ 吴翎君：《1946 年中美商约的历史意义》，《政大历史学报》2004 年第 21 期，第 41—66 页；吴翎君：《近代两次中美商约的签订及其意义，1903—1946》，潘光哲主编：《第四届国际汉学会议论文集：近代中国的政治与外交》，台北，2013 年，第 235—272 页。

必然性。该文呈现了 1948 年中国内战边缘下美国学界的一些看法。① 半个世纪之后，Julia Fukuda Cosgrove 根据美国国务院的资料，从美国战后对华经贸政策的形成，以及企业界对中国广大"自由市场"的殷切期待，甚至举证马歇尔使华时拿美援做文章，要求国民政府尽快批准商约一事，论析美国朝野对中国市场的一致需求。② 魏楚雄从中国国家主义（nationalism）与美国经济自由主义（economic liberalism）之间的紧张关系方面探索《中美商约》的交涉，特别针对 1943 年治外法权消失后，外国人在中国必须遵守中国政府的立法，而美国本身亦有为促进美商来华贸易的 1922 年《对华贸易法》，双方对于战后中国市场的期待与经济理念各有不同，因此，美商在中国注册为"外国公司"的立法问题，在 1943—1946 年的中美政治经济关系中变得敏感而尖锐。③ 此一观点与柯伟林互为呼应。柯伟林认为战后美国期待中国市场自由化的想法，适与倾向建立计划经济的国民政府背道而驰。对美国而言，在放弃治外法权之后，一种新的中国与世界经济交往的基础必须在条约关系中加以解决；对中国而言，它反映了国民政府想如何有效利用外资，帮助完成其国家政策的特定目标。④

本节将从以下三个层次检视《中美商约》的历史意义：其一，从中美条约关系的回顾中检视 1946 年商约的条约意义；其二，从战后重建与《中美商约》之签订，论述中美双方之立场及其对战后中美关系的意义；其三，从舆论评价与外交部之回应，论析《中美商约》在国内引起之争议焦点。

---

① M. E. Orlean, "The Sino-American Commercial Treaty of 1946", *The Far Eastern Quarterly*, 7(4)(Aug. 1948), pp. 354 - 367. 李育民：《中国废约史》，北京，中华书局，2005 年，第 959—970 页。

② Julia Fukuda Cosgrove, *United States Foreign Economic Policy Toward China, 1943 - 1946: From the End of Extraterritoriality to the Sino-American Commercial Treaty of 1946*, New York & London: Garland Publishing, Inc., 1987, pp. 166 - 203.

③ C. X. George Wei, *Sino-American Economic Relations, 1944 - 1949*, Westport, CT and London: Greenwood Press, 1997.作者同时认为美国政府使用美援为手段诱使国民政府采取自由的经济政策，但其结果非但未能达到目标，美援的许诺和诱使反而鼓励国民政府以重工业发展为重点和大大增强中央政府控制经济的权力，此一结果与美国对华经济政策的目标适得其反。

④ William C. Kirby, "China Unincorporated: Company Law and Business Enterprise in Twentieth-Century China", *The Journal of Asian Studies*, 54(1)(Feb. 1995), pp. 43 - 63.该文主要从 1903 年大清政府颁布"公司律"到 1946 年《公司法》的演变过程，探讨 20 世纪中国对外关系中的经济立法问题。张忠民：《艰难的变迁——近代中国公司制度研究》，上海，上海社会科学院出版社，2002 年，第 346—355 页，则为探讨 1946 年《公司法》中的《外国公司法》。

一、中美商务条约关系的历史回顾

考察近代中美条约关系，以下四项应最为重要：（1）领事裁判权；（2）片面关税协议；（3）通商及航海特权；（4）外国兵舰游弋停泊及军队驻屯权。[①]其中领事裁判权已在 1943 年《中美平等新约》中撤销。片面关税协议早于 1928 年中美整理两国关税条约时取消，唯相关细则迄未讨论。1946 年《中美商约》因性质不同，未讨论外国兵舰游弋停泊及军队驻屯权。是以商约第二十九条第一项所列出九款"尚未废除"之条约，主要在于经济贸易之权利，其内容可反映出清末中国通商口岸制度形成后，列强在中国经济、财政、交通等管辖权上的特殊权利及其演变。

《中美友好通商航海条约》，就其旨意而言主要在于通商与航海。如依照近代国际通商之惯例并在概念上有一共识，此即两缔约国之人民有相互通商航海之自由，得各以船舶装运货物，向他一方之商港自由到达。又两缔约国一方之船舶，装载本国或他国之货物，向他一方两处以上之商港输入时，得在先到之港，卸下货物之一部，再以其余货运往他港分卸之，并得依同一之方法，在他一方之商港内，装载货物，驶往他港陆续添装向外国输出。不能谓为侵犯沿岸贸易权。[②]

至于国境内的沿海及内河航行权，此即航行管理之主权，亦即交通主权最重要之部分，"若无条约特别规定，一国得禁止他国船只从事沿海航行及贸易，而保留此项权利于本国船只"。"未有准许外国轮船在本国海口之间往来运送客货，亦未有准许外商在本国海口之间设立航线往来运输者也。"[③]

通商贸易为近代国际间之惯例，但独立之国家莫不保留其沿海贸易权和内河航行权于其本国之国民。如有例外，则必须于条约中明定且给予互惠，而非如此前中外不平等条约仅加以片面限定。

---

① 详见楼桐孙《中美条约关系的回顾和前瞻》，《东方杂志》1934 年第 31 卷第 12 期，第 9—14 页。

② 王洸：《外人在华航业实况与收回航权问题》，《外交评论》（南京）1934 年第 4 期，第 72—73 页。

③ 王洸：《外人在华航业实况与收回航权问题》，《外交评论》（南京）1934 年第 4 期，第 74 页；于能模：《外人在华享有内河航行与沿海贸易权之条约依据》，《东方杂志》第 28 卷第 22 期，1931 年11 月 25 日，第 13 页。

《中美望厦条约》第三条规定:"合众国人民之船只在五口者装载货物互相往来,俱听其便。"条约所言"货物往来,俱听其便"的含糊,使得西方列强竞相援引,径自在中国五口通商口岸间航行贸易,中国沿海贸易自主权因之沦丧。[①] 内河航权的丧失,一如沿海贸易权,亦由条约之延伸解释及事实演变而成。咸丰八年(1858年)《中英天津条约》允许英船于长江通商,英国商船即自外国载货直达长江各口岸。咸丰十一年(1861年)《长江通商章程》复允许英商得在上海及长江口岸运土货,此后即见英船充斥中国江面。外轮行驶中国内港的条约规定则开始于《中日马关条约》。各国援引"最惠国待遇"条款一体均沾。[②]

在商务拓展方面,据1858年《中美天津条约》第十二款所载:美国人民取得在中国通商口岸居住和租地的权利。[③] 1895年以后,美商在华活动又得利于《中日马关条约》和《中美通商行船续订条约》(或称《清末中美商约》)。《马关条约》不仅打通了进入中国内河之航道,扩大直接贸易的区域,还使日本获得优惠的税率和在华投资设厂等贸易权利。美国援引"最惠国待遇"条款,也获得了相应的贸易权利。

近代中美商务关系中,对于条约内容的解释,中国与美国往往各执一词,引发不少纠纷。诸如对洋货的认定、土地之取得、经理处的设立、销货、商标仿冒等问题,由于条约内容的含糊或解释不同,往往出现认知的差距。例如1922年外交部对于外商在内地设置经理处的争议,就条约内容所谓"游历通

---

① 于能模认为沿海贸易权的丧失始于《中美望厦条约》及《中法黄埔条约》。在最初时期道光二十二年(1842年)的《中英南京条约》及翌年《虎门条约》均无此项规定。见于能模《外人在华享有内河航行与沿海贸易权之条约依据》,《东方杂志》第28卷第22期,1931年11月25日,第15页。王洸则认为沿海贸易权之丧失,始于《南京条约》及《五口通商章程》,此二条约中中国所谓开放口岸系只许英国于此五口通商贸易,未规定含有沿岸航行之性质,然因中国之放任而完全成立。王洸:《外人在华航业实况与收回航权问题》,《外交评论》(南京)1934年第4期,第75页。

② 叶作丹:《收回外人在华航行权问题》,《东方杂志》第31卷第12期,1934年6月,第57—58页。《长江通商章程》第二款规定:"洋商由上海运土货进长江。"第三款规定:"洋商由上海运别口所来之土货……"第五款规定:"洋商由长江口岸运土货回上海。"是则已准许洋商在上海与长江各口间往来运输土货。《马关条约》第六款准许日轮从宜昌至重庆、从上海至吴淞江及运河,以至于苏州、杭州航行之权,并可搭客载货。

③ 《天津条约》第十二款规定:"大合众国民人在通商各港口贸易,或久居或暂住,均准其租赁民房或租地自行建楼,并设立医院、礼拜堂及殡葬之处,听大合众国人与内民公平议定租息……""外交部"编:《中外条约汇编》,台北,文海出版社,1964年,第127页。

商"等语做出的界定,最能说明条约解释之歧见:

> 查《天津条约》第九款……英商可在内地游历通商等语……系专为
> 游历执照事项所规定:游历 travel 一事或为游玩 for pleasure 或为通商
> 缘故 for purpose of trade 而起,其因通商缘故与英文 for pleasure 游玩
> 语意相对照,仅而为游历范围内一部分之事,并无与永久经营商业之意,
> 再查该约第十三款……英民任便觅致诸色华庶勷执分内工艺等语,系专
> 指上文第十一款在各通商口岸,觅致华庶庸工而言,非允许英人雇用经
> 理、在内地设经理处、悬挂洋商招牌买卖货物之谓。又查《中日马关条
> 约》第六款第三项……准在内地租栈存货等语,专指日本臣民在内地购
> 买土货,或将进口商货运往内地之时欲暂行存栈而言……非永久营业之
> 谓,与雇用华经理设栈售货之性质回异……总之,洋商以货物交与华人
> 前往内地售卖,中国政府只能认为华人贩卖,不能认为洋商经理……①

经理处的问题所延伸的是对"洋货"的认定。《中美通商行船续订条约》第四
款规定:"进口正税及加添之税,一经完清,其洋货无论在华人之手,或洋商之
手,亦无论原件分装,均得全免重征各项税捐以及查验或留难情事。"②因此,
洋货的认定直接涉及货物税率,并可据以要求中国政府加以保护,影响中美
两国各自利益甚大。因条约解释不同,类似的商务纠纷在中美经贸/外交关
系中层出不穷。

　　清末中美所签订的条约中,就经贸方面及其所涉及的现代制度和观念而
言,以 1903 年《中美通商行船续订条约》最具特殊意义。该约共 17 款,除有
关裁厘加税与开放商埠的规定、在通商口岸设立保税关栈、扩大美船在中国
内河航行的权益、修改矿务章程以利招徕外资等条款外,还包含以下几点:第
一,改革律法与取消治外法权;第二,设立统一的国家货币;第三,保护商标、
版权和专利。对照过去中美之间的条约,此约较具善意。例如第十五款,美

---

① 《美孚公司请准在河南太康县设立经理处案》,"外交部"档案,03-18/18-18-8,台北近代史研究所藏,详见吴翎君《美孚石油公司在中国》,台北,稻乡出版社,2000 年,第 2 章"与中国政府的商务交涉",第 59—108 页。

② 于能模编:《中外条约汇编》,上海,商务印书馆,1936 年,第 134—135 页。

国首次允诺愿尽力协助中国法律之改革,"一俟查悉中国律例情形及其审断办法,并一切相关事宜皆臻妥善,美国即允弃其治外法权"。[①] 条约本身所牵涉的内容,例如版权、定国币金准、振兴中国实业、治外法权等,虽代表美国政府对中国事务的积极参与,但亦有协助中国进行改革和实现近代化的意涵。以条约主题而言,清末《中美通商行船续订条约》与1946年《中美商约》传承的意义最大。

中国于1928年与美国签订《中美关税新约》,美国承认中国适用关税自主之原则。[②] 然而,该约的基点在于中美两国互相给予关税上的优惠待遇,但相关的不平等条款仍未废除。当时中美两国各有不同目的,南京国民政府希望通过签订中美关税互惠条约从而得到美国的承认,使新政府能立足于国际社会;而美国为了抢先从中国取得掌控经济面的优势,以答应修约为诱饵,选择先释出善意。

是以,继关税新约后,南京政府对修改清末《通商行船续订条约》抱以相当大的期望,并在20世纪30年代展开修约交涉。然因九一八事变发生,日军继之入侵华北,南京政府被迫转移外交关注,以致未能取得进展。

1933年10月,《通商行船续订条约》订立的第三个10年期满,中国驻法国公使顾维钧首先提出修约建议,强调与中国商务最有关系之"英美两国商约或现已到期,或瞬将届满,如不及时提出修改,又将延长十年"[③]。顾维钧的建议受到南京政府的重视,行政院要求各部会共同研究。[④] 1934年1月18日外交部照会美国国务院,明确指出:"条约各项条款多已不能适用,其中除关于关税条款业经民国17年中美关税条约完全废止外,其余各项规定多系片面性质,与平等互惠之原则不相符合,而领事裁判权、内河及沿海航行权等

---

① 有关中美商约之议订,王尔敏教授之专著《晚清商约外交》有"中美通商行船条约之议订"一章,对议约过程有详尽之分析。王尔敏:《晚清商约外交》,香港,香港中文大学出版社,1998年,第175—195页;崔志海:《试论1903年中美〈通商行船续订条约〉》,《近代史研究》2001年第5期,第144—176页。

② 李恩涵:《温和型"革命外交"之收回关税自主权》,《北伐前后的"革命外交"(1925—1931)》,台北,1993年,第85—146页。

③ 中国第二历史档案馆藏,南京国民政府实业部档案四(2),503,1933年11月13日,转引自仇华飞《南京政府与修订〈中美续议通商行船条约〉》,《民国档案》1997年第4期,第135页。

④ 中国第二历史档案馆编:《中华民国史档案资料汇编》第5辑第1编《外交》,南京,江苏古籍出版社,1991年,第50页。

项,于中国主权损失极大,应予撤废,此尤为中国国民宿抱之愿望。"①然而,南京政府这一立场没有得到美国的积极响应。

据清末《中美通商行船续订条约》,美国曾允诺愿尽力协助中国法律之改革,因而南京国民政府展开修改商约之事时,首先即希望撤销领事裁判权。然而,美国仍以中国法律的不健全为由,拒绝放弃这一特权,使得治外法权条款成为中美谈判修约的主要障碍。对于华人移民美国和旅美华侨权利等相关规定交涉,亦无成就。朝野转而将期望寄托于收回内河航行权与沿海贸易权。②

1933—1934年,中国朝野对修改商约的讨论相当深入,有专论内河航权及沿海贸易权收回之必要③;有从国际法有关"最惠国待遇"、"国民待遇"、"任何第三国待遇"之厘清谈修约之方向④;有从外资与国内工商产业的竞争论析修约之重要,论析最惠国待遇和本国待遇问题、外国厂商的监督问题、制品输入之限额问题、防止不合理之竞争问题、国际贸易信用担保问题。⑤ 南京政府外交部公报亦有多篇报告美国商业政策、美国各州对于商业政策意见之分野、世界各国的互惠政策以及美国与各国间之商务协议的修订、美国与古巴商约。⑥ 此次修约交涉虽功败于初始,未见任何进展,但对国际法的引介成为一时之趋,从理论认知到实务交涉,加深了国人对废约的决心。⑦

---

① 中国第二历史档案馆编:《中华民国史档案资料汇编》第5辑第1编《财政金融》,南京,江苏古籍出版社,1991年,第78—85页。

② 有关1933年南京政府之修约,原始资料参见中国第二历史档案馆编《中华民国史档案资料汇编》第5辑第1编《财政金融》,南京,江苏古籍出版社,1991年,第78—85页。

③ 王洸:《外人在华航业实况与收回航权问题》,《外交评论》(南京)1934年第4期,第45—90页;于能模:《外人在华享有内河航行与沿海贸易权之条约依据》,《东方杂志》1931年第28卷第22期,第13—17页。

④ 郑斌:《通商条约中一个重要问题——最惠国条款适用问题的再检讨》,《东方杂志》第31卷第14期,1934年7月,第69页。

⑤ 顾毓琼:《修改商约与中国的工商业》,《东方杂志》第31卷第12期,1934年6月,第47—56页。

⑥ 《美国商业政策之新趋势》,《南京国民政府外交部公报》第7卷第11期,1934年11月,第168—178页。《美国与各国间之商务协议》,《南京国民政府外交部公报》第9卷第4期,1936年4月,第90—92页。

⑦ 例如当时商务印书馆出版一系列国人撰写或翻译的国际法丛书,有《国际法之新趋势》、《国际法上不平等条之废止》、《治外法权》、《条约论》等24本之多。可参见《东方杂志》第31卷第12期,1934年6月,第8页,商务印书馆广告。

　　1943 年《中美平等新约》之交涉，曾针对不动产权利行使之限制、经营商业之国民待遇、内河航行及沿海贸易、通商口岸制度之废止与海外商运问题，有初步的妥协与共识。① 在《中美平等新约》所附换文中，美国曾声明"放弃"下述特权：

　　（1）在中国通商口岸制度之权利。

　　（2）上海、厦门公共租界特区法院之制度的权利。

　　（3）在中国领土内各口岸外籍引水之雇用的权利。

　　（4）美国船舶在中国领水内关于沿海贸易及内河航行之特权。

　　（5）美国政府军舰在中国领水的特权。②

　　上述声明"放弃"的权利，当时中国没有条件得到实利，有待进一步的条约确认新关系。就此意义而言，1946 年《中美商约》是《中美平等新约》的进一步延伸，也是新的中美经贸关系的发展基础。

二、战后重建与《中美商约》之签订

　　1943 年 1 月《中美关于取消美国在华治外法权及处理有关问题条约》第七条规定：《中美商约》应在战争结束六个月后进行谈判。约文还说明"将以现代国际程序与中国政府及美国政府近年来与他国政府所缔结之近代条约中，所表现之国际公法原则与国际惯例为根据"③。然而对日战争何时结束犹未可知，关于商约的非正式磋商即已展开。该年 2 月美国远东事务司司长 Maxwell M. Hamilton 和中国外交部部长宋子文针对原则问题交换意见。④ 由于中美、中英平等新约同样列有签订商约的规定，美国法律顾问专家韦罗

---

　　① 有关《中美平等新约》，可参见梁惠锦《中美、中英平等新约签订之经过》，《史馆馆刊》复刊第 11 期，1991 年 12 月，第 147—164 页。林泉：《中美、中英新约之研究》，近代史研究所编辑：《抗战建国史研讨会论文集》，台北，1985 年，第 487—516 页。

　　② 1943 年《中美平等新约》所附换文，见 1943 年《中美关于取消美国在华治外法权及处理有关问题条约》，赫尔国务卿与中国大使魏道明之换文。世界知识出版社编印：《中美关系资料汇编》，下册，北京，世界知识出版社，1957 年，第 539—542 页。

　　③ 世界知识出版社编印：《中美关系资料汇编》，下册，北京，世界知识出版社，1957 年，第 541 页。

　　④ "Memorandum of Conversation, by the Chief of Division of Far Eastern Affairs, Feb. 23, 1943", United States Department of State, *FRUS: Diplomatic Papers, 1943, China*, Washington, D.C.: U.S. Government Printing Office, 1943, p. 710.

贝（Woodbury Willoughby）领导的商业政策和合约处（Division of Commercial Policy and Agreement）乃与英国驻美使馆首席秘书 W. G. Hayter 等人针对商约内容交换意见。英国方面表示因战后局势仍不明朗故仍应有所保留。他们认为如果太早签订商约，有可能会和联合国规划的稳定国际货币的相关组织有所抵触。同时他们也担心战后商约或可能和《英美大宪章宣言》（1941 年 8 月 14 日）、《联合国宣言》（1942 年 1 月 1 日）和《对华租界法案》（1942 年 6 月 2 日）第七款的规定有所冲突。[①]美国各部会很早就启动商约谈判，而中英商约的交涉则是一波三折，双方歧见颇深，最后又卡在香港问题上而最后未能签订。[②]

据美国企业史专家 Mira Wilkins 的研究，美国在中国的投资在 1930 年达到高峰，即使在中日战争期间仍在日军占领区内持续运作，直到美国加入第二次世界大战才急遽下滑。他依据不同资料估算出，1900 年美国企业在中国的投资约有 1 750 万美元，1914 年约 4 200 万美元，1929 年约 11 380 万美元，1930 年再上升至 15 510 万美元（一说是 12 930 万美元），1936 年 9 060 万美元，1940 年陡降为 4 610 万美元，1941 年再降为 4 060 万美元，到 1949 年则有 5 600 万美元。[③]

1937 年中日战争爆发后，日本除占领东北之外，还对华北、华中占领区进行经济扩张与垄断，使得外国在华企业的经营饱受威胁，美国企业亦不例外。以美国在华最大的货运公司——大来公司为例，它在华北的主要营运业

[①]　"Memorandum of Conversation, by Woodbury Willoughby of the Division of Commercial Policy and Agreement, May 7, 1943", United States Department of State, *FRUS: Diplomatic Papers, 1943, China*, Washington, D.C.: U.S. Government Printing Office, 1943, pp. 712 - 713.

[②]　据笔者所见材料，1943 年《平等新约》签订之后，最初英国并不热衷随即交涉商约草案，认为可以稍待时日再谈，但在美国展开谈判后，英国也开始关注此一议题。中英商约因最后未能签订，因而相关研究成果并不多。冯琳《二战后"中英商约"交涉失败之研究》，中国社会科学院近代史研究所《近代中国研究》网站，http://jds.cass.cn/Item/21913.aspx，下载日期 2011 年 11 月 14 日。该文作者认为中国以还都为由拖延对英谈判，同时却开始了与美国关于商约的谈判。而英国未充分认清战后中国政府外交底线，在提供的商约草案中提出多项导致分歧的条款，使短期内实现调和缺乏可能性，加以香港问题也削弱了国民政府与英国的谈判兴趣。

[③]　Mira Wilkins, "The Impact of American Multinational Enterprise on American-Chinese Economic Relations, 1786 - 1949", in Ernest R. May & John K. Fairbank (eds.), *America's China Trade in Historical Respective: The Chinese and American Performance*, Cambridge, Mass.: Harvard University Press, 1986, pp. 285 - 287.

务为木材运输与经销。大来公司在青岛的木材营运业务从 1939 年市场占有率的37.4％降到 1940 年的 5.8％,最后不得不于 1941 年关闭青岛经销处。同时美国在华最大的烟草公司——英美烟公司在华北市场亦面临是否与日本企业合作的抉择,太平洋战争期间英美烟公司不得不中止在中国的业务。[①] 战时石油问题至关重要,而日本系原油产出不足的国家,美国在远东的两家最大的石油公司——美孚石油公司、德士谷公司,战时和美国对华政策的关系最为微妙。这两家美国石油公司卖油给日本人,然后日本油商再到华北和东北将这两家美国石油公司挤出中国市场。[②]

美国商人团体于《中美平等新约》签订后,已开始筹划重返中国市场。1943 年 10 月,26 家在华从事经贸等实业活动的企业成立了中美工商业协进会(China-American Council of Commerce & Industry),不久其成员增加到近 400 家美国公司,包括银行、进出口商、制作商、工程建筑和承包商、保险公司、海空运大公司等。1943 年美国政府开始筹划与中国修订商务条约之际,中美工商业协进会成为美国对华商业政策的重要压力团体之一。中美工商业协进会和美国对外贸易协会(National Foreign Trade Council)为了重建美国战后在华市场的优势,高度关注国民政府当时正起草的《公司法》,并游说美国政府出面反对该法草案对外国人在中国设立分公司做出限制的规定。[③]美方极力反对中国《公司法》中有关外国公司必须在其本国"营业"的限制,其原因可追溯至 1922 年的美国《对华贸易法》(*China Trade Act*)的颁布。此一法案系为在中国营业的美国公司所专门设立的,其基本内容是特准美国公民依照此一法案,在美国本土向联邦政府登记,在法律上作为美国的国内公

---

① 吴翎君:《珍珠港事件前美国企业在华北的投资活动——以大来和英美烟公司为例,1939—1941》,《政大历史学报》2010 年第 34 期,第 85—114 页。

② Wu Lin-chun, "One Drop of Oil, One Drop of Blood: The United States and the Petroleum Problem in Wartime China, 1937‐1945", *Journal of American-East Asian Relations*, 19(2012), pp. 1‐26.

③ *Directory of the China-America Council of Commerce and Industry. A Guide to Nearly 400 American Companies Interested in Developing Trade Between China and the USA*, p.6.中美工商业协进会成员包括:花旗银行、大通银行、美孚公司、国际商用机器公司、英美烟公司、发施登汽车轮胎公司、可口可乐公司、柯达公司、泛美航空公司、波音公司、《时代》周刊社等。该会总部设在纽约,在华盛顿设有办事处,以便与政府有关部门联系,在新英格兰、中西部和旧金山、西雅图、波特兰等地设有地区委员会。1946 年 3 月于上海设立临时总站。转引自陶文钊《1946 年〈中美商约〉:战后美国对华政策中经济因素个案研究》,《近代史研究》1993 年第 2 期,第 237—258 页。

司,但是总、分公司都必须设在中国境内,并且在中国境内营业,其可享有联邦政府税捐的豁免权。[①]

　　第二次世界大战结束前,1945 年 4 月 2 日驻重庆美国使馆将商约草案三十条递交国民政府,但国民政府对于此事并不如美方急迫,甚至表示将在 4 月 25 日—6 月 26 日于旧金山召开的联合国国际组织会议结束后才会讨论此事。[②] 在此次旧金山开会的中国代表暨国防最高委员会秘书长王宠惠、中国代表团技术顾问(暨条约司司长)王化成、代表团法律顾问吴经熊均与美方有所接触,但前两者表示未看过商约草案,尚无法发表意见,而吴经熊则关注中国人民在美国是否能享有拥有房地产等互惠原则。[③] 至 6 月 13 日外交部部长宋子文始通知美方将任命驻美大使馆商务专员李干在华盛顿和美方展开先期谈判。[④]美国政府对于战后尽速签订一份商约以促进美商在中国的发展有热切的期待,商务政策处(Division of Commercial Policy) 在国务院的同意下敦促来华调停国共谈判的马歇尔将军直接向蒋介石要求尽速讨论商约草案,以保障取消治外法权后美国人在中国的利益。[⑤]

---

① 据美国商务部网站:http://www.ita.doc.gov/ooms/ChinaTradeActRCS.pdf,下载日期 2010 年 1 月 10 日。1922 年《对华贸易法案》实施以后到 1949 年以前,约有 250 家美国公司是在此一法案下组成的,而其间只有 4 家公司最后解散或因执照过期而被注销,可见得该法案的影响力。有关美国《对华贸易法》原件,参阅美国参议员戴尔的提案全文,"外交部"档案,03‐18‐19(4),台北近代史研究所藏。吴翎君:《美国大企业与近代中国的国际化》,台北,联经出版公司,2012 年,第 327、332 页。

② "Memorandum by the Associate Chief of the Division of Commercial Policy (Willoughby) to the Assistant Secretary of State(Acheson), Apr. 5, 1945", United States Department of State, *FRUS:Diplomatic Papers, 1945. The Far East, China*, Washington, D.C.: U.S. Government Printing Office, 1945, p. 1314.

③ "Memorandum of Conversation, by the Deputy Director of the Office of Far Eastern Affairs (Stanton). San Francisco, May 29, 1945", United States Department of State, *FRUS:Diplomatic Papers, 1945. The Far East, China*, Washington, D.C.: U.S. Government Printing Office, 1945, p. 1316. "May 30, 1945", *FRUS:Diplomatic Papers, 1945. The Far East, China*, Washington, D.C.: U.S. Government Printing Office, 1945, p. 1317.

④ "The Acting Secretary of State to the Ambassador in China(Hurley), June 18, 1945", United States Department of State, *FRUS:Diplomatic Papers, 1945. The Far East, China*, Washington, D.C.: U.S. Government Printing Office, 1945, p. 1318.

⑤ "Memorandum to General of the Army George C. Marshall, Special Representative of President Truman to China, Nov. 30, 1945", United States Department of State, *FRUS:Diplomatic Papers, 1945. The Far East, China*, Washington, D.C.: U.S. Government Printing Office, 1945, p. 1325.

在一份美国国务院的法律顾问团与韦罗贝针对商约草案提出的意见中，可以看出美国意识到一旦取消在华治外法权后，中国的经济和制度相对落后，外人在华的权益如果迁就于中国的国内法，势必无法保障美国人的利益。因此，他们提出的整体意见如下。

第一，关于国民待遇（national treatment）：两国间的国民待遇原则应基于对双方国民的互惠和保护而产生的更大利益，并以此作为达成未来国际交流自由化的起点。但是由于中美两国在政治经济结构方面的差异太大，名义上互惠却不切实际的"国民待遇"和"无条件最惠国"条款，很难在目前两国的这种关系中获得满意的表述。因此，美国提出的关于国民待遇的条款肯定遭到批评。

第二，草约的弱点在于过度表述美国对世界各国的经济政策原则，但中国一点都不适用美国和其他各国所签商约的标准条款文句。目前草案无法解决战后美国对华贸易的重要问题，商约草案内容将会因中国没有相应的国内立法而导致延宕。他们也特别提到中国明显正朝向计划型经济国家的方向发展，这种趋势将削弱国民待遇原则的益处。此外，鉴于中国国内日益茁壮的极端民族主义（ultra-nationalism）和仇外主义（anti-foreignism），有必要从条约内容上更加保护美国人的利益。

总之，美国国务院法律顾问团认为国民待遇并不能作为美国在华权利的有效基础。为提供美国对华贸易的实际保护，而又能免于对所谓实际互惠原则的伤害，他们认为国际待遇（international treatment）的精神应被纳入考虑，美国有必要强调行诸文明国家的国际性和国际法原则，如此一来亦可避免被指责将美国的法律强行推销于中国。他们也提到将国际主义的原则推展到中国肯定会被认为过于天真而被否决，但这个商约可能是战后美国签订的第一个商约，它可能建立一种新的范例，而非跟随过去的条约模式。① 例如，该文提到中国尽管于 1935 年《中华民国宪草》中规定保护公民权，但并不涉及对外国人权利的保护，因此有必要以"国际人权法典"（international bill

---

① "C. K. Moser to I. V. Slepak, Draft of the Proposed Treaty of Friendship, Commerce, and Navigation with China, Aug. 9, 1944", *Office of the Legal Advisor*: *Treaty*, No. 136213, Box 1, RG. 59, Department of State, National Archives Ⅱ, Washington, D. C., pp. 1 - 6.

of rights)来规范中国。① 显然这是担心在治外法权取消后，外国人在中国的法律地位如何受到保护的问题。

　　1945 年 7 月 9 日李干等人衔命先期交涉的内容很能代表国民政府最初的想法。李干表明重庆政府的两个立场：第一，坚守平等原则，废除治外法权之后，必须立基于平等互惠关系。第二，必须考虑到中国未来的经济发展政策，即任何承诺及含义都需极谨慎，中国不希望未来因应经济发展的政策被绑住手脚。基于上述理由，李干指明商约草案并不完全对等，例如：(1) 第三款和第四款中关于"法人和团体"的条款，中国希望草案中对于"公司、法人和团体"的权力应有所限制，希望这些公司须在美国有营业的事实才能进入中国营业。(2) 第三款和第二款提到的"金融业"在美国各州内对于非本州岛注册的银行原本就有歧视性规定，亦即非本州岛注册的银行通常不允许在本州岛营业(只有少数例外)，因此中方希望关于"金融业"的这一条文删除，因为这些情况将使得"国民待遇"的互惠条款是不平等的。谈判顾问刘大中查阅美国各州关于金融业法规，提到美国有 30 个州是不允许他州立案的银行到本州岛营业的，在这种情况下中国只能享有他州待遇，没有获得相对优惠。(3) 关于第三、四款"法人和团体"条款，中方提到万一中国不接受，美国可否退而求其次仿照美国和挪威条约或 1944 年 4 月 14 日《中加新约》所适用的国民待遇的情况。美方表示如果退而求其次，采用挪威的相似条款将使美国的商人对中国的投资感到失望。(4)"最惠国条款"问题。中国认为无条件或有条件的最惠国待遇应视中国政府的需求而定。美方代表表示中国经历战争破坏，在中国的营业比其他国家更充满风险，《中美商约》令美方满意的条款可望吸引美商的投资。此外，对于草约中第十五条提到"对于国际贸易的独占性之限制"，中方表示这项规定应只作为美国的商业政策的宣告，不应被视为中国政府的承诺。因为中国希望未来的经济发展政策，包括对私人资

---

　　① "C. K. Moser to I. V. Slepak, Draft of the Proposed Treaty of Friendship, Commerce, and Navigation with China, Aug. 9, 1944", *Office of the Legal Advisor: Treaty*, No. 136213, Box 1, RG. 59, Department of State, National Archives Ⅱ, Washington, D.C.

本的政策,都不受到商约中提及的垄断性限制之约束。① 显然,国民政府希望中国战后的经济政策既能得到美方的优惠,又不应受到《中美商约》的限制。这次非正式的先期协商中的歧见,亦即后来正式谈判中双方争执最大的部分。

《中美商约》在重庆和南京前后谈判了 27 次,直到 1946 年 11 月 4 日,始由中国外交部部长王世杰和美国新任驻华大使约翰·司徒雷登等人签字,内容共 30 条。二至五条为工商业的经营问题。六至十四条为人身及财产的保障(例如移民、购置房产、宗教信仰、免除兵役等)问题。十五至二十条为贸易与汇兑(关税税率、进出口货品、金融交易等)的基本原则。二十一至二十四条为航业及航权的保护问题。二十五至二十六条为过境、进出口货品之问题。二十七至三十条为条约性质、适用范围。另有议定书 10 项,对条约限制和保留条款进行说明。

就《中美商约》的条款及议定书的文本而言,不论是享有国民待遇原则还是享有不低于第三国待遇原则,系依照近代国际法的平等互惠方式缔结。中美双方争执的中心是以下三个问题:外国公司的法律地位、国民待遇的去留、最惠国条款的解释。

(1) 第三条二款之外国公司的法律地位。美国对中方要增加外国公司须在本国"经营"方能"认许"这一限制表示不能接受。在美国的坚持和经济援助的压力下,1946 年 3 月国防最高会议和立法院最后取消了"营业"和"营业者"的限制。② 美方之所以反对新公司法中规定"应在本国设立登记并实际营业"的条文,主要是因为如果该条款实行,将妨碍美国人在华投资和对华

---

① 此次先期谈判,中方出席者另包括使馆商务处秘书刘大中(Ta-chung Liu),资源委员会在美采购团之经济研究部主任 Kung-tu Sun,美国方面则有 Willoughby, Granville O. Woodard, Everett F. Drumright, Robert R. Wilston 等人。"Memorandum of Conversation, by Mr. C. Thayer White of the Division of Commercial Policy, July 9, 1945", United States Department of State, FRUS: *Diplomatic Papers*, 1945. *The Far East*, *China*, Washington, D.C.: U.S. Government Printing Office, 1945, pp. 1317 - 1323.正文所指《中加新约》,全称为《中加为废除在中国治外法权及处理有关事件条约》。第一条:"本约中'公司'一词应解释为分别依照中华民国或加拿大国法律所组成之有限公司及其他公司合伙暨社团。"第二条:"……加拿大国人民及公司在中国应依照国际公法之原则及国际惯例受中华民国政府之管辖。"参见台北"故宫博物院"网站原件电子文件:http://www.npm.gov.tw/exh100/diplomatic/zoom_ch056.html。

② 有关新公司法之相关研究,可参阅张肇元编著《新公司法》,台北,中华文化出版社委员会,1957 年,第 231—244 页。

贸易之发展。更进一步言,它事实上是用釜底抽薪的方法夺去了大部分在中国的美国公司的合法基础。例如,以美商为首的一大批注册于美国,但在美国又没有营业的公司,如著名的美商上海电力公司、上海电话公司、加州得克萨斯石油公司等,就将不得不依照中国的《公司法》注册为中国公司,并受中国《公司法》的管辖。① 早在商约草稿交涉之初李干即指出:"第三、四条中,外国公司的国民待遇、银行权利以及第十五条中的自由贸易原则,均是中国不能不加以认真考虑的。尽管中国为重建和经济发展需要美国资本,有关优惠条款是必要的,但有些条款执行起来将完全不是互惠的,中国政府因而难以接受。"②

(2) 第三条三款之外国公司法人和团体的国民待遇。③ 美方提出,一方国民和公司法人在对方领土应享受与对方国民和公司法人同等待遇。国民政府各部在收到美方草约开始正式谈判之前即对此表示异议。财政部认为:"不能给予漫无限制之国民待遇",经济部主张金融机构的国民待遇应予删除。外交部综合各部意见后指出,由于美国是联邦制国家,各州有保护本州岛的法规。中方在美享受的国民待遇只能限联邦司法规定的范围之内,实际上至多享受"他州待遇",中美双方并不平等互惠,因此建议删除美方草约中有关国民待遇的条款。但在谈判中,美国毫不退让。最后国民政府让步,双方同意互给予国民待遇,但中方要求加上"另有法律规定除外"的限制。美国最初不予同意,在中方坚持之下,最后同意了这一限制,中方则认可了"他州待遇",并放弃了删除公司活动范围中"金融"一项的主张。④

---

① William C. Kirby, "China Unincorporated: Company Law and Business Enterprise in Twentieth-Century China", *The Journal of Asian Studies*, 54(1)(Feb.1995), pp. 43-63.

② "Memorandum of Conversation, by Mr. C. Thayer White of the Division of Commercial Policy, July 9, 1945", United States Department of State, *FRUS: Diplomatic Papers*, *1945. The Far East*, *China*, Washington, D.C.: U.S. Government Printing Office, 1945, pp. 1319-1323.

③ 根据1946年商约第三条:"法人及团体"字样,系指依照依法组成之官厅所施行之有关法律规章业已或将来创设或组织之有限责任或无限责任或营利或非营利之法人、公司、合伙及其他团体。

④ 见中美两国代表1946年2月21日、3月2日、4月3日、4月13日谈判记录。《〈中美商约〉谈判过程文件》,中国第二历史档案馆藏,转引见任东来《试论一九四六年〈中美友好通商航海条约〉》,《中共党史研究》1989年第4期,第19页。

（3）第十五条之"无条件和无限制的"最惠国待遇。① 美方要求在条约前言"中美商约"一句之后加上"普遍基于无条件的最惠国待遇"。中方表示不能同意，并称"中国事实上已经实行了无条件形式的最惠国待遇"。如果中国公开表示接受这一原则，其他各国必将效仿美国，等于开了不好的先例。美方指出，最惠国待遇条款不只适用于商品，而且也适用于厂家社团和航海，如果美国放弃这一条款，就会被认为是在提倡自由贸易政策上退了一步；它坚持条约中的所有最惠国条款，除非有特别说明，均应属于无条件的。② 国防最高委员会10月9日的常务会议中，对于美方主张"无条件最惠国待遇"一点，曾一度建议"拟在谈判记录中附一声明，使他国无法援例，即凡美国允予中国者，中国亦允予美国。此点倘奉通过，即可签约"。③ 中美双方对此争论最久，由于中方态度坚决，并表示愿意在事实上给予无条件的最惠国待遇，美国最终让步，同意从条约中删除"无条件的最惠国待遇"的文字。

商约第十五款"缔约双方……在广大基础上扩充国际贸易，并求消灭国际商务上一切歧视待遇及独占性之限制者，重申其赞同之意"。这一条文对于国内之垄断企业或国有企业并无约制力，但符合国民政府欲动员国家力量实施计划经济的想法，是中美双方互有妥协的结果。

中方谈判人士如李干、条约司司长王化成等人基于娴熟的国际法知识以及对美国联邦法律的深入研究，争取于中方有利的条文，中美双方在谈判中各有斩获。以1946年《中美商约》谈判中关于版权、专利问题而言，考虑中国

---

① 国际法对于最惠国条款，分成无条件和有条件。无条件条款是指缔约国一方给予第三国的利益，不论是无条件的或是一种报酬，缔约国他方可立即无条件（immediately and unconditionally）均沾。有条件最惠国条款是缔约国一方无偿给予第三国的利益，也无偿给予他方，若是得到报酬而给予的，他方也须提出同样报酬才可享受。郑斌：《通商条约中一个重要问题——最惠国条款适用问题的再检讨》，《东方杂志》第31卷第14期，1934年7月，第69页。

② 见中美两国代表1946年3月13日、3月25日、4月3日、6月27日、8月14日、8月24日谈判记录。《〈中美商约〉谈判过程文件》，中国第二历史档案馆藏，转引见任东来《试论一九四六年〈中美友好通商航海条约〉》，《中共党史研究》1989年第4期，第19页。

③ 《国防最高委员会常务会议第206次会议（1946年10月9日）》，中国国民党中央委员会党史委员会编印：《国防最高委员会常务会议记录》，第8册，台北，近代中国出版社，1996年，第6页。马寅初：《我何以反对新订的中美商约》，该文为在上海大夏大学的演讲，原载《文汇报》（上海），1946年12月30日，收入马寅初著《马寅初全集》，第12卷，杭州，浙江人民出版社，1999年，第90—397页。马寅初另有短文《中美商约条文内容空泛，利权丧失无可避免》于《经济周报》第3卷第20期，1946年11月14日，收入周永林、张廷钰编《马寅初抨官僚资本》，重庆，重庆出版社，1983年，第197页。

正在发展的工业化技术与学习西学的一股热潮,中国政府无法提供对美国知识产权上的事实保护,因此有关知识产权的交涉,最后达成的议定书声明为:"……关于文学及艺术作品禁止翻译之保护之规定,在未就翻译事项另有谈判及协议前,将依 1903 年《中美商约》之规定解释之。"①

《中美商约》签订后,美国国会直到 1948 年 6 月才批准此约,原因是美国商业团体对若干条款仍不满意,例如关于知识产权的部分,更重要的是随着国共内战的加剧,是否持续提供美援予国民党与美国调停的困境,成为国会关注的焦点。②

三、舆论评价与外交部之回应

(一)舆论评价

《中美商约》公布之后,引起广泛的讨论。商约谈判过程中,未能广泛征询各方意见,加深舆论的不平。在中国舆论界颇具影响力的《大公报》、《观察》杂志等平面媒体,除少数言论表示肯定之外,多表负面评价。中国国民党党营报纸《中央日报》与中国共产党的党营报纸《解放日报》则是旗帜鲜明,立场迥异。上述舆论不仅反映了对于战后中国经济政策的不同看法,同时也呈现出国共对立复杂情势下不同意识形态阵营的角力。其中主要焦点在于工商贸易、航海及移民条款的争议。

1. 工商贸易条款

经贸条款引起的讨论最多,批评者主要针对中美两国经济条件大不同,商约名为互惠,实际仍为片面,结果是造成中国市场对美国的全面开放。

11 月 6 日上海《大公报》的社评针对条约内容逐一讨论,且语多激愤:"形式上确为平等。但中美国力截然不同,其所发生的利害关系也就两样了。就利害关系言,即在实质上我们觉得它几乎是一个新的不平等条约……有好多条款是针对中国可怕的将来而载入的。"然而社评对条文的解释颇多断章取义之处,例如该文提到:

---

① 吴翎君:《清末民初中美版权之争》,《政大历史学报》2012 年第 38 期,第 97—136 页。

② Julia Fukuda Cosgrove, *United States Foreign Economic Policy Toward China*, *1943 - 1946 : From the End of Extraterritoriality to the Sino-American Commercial Treaty of 1946*, New York & London: Garland Publishing, Inc., 1987, p.193.

第十款规定课税标准,此国人应与彼国人一样,不论"税金、规费或费用"皆"不得异于或高于"彼国国民。最重要的是第十六条,其第一项是不论输出品或输入品,概不可"禁止"。其第二项是所课关税及税收方法,应与本国人民享有同样待遇。……这样中美关系一面倒,而中国的关税自主,在这种规定下是不能采取保护关税的了。[①]

商约第十条第二款的文字是:"缔约此方之国民、法人及团体,不得课以异于或高于在缔约彼方领土内<u>依法组成之官厅所施行之法律规章</u>现在或将来对于任何第三国之国民、居民、法人及团体所课之任何内地税、规费或费用。"(底线为笔者所加,以下同。)因此关税决定权仍在本国。商约第十六条亦有限制条款:"缔约此方对缔约彼方任何种植物、出产物或制造品之输入、销售、分配或使用,或对输往缔约彼方领土之任何物品之输出,不得加以任何<u>禁止或限制</u>;但对一切第三国之同样种植物、出产物或制造品之输入、销售、分配或使用,或对输往一切第三国之同样物品之输出,亦同样加以<u>禁止或限</u>制者,不在此限。"对此一问题,外交部条约司司长王化成有所回应。

相对于社论的文气沸扬,刊于《大公报》盛慕杰署名的评析则较为持平。该文亦认为两国经济力量有高下之别,"文字上的平等互惠,在实际上的平等是畸形的,互惠是片面的"。在逐一分析商约条款对中方之利弊后,该文总评贸易和汇兑的条款应较得宜,因权力仍在中国手中:

> 刘于贸易和汇兑问题,对于中国大体上没有什么不利,因为关税方面可以提高税率;贸易方面可以采用数量管制,独占或公营。汇兑方面,可以设金融管制。虽然彼此共有的权利,但是中美间的贸易不平衡非常显著,故假定有任何上述情形之一加以实施,则比较不利的还是偏于美国。不过在待遇方面而论,对于贸易的经营……中国商人与外国商人的竞争关系太欠缺了一点……

该文亦从战后中国经济政策着眼,认为:"商约中以自由贸易和自由汇兑

① 《大公报》(上海),1946 年 11 月 6 日。同文刊于《大公报》(天津),1946 年 11 月 7 日第 2 版社论。

为宗旨,但是中国是长期遭受战争的国家,假定对于贸易和汇兑一点也不限制,实在和战后经济复兴的要求相反。"[1]

较肯定商约平等互惠精神的工商界知识精英,例如中央银行监事会主席暨上海市银行公会理事长李馥荪说:"郑重深信……其有利于两国人民者,当更可渐臻远大地步。值得一提者,即中美两国实力不同,故对商约规定权利之享受能力,目前当然不同。惟商约本身之平等互惠性质,固属毫无疑问。"中央银行经济处处长冀朝鼎认为:"中美商约是第一次平等互惠的商约,在中美经济关系上是一件值得欣慰的事。""美国固然需要中国以容纳其过剩的资本和商品,但中国尤需要美国的财力、物力与技术的援助。两国的经济关系既属如此密切,自然需要一个平等互惠的商约以为依据。"对于条文中规定中美两国国民在对方境内应享受国民待遇,他抱以乐观态度,认为中美经济关系仍受《公司法》限制,采矿权部分只要中国今后不以采矿权予他国,自亦不必给予美国,认为国人不必过度担心。[2]

经济学者多从战后中国经济重建的角度,认为计划经济有其必要,而《中美商约》的签订将造成美货的倾销和垄断,美货将以压倒性的优势在中国市场出现,希望政府采取保护民族工业和农业的政策。当时复旦大学教授夏炎德在《观察》杂志云:

> 美国曾是保护主义的祖国,从开国起一贯实施保护政策……现在美国生产已占绝对优势,好像产业初期的英国一样,所以美国掉过头来倡导自由贸易,在其策动召开的国际贸易就业会议中,想以它的力量为主干而推行世界的自由贸易。最近与我国签订的《中美友好通商航海条约》,即是本是项原则,这完全是本着美国的要求而订立的,中国纯粹属于被动的地位;然而我们必须知道任何国家的经济发展必须循一定的历史阶段,而不能逾越。中国目前正需学美国当初保护本国产业的办法,而现在却轻易跟人家谈自由,试问中国有什么条件跟人家谈自由,这未免太大胆太不自量了。这个做法,非愚即妄,无论如何是失着的。[3]

---

① 盛慕杰:《中美商约内容研究》,《大公报》(上海),1946 年 11 月 13 日第 6 版。
② 《大公报》(上海),1946 年 11 月 6 日第 4 版。
③ 夏炎德:《论中美经济关系之前途》,《观察》第 1 卷第 19 期,1947 年 1 月 4 日,第 6 页。

前北京大学经济学教授马寅初曾发表多篇反对《公司法》及商约且抨击官僚资本的尖刻文字。在《我何以反对新订的中美商约》一文中,他从美国欲以国际贸易自由主义取代战前德国的大集体主义(贸易不自由)的观点着手,立论颇具国际视野。他认为美国如欲实施此项政策,则应效法罗斯福总统于其草拟之《大西洋宪章》中主张国际贸易自由,彻底废除外汇统制、定额分配制、关税壁垒等,果真如此,自由贸易之理想方能实现;但事实正好相反,"美国既因国内困难,不能废除自由贸易之种种障碍为众先导,安能引导各国走上国际自由贸易之路? 中美商约是依据上述不合理基础而订立的,名虽属平等互惠,其实能予中国实惠为何殊为悬殊"。"中美交易的条件终是于美国有利,中国的外汇头寸,不旋踵即耗尽。为自卫计,中国不能不加以种种限制……"①

中国农村经济研究会负责人孙晓村认为:"中美商约中所见到的是中美平等,骤视之,好像很光荣,而其实是打肿了脸充胖子。以中美两国国民经济发展程度的不同,所谓平等其实就是不平等。美国可以根据条约做到百分之百,而我们则只有接受,无法还手,其结果是美国的资本商品,以及商业生产等组织源源而来,中国的经济建设恐怕连最低限度的发展都不可能。"②这一说法固不免太过,但对照发展中国家的经济发展景况和西方的落差愈见扩大,此一说法亦提出若干省思。

中共方面的宣传报则展开严厉抨击,猛批《中美商约》为卖国契约,可视为国共内战的文宣交锋。《解放日报》称:"蒋介石签订卖国商约,全国舆论哗然反对。该约是中国人民的卖身契,是美帝国主义奴役中国的工具,它比廿一条还凶,它使中国陷入殖民地的苦渊。"③又称:"我内河航权全部断送。"④《解放日报》转引《大公报》11 月 6 日社评严苛的结论作为标题:"不平等的江

---

① 马寅初:《我何以反对新订的中美商约》,《马寅初全集》,第 12 卷,杭州,浙江人民出版社,1999 年,第 90—397 页。马寅初:《中美商约条文内容空泛,利权丧失无可避免》,周永林、张廷钰编:《马寅初抨击官僚资本》,重庆,重庆出版社,1983 年,第 197 页。

② 《大公报》(上海),1946 年 11 月 6 日第 4 版。

③ 《解放日报》,1946 年 11 月 13 日第 1 版标题。同年 12 月 7 日,第 1 版,标题:"通电力争废除辱国条约"。

④ 《解放日报》,1946 年 10 月 10 日第 1 版标题。

宁条约今日重现,又将支配中国今后百年命运。"①《文汇报》以"互惠葬送主权"为题批判商约。②

《中央日报》11 月 6 日社评,从中美战后合作的角度,肯定新的中美经济关系的开展:"中美新商约的签订是中外贸易史上一个崭新的开始,也标示我国与世界各国所有的贸易关系已随不平等条约的废除而告结束。而从中美新商约的内容而观,其充满了平等互惠的精神。且加强与美的合作,可因应战后中国急需工业化的要求。而此后的中美贸易关系,不但应求平等互惠,更应求切实与合理,最重要的莫过于加紧输入我国建国过程中急需的工业器材,而非消耗品。"③30 日社论《论中美商约保留条款》申论外交部条约司司长王化成对外声明稿,进一步澄清外界对商约之疑虑。④

2. 航权条款

轮船业工会秘书长李云良表示,从第二十一条规定可明白看出:内河沿海航权操诸国人手中,不必过度忧虑。但他认为《中美商约》航海部分第二十二条规定:对于缔约国船舶征收之各种税捐及费用,不得高于本国船舶;第二十三条第二项规定:凡由本国船舶输出及输入物品所给予之奖励金退税及其他任何名目之优惠待遇,亦应同样给予缔约国之船舶,此两点约束本国对于国际商船及国际贸易之奖助,极不利于产业及航业幼弱之国家,希望在实施上加以警惕,以免招致损害之后果。

对于有言论指称商约缔订后中国不复保全内河及沿海航行权,李云良认为此系一种误解。从战后中美合作的角度,他更希望美国能协助中国建造新式商船舰队。

如果政府开放内河及沿海航行,我航业界必断然加以反对,而国际航行自十六世纪确立公海制及商业革命,打破闭关自守之旧规,以后则为各国所通行,除因军事上之理由外,鲜有禁阻者。我国现当善后救济

---

① 《解放日报》,1946 年 11 月 13 日第 1 版。转引上海《大公报》之社评结论原文为:"以江宁条约为始的不平等条约,曾支配中国一百年的半殖民地命运;无疑问地,以这中美商约始的平等新约,又将支配中国今后的百年命运。"11 月 16 日,另有社论约两千余字《评蒋美商约》。

② 《文汇报》,1946 年 11 月 5 日。

③ 《中央日报》(湖南版),1946 年 11 月 6 日第 2 版。

④ 《中央日报》(湖南版),1946 年 11 月 30 日第 2 版。

及复兴建设之时,需要美国运来大批机器物资,而桐油生棉茶叶猪鬃药材等土产亦亟待推广输出。深望中美商约实施后,对于两国经济合作,应更加强。而美国能以其剩余之船舶及造船设备,以优惠之条件转让我国,以助我建立新式商船舰队,此为全国航业界所迫切企望于美国朝野者也。[①]

在此之前,中美有关内河航权之条约,语多模糊。列强加以曲解或延伸解释,造成中国沿海贸易权和航权的丧失。《中美商约》第二十一至二十四款,则明白约定两国通商航海之自由,但沿海贸易权和内河航权应操诸本国,或另有法律规定之,并应给予互惠。第二十四款第二项:"……缔约任何一方之沿海贸易及内河航行,不在国民待遇之列,而应由该缔约一方有关沿海贸易及内河航行之法律规定之。缔约双方同意,缔约此方之船舶,在缔约彼方领土内,关于沿海贸易及内河航行所享受之待遇,应与对任何第三国船舶所给予之待遇,同样优厚。"

3. 移民条款

《中美商约》第二条第四款关于移民问题的规定,并未能彻底取消美国对中国人入境的种种不合理的限制,或做出重大的修正,引起舆论的失望不满。第二条第四款内容如下:

> 本约中任何规定,不得解释为影响缔约任何一方有关入境移民之现行法规,或缔约任何一方制订有关入境移民法规之权利,但本款之规定,不得阻止缔约此方之国民进入、旅行与居住于缔约彼方之领土,以经营中华民国与美利坚合众国间之贸易,或从事于任何有关之商务事业,其所享受之待遇,应与现在或将来任何第三国国民进入、旅行与居住于该领土,以经营该缔约彼方与该第三国间之贸易,或从事于与该贸易有关之商务事业所享受之待遇,同样优厚。且一千九百一十七年二月五日为限制入境移民而划定若干地带之美国入境移民律第三节之各项规定,亦不得解释为阻止中国人及中国人之后裔进入美国。

---

① 《大公报》(上海),1946 年 11 月 6 日第 4 版。

中国法律对美国人来华并未设定任何不合理的限制,但美国移民法规却对中国人仍保留着极不公平的待遇。以往专为中国人制定并已施行多年的若干"排华律",虽经美国国会通过,并于 1943 年 12 月 17 日由罗斯福总统批准废止其一部分或全部,但依美国"有关移民入境之现行法规",中国人想要进入"美国",仍蒙受种种极苛刻的限制,远不能与第三国国民所享受的待遇相提并论。①

1943 年美国国会通过将自 1882 年以后的一切排华律废止。该法案分为三点:(1) 列举自 1882 年以后之 17 种排华律宣告废止;(2) 修改 1940 年之国民法(*Nationality Act of 1940*),使中国人有归化资格;(3) 修改 1924 年之移民律第十三条 C 项,使该条排斥无权归化之一切人等,不再适用于中国人。因此中国人得用移民额分配法(该法不适用于无权归化之人民),每年准许 105 名中国移民进入美国,永久居住,将来并得依法归化。1943 年美国国会通过的废止排华律一案,列举多种专门排斥华人的法律,宣告废止,却未将 1917 年移民律第三条列入,该条曾将中国大部分划在排禁区之内。因此,排华律虽废止,但 1917 年之移民律,仍为有效之法律。②

第二条第四款前段规定:"本约中任何规定,不得解释为影响缔约任何一方有关入境移民之现行法规……"这种规定可说是一种"但书"规定;因为这一款所加的限制,不仅是为着前三款的规定而设,而是为着全部的条约而设,所以不云"本条前三款之规定",而云"本约中任何规定"。其适用之范围,既如此广泛,不免令人疑虑。虽然,第四款末段曾规定:"且 1917 年 2 月 5 日为限制入境移民而划分若干地带之美国入境移民律第三节之各项规定,亦不得解释为阻止中国人及中国人之后裔进入美国。"外交部发言人曾对外说明:"此种注明,亦可为中国人应不受歧视之一种保障。"③然而,不满之声仍难以消弭,例如《观察》杂志云:

---

① 1943 年排华律废除后,美国移民法规中仍有不少对待华人入境及移民的不合理待遇。1948 年以后美国国会陆续有提案修正。此一部分详见刘伯骥《美国华侨史续编》,台北,黎明文化事业公司,1981 年,第 115—122 页。

② 沈作干:《中美商约中的移民条款》,《大公报》(天津),1946 年 12 月 28 日第 3 版。Julia Fukuda Cosgrove, *United States Foreign Economic Policy Toward China*, 1943‑1946: *From the End of Extraterritoriality to the Sino-American Commercial Treaty of 1946*, New York & London:Garland Publishing, Inc., 1987, p.188.

③ 见《大公报》(上海),1946 年 11 月 16 日,正式之声明文稿约三千余字。

纵然在这次商约中,因我方提起美方注意,始注明 1917 年移民律第三节之规定,不适用于中国人民,这点收获也不能说是怎样了不起的收获,更不能说美国现行的移民法规对中国人的歧视待遇,已因此而完全消除。……如果我们在商约中还承认这种法规继续对中国人适用,而不受影响,则从我们中国国民的立场说,不特商约中第三条前三款所规定的那些进入、居住、经商等等权利以及所谓最惠国待遇,多将成为一边倒的片面享受,就是整个商约的价值,恐怕也将因此被冲淡了不少。①

(二) 外交部之回应

针对《大公报》刊出"如同江宁条约的不平等条约",中国驻美商务领事李干率先回应:"对于我国将来采用何种关税或贸易政策,我国有全权决定权,美方决不能借口约文加以干预。现时中美两国出口贸易失去平衡,自有其内在之理由,俱与商约无关。"②

其后面对蜂拥而至的舆论质疑,外交部条约司司长王化成不得不于 11 月 28 日发出三千余字的正式声明稿,从国民之职业之保障、法人及团体之保障、关税自主、移民条约之规定、最惠国待遇等方面,一一释疑。其重点如下:

本国国民之职业有无保障?查第二条第二项规定,缔约彼方之国民,仅能从事于非专为缔约此方国民所保留之各种职业,并只得尤其以个人身份享受此种权利,<u>缔约一方如认为某种职业应保留于其本国国民时,自可随时以法律规定之</u>。

于本国法人及团体有无保障?查第三条第三款规定,缔约彼方之法人及团体,在缔约此方领土内依法从事各项事业时,通常虽应与缔约此方之法人及团体享受同样待遇,依缔约此方法律另有规定时不在此限。<u>故缔约国之任何一方仍得予其本国法人及团体以若干必要之特殊待遇,此与我国公司法第二百九十七条之规定完全相同</u>。

---

① 韩德培:《评中美商约中的移民规定》,《观察》第 1 卷第 24 期,1947 年 2 月 8 日,第 15—17 页。

② 《大公报》(上海),1946 年 11 月 8 日第 2 版。

关税自主是否受有影响？查本约第十六条规定,彼方货物进入此方时,其所缴纳之关税不得高于任何第三国货物所纳之关税,在此种规定下,我国如认为有提高关税以保护国内工业之必要时,除须给美方以最惠国待遇亦即平等待遇外,不受任何限制。至于入口货物,不论其由外人或本国人输入者,均须纳同样之入口税,此不独为我国现行关税办法,亦为并世各国之通例。

商约中何以有关于移民之规定？查美国国会于依一九二三年通过法案规定所有一切商约必须明文规定不得影响现行移民律及将来制定移民律之权。自 1923 年以来,美国对外商约对外均有上述保留条款,无一例外,故本约第二条第四款第一句并非专对我国之规定。现实我国虽尚无移民律,惟将来认为有必要时,我国有随时制定此项法律之自由。且 1917 年 1 月 5 日美国限制特种地带人民入境之法律,经本约注明不适用于中国人民,此种注明亦可为中国人民应不受歧视之一种保障。

本约中最惠国条款之意义如何？按照通例,任何条约所给予之待遇,非国民待遇即最惠国待遇,舍此并无其他标准。而规定最惠国待遇时,其意义有二:(甲)即表示不能给予国民待遇;(乙)俾与第三国处于同等地位,而不致受差别待遇。今在条约中虽有最惠国条款,如我对任何国家不给予特别优惠时,则此项条款不发生作用。至于本约中何者应给国民待遇,何者应给最惠国待遇,本部曾会同有关机构详加审议后始行决定,并迭经与美方折冲而获成议,且以国际间商务变化万端,故本约之有效期间仅规定五年,届时再本实施效果以为应否修订新约之根据。①

李干与王化成的回应,当在为中方谈判立场与最后结果做辩护。事实上,早在商约草稿交涉过程中李干即指出:"第三、四条中,外国公司的国民待遇、银行权利以及第十五条中的自由贸易原则,均是中国不能不加以认真考虑的。尽管中国为重建和经济发展需要美国资本,有关优惠条款是必要的,

---

① 《大公报》(天津),1946 年 11 月 9 日第 3 版。11 月 29 日该报刊出约三千余字王化成的声明稿。

但有些条款执行起来将完全不是互惠的,中国政府因而难以接受。"①也就是外交部对于"形式上之平等"早有察悉,实因中美经济力量的不平衡,非条约之罪。当时签订条约的外交部部长王世杰,在日记中写道:"盖彼此虽承认依平等互惠之原则订立此约,然因中美经济情况不同,所订互惠实际上仍易成为片面之惠。"②

然而外交部的响应亦说明条约本身的平等互惠基础,不可视之为不平等条约。诚如李干所言:"中美两国出口贸易失去平衡,自有其内在之理由,俱与商约无关。"较令人遗憾的应属移民条款中对中国侨民的歧视。而如同王化成之声明稿所述,对于外交部坚持删除"无条件的最惠国待遇"文字的行为,应给予肯定。

1946 年商约谈判过程中,美方始终居于支配和主动地位,此系战后国民政府在急需获得美国物力和技术援助,加以国共内战的爆发,急盼获得美援的政治考虑下,匆匆放弃商约中或可力争的经济利权,转而顺从美国自由贸易的市场规则,而这正是当时舆论最不满之处。然而,《中美商约》对美国市场的较全面开放,是否会扼杀中国民族工业的竞争力和发展;或循此将有利于中美经济合作,加强中国战后的经济复兴? 其后,中华人民共和国成立,1946 年所签的《中美商约》究竟能发挥怎样的实际效益,也成了无法检验的课题。

第二次世界大战结束后,美国崛起为世界霸权,对中国战后秩序的重建也显现其宰制心态和作为。1943 年中英、中美平等新约中规定战后六个月签订商约,美国在礼貌征询英国意见后,完全主导战后中美经济关系重建,不理会英国商约的进度,在战后国民党急需美国援助的情况下,很快签订一份新的商约。美国企业也在 1946 年商约的条约保护伞下快速返回中国市场。然而不久国共全面内战爆发,美国企业再次面临撤离中国的命运。尽管 1946 年《中美商约》的实际作用有限,但其在近代史上的意义与潜在贡献则不容抹杀。

回顾近代中美条约关系的发展,由清末通商口岸所形成的不平等条约制

---

① United States Department of State, *FRUS:Diplomatic Papers*, *1945*. *The Far East*,*China*, Washington,D.C.:U.S. Government Printing Office, 1945,pp.1261 - 1300,1319 - 1323.

② 《王世杰日记(手稿本)》,第 5 册,1946 年 11 月 4 日,台北,1990 年,第 417—418 页。

度,在 20 世纪 20 年代因中国民族主义的昂扬开始受到挑战。20 世纪 20 年代后期,不论是国民政府展开的"革命外交"还是北洋政府的修约外交,均获得一定的成就。其中最重要的成就莫过于 1928 年签订的《中美关税自主新约》,美国率先承认中国适用关税自主之原则,其后列强陆续与中国订立关税新约。南京国民政府成立后持续推动修约与废约外交,朝野之间对修改清末《中美通商行船续订条约》提出许多有意义的观点和主张,为中国的平等新约勾画远景。从百年不平等条约的历史发展而言,1946 年《中美商约》的重要性在于确认《中美平等新约》中美国所声明"放弃"之特权,以替代过去不平等条约制度时期相关的商务条约;因此,商约的签订不仅有其必要,而且亦是战后中美经贸关系新基础下的保障。

条约原为中外交涉的法律依据,须为立约国家所信守,亦即国际法上"契约神圣性"(sanctity of contract)以及"条约必须遵守"(pacta sunt servanda)的基本原则。然而如从中外商务往来的案例可知,许多条约规范未必被中国所遵守,加以条约内容的不够精准,亦使中外各自寻找有利的条约解释。1943 年治外法权消失后,为避免过去不平等条约时期的条款解释纠纷,战后《中美商约》条款的界定和说明"清楚与不含糊"(clear and unambiguous),较符合现代国际条约之订定原则。

近代以来外人虽受治外法权的保护,但是外人在华的商业活动也面临中国经济立法上相对不足的一些问题。晚清商约签订后不久,中国首次颁布《大清公司律》,然而一直到 1946 年商约谈判之际,中国始在《公司法》中加入《外国公司法》,这是近代中国对外经济立法中的一大变革。1946 年商约中尽管美商取得不必在本国营业即可在华执业的权利,但仍受中国《公司法》中关于"外国公司"法条的管理。1946 年中国颁布的《公司法》的最后版本中,虽然删除外国公司必须在其本国营业的规定,但同时也规定凡是在中国境内营业的外国公司分公司,都必须到中国政府的主管部门进行登记注册,非经认证许可,不得在中国境内营业或设立分公司。[①] 外商注册的内容包括:该公司简史、公司所在地、公司章程、业务负责人、董事会成员、在中国之营业计

①　张忠民:《艰难的变迁——近代中国公司制度研究》,上海,上海社会科学院出版社,2002年,第 346—355 页。

划书、在华事务代理人和诉讼人、公司资本额与股本等项目。① 1946 年的《公司法》使外国企业首次在中国取得法人资格,规定其必须依照中国政府的经济立法从事商业活动,而 1946 年《中美商约》第三条则是中国条约史上首次以"法人及团体"来规范外国企业在中国从事的商业营利活动,其重要性自不待言。

关于战后《中美商约》,由于中美两国经济发展条件及实力高下悬殊,中国无法享受条约所规定在美方或美国本土的实际利益,但条约的平等互惠原则与国际主义精神则是值得肯定的。美方除了标举自由市场的原则以鼓舞美国大企业重返中国之外,法律顾问团一再强调以国际主义的原则保护美国人在华权益,更强调治外法权取消后,鉴于中国司法制度仍不建全,而中国与世界的交往应纳入中国与国际交往的关系中,因此,关于国际法原则、国际待遇美方亦应有所关注。商约第六条第一款规定:"缔约此方之国民,在缔约彼方领土全境内,关于其人身及财产,应享受最经常之保护及安全;关于此点,并应享受国际法所规定之充分保护及安全。"此即美国法律顾问团原本所最在意的问题,即美国人民在华的法律问题尚可寻国际人权的保护,但这项国际法的保护在内国法律秩序下是否等同于宪法或其位阶如何,1946 年商约并未清楚说明,留下了模糊空间。

1946 年《中美商约》第二十六条规定:"本约中任何规定,不得解释为阻止……依照 1945 年 12 月 27 日所签订之国际货币基金协议之条款,对于汇兑加以限制。"国际货币基金组织(International Monetary Fund, IMF)为二战后经济重建计划的一部分,职责是监察货币汇率和各国贸易情况,提供技术和资金协助,确保全球金融制度运作正常。该组织总部设于华盛顿,中华民国亦为创始会员国之一。② 回顾 1903 年商约到 1946 年《中美商约》关于货币金准的规范,正是中国被纳入以美元为主导的国际货币体制的新阶段。对于国际金融交易,1946 年商约第十九条第一款规定:"缔约此方之政府,如对

---

① 上海档案馆保存了 1946 年美商向中国政府注册认证的大量文件,其中每一案例均有该商何时向中国政府注册商标的历史。仅举一卷宗:《上海社会局关于美商商慎昌洋行股份公司登记问题与经济部的来文书卷,呈为公司系外国公司依照中华民国公司法声请认件由(1946 年 12 月 30 日)》,上海市档案馆藏,Q6-1-6780。

② IMF 官方网站 http://www.imf.org/external/about/history.htm,下载时间 2012 年 4 月 2 日。

国际支付方法或国际金融交易,设立或维持任何方式之管制时,则在此种管制之各方面,对缔约彼方之国民、法人及团体与商务,应给予公允之待遇。"1948年5月,中国加入《关税及贸易总协议》(*General Agreement on Tariffs and Trade*,GATT),GATT是在布雷顿森林体系(*Bretton Woods Agreements*)——以美元为中心的国际货币协议中,为了规范和促进国际贸易和发展而缔结的国际协议。GATT的原则是自由、非歧视(最惠国待遇、国民待遇)、多元化,在这三项原则下进行自由贸易往来。[①] 尽管战后中国仍是计划经济型的国家,但中国经济被正式纳入了以美国为领导的世界经济体系之中。换言之,1946年所签的《中美商约》,由于1949年国民党的大溃败,条约内容的诸多款项来不及执行,其实际作用不大,然从条约签订的后续影响以及1949年后台湾地区对美国政府所建构的一套经济体系的依赖关系而言,则仍是至关重要的一个条约协议。

---

　　① http://en.wikipedia.org/wiki/General_Agreement_on_Tariffs_and_Trade,下载时间2012年4月2日。

附录　1932—1940 年美国大来公司、英国、日本与中国在青岛的木材载运量（ex-yard）及市场销售百分比

年度	美国	英国	日本					中国	
	Dollar Co.	China Import	Wada Lbr. Co.	Hamatsune	Daini	Toyo Lbr. Co.	Fujita	Heng Kee	Kow Shen
1932	2 056 611	1 325 330	468 090	1 015 395	0	0	0	96 500	0
	41.4%	26.7%	9.4%	20.4%	0	0	0	1.9%	0
1933	3 715 580	1 613 600	255 970	462 893	0	0	0	40 880	713 410
	50.5%	21.9%	3.5%	6.3%	0	0	0	0.5%	9.7%
1934	4 993 330	3 293 520	0	0	0	0	0	617 810	2 192 760
	44.5%	29.4%	0	0	0	0	0	5.5%	19.5%
1935	3 027 180	1 975 453	0	0	0	0	0	410 000	1 077 160
	47.0%	31.0%	0	0	0	0	0	6.0%	16.0%
1936	3 119 494	2 628 920	0	0	0	0	0	62 000	1 179 500
	45.0%	38.0%	0	0	0	0	0		17.0%
1937	3 743 922	2 222 900	0	0	0	0	0	15 000	1 199 300
	52.0%	31.0%	0	0	0	0	0		17.0%
1938	1 107 168	3 392 300	500 000	300 000	0	0	0	0	50 000
	21.0%	63.0%	9.0%	6.0%	0	0	0	0	1.0%
1939	2 123 005	830 800	400 000	200 000	500 000	500 000	0	500 000	0
	37.4%	14.7%	7.1%	3.5%	8.9%	8.9%	0	8.9%	0
1940	553 035	740 900	3 000 000	0	1 000 000	500 000	1 000 000	0	0
	5.8%	10.2%	41.1%	0	13.7%	7.8%	13.7%	0	0

资料来源：Enclosure of "American Consul in Tsingtao (Paul W. Meyer) to the Secretary of States, June 21, 1941", U.S. Department of State, *Internal Affairs*, No. 893.5034/404, Washington, D.C.; United States National Archives.

结　语

本书选择以五院的建置、五权分立的实施,说明国民政府政治体制,对其施政的进程则分军政、训政和宪政等阶段,并通过描述不同阶段政治人物之间的斗争,借以诠释国民政府的执政成果及其挫折。经过长年的累积,两岸历史学者关于这些议题专论的论文成果实不可数,通论性的专书亦不缺乏。本书仅以鸟瞰式的要点论述方式,给予国民政府执政时期一个白描。至于南京时期中美关系的研究,过去长期受到中外学者的关注,亦有相当丰硕的成果,不论是通论性的专书还是单篇论文的产量都甚为惊人。即使是环绕政府交往层次的经济关系,例如《中美关税条约》的谈判、棉麦借款、白银问题和币制改革等重要议题,其成果亦是汗牛充栋。是故未来研究欲有重大突破,实有赖运用新史料以提出新课题,或从国际史的视野,或从以中国作为主体的国际史角度,善用新科技提供的数位资料库之研究资讯,考察此一时期国民政府的作为或中美关系,及其在国际史当中所扮演的角色。

一、新史料的开发

1995 年蒋介石的档案在台北开放后,已引发不少有关国民政府执政和对外关系新课题的研究。近十年来,台湾“外交部”的档案解密,委由近代史研究所代管之后,除了可深入探究国民政府的对外关系,也开发了驻外人员角色的议题。而蒋介石的日记在美国斯坦福大学胡佛研究所提供阅览后,更冲击着两岸历史学者,对于蒋介石的内心世界、蒋介石的日常生活以及蒋介石在外交决策上的退让与坚持,均因新的分析,有了明确的面貌。也因为史料的公开运用,使得过去两岸学者各持己见的诠释,有了逐渐融合的趋势。

2011 年台北"国防部军事情报局"委托相关单位,将"军事委员会调查统计局"有关抗战时期的档案及重要领导人戴笠的批示,约有 2 万多页,完成数位化,已于 2012 年 4 月起提供外界使用。此次公开的《戴笠史料》(原名为《戴公遗墨》)和"军情局"典藏部分案卷,都是一手史料,而且还披露了过往不为人知的讯息,深具史料价值。研究者可以透过档案,近身了解情报工作的进行以及戴笠的言行。目前已有《不可忽视的战场——抗战时期的军统局》一书,分析军统局在抗战时期重要的作为。[①] 然而这份新史料仍待研究者的挖掘与运用,特别是关于中美特种技术合作所的课题和对忠义救国军的评价,可能会有突破过往认知的发现。

二、从国际史视角展开的研究

近 20 年来,传统政治外交史的研究在西方学界几已宣告穷途末路。1971 年长期任教哈佛大学的梅野(Ernest R. May)提出"外交史的衰落"(The Decline of Diplomatic History),呼吁外交史同行要扩大研究的视野,否则该领域有"濒临消失"的危机。美国外交史学界对于外交史研究的何去何从,近年来历经不断的辩论和反思得出结论,最大的变革关键便是跳出传统外交史的框架,改变美国外交史为国际史,打破以美国为轴心的研究方法。一些外交史学家同时也意识到传统政治外交史过度重视政府角色、军事和外交谈判,而忽略文化、经济、科技、媒界、信息等重要因素。

1992 年韩德(H. Michael Hunt)在《外交史》(*Diplomatic History*)上发表《美国外交史的长期危机——正趋向终结》(Long Crisis in U.S. Diplomatic History：Coming to Closure)一文,对该领域进行全面检讨。韩德将美国外交史领域分为三派:一是"现实派外交史学",这批学者重视美国本身的外交政策,重视"国家利益"、"地缘政治"、"国际现实"等概念。二是所谓进步外交史家(Progressive Diplomatic History),此派的特点是结合外交与内政,分析经济体制、社会结构、文化媒界等因素对美国内外关系的影响。三是国际学派,着重分析国际大环境对美国外交决策的影响。此一学派大师云集,并且在美国具有相当大的学术影响力。韩德认为这三个学派都有其建树,但在方

---

① 吴淑凤等:《不可忽视的战场——抗战时期的军统局》,台北,2012 年。

法、概念和内涵上亦有不少缺陷。但他仍对此一学科持有乐观的谨慎,认为由于该学科学者不断调整学科的方向,特别是愈来愈走向多元化和国际关系史的模式,长期存在的学科危机"正趋向终结"。

在入江昭、韩德等学者的倡导下,"国际史"这一名称在美国学界已得到相当程度的认同。入江昭在 1989 年美国历史学会主席就职演说《国际史》(The Internationalization of History)中,指出国际史是一种全方位的历史研究法。它超越了传统外交史一味强调政府之间的交涉、谈判等限制,把文化、社会思潮变迁、个人情感等因素引入考察之列。国际史与传统政治史的主要区别在于它超越国界,侧重多层次对话,并以整个国际体系作为参照系,强调国家间的政治、文化等多重交流、对话及互动。入江昭近来的论著亦围绕全球化之间的多层次交往关系,例如以全球化观点探讨近代以来中日两国在权力、文化和经济上的互动和消长,或是随着后冷战时代的来临,世界由两极走向多极,在全球化趋势下文化交流、市民社会、经济共同体的相继出现,以及政府角色的相对减弱。1991 年,韩德在任外交史家协会主席的演说中,以"美国外交史的国际化"(Internationalizing of U.S. Diplomatic History)为题,阐述国际史研究的必然趋势。20 世纪 90 年代后期,韩德转向当代美国国际史和全球史的研究,例如著名的《美国的崛起:美国如何成为世界霸主》(*The American Ascendancy*:*How the United States Gained and Wielded Global Dominance*)一书,从全球化的脉络宏观探索百余年来美国经济和文化的发展,论析美国霸权的形成及其结果。

三、以中国作为主体的国际化议题

如果说入江昭和韩德的国际史方法和视野,焦点仍是美国对外关系或远东世界的多层面和国际取向,那么 1997 年哈佛大学中国史学者柯伟林在《中国的国际化——民国时代的对外关系》一文中,则将视野拉到以中国作为主体的国际化议题。柯伟林以国际化视野看待中国近现代历史的发展,强调近代以来中国与更广泛的世界的交互作用。他认为柯文(Paul Cohen)侧重中国内部面向(more interior approach)的研究虽对近代中国史的研究有所贡献,但绝不能忽略国际因素的面向,特别是 1912 年和 1949 年两个"新中国"阶段,国际因素的影响无所不在。他逐一考察民国时期的政治、军事、文化、经济、商业和教育等方面的国际化脉动,总结民国时期对外关系的影响是彻底穿透于中国社会的各个层面的,可说是"从国际发现中国历史"。柯伟林提到国家与政府对于 20 世纪中外关系不论是在私人层面还是公众层面而言都是至关重要的,这种关系是在国家之间且跨越国界的不可避免的背景之下发生的,而且国家和政府对非政府个体的许多活动还进行调停、斡旋与监督。他指出"全球化"概念的预设是世界上国家之间的模式的不断趋同,但它没有考虑文化及政治的变化不如交通、通讯、贸易方面的革命所产生的变化迅速,而"国际化"指的便是这种变化过程中彼此相互联系又相互冲突的过程,因此,有必要从中国的国际化视野看待民国以来的对外关系。柯伟林近年的著作一再强调中国对外关系与对内关系的交互作用过程,提出对近代中国的国际化、内化和外化(externalization)的大命题思考。

徐国琦近年来有关中国的国际化三部曲著作:《中国与大战》、《奥林匹克之梦——中国与体育》、《西线的陌生人——一次大战的华工》,从近代中国的国际化脉络出发,以具体个案探寻中国与世界的互动关联,并追寻新的国家认同。徐国琦在《中国与大战》、《奥林匹克之梦》两书中,提出"中国化"和"国际化"两个概念,论述近代中国对世界的参与。他认为国际化指的是近代中国积极参与国际体系,而国际化的过程亦促进中国与外部世界和国际体系的交互作用,中国化的推动力则来自中国与世界在社会、思想、经济、意识形态与文化资源等方面的接触与互动,因此,中国化是国际化的最后目标。徐国琦在新作《西线的陌生人》中更进一步阐述,认为从甲午战败后到第一次世界大战间,中国的政治与文化主要为双重历程所形塑,亦即激烈的中国化与国际化。"中国化"是中国在西方冲击下自我更新,并为国际化所准备的一个过程和状态。国际化包括消极被动与主动两种形式,前者伴随着外国侵略中国所带来的一些政治、经济和文化的影响,而后者为(中国人)自身所采取的积极国际化作为,包括拥抱西学、政治理论和外国政治模本,以及积极提升中国在国际舞台上的地位。[①]

近年来虽然海峡两岸对于民国时期外交史的研究已逐渐脱离以收回国

---

① 以上内容详见吴翎君《从徐国琦新著 *Strangers on the Western Front：Chinese Workers in the Great War* 谈国际史的研究方法》,《新史学》(台北)第 22 卷第 4 期,2011 年 12 月,第 183—215 页。

权之过程为主线的外交史,或强调中国积极主动参与国际社会,通过国际会议的谈判和国际组织的合作,提升中国的国际形象和地位;或以国共两党的观点为主线的政治外交史之研究成果亦不少。两岸及日本学界近年亦有提出全球化视野下的外交史研究。整体而言,东方学者论述全球化下的外交史,仍偏重政治层面的外交研究。与欧美学界近年来的国际史研究愈来愈走向跨学科的融合与对话有所不同。虽然未来"国际史"的研究前景仍有待观察,但不可否认 20 年来美国史学界试图在传统外交史的研究中一再尝试新的研究方法和趋势,为传统政治外交史注入了新的活力。[①]

四、数据库的运用

拜科技进步所赐,愈来愈多的档案文件可以透过数据库和互联网的方式,便利研究者运用。如"史料文物查询系统"、"数字档案检索系统"等,其对重要的史料均提供详细的档案摘要,使用者可以大致明了档案的内容。而"数字档案检索系统"目前正在研发限定 IP,提供通过网络阅读《国民政府档案》的服务,如开发完成,即可不受限于阅览室开放时间,对关于国民政府的研究一定有帮助。

台北近代史研究所近年陆续建置了"谭延闿日记"、"王世杰日记"、"徐永昌日记"、"蒋公大事长编"等数据库,虽限该所内使用,如能取得使用权,即可以关键词快速找到所需材料,大幅节省搜寻史料的时间。

位于台北的"国家图书馆"已建置"公报查询系统",有"总统府"公报以及"五院"的公报(http://gaz.ncl.edu.tw/)。在"总统府"公报当中,包含国民政府时期的公报,使用者在检索后尚可利用其提供的浏览软体,阅读公报内容。此外,《申报》、《大公报》、《中央日报》的数字化,对研究国民政府时期的社会变迁和文化活动等也有相当帮助。

另因影像图片也可建立数据库,故尚可利用台北"中央通讯社"的官方网站(http://www.cna.com.tw/),开发以影像解说国民政府历史的服务。

又,过去中国学者的研究由于受限于美国方面资料的取得不易,较少能运用中英文原始资料进行互相比较。然而,近年来档案资料不断开放,赴国

[①]　关于国际史的研究趋势和研究方法,可参见徐国琦《"会当凌绝顶,一览众山小"——国际史研究方法及其应用》,《文史哲》2012 年第 4 期,第 5—17 页。

外搜寻资料亦较以前容易,数字化网站提供了极大便利,即如美国国务院档案目前亦逐步朝数字化资料库建置。与南京十年最相关的美国国家档案馆数据库为 U.S. National Archives, *Japan at War and Peace*, 1930－1949: *U.S. State Department Records on the Internal Affairs of Japan*(需购买在线使用权)。许多英文电子数据库甚且可于网上全文下载,除学界已熟知的《美国外交文件》(*FRUS*, http://uwdc. library. wisc. edu/collections/FRUS)之外,还有无版权古书档案网站(http://www. archive. org/index. php),该网站可查询 19 世纪和 20 世纪初的原版书。Hathi Trust Digital Library 网站(http://www. hathitrust. org/)亦免费提供古书、报告、杂志与美国领事报告等 PDF 文件的下载。①

　　总之,对新史料的研究可能有新发现,数据库的便利运用亦可能使未来的民国史研究朝更多元的面向发展,而欧美学界则从国际化和全球化的研究面向,提供给我们以中国作为主体的国际史研究方法,并从中国与西方共享历史的角度,思考现代中国发展的进程。

---

　　①　吴翎君曾为文介绍台湾收藏的美国政府档案资料,见 http://archwebs.mh. sinica. edu. tw/digital/data/PDF/8－1－2－3,pdf,下载时间 2013 年 7 月 8 日。

参考文献

中文部分

一、档案

美国:斯坦福大学胡佛研究所档案馆藏

　　　蒋介石日记(手搞本)

南京:中国第二历史档案馆藏

　　　国民党中央党务机构档案

　　　国民政府档案

　　　经济部冀热察绥区特派员办公处

　　　南京国民政府实业部档案

　　　行政院档案

　　　《中美商约》谈判过程文件

上海:上海社会科学院经济研究所企业史资料室藏

　　　英美烟公司抄档

台北:中国国民党中央文化传播委员会党史馆(党史委员会)藏

　　　蒋委员长训令

　　　陆海空军大本营组织法、中央执行委员会授权军事委员长行使最

　　　　高统帅权统一党政指挥案

　　　国防最高会议常务委员会议记录

　　　国防最高会议第一次会议记录

　　　国防最高会议组织条例案

吴稚晖档案

中行庐经世资料

中央政治会议会议记录

二、史料汇编

陈真编:《中国近代工业史资料》,北京,三联书店,1957年。

国民参政会秘书处编:《国民参政会第三届第三次大会记录》,重庆,国民参政会秘书处,1945年。

国民政府文官处印铸局:《国民政府公报(影印本)》,第46、47册,台北,成文出版社,1972年。

黄月波、于能模、鲍厘人合编:《中外条约汇编》,上海,商务印书馆,1935年。

历史文献社编印:《政协文献》,[出版地点不详],历史文献社,1946年。

林泉编:《中国国民党临时全国代表大会史料专辑》,上、下册,台北,中国国民党中央委员会党史委员会,1991年。

刘镜亮:《西安事变电报选载》,《历史档案》1988年第3期。

刘维开编:《国民政府处理九一八事变之重要文献》,台北,中国国民党中央委员会党史委员会,1992年。

[美]马歇尔著,中国社会科学院近代史研究所翻译室译:《马歇尔使华:美国特使马歇尔出使中国报告书》,北京,中华书局,1981年。

[美]美国国务院编:《美国与中国之关系:特别着重1944年至1949年之一时期》,台北,"中华民国外交部",1949年。

彭明主编:《中国现代史资料选辑》,第2—5册,北京,中国人民大学出版社,1988—1993年。

秦孝仪主编:《卢沟桥事变史料》,上册,台北,中国国民党中央委员会党史委员会,1986年。

秦孝仪主编:《中国国民党历次全国代表大会重要决议案汇编(上)》,台北,中国国民党中央委员会党史委员会,1978年。

秦孝仪主编:《中国国民党历届历次中全会重要决议案汇编(一)》,台北,中国国民党中央委员会党史委员会,1979年。

秦孝仪主编:《中华民国重要史料初编——对日抗战时期》,共7编,台北,中国国民党中央委员会党史委员会,1981—1988年。

[日]外务省编:《日本外交年表并主要文书》,下卷,东京,原书房,1978年。

荣孟源主编:《中国国民党历次代表大会及中央全会资料》,上、下册,北京,光明日报出版社,1985年。

上海社会科学院经济研究所编:《英美烟公司在华企业资料汇编》,第1—4册,北京,中华书局,1983年。

世界知识出版社编印:《中美关系资料汇编》,下册,北京,世界知识出版社,1957年。

《事略稿本》,第5—33、55、58、62、68—69册,台北,2004—2008、2012年。

四联总处秘书处:《四联总处文献选辑》,南京,四联总处秘书处密件,1948年。

"外交部"编:《中外条约汇编》,台北,文海出版社,1964年。

"外交部"编印:《中外条约辑编(增编再版)》,台北,"外交部",1963年。

"外交部档案信息处"编:《中国驻外各大使(公使)馆历任馆长衔名年表(增订本)》,台北,商务印书馆,1968年。

王宇高、王宇正主编:《困勉记》,上、下册,台北,2011年。

萧继宗主编:《中国国民党党章政纲集(增订本)》,台北,中国国民党中央委员会党史委员会,1976年。

中共中央党史研究室编:《1937年国共谈判中毛泽东、周恩来、洛甫等的一组来往电文》,《中共党史资料》2007年第2期。

中共中央党史研究室第一研究部编:《联共(布)、共产国际与中国国民革命运动(1926—1927)(下)》,北京,北京图书馆出版社,1998年。

中共中央党史资料征集委员会编:《中共党史资料》,第33辑,北京,中共党史资料出版社,1990年。

中共中央文献编辑委员会编:《周恩来选集》,上卷,北京,人民出版社,1980年。

中国第二历史档案馆编:《中国国民党第一、二次全国代表大会会议史料》,南京,江苏古籍出版社,1986年。

中国第二历史档案馆编:《中华民国史档案资料汇编》,第 5 辑,南京,江苏古籍出版社,1991—1998 年。

中国共产党南方局党史资料征集小组编:《南方局党史资料:大事记》,重庆,重庆出版社,1986 年。

中国国民党中央委员会党史委员会编印:《革命文献》,第 16—94 辑,台北,中国国民党中央委员会党史委员会,1957—1984 年。

中国国民党中央委员会党史委员会影印:《国防最高委员会常务会议记录》,第 6 册,台北,近代中国出版社,1996 年。

中国国民党中央委员会秘书处编:《中国国民党第五届中央执行委员会常务委员会会议记录汇编(上)》,台北,中国国民党中央委员会秘书处,出版时间不详。

中国民主同盟中央文史资料委员会编:《中国民主同盟历史文献》,北京,文史资料出版社,1983 年。

中国人民政治协商会议全国委员会文史和学习委员会编:《文史资料选辑》,第 6 辑,北京,中华书局,1961 年。

中国人民政治协商会议全国委员会文史和学习委员会编:《文史资料选辑》,第 16 辑,北京,中华书局,1961 年。

中国人民政治协商会议全国委员会文史和学习委员会编:《文史资料选辑》,第 52 辑,北京,中华书局,1964 年。

中国社会科学院近代史研究所中华民国史研究室编:《长城抗战资料选辑》,北京,中华书局,1989 年。

中国社会科学院近代史研究所编:《胡适任驻美大使期间往来电稿》,北京,中华书局,1978 年。

中国社会科学院近代史研究所翻译室编译:《共产国际有关中国革命的文献资料》,第 3 辑,北京,中国社会科学出版社,1990 年。

中统局上海特派员办事处编:《政治协商会议经过检讨》,上海,中统局上海特派员办事处,1947 年。

中央档案馆编:《中共中央文件选集(1932—1933)》,第 8 册,北京,中共中央党校出版社,1985 年。

中央档案馆编:《中共中央文件选集(1936—1938)》,第 10 册,北京,中共中央党校出版社,1985 年。

中央档案馆编:《中共中央文件选集(1945)》,第 15 册,北京,中共中央党校出版社,1991 年。

中央统战部、中央档案馆编:《中共中央解放战争时期统一战线文件选编》,北京,档案出版社,1988 年。

重庆市政协文史资料委员会、中共重庆市委党校编:《国民参政会纪实》,下卷,重庆,重庆出版社,1985 年。

周美华编:《国民政府军政组织史料》第 1 册《军事委员会(一)》,台北,1996 年。

三、大事记、辞典

陈兴唐主编:《中国国民党大事典》,北京,中国华侨出版社,1993 年。
郭廷以编著:《中华民国史事日志》,第 2、3 册,台北,1984 年。
韩信夫、姜克夫主编:《中华民国史大事记》,第 7、8 卷,北京,中华书局,2011 年。
李新主编:《中华民国史》,第 7、8 卷,北京,中华书局,2011 年。
《中华民国史事纪要》编辑委员会:《中华民国史事纪要(中华民国 16 年 1 至 6 月)》,台北,中华民国史料研究中心,1977 年。

《中华民国史事纪要》编辑委员会:《中华民国史事纪要(中华民国 18 年 5 至 8 月)》,台北,中华民国史料研究中心,1985 年。

《中华民国史事纪要》编辑委员会:《中华民国史事纪要(中华民国 22 年 1 至 6 月)》,台北,中华民国史料研究中心,1984 年。

《中华民国史事纪要》编辑委员会:《中华民国史事纪要(中华民国 36 年 7 至 12 月)》,台北,中华民国史料研究中心,1988 年。

四、日记、书信、文集、言论集等

北京师范大学、上海市档案馆编:《蒋作宾日记》,南京,江苏古籍出版社,1990 年。

邓演达:《邓演达文集》,北京,人民出版社,1981 年。

冯玉祥:《冯玉祥日记》,第 4 册,南京,中国第二历史档案馆编,1992 年。

傅正主编:《雷震全集》,台北,桂冠图书公司,1989年。

何键、王东原:《何键、王东原日记(内部发行)》,北京,中国文史出版社,1993年。

何智霖、高明芳、周美华主编:《陈诚先生书信集——家书》,台北,2006年。

胡适:《胡适日记(手稿本)》,第13册,台北,远流出版社,1990年。

蒋介石:《蒋介石言行录》,上海,上海新民书局,1933年。

蒋介石:《苏俄在中国——中国与俄共三十年经历纪要》,台北,1956年。

蒋介石:《自反录》,第2集,[出版时间地点不详],南京图书馆藏。

蒋铁生主编:《冯玉祥年谱》,济南,齐鲁书社,2003年。

李旭编:《政治协商会议之检讨》,南京,时代出版社,1946年。

李勇、张仲田编:《蒋介石年谱》,北京,中共党史出版社,1995年。

梁漱溟:《忆往谈旧录》,北京,中国文史出版社,1987年。

马寅初:《马寅初全集》,第12卷,杭州,浙江人民出版社,1999年。

毛泽东:《毛泽东文集》,第1卷,北京,人民出版社,1993年。

毛泽东:《毛泽东选集》,第1—4卷,北京,人民出版社,1951—1985年。

秦孝仪主编:《蒋公思想言论总集》,第10、11、14、21、22、38卷,台北,中国国民党中央委员会党史委员会,1984年。

秦孝仪主编:《蒋公大事长编初稿》,第2、4—6卷,台北,未刊行。

邵元冲著,王仰清、许映湖标注:《邵元冲日记》,上海,上海人民出版社,1990年。

孙中山:《孙中山全集》,第1—11卷,北京,中华书局,1981—1986年。

王世杰:《王世杰日记(手稿本)》,第1、4、5、6册,台北,1990年。

王子壮:《王子壮日记(手稿本)》,第1册,台北,2001年。

翁文灏著,李学通、刘萍、翁心钧整理:《翁文灏日记》,北京,中华书局,2010年。

先导社编:《胡汉民先生政论选编》,广州,先导社,1934年。

阎锡山:《阎锡山日记》,北京,社会科学文献出版社,2011年。

中共中央马克思恩格斯列宁斯大林著作编译局编译:《列宁全集》,第23卷,北京,人民出版社,1958年。

中共中央文献编辑委员会编:《周恩来选集》,上卷,北京,人民出版社,1980 年。

五、年谱、回忆录、访谈录

陈布雷:《陈布雷回忆录》,北京,东方出版社,2009 年。

陈诚:《陈诚回忆录——抗日战争》,北京,东方出版社,2009 年。

陈公博:《苦笑录》,北京:东方出版社,2004 年。

陈公博、周佛海:《陈公博、周佛海回忆录》,台北,跃异文化事业有限公司,1988 年。

顾维钧著,中国社科院近代史研究所译:《顾维钧回忆录》,第 2 册,北京,中华书局,1984 年。

何廉著,朱佑慈等译:《何廉回忆录》,北京,中国文史出版社,1988 年。

李璜:《学钝室回忆录(节录本)》,台北,中国青年党党史委员会,1985 年。

李维汉:《回忆与研究》,下册,北京,中共党史资料出版社,1986 年。

李宗仁口述,唐德刚撰写:《李宗仁回忆录(下)》,桂林,广西师范大学出版社,2005 年。

[美]唐德刚访录,王书君著述:《张学良世纪传奇(口述实录)》,济南,山东友谊出版社,2002 年。

钱昌照:《钱昌照回忆录》,北京,中国文史出版社,1998 年。

王云五:《岫庐八十自述》,台北,商务印书馆,1967 年。

吴景平:《宋子文政治编年》,福州,福建人民出版社,1998 年。

吴玉章:《吴玉章回忆录》,北京,中国青年出版社,1978 年。

余湛邦:《张治中与中国共产党——张治中机要秘书回忆录》,北京,中共中央党校出版社,1991 年。

张发奎:《蒋介石与我:张发奎上将回忆录》,香港,文化艺术出版社,2008 年。

张发奎口述,夏莲瑛访谈及记录,胡志伟翻译及校注:《张发奎回忆录》,北京,当代中国出版社,2012 年。

张群口述,陈香梅整理:《张群先生话往事》,北京,中国友谊出版社,

1992 年。

中共中央文献研究室编:《毛泽东年谱》,上、下册,北京,人民出版社、中央文献出版社,1993 年。

中共中央文献研究室编:《周恩来年谱》,北京,中央文献出版社,1998 年。

朱宗震等编:《陈铭枢回忆录》,北京,中国文史出版社,1997 年。

邹鲁:《回顾录》,第 2 编,南京,独立出版社,1946 年。

左舜生:《近卅年见闻杂记》,台北,中国青年党党史委员会,1984 年。

六、公报

《国民政府公报》,南京,1927—1931 年;重庆,1937 年。

《国民政府外交部公报》,南京,1934—1936 年。

七、期刊、报纸

《大公报》,天津、上海,1927—1947 年。

《大光报》,广州,1945 年。

《东方杂志》,上海,1927—1936 年。

《独立评论》,北平,1933—1936 年。

《观察》,上海,1946—1947 年。

《广州国民日报》,广州,1926 年。

《国闻周报》,天津,1928—1936 年。

《和平日报》,重庆,1946 年(前身为《扫荡报》)。

《建国月刊》,南京,1928 年。

《解放日报》,西安,1936 年。

《解放日报》,北平,1946 年。

《经济周报》,上海,1946 年。

《救国时报》,巴黎,1937 年。

《群众》,1946—1947 年。

《三民主义月刊》,广州,1933 年。

《申报》,上海,1927—1947 年。

《盛京时报》,1927 年。

《时事新报》,上海,1929 年。

《世纪评论》,上海,1947 年

《四川晨报》,重庆,1932 年。

《外交评论》,南京,1934 年。

《文汇报》,上海,1946—1947 年。

《新华日报》,重庆,1946 年。

《新民报》,南京,1946 年。

《新闻报》,上海,1929 年。

《新月》,上海,1929 年。

《益世报》,重庆,1932、1946—1947 年。

《庸报》,天津,1932 年。

《中央日报》,南京、重庆,1928—1937、1945—1946 年。

《中央周报》,1931 年。

八、专书

Keith E. Eiler 著,王晓寒、翟国瑾译:《魏德迈论战争与和平》,台北,正中书局,1989 年。

陈柏心:《县政建设实施概况》,桂林,桂林文化供应社,1943 年。

陈红民:《函电里的人际关系与政治》,北京,生活·读书·新知三联书店,2003 年。

陈觉编:《九一八后国难痛史资料》,资料五,[出版地点不洋],东北问题研究会,1933 年。

陈瑞云:《现代中国政府》,长春,吉林文史出版社,1988 年。

陈之迈:《中国政府》,第 1、2 册,上海,商务印书馆,1945—1946 年。

仇华飞:《中美经济关系研究,1927—1937》,北京,人民出版社,2002 年。

戴建兵:《白银与近代中国经济》,上海,复旦大学出版社,2005 年。

董霖:《中国政府》,第 1 册,上海,世界书局,1941 年。

[法]孟德斯鸠著,严复译:《论法的精神》,上册,北京,商务印书馆,1981 年。

郭廷以:《近代中国史纲》,下册,香港,中文大学出版社,2008 年。

国际联盟调查团编:《国际联合会调查团报告书全文》,上海,外论编译社,1933 年。

何应钦:《日军侵华八年抗战史》,台北,黎明文化事业公司,1982 年。

洪钧培:《国民政府外交史》,上海,华通书局,1930 年;台北,文海出版社翻印,1968 年。

侯坤宏、林兰芳编:《社会经济史的传承与创新——王树槐教授八秩荣庆祝寿论文集》,台北,稻乡出版社,2009 年。

胡汉民主编:《总理全集》,第 1 集,上海,上海民智书局,1930 年。

胡礼忠、金光耀、顾关林:《从望厦条约到克林顿访华》,福州,福建人民出版社,1996 年。

胡璞玉主编:《和谈纪实》,上册,台北,1971 年。

黄季陆主编:《革命人物志》,台北,1969 年。

黄自进主编:《蒋中正与近代中日关系》,台北,2005 年。

《纪念七七抗战六十周年学术研讨会论文集》,台北,1998 年。

蒋纬国:《抗日御侮》,第 1 卷,台北,黎明文化事业公司,1978 年。

蒋永敬:《百年老店国民党沧桑史》,台北,传记文学出版社,1993 年。

蒋匀田:《中国近代史转捩点》,香港,友联出版社,1976 年。

"教育部"主编:《中华民国建国史》第四篇《抗战建国(一)》,台北,编译馆,1990 年。

金冲及:《二十世纪中国史纲》,第 1、2 卷,北京,社会科学文献出版社,2009 年。

金冲及主编:《周恩来传》,北京,人民出版社,1989 年。

金以林:《国民党高层的派系政治:蒋介石"最高领袖"地位是如何确立的》,北京,社会科学文献出版社,2009 年。

近代史研究所编辑:《抗战建国史研讨会论文集》,台北,1985 年。

近代史研究所编:《近代中国历史人物论文集》,台北,1993 年。

荆知仁:《中国立宪史》,台北,联经出版股份有限,1984 年。

居之芬、张利民主编:《日本在华北经济统制掠夺史》,天津,天津古籍出版社,1997 年。

柯伟林著,陈谦平等译:《德国与中华民国》,南京,江苏人民出版社,

2006年。

孔繁霖编：《五五宪草之评议》，南京，时代出版社，1946年。

孔庆泰：《国民党政府政治制度史》，合肥，安徽教育出版社，1998年。

李安世等：《反法西斯战争时期的中国与世界研究：战时英国对华政策》，第7卷，武汉，武汉大学出版社，2010年。

李恩涵：《北伐前后的"革命外交"（1925—1931）》，台北，1993年。

李华彬主编：《天津港史》，古、近代部分，北京，人民交通出版社，1986年。

李育民：《中国废约史》，北京，中华书局，2005年。

李云汉：《从容共到清党》，台北，中国学术著作奖助委员会，1966年。

李云汉：《中国国民党史述》，第3编，台北，中国国民党中央委员会党史委员会，1994年。

梁敬錞：《史迪威事件》，台北，商务印书馆，1971年。

梁敬錞：《中美关系论文集》，台北，联经出版事业公司，1982年。

林炯如、傅绍昌、虞宝棠：《中华民国政治制度史》，上海，华东师范大学出版社，1995年。

林天行编：《中国政治内幕》，第1辑，广州，南华出版社，1947年。

林桶法：《从接收到沦陷——战后平津地区接收工作之检讨》，台北，东大图书股份有限公司，1997年。

刘伯骥：《美国华侨史续编》，台北，黎明文化事业公司，1981年。

刘维开：《编遣会议的实施与影响》，台北，商务印书馆，1989年。

刘维开：《国难期间应变图存问题之研究：从九一八到七七》，台北，1995年。

罗志平：《清末民初美国在华的企业投资，1818—1937》，台北，1996年。

［美］巴巴拉·塔奇曼著，陆增平译：《史迪威与美国在华经验》，台北，商务印书馆，1984年。

［美］费正清、费维恺编，刘敬坤等译：《剑桥中华民国史》，下卷，北京，中国社会科学出版社，2006年。

［美］帕克斯·M.小科布尔著，蔡静仪译：《江浙财阀与国民政府（1927—1937）》，天津，南开大学出版社，1987年。

［美］迈克尔·罗素著，郑会欣译：《院外集团与美国东亚政策：30年代美

国白银集团的活动》，上海，复旦大学出版社，1992年。

[美]米尔顿·弗里德曼，安佳译：《货币的祸害》，北京，商务印书馆，2006年。

[美] 入江昭、孔华润编：《巨大的转变：美国与东亚(1931—1949)》，上海，复旦大学出版社，1987年。

[美] 易劳逸著，陈谦平、陈红民等译：《流产的革命：1927—1937年国民党统治下的中国》，北京，中国青年出版社，1992年。

莫济杰、陈福霖主编：《新桂系史》，第1卷，南宁，广西人民出版社，1991年。

牛军：《从延安走向世界》，福州，福建人民出版社，1992年。

牛军：《内战前夕：美国调处国共矛盾始末》，台北，巴比伦出版社，1993年。

齐锡生：《剑拔弩张的盟友：太平洋战争期间的中美军事合作关系，1941—1945》，台北，联经出版公司，2011年。

钱端升等：《民国政制史》，上册，上海，商务印书馆，1946年上海增订二版。

秦孝仪主编：《中华民国政治发展史》，第2册，台北，近代中国出版社，1985年。

全国政协文史委员会辑：《淘金旧梦：在华洋商纪实》，北京，中国文史出版社，2001年。

丘宏达主编：《现代国际法》，台北，三民书局，1993年。

[日]日本防卫厅防卫研究室编，林石江泽：《从卢沟桥事变到南京战役》，台北，"国防部史政编译局"，1987年。

[日]日本防卫厅防卫研修所战史室编著：《战史丛书·大本营陆军部1》，东京，朝云新闻社，1974年。

[日]服部卓四郎著，"国防计划局编译室"译：《大东亚战争全史》，第3册，台北，军事译粹社，1978年。

[日]臼井胜美著，陈鹏仁编译：《中日外交史——北伐时代》，台北，水牛出版社，1989年。

[日]石丸藤太：《蒋介石评传》，南京，中正书局，1937年。

［日］中村隆英:《战时日本对华北的经济支配》,东京,山川出版社,1983 年。

［日］竹内实监修,毛泽东文献资料研究会编:《毛泽东集》,第 9 卷,东京,苍苍社,1983 年。

邵宗海:《美国介入国共和谈之角色》,台北,五南图书出版公司,1995 年。

沈庆林:《中国抗战时期的国际援助》,上海,上海人民出版社,2000 年。

沈云龙:《民国史实与人物论丛》,台北,传记文学出版社,1990 年。

史全生、高维良、朱剑:《南京国民政府的建立》,郑州,河南人民出版社,1987 年。

陶文钊、杨奎松、王建朗:《抗日战争时期中国对外关系》,北京,中共党史出版社,1995 年。

退职记者:《哀江南》,第 1 集,香港,振华出版社,1960 年。

汪熙主编:《150 年中美关系史著作目录,1923—1990》,上海,复旦大学出版社,2005 年。

王尔敏:《晚清商约外交》,香港,香港中文大学出版社,1998 年。

王建朗:《抗战初期的远东国际关系》,台北,东大图书公司,1996 年。

王建朗:《中国废除不平等条约的历程》,南昌,江西人民出版社,2000 年。

王凌霄:《中国国民党新闻政策之研究(1928—1945)》,台北,中国国民党中央委员会党史委员会,1996 年。

王世杰、钱端升:《比较宪法》,北京,中国政法大学出版社,2004 年。

王玉茹:《近代中国价格结构研究》,西安,陕西人民出版社,1997 年。

吴东之主编:《中国外交史:中华民国时期,1911—1949》,郑州,河南人民出版社,1994 年。

吴景平:《宋子文评传》,福州,福建人民出版社,1998 年。

吴景平:《宋子文思想研究》,福州,福建人民出版社,1998 年。

吴翎君:《美孚石油公司在中国》,台北,稻乡出版社,2000 年。

吴翎君:《美国大企业与近代中国的国际化》,台北,联经出版公司,2012 年。

吴翎君:《美国与中国政治(1917—1928)——以南北分裂政局为中心的探讨》,台北,东大图书公司,1996 年。

吴相湘:《第二次中日战争史》,下册,台北,综合月刊社,1974年。

谢振民编著,张知本校订:《中华民国立法史》,上册,北京,中国政法大学出版社,2000年。

徐矛:《中华民国政治制度史》,上海,上海人民出版社,1992年。

杨鹤皋主编:《中国法律思想史》,北京,北京大学出版社,2004年。

杨纪编:《宪政要览》,沈云龙主编:《近代中国史料丛刊续编》,第81辑,台北,文海出版社,1966年。

杨奎松:《国民党的"联共"与"反共"》,北京,社会科学文献出版社,2008年。

杨奎松:《中共与莫斯科的关系(1920—1960)》,台北,东大图书股份有限公司,1997年。

杨奎松:《中间地带的革命——中国革命的策略在国际背景下的演变》,北京,中共中央党校出版社,1992年。

杨天石、侯中军编:《战时国际关系》,北京,社会科学文献出版社,2011年。

杨幼炯:《近代中国立法史》,台北,商务印书馆,1966年。

杨幼炯:《五权宪法之思想与制度》,上海,商务印书馆,1949年。

［英］那乔森·芬比著,陈一鸣译:《蒋介石传》,北京,中国青年出版社,2011年。

宇宙光出版社编:《基督教与中国本色化论文集》,台北,宇宙光出版社,1988年。

张黎等选编:《老新闻——民国旧事(1935—1937)》,天津,天津人民出版社,1998年。

张群:《三十年来党政军关系之回顾》,台北,革命实践研究院,1954年。

张宪文、陈兴唐、郑会欣编:《民国档案与民国史学术讨论会论文集》,北京,档案出版社,1988年。

张宪文、方庆秋主编:《蒋介石全传》,郑州,河南人民出版社,1996年。

张玉法:《近代中国民主政治发展史》,台北,东大图书股份有限公司,1999年。

张玉法:《中华民国史稿(修订版)》,台北,联经出版公司,2001年。

张肇元编著:《新公司法》,台北,中华文化出版社委员会,1957年。

张忠民:《艰难的变迁——近代中国公司制度研究》,上海,上海社会科学院出版社,2002年。

章伯锋、庄建平主编:《抗日战争》,第1卷,成都,四川大学出版社,1997年。

郑会欣:《改革与困扰——三十年代国民政府的尝试》,香港,香港教育图书公司,1998年。

中共重庆市委党史工作委员会等编:《重庆谈判纪实》,重庆,重庆出版社,1984年。

中国抗日战争史学会、中国人民抗日战争纪念馆编:《中华民族的抗争与复兴——第一、二届海峡两岸抗日战争史学术研讨会论文集》,北京,团结出版社,2010年。

中国孙中山研究学会编:《孙中山和他的时代——孙中山研究国际学术讨论会文集》,中册,北京,中华书局,1989年。

中华民国史专题讨论会秘书处编:《中华民国史专题论文集第三届讨论会》,台北,1996年。

中华文化复兴运动委员会主编:《中国近现代史论文集》,第24编,台北,商务印书馆,1986年。

中统局上海特派员办事处编:《政治协商会议经过检讨》,上海,中统局上海特派员办事处,1947年。

周开庆:《政论存稿》,重庆,四川农报社,1933年。

周永林、张廷钰编:《马寅初抨击官僚资本》,重庆,重庆出版社,1983年。

周聿娥、陈红民:《胡汉民评传》,广州,广东人民出版社,1989年。

朱嘉明:《从自由到垄断:中国货币经济两千年》,上册,台北,远流出版公司,2012年。

朱建民:《外交与外交关系》,台北,正中书局,1977年。

朱荣等主编:《当代中国的农业》,台北,当代中国出版社,1992年。

资中筠:《美国对华政策的源起和发展》,重庆,重庆出版社,1987年。

《走向近代》编辑小组编:《走向近代》,台北,东华书局,2004年。

九、学位论文

郭昌文:《蒋介石对地方实力派的策略研究》,杭州,浙江大学历史研究所博士论文,2011年。

林美莉:《外资电业的研究,1882—1937》,台北,台湾大学历史研究所硕士论文,1990年。

王正华:《南京时期国民政府的中央政制(1927—1937)》,台北,政治大学历史研究所博士论文,1997年。

吴淑凤:《中共的"联合政府"要求与国民政府的对策(1944—1947)》,台北,政治大学历史学系硕士论文,1992年。

杨凡逸:《美日"帕奈号"(U. S. S. Panay)事件与中美关系,1937—1938》,台北,政治大学历史学系硕士论文,2002年。

十、期刊论文

陈红民:《从"胡汉民往来函电稿"看"新国民党"在北方的活动》,《安徽史学》2003年第6期。

陈红民:《两广与福建事变关系述论》,《近代史研究》2001年第4期。

陈红民:《"约法之争"的两个问题》,《安徽史学》2006年第3期。

陈永祥:《1933年中美棉麦借款协定》,《广州大学学报》第6卷第4期,2007年4月。

仇华飞:《南京政府与修订〈中美续议通商行船条约〉》,《民国档案》1997年第4期。

崔志海:《试论1903年中美商行船续订条约》,《近代史研究》2001年第5期。

方山、潘涛:《南京国民政府大本营关于全面抗战作战指导方案等训令四件》,《民国档案》1987年第1期。

傅宏:《略论抗战前夕南京国民政府的抗战准备》,《东方论坛》2000年第1期。

顾毓琼:《修改商约与中国的工商业》,《东方杂志》第31卷第12期,1934年6月。

郭星：《百年中国法制建设的启示》，《柳州职业技术学院学报》2006 年第 2 期。

韩德培：《评中美商约中的移民规定》，《观察》第 1 卷第 24 期，1947 年 2 月 8 日。

黄家猛：《蒋介石"驱逐鲍罗廷"事件研究》，《党史教学与研究》2011 年第 4 期。

冀满红、白文刚：《孙中山五权宪法思想及其实践》，《史学月刊》2002 年第 5 期。

金以林：《地域观念与派系冲突——以二三十年代国民党粤籍领袖为中心的考察》，《历史研究》2005 年第 3 期。

金以林：《汪、胡联手到蒋、汪合作——以 1931 年宁粤上海和谈为中心》，《近代史研究》2004 年第 1 期。

孔庆泰：《1927 年宁案与宁案处理始末》，《历史档案》1987 年第 2 期。

刘达永：《中美〈平准基金协定〉的签订与美国对华态度的变化》，《贵州师范大学学报(社科版)》1995 年第 3 期。

刘佛丁、王玉茹、王利华：《二十世纪三十年代前期的中国经济——评美国学者近年来关于美国白银政策对中国经济影响的讨论》，《南开经济研究》1995 年第 2 期。

刘会军：《国难会议略析》，《史学集刊》1988 年第 1 期。

刘维开：《庐山谈话会会议记录选辑》，《近代中国》1992 年第 90 期。

陆大钺：《九一八事变后国民政府调整兵工事业述论》，《抗日战争研究》1993 年第 2 期。

牛大勇：《对 1927 年南京事件的再探讨》，《江海学刊》1989 年第 6 期。

彭焕才：《评抗战胜利前后中共关于"联合政府"的政治主张》，中国人民大学书报资料社复印，《中国现代史》(月刊)。

戚厚杰：《抗战爆发后南京国民政府国防联席会议记录》，《民国档案》1996 年第 1 期。

邱恭志：《孙中山的五权宪法思想与三权分立说》，《华东船舶工业学院学报(社会科学版)》第 1 卷第 3 期，2001 年 9 月。

阙英：《简述孙中山的五权宪法思想》，《政法论丛》2003 年第 4 期。

任东来：《1934—1936 年间中美关系中的白银外交》，《历史研究》2000 年第 3 期。

任东来：《试论一九四六年〈中美友好通商航海条约〉》，《中共党史研究》1989 年第 4 期。

荣维木：《论卢沟桥事变期间的中日"现地交涉"》，《民国档案》1998 年第 4 期。

宋佩玉：《陈光甫与中英美平准基金委员会》，《社会科学研究》2006 年第 4 期。

陶文钊：《1946 年〈中美商约〉：战后美国对华政策中经济因素个案研究》，《近代史研究》1993 年第 2 期。

田威：《中国近代宪政思想述略》，《人大研究》2005 年第 1 期。

汪朝光：《简论 1947 年的黄金风潮》，《中国经济史研究》1999 年第 4 期。

汪熙：《从英美烟公司看帝国主义的经济侵略》，《历史研究》1976 年第 4 期。

王洸：《外人在华航业实况与收回航权问题》，《外交评论》（南京）1934 年第 4 期。

王贵松、邱远猷：《善之路多崎途：五权宪法的理想与现实》，《首都师范大学学报（社会科学版）》2004 年第 6 期。

王卫星：《国防设计委员会与中国抗战的经济准备》，《南京社会科学》1995 年第 10 期。

王祖志：《孙中山五权宪法思想研究新见》，《法学研究》1999 年第 4 期。

魏良才：《国民党最后的诤友——魏德迈将军与中美关系》，《欧美研究》2002 年第 2 期。

魏良才：《马歇尔与所谓国共和谈》，《近代中国》第 46 期。

魏良才：《一九二〇年代后期的美国对华政策：国会、舆论及压力团体的影响》，《美国研究》（台北）第 10 卷第 1、2 期合刊，1980 年 6 月。

闻黎明：《国防参议会简论》，《抗日战争研究》1995 年第 1 期。

吴景平：《美国和抗战时期中国的平准基金》，《近代史研究》1997 年第 5 期。

吴景平：《英国与中国的法币平准基金》，《历史研究》2000 年第 1 期。

吴翎君：《从徐国琦新著 *Strangers on the Western Front：Chinese Workers in the Great War* 谈国际史的研究方法》，《新史学》（台北）第 22 卷第 4 期，2011 年 12 月。

吴翎君：《近代两次中美商约的签订及其意义，1903—1946》，潘光哲主编：《第四届国际汉学会议论文集：近代中国的政治与外交》，台北，2013 年。

吴翎君：《1946 年中美商约的历史意义》，《政大历史学报》2004 年第 21 期。

吴翎君：《清末民初中美版权之争》，《政大历史学报》2012 年第 38 期。

吴翎君：《珍珠港事件前美国企业在华北的投资活动——以大来和英美烟公司为例，1939—1941》，《政大历史学报》2010 年第 34 期。

吴淑凤：《战后中国对日求偿之交涉（1945—1949）》，《中华军史学会会刊》2008 年第 13 期。

夏炎德：《论中美经济关系之前途》，《观察》第 1 卷第 19 期，1947 年 1 月。

肖如平：《朱培德与抗战准备》，《抗日战争研究》2007 年第 3 期。

徐国琦：《"会当凌绝顶，一览众山小"——国际史研究方法及其应用》，《文史哲》2012 年第 4 期。

杨奎松：《张学良与西安事变之解决》，《中国社会科学》1996 年第 5 期。

杨天石：《30 年代初期国民党内部的反蒋抗日潮流——读台湾所藏胡汉民资料之一》，《历史研究》1998 年第 1 期。

余逊达：《联合政府方针的坚持及评价》，《党史通讯》1985 年第 4 期。

袁素莲：《略论南京国民政府的抗战准备》，《齐鲁学刊》1996 年第 6 期。

臧运祜：《西安事变与日本的对华政策》，《近代史研究》2008 年第 2 期。

翟强：《院外援华集团与杜鲁门对华政策，1947—1949》，《世界历史》1986 年第 5 期。

张魁堂：《中共中央和平解决西安事变方针的制定》，《近代史研究》1991 年第 2 期。

张仁善：《论中国近代法律精英的法治思想》，《河南省政法管理干部学院学报》2006 年第 1 期。

《整军建军专题报告（1946 年）》，《民国档案》1994 年第 2 期。

郑斌：《通商条约中一个重要问题——最惠国条款适用问题的再检讨》，

《东方杂志》第 31 卷第 14 期,1934 年 7 月。

郑会欣:《近年来国内有关币制改革问题的研究述评》,《中国经济史研究》1989 年第 3 期。

周松柏:《孙中山"五权宪法"与整顿吏治》,《贵州民族学院学报(哲学社会科学版)》2000 年第 1 期。

十一、网络资料

冯琳:《二战后"中英商约"交涉失败之研究》,中国社会科学院近代史研究所《近代中国研究》网站,http://jds.cass.cn/Item/21913.aspx(2011/11/14 点阅)。

台北"故宫"网站原件电子档,台北"故宫博物院"网站,http://www.npm.gov.tw/exh100/diplomatic/zoom_ch056.html(2010/11/2 点阅)。

台湾所藏美国政府外交档案介绍,台北近代史研究所网页,http://arch-webs.mh.sinica.edu.tw/digital/data/PDF/8 - 1 - 2 - 3.pdf (2013/7/8 点阅)。

英文部分

一、档案

United States Department of State, *Papers Relating to the Foreign Relations of the United States*, *1928 - 1945* (*FRUS*), Washington, D. C.: U.S. Government Printing Office.

United States Department of State, *The United States Relations with China*, *with Special Reference to the Period*, *1944 - 1949*, Washington, D. C.: U.S. Government Printing Office, 1949.

U.S. Department of State, *Confidential U.S. State Department Central Files. China*, 1940 - 1944: *Internal Affairs* (*microform*), Washington, D.C.: United States National Archives.

二、专书

Anderson, Irvine H. Jr., *The Standard-Vacuum Oil Company and*

United States East Asian Policy, 1933 - 1941, Princeton, New Jersey: Princeton University Press, 1975.

Beede, Benjamin R., *The War of* 1898, *and U. S. Interventions, 1898 -1934: An Encyclopedia*, New York: Routledge, 1994.

Blum, John Morton, *From the Morgenthau Diaries*, Boston: Houghton Mifflin, 1959.

Borg, Dorothy, *American Policy and the Chinese Revolution, 1925 - 1928*, New York: Octagon Books, 1968.

Borg, Dorothy, *The United States and the Far Eastern Crisis of 1933 - 1938: From the Manchurian Incident Through the Initial Stage of the Undeclared Sino-Japanese War*, Cambridge, Mass.: Harvard University Press, 1964.

Burns, Richard Dean & Edward M. Bennett (eds.), *Diplomats in Crisis: United States-Chinese-Japanese Relations, 1911 - 1941*, Santa Barbara, Calif.: ABC-Clio, 1974.

Clubb, Oliver Edmund, *Twentieth Century China*, New York: Columbia University Press, 1964.

Cochran, Sherman, *Big Business in China: Sino-Foreign Rivalry in the Cigarette Industry, 1890 - 1930*, Cambridge, Mass.: Harvard University Press, 1980.

Cochran, Sherman, *Chinese Medicine Men: Consumer Culture in China and Southeast Asia*, Cambridge, Mass.: Harvard University Press, 2006.

Cochran, Sherman, *Encountering Chinese Networks: Western, Japanese and Chinese Corporations in China, 1880 -1937*, California: University of California Press, 2000.

Cohen, Warren I., *America's Response to China: A History of Sino-American Relations*, New York: Columbia University Press, 1990.

Cole, Bernard D., *Gunboats and Marines: The United States Navy in China, 1925 - 1928*, Newark: University of Delaware Press, 1983.

Cosgrove, Julia Fukuda, *United States Foreign Economic Policy*

Toward China, *1943 - 1946*: *From the End of Extraterritoriality to the Sino-American Commercial Treaty of 1946*, New York & London: Garland Publishing, Inc., 1987.

Dollar, Robert, *Memoirs of Robert Dollar*, San Francisco: Privately published for the author by Schwabacher-Frey, c1918.

Everset, Allan Seymour, *Mongenthau*, *the New Dear and Silver*: *A Story of Pressure Political*, New York: King's Crown Press, 1950.

Fairbank, John K. (ed.), *The Missionary Enterprise in China and America*, Cambridge, Mass.: Harvard University Press, 1974.

Feis, Herbert, *The China Tangle*: *The American Effort in China from Pearl Harbor to the Marshall Mission*, Princeton, New Jersey: Princeton University Press, 1953.

Fung, Edmund S. K., *The Diplomacy of Imperial Retreat*: *Britain's South China Policy*, *1924 - 1931*, Hong Kong, New York: Oxford University Press, 1991.

Grover, David H., *American Merchant Ships on the Yangtze*, *1920 - 1941*, Westport, Connecticut: Praeger Publisher, 1992.

Hou, Chi-ming, *Foreign Investment and Economic Development in China*, *1840 - 1937*, Cambridge, Mass.: Harvard University Press, 1965.

Iriye, Akira, *Across the Pacific*: *An Inner History of American-East Asian Relations*, New York: Harcourt, Brace & World, Inc., 1967.

Iriye, Akira, *After Imperialism*: *The Search for a New Order in the Far East*, *1921 - 1931*, Cambridge, Mass: Harvard University Press, 1965.

Iriye, Akira, *The Cambridge History of American Foreign Relations*, Vol. Ⅲ, *The Globalizing of America*, *1913 - 1945*, New York: Cambridge University Press, 1993.

Iriye, Akira, *The Origin of the Second World War in Asia and the Pacific*, New York: Congeman Inc., 1987.

Iriye, Akira & Warren I. Cohen(eds.), *American*, *Chinese*, *and Japanese Perspectives on Wartime Asia*, *1931 - 1949*, Wilmington, Del.: SR

Books，1990.

Kubek，Anthony，*How the Far East Was Lost*：*American Policy and the Creation of Communist China*，*1941 - 1949*，Chicago：Henry Regnery，1963.

Li，Lincoln，*The Japanese Army in North China*，*1937 -41*：*Problems of Political and Economic Control*，London：Oxford University Press，1976.

Liu，F. F.，*A Military History of Modern China*，Princeton，New Jersey：Princeton University Press，1956.

Marshall，George C.，*Marshall's Mission to China*，Vol. Ⅰ，Arlington，VA：University Publications of America，1976.

May，Ernest R. & John K.Fairbank(eds.)，*America's China Trade in Historical Respective*：*The Chinese and American Performance*，Cambridge，Mass.：Harvard University Press，1986.

May，Ernest R. & James C.Thomson Jr.(eds.)，*American-East Asian Relations*：*A Survey*，Cambridge，Mass.：Harvard University Press，1972.

Romanus，Charles F. & Riley Sunderland，*Stilwell's Mission to China*，Office of the Chief of Military History，Dept. of the Army，1953.

Romanus，Charles F. & Riley Sunderland，*Times Runs Out in CBI*，Washington，D.C.：Department of the Army，1959.

Romanus，F. & Riley Sunderland，*Stilwell's Command Problems*，Office of the Chief of Military History，Dept. of the Army，1956.

Russell，Michael B.，*American Silver Policy and China*，*1933 - 1936*，Champaign，Illinois：University of Illinois Press，1972.

Schaller，Michael，*The U. S. Crusade in China*，*1938 - 1945*，New York：Columbia University Press，1971.

Stilwell，Joseph W.，*The Stilwell Papers*，New York：W. Sloane Associates，1948.

Tolley，Kemp，*Yangtze Patrol*：*The U.S. Navy in China*，Annapolis：Naval Institute Press，2000.

Tsou, Tang, *America's Failure in China*, *1941 - 50*, Chicago: University of Chicago Press, 1963.

Wang, Fan-sen, *Fu Ssu-nien: A Life in Chinese History and Politics*, Cambridge, Mass: Cambridge University Press, 2000.

Wei, C. X. Geroge, *Sino-American Economic Relations*, *1944 -1949*, Westport, CT and London: Greenwood Press, 1997.

Wilbur, C. Martin & Julie Lien-ying How, *Missionaries of Revolution: Soviet Advisers and Nationalist China*, *1920 - 1927*, Cambridge, Mass.: Harvard University Press, 1989.

Wilkins, Mira, *The Emergence of Multinational Enterprise: American Business Abroad from the Colonial Era to 1914*, Cambridge, Mass.: Harvard University Press, 1970.

Wilkins, Mira, *The History of Foreign Investment in the United States*, *1914 - 1945*, Cambridge, Mass.: Harvard University Press, 2004.

Wilkins, Mira, *The History of Foreign Investment in the United States to 1914*, Cambridge, Mass.: Harvard University Press, 1989.

Wilkins, Mira, *The Maturing of Multinational Enterprise: American Business Abroad from 1914 to 1970*, Cambridge, Mass.: Harvard University Press, 1974.

Wilkins, Mira, & William J. Hausman, & Peter Hertner, *Global Electrification: Multinational Enterprise and International Finance in the History of Light and Power*, *1878 - 2007*, New York: Cambridge University Press, 2008.

Young, Arthur N., *China and the Helping Hand*, *1937 -1945*, Cambridge, Mass: Harvard University Press, 1962.

Young, Arthur N., *China's Wartime Finance and Inflation*, *1937 - 1945*, Cambridge, Mass.: Harvard University Press, 1965.

三、期刊论文

Kirby, William C., "China Unincorporated: Company Law and Business

Enterprise in Twentieth-Century China", *The Journal of Asian Studies*, 54(1)(Feb. 1995),pp.43 – 63.

Orlean, M. E., "The Sino-American Commercial Treaty of 1946", *The Far Eastern Quarterly*, 7(4)(Aug. 1948),pp. 354 – 367.

Wu, Lin-chun(吴翎君), "One Drop of Oil, One Drop of Blood: The United States and the Petroleum Problem in Wartime China, 1937 – 1945", *Journal of American-East Asian Relations*, 19(2012),pp.1 – 26.

四、网络资料

"General Agreement on Tariffs and Trade", *Wikipedia, the free encyclopedia Wikipedia*, http://en. wikipedia. org/wiki/General_Agreement_on_Tariffs_and_Trade (2012/4/2 access).

International Monetary Fund (IMF 官方网站), http://www. imf. org/external/about/history.htm.(2012/4/2 access).

"Robert Dollar", *Wikipedia, the free encyclopedi*, http://en.wikipedia. org/wiki/Robert_Dollar (2010/4/12 access).

"The China Trade Act", *U.S. Department of Commerce International Trade Administration Deputy Assistant Secretary for Export Development Office of Country Marketing Asia-Africa Division* (美国商务部网站), http://www.ita.doc.gov/ooms/ChinaTradeActRCS.pdf (2010/1/10 access).

"The Fleets: Dollar Steamship Company/Dollar Line", *Dollar SS Compan*, http://www.theshipslist.com/ships/lines/dollar.htm(2010/4/12 access).

索 引

后　记

　　本卷书稿在撰写过程中一波三折,其中最令人遗憾的是台湾的王正华纂修突然病逝,使得她原本负责的本书的"战后的国民政府"一章,临时改由其同事吴淑凤女士勉力完成。王纂修长于搜集、挖掘新史料,原可预期该章将以新史料提出诠释,惜天不从人愿!

　　另外,本卷原本规划为《国民政府时期的执政》,研讨范围起自广州时期国民政府的建立,至 1948 年 5 月 20 日结束。后来本卷更名为《国民政府执政与对美关系》,涵盖国民政府时期的内政与对美外交,其理由系原规划另有单独成卷的《国民政府与欧美伙伴——国际化视域下的中外关系》,因多数撰稿人无法及时交稿,只好忍痛割爱,而其中唯一完成的中美关系的书稿,为能呈现于读者面前,遂与本卷合并成书,而改现名,以符实际。

　　本卷各篇书稿由各作者独立完成,前言由刘维开教授撰稿,第一章由陈红民教授撰写,第二章由刘大禹教授撰写,第三章由刘维开教授撰写,第四章由吴淑凤教授撰写,第五章由吴翎君教授撰写,结语由吴翎君、吴淑凤二位教授合撰,参考文献则由吴淑凤教授负责编列。为求符合书稿的整体面貌统一,各篇章亦做了些微的调整,但保留各作者对该段历史的诠释,以示对读者负责。